Soviet and Post-Soviet Politics and Societ

ISSN 1614-3515

Soviet and Post-Soviet Politics and Society (SPPS)

ISSN 1614-3515

Founded in 2004 and refereed since 2007, SPPS makes available affordable English-, German-, and Russian-language studies on the history of the countries of the former Soviet bloc from the late Tsarist period to today. It publishes between 5 and 20 volumes per year and focuses on issues in transitions to and from democracy such as economic crisis, identity formation, civil society development, and constitutional reform in CEE and the NIS. SPPS also aims to highlight so far understudied themes in East European studies such as right-wing radicalism, religious life, higher education, or human rights protection. The authors and titles of all previously published volumes are listed at the end of this book. For a full description of the series and reviews of its books, see

www.ibidem-verlag.de/red/spps.

Editorial correspondence & manuscripts should be sent to: Dr. Andreas Umland, Institute for Euro-Atlantic Cooperation, vul. Volodymyrska 42, off. 21, UA-01030 Kyiv, Ukraine

Business correspondence & review copy requests should be sent to: *ibidem* Press, Leuschnerstr. 40, 30457 Hannover, Germany; tel.: +49 511 2622200; fax: +49 511 2622201; spps@ibidem.eu.

Authors, reviewers, referees, and editors for (as well as all other persons sympathetic to) SPPS are invited to join its networks at www.facebook.com/group.php?gid=52638198614 www.linkedin.com/groups?about=&gid=103012 www.xing.com/net/spps-ibidem-verlag/

Recent Volumes

172   *Maria Shagina*
Joining a Prestigious Club
Cooperation with Europarties and
Its Impact on Party Development in Georgia, Moldova, and Ukraine 2004–2015
With a foreword by Kataryna Wolczuk
ISBN 978-3-8382-1084-1

173   *Alexandra Cotofana, James M. Nyce (eds.)*
Religion and Magic in Socialist and
Post-Socialist Contexts II
Baltic, Eastern European, and Post-USSR Case Studies
With a foreword by Anita Stasulane
ISBN 978-3-8382-0990-6

174   *Barbara Kunz*
Kind Words, Cruise Missiles,
and Everything in Between
The Use of Power Resources in U.S. Policies towards
Poland, Ukraine, and Belarus 1989–2008
With a foreword by William Hill
ISBN 978-3-8382-1065-0

175   *Eduard Klein*
Bildungskorruption in Russland und der Ukraine
Eine komparative Analyse der Performanz staatlicher
Antikorruptionsmaßnahmen im Hochschulsektor am
Beispiel universitärer Aufnahmeprüfungen
Mit einem Vorwort von Heiko Pleines
ISBN 978-3-8382-0995-1

176   *Markus Soldner*
Politischer Kapitalismus im postsowjetischen Russland
Die politische, wirtschaftliche und mediale
Transformation in den 1990er Jahren
Mit einem Vorwort von Wolfgang Ismayr
ISBN 978-3-8382-1222-7

177   *Anton Oleinik*
Building Ukraine from Within
A Sociological, Institutional, and Economic Analysis of a
Nation-State in the Making
ISBN 978-3-8382-1150-3

178   *Peter Rollberg, Marlene Laruelle (eds.)*
Mass Media in the Post-Soviet World
Market Forces, State Actors, and Political Manipulation
in the Informational Environment after Communism
ISBN 978-3-8382-1116-9

179   *Mikhail Minakov*
Development and Dystopia
Studies in Post-Soviet Ukraine and Eastern Europe
With a foreword by Alexander Etkind
ISBN 978-3-8382-1112-1

Markus Soldner

POLITISCHER KAPITALISMUS IM POSTSOWJETISCHEN RUSSLAND

Die politische, wirtschaftliche und mediale Transformation
in den 1990er Jahren

Mit einem Vorwort von Wolfgang Ismayr

ibidem-Verlag
Stuttgart

Bibliografische Information der Deutschen Nationalbibliothek
Die Deutsche Nationalbibliothek verzeichnet diese Publikation in der Deutschen Nationalbibliografie; detaillierte bibliografische Daten sind im Internet über http://dnb.d-nb.de abrufbar.

Bibliographic information published by the Deutsche Nationalbibliothek
Die Deutsche Nationalbibliothek lists this publication in the Deutsche Nationalbibliografie; detailed bibliographic data are available in the Internet at http://dnb.d-nb.de.

Zugl: Dissertation zur Erlangung des Grades eines Doktors der Philosophie an der Philosophischen Fakultät der Technischen Universität Dresden, 2015.

∞

Gedruckt auf alterungsbeständigem, säurefreien Papier
Printed on acid-free paper

ISSN: 1614-3515

ISBN-13: 978-3-8382-1222-7

© *ibidem*-Verlag
Stuttgart 2018

Alle Rechte vorbehalten

Printed in the EU

Inhaltsverzeichnis

Tabellenverzeichnis..8

Abbildungsverzeichnis..10

Abkürzungsverzeichnis..10

Abstract in English Language 15

Danksagung 17

Vorwort von Wolfgang Ismayr 19

1. Einleitung 23

1.1 Gegenstand und Zielsetzung...23

1.2 Forschungsstand und Quellenlage...26

1.3 Der Aufbau der Arbeit..32

2. Theoretisch-konzeptioneller Rahmen...35

3. Die Transformation des politischen Systems:
   Zentrale Institutionen nach der neuen Verfassung.....................53

3.1 Vorgeschichte und Kontext der Verfassungsgebung.....................53

3.2 Stellung und Kompetenzen des Staatspräsidenten.......................59

3.3 Stellung und Kompetenzen der Regierung....................................65

3.4 Stellung und Kompetenzen des Parlamentes................................68

3.5 Zusammenfassung und Überleitung...73

4. Die Verfassungsrealität in der Ära El'cin **75**

4.1 Die duale Exekutive 75

   4.1.1 Die Organisation des Amtes des Staatspräsidenten 76

   4.1.2 Die Organisation der Regierung 87

   4.1.3 Die Interaktion von Staatspräsidentschaft und Regierung 100

4.2 Die Duma 116

   4.2.1 Die Auflösung der Duma 116

   4.2.2 Misstrauensvotum und Vertrauensfrage 119

   4.2.3 Das Amtsenthebungsverfahren gegen den Staatspräsidenten ... 125

   4.2.4 Die Bestätigung des Ministerpräsidenten durch die Duma 129

   4.2.5 Zwischenfazit zum Verhältnis Duma-Exekutive unter
       dem Aspekt Regierungsbildung bzw. -kontrolle 148

   4.2.6 Gesetzgebung und untergesetzliche Rechtsetzung 149

   Exkurs zur Haushaltsgesetzgebung 171

   4.2.7 Zwischenfazit zur Rechtsetzung durch Parlament
       und Staatspräsident 173

4.3 Zusammenfassung und Überleitung 176

5. Die Transformation der Ökonomie **181**

5.1 Der Kontext nach der Perestrojka:
   Liberalisierung und Massenprivatisierung 184

5.2 Besonderheiten und Probleme der ökonomischen Transformation 196

5.3 Stagnierende Wirtschaftsreform und rent seeking unter El'cin 205

5.4 Der Finanzsektor 216

   5.4.1 Inflations- und Spekulationsgewinne 218

   5.4.2 Autorisierte Banken 222

   5.4.3 Staatsanleihen 232

5.5 Die zweite Phase der Unternehmensprivatisierung:
   Bargeld-Privatisierung 239

   5.5.1 Die Pfandauktionen 242

       5.5.1.1 Die Vorgeschichte 243

       5.5.1.2 Die rechtliche Ausgestaltung 249

       5.5.1.3 Durchführung und Ergebnisse....................................252

5.5.2 Die zweite Runde der Pfandauktionen und
       weitere Großprivatisierungen 263

5.6 Konglomerate: Die Konzentration ökonomischer Macht 268

5.6.1 Finanz-Industrie-Gruppen als
       politisch gewünschte Verbindungen 269

5.6.2 Die Bildung großer, informeller Unternehmenskonglomerate....271
       5.6.2.1 Terminologie und Akteurskreis...................................271
       5.6.2.2 Die großen Unternehmenskonglomerate....................274

5.7 Zusammenfassung und Überleitung...283

6. Die Transformation des Mediensektors 289

6.1 Der Kontext der Transformation des Mediensektors 290
    6.1.1 Die Ausgangslage in der Endphase der Sowjetunion: Glasnost'.. 293
    6.1.2 Die Umbruchsjahre in Russland: „Zeitungs-Boom" und
          (wirtschaftliche) Ernüchterung 295

6.2 Das Politikfeld Massenmedien...299
    6.2.1 Gesetzliche (Nicht-)Regelungen und untergesetzliche Normen.. 300
          6.2.1.1 Das russländische Gesetz „Über die Massenmedien".. 300
          6.2.1.2 Gesetzgebungsblockade...303
          6.2.1.3 Rechtsetzung und -umsetzung durch die Exekutive ...310
    6.2.2 Medien in zentralstaatlichem Besitz....................................314
    6.2.3 Der Fall ORT...326

6.3 Nichtstaatliche Akteure auf dem Feld der Massenmedien 332
    6.3.1 Ökonomische Probleme: Subventionen und Sponsoren 332
    6.3.2 Die „Aufteilung" der überregionalen Massenmedien................335
    6.3.3 Die Unternehmenskonglomerate und der Mediensektor 339
          6.3.3.1 MOST...343
          6.3.3.2 Berezovskijs Gruppe 352
          6.3.3.3 Die Moskauer Gruppe 360
          6.3.3.4 Gazprom 368
          6.3.3.5 ONĖKSIM...375

6.4 „Medienkriege"..382
    6.4.1 Massenmedien als politische Ressource
          in wechselnden Allianzen 382
    6.4.2 Präsidentschaftswahl 1996..385

6.4.3   Privatisierung von Svjaz'invest 393

6.4.4   Duma- und Präsidentschaftswahlen 1999/2000 404

6.5   Zusammenfassung 421

7.   Schlussbetrachtung 425

7.1   Zusammenfassung der Ergebnisse 426

7.2   Ausblick: Russland unter Putin – bringing „the state" back in 431

8.   Literatur- und Quellenverzeichnis....................................439

8.1   Monographien, Sammelbände, Aufsätze und Artikel...........439

8.2   Berücksichtigte Printmedien und Informationsdienste.........478

8.3   Rechtsakte und andere offizielle Quellen 479

   8.3.1   Gesetze 479

   8.3.2   Akte des Staatspräsidenten......................................481

   8.3.3   Akte der Regierung und der Regierungsbehörden 486

   8.3.4   Parlamentsakte...488

   8.3.5   Entscheidungen des Verfassungsgerichts.................489

   8.3.6   Sonstige Quellen 491

Tabellenverzeichnis

Tabelle 1:   Die Struktur der russländischen Regierung (1994-2004)...........90

Tabelle 2:   Veränderungen der Struktur und der personellen
Zusammensetzung der russländischen Regierung auf
Ministeriumsebene (1994-1999) 104

Tabelle 3:   Veränderungen der personellen Zusammensetzung der
russländischen Regierung auf Ministerebene (1994-1999) 104

Tabelle 4:   Gesundheitsbedingte Abwesenheiten El'cins (1996-1999)......105

Tabelle 5:   Verfassungsrechtliche Möglichkeiten und Einschränkungen
der Auflösung der Duma 1994-2000 118

Tabelle 6:   Abstimmungsverhalten in der Duma bei den
Misstrauensvoten im Jahr 1995 120

Tabelle 7:   Abstimmungsergebnis in Bezug auf die Eröffnung des
              Amtsenthebungsverfahrens gegen El'cin in der Duma
              am 15.05.1999 128

Tabelle 8:   Abstimmungsergebnisse in den drei Wahlgängen
              über die Kandidatur Sergej Kirienkos als Ministerpräsident
              in der Duma 1998 135

Tabelle 9:   Abstimmungsergebnisse in den drei Wahlgängen über
              die Nachfolge Sergej Kirienkos als Ministerpräsident
              in der Duma 1998 140

Tabelle 10:   Politikfelder die nach der Verfassung von 1993 per
              (Verfassungs-)Gesetz geregelt werden müssen.....................152

Tabelle 11:   Föderale Gesetze und Präsidentendekrete
              in Russland 1994-1999 162

Tabelle 12:   Gesetzgebung und Erlass von Dekreten
              nach Politikfeld (1994-1997) 168

Tabelle 13:   Wichtige Wirtschaftsindikatoren (1991-1999) 197

Tabelle 14:   Ausgewählte Wirtschaftsdaten zu Unternehmen (1993-1999)... 198

Tabelle 15:   Entwicklung des Gini-Koeffizienten 1988-2000.....................202

Tabelle 16:   Hauptexportgüter der Russländischen Föderation
              (1992-1999) in Mio. US-Dollar 204

Tabelle 17:   Führende Russländische Banken (nach Aktiva)
              per 01.01.1996 (in Mio. Rubel) 217

Tabelle 18:   Wirtschaftliche Kennziffern des russländischen
              Bankensektors (1991-1999)..221

Tabelle 19:   Rangliste russländischer Banken nach Zahl der Autori-
              sierungen und nach Höhe des Eigenkapitals (Juli 1994)........225

Tabelle 20:   Ergebnisse der zwölf erfolgreich durchgeführten
              Pfandauktionen (November/Dezember 1995).........................258

Tabelle 21:   Ergebnisse der zweiten Runde der
              Pfandauktionen (1996/1997)...265

Tabelle 22:   Bedeutende Unternehmenskonglomerate
              (Stand: Ende 1997-Mitte 1998)...278

Tabelle 23:   Zeitungsauflagen in Russland (1980-1999) 295

Tabelle 24:   Tages- und Wochenzeitungen in Russland (1990-1999).........297

Tabelle 25:   Die Aktionärsstruktur von ORT (Februar 1995) 329

Tabelle 26:   Der Werbemarkt in Russland (1997-1999) 333

Tabelle 27:   Zuschauerquoten wichtiger überregionaler Fernsehsender.....413

Tabelle 28:   Dumawahl 1999: Ergebnisse der Listenwahl................418

Tabelle 29:   Ergebnisse der Präsidentschaftswahl 2000................420

Abbildungsverzeichnis

Abbildung 1:   Die Staatsorgane der Russländischen Föderation
               nach der Verfassung von 1993 60
Abbildung 2a: Schema der Verwaltung des Staatspräsidenten (Mitte 1994).. 78
Abbildung 2b: Apparate im Umfeld des Staatspräsidenten (Ende 1995) 80
Abbildung 3:   Vereinfachtes Schema der Beziehungen innerhalb der
               russländischen Regierung unter der Präsidentschaft El'cins ...99
Abbildung 4:   Rating des politischen Einflusses von El'cin
               und Primakov 1998/1999 143
Abbildung 5:   Anteil nicht-monetärer Zahlungen am
               Industrieabsatz 1993-1999 200
Abbildung 6:   Geldeinkommen nach Bevölkerungsquintil 1991-2004 201
Abbildung 7:   Rent Seeking in Russland, 1991-1998 209
Abbildung 8:   Durchschnittliche Umlaufrendite russländischer
               Staatsanleihen (Jahresmittel), 1994-1998 234
Abbildung 9:   Wahlabsichten bei Staatspräsidentenwahl 1999 419

Abkürzungsverzeichnis

BIP   Bruttoinlandsprodukt

EBRD   *European Bank for Reconstruction and Development*

EIM   *European Institute for the Media/Europäisches Medieninstitut*

EPTK   *Edinyj proizvodstvenno-technologičeskij kompleks gosudarstven-*
         nych élektronnych sredstv massovoj informacii
         (Einheitlicher produktions-technologischer Komplex der staatlichen
         elektronischen Massenmedien)

FIC   *Federal'nyj informacionnyj centr*
         (Föderales Informationszentrum)

FIG   *financial-industrial groups*

FPG   *finansovo-promyšlennye gruppy*
         (Finanz-industrielle Gruppen)

FSTR   *Federal'naja služba Rossii po televideniju i radioveščaniju*
         (Föderaler Dienst Russlands für Fernsehen und Rundfunk)

GAK   *Gosudarstvennyj antimonopol'nyj komitet*
         (Staatliches Antimonopol-Komitee)

GAO   *Gosudarstvennoe akcionernoe obščestvo*
      (Staatliche Aktiengesellschaft)
GKI   *Gosudarstvennyj komitet po upravleniju gosudarstvennym*
      imuščestvom
      (Staatliches Komitee zur Verwaltung des Staatsvermögens)
GKO   *Gosudarstvennye kratkosročnye obligacii*
      (Kurzfristige Staatsobligationen)
GPU   *Gosudarstvenno-pravovoe upravlenie*
      (Staats- und Rechtsabteilung)
GTK   *Gosudarstvennyj tamožennyj komitet*
      (Staatliches Zollkomitee)
IBG   *Integrirovannye biznes-gruppy*
      (Integrierte Businessgruppen)
IPI   *International Press Institute*
IREX *International Research & Exchanges Board*
KPRF *Kommunističeskaja partija Rossijskoj Federacii*
      (Kommunistische Partei der Russländischen Föderation)
LDPR *Liberal'no-demokratičeskaja partija Rossii*
      (Liberaldemokratische Partei Russlands)
MFK   *Moskovskaja finansovaja kompanija*
      (Moskauer Finanzgesellschaft)
MKNT *Moskovskij komitet po nauke i technologijam*
      (Moskauer Komitee für Wissenschaft und Technologie)
MKS   *Mežbankovskij kreditnyj sojuz*
      (Interbank-Kreditunion)
MPTR *Ministerstvo Rossijskoj Federacii po delam pečati, teleradio-*
      veščanija i sredstv massovych kommunikacij
      (Ministerium für Angelegenheiten der Presse, des Hörfunks und
      Fernsehens sowie der Massenkommunikationsmittel)
MTK   *Moskovskaja telekompanija*
      (Moskauer Fernsehgesellschaft)
NFS   *Nacional'nyj Fond Sporta*
      (Nationaler Sportfonds)
NDR   *Naš dom – Rossija*
      (Unser Haus – Russland)
NFK   *Neftjanaja-finansovaja kompanija*
      (Erdöl-Finanzgesellschaft)
NLMK *Novolipeckij Metallkombinat*
      (Novolipecker Metallkombinat)
OAO   *Otkrytoe akcionernoe obščestvo*
      (Offene Aktiengesellschaft)

OECD   Organization for Economic Co-operation and Development
OFZ   Obligacii federal'nogo zajma
        (Föderale Anleihepapiere)
ORT   Obščestvennoe rossijskoe televidenie
        (Öffentliches Russländisches Fernsehen)
OSCE   Organisation for Security and Co-operation in Europe
OVR   Otečestvo – Vsja Rossija
        (Vaterland – Ganz Russland)
RAO   Rossijskoe akcionernoe obščestvo
        (Russländische Aktiengesellschaft)
RECĖP   Rossijsko-Evropejskij centr ėkonomičeskoj politiki
        (Russländisch-europäisches Zentrum für Wirtschaftspolitik)
RCĖR   Rabočij centr ėkonomičeskich reform pri Pravitel'stve
        (Arbeitszentrum für ökonomische Reformen bei der Regierung)
RFFI   Rossijskij fond federal'nogo imuščestva
        (Russländischer Fond Föderalen Eigentums)
RSF   Reporters sans frontières
RSFSR   Rossijskaja Sovetskaja Federativnaja Socialističeskaja Respublika
        (Russländische Sozialistische Föderative Sowjetrepublik)
RTR   Rossijskoe televidenie i radio
        (Russländisches Fernsehen und Radio)
SAPiP   Sobranie aktov Prezidenta i Pravitel'stva Rossijskoj Federacii
        (Sammlung der Akte des Präsidenten und der Regierung der
        Russländischen Föderation)
SBS   Stoličnyj bank sbereženij
        (Hauptstädtische Sparbank)
SMM   Sistema Mass-Media
        (Sistema Massenmedien)
SND   S''ezd narodnych deputatov
        (Kongress der Volksdeputierten)
SPS   Sojuz pravych sil
        (Union der rechten Kräfte)
SZRF   Sobranie zakonodatel'stva Rossijskoj Federacii
        (Sammlung der Gesetzgebung der Russländischen Föderation)
TNK   Tjumenskaja neftjanaja kompanija
        (Tjumen'er Erdölgesellschaft)
TVC   TV Centr
        (TV Zentrum)
UDP   Upravlenie delami Prezidenta
        (Verwaltungsabteilung des Staatspräsidenten)

VCIOM   *Vserossijskij centr izučenija obščestvennogo mnenija*
        (Gesamtrussländisches Zentrum zur Erforschung der öffentlichen
        Meinung)

VČK   *Vremennaja črezvyčajnaja komissija pri Prezidente Rossijskoj
        Federacii po ukrepleniju nalogovoj i bjudžetnoj discipliny*
        (Temporäre außerordentliche Kommission beim Präsidenten der Russ-
        ländischen Föderation zur Stärkung der Steuer und Haushaltsdisziplin)

VGTRK   *Vserossijskaja gosudarstvennaja televizionnaja i radioveščatel'naja
        kompanija*
        (Gesamtrussländische staatliche Fernseh- und Hörfunkgesellschaft)

VNK   *Vostočnaja neftjanaja kompanija*
        (Östliche Erdölgesellschaft)

VSND   *Vedomosti S"ezda narodnych deputatov Rossijskoj Federacii i
        Verchovnogo Soveta Rossijskoj Federacii*
        (Anzeiger des Kongresses der Volksdeputierten der Russländischen
        Föderation und des Obersten Sowjet der Russländischen Föderation)

ZAO   *Zakrytoe akcionernoe obščestvo*
        (Geschlossene Aktiengesellschaft)

Abstract in English Language

Political Capitalism in post-Soviet Russia. The Political, Economic and Mass Media Transformation Processes in the 1990s.

Why and how did a regime of political capitalism emerge after the collapse of the Soviet Union in Russia?

Under the first President El'cin, informal and opaque political processes shaped the transformation of the political system. Few actors with vested interests benefited from the economic transformation, political counterweights remained weak. The mass media were not able to distinguish themselves as a fourth estate, but suffered from exploitation by political and economic actors.

The developments in the fields of political, economic and mass media transformation were closely interrelated and are systematically linked by this study for the first time. With the help of a concept of political capitalism, inspired by Max Weber, it is possible to chart the specific interdependencies between the fields of the Russian transformational process of the 1990s more precisely and to explain their interrelations.

In a political system with a strong executive, insufficient legislative and public control and an underdeveloped party system, the lobbying of the economic actors did not aim at the parliamentary arena, but at the informal spaces and circles of the presidential administration and government. There, important decisions were made, privileging individual industries and enterprises.

Their control over the mass media gave central economic actors additional power to support or weaken, depending on temporary interests, certain parts of the political elite in order to promote their own interests. Simultaneously, the most exposed actors did not aspire to a comprehensive change of the regime or the political elites, but wanted to increase their own chances of collecting rents. In doing so, they remained faithful to the (functional) logic of political capitalism and stabilised the political regime with their own behaviour.

The author:

Dr. Markus Soldner is a freelance political scientist. He studied political science, Slavonic studies and philosophy in Tübingen, Moscow and Hamburg. He holds a PhD from Dresden University of Technology, where he worked as a research fellow at the Institute of Political Science. Among his publications is a monograph on Russia's policy towards Chechnya (*Russlands Čečnja-Politik seit 1993;* Lit) and a volume on comparative analysis of democratic government, co-edited with Klemens H. Schrenk (*Analyse demokratischer Regierungssysteme;* VS). With Kerstin Pohl, he co-authored a study of direct democracy and civic education in Germany (*Die Talkshow im Politikunterricht;* Wochenschau).

The foreword author:

Dr. Wolfgang Ismayr is Professor Emeritus of Political Science at Dresden University of Technology.

Danksagung

Wissenschaftliche Arbeit bedarf nicht nur der Lektüre zahlreicher Beiträge und Quellen zum jeweiligen Thema, sondern auch der permanenten Auseinandersetzung mit Kolleginnen und Kollegen über den eigenen Text. Ihnen allen sei an dieser Stelle herzlich gedankt.

Besonderen Dank schulde ich Prof. Dr. Wolfgang Ismayr für seine anhaltende Unterstützung. Ohne seine zuverlässige Begleitung und zahlreichen kritischen Fragen im Rahmen intensiver Diskussionen hätte ich diese Arbeit nicht schreiben können. Prof. Dr. Karl-Heinz Schlarp danke ich für viele Gespräche voller Hinweise, Fragen und Anregungen sowie die Übernahme des Zweitgutachtens.

Von der produktiven Arbeitsatmosphäre am Institut für Politikwissenschaft der TU Dresden und von zahlreichen Diskussionen mit den Teilnehmerinnen und Teilnehmern des Kolloquiums von Wolfgang Ismayr profitierte auch diese Arbeit. Aus dem Kreis vieler Kolleginnen und Kollegen besonders hervorheben möchte ich Jörg Bohnefeld, Dr. André Fleck und den leider viel zu früh verstorbenen Klemens Schrenk. Sie diskutierten mit mir Teile der Arbeit und gaben mir wertvolle Anregungen.

Viele Freundinnen und Freunde, darunter vor allem Matthias Bertsch, Petra Köhler, Sven Reichenbächer und Marc Stephan, trugen dazu bei, dass ich in allen Arbeitsphasen die Dissertation bei diversen sportlichen und anderen Freizeitaktivitäten auch einmal vergessen konnte.

Kerstin Pohl unterstützte mich unermüdlich. Ihre Durchsicht des Manuskripts, ihre kritischen Fragen und unsere Gespräche über die Arbeit brachten das Projekt inhaltlich immer wieder weiter voran. Auch ihr moralischer Beistand verdient meinen ausdrücklichen Dank.

Vorwort

Der Systemwechsel in Osteuropa unterscheidet sich von vorausgegangenen Demokratisierungswellen besonders dadurch, dass die politische und die wirtschaftliche Transformation gleichzeitig stattfanden und sich eine Reihe neuer Staaten bildete. Dem überaus komplexen Transformationsprozess in der Russländischen Föderation der 1990er Jahre von der Verfassungsgebung 1993 bis zum Ende der „Ära El'cin" 1999 ist die vorliegende Arbeit gewidmet, die auf einer Dissertation an der Technischen Universität Dresden basiert.

Im Unterschied zu anderen Forschungsarbeiten werden mit Politik, Ökonomie und Massenmedien gleich drei Transformationsfelder verknüpfend untersucht, sodass ihre Interdependenzen deutlich werden können. Die Arbeit erklärt, wie und warum es zu Koalitionen zwischen politischen Akteuren und Vertretern partikularer ökonomischer Interessen kam und wie Massenmedien für die Beförderung privilegierter Interessen instrumentalisiert wurden.

Der Autor hat eine eindrucksvolle Fülle vor allem russisch- und englischsprachiger Literatur und russischer Quellen, darunter zahlreiche Rechtsakte unterschiedlichster Urheber genutzt und akribisch ausgewertet. Angesichts einer mitunter disparaten Materiallage besteht eine besondere Leistung darin, dass die jeweiligen Informationen mit mehreren, voneinander unabhängigen Quellen belegt werden. Die Zuverlässigkeit der Quellen wird vom Autor kritisch reflektiert.

In seiner Untersuchung stützt Markus Soldner sich auf die Konzeption des „politischen Kapitalismus", die er im Anschluss an Max Weber systematisch und überzeugend entfaltet. Die Kernidee bildet der privilegierte Zugang partikularer Akteure zu staatlichen Institutionen und Ressourcen und die Möglichkeit, dadurch politische Renten zu erzielen. Neben dem Grundcharakteristikum des *rent seeking* werden fünf Faktoren als weitere Analysekategorien vorgestellt: Die Bedeutung informeller Politik, das Interesse privilegierter Akteure an der Aufrechterhaltung des Status quo sowie am Ausbau der je eigenen ökonomischen und/oder politischen Position, die Konzentration ökonomischer Macht, die teilweise Privatisierung des Staates und schließlich der Einsatz der Massenmedien als politische Ressource. Die Bedeutung dieser Aspekte für die Transformation von Politik, Ökonomie und Massenmedien wird in den nachfolgenden Kapiteln differenziert herausgearbeitet.

Die Untersuchung der Transformation des politischen Systems bildet den ersten Hauptteil des Buches. Es wird detailliert entfaltet, dass der Staatspräsident im formal präsidentiell-parlamentarischen System mit seiner doppelten Exekutive aus Präsident und Regierung schon gemäß der Verfassungsnorm eine außergewöhnlich starke Stellung besitzt. Falls der Präsident seine Vollmachten extensiv nutzt, kann das Parlament nur eine relativ geringe Rolle spielen. Nach Einschätzung des Autors wird schon durch die Verfassungsnorm eine erste Grundlage für eine Umgehung demokratisch legitimierter Institutionen durch informelle Verfahren gelegt.

In der Folge untersucht Markus Soldner eingehend, welche Auswirkungen die im Verfassungstext angelegte starke Exekutivlastigkeit in der Verfassungsrealität hatte. Die empirische Analyse der Interaktionen von Staatspräsident und Regierung belegt eindrucksvoll die starke Abhängigkeit der russländischen Regierung vom Staatspräsidenten, wobei es immer wieder zu intraexekutiven Machtkämpfen kam, in denen sich El'cin auch über rechtliche Einschränkungen hinwegsetzte. Die Exekutive und vor allem der Staatspräsident waren im Rahmen der Interaktion mit der Duma zumeist deutlich durchsetzungsfähiger als die Erste Kammer.

Der Autor kann zeigen, wie umfangreich der Präsident sein (nur selten überstimmtes) Veto bei der Gesetzgebung eingelegt und mittels Dekreten regiert hat, ohne Einschränkungen durch das Verfassungsgericht unterworfen zu sein. Vor allem die Bereiche Wirtschaft, Privatisierung und Massenmedien wurden fast ausschließlich durch untergesetzliche Normsetzungen reguliert, und es waren auch diese Bereiche, in denen sich – begünstigt durch die Intransparenz solcher Normsetzungsprozesse – die informelle Einflussnahme privilegierter ökonomischer Akteure auf die Exekutive besonders gravierend auswirkte.

Der zweite Hauptteil ist der Transformation der Ökonomie gewidmet. Auch hier destilliert der Autor überzeugend Prozesse des *rent seeking* heraus und zeigt, auf welchen Gebieten, mit welchen Strategien und in welch erheblichen Umfang Privilegien eingeräumt wurden. Er zeigt dies exemplarisch und überaus anschaulich an den Beispielen der Inflations- und Spekulationsgewinne, dem System autorisierter Banken, dem Bereich der Staatsanleihen sowie der Privatisierung von Großunternehmen. Die Gewährung ökonomischer Vorzugskonditionen war demnach für bestimmte Branchen bzw. Unternehmen ein Grundcharakteristikum des Systems während der 1990er Jahre. Besonders Großkonzerne aus dem Banken- und Rohstoffsektor, die teilweise zu Konglomeraten heranwuchsen, profitierten von dieser selektiven Privilegierung durch staatliche Akteure und den entstehenden Marktverzerrungen.

Typische Begünstigungen wie der privilegierte Zugang zu Informationen, die Befreiung von staatlichen Auflagen und Vorschriften, die selektive Gewährung von Lizenzen, der Zugriff auf Eigentum in staatlichem Besitz und der Ausschluss von Konkurrenz werden vielfältig nachgewiesen. Es gelingt dem Autor, auch im Bereich der Wirtschaft herauszuarbeiten, dass eine Reihe von Elementen des politischen Kapitalismus erhebliches Gewicht hatten – bis hin zu Tendenzen einer Ausbeutung staatlicher Institutionen zugunsten partikularer Interessen, mithin einer „Privatisierung des Staates".

Der dritte Hauptteil behandelt eingehend die Transformation des Mediensektors, die im Kontext der vorausgegangenen Ausführungen zur Politik und Ökonomie analysiert wird. Der Autor kann nachweisen, dass sich auch auf diesem Gebiet die Exekutive weitgehend gegenüber dem Parlament durchsetzen konnte. Auch das Politikfeld der Massenmedien wurde nur in geringem Maße durch Gesetzgebung und stattdessen durch eine Vielzahl untergesetzlicher Normen reguliert. Eingehend wird dargestellt, wie bei diesem intransparenten Vorgehen einzelne partikulare Akteure durch die Exekutive bevorzugt wurden und wie dadurch schwer durchschaubare wechselseitige Abhängigkeitsverhältnisse entstanden.

Die finanzielle Unterstützung der Printmedien und audiovisuellen Medien durch zahlreiche medienexterne Wirtschaftsakteure und zusätzlich ab Mitte der 1990er Jahre massive Investitionen durch die Konglomerate führten zu einer politisch und ökonomisch höchst bedeutsamen Aufteilung der überregionalen Massenmedien unter wenigen Beteiligten. Der Autor attestiert diesen Akteuren ein instrumentelles Verständnis der von ihnen kontrollierten Massenmedien als spezifische Ressource, die sie in politischen Konflikten wie auch in ökonomischen Verteilungskämpfen – exemplarisch behandelt in den drei „Medienkriegen" der Jahre 1996, 1997 und 1999 – umfassend einsetzten.

Markus Soldner hat eine theoretisch und empirisch überaus anspruchsvolle Untersuchung vorgelegt, die wesentlich zu einem erweiterten und vertieften Verständnis politischer, ökonomischer und medialer Transformationsprozesse beiträgt. Auf der Basis einer beeindruckenden Fülle empirischen Materials, das er sachkundig ermittelt und theoriegeleitet ausgewertet hat, ist es ihm überzeugend gelungen, die überaus komplexen Strukturen, Interaktionen und Interdependenzen zwischen den Bereichen Politik, Ökonomie und Massenmedien im russländischen Transformationsprozess herauszuarbeiten und deren Besonderheiten zu charakterisieren. Dabei erweist sich die eigenständig fortentwickelte Konzeption des „politischen Kapitalismus" als ausgesprochen fruchtbar. Sie könnte auch bei der Analyse anderer politischer Systeme gewinnbringend eingesetzt werden.

Wolfgang Ismayr

1. Einleitung

1.1 Gegenstand und Zielsetzung

Zwei Jahre nach dem Ende der Sowjetunion und langen, auch gewaltsamen innenpolitischen Auseinandersetzungen trat in der Russländischen Föderation als Rechtsnachfolgerin eine neue Verfassung in Kraft. Darin kommt dem Staatspräsidenten eine herausgehobene Stellung zu. Sowohl journalistische als auch wissenschaftliche Analysen kamen (und kommen) seitdem mehrheitlich zu dem Schluss, dass der russländische Staatspräsident weltweit eines der mächtigsten Staatsoberhäupter sei, mächtiger jedenfalls als der US-Präsident. Mitte der 1990er Jahre zeichneten dann Medienberichte ein Bild von der Russländischen Föderation, in der eine Handvoll kapitalstarker Akteure des Big Business („Oligarchen") nicht nur Staatspräsident El'cin, sondern ein ganzes politisches System zum eigenen Vorteil manipulierten und korrumpierten. Entscheidungen von Exekutive und Legislative würden so gefällt, dass sie den Wünschen dieser Wirtschaftsmagnaten entsprechen. Gegen den Willen dieser „Königsmacher" könne sich kein hochrangiger Politiker lange im Amt halten.

Diese beiden Phänomene – die große Machtfülle des russländischen Staatspräsidenten einerseits und die signifikant privilegierte und machtvolle Position einiger herausgehobener wirtschaftlicher Akteure andererseits – existierten im Russland der 1990er Jahre gleichzeitig und nebeneinander, und sie lassen sich in gewisser Weise auch unter El'cins Amtsnachfolgern beobachten. Wie passt das in einem zumindest formal demokratischen System zusammen? Welche Faktoren waren dafür (mit)verantwortlich, dass Staatspräsident El'cin seine Macht häufig zugunsten partikularer Interessen einsetzte? Auf welchen Wegen und mit welchen Mitteln geschah dies? Warum hatten potentielle politische und gesellschaftliche Gegengewichte in der Summe nur geringen Einfluss?

Mächtige Wirtschaftsakteure verfügen in bestimmten politischen Kontexten über bedeutend größere Durchsetzungschancen als in anderen; spezifische institutionelle Konfigurationen begünstigen bestimmte Strukturen, Kanäle, Strategien und Erfolgschancen der Einflussnahme. In Russland werden

einzelne partikulare Interessen durch die konkrete Konstruktion des politischen Institutionengefüges und die formell und informell ablaufenden Politikprozesse stark begünstigt. Es steht zu vermuten, dass ein in der Verfassungsnorm exekutivlastiges Institutionensystem nicht automatisch zu einem
„starken Staat" führt, in dem Staatspräsident und Regierung am Gemeinwohl
orientiert „durchregieren" können. Statt dessen, so eine zentrale Hypothese,
könnte sich die Wahrscheinlichkeit erheblich erhöhen, dass es zu interdependenten Koalitionen zwischen Vertretern partikularer, insbesondere ökonomischer Interessen und politischen Akteuren, vorwiegend aus dem Bereich
der Exekutive, kommt.

Im Grundsatz sind zwar auch in allen etablierten europäischen Demokratien die jeweilige Exekutive und ihr Apparat primäre Adressaten bei der Einflussnahme auf den Gesetzgebungsprozess,[1] doch zeigt sich dieses Phänomen in Russland nicht nur ausgeprägter, sondern auch in anderer Qualität.
Wenn wichtige Rechtsetzungen nicht in Form von Gesetzen, sondern durch
Präsidialerlasse vorgenommen werden, reduzieren sich die parlamentarischen Kontrollmöglichkeiten. Im Extremfall werden bestimmte Erlasse nicht
veröffentlicht, und „nichtnormative" Erlasse werden vom Verfassungsgericht
nicht geprüft.

Zeiten umfassender und paralleler politischer, ökonomischer und gesellschaftlicher Transformationen sind mehr als „normale" Reformphasen, die es
in jedem System immer wieder gibt. In ungleich größerem Maße stehen für
zahlreiche Akteure Startchancen, Positionsvorteile, Ressourcenausstattung
und dergleichen mehr zur Disposition. Vor diesem Hintergrund, verstärkt
noch durch den oben beschriebenen strukturell-prozessualen Kontext, ist zu
vermuten – so eine weitere Hypothese –, dass den Massenmedien eine veränderte Bedeutung zukommt. Vor allem, wenn sich eine Zeitung oder ein
Fernsehsender im Besitz eines ökonomischen Akteurs befindet, dessen
Hauptgeschäftsfeld gerade *nicht* der Mediensektor ist, ist es sehr wahrscheinlich, dass der – zumindest kurz- bis mittelfristige – Nutzen des Besitzes von
Massenmedien nicht in der unmittelbaren Erzielung finanziellen Gewinns aus
regulärer Geschäftätigkeit (Ressource erster Ordnung) besteht. Im Vordergrund stünde in diesem Fall die mittelbare Funktion von Medien, nämlich die

---

[1] Vgl. Ismayr 2008: 53-56.

Option auf instrumentellen Einsatz derselben für andere Ziele. In einem so verstandenen Sinne stellen Massenmedien für den jeweiligen Akteur, der sie besitzt, subventioniert oder auf anderem Wege kontrolliert, eine Ressource zweiter Ordnung dar.

Wenn man den Fokus auf das unmittelbare Objekt legt, lassen sich zwei Arten eines instrumentellen Einsatzes von Massenmedien analytisch unterscheiden: Einerseits können Massenmedien als politische Ressource dienen, die es einem Akteur ermöglicht, seine politischen Interessen publizistisch zu befördern, indem Einfluss auf politische Entscheidungsträger zum Zweck der Erzielung wirtschaftlicher Vorteile ausgeübt wird; andererseits können Massenmedien eine ökonomische Ressource darstellen, wenn mit gezielten Veröffentlichungen versucht wird, wirtschaftliche Konkurrenten zu schwächen. Auf einer eher reaktiven Ebene beinhaltet die Kontrolle über Massenmedien in gewissem Maße auch eine Schutzfunktion in Konflikten mit anderen politischen oder ökonomischen Akteuren. Die übergeordneten Ziele sind vor allem die Absicherung, idealerweise sogar der Ausbau der eigenen wirtschaftlichen und politischen Stellung. Die Macht wirtschaftlicher Konglomerate wird somit durch Medienmacht weiter verfestigt – und gleichzeitig trägt dies dazu bei, dass die realiter ablaufenden politischen Entscheidungs- und Implementierungsprozesse informell, intransparent und schwer kontrollierbar bleiben.

Das Ziel der vorliegenden Arbeit ist es, den Transformationsprozess in der Russländischen Föderation mit dem Fokus auf die Interdependenzen zwischen den Bereichen Politik, Ökonomie und Massenmedien zu analysieren. Durch die Verknüpfung dieser drei Transformationsfelder soll die Entwicklung von Strukturen und Prozessen während der Amtszeit von Staatspräsident El'cin miteinander in Beziehung gesetzt und erklärt werden, wie und warum sich ein Regime herausbildete, das in hohem Maße informelle und intransparente Züge aufweist, in dem eine relativ geringe Zahl partikularer Akteure überproportional profitiert und potentielle Gegengewichte schwach sind und in dem Massenmedien von politischen und ökonomischen Akteuren zuvorderst als Instrument zur Beförderung eigener Interessen gesehen werden. In konzeptioneller Hinsicht wird der Arbeit ein auf Max Webers Begriff des politischen Kapitalismus aufbauendes Modell zugrunde gelegt, um dieses Ineinandergreifen unterschiedlicher Strukturen und Prozesse zu analysieren und zu erklären, inwiefern diese Interdependenzen einer bestimmten Logik folgen.

26 KAPITEL 1

1.2 Forschungsstand und Quellenlage

Die Literatur zur Transformation Russlands ist ausgesprochen umfangreich. Dabei zeigen sich einige Besonderheiten. So sticht insbesondere bei einem Teil der Überblicksliteratur eine Zweiteilung ins Auge: Der Übergang der Präsidentschaft von El'cin auf Putin wird als einschneidende Zäsur begriffen, und teilweise wird insinuiert, der jeweilige Staatspräsident drücke dem ganzen politischen System seinen jeweiligen Stempel auf.[2] Andere Darstellungen mit weniger personalisierter Herangehensweise gehen davon aus, dass das institutionelle und strukturelle Gefüge, wie es sich in den 1990er Jahren herausgebildet hat, auch die politischen Entwicklungen in der ersten Dekade des 21. Jahrhunderts prägte, wenn nicht gar determinierte.[3]

Ein bedeutender Teil der umfangreicheren Studien zur politischen Transformation der Russländischen Föderation stellt Fragen der Demokratisierung in den Mittelpunkt. Ihnen liegt – zumindest implizit – das normativ grundierte teleologische Moment der Transitionsforschung zugrunde, wonach sich die mittelost- und osteuropäischen sowie die Nachfolgestaaten der Sowjetunion auf den Weg zu Demokratie (und Marktwirtschaft) gemacht hätten. Nachdem Ende der 1990er Jahre immer deutlicher wurde, dass das optimistische Post-1989-Paradigma fortschreitender Demokratisierung keinesfalls universelle Gültigkeit beanspruchen konnte,[4] entstanden Forschungszweige, die sich der „Demokratie mit Adjektiven" widmeten.[5] Innerhalb kurzer Zeit entstanden Arbeiten, die sich mit „Grauzonen", „hybriden Systemen", „defekter Demokratie", „competitive authoritarianism" und ähnlichem beschäftigten – häufig auch und gerade unter Bezugnahme auf die Nachfolgestaaten der Sowjetunion.[6] Bei diesen Untersuchungen fällt auf, dass Fragen der wirtschaftlichen Trans-

---

[2] Vgl. exemplarisch die Titelgebung bei Shevtsova 1999, 2003.
[3] Vgl. bspw. Remington 1999, 2011; S. White 2000a, 2011.
[4] Vgl. den programmatischen Beitrag von Carothers 2002.
[5] Vgl. die Pionierarbeit von Collier/Levitsky 1997.
[6] Konzeptionell möglicherweise am umfassendsten die Typologisierung „defekter Demokratie" bei Merkel et al. (2003) und die darauf aufbauenden Regionalanalysen (2006) sowie der Ansatz des „competitive authoritarianism" von Levitsky/Way (2002, 2010). Vgl. auch Beichelt 2004; Bos 2003; Bendel/Croissant/Rüb 2002; Erdmann/Kneuer 2011; Fish 2005; Mangott 2002a, b; McFaul 2001; Schedler 2006; Stewart et al. 2012 sowie die theoretisch-konzeptionell kritischen Beiträge von Bogaards 2009 und Morlino 2009.

formation und der Massenmedien in aller Regel nur am Rande behandelt und nicht systematisch mit der politischen Transformation verknüpft werden. Da das Erkenntnisinteresse der vorliegenden Arbeit kein normatives ist, setzt sie sich nicht mit den konzeptionellen Überlegungen der Literatur aus diesem Forschungsstrang auseinander. Gleichwohl werden bestimmte Ergebnisse in die Diskussion mit einbezogen – insbesondere dann, wenn es um strukturelle, institutionelle und funktionelle Merkmale des politischen Systems der Russländischen Föderation geht.

Neben diesen übergreifenden Studien zur politischen Transformation liegen eine Reihe von politikwissenschaftlichen Arbeiten vor, die sich mit einzelnen Aspekten, Institutionen, Prozessen und Interaktionen im politischen System Russlands befassen. Dazu gehören in Bezug auf das Regierungssystem etwa Monographien zum Staatspräsidenten, zur Staatsduma und zum Föderationsrat, zur Regierung, zur Gesetzgebung, zum Dekretrecht des Staatspräsidenten, zum Parteiensystem und zum Föderalismus.[7] Unabhängig von ihrem jeweils spezifischen theoretischen Ansatz konzentrieren sich diese Arbeiten weitgehend auf die Sphäre der Politik und gehen höchstens am Rande auf die Bereiche Ökonomie und Medien ein. Dessen ungeachtet beinhalten sie wichtige Ergebnisse, mit denen sich diese Arbeit in den entsprechenden Abschnitten auseinandersetzt.

Die Literatur zur ökonomischen Transformation der Russländischen Föderation ist sehr umfangreich. Sie reicht von breit angelegten und vergleichenden Arbeiten[8] bis hin zu Untersuchungen von einzelnen Wirtschaftssektoren oder Feldern der Wirtschaftspolitik[9]. Diese Studien beziehen – in unterschiedlich starkem Maße – die entsprechenden politischen Prozesse mit ein, bieten aber meist keine elaborierte Verknüpfung zwischen beiden Sphären.

Sowohl Wirtschaft als auch Politik stehen bei einigen Studien gemeinsam im Fokus, die sich mit der Interaktion politischer und wirtschaftlicher Akteure in Russland beschäftigen. Hierzu gehören Arbeiten, die sich mit dem Einfluss kollektiver ökonomischer Akteure und mit Fragen des Korporatismus beschäf-

---

[7] Z. B. Huskey 1999, Nichols 2001; Remington 2001, Steinsdorf 2001, Wiest 2003, Troxel 2003; Shevchenko 2004; Chaisty 2006; Schaich 2004; Hale 2006, Legutke 2001, March 2002, D. White 2006; Ross 2002.

[8] Exemplarisch seien genannt Åslund 2002; Granville/Oppenheimer 2001; Sutela 2004.

[9] Breit rezipiert bspw. Adachi 2010; Barnes 2006; Fortescue 2006; Gaddy/Ickes 2002; Johnson 2000; Lane 1999, 2002; Shleifer/Treisman 2000.

tigen,[10] vor allem jedoch Studien zur Rolle von Wirtschaftseliten und ihrer Verflechtung mit der politischen Sphäre in Russland während der Präsidentschaft El'cins.[11] Bei allen Unterschieden in Bezug auf den jeweils verfolgten Ansatz und auf das Gewicht, das Fragen der politischen Transformation jeweils beigemessen wird, bieten diese Untersuchungen einige wichtige Anknüpfungspunkte für die vorliegende Arbeit und werden in den entsprechenden Abschnitten in die Diskussion einbezogen. Gleichzeitig eint diese Forschungen, dass der Medienbereich allenfalls ganz am Rande berücksichtigt wird.

Umfangreichere Studien zur Transformation des Mediensystems in Russland gibt es verhältnismäßig wenige. Sie decken allerdings ein breites Spektrum an Schwerpunkten ab. Die meisten von ihnen sind – explizit oder implizit – normativ orientiert und stellen die Frage nach der Medienfreiheit in den Mittelpunkt. Bei einigen Arbeiten handelt es sich eher um Überblicksdarstellungen ohne weitergehenden Anspruch.[12] Zahlreiche Untersuchungen konzentrieren sich auf bestimmte Medienformen,[13] Wandel in Journalismus und Rezipientenverhalten[14] oder (verfassungs)rechtliche Fragen zu Pressefreiheit und Zensurverbot[15]. Fragen der politischen Transformation spielen in diesen Studien häufig nur eine untergeordnete, jedenfalls wenig systematisierte Rolle,[16] die ökonomische Transformation behandeln sie in der Regel nur am Rande.

Über die genannten Arbeiten hinaus liegt eine kleine Zahl an Untersuchungen vor, die die Analyse der Medientransformation stärker mit der politi-

---

[10] Zu den umfangreicheren Arbeiten gehören z. B. Peregudov 2011; Peregudov/Lapina/Semenenko 1999; Stykow 2006.

[11] Etwa Harter et al. 2003; Pleines 2003; Westphal 2000.

[12] Bspw. Arutunyan 2009 sowie in Form von Länderberichten zu den osteuropäischen Mediensystemen im Transformationsprozess Stegherr/Liesem 2010.

[13] Etwa Printmedien (Steinsdorff 1994), Fernsehen (Mickiewicz 1997, 1999b; Amelina 2006; mit Schwerpunkt auf Putins ersten beiden Amtszeiten Burrett 2011) oder Regionalzeitungen (Pietiläinen 2002).

[14] Zur Professionalisierung und zum Selbstverständnis von Journalisten bspw. Pasti 2007 und zum Rezeptionsverhalten von Fernsehzuschauern Mickiewicz 2008. Kol'cova unternimmt den Versuch, die Nachrichtenproduktion in Russland als Manifestation von Machtbeziehungen im Foucaultschen Sinne zwischen einer Vielzahl von Akteuren zu rekonstruieren (Kol'cova 2001, Koltsova 2006).

[15] Deppe 2000.

[16] Ausnahmen sind Steinsdorff 1994 (für die Jahre 1985-1993) und Burrett 2011 (für die Jahre 2000-2008).

schen Transformation verbinden. Bei der Mehrheit von ihnen fällt auf, dass die politischen Strukturen und Prozesse nur als Begleitrahmen der jeweiligen Untersuchung zur Sprache kommen, dass aber die Wechselwirkungen nicht systematisch erforscht werden.[17] Enger ist die Verbindung in den breit rezipierten Untersuchungen von Sarah Oates, Laura Belin und Ivan Zasurskij.

Oates' umfassende Studie[18] widmet sich der zentralen Rolle des Fernsehens bei den Parlaments- und Präsidentschaftswahlen in Russland zwischen 1993 und 2004 und kommt zu dem Ergebnis, dass das Fernsehen in vielfacher Hinsicht die Rolle übernommen habe, die klassischerweise politischen Parteien zukommt („broadcast party"). Belins Untersuchung[19] interpretiert die Entwicklung der russländischen Massenmedien in den 1990er Jahren als Vorgeschichte der Wiedererlangung staatlicher Kontrolle über die Massenmedien während der Präsidentschaft Putins. Sowohl für Oates als auch für Belin kommt dabei den negativen Auswirkungen in Bezug auf die Demokratie große Bedeutung zu. Welche politischen und ökonomischen Strukturen und Prozesse wie auf die Entwicklung der Massenmedien einwirkten, wird dagegen in beiden Arbeiten nicht vertieft analysiert.

Zasurskijs Arbeiten[20] schließlich bieten eine materialreiche Geschichte der Medienentwicklung seit Mitte der 1980er Jahre mit dem Anspruch, die beiden Sphären Politik und Medien zu verbinden. Dabei vertritt Zasurskij die These, dass es Mitte der 1990er Jahre zu einer Medialisierung der Politik, „das heißt zu einer Verlagerung des politischen Prozesses in den symbolischen Raum der Massenmedien"[21] gekommen sei. Durch die Institutionalisierung neuer Machtzentren innerhalb der Medien habe sich in der Folge ein „medienpolitisches System" (media-političeskaja sistema) herausgebildet. Bei aller Detailfülle und einer Vielzahl an Thesen unterbleibt in Zasurskijs Arbeiten gleichwohl eine systematisierende Engführung der politischen und der Medientransformation.

Darüber hinaus blenden auch Oates, Belin und Zasurskij in ihren medienzentrierten Untersuchungen Fragen der ökonomischen Transformation weit-

---

17 Dies gilt z. B. auch für empirisch sehr gehaltvolle Arbeiten, die ihren Schwerpunkt auf die 1990er Jahre legen, wie etwa Gladkov 2002 und Trautmann 2002.
18 Oates 2006.
19 Belin 2002c.
20 I. Zasurskij 1999b, 2001; I. Zassoursky 2004.
21 I. Zasurskij 1999b: 8.

gehend aus. Die Interdependenz des russländischen Transformationsprozesses in den Bereichen Politik, Wirtschaft und Medien wird bei ihnen nicht eingehend untersucht. Somit bleiben entscheidende Fragen zur Genese der
spezifischen Regimekonfiguration während der Amtszeit El'cins und den dafür verantwortlichen Faktoren unbeantwortet.

Die Quellenlage für eine Arbeit, die sich mit Interdependenzen zwischen Politik, Ökonomie und Massenmedien in Russland beschäftigt, ist nicht ganz einfach. Der Grund dafür ist der Tatsache geschuldet, dass ein Teil der Daten
und Informationen nicht offiziell veröffentlicht wurden (und werden). Auch
staatliche Statistiken sind teilweise widersprüchlich und können keine uneingeschränkte Zuverlässigkeit beanspruchen. Veröffentlichungen von Nichtregierungsorganisationen, Forschungs- und Politikberatungsinstituten und dergleichen können undeklariert die Interessen eines politischen oder ökonomischen Akteurs befördern. Ähnlich verhält es sich bei journalistischen Publikationen, die ebenfalls die Interessen eines bestimmten Akteurs bedienen können (was wiederum Teil der Analyse im Medienkapitel sein wird). Gleichzeitig
kann auf diese Quellen nicht komplett verzichtet werden, weil sie häufig wichtige, offiziell nicht veröffentlichte Informationen enthalten.

Um die Einschränkungen, die aus dieser disparaten Materiallage erwach-
sen, so weit wie möglich zu reduzieren, geht diese Arbeit mehrgleisig vor. So
wurde eine Vielfalt an Quellen ausgewertet und gegeneinander abgewogen.
Dabei war darauf zu achten, dass die jeweiligen Informationen bei mehreren,
voneinander unabhängigen Quellen zu finden sind. Darüber hinaus fand eine
Analyse der einschlägigen wissenschaftlichen Literatur statt. Diese Vorgehensweise hat auch zur Folge, dass in einigen Fällen Plausibilitätsannahmen
gemacht werden und in anderen Fällen divergierende Informationen gegen-
übergestellt und diskutiert werden müssen, ohne letzte Zweifel ausräumen zu
können.

Eine Vielzahl an Quellen liegt elektronisch vor und ist auf diesem Wege
auch am leichtesten greifbar. Dazu gehören unter anderem Datenbanken mit
den Rechtsakten der Russländischen Föderation und die Volltextdatenbank
Integrum, die nahezu alle in Russland herausgegebenen Tages- und Wochenzeitungen sowie Meldungen von Nachrichtenagenturen, eine große Zahl

an Zeitschriften und eine Vielzahl weiterer Informationsquellen enthält. Des weiteren wurden viele Publikationen von Nichtregierungsorganisationen sowie Forschungs- und Politikberatungsinstituten nur in sehr geringer Stückzahl tatsächlich gedruckt und sind dementsprechend nicht leicht greifbar; vielfach wurden sie jedoch – parallel oder nachträglich – im Internet zugänglich gemacht. Ähnliches gilt für einzelne russländische wissenschaftliche Arbeiten.[22] Dies hat zur Folge, dass in dieser Arbeit bei bestimmten Nachweisen auf die Angabe einer Seitenzahl verzichtet werden muss. Falls es sich um längere, jedoch gegliederte Texte handelt, werden das Kapitel oder der Abschnitt der Fundstelle angegeben.

Jede Arbeit, die sich mit einem Land beschäftigt, in dem nicht das lateinische Alphabet gilt, steht vor der Frage, welche Art der Umschrift angewandt werden soll. In der vorliegenden Arbeit findet die wissenschaftliche Transliteration Anwendung, weil sie den Vorteil größtmöglicher Eindeutigkeit besitzt. Das bedeutet, dass außer Personen- auch andere Eigennamen transliteriert werden. Die einzigen Ausnahmen von dieser Regel bilden „Sowjet"/„sowjetisch", „Moskau" und „St. Petersburg". Bei wörtlichen Zitaten wird jeweils die dort verwendete Umschrift beibehalten. Deshalb lässt es sich leider nicht vermeiden, dass im Einzelfall verschiedene Schreibweisen eines identischen Ausdrucks nebeneinander vorkommen können. Dies gilt auch für Personennamen im Literaturverzeichnis, da russische Autoren je nach Publikationsort teilweise unterschiedlich geschrieben werden. Abkürzungen werden – sofern es standardisierte Formen gibt – nach der russischen Bezeichnung transliteriert. Ausnahmen von dieser Regel sind „UdSSR" und „KPdSU". Details finden sich im Abkürzungsverzeichnis.

Im Russischen wird zwischen den Adjektiven „rossijskij" und „russkij" unterschieden. Ersteres bezeichnet die Zugehörigkeit zum Staat Russland, Letzteres bezieht sich auf die ethnische bzw. sprachliche Dimension. Da diese Unterscheidung in einem multinationalen Staat wie Russland große Bedeutung gewinnt, wird in der vorliegenden Arbeit „rossijskij" mit „russländisch" und „russkij" mit „russisch" wiedergegeben. Die offizielle Staatsbezeichnung lautet seit dem Beschluss des Volksdeputiertenkongresses vom 17.04.1992

---

[22] In einigen Fällen sind die Publikationen inzwischen nicht mehr unter der angegebenen URL zu finden, teilweise auch komplett aus dem Internet verschwunden. Kopien liegen dem Verfasser dieser Arbeit jedoch vor.

„Rossijskaja Federacija – Rossija". Die Verfassung von 1993 übernimmt diese Bezeichnung. In Analogie dazu werden „Russland" und „Russländische
Föderation" in der Folge synonym gebraucht und als Abkürzung „RF" verwendet. Bei wörtlichen Zitaten wird jedoch der Originalwortlaut beibehalten.
Alle Zitate aus dem Russischen wurden übersetzt. Soweit nicht anders
angegeben, stammen die Übersetzungen vom Verfasser.

1.3 Der Aufbau der Arbeit

Um das beschriebene Phänomen zu analysieren, geht die Arbeit in fünf
Schritten vor. Nachdem in Kapitel 2 der theoretische Analyserahmen entfaltet
wurde, widmet sich das 3. Kapitel kurz der Verfassungsnorm auf der Grundlage der russländischen Verfassung von 1993. Kapitel 4 analysiert ausführlich
die Verfassungsrealität in der Ära El'cin (1993-1999). Im 5. Kapitel stehen die
ökonomische Transformation und die Herausbildung mächtiger Wirtschafts-
konglomerate im Vordergrund. In Kapitel 6 schließlich werden die politischen
und ökonomischen Prozesse mit dem Feld der Massenmedien in Beziehung
gesetzt und deren hohe Interdependenz herausgearbeitet.

Kapitel 2 entwickelt den theoretisch-analytischen Rahmen der Arbeit. Er
basiert auf der Grundkonzeption des „politischen Kapitalismus", der auf Max
Weber zurückgeht und dessen Grundcharakteristikum im Phänomen des *rent
seeking* besteht. Darauf aufbauend werden aktuelle theoretische Ergebnisse
der Transformationsforschung mit dieser Konzeption verknüpft. Die zentralen
weiteren theoretischen Bausteine behandeln die möglichen Ursachen und
Folgen des politischen Kapitalismus. Sie gruppieren sich um informelle politische Entscheidungsprozesse und die Stärkung der Exekutive; das Interesse
privilegierter partikularer Akteure an der Bewahrung des Status quo; die Konzentration politischer und ökonomischer Macht mit der inhärenten Tendenz
zur Privatisierung des Staates; sowie den daraus folgenden Bedeutungszuwachs von Massenmedien als politische Ressource.

Die Analyse der Verfassungsnorm in Kapitel 3 zeigt, dass die Russländische Föderation nach der seit Ende 1993 geltenden Verfassung formal ein
präsidentiell-parlamentarisches System besitzt. In präsidentiell-parlamentarischen Systemen verfügt der Staatspräsident üblicherweise über eine starke
Stellung. In Russland jedoch ist die Machtposition des Staatspräsidenten im

Vergleich mit anderen präsidentiell-parlamentarischen Systemen noch stärker ausgeprägt, so dass manche Autoren sogar von „Superpräsidentialismus"[23] sprechen.

Die praktischen Folgen des strukturellen Ungleichgewichts zugunsten des Staatspräsidenten bzw. der Exekutive sind das zentrale Thema des 4. Kapitels. Durch die Analyse der politischen Prozesse zwischen 1993 und 1999 soll geprüft werden, welche Auswirkungen die in der Verfassungsnorm angelegte starke Exekutivlastigkeit und das damit verbundene Defizit an Verantwortlichkeit gegenüber Legislative und Öffentlichkeit in der Verfassungsrealität hatten. Schwerpunkte der Analyse bilden dabei die Interaktion von Exekutive und Legislative, innerexekutive Strukturen und Prozesse und verbunden damit Fragen der Informalität und Intransparenz von Entscheidungsprozessen sowie Politikgestaltung im Spannungsfeld zwischen Gesetzgebung und „untergesetzlicher Rechtsetzung". Dabei zeigt sich, dass Staatspräsident El'cin schwerpunktmäßig in den Bereichen Wirtschaftspolitik, Privatisierung und Massenmedien sehr häufig von seinem Vetorecht gegenüber der parlamentarischen Gesetzgebung Gebrauch machte und dass diese Politikfelder im Gegenzug in hohem Maße durch untergesetzliche Normsetzung (vor allem Präsidentendekrete) reguliert wurden. Mit den beiden Politikfeldern Wirtschaftspolitik/Unternehmensprivatisierung respektive Massenmedien beschäftigen sich deshalb die folgenden Kapitel 5 und 6 eingehender.

Kapitel 5 widmet sich der ökonomischen Transformation. Der Schwerpunkt liegt dabei auf wichtigen (wirtschafts-)politischen Entscheidungen. Vor dem Hintergrund der schon im vorangehenden Kapitel herausgearbeiteten untergeordneten Rolle des Parlaments und der Dominanz der Exekutive ist dabei insbesondere von Interesse, ob und in welchem Umfang bestimmte Weichenstellungen zu Wettbewerbsverzerrungen und zur Begünstigung partikularer Akteure führten, wie diese mit der Exekutive interagierten und welche Rolle untergesetzliche Normsetzung dabei spielte. Es kann gezeigt werden, dass Strategien des *rent seeking* für bestimmte Wirtschaftsakteure erheblich lukrativer waren als die des *profit seeking* und dass gerade von diesem eher kleinen Kreis von Profiteuren unüberschaubare und intransparente Unternehmenskonglomerate aufgebaut wurden, die über erhebliche wirt-

---

[23] Meines Wissens als erster Holmes (1993/94).

schaftliche und politische Macht verfügten. Diesen Akteuren wird im Zeitverlauf auch auf dem Feld der Massenmedien eine wichtige Rolle zukommen.
Das 6. Kapitel untersucht den Mediensektor in Russland. Auch hier wird
der Faden der herausgehobenen Position der Exekutive in der Politikgestaltung wieder aufgenommen und das Politikfeld der Massenmedien daraufhin
untersucht. Im Vordergrund stehen dabei die Interaktion zwischen Legislative
und Exekutive sowie Art, Umfang und Konsequenzen untergesetzlicher
Rechtsetzung und -umsetzung. Im weiteren Verlauf des Kapitels wird die Rolle nichtstaatlicher Akteure im Medienbereich – das heißt insbesondere der
aus Kapitel 5 bekannten Konglomerate – am Beispiel von fünf unterschiedlichen Akteuren eingehend analysiert. Wann, in welchem Umfang und mit welchen Motiven engagierten sich diese auf dem Feld der Massenmedien? E-
bendiese fünf Akteure stehen im letzten Teil des Kapitels exemplarisch für
den instrumentellen Einsatz der von ihnen jeweils kontrollierten Medien zur
Wahrung ihrer jeweiligen – politischen und ökonomischen – Interessen. Dies
zeigt abschließend eine vertiefte Analyse dreier, gemeinhin als „Medienkriege" bezeichneter medialer Kampagnen. Dabei werden auch die variable Alli-
anzenbildung sowie die wechselnde Rolle staatlicher Medien herausgearbeitet.

2. Theoretisch-konzeptioneller Rahmen

Der Begriff der „Transformation" wird im Rahmen dieser Untersuchung als Oberbegriff für einen umfassenden (Sub-)Systemwandel und -wechsel benutzt, welcher weit über „Reform(en)" hinausgeht:

> „Reformen finden innerhalb eines gegebenen Systemparadigmas statt, das auf diesem Weg einer veränderten Umwelt angepasst, modernisiert oder effizienter gestaltet wird. Im Laufe der Zeit können zwar konsekutive Reformen evolutionär zu einem neuen Systemparadigma führen, das aber zu Beginn weder so gewollt, noch sprunghaft institutionalisiert wird."[24]

Demgegenüber führt eine Transformation zur Ersetzung eines bestehenden Systemparadigmas durch ein neues. Dies geschieht im Rahmen von – teilweise abrupten, teilweise jahrelangen – Prozessen, die parallel, aber nicht notwendigerweise im Gleichschritt, alle gesellschaftlichen Bereiche erfassen: vom politischen über das ökonomische und das Rechtssystem bis zur Sozialstruktur.

Die Transformation in den ostmitteleuropäischen Staaten gilt im historischen Weltmaßstab als einzigartig[25] – und manchem sogar als paradigmatisch, weil sich das Transformationsziel an westlichen Mustern orientierte, allen voran Demokratie und Kapitalismus. Dies darf jedoch nicht darüber hinwegtäuschen, dass Transformationsprozesse grundsätzlich offen und reversibel sind. Das von zentralen Akteuren proklamierte Ziel kann verfehlt werden. Ein *roll back* ist ebenso möglich wie ein Steckenbleiben, es kann aber auch zur Herausbildung und Stabilisierung eines neuen Systems jenseits von Ausgangs- und Zielparadigma kommen.

Wenn folglich in dieser Arbeit von Transformation in Russland gesprochen wird, bezieht sich dies zunächst nur auf die Ablösung der alten sozialistischen Ordnung durch grundlegend andere Institutionen- und Regelsysteme. Dies schließt nicht nur die politischen, sondern die Umbruchprozesse in der gesamten Gesellschaft mit ein, denn auch wenn eine neue Verfassung formal und vordergründig für eine tabula rasa zu sorgen scheint, ist mit ihrem Inkraft-

---

[24] Kollmorgen/Merkel/Wagener 2015: 17.
[25] Vgl. Kornai 2006.

treten der Transformationsprozess noch lange nicht beendet. Die Verfassung kann zwar einen wichtigen Rahmen vorgeben, die gesamtgesellschaftlichen Transformationsprozesse – sei es die Verfassungsrealität, die Umgestaltung der Wirtschaft, des Mediensystems etc. – jedoch nicht determinieren.

In den letzten Jahren etablierte sich nach und nach eine Forschungsrichtung, die häufig, dem Titel eines Pionierbandes folgend, mit dem Etikett „varieties of capitalism" versehen wird und die große Spannbreite institutioneller Ausgestaltungen kapitalistischer Wirtschaftsordnungen (in politischer und ökonomischer Hinsicht) zum Gegenstand hat.[26] Auffällig ist, dass sich die Arbeiten aus diesem Umfeld sowohl in theoretischer als auch in empirischer Hinsicht nahezu ausschließlich auf etablierte und stabile Industriestaaten beziehen. Die spezifischen Dynamiken in Transformationsstaaten können mit diesem Ansatz kaum erfasst werden.[27] Der Grund dafür ist, dass dieser Ansatz von Voraussetzungen ausgeht, die im Laufe eines Systemwandels überhaupt erst geschaffen werden müssen. In besonderem Maße gilt dies dann, wenn Transformationsstaaten vor einem „Dilemma der Gleichzeitigkeit" stehen, weil eine zumindest „doppelte Transformation" mehr oder minder zeitgleich eingeleitet und bewältigt werden muss: Der Aufbau einer neuen politischen Ordnung und parallel eines neuen Wirtschaftssystems.[28]

Für diese Arbeit muss daher ein spezifisches Analyseinstrumentarium entwickelt werden. Dabei bietet es sich an, auf Max Webers Konzeption des politischen Kapitalismus zurückzugreifen und diese mit Hilfe weiterer theoretischer Bausteine, die in der Transformationsforschung entwickelt wurden, auszudifferenzieren. Dieser Rahmen soll den politischen und wirtschaftlichen Dynamiken im osteuropäischen und insbesondere russländischen Kontext gerecht werden.

In seinem Hauptwerk „Wirtschaft und Gesellschaft" legt Max Weber eine Typologie kapitalistischer Wirtschaftsformen vor. Einer der von Weber identifizierten Typen lässt sich mit großem Gewinn auf die Umbruchjahre am Ende der Sowjetunion und die erste Dekade der Eigenstaatlichkeit der Russlän-

---

[26] Hall/Soskice 2001; vgl. auch Amable 2003.
[27] Vgl. Lane 2007: 14.
[28] Im Falle einiger osteuropäischer sowie aller Nachfolgestaaten der Sowjetunion war es eine „dreifache Transformation", da sich auch ein neuer (National-)Staat konstituieren musste (vgl. Offe 1994: 57, 63-66; für einen zusammenfassenden Überblick vgl. auch Merkel 2010: 324-340).

dischen Föderation anwenden. Es handelt sich dabei um den Typus, der bei Weber „politisch orientierter Kapitalismus"[29] heißt und der im weiteren Verlauf der Arbeit, wenn nicht unmittelbar auf Webers Konzeption Bezug genommen wird, „politischer Kapitalismus" genannt werden soll.[30]

Weber kategorisiert insgesamt sechs „untereinander *artverschiedene* typische Richtungen ‚kapitalistischer' [...] Orientierung des Erwerbs"[31], das heißt der Generierung von Einnahmen und Gewinn durch ökonomische Akteure. Unter diesen sechs „Richtungen" sind drei, die er unter den Oberbegriff „politisch orientierter Kapitalismus" subsumiert:

„3. Orientierung an Chancen des aktuellen *Beute*erwerbs von politischen oder politisch orientierten Verbänden oder Personen: Kriegsfinanzierung oder Revolutionsfinanzierung oder Finanzierung von Parteiführern durch Darlehen oder Lieferungen.

4. Orientierung an Chancen des kontinuierlichen Erwerbs kraft gewaltsamer, durch die politische Gewalt garantierter Herrschaft: a) kolonial (Erwerb durch Plantagen mit Zwangslieferung oder Zwangsarbeit, monopolistischer und Zwangshandel); b) fiskalisch (Erwerb durch Steuerpacht und Amtspacht, einerlei ob in der Heimat oder kolonial).

5. Orientierung an Chancen des Erwerbs durch außeralltägliche Lieferungen [an] politische Verbände."[32]

Der fundamentale Unterschied zwischen dem „politisch orientierten Kapitalismus" und dem „rationalen, marktorientierten Kapitalismus", den Weber im „Okzident" als vorherrschend ansieht,[33] betrifft deren Organisations- und Funktionsprinzipien. Im Kern unterscheiden sie sich folgendermaßen: Der rationale Marktkapitalismus fußt auf dem Privateigentum an Produktionsmitteln. Ökonomische Akteure akkumulieren ihre Profite durch „Orientierung an Marktchancen"[34], sie stehen also untereinander in einem – idealtypisch freien und unbeschränkten – Wettbewerbsverhältnis. Im politischen Kapitalismus hingegen befinden sich die Produktionsmittel nicht notwendig in privatem Eigentum, und die erzielten Gewinne resultieren nicht aus dem Agieren auf ei-

---

[29] Weber 1976: 96 et pass.
[30] Erste Skizzen der folgenden Überlegungen habe ich bereits im Rahmen früherer Arbeiten vorgelegt (vgl. Soldner 2005; 2008: 157-162).
[31] Weber 1976: 95 (Hervorh. i. O.). Swedberg (2010: 29) zählt sieben Kategorien, doch bleibt unklar, durch welche Binnendifferenzierung er diese Zahl erhält. Weber (1976: 95f.) jedenfalls numeriert von eins bis sechs.
[32] Weber 1976: 95f. (Hervorh. i. O.).
[33] Vgl. Weber 1976: 117, 96 et pass.
[34] Weber 1976: 96.

nem Markt, sondern kommen durch die Ausnutzung unterschiedlicher Formen politischer Herrschaftsausübung sowie der daraus resultierenden
gleichheitswidrigen Verzerrung der wirtschaftlichen Spielregeln zustande.
Weber analysierte in seiner Arbeit vor allem den politischen Kapitalismus
in den historischen Gesellschaften der Antike, des Orients und in Fernost.
Sein analytisches Unterscheidungsinstrumentarium lässt sich jedoch auch in
der Gegenwart gewinnbringend nutzen – auch und gerade im Falle der
Transformationsprozesse in Osteuropa und in den Nachfolgestaaten der
Sowjetunion. Dazu müssen seine zentralen Überlegungen weiterentwickelt
und mit neueren wissenschaftlichen Ansätzen und Begrifflichkeiten verbunden werden.

Die polnische Soziologin Jadwiga Staniszkis entwickelte 1991 einen theo-
retisch-konzeptionellen Analyserahmen, dem sie die Bezeichnung „political
capitalism" gab.[35] Am Beispiel Polens ab den 1980er Jahren untersuchte sie
die sukzessive Transformation des wirtschaftlichen Systems sowie die Handlungen und Interaktionen politischer und ökonomischer Akteure. Staniszkis
bleibt in ihrer frühen Arbeit leider eine umfassende Definition des Begriffs „politischer Kapitalismus" schuldig, aber verstreut finden sich Attribute und Gene-
ralisierungen, aus denen sich die Kernpunkte und Funktionslogiken ableiten
lassen.

Für Staniszkis ist im politischen Kapitalismus erstens die enge Verbindung
von Macht und Kapital von zentraler Bedeutung.[36] Sie bewegt sich zweitens
auf den Bahnen des transformationstheoretischen Ansatzes der Pfadabhän-
gigkeit mit elitentheoretischer Grundierung, wenn sie schreibt, der politische
Kapitalismus sei „the result of actions from above initiated by the Communist
power elite and not an expression of the economic expansion of the traditional
private sector"[37]. Drittens schließlich ist der politische Kapitalismus für Staniszkis eine temporäre Organisationsform, das heißt eine Phase und ein bestimmter Modus auf dem Weg zu einem anderen Wirtschaftssystem. Damit
ist bei Staniszkis jedoch – im Gegensatz etwa zu Fukuyama – keine teleolo-

---

[35] Vgl. Staniszkis 1991.
[36] Vgl. Staniszkis 1991: 46.
[37] Staniszkis 1991: 36.

gische Aussage verbunden, weil die weitere Entwicklung prinzipiell offen und unter Umständen auch umkehrbar ist.[38]

Basierend auf der Entwicklung in Polen Mitte bis Ende der 1980er Jahre destilliert Staniszkis zudem drei zentrale Merkmale des politischen Kapitalismus in der Endphase des Sozialismus heraus:

- the linkage of power over people and things in industry and the state administration with activity geared toward profit for certain individuals in a private company;
- the fact that the main customer of these companies is not the consumer market, but state industry and the structures of the empire in the broad sense. This form also maintains consumption by members of the apparatus as a social group on a relatively high level (such as, the exchange of favors between the apparatchiks of the various departments; services for their own use);
- the derivation of profits from the exclusive access reserved for ‚owners of companies' who have dual status to attractive markets and capital, decision-making centers, information, goods in short supply—that is, influence connected with a monopoly position in state industry.[39]

Aus dieser Aufzählung ergibt sich, dass in Staniszkis' Konzeption die Umwandlung von politischem in ökonomisches Kapital eine gewichtige Rolle spielt. Dies bezieht sich nicht nur auf die formelle oder informelle Privatisierung von Unternehmen(steilen), sondern generell auf exklusiven Zugang zu sämtlichen staatlichen Institutionen und Ressourcen. Darunter fallen nicht nur Finanzmittel, sondern zum Beispiel auch Lizenzen und Genehmigungen oder (Insider-)Informationen. Daraus ergeben sich vielfache Möglichkeiten zur Externalisierung der eigenen Kosten bei gleichzeitiger Internalisierung der Gewinne. Mit anderen Worten: Den beteiligten Akteuren geht es um die Erzielung einer politischen Rente.[40]

Wenn man sich die eingangs dieses Abschnittes angeführten Ausführungen Max Webers noch einmal vergegenwärtigt, wird deutlich, dass auch bei ihm die Quintessenz des politisch orientierten Kapitalismus darin besteht, dass ein begrenzter Kreis von Akteuren privilegierten Zugang zu politischen bzw. staatlichen Institutionen, Akteuren und Ressourcen hat und auf diesem

---

[38] Vgl. Staniszkis 1991: 36.
[39] Staniszkis 1991: 46f.
[40] Staniszkis verwendet den Terminus „political rent" bzw. „Rente der Macht" oder auch „Rente politischer Macht" erst in späteren Arbeiten (vgl. etwa Staniszkis 1995, 1998, 1999).

Weg politische Renten vereinnahmt. Es verwundert deshalb, dass sich Staniszkis bei ihrem Begriff des politischen Kapitalismus an keiner Stelle auf Weber beruft – weder positiv noch negativ.[41]

Eine mögliche Erklärung hierfür bieten Eyal, Szelényi und Townsley. Nach ihrer Interpretation zielt Webers politisch orientierter Kapitalismus auf die Logik des ökonomischen Systems, wohingegen Staniszkis' politischer Kapitalismus das Personal und die Herausbildung einer kapitalistischen Klasse in den Blick nehme. Weiter heißt es:

> „For Weber, political capitalism is capitalism in so far as it is oriented towards the rational acquisition of profits, but it is political because this happens under the tutelage of the state and/or under conditions of systematic political interference in the economic system."[42]

Obige Beschreibung des jeweiligen Hauptfokus von Weber und Staniszkis ist zweifellos korrekt, aber dadurch wird meine These der gemeinsamen Quintessenz des Analysekonzepts politisch orientierter/politischer Kapitalismus nicht widerlegt. Und die Behauptung von Eyal, Szelényi und Townsley, wonach bei Weber auch im politisch orientierten Kapitalismus „rational acquisition of profits" stattfinde, hält einer kritischen Prüfung nicht stand, denn Weber schreibt an einer Stelle explizit:

> „Es ist von vornherein klar: dass jene *politisch* orientierten Ereignisse, welche diese Erwerbsmöglichkeiten bieten, ökonomisch: — von der Orientierung an *Markt*chancen (d. h. Konsumbedarf von Wirtschaftshaushaltungen) her gesehen, *irrational* sind."[43]

Aus diesen Äußerungen lässt sich ableiten, dass in Webers politisch orientiertem Kapitalismus zwei Grundpostulate des „rationalen, marktorientierten Kapitalismus" nicht erfüllt werden: Zum einen findet keine oder höchstens eine geringe gesamtstaatliche Wohlfahrtssteigerung statt, weil es nur geringe Anreize gibt, Gewinne mit dem Ziel der Effizienzsteigerung zu reinvestieren, und im Gegenzug die Anreize, vorhandene Ressourcen zur Pflege der Verbindungen zu staatlichen Akteuren einzusetzen, ungleich höher sind. Zum

---

[41] Staniszkis bezieht sich sowohl in dieser grundlegenden als auch in späteren Arbeiten sehr wohl auf Weber, teilweise sogar direkt auf „Wirtschaft und Gesellschaft", allerdings immer in anderen Zusammenhängen (vgl. bspw. Staniszkis 1991: 178; 1998: 376f.; 1999). Dies zeigt, dass sie Weber rezipiert hat. Umso rätselhafter bleibt, warum sie sich weder von Webers „politisch orientiertem Kapitalismus" abgrenzt noch auf ihn aufbaut, sondern ihn komplett unberücksichtigt lässt.

[42] Eyal/Szelényi/Townsley 1998: 243, Fn. 1.

[43] Weber 1976: 96 (Hervorh. i. O.).

anderen herrschen gerade *keine* Marktbedingungen mit grundsätzlich gleichen Zutrittschancen für alle Teilnehmenden. Weber spricht deshalb im politisch orientierten Kapitalismus auch nicht von „Profit", sondern von „Er-
werbsmöglichkeiten" – und meint damit das, was in der zeitgenössischen
Wissenschaft als „(politische) Rente" bezeichnet wird.[44]

Der Begriff des politischen Kapitalismus findet sich auch in der marxistischen Kapitalismustheorie. Wenn man mit Herbert Kitschelt versucht, unter
Ausklammerung interner Kontroversen einen kleinsten gemeinsamen Nenner
marxistischer Theorien zur Kapitalismusevolution herauszudestillieren, stellt
der politische Kapitalismus die fünfte Entwicklungssequenz, beginnend mit
der Auflösung des Feudalismus, dar. Zentral für diese Phase ist die „mikro-
und makro-ökonomische Intervention des Staates in die Marktallokation"[45]. In
diesem generellen Sinne fallen aber sämtliche westliche Marktwirtschaften
unter die Rubrik „politischer Kapitalismus". Der marxistisch verstandene politische Kapitalismus eignet sich folglich nicht zur Analyse post-sozialistischer
Transformationsprozesse. Auch Staniszkis entwickelt ihren Begriff des politischen Kapitalismus augenscheinlich nicht in der Auseinandersetzung mit der
marxistischen Kapitalismustheorie.

In einem ersten Zwischenschritt lässt sich somit feststellen, dass sich die
Grundkonzeptionen von Weber und Staniszkis in sehr hohem Maße über-
schneiden. Gerade in Bezug auf das Organisationsprinzip und die Funktions-
logik des politischen bzw. des politisch orientierten Kapitalismus liegt beiden
eine identische Kernidee zugrunde: Ausgewählte Akteure verfügen über einen exklusiven Zugang zu staatlichen Institutionen und Ressourcen und können auf diesem Wege durch selektive politische Begünstigung politische Renten erzielen.

Weber konzipiert den politisch orientierten Kapitalismus, wie die meisten
seiner Grundbegriffe, als Idealtypus. In der Realität werden sich somit Mischformen oder die parallele Existenz unterschiedlicher Sphären mit voneinander
abweichenden Systemlogiken auffinden lassen. Im Folgenden findet die Bezeichnung „politischer Kapitalismus" für diejenigen Fälle Verwendung, in de-

---

[44] Weber kann an dieser Stelle den Begriff „Rente" nicht verwenden, weil er diesen, dem
damaligen Sprachgebrauch folgend, für „Besitzeinkommen und -Einkünfte (geknüpft
an die Verwertung von Verfügungsgewalt über wichtige Beschaffungsmittel)" reserviert
hat (Weber 1976: 120f.).

[45] Kitschelt 1985: 190.

nen sich seine grundlegenden Merkmale nicht nur peripher zeigen, sondern in Politik und Wirtschaft vorherrschend sind oder zumindest in Schlüsselbereichen dominieren.

In späteren Arbeiten zu den Transformationsprozessen in Osteuropa und insbesondere in Polen erweiterte Staniszkis ihren grundsätzlichen theoretischen Zugang und nahm auch die weitere Entwicklung bis Ende der 1990er Jahre in den Blick, behielt jedoch die Basiskategorie des politischen Kapitalismus bei. Zunächst hatte sie sich mit diesem Begriff in erster Linie auf die Umwandlung von politischem in ökonomisches Kapital durch die Eliten in den letzten Jahren vor und den ersten Jahren nach der Zäsur von 1989/90 sowie auf die informelle und formelle Privatisierung bezogen.[46] Nun widmete sie sich verstärkt den Auswirkungen des politischen Kapitalismus auf die institutionellen Konfigurationen und Akteursinteraktionen in den Anfangsjahren des Post-Sozialismus.[47]

Aus Staniszkis' späteren Arbeiten lassen sich eine Reihe von Phänomenen herausdestillieren, deren jeweiliges Auftreten wahrscheinlicher wird, wenn das politische und ökonomische System eines Staates stark von Zügen des politischen Kapitalismus geprägt werden. Da sich Staniszkis' Erkenntnisinteresse auf Mittelosteuropa konzentriert, ihr Schwerpunkt auf den Jahren unmittelbar vor und nach der Zäsur von 1989/90 liegt und sie nur sporadisch die post-sozialistische russländische Entwicklung in den Blick nimmt, bildet ihre Konzeption eine solide Grundlage, muss jedoch erweitert und ergänzt werden.

Wie im Folgenden nachzuweisen sein wird, lassen sich im Russland der 1990er Jahre Strukturen und Prozesse beobachten, die bei Staniszkis – meist indirekt – als Aspekte und/oder Folgen des politischen Kapitalismus angedeutet werden. Sie nutzt dies jedoch nicht, um ihre Konzeption des politischen Kapitalismus weiter auszubuchstabieren. Einzelne der von ihr genannten Charakteristika werden auch von anderen Autoren untersucht, doch analysieren diese sie isoliert oder in anderen Zusammenhängen und nicht als Elemente des politischen Kapitalismus. Die Leistung dieser Arbeit besteht deshalb auch darin, induktiv – ausgehend von der Situation in Russland – und unter Rückgriff auf ganz unterschiedliche Ansätze, die ähnliche Phäno-

---

[46]   Vgl. auch Tatur 1995: 97f.
[47]   Vgl. Staniszkis 1998; 1999: 11, 21-23, 84-97. Siehe hierzu auch Tatur 2000: 287.

mene untersuchen, die Konzeption des politischen Kapitalismus auszudifferenzieren und zu systematisieren.

Den folgenden sechs Phänomenen dürfte in Russland eine wesentliche Rolle zukommen. Die einzelnen Aspekte sind nicht zwangsläufig im Sinne einer notwendigen Bedingung für das Vorliegen von politischem Kapitalismus zu verstehen. Sehr wohl aber handelt es sich um Elemente, deren empirische Manifestation in signifikantem Umfang unter gegebenen Umständen erheblich wahrscheinlicher wird. Im einzelnen sind dies:

1. *Rent seeking* als bedeutende Form der Generierung von Einnahmen für gewichtige Akteure mit privilegierten Zugängen zur politischen Sphäre;
2. eine hohe Bedeutung informeller Politik, insbesondere die *Umgehung demokratisch legitimierter Institutionen und Verfahren*, zum Beispiel durch exekutive Rechtsetzung;
3. ein von privilegierten Akteuren gemeinsam geteiltes Interesse an der *Aufrechterhaltung des Status quo*, insbesondere an der Bewahrung der eigenen Vergünstigungen und des Schutzes vor Konkurrenz, sowie das Bestreben, die je eigene ökonomische Position auszubauen, wodurch
4. die Tendenz zur Konzentration ökonomischer Macht zunehmen und
5. sich im Extremfall Tendenzen hin zur teilweisen *Privatisierung des Staates* im Sinne der Ausbeutung staatlicher Institutionen zugunsten partikularer Interessen ausbilden dürften.
6. Wenn die obigen Phänomene gegeben sind, kommt *Massenmedien* – im Vergleich mit anderen Kontexten – eine größere und zusätzliche Bedeutung zu. Gewichtige ökonomische Akteure entdecken ihren Nutzen im Rahmen politischer und wirtschaftlicher Konflikte und haben ein Interesse, sie *als politische Ressource* einzusetzen.

Auch wenn Max Weber den Begriff *rent seeking* nicht verwendet, ist klar erkennbar, dass er das Streben nach Erzielung von (politischen) Renten als zentrales Merkmal des politisch orientierten Kapitalismus sieht (siehe S. 40). Auch Staniszkis folgt in ihren Arbeiten dessen grundsätzlichem Verständnis von durch politische Entscheidungen erzielten Mittelzuflüssen. Sie erläutert das Konzept der Rente aber in keiner ihrer Arbeiten systematisch, sondern beleuchtet es nur schlaglichtartig. Andere zeitgenössische Arbeiten widmen ihm mehr Aufmerksamkeit.

Historisch betrachtet, ist der Begriff der Rente eng mit David Ricardo und der Theorie der Bodenrente verbunden. Später fand er in einem breiteren Verständnis Anwendung und bezog sich auf Einkünfte, die aus der Verfügungsgewalt über Produktionsfaktoren resultieren.[48] In den 1960er und 1970er Jahren entstanden im Kontext der Neuen Politischen Ökonomie zunächst das Konzept und dann der Begriff des *rent seeking*.[49] Den in dieser Tradition stehenden Arbeiten ist gemein, dass unter *rent seeking* der (erfolgreiche) Versuch individueller oder kollektiver Akteure verstanden wird, die je eigenen Einkommenserzielungschancen zu bewahren, zu verbessern oder neue zu eröffnen, und zwar basierend auf individuellen Vergünstigungen, die von Akteuren des politischen Systems gewährt werden. Die Akteure des politischen Systems werden hier in einem umfassenden Sinne verstanden: Dazu gehören nicht nur die Legislative und die Exekutive, sondern ebenso die weitere Verwaltung und die Justiz – mithin alle Organe, die mit der Setzung, Ausgestaltung, Umsetzung und Interpretation von staatlicherseits zu verantwortenden Regeln befasst sind.[50] In diesem Sinne wird im Folgenden von *rent seeking* gesprochen, wenn durch politische Entscheidungen gewährte selektive ökonomische Vorteile gemeint sind.

Wenn sich Russland in den 1990er Jahren mit dem Konzept des politischen Kapitalismus erfassen lassen soll, muss sich *rent seeking* als verbreiteter Bestandteil der Interaktion zwischen Wirtschaft und Politik identifizieren lassen. Dazu ist es nicht unbedingt notwendig, „economics of total rent-seeking"[51] nachzuweisen. Hinreichend ist, dass dieses Phänomen ein wichtiges Strukturmerkmal ist und ökonomische Akteure beteiligt sind, die zusammengenommen einen signifikanten Anteil der Wirtschaftskraft auf sich vereinen.

Akteure, die partikulare Interessen verfolgen, erhöhen ihre Erfolgschancen umgekehrt proportional zur Bedeutung von Gegengewichten, die die Durchsetzung partikularer Interessen hemmen können. Als klassische Gegenspieler gelten parlamentarische Kräfte und die demokratische Öffentlich-

---

[48] Vgl. für eine kurze Übersicht über die Begriffsgeschichte von „Rente" bzw. „rent" u. a. Alchian 2008: 90-93; Gallarotti 2001: 1338f.

[49] Eine ausführliche Darstellung der sich inzwischen über Jahrzehnte erstreckenden, sich immer stärker ausdifferenzierenden Forschung zum *rent seeking* kann an dieser Stelle nicht geleistet werden. Allgemein anerkannt ist, dass die ursprüngliche Idee auf Gordon Tullock (1967) zurückzuführen ist und Anne O. Krueger (1974) den Begriff geprägt hat. Eine knappe Zusammenfassung bietet Tullock 2008. Einen aktuellen Überblick über das gesamte Spektrum der Forschung bieten Congleton/Hillman 2015.

[50] Vgl. Grüske/Schneider 2003: 452; Schöbel/Krämer 2014.

[51] Yakovlev 2011: 9.

keit, aber auch konkurrierende ökonomische oder gesellschaftliche Akteure können eine Rolle spielen. Vor diesem Hintergrund ist anzunehmen, dass das Interesse von Akteuren, die von der politisch induzierten Einräumung von Sonderkonditionen in signifikantem Umfang profitieren können, an der Transparenz und somit Kontrollierbarkeit dieser politischen Entscheidungsprozesse im je eigenen Fall nicht besonders ausgeprägt sein dürfte. Unterstellt werden kann hingegen ein Interesse an *informellen Entscheidungsprozessen* – vorausgesetzt, der eigene Einfluss auf diese Verfahren ist gewährleistet.

Wolfgang Merkel und andere haben völlig zurecht die Aufmerksamkeit darauf gelenkt, dass Elemente des Informellen keine Besonderheit der Politikprozesse in Transformationsgesellschaften sind. Sie finden sich nicht nur in allen etablierten demokratischen Systemen, sie sind für diese auch essentiell:

> „[F]ormale (politische) Institutionen [können sich] nur dann *stabil* reproduzieren, wenn sie auf komplementäre informelle Arrangements gestützt sind. Zentral für die Stabilität formaler Institutionen [...] ist also die Frage, mit welchem Arrangement informeller Regeln das Gerüst formeller Regeln verwachsen ist und ob sich ein komplementäres institutionelles Gleichgewicht aus formalen und informalen Regeln herausbildet."[52]

Merkel und seine Co-Autoren stützen sich hier auf einen neoinstitutionalistischen Institutionenbegriff in der Tradition von Douglass North und haben bei ihren Überlegungen vor allem die Frage der demokratischen (Nicht-)Konsolidierung von politischen Systemen in Transformationsländern bzw. ihre normativ grundierte Typologie „defekter Demokratien" im Blick. Die konzeptionelle Frage nach dem Zusammenspiel oder dem Gegeneinander formaler politischer Institutionen und informeller Arrangements und Prozesse lässt sich jedoch auch losgelöst von diesem spezifischen normativen Erkenntniszusammenhang nutzen, indem man sie für die Zwecke der vorliegenden Arbeit reformuliert: Welche Faktoren sind daran beteiligt, dass sich ein Gegeneinander und kein Zusammenspiel formaler und informaler Regeln herausbildet, und welche Folgen hat es, wenn informelle Arrangements formale politische Verfahren und Entscheidungsprozesse überlagern?

Zahlreiche Arbeiten der vergleichenden Transformationsforschung der 1990er Jahre betonen die zentrale Bedeutung einer starken Exekutive für den Reformprozess. Sie sollte in möglichst hohem Maße vom Druck durch Partei-

---

[52] Merkel et al. 2003: 193, Hervorh. i. O.

en und Interessengruppen abgeschirmt sein, um ihr Reformprogramm umsetzen zu können.[53] Daraus ergibt sich jedoch ein doppeltes Dilemma. Erstens sind Stärkung und Isolierung der Exekutive grundsätzlich nur um den Preis der Verringerung (demokratischer) Partizipations- und Kontrollmöglichkeiten zu haben. Und zweitens führt dies – im Vergleich mit Einflussnahme im parlamentarischen Raum – zu einer ungleich höheren Bedeutung informeller Verfahren und größerer Intransparenz bei abnehmenden Kontrollmöglichkeiten. Das bietet größere Chancen für *rent seeker*, weil diese vorzugsweise mit dem Teil der politischen und staatlichen Akteure interagieren, die über den größten Einfluss auf die Verteilung von Ressourcen verfügen: die Exekutive.[54] Wenn Akteure starke Anreize haben, zur Interessendurchsetzung auf informelle Arrangements abseits formaler Verfahren zurückzugreifen, kann ein sich selbst verstärkender Prozess die Folge sein: Je zahlreicher, intensiver, weitgreifender und verfestigter informelle Verfahren dieser Art werden, desto höher wird die Wahrscheinlichkeit, dass es zu einer Überlagerung und Untergrabung formaler durch informale Institutionen kommt.

Die Folge einer derartigen, sich verstetigenden Konstellation kann zum einen sein, dass abseits der vorgesehenen formalen Institutionen „exklusive Verteilungskoalitionen zwischen einflussreichen gesellschaftlichen Akteuren und politischen Entscheidungsträgern einen Markt [bilden], in dem politische Unterstützung gegen wirtschaftliche Renten getauscht werden"[55]. Zum anderen steigt die Wahrscheinlichkeit, dass die Machtposition der Exekutive im Institutionengefüge zunehmend stärker wird. Im Extremfall kann dies zu „Dekretismus als Imperialisierung der Legislative und Verfassungsbeugung"[56] führen. In Bezug auf die Russländische Föderation ergibt sich aus diesen Überlegungen folgende Vermutung: Gerade in einem politischen System, in dem – wie noch zu zeigen sein wird – bereits das formale Institutionengefüge

---

53 Vgl. exemplarisch, weil sehr elaboriert Haggard/Kaufman 1995. Sie sprechen von „centralized executive authority" (Haggard/Kaufman 1995: 9, 163-165 et pass.). Gleichzeitig heben sie jedoch auch die Relevanz möglichst wenig fragmentierter und polarisierter Parteiensysteme hervor (Haggard/Kaufman 1995: 166-169 et pass.).
54 Vgl. Faust 2002: 152.
55 Faust 2002: 147.
56 Faust 2002: 153. Ohne dies explizit zu machen, hat Faust hier vermutlich einschlägige Entwicklungen in Lateinamerika im Blick, für die Guillermo O'Donnell (1994: 66) im Rahmen seiner Untersuchung zu *delegative democracy* den Begriff *decretismo* geprägt hat.

dem Staatspräsidenten eine herausgehobene Stellung mit eigenständigem Dekretrecht einräumt und in dem das Parteiensystem außerordentlich unterentwickelt ist, nimmt die Wahrscheinlichkeit zu, dass informelle Arrangements die formalen Institutionen unterlaufen und sich Transparenz und Kontrollmöglichkeiten politischer Entscheidungen verringern. Davon profitieren partikulare Interessen, deren *rent seeking*-Strategien Erfolg versprechen.

Akteure, die von einer gegebenen institutionellen Konfiguration profitieren, haben ein Interesse an der *Aufrechterhaltung des Status quo*. Dies gilt zumindest so lange, wie sie damit rechnen, bei einer Veränderung Einbußen hinnehmen zu müssen. Staniszkis kann deshalb mit Recht davon ausgehen, dass diese Akteure im politischen Kapitalismus – bei allen individuellen Interessendivergenzen – zwei gemeinsame Interessen haben: Einerseits „a common interest in preserving the institutional and ownership formulae of ‚political capitalism'"; andererseits „a common interest in the existence of a state strong enough to be able to defend the interests of domestic capital against pressure from outside players. And at the same time weak enough that it will be dependent on the maintenance of corporate bonds with the ‚nomenklatura capitalists'".[57]

Zwei Elemente von Staniszkis' Konzeption bedürfen an dieser Stelle der Präzisierung bzw. Verallgemeinerung. Zum einen ist das Interesse am Ausschluss ausländischer Konkurrenz zwar wichtig, muss jedoch um das Interesse am Schutz vor aufkommenden inländischen Akteuren ergänzt werden. Zum anderen ist der Begriff „nomenklatura capitalists" zu eng bzw. irreführend. Dass Staniszkis ihn an dieser Stelle wählt, liegt an ihrem Schwerpunkt Polen und ihrer These der hohen Kontinuität ökonomischer Eliten bzw. dem häufigen Wechsel der ehemaligen politischen Elite in wirtschaftliche Spitzenpositionen.[58] Der Kerngedanke ist jedoch unabhängig von der Frage der Elitenkontinuität: Im Rahmen ihres Bestrebens zur Bewahrung des Status quo haben die ökonomischen Akteure ein Interesse daran, dass die politischen und administrativen Akteure auf die Beziehung mit ihnen und die damit verbundenen informellen Prozesse angewiesen bleiben.

---

[57] Staniszkis 1999: 85.
[58] Diese These wird von Eyal/Szelényi/Townsley (1998: 168) in Bezug auf die mittelosteuropäischen Staaten, und somit auch Polen, bestritten.

In einem politischen und wirtschaftlichen Transformationsprozess ergeben sich aus diesem Set an Interessen spezifische Konflikte und Dilemmata, die Joel Hellman in einem Modell zusammengefasst hat, das er „partial reform model" nennt. Die lange Zeit vieldiskutierten Differenzen zwischen Befürwortern einer „Schocktherapie" und Anhängern eines gradualistischen Vorgehens sowie die Diskussion um die Priorisierung politischer versus ökonomischer Reformen verdecken das grundsätzliche Faktum, dass grundstürzende Reformen notwendigerweise inkrementell sind. Das hat zur Folge, dass für eine gewisse Zeit des Übergangs alte und neue Regeln parallel existieren. Im ökonomischen Bereich resultieren daraus zahlreiche Marktverzerrungen (*market distortions*), die potentiell Grundlage für große Renteneinkommen sind.

Hellmans Konzeption geht davon aus, dass alle ökonomischen Reformprozesse – unabhängig von der Implementierungsgeschwindigkeit – notwendigerweise „produce winners in the short term, with gains partly or wholly determined by rents generated by the existence of distortions in the developing market economy. Moreover, these rents are highly concentrated, benefiting those in a position to arbitrage between the reformed and unreformed sectors of the economy"[59]. Mit fortschreitendem Reformprozess steht zu erwarten, dass mit abnehmenden Marktverzerrungen auch der Umfang potentieller Renteneinkommen sinkt und im Gegenzug die gesamtwirtschaftlichen Effizienzgewinne steigen.[60]

Vor dem Hintergrund dieser Erwartung haben die „earliest and biggest winners"[61] Hellmans Modell zufolge ein Interesse daran, „to block further advances in reform that would correct the very distortions on which their initial gains were based. In effect, they seek to prolong the period of partial reforms to preserve their initial flow of rents, though at a considerable social cost"[62]. Dabei geht es ihnen, wohlgemerkt, gerade *nicht* darum, den gesamten Transformationsprozess anzuhalten oder gar umzukehren. Ziel ist vielmehr, dieje-

---

[59]   Hellman 1998: 220.
[60]   Vgl. Hellman 1998: 220.
[61]   Hellman 1998: 204.
[62]   Hellman 1998: 233.

nigen Reformvorhaben zu verhindern, deren Umsetzung den je eigenen Rentenzustrom zum Versiegen bringen würde.[63]

Die „Gewinner" verfügen über zwei strategische Vorteile: Da die Renteneinkommen eine starke Konzentration aufweisen, ist die Gesamtzahl der profitierenden Akteure relativ klein und die ihnen zur Verfügung stehenden Ressourcen sind vergleichsweise groß.[64] Dies verbessert die Durchsetzungschancen ihrer Interessen erheblich.

Eine Konzentration der Renteneinkommen bei einem relativ kleinen Kreis von Akteuren kann überdies zwei weitere potentielle Effekte nach sich ziehen. Beiden kommt in einem Transformationskontext eine besondere Bedeutung zu, weil sich hier politische und ökonomische Institutionen im Fluss befinden und nicht gefestigt sind. Beide Effekte treten besonders dann hervor, wenn man den Blick vom Fokus auf die Verteidigung gegenwärtiger Vorteile löst und den Zeithorizont erweitert.

Es kann unterstellt werden, dass es den ökonomischen Akteuren nicht nur um die Sicherung ihrer aktuellen Position geht, sondern sie diese in der Zukunft möglichst ausbauen wollen. Dazu gehören Elemente wie Akquirierung zusätzlichen Kapitals, Unternehmensübernahmen, Expansion in neue Geschäftsfelder und dergleichen mehr. Teil einer entsprechenden Strategie kann dabei auch sein, gegenwärtige Renten im Tausch gegen neue aufzugeben. In jedem Falle begünstigt die Konzentration von Renten – und damit auch von Ressourcen – bei verhältnismäßig wenigen Akteuren auf mittlere und längere Sicht einen sich zunehmend selbst verstärkenden Prozess der Kapitalkonzentration. Als erster der beiden Effekte ist somit anzunehmen, dass sich unter den frühesten und größten Gewinnern überproportional viele Akteure finden, die diesen Prozess der *Konzentration ökonomischer Macht* vorantreiben.[65]

Der zweite Effekt bezieht sich auf die Interaktion zwischen ökonomischen und politischen bzw. administrativen Akteuren und knüpft an das bereits behandelte zweite Phänomen des politischen Kapitalismus an: die hohe Bedeutung informeller Politik, insbesondere die Umgehung demokratisch legitimierter Institutionen und Verfahren (siehe S. 44-47). Wie bereits herausgearbei-

---

[63] Vgl. Hellman 1998: 204.
[64] Vgl. Hellman 1998: 221.
[65] Vgl. Staniszkis 1995: 34; 1998: 381; Tatur 1998: 367.

tet, kommen Renten durch politische und/oder administrative Entscheidungen (oder Unterlassungen) zustande. Wenn es um die Beibehaltung bestehender, vor allem aber die Gewährung neuer Privilegien geht, sind Anlaufstellen in der Exekutive erfolgversprechender als Lobbying im parlamentarischen Bereich, und die Anreize zur Nutzung informeller Verfahren erhöhen sich, während Transparenz und Kontrollmöglichkeiten tendenziell sinken. Unter den Bedingungen konzentrierter Ressourcen bei einer verhältnismäßig kleinen Zahl privilegierter ökonomischer Akteure steigt die Wahrscheinlichkeit, dass Teile der staatlichen Institutionen in Netzwerke unter Beteiligung ökonomischer Akteure eingebunden werden, deren Ziel partikulare Privilegierung ist. Dies führt dazu, dass der Erlass, die Umsetzung, die Kontrolle und die Sanktionierung von Regeln im Rahmen intransparenter Prozesse „hinter den Kulissen", außerhalb formeller demokratischer Verfahren ausgehandelt und ins Werk gesetzt werden. Über kurz oder lang ist als Konsequenz zu erwarten, dass dadurch die vorgesehenen förmlichen politischen Institutionen und Verfahren untergraben und entwertet werden.

Die Ausbeutung staatlicher Institutionen zugunsten partikularer Interessen als potentielle Konsequenz des politischen Kapitalismus in Transformationsgesellschaften bezeichnete als erstes Jadwiga Staniszkis als *Privatisierung des Staates*.[66] Hellman und andere begründeten um die Jahrtausendwende einen Forschungszweig, der ebenfalls dieses Transformationsphänomen zum Gegenstand hat und den Begriff „state capture" prägte.[67] So anschaulich das Bild von der „Kaperung des Staates" auch ist, hat der Begriff im Kontext der vorliegenden Arbeit doch ein entscheidendes Manko: die enge Verbindung zur Korruption.

State capture wird definiert als „the efforts of firms to shape the laws, policies, and regulations of the state to their own advantage by providing illicit private gains to public officials"[68]. Diese Definition hat den Nachteil, dass sie Aktivitäten nicht erfasst, die formell nicht rechtswidrig sind. Gerade in Zeiten

---

[66] Vgl. Staniszkis 1995: 37; Unter Bezugnahme darauf findet der Begriff in der Folge bspw. auch bei Tatur (1995: 99; 1999: 194; 2000: 288) oder Christophe (1998: 211) Anwendung. McFaul (1998a, b) und Brovkin (1998) verwenden ihn in Bezug auf Phänomene in Russland, aber vor einem anderen (theoretischen) Hintergrund.

[67] Vgl. als Pionierarbeiten Hellman et al. 2000; Hellman/Jones/Kaufmann 2000; Hellman/Schankerman 2000.

[68] Hellman/Kaufmann 2001.

umfänglicher politischer, wirtschaftlicher und gesellschaftlicher Transformation ist zu erwarten, dass rechtliche Lücken, einander widersprechende Regelungen und Grauzonen weit verbreitet sind und Akteure sich diese zunutze machen. Ähnliches gilt in Bezug auf die „Bezahlung" von Staatsangestellten oder Amtsträgern[69] und die Frage des (Un-)Gleichgewichts zwischen ökonomischen und staatlichen Akteuren. Zum einen kann angenommen werden, dass die tatsächlichen Formen der Einflussnahme weit über die direkte (monetäre) Bestechung von Einzelpersonen hinausgehen und indirekte Gegenleistungen, besonders in Form politischer Unterstützung, eine wichtige Rolle spielen. Zum anderen insinuiert das Bild von der Kaperung, dass die Machtverhältnisse zugunsten der einflussnehmenden Seite verschoben sind. Auch wenn ein Ungleichgewicht im Einzelfall durchaus gegeben sein dürfte, erscheint es sinnvoller, das Verhältnis der Akteure weniger als eine Kaperung der einen durch die anderen zu verstehen, als vielmehr als eine Art von Tauschverhältnis, bei dem ein Akteur dem jeweiligen Gegenüber etwas anzubieten hat.[70] In diesem Sinne handelt es sich um ein Verhältnis der Interdependenz.

Für das dieser Arbeit zugrundeliegende Verständnis des politischen Kapitalismus ergeben sich aus diesen Überlegungen zur Privatisierung des Staates folgende Schlussfolgerungen: Die Privatisierung des Staates – genauer: von Teilen des Staates – ist eine potentielle Folge und ergibt sich daraus, dass *einzelne* ökonomische Akteure staatliche Institutionen zugunsten individueller Interessen ausbeuten. Unter den Bedingungen des Verschwimmens, wenn nicht gar der Auflösung der Grenzen zwischen politischem und ökonomischem System spielt das Muster westlichen Lobbyings, bei dem kollektive Akteure in vorwiegend institutionalisierter Form mit Exekutive und Legislative interagieren, um generelle Spielregeln zu beeinflussen, nur eine untergeordnete Rolle.[71] Da Renten individuellen Akteuren auf Basis von Privilegien, somit durch Ausnahmen von allgemeinverbindlichen Regeln zufließen, muss

---

[69] An anderer Stelle sprechen Hellman und seine Co-Autoren von „illicit and non-transparent private payments to public officials" (Hellman/Jones/Kaufman 2000: 5).

[70] Vgl. Frye 2002b.

[71] Auch dieses „klassische" westliche Lobbying-Muster ist im Wandel begriffen. Vor allem multinationale Unternehmen nutzen unter den Bedingungen fortschreitender Globalisierung verstärkt individuelle und nichtinstitutionalisierte Formen der Einflussnahme (vgl. etwa Helms 2005).

auch die Einflussnahme informell, extra-institutionell und individuell vonstatten gehen. Daraus ergibt sich auch ein Interesse an der Stärkung der Exekutive auf Kosten der Legislative.[72] Wenn sich derartige Muster verstetigen, kumuliert gesamtgesellschaftlich zunehmende Bedeutung erlangen und eine kleine Zahl wirtschaftlich bedeutender Akteure über große Ressourcen verfügt, kann sogar die Unterminierung der „organizational basis of effective democratic governance"[73] die Folge sein.

Im bis hierher analysierten Kontext der potentiellen Auswirkungen des politischen Kapitalismus kommt schließlich Massenmedien eine größere und zusätzliche Bedeutung als üblicherweise zu. Es liegt nahe, dass branchenfremde ökonomische Akteure versuchen, die Kontrolle über Massenmedien zu erlangen, und ihre Motive dabei über das klassische Gewinnstreben hinausgehen. Im vorgestellten Setting erweisen sich *Massenmedien als politische Ressource*[74] – und zwar in einem mehrfachen und übergreifenden Sinne weit über Zeiten des Wahlkampfs hinaus. Zunächst kann die Kontrolle über ein Medium als (temporäres) Tauschmittel in der Interaktion mit politischen Akteuren dienen, indem Letzteren politische Unterstützung gewährt oder entzogen wird. Des weiteren können Massenmedien gegen ökonomische Konkurrenten eingesetzt werden. Und schließlich kann durch die Verfügung über Medien auch eine Art Schutzschirm in Konflikten mit anderen Akteuren aufgespannt werden. Alle diese erweiterten Einsatzmöglichkeiten von Massenmedien tragen dazu bei, dass branchenfremde Unternehmen Anreize haben, zur Unterfütterung der Absicherung und des Ausbaus der eigenen wirtschaftlichen und politischen Stellung die Kontrolle über Massenmedien zu erlangen.

---

[72] Vgl. Frye 2002a.
[73] Ganev 2001: 2.
[74] Dieser Begriff taucht in Bezug auf die Massenmedien in Russland schon Ende der 1990er Jahre auf (vgl. Makarenko/Venediktov 1998; Centr ‚Pravo i sredstva massovoj informacii' 1999: Teil 2, Kap. 4; Zudin 1999: 51), jedoch ohne konzeptionellen Anspruch.

3. Die Transformation des politischen Systems: Zentrale Institutionen nach der neuen Verfassung

In der vorliegenden Arbeit werden Beginn und Ende des Untersuchungszeitraums durch zwei klare Einschnitte markiert. Auf der einen Seite durch das Inkrafttreten der neuen russländischen Verfassung Mitte Dezember 1993; auf der anderen durch Boris El'cins Rücktritt vom Amt des Staatspräsidenten am 31.12.1999. Die neue Verfassung stellt insofern eine einschneidende Zäsur dar, als sie von einem Tag auf den anderen neue Spielregeln für die politischen Institutionen und Prozesse festlegte und somit *eine* wichtige Etappe des politischen Transformationsprozesses abgeschlossen war. Die politischen Auseinandersetzungen um den weiteren Verlauf der Transformation verlagerten sich anschließend in die von der neuen Verfassung vorgegebene Arena, was jedoch Konflikte in Bezug auf ebenjene neuen Spielregeln nicht ausschloss (siehe Kapitel 4).

Um einordnen zu können, warum in der neuen russländischen Verfassung der Staatspräsident mit derart umfassenden Vollmachten ausgestattet wird und im Vergleich die Kompetenzen von Parlament und Regierung eher schwach ausgeprägt sind, lohnt sich ein kurzer Blick auf die Vorgeschichte und den Kontext ihrer Entstehung.

3.1 Vorgeschichte und Kontext der Verfassungsgebung

Im Zuge von Gorbačëvs Reformpolitik auf Unionsebene hatte auch die Russländische Sozialistische Föderative Sowjetrepublik (*Rossijskaja Sovetskaja Federativnaja Socialističeskaja Respublika*; RSFSR) ein Zweikammerparlament, bestehend aus einen Kongress der Volksdeputierten (*S"ezd narodnych deputatov*; SND) und einem Obersten Sowjet (*Verchovnyj Sovet*) erhalten. Die ersten halbfreien Parlamentswahlen fanden im Frühjahr 1990 statt, drei Monate später folgte eine „Souveränitätserklärung" Russlands.[75] Der Prozess der Umwandlung Russlands zu einem eigenständigen Staat – und Rechts-

---

[75] Vgl. Mommsen 2010: 420.

nachfolger der Sowjetunion – nahm allerdings erst in den Monaten nach dem gescheiterten sowjetischen Putsch im August 1991 an Fahrt auf. Kurz darauf, im Dezember 1991, ging die Sowjetunion unter.

Die politischen Akteure in Russland agierten bis dahin – und auch noch in den folgenden beiden Jahren – auf der Basis der Verfassung der RSFSR von 1978. Nachdem El'cin im Mai 1990 zum Vorsitzenden des Obersten Sowjet gewählt worden war, nutzten er und seine Verbündeten diese politische Bühne zum Kampf gegen Gorbačëv und gegen die Dominanz der Unionsinstitutionen in Russland. Ein wichtiger Erfolg bestand 1991 in der Schaffung des Amtes eines vom Volk zu wählenden Präsidenten der RSFSR – und somit eines mit hoher Legitimiät ausgestatteten Gegengewichts zur Unionsebene.[76]

Die damals häufig als „Radikalreformer" bezeichneten und El'cin stützenden Kräfte verfügten im russländischen Parlament über keine eigene Mehrheit, die größte Gruppe stellten weiterhin Abgeordnete traditionellkommunistischer Orientierung. Infolge dieser Konstellation war die Einführung des Amtes eines Präsidenten der RSFSR nur auf Kosten des Umfangs von dessen Vollmachten zu erreichen. So besaß der Präsident zwar das Recht zur Ernennung von Ministern und zum Erlass von Dekreten, es war ihm jedoch verwehrt, das Parlament aufzulösen oder ein Veto gegen Gesetze einzulegen; weiterhin besaß das Parlament den Status der höchsten Staatsmacht.[77]

Recht schnell nach der Wahl El'cins zum Präsidenten der RSFSR im Juni 1991 ging die Mehrheit der Abgeordneten im Parlament unter ihrem Sprecher Ruslan Chasbulatov immer stärker auf Distanz und schließlich auf Konfrontationskurs zu El'cin. Ein wesentlicher Teil dieser Auseinandersetzungen drehte sich um Fortgang und Umfang der ökonomischen Transformation, vor allem der Liberalisierungs- und Privatisierungspolitik, für deren Durchführung El'cin regelmäßig neue Vollmachten verlangte (siehe Kap. 5.1, insbesondere S. 189f.), gleichzeitig aber auch um Kompetenzen und Machtüberschreitungen von Präsident und Parlament.

Die initiierte Ausarbeitung und Verabschiedung einer neuen Verfassung gelang unterdessen vor allem deshalb nicht, weil eine Einigung über die zukünftige Machtverteilung zwischen Präsident und Parlament nicht zu erzielen

---

[76] Vgl Remington 2004: 53.
[77] Vgl. Mommsen 2010: 421.

war. Somit blieb die Verfassung der RSFSR, infolge hundertfacher Änderungen voller Unvereinbarkeiten und Leerstellen, weiterhin in Kraft. Im Konflikt zwischen Parlament und Präsident dominierten deshalb zwei Formen der Auseinandersetzung. Beide Akteure versuchten einerseits, Widersprüche und Lücken in der Verfassung für eigene Zwecke zu nutzen, andererseits die Verabschiedung weiterer Verfassungsänderungen zur Stärkung der je eigenen Position zu erreichen. Es kam zur „Doppelherrschaft" (*dvoevlastie*) von Parlament und Präsident – Gesetze standen gegen Präsidentendekrete, Absetzungsankündigungen wurden mit der Androhung einer Parlamentsauflösung oder der Verhängung des Ausnahmezustands beantwortet.[78]

Nach diesen rund zwei Jahre dauernden innenpolitischen Kämpfen und wechselseitiger Blockade von Parlament und Staatsoberhaupt schoss sich Staatspräsident El'cin den Weg zu einer neuen Verfassung durch die gewaltsame Auflösung des Obersten Sowjet am 3. und 4. Oktober 1993 buchstäblich „frei".[79] Es gelang ihm tatsächlich, einen auf seine Person zugeschnittenen Verfassungsentwurf in der Volksabstimmung am 12. Dezember durchzusetzen. Durch das Inkrafttreten der neuen Verfassung Mitte Dezember 1993 wurde die Zweite Russländische Republik[80] begründet.

Die Umstände der Vorbereitung und der Durchführung der Abstimmung über die neue Verfassung werfen eine Vielzahl von Fragen auf. In ihrer Gesamtheit können sie als Indizien für „a desire on the part of the executive authorities to control events closely and to ensure the promulgation of a consti-

---

[78] Vgl Remington 2004: 55.

[79] Teile der folgenden Kapitelabschnitte basieren auf Passagen aus Soldner (1999: 28-38), wurden jedoch stark überarbeitet und aktualisiert.

[80] Ich schließe mich mit der Wahl dieser Bezeichnung der Mehrheit von Autoren an, die für die Zeit nach Inkrafttreten der neuen Verfassung von der Zweiten Russländischen Republik sprechen (stellvertretend für viele: Steinsdorff 2001; Nichols 1999; McFaul 2001). Dieser Begriffswahl liegen in erster Linie pragmatische Überlegungen zugrunde. Korrekt wäre eigentlich die Einteilung Ryžkovs (2000: 13): Er sieht die Erste Republik durch den Sturz der Monarchie am 01.09.1917 begründet. Sie existierte nur kurz und wurde durch die Zweite Republik, RSFSR im Verbund der Sowjetunion, abgelöst. Die Dritte Republik bildet das zweijährige Intermezzo zwischen der Auflösung der UdSSR Ende 1991 und dem Inkrafttreten der neuen Verfassung im Dezember 1993. Die Vierte Republik konstituierte sich schließlich Mitte Dezember 1993. Ich nehme hier von der Bezeichnung Vierte Republik Abstand, da die Republik am Ende des Ersten Weltkriegs nur äußerst kurz existierte und man der RSFSR kaum Eigenstaatlichkeit zugestehen kann.

tution that suited their short-term aim of strengthening their own power"[81] angesehen werden.

So entspricht es keineswegs demokratischen Gepflogenheiten, den zur Abstimmung gestellten Verfassungstext nur knapp einen Monat vor dem Urnengang zu veröffentlichen – und dies dazu noch in völlig unzureichender Auflage von rund drei Millionen; auch einen Alternativentwurf gab es nicht. Die Bevölkerung hatte folglich nur eingeschränkte Möglichkeiten, sich über den Text zu informieren, von einer breiten gesellschaftlichen Diskussion ganz zu schweigen. Aber auch bei den Durchführungsbestimmungen der Abstimmung ging die politische Führung einen Weg am Rande der Legalität. Durch die Postulierung des anstehenden Urnengangs als „Volksabstimmung" und nicht als „Referendum" wurden die Bestimmungen des Gesetzes über Referenden von 1990, das für eine Annahme die Zustimmung von mehr als 50 Prozent der Wahl*berechtigten* vorschrieb, umgangen. Für die Annahme der Verfassung reichte deshalb die absolute Mehrheit der abgegebenen Stimmen – bei einem Beteiligungsquorum von 50 Prozent.[82]

Noch gravierender waren jedoch die Ereignisse zwischen der Veröffentlichung des Entwurfs und der Bekanntgabe des amtlichen Endergebnisses. Die Exekutive übte erheblichen Druck auf die Parteien aus, die an der zeitgleich mit der Volksabstimmung angesetzten Parlamentswahl teilnehmen wollten.[83] Ihnen wurde untersagt, sich innerhalb der ihnen im Fernsehen zu Wahlkampfzwecken zur Verfügung gestellten Sendezeit kritisch über den Verfassungsentwurf zu äußern. Als Sanktion wurde im Falle einer Zuwiderhandlung der Entzug der Sendezeit angedroht. Parallel dazu wurde massiv Einfluss auf Verantwortliche im Medienbereich genommen. Sie sollten eine positive Berichterstattung über die Verfassung gewährleisten.[84]

Laut offiziellem Endergebnis wurde das Beteiligungsquorum mit 54,8 Prozent nur knapp erreicht. Bezogen auf die Gesamtzahl der *gültigen* Wahlzettel stimmten 58,4 Prozent der Wählerinnen und Wähler für die neue Verfassung;

---

[81] Slater 1994: 1.

[82] Vgl. Schneider 1993: 7 und White/Rose/McAllister 1997: 98.

[83] Aus dieser zeitlichen Parallelität ergibt sich ein weiteres Verfahrensproblem: Die Wahlberechtigten sollten Abgeordnete eines Parlamentes wählen, das zu diesem Zeitpunkt noch gar nicht existierte, denn das gesamte neue Institutionengefüge konnte sich erst konstituieren, nachdem eine Zustimmung zur Verfassung in der Volksabstimmung erfolgt war.

[84] Vgl. Slater 1994: 4.

wenn man die Gesamtzahl aller abgegebenen Stimmen zugrundelegt, betrug die Zustimmungsquote nur 56,6 Prozent (mehr als 1,8 Millionen Wahlzettel waren ungültig).[85] In 8 der 21 russländischen Republiken fand die Verfassung keine Mehrheit. In der separatistischen Republik Čečnja wurde die Abstimmung erst gar nicht durchgeführt.[86]

Berichte in der Presse über angebliche Manipulationen wollten nicht verstummen. Deshalb wurde eine Untersuchungskommission unter Aleksandr Sobjanin eingesetzt, die die Vorgänge untersuchen sollte. Das Untersuchungsergebnis der Kommission besagt, dass die Abstimmungsbeteiligung nur 46,1 Prozent betrug. Die Verfassung wäre demzufolge nicht angenommen worden.[87] Die Regierung zog jedoch aus dem Bericht keine Konsequenzen, sondern entfernte Sobjanin von seinem Posten.[88]

Die statistische Methode der Kommission unter Sobjanin wurde von verschiedenen Seiten scharf kritisiert. Dabei fällt jedoch auf, dass weder die Zentrale Wahlkommission noch andere offizielle Stellen die von der Untersuchungskommission geäußerten Zweifel an der Korrektheit der offiziell verkündeten Beteiligungsquote überzeugend widerlegen konnten. Dazu gehört auch, dass die Wahlkommission keine vollständigen Statistiken vorlegte, die die Abstimmungsergebnisse auf den untersten Ebenen (Wahllokale und -bezirke) durchgehend transparent gemacht hätten.

In der Summe der angeführten Begleitumstände ist es somit, selbst wenn man von dem nach wie vor unbewiesenen Manipulationsvorwurf absieht, gerechtfertigt, von einer nur sehr schwachen Legitimationsbasis der neuen Verfassung zu sprechen. Die Vorgänge rund um die Abstimmung über die Verfassung machen deutlich, wie umstritten der Entwurf im Lande war. Auch daran zeigt sich, dass dem Entwurf keineswegs ein Kompromiss der politi-

---

[85] Vgl. White/Rose/McAllister 1997: 98.
[86] Vgl. Trautmann 1995: 120.
[87] Vgl. Sobjanin/Suchovol'skij 1995: 51-119. Die Untersuchungskommission zweifelte auch die Korrektheit des offiziellen Ergebnisses der Dumawahlen an.
[88] Vgl. Schneider 1995: 41. Schneider (1995: 42) weist darauf hin, dass aufgrund des Ablaufs der Datenerfassung und -berechnung sowohl bei der Dateneingabe als auch durch eine entsprechende Programmierung der Computerprogramme eine Manipulation durchaus im Bereich des Möglichen liege. Ljuba Trautmann (1995: 90), die selbst EU-Wahlbeobachterin bei den zeitgleich ablaufenden Parlamentswahlen war, berichtet von Zurechtweisungen durch russländische offizielle Stellen. Allein die Parlamentswahlen, hieß es, nicht jedoch die Abstimmung über die Verfassung, zählten zum Aufgabenbereich der Wahlbeobachter.

schen Eliten zugrunde lag, sondern El'cin eine für seine präsumtiven Bedürfnisse maßgeschneiderte Verfassung durchzusetzen versuchte. Hierin liegen
weitere Probleme begründet, die sich in der folgenden Zeit in der Verfassungsrealität widerspiegeln sollten.

Ungeachtet dessen stellt die Verfassung der Russländischen Föderation
insgesamt eine in sich schlüssige Konzeption dar. Die fundamentalen Men-
schen- und Bürgerrechte sowie -freiheiten (Kapitel 2 Verf. RF) sind gewährleistet, teilweise geht die russländische Verfassung sogar noch über den üblichen westlichen Katalog hinaus – etwa in Bezug auf soziale Rechte (zum
Beispiel Art. 37 und 40 Verf. RF). Die grundlegenden demokratischen und
rechtsstaatlichen Standards werden in der Verfassung ebenfalls gewahrt
(Kapitel 1 Verf. RF).

Ziel dieses und des folgenden Kapitels ist es, die Struktur und Funktionsweise des politischen Systems der Russländischen Föderation genauer zu
bestimmen. Dazu ist es notwendig, in einem ersten Schritt den Verfassungstext im Hinblick auf Stellung und Kompetenzen verschiedener Akteure zu a-
nalysieren. In einem zweiten Schritt folgt in Kapitel 4 eine Untersuchung der
Verfassungsrealität im anhaltenden Transformationsprozess während der
Präsidentschaft El'cins. Es kann gezeigt werden, dass der Verfassungstext
von 1993 und die Verfassungsrealität der Russländischen Föderation eine
Reihe struktureller Besonderheiten aufweisen, die die politischen Entscheidungsprozesse in konkreter Weise prägen. Als wichtigstes Moment sei hier
auf die nur sehr eingeschränkt vorhandene Verantwortlichkeit der Exekutive
gegenüber Legislative und Souverän verwiesen.

Die russländische Verfassung nennt in Art. 11 Abs. 1 vier „Staatsgewalten": den Staatspräsidenten, das Parlament, die Regierung und die Gerichte
der Russländischen Föderation. Außer dem Präsidenten sind für den vorliegenden Untersuchungsgegenstand auch die Regierung und das Parlament
von besonderem Interesse.[89] In den folgenden Abschnitten soll analysiert
werden, welche Stellung und welche Befugnisse der Verfassungstext den jeweiligen Akteuren zuspricht und wie ihr Zusammenspiel ausgestaltet ist.

---

[89] Aus Platzgründen kann auf die Judikative nicht ausführlich eingegangen werden. Eine
      schematische Darstellung der Stellung der staatlichen Gewalten zueinander bietet
      Abbildung 1.

Für den in diesem Kapitel verfolgten Zweck ist die Beschränkung auf diese drei Akteure angemessen. In den nachfolgenden Kapiteln werden weitere Akteure berücksichtigt werden. Zunächst jedoch zu *der* zentralen Figur in der russländischen Verfassung – dem Staatspräsidenten.

3.2 Stellung und Kompetenzen des Staatspräsidenten

Im Verfassungsartikel 11 Abs. 1 wird der russländische Präsident unter den die Staatsgewalt ausübenden Instanzen an erster Stelle genannt. Gleichwohl wird im Verfassungstext auf eine Einordnung des Amtes des Staatspräsidenten in das klassische Gewaltenteilungsschema verzichtet. Dort heißt es in Art. 10: „Die staatliche Macht in der Russländischen Föderation verwirklicht sich auf der Grundlage der Einteilung in die gesetzgebende, die ausführende und rechtsprechende [Gewalt]. Die Organe der gesetzgebenden, der ausführenden und der rechtsprechenden Gewalt sind unabhängig." Eberhard Schneider sieht in gewisser Weise zu Recht im Präsidenten eine „vierte staatliche Gewalt"[90], weil in dieser Institution Elemente aller drei klassischen Gewalten zu finden sind.

Die russländische Verfassung besagt, dass „[d]ie ausführende Gewalt der Russländischen Föderation [..] von der Regierung der Russländischen Föderation ausgeübt" wird (Art. 110 Abs. 1). Dennoch spricht – wie noch zu zeigen sein wird – aufgrund der starken Exekutivlastigkeit des Amtes sehr viel dafür, den Staatspräsidenten als entscheidendes Organ der Exekutive zu betrachten.[91]

Wie stellen sich die Kompetenzen und die Stellung des Präsidenten im Detail dar?

---

[90] Schneider 1993: 4.
[91] Damit sollen die nicht-exekutiven, v. a. legislativen Kompetenzen des Staatspräsidenten jedoch nicht generell relativiert werden. Für Überlegungen zu diesem Problem aus juristischer Perspektive siehe insb. Schaich (2004: 15-23). Für ihn ist „die Zuordnung des Präsidenten zur Exekutive gerechtfertigt, ja aus verfassungspraktischer Sicht geradezu notwendig (ebd.: 15).

Abbildung 1: Die Staatsorgane der Russländischen Föderation nach der Verfassung von 1993

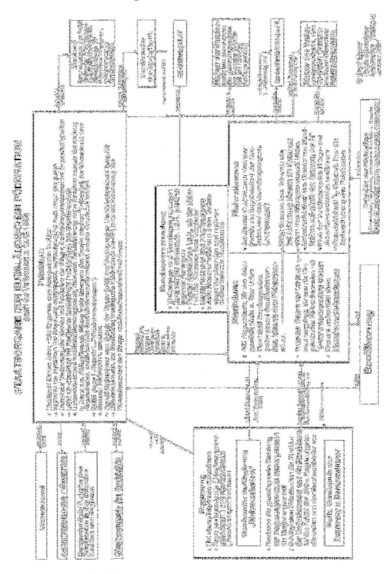

Quelle: Meyer 2001: 99.

Gleich zu Beginn des dem Präsidenten gewidmeten Verfassungskapitels findet sich der Passus, dass er das Staatsoberhaupt sei (Art. 80 Abs. 1). Des weiteren wird ihm die Funktion eines „Garanten der Verfassung der Russländischen Föderation, der Rechte und Freiheiten der Menschen und Bürger"[92] zugesprochen, der „Maßnahmen zum Schutz der Souveränität der Russländischen Föderation, ihrer Unabhängigkeit und staatlichen Integrität" ergreift und „das koordinierte Funktionieren und Zusammenwirken der Organe der Staatsgewalt" gewährleistet (Art. 80 Abs. 2).[93] Er verfügt nach Art. 80 Abs. 3 über die Richtlinienkompetenz in der Innen- und Außenpolitik. Er repräsentiert die Russländische Föderation als Staatsoberhaupt innerhalb des Landes und in den internationalen Beziehungen (Art. 80 Abs. 4). Nach Art. 86 lit. a leitet er zudem die Außenpolitik.

In der Innenpolitik spricht die Verfassung dem Präsidenten zwei judikative Funktionen zu. Er kann zum einen die Rolle eines Schlichters bei Konflikten zwischen den Organen der Staatsgewalt des Zentralstaats und denjenigen der „Subjekte der Föderation"[94] sowie zwischen Organen der einzelnen Subjekte übernehmen. Erst wenn seine Bemühungen scheitern, wird das zuständige Gericht aktiv (Art. 85 Abs. 1). Zum anderen besitzt er das Recht, Akte der Exekutive der Föderationssubjekte so lange zu suspendieren, bis die Frage vom zuständigen Gericht entschieden ist (Art. 85 Abs. 2). Und er kann Verordnungen und Verfügungen der Regierung aufheben, wenn sie der Verfassung oder bestehenden Gesetzen widersprechen, ohne dass das Verfassungsgericht darüber befinden muss (Art. 115 Abs. 3).

---

[92] Auch diese Formulierung scheint nahezulegen, den Staatspräsidenten als über den drei Gewalten stehend zu begreifen.

[93] Vgl. dazu auch den Wortlaut des Amtseides in Art. 82 Abs. 1.

[94] „Subjekte der Föderation" ist die offizielle Bezeichnung der territorialen Einheiten der Russländischen Föderation. Sie sind in Art. 65 Verf. RF einzeln aufgeführt. Ihre Zahl betrug bei Inkrafttreten der Verfassung 89. Dazu gehören die Städte Moskau und Sankt Petersburg, die als „Stadt mit föderaler Bedeutung" jeweils den Status eines Föderationssubjekts besitzen. Durch Fusionen sank die Zahl der Föderationssubjekte kontinuierlich und betrug bei der bislang letzten Dumawahl noch 83 (vgl. Ljubarew 2011: 10). Nach der russländischen Annexion von Teilen der Ukraine Anfang 2014 wurden zwei neue Föderationssubjekte aufgenommen: Die „Republik Krym" sowie die „Stadt mit föderaler Bedeutung Sevastopol'".

Der Präsident verfügt über eine eigene direkte Legitimation, da er in direkter Volkswahl für eine Amtszeit von vier Jahren gewählt wird.[95] Eine sich unmittelbar an die laufende Amtszeit anschließende Wiederwahl ist nur ein Mal möglich (Art. 81 Abs. 1 u. 3). Eine Absetzung des Präsidenten ist praktisch nicht möglich. Die Verfassung sieht hier nur einen möglichen Fall und ein äußerst kompliziertes Verfahren vor. Danach muss der Präsident von der Staatsduma mit den Stimmen von zwei Dritteln seiner Mitglieder des Hochverrats oder eines anderen schweren Verbrechens angeklagt werden. Gleichzeitig muss das Oberste Gericht ein Gutachten anfertigen, aus dem hervorgeht, dass Handlungen des Präsidenten Merkmale eines Verbrechens aufweisen; zusätzlich muss ein Gutachten des Verfassungsgerichts den ordnungsgemäßen Ablauf des Amtsenthebungsverfahrens bestätigen. Sind diese Voraussetzungen gegeben, muss der Föderationsrat mit Zweidrittelmehrheit die Amtsenthebung des Präsidenten beschließen. Dieser Beschluss muss, um Gültigkeit zu erlangen, spätestens drei Monate nach Anklageerhebung durch die Duma erfolgt sein (Art. 93).[96]

Der Präsident ist der Oberste Befehlshaber der Streitkräfte (Art. 87 Abs. 1) und ernennt bzw. entlässt das Oberkommando der Streitkräfte (Art. 83 Abs. l). Zu seinen Aufgaben gehören auch die Bestätigung der Militärdoktrin (Art. 83 lit. z) und die Verhängung des Kriegszustandes (Art. 87 Abs. 2). Nach Art. 102 Abs. 1 lit. b wird der entsprechende Erlass des Präsidenten über den Kriegszustand jedoch erst mit der Bestätigung durch den Föderationsrat wirksam.

Der Präsident hat das Recht, den Ausnahmezustand über die Russländische Föderation oder Teile ihres Gebietes zu verhängen. Die genaueren Aus-

---

[95] Im Zuge einer Verfassungsänderung im Jahr 2009 wurden die Amtszeit des Staatspräsidenten auf sechs Jahre und die Wahlperiode der Duma auf fünf Jahre verlängert (Gesetz 2008/6-FKZ).

[96] Eine in einem früheren Entwurf vorgesehene Begrenzung des Höchstalters auf 65 Jahre wurde – offensichtlich mit Rücksicht auf El'cin, der nach Ende der ersten Amtszeit das 65. Lebensjahr vollendet haben würde – aus der endgültigen Fassung gestrichen. Statt dessen bestimmt Art. 92 Abs. 2, dass der Präsident die Wahrnehmung seiner Vollmachten außer bei einem Rücktritt und im Falle seiner Amtsenthebung dann beenden kann, wenn er „aus Gesundheitsgründen dauerhaft außerstande ist, die ihm obliegenden Vollmachten auszuüben". Da die Verfassung keine weiteren Bestimmungen darüber enthält, wann Gesundheitsprobleme des Präsidenten zu dessen Amtsunfähigkeit führen, und auch nicht festgelegt ist, welche Instanzen nach welchem Verfahren über diese Frage zu befinden haben, folgt daraus, dass allein der Präsident über das (Nicht-)Vorliegen seiner Amtsfähigkeit entscheiden kann.

führungsbestimmungen überträgt die Verfassung einem Verfassungsgesetz (Art. 88), das jedoch erst am 26.04.2001 von der Duma verabschiedet und am 30.05.2001 von Präsident Putin unterzeichnet wurde.[97] Nach Art. 102 lit. v fällt die Bestätigung des Präsidentendekrets über die Verhängung des Ausnahmezustandes in die Zuständigkeit des Föderationsrates.[98] Nach einer Analyse von Theodor Schweisfurth, die dieser schon lange vor Ausbruch des ersten Krieges in Čečnja 1994 verfasste,[99] kann der Präsident den „operativen Einsatz der Armee und anderer Sicherheitskräfte" nicht ohne Mitwirkung des Föderationsrats verfügen. Da er sich bei seinen Ausführungen auf den Art. 102 Verf. RF bezieht, ist es offensichtlich, dass Schweisfurth implizit davon ausgeht, dass ein Einsatz von bewaffneten staatlichen Organen auf dem Boden der Russländischen Föderation nur nach Verhängung des Ausnahmezustandes und dessen Bestätigung durch den Föderationsrat zulässig ist.[100] Deshalb unterliegt der Präsident hier der Kontrolle durch eine Parlamentskammer.

Großen Einfluss auf die anderen staatlichen Institutionen hat der Präsident durch ein umfassendes Vorschlagsrecht. Dies betrifft unter anderem den Vorsitzenden der Zentralbank, die Verfassungsrichter, die Richter am Obersten Gericht der Russländischen Föderation und den Generalstaatsanwalt. Gewählt werden Kandidaten für diese Positionen zwar durch Föderationsrat oder Staatsduma,[101] jedoch aufgrund seines alleinigen Vorschlagsrechtes nicht gegen den Willen des Präsidenten (Art. 83). Nicht kontrolliert wird der Präsident bei der Bildung seiner Administration, die er nach eigenem Ermessen vornimmt (Art. 83 lit. i), sowie bei der Bildung des Sicherheitsrates, dessen Vorsitz er auch innehat (Art. 83 lit. ž).

---

[97] Gesetz 2001/3-FKZ.

[98] Thorson (1993: 11) und Kubiček (1994: 428) sind irrtümlich der Meinung, dass die Verfassung den Föderationsrat nicht zur Ablehnung dieses Dekrets ermächtige. Dieser Position widerspricht nicht nur der Text des Art. 102, sondern auch die politische Praxis. Im Laufe der Jahre 1994 und 1995 hat der Föderationsrat mehrfach El'cins Dekret bezüglich des Ausnahmezustandes „in der Zone des osetisch-ingušetischen Konfliktes" bestätigt. Am 07.02.1995 schließlich hat der Föderationsrat die Verhängung des Ausnahmezustandes in ebendiesem Gebiet unter den in El'cins Dekret genannten Bedingungen abgelehnt und Nachbesserungen erreicht (vgl. Föderationsratsbeschluss 1995/338-I SF.

[99] Der Truppeneinsatz im ersten Čečnja-Krieg erfolgte ohne Verhängung des Ausnahmezustandes über die abtrünnige Republik.

[100] Vgl. Schweisfurth 1993: 10.

[101] Siehe für die Frage, welche Kammer für die Wahl jeweils zuständig ist, Abschn. 3.4.

Die Macht des Präsidenten gegenüber der Regierung ist sehr groß. Er ernennt den auf seinen Vorschlag von der Staatsduma gewählten „Vorsitzenden der Regierung der Russländischen Föderation"[102] (Art. 83 lit.
a), er hat das Recht, auf Kabinettssitzungen den Vorsitz zu führen (Art. 83 lit.
b), und er ernennt auf Vorschlag des Premierministers die Stellvertretenden Ministerpräsidenten sowie die Minister bzw. entlässt sie (Art. 83 lit. d). Nach Art. 83
lit. v entscheidet der Präsident über den Rücktritt der Regierung.

Art. 117 Abs. 1 legt fest, dass die Regierung ihren Rücktritt einreichen
kann, über dessen Annahme oder Ablehnung anschließend der Präsident zu
befinden hat (Art. 117 Abs. 2). Aus dem reinen Wortlaut dieses Verfassungs-
artikels lässt sich nicht ableiten, dass der Präsident ein eigenständiges Ent-
lassungsrecht gegenüber der Regierung besitzt. Davon geht auch Otto Luchterhandt aus, wenn er schreibt: „Der Präsident besitzt kein selbständiges Ent-
lassungsrecht, vielmehr kann die Regierung nur auf Initiative der Duma oder
des Ministerpräsidenten selbst abtreten."[103] Bei einer solchen Argumentation
wird allerdings übersehen, dass der Präsident in der Verfassungsrealität über
genügend Macht verfügt, einen Premierminister zum Verfassen eines Rück-
trittsgesuches zu veranlassen. Dies wird auch von russländischen Verfas-
sungskommentatoren so gesehen. Sie nennen drei Fälle, in denen der Präsident über den Rücktritt der Regierung entscheidet – an erster Stelle: „nach
eigenem Ermessen" (*po sobstvennomu usmotreniju*)[104] des Präsidenten. Es
gibt also gute Gründe anzunehmen, dass der Bestand der Regierung in ü-
berwältigendem Maße in der Hand des Präsidenten liegt.[105] Die Position des
Präsidenten gegenüber der Regierung wird schließlich noch dadurch gestärkt, dass die Verfassung das Prinzip der Gegenzeichnung, zum Beispiel
durch den für die jeweilige Materie zuständigen Fachminister, nicht kennt.

---

[102] So die offizielle Bezeichnung. Im Folgenden werden die Bezeichnungen „Premierminister" bzw. „Ministerpräsident" hierzu synonym verwendet.
[103] Luchterhandt 1994: 31.
[104] Topornin/Baturin/Orechov 1994: 411. Diese Interpretation stützen bspw. auch Furtak
(1996: 953) und Thorson (1993: 10). Furtak weist darauf hin, dass es sich hier um eine
Kompetenz handelt, die der französische Staatspräsident formal nicht besitzt. Mit dem
Verfassungsgesetz „Über die Regierung" vom Dezember 1997 wurde in diesem Punkt
Klarheit geschaffen: Formal besitzt der Staatspräsident kein eigenständiges Entlas-
sungsrecht (s. Abschn. 4.1.2).
[105] Siehe für die Frage, welchen Einfluss das Parlament auf die Regierung hat, Abschn.
3.4.

Das bedeutet, dass der Präsident von seinen Kompetenzen allein aus eigener Machtvollkommenheit Gebrauch machen kann.[106]

Auch innerhalb des Gesetzgebungsprozesses hat der Präsident eine starke Stellung. Erstens verfügt er über das Recht, Gesetzentwürfe in die Duma einzubringen (Art. 84 lit. g),[107] zweitens unterzeichnet und veröffentlicht er die föderalen Gesetze (Art. 84 lit. d). Letzteres setzt seine Zustimmung voraus. Ist der Präsident mit einem vom Parlament verabschiedeten Gesetz nicht einverstanden, hat er ein suspensives Vetorecht.[108] Dieses Veto kann vom Parlament nur überstimmt werden, wenn in beiden Kammern jeweils mindestens eine Zweidrittelmehrheit zustande kommt. Da eine zweifache Zweidrittelmehrheit in der Praxis nur in den seltensten Fällen erreicht wird, verfügt der Präsident auch bei der Gesetzgebung faktisch über ein hohes Machtpotential. Diese Stellung wird noch durch eine legislative Komponente, das umfangreiche Dekretrecht des Präsidenten, verstärkt (Art. 90 Abs. 1). Die Verfassung ermächtigt ihn, selbständig Dekrete (*ukazy*) zu sämtlichen Gegenständen staatlichen Handelns zu erlassen. Alle Dekrete und Anordnungen sind auf dem Gebiet der Russländischen Föderation verbindlich auszuführen (Art. 90 Abs. 2). Sie unterliegen nur der Bedingung, dass sie der Verfassung und geltenden Gesetzen nicht widersprechen dürfen (Art. 90 Abs. 3). Eine Kontrollinstanz unterhalb der Ebene des Verfassungsgerichtes ist hierbei nicht vorgesehen. Schließlich verfügt der Präsident gegenüber der Legislative über eine zusätzliche scharfe Waffe, da die Auflösung der Duma weitgehend in sein Ermessen gestellt ist.[109]

3.3 Stellung und Kompetenzen der Regierung

Eine Möglichkeit, die Machtfülle des Präsidenten zu relativieren, könnte in der Institutionalisierung einer starken und von ihm relativ unabhängigen Regierung bestehen. Davon macht die Verfassung so gut wie keinen Gebrauch.

Nach der Verfassung übt die russländische Regierung die exekutive Gewalt aus (Art. 110 Abs. 1). Ihre Aufgabe ist es, sowohl die vom Parlament be-

---

[106] Vgl. Brunner 1996: 33.
[107] Art. 104 Abs. 1 spricht dem Präsidenten explizit die Gesetzesinitiative zu.
[108] Sogenannte Verfassungsgesetze können von Präsidenten nicht mit einem Veto belegt werden (Art. 108 Abs. 2).
[109] Details zur Auflösung der Staatsduma siehe Abschn. 3.4.

schlossenen Gesetze als auch die vom Präsidenten erlassenen Dekrete umzusetzen (Art. 115 Abs. 1).[110] Insofern ist sie formal Exekutivorgan beider Machtsäulen.

Wie durch obige Analyse der Vollmachten des Präsidenten schon angedeutet wurde, handelt es sich bei der Regierung der Russländischen Föderation jedoch eindeutig um eine präsidentielle. Zwar legt die Verfassung in Art. 113 fest, dass der Ministerpräsident „die Hauptrichtungen der Tätigkeit der Regierung festlegt und ihre Arbeit organisiert", doch steht dieser Passus unter dem Vorbehalt des Artikels 80 Abs. 3, der dem Präsidenten die allgemeine Richtlinienkompetenz zuspricht. Über dieses durch das umfassende Weisungsrecht des Präsidenten konstituierte Abhängigkeitsverhältnis kann auch nicht hinwegtäuschen, dass die Regierung sowohl befugt ist, „Maßnahmen zur Verteidigung des Landes und der Sicherheit des Staates zu ergreifen und die Außenpolitik der Russländischen Föderation zu verwirklichen" (Art. 114 lit. d), als auch „Maßnahmen zur Gewährleistung von Recht und Gesetz sowie von Bürgerrechten und -freiheiten, zum Schutz des Eigentums, zur Wahrung der öffentlichen Ordnung und zur Bekämpfung der Kriminalität einzuleiten" (Art. 114 lit. e).

Die Regierung wird durch Art. 115 Abs. 1 ermächtigt, eigene Verordnungen (*postanovlenija*) und Verfügungen (*rasporjaženija*) zu erlassen. Dahinter verbirgt sich eine „Normensetzungsbefugnis der Regierung bis in den Bereich unmittelbar unterhalb des Verfassungsrechts"[111]. Allerdings wird diese Befugnis dadurch stark eingeschränkt, dass – wie oben schon erwähnt – Art. 115 Abs. 3 den Präsidenten ermächtigt, normative Akte der Regierung zu suspendieren, falls er zu dem Schluss kommt, dass sie der Verfassung, geltenden Gesetzen oder präsidentiellen Dekreten widersprechen.

Insgesamt entsteht der Eindruck, dass die Regierung in erster Linie als Organ des Präsidenten konzipiert wurde. Er wird noch durch eine Reihe weiterer Faktoren untermauert. So ist zum einen die Amtszeit der Regierung direkt an die Amtszeit des Präsidenten gekoppelt, das heißt, die bisherige Regierung tritt zu Beginn einer neuen Amtsperiode des Präsidenten zurück (Art.

---

[110] Außer den von der Verfassung vorgesehenen Befugnissen kann sie weitere Kompetenzen erhalten, wenn ihr diese auf dem Wege eines präsidentiellen Dekretes oder föderalen Gesetzes übertragen werden (Art. 114 lit. ž).

[111] Westen 1994: 827.

116). Zum anderen bedarf zwar der Ministerpräsident der Bestätigung durch eine Abstimmung in der Staatsduma (nicht jedoch die anderen Mitglieder des Kabinetts); das von der Verfassung vorgesehene Procedere bei der Wahl sowie die Implikationen eines Misstrauensvotums der Staatsduma bzw. einer Vertrauensfrage des Ministerpräsidenten lassen allerdings den Schluss zu, dass die Staatsduma nur geringe Chancen hat, gegen den Willen des Präsidenten einen eigenen Kandidaten durchzusetzen resp. den amtierenden Ministerpräsidenten abzusetzen.[112] Auch die Tatsache, dass es das Vorrecht des Ministerpräsidenten ist, die Kandidaten für die Ämter der Stellvertretenden Ministerpräsidenten und der einfachen Minister dem Präsidenten zur Ernennung vorzuschlagen, spricht nicht gegen die These einer starken Abhängigkeit der Regierung vom Präsidenten, da Letzterer über genügend formelle und informelle Machtmittel verfügt, um den Ministerpräsidenten zu Vorschlägen zu bewegen, die sein Plazet finden. Vor dem Hintergrund dieser einseitigen Abhängigkeit der Regierung vom Präsidenten erscheint auch die Tatsache, dass ihr die Verfassung das Recht zur Gesetzesinitiative einräumt (Art. 104 Abs. 1), mehr kosmetischer Natur zu sein.

Eine weitere Schwächung sowohl der Position des Ministerpräsidenten als auch der Regierung in ihrer Gesamtheit resultiert aus der internen Struktur der Exekutive. Einerseits sind die Stellvertretenden Ministerpräsidenten in der Hierarchie direkt unterhalb des Ministerpräsidenten angesiedelt und überwachen jeweils eine bestimmte Anzahl an Ministerien. Dadurch übt der Ministerpräsident nur noch eine indirekte Kontrolle über die einzelnen Ministerien aus. Andererseits sind zwischen den Stellvertretenden Ministerpräsidenten und den ihnen unterstellten Ministerien besondere Bürokratieapparate positioniert, die die Arbeit der Ministerien überwachen.[113]

---

[112] Für Details siehe den folgenden Abschn. 3.4.
[113] Vgl. Huskey 1995: 124. Es gibt Erste Stellvertretende Ministerpräsidenten und Stellvertretende Ministerpräsidenten. Im Gegensatz zu den „Stellvertretern des Vorsitzenden der Regierung", die in der Verfassung explizit als Mitglieder der Regierung aufgeführt werden (Art. 110 Abs. 2), besitzen „Erste Stellvertreter" keine verfassungsrechtliche Verankerung. Darüber hinaus werden Letztere weder im Verfassungsgesetz „Über die Regierung" (1997/2-FKZ) noch in der Geschäftsordnung der Regierung (1998/604) erwähnt. Im Folgenden wird – soweit nicht anders angegeben – der Ausdruck „Stellvertretende Ministerpräsidenten" als Sammelbezeichnung für die Gruppe der Ersten und der („einfachen") Stellvertretenden Ministerpräsidenten verwendet. (Für Details zur Struktur der Regierung siehe Abschn. 4.1.2.)

Zusammenfassend lässt sich festhalten, dass die russländische Regierung nach der Verfassung nur über eine sehr geringe Eigenständigkeit verfügt und weitestgehend der umfassenden Weisungsbefugnis des Präsidenten unterliegt. Mit guten Gründen kann man darüber hinaus sagen, dass durch die Verfassung eine *doppelte Exekutive* in Gestalt des Präsidenten und der Regierung konstituiert wurde. Diese Konstruktion trägt die Gefahr von Reibungsverlusten in dem Maße in sich, wie die Regierung versucht, den eigenen Gestaltungsspielraum auszuschöpfen oder gar auszuweiten. Umgekehrt ermöglicht es die Verfassung einem starken Präsidenten, das Eigengewicht der Regierung radikal zu verringern, so dass diese nur mehr als ein „Anhängsel" des Präsidentenamtes erscheint. Ob es zu entsprechenden Phänomenen kommt, kann aber in jedem Falle erst die politische Praxis zeigen.

3.4 Stellung und Kompetenzen des Parlamentes

Das Parlament wird von der russländischen Verfassung als „Föderalversammlung" (*Federal'noe Sobranie*) bezeichnet (Art. 94) und besteht aus zwei Kammern: dem „Föderationsrat" (*Sovet Federacii*) und der „Staatsduma" (*Gosudarstvennaja Duma*) (Art. 94). Zusammen bilden beide Kammern das Vertretungs- und Gesetzgebungsorgan der Russländischen Föderation (Art. 95 Abs. 1). Zwar verfügt das Parlament über eine eigene Legitimation und im Vergleich zur Regierung über ein bedeutenderes Gewicht, gleichwohl sind auch seine Möglichkeiten, als Gegengewicht zum Präsidenten zu fungieren, durch die starke Stellung des Präsidenten erheblich beschnitten.

Die *Staatsduma* besteht aus 450 Abgeordneten (Art. 95 Abs. 3) und wird für einen Zeitraum von vier Jahren gewählt (Art. 96 Abs. 1)[114]. Nach dem unter El'cin bestehenden Wahlgesetz wird die Hälfte ihrer Mitglieder nach dem relativen Mehrheitswahlrecht in direkter Wahl in den 225 Wahlkreisen gewählt, die andere Hälfte zieht über Parteilisten in die Duma ein. Hier gelten das Verhältniswahlrecht und eine Fünf-Prozent-Hürde.[115] Für die Abgeordne-

---

[114] Die Übergangsbestimmungen (Abs. 7) legen für die erste Legislaturperiode (1993-1995) eine Dauer von zwei Jahren fest. Zur Verlängerung der Legislaturperiode der Duma und der Amtszeit des Staatspräsidenten per Verfassungsänderung im Jahr 2009 siehe S. 61, Fn. 95.

[115] Obwohl dieses Verfahren auf den ersten Blick sehr stark dem in der Bundesrepublik Deutschland angewandten zu ähneln scheint, gehört es einem eigenständigen Typus

ten gilt ein strenges Inkompatibilitätsgebot hinsichtlich der Mitgliedschaft in anderen Organen der Staatsgewalt der Russländischen Föderation.[116] Für die meisten Entscheidungen der Duma ist die absolute Mehrheit der Stimmen ihrer Mitglieder notwendig (Art. 103 Abs. 3).[117]

Hauptaufgabe der Duma ist die Gesetzgebung, ihr stärkstes Instrument ist das klassische Budgetrecht. Darüber hinaus entscheidet sie über die Besetzung diverser hoher Staatsämter. Am wichtigsten ist hierbei ihr Recht zur Bestätigung des Regierungschefs (Art. 103 Abs. 1 lit. a) auf Vorschlag des Präsidenten. Hinzu kommen unter anderem Wahl und Amtsenthebung des Zentralbankvorsitzenden (Art. 103 Abs. 1 lit. v), des Vorsitzenden des Rechnungshofes und der Hälfte seiner Mitglieder (Art. 103 Abs. 1 lit. g), des Menschenrechtsbeauftragten (Art. 103 Abs. 1 lit. d) sowie die Verkündung einer Amnestie (Art. 103 Abs. 1 lit. e) und die oben erwähnte Initiierung eines Amtsenthebungsverfahrens gegen den Präsidenten (Art. 103 Abs. 1 lit. ž).

Es gibt mehrere Fälle, in denen die Duma vom Präsidenten aufgelöst werden kann oder sogar aufgelöst werden muss. Wenn die Duma drei Mal hintereinander dem Vorschlag des Präsidenten für die Wahl des Ministerpräsidenten nicht gefolgt ist, löst der Präsident die Duma auf, ernennt selbst einen Regierungschef seiner Wahl und schreibt Neuwahlen aus (Art. 111 Abs. 4).[118] Wenn die Duma der Regierung das Misstrauen ausspricht, hat der Präsident die Wahl zwischen Ignorieren dieses Votums und Entlassung der Regierung. Erst wenn es binnen dreier Monate erneut zu einem Misstrauensvotum kommt, muss der Präsident reagieren. Er hat dann die Wahl zwischen

---

an (Grabensystem) und weist einen ganz erheblichen Unterschied auf. Während es sich in der Bundesrepublik so verhält, dass – wenn man von potentiellen Überhangmandaten absieht – allein die Zweitstimme Einfluss auf die Zahl der einer bestimmten Partei zukommenden Sitze hat, weil die Erststimme nur über die personelle Zusammensetzung des Bundestages mitentscheidet, werden in der Russländischen Föderation Erst- und Zweitstimme vollkommen separat gewertet. Details zum Wahlrecht und dessen Auswirkungen auf die Herausbildung des Parteiensystems finden sich bspw. bei Steinsdorff (1997). Während der ersten Präsidentschaft Putins wurde ein neues Wahlgesetz verabschiedet, das u. a. den Übergang zu einem reinen Verhältniswahlrecht mit Sieben-Prozent-Hürde beinhaltet. Es wurde erstmals bei der nachfolgenden Dumawahl (Dezember 2007) angewendet.

[116] In den Übergangsbestimmungen (Abs. 7) wird für die erste Legislaturperiode (1993-1995) eine Ausnahme gemacht. Ein Abgeordneter der Duma kann gleichzeitig Regierungsmitglied sein.

[117] Für abweichende Fälle s. u.

[118] Die Verfassung untersagt dem Präsidenten nicht, mehrmals denselben Kandidaten vorzuschlagen (für Details siehe Abschn. 4.2.4).

Entlassung der Regierung und Auflösung der Duma (Art. 117 Abs. 3). Vor
derselben Entscheidung zwischen Entlassung der Regierung und Auflösung
der Duma steht der Präsident bereits bei einmaligem Scheitern der Vertrauensfrage des Regierungschefs in der Duma (Art. 117 Abs. 4).
Die Auflösung der Duma nach Artikel 117 Abs. 3 und 4 darf innerhalb eines Jahres nach ihrer Wahl nicht vollzogen werden (Art. 109 Abs. 3). Generell ausgeschlossen ist die Auflösung der Duma nach der Einleitung eines
Amtsenthebungsverfahrens gegen den Präsidenten (Art. 109 Abs. 4), solange über das Territorium der Kriegs- oder Ausnahmezustand verhängt ist sowie sechs Monate vor Ablauf der Amtszeit des Präsidenten (Art. 109 Abs. 5).
Im Ergebnis schwebt über der Duma fast permanent das Damoklesschwert
einer möglichen Auflösung. Das hat zur Folge, dass die Verantwortlichkeit der
Regierung gegenüber der Duma starken Einschränkungen unterliegt, da die
Duma ihre Kontrollfunktionen nicht ohne die Gefahr ausüben kann, dass der
Präsident die Wahlperiode vorzeitig beendet. Man kann sogar so weit gehen
zu behaupten, dass durch diese Verfassungskonstruktion die Regierung de
facto dem Präsidenten gegenüber verantwortlich ist.[119]

Der *Föderationsrat* ist im wesentlichen die Interessenvertretung der Regionen der Russländischen Föderation. Ihm gehören zwei Vertreter jedes Föderationssubjektes an. Exekutive und Legislative eines Subjektes entsenden
jeweils einen Vertreter in diese Kammer (Art. 95 Abs. 2).[120] Wie in der Duma,
ist auch im Föderationsrat für die Annahme einer Entscheidung in der Regel
die Zustimmung von mehr als der Hälfte seiner Mitglieder erforderlich (Art.
102 Abs. 3). Im Unterschied zur Duma kann der Föderationsrat nicht aufgelöst werden. Er hat keinerlei Einfluss auf die personelle Zusammensetzung

---

[119] Vgl. Beichelt 1996: 602 und Frank 1995: 230.
[120] Die Übergangsbestimmungen (Abs. 7) legen für die erste Wahlperiode eine Wahl der
Föderationsratsmitglieder für eine Dauer von zwei Jahren fest. Zwischen 1996 und
2000 galt ein Gesetz, das festlegt, dass der Chef der Exekutive und der Vorsitzende
der Legislative eines jeden Föderationssubjektes ex officio Mitglieder des Föderationsrates sind (vgl. Orttung/Parrish 1996: 16). Durch Reformen unter Putin wurde der Be-
stellmodus der Föderationsratsmitglieder geändert, so dass nun von der Exekutive
und der Legislative der jeweiligen Föderationssubjekte ernannte ständige Delegierte
den Föderationsrat bilden. Im Sommer 2014 trat überdies eine Verfassungsänderung
(Gesetz 2014/11-FKZ) in Kraft, die dem Staatspräsidenten das Recht einräumt, eigenständig zusätzliche Delegierte zu ernennen. Die Gesamtzahl dieser Delegierten darf
dabei 10 % der Zahl der „regulären" Föderationsratsmitglieder (je zwei pro Föderati-
onssubjekt, derzeit 170) nicht überschreiten.

der Regierung. Statt dessen wählt der Föderationsrat auf Vorschlag des Präsidenten die Richter der Höchsten Gerichte der Russländischen Föderation (Verfassungsgericht, Oberstes Gericht, Oberstes Schiedsgericht), den Generalstaatsanwalt sowie den stellvertretenden Vorsitzenden und die Hälfte der Mitglieder des Rechnungshofes (Art. 102 Abs. 1 lit. ž-i). Grenzänderungen zwischen Subjekten der Föderation bedürfen seiner Zustimmung (Art. 102 Abs. 1 lit. a). Eine nicht zu unterschätzende Kompetenz ist die Entscheidung über den Einsatz der russländischen Streitkräfte im Ausland (Art. 102 Abs. 1 lit. g) sowie die endgültige Entscheidung über die Amtsenthebung des Präsidenten. Zusätzlich bedürfen – wie schon oben erwähnt – Dekrete des Präsidenten über die Verhängung des Kriegs- resp. Ausnahmezustands der Bestätigung durch den Föderationsrat. Dies sind praktisch die einzigen direkten, von der Verfassung vorgesehenen Kontrollmöglichkeiten in Bezug auf den Präsidenten.[121]

An der Gesetzgebung sind *beide* Parlamentskammern beteiligt. Auch der Föderationsrat hat das Recht, Gesetzentwürfe in die Duma einzubringen. (Art. 104 Abs. 1). Die russländische Verfassung unterscheidet nicht, wie etwa die bundesrepublikanische, zwischen sogenannten Einspruchs- und zustimmungspflichtigen Gesetzen. Der Föderationsrat hat das Recht, zu jedem Gesetz, das die Duma verabschiedet, eine Entscheidung zu fällen (Art. 105 Abs. 3). Nachdem die Duma ein Gesetz verabschiedet und dem Föderationsrat zugeleitet hat, hat dieser 14 Tage Zeit, darüber zu beschließen. Bleibt er – was ihm die Verfassung bei bestimmten Materien gestattet[122] – untätig oder stimmt er dem Gesetz zu, kann es nach Unterzeichnung durch den Präsidenten in Kraft treten. Lehnt er ein Gesetz ab, kann die Duma diesen Beschluss nur mit Zweidrittelmehrheit überstimmen (Art. 105 Abs. 5). Ein Veto des Präsidenten gegen ein Gesetz kann nur mit einer Zweidrittelmehrheit in beiden Häusern überstimmt werden (Art. 107 Abs. 3).

---

[121] Wenn Steinsdorff (2001: 464) mit Blick auf die verfassungsrechtliche Seite vom „außerhalb jeder parlamentarischen Kontrolle stehenden Staatspräsidenten" spricht, ist das zwar formal nicht ganz genau, trifft den Sachverhalt de facto aber sehr gut.

[122] Art. 106 nennt die Gesetzesmaterien, deren Behandlung durch den Föderationsrat obligatorisch ist. Vereinfacht gesagt, handelt es sich dabei um den Bereich der Fiskal-, Steuer- und Haushaltspolitik, Angelegenheiten internationaler Verträge sowie Sicherheits- und Verteidigungspolitik.

Auch im Falle von Verfassungsgesetzen und Verfassungsänderungen[123]
ist ein konzertiertes Zusammenwirken beider Parlamentskammern notwendig. Erforderlich ist die Zustimmung der Duma mit mindestens zwei Dritteln
und des Föderationsrates mit mindestens drei Vierteln seiner Mitglieder (Art.
108 Abs. 2). Im Falle von Verfassungsänderungen ist darüber hinaus die Billigung durch die legislativen Organe von mindestens zwei Dritteln der Subjekte der Föderation obligatorisch (Art. 136). Angesichts dieser hohen Hürden ist
es in der politischen Praxis nur von untergeordneter Bedeutung, dass der
Staatspräsident sowohl bei Verfassungs- als auch bei verfassungsändernden
Gesetzen kein Vetorecht besitzt. In der Konsequenz bedeutet dies, dass Verfassungsgesetze und insbesondere Verfassungsänderungen nach der geltenden Verfassung äußerst schwierig zu verabschieden sind und eine ausrei-
chende Mehrheit im politischen Alltag nur selten zustande kommen dürfte.

In der Verfassung der Russländischen Föderation wird weder den Abgeordneten der Duma noch den Mitgliedern des Föderationsrates das Interpellationsrecht eingeräumt. Eine Regelung auf gesetzlicher Ebene existiert mit
der Verabschiedung des Abgeordnetengesetzes seit Mai 1994. Die Mitglieder
beider Kammern verfügen über ein Herbeirufungsrecht sowie das Recht,
schriftliche Anfragen an Mitglieder der Regierung zu richten und Antwort zu
erhalten.[124] Den Parlamentariern gelang es insgesamt jedoch nicht, sich dieses klassische Recht in den Amtsjahren El'cins im Sinne eines wirksamen
Kontrollinstrumentes anzueignen – auch bedingt durch Obstruktionshaltun-
gen der Exekutive.[125]

---

[123] Im Zuge einfacher Verfassungsänderungen können nur Artikel der Kapitel 3-8 geändert werden (Art. 136). Von dieser einfachen Änderung ausgeschlossen sind insbesondere diejenigen Artikel, die die Grundlagen der Verfassungsordnung und die Men-
schen- bzw. Bürgerrechte betreffen. Zu ihrer Änderung bedarf es der Einberufung einer Verfassunggebenden Versammlung.

[124] Gesetz 1994/3-FZ, Artt. 13-15. Mit der Verabschiedung eines Änderungsgesetzes
(1999/133-FZ) am 05.07.1999 wurde das Interpellationsrecht neu geregelt. Unterschieden wird seitdem zwischen „parlamentarischen Anfragen", die eines Mehrheits-
beschlusses im Plenum bedürfen, und „Abgeordnetenanfragen", die das individuelle
Recht jedes einzelnen Abgeordneten sind.

[125] Steinsdorff (2002: 287) weißt darauf hin, dass Verweigerung und Ausweichtaktik bei
staatlichen Stellen verbreitet sind. Ihrer Ansicht nach gewann die „Regierungsstunde",
bei der jeweils zwei Vertreter der Regierung im Plenum erscheinen müssen, um Fragen der Abgeordneten zu beantworten, zunehmend größere Bedeutung. Allerdings
dient dieses Instrument weniger der konkreten Kontrolle der Regierung als vielmehr
der Information der Dumaabgeordneten.

Mit der Verabschiedung der Verfassung verfügt die Russländische Föderation erstmals über einen Rechnungshof. Mit Hilfe dieser Einrichtung besitzt das Parlament ein weiteres Instrument, die Regierung zu kontrollieren. Auf der Grundlage des Mitte Januar 1995 in Kraft getretenen Gesetzes „Über den Rechnungshof der Russländischen Föderation"[126] wurden binnen weniger Wochen durch beide Parlamentskammern jeweils sechs Mitglieder gewählt. Der Rechnungshof konstituierte sich Mitte April 1995. Er entfaltete erst nach und nach eine gewisse Wirksamkeit und bleibt bis heute aus verschiedenen Gründen weil hinter seinen potentiellen Möglichkeiten zurück, doch spielt er bei der Kontrolle der Regierung eine unvergleichlich wichtigere Rolle als das Interpellationsrecht.

3.5 Zusammenfassung und Überleitung

Eine Gegenüberstellung der Befugnisse von Parlament, Regierung und Staatspräsident lässt erkennen, dass Letzterer eindeutig über die größeren Machtressourcen verfügt. Erstens sind die Kontrollrechte des Parlaments nur rudimentär vorhanden und beschränken sich weitgehend auf das klassische Recht der Budgetbewilligung, und die parlamentarische Gestaltungsmacht ist durch das umfassende Dekret- und Vetorecht des Präsidenten unterminiert. Zweitens ist die Regierung in starkem Maße vom Präsidenten abhängig. Sie läuft Gefahr, unter einem entschlossenen Präsidenten große Teile ihrer Eigenständigkeit zu verlieren.

Das Parlament kann zwar versuchen, durch Wahrnehmung der eigenen Gesetzgebungskompetenz eine normative Politikgestaltung durch Präsidentendekrete in den entsprechenden Bereichen nach Art. 90 Abs. 3 zu unterbinden, doch steht es dabei – in Antizipation eines präsidentiellen Vetos – vor der Hürde einer notwendigen Zweidrittelmehrheit in beiden Kammern. Deshalb kann man zu Recht davon sprechen, dass das Parlament in der Russländischen Föderation nur eine relativ geringe Rolle spielen kann, falls der Präsident seine Vollmachten extensiv nutzt. Hohes eigenes Gewicht kann die Legislative nur gewinnen, wenn sich eine Mehrheit zu konstruktiver Zusammenarbeit mit der Exekutive bereit zeigt bzw. wenn Kräfte in Opposition zur Exekutive in der Lage sind, Zweidrittelmehrheiten zu mobilisieren. Eine sol-

---

[126] Gesetz 1995/4-FKZ.

che Konstellation kann jedoch keineswegs ein austariertes System der *checks and balances* ersetzen.

Auf der Ebene der Verfassungsnorm in Russland können der Staatspräsident und die von ihm abhängige Regierung potentiell in erheblichem Maße auch isoliert vom Parlament agieren. In Abhängigkeit von weiteren politischen und gesellschaftlichen Faktoren können damit in der Verfassungsrealität eine Verringerung demokratischer Partizipations- und Kontrollmöglichkeiten sowie ein Bedeutungszuwachs informeller Verfahren einhergehen. Somit legt die russländische Verfassungsordnung die Grundlage für ein Element des politischen Kapitalismus: eine höhere Wahrscheinlichkeit der Umgehung demokratisch legitimierter Institutionen und Verfahren.

Nachdem dieses Kapitel den Schwerpunkt auf die Analyse der verfassungsrechtlich-institutionellen Grundlagen und Ausgangsbedingungen des politischen Systems der Russländischen Föderation nach Verabschiedung der neuen Verfassung vom Dezember 1993 gelegt hat, gilt es nun zu untersuchen, wie sich Kooperation, Kontrollausübung und Konfliktfähigkeit der politischen Akteure während der Zweiten Russländischen Republik unter der Präsidentschaft El'cins entwickelten. Konnte der Staatspräsident seine potentielle Überlegenheit nutzen bzw. sogar ausbauen oder konnte das Parlament seine geringen Kompetenzen effektiv nutzen und dadurch die eigene Position stärken? Spielte das verfassungsrechtliche Regelsystem im politischen Alltag die dominierende Rolle oder kam es zu häufigen, für Transformationsstaaten nicht untypischen Konflikten, bei denen die Akteure die Grenzen des Verfassungsrahmens testeten – auch, weil eine neu in Kraft tretende Verfassung notwendigerweise über eine Reihe von „Leerstellen" und interpretationsbedürftigen Regeln verfügt? Welche Bedeutung hatten informelle Arrangements und die eigenständige Rechtsetzungsbefugnis des Staatspräsidenten? Diese und andere Fragen werden im nachfolgenden Kapitel einer näheren Betrachtung unterzogen.

4. Die Verfassungsrealität in der Ära El'cin

Andrej Rjabov hat ein Hauptziel bei der Verfassungsgebung in Russland prägnant auf den Punkt gebracht:

> „The Russian elites who supported early market reforms and the promotion of a proprietary class sought strong and centralized executive power which they felt would protect their interests against protests from those disadvantaged by economic reform."[127]

In welchem Umfang und in welchen Bereichen wurde dieses Ziel erreicht? Welche Auswirkungen lassen sich im politischen Prozess identifizieren? In welchem Maße war die Verfassungsrealität während El'cins Präsidentschaft von verfassungsrechtlich-institutionellen Vorgaben bestimmt? Welche informellen Institutionen und Verfahren prägten die politischen Entscheidungsprozesse? Dies sind wesentliche Leitfragen, die in den folgenden Abschnitten beantwortet werden.

4.1 Die duale Exekutive

In einer vergleichenden Untersuchung der Machtstellung post-sozialistischer Staatspräsidenten unterscheidet Timothy Frye zwischen *specific powers* und *residual powers*. *Specific powers* definiert er als „the rights explicitly granted to a president in the main legal document defining the powers of the office, such as the constitution or law on the presidency."[128] Die Unmöglichkeit, via Kodifizierung alle möglichen zukünftigen Situationen abzudecken, hat zur Folge, dass *residual powers* „to make decisions ‚outside of the contract' must be assigned to either the parliament or the president."[129] Zusammengenommen bilden die *specific powers* eines Staatspräsidenten, bindende Entscheidungen unabhängig von der Legislative zu treffen, und die *residual powers*, Entscheidungen in verfassungsrechtlich nicht (eindeutig) definierten Situatio-

---

[127] Ryabov 2004: 92. Ganz ähnlich argumentiert Fish (2000: 181): „Many felt that the concentration of power would fortify the forces most committed to rapid economic change, minimize the dangers of ‚gridlock,' and marginalize the bothersome interference of ‚politics' in restructuring a moribund economy."
[128] Frye 1997: 525.
[129] Frye 1997: 526.

nen, wie zum Beispiel in Krisen, zu treffen, eine Machtressource von erheblichem Gewicht. In Bezug auf die Stellung des russländischen Staatspräsidenten kommt Frye zu dem Ergebnis, es handele sich um „a presidency with
many specific powers and unconstrained residual powers"[130]. Entscheidend
ist für Frye dabei Folgendes:

> „[M]any of the powers of the Russian presidency are vaguely defined and
> grant the president considerable room to expand these powers as events
> require. This vagueness was part of a conscious strategy. The Yeltsin camp
> deliberately wrote vague rules that expanded the residual powers of the
> Russian presidency."[131]

Um die tatsächliche Machtstellung der russländischen Exekutive – und hier
vor allem des Staatspräsidenten – in der Verfassungsrealität genauer zu
bestimmen, sollen im Folgenden zwei wichtige Felder exemplarisch analysiert
werden: zum einen der Einfluss des Staatspräsidenten auf Struktur, personelle Zusammensetzung und Handlungsfähigkeit der dualen Exekutive; zum anderen die Rolle des Staatspräsidenten im Prozess der Normsetzung, das
heißt insbesondere die Nutzung seines Dekretrechtes, seine Einwirkung auf
den Gesetzgebungsprozess und die Anwendung des suspensiven Vetos.

4.1.1 Die Organisation des Amtes des Staatspräsidenten

Zum Amt des Staatspräsidenten der Russländischen Föderation gehört ein
umfangreicher Apparat mit einer Vielzahl von Beschäftigten. Es ist deshalb
wichtig, zwischen zwei unterschiedlichen politischen Akteuren zu unterscheiden: einerseits der russländische Staatspräsident als Einzelperson und andererseits das Amt des Staatspräsidenten, die „institutionelle Präsidentschaft",[132] als kollektiver Akteur, das heißt mit allen angeschlossenen Einrichtungen, die ich unter dem Sammelbegriff „Präsidialapparat" zusammenfassen
möchte.

Eine wichtige Besonderheit der Ära El'cin besteht darin, dass in den
1990er Jahren nicht von einer festen institutionell-organisatorischen Struktur
des russländischen Präsidialapparates gesprochen werden kann. Zwischen
dem Amtsantritt El'cins im Jahre 1991 und dem Frühjahr 1999 gab es sechs

---

[130] Frye 1997: 545.
[131] Frye 1997: 546.
[132] Huskey (1999: 96 et pass.) verwendet den Begriff „institutional presidency".

umfangreiche Restrukturierungen[133] und eine Unzahl kleinerer Reorganisationsversuche. Deshalb kann jedes Organigramm hinsichtlich feinerer Strukturen immer nur eine Momentaufnahme bieten. Festzuhalten bleibt jedoch auch, dass der Präsidialapparat in seiner Basisstruktur und in Bezug auf den potentiell extensiven Umfang reklamierter Zuständigkeiten keinen abrupten oder extremen Veränderungen unterworfen war. In diesem Sinne sollen die beiden angeführten Schemata (Abbildungen 2a und 2b) als Illustration der Basisstruktur des Präsidialapparates dienen.

Häufig werden in der Literatur die Begriffe „Präsidialadministration" und „Administration des Präsidenten" verwendet, um auf die Gesamtheit der Apparate im unmittelbaren Umfeld des Präsidenten zu rekurrieren. Diese Begriffsverwendung ist etwas irreführend. Aus der Abbildung 2b lässt sich erkennen, dass die Präsidialadministration (*Administracija Prezidenta*) zwar den Kern des Präsidialapparates ausmacht, aber eben nur einen Ausschnitt darstellt. Neben der Präsidialadministration unterstanden El'cin (direkt oder indirekt) unter anderem drei Sicherheits- bzw. Nachrichtendienste, der Präsidentenrat sowie diverse Kommissionen und Unterstützungsdienste. Hinzu kommt der Sicherheitsrat der Russländischen Föderation, auf den ich unten (S. 83) näher eingehen werde. Genaue und widerspruchsfreie Zahlen zum personellen Umfang des Präsidialapparates sind nicht erhältlich, aber man kann davon ausgehen, dass sich die Zahl der Personen während der Amtszeit El'cins im mittleren vierstelligen Bereich bewegt haben dürfte. Was die Präsidialadministration anbelangt, scheint die Mitarbeiterzahl (ohne Berücksichtigung territorialer Untergliederungen) um die 2.000 geschwankt zu haben – anscheinend mit im Laufe der Jahre abnehmender Tendenz.[134]

---

[133] Vgl. Sem' dnej, kotorye... 1999; S. White 2000a: 83. Die sechste und während El'cins Amtszeit letzte größere Reorganisation wurde per Präsidentenerlass (Ukaz 1999/163) am 30.01.1999 eingeleitet.

[134] Huskey (1995: 116, Fn. 5) nennt für Ende 1994 die Zahl von 2.180 professionellen Mitarbeitern, Sergej Čugaev (1998) spricht für den Jahresanfang 1998 von 1.945 und die Nezavisimaja gazeta zitiert offizielle Stellen anlässlich einer damals laufenden Reorganisation und Verkleinerung der Präsidialadministration mit 1.721 Mitarbeiterstellen als Zielwert (Sokraščenija v administracii prezidenta 1999).

Abbildung 2a: Schema der Verwaltung des Staatspräsidenten (Mitte 1994)

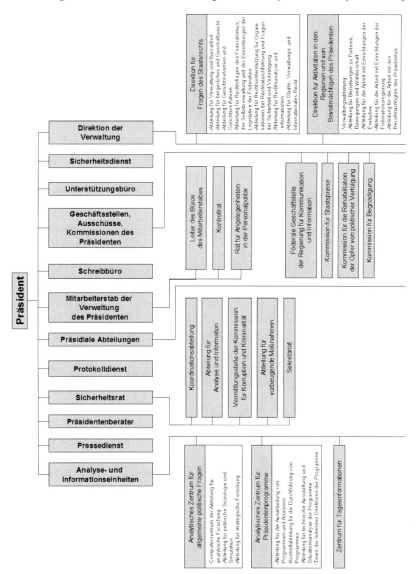

Quelle: Koslatschkow 1995: 9.

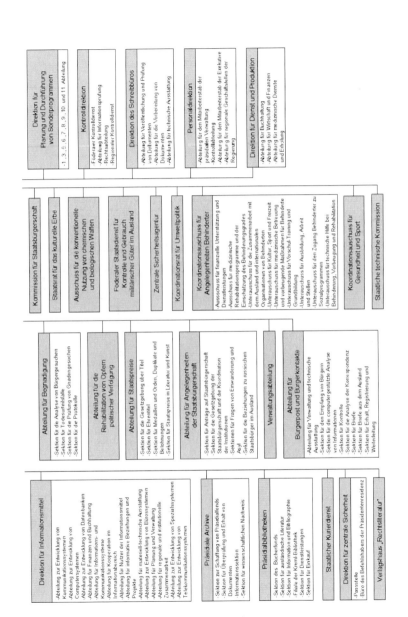

Direktion für Planung und Durchführung von Sonderprogrammen
-1, 3, 5, 6, 7, 8, 9, 10 und 11 Abteilung

Kontrolldirektion
-Föderaler Kontrolldienst
-Abteilung für Informationsprüfung
-Rechtsabteilung
-Regionaler Kontrolldienst

Direktion des Schreibbüros

Personaldirektion
-Abteilung für Veröffentlichung und Prüfung von Dokumenten
-Abteilung für die Vorbereitung von Dokumenten
-Abteilung für technische Ausstattung

Direktion für Dienst und Produktion
-Abteilung für Buchhaltung
-Abteilung für den Mitarbeiterstab der präsidialen Verwaltung
-Kontrollabteilung
-Abteilung für den Mitarbeiterstab der Exekutive
-Abteilung für regionale Geschäftsstellen der Regierung

-Abteilung für Wirtschaft und Finanzen
-Abteilung für medizinische Dienste und Erholung

Kommission für Staatsbürgerschaft

Staatsrat für das kulturelle Erbe

Ausschuss für die konventionelle Nutzung von chemischen und biologischen Waffen

Föderaler Staatsdienst für Kontrolle und Gebrauch militärischer Güter im Ausland

Zentrale Sicherheitsagentur

Koordinationsrat für Umweltpolitik

Koordinationsausschuss für Angelegenheiten Behinderter
-Ausschuss für finanzielle Unterstützung und Dienstleistungen
-Ausschuss für medizinische Rehabilitationsprogramme und der Einschätzung des Behinderungsgrades
-Unterausschuss für die Zusammenarbeit mit dem Ausland und internationalen Organisationen von Behinderten
-Unterausschuss für Kultur, Sport und Freizeit
-Unterausschuss für medizinische Betreuung und vorbeugende Maßnahmen für Behinderte
-Unterausschuss für Vorschul-Training und Grundbildung
-Unterausschuss für Ausbildung, Arbeit und Stellen
-Unterausschuss für den Zugang Behinderter zu Sozialprogrammen
-Unterausschuss für technische Hilfe bei (Behinderung) Vorbeugung und Rehabilitation

Koordinationsausschuss für Gesundheit und Sport

Staatliche technische Kommission

Abteilung für Begnadigung
-Sektion für die Analyse von Bürgergesuchen
-Sektion für Todesstrafsfälle
-Sektion für die Prüfung von Gnadengesuchen
-Sektion für die Protokolle

Abteilung für die Rehabilitation von Opfern politischer Verfolgung

Abteilung für Staatspreise
-Sektion für die Gesetzgebung über Titel
-Sektion für Ehrentitel
-Sektion für Medaillen und Orden, Duplikate und Belohnungen
-Sektion für Staatspreise in Literatur und Kunst

Abteilung für Angelegenheiten der Staatsbürgerschaft
-Sektion für Anträge auf Staatsbürgerschaft
-Sektion die Gesetzgebung der Staatsbürgerschaft und die Koordination der Institutionen
-Sektionen für Fragen von Einwanderung und Asyl
-Sektion für die Beziehungen zu russischen Staatsbürger im Ausland

Verwaltungsabteilung

Abteilung für Bürgerpost und Bürgerkontakte
-Abteilung für Verwaltung und technische Ausstattung
-Sektion für den Empfang von Bürgern
-Sektion für die computergestützte Analyse von Informationen
-Sektion für Kontrolle
-Sektion für die Analyse der Korrespondenz
-Sektion für Briefe
-Sektion für Briefe aus dem Ausland
-Sektion für Erhalt, Registrierung und Weiterleitung

Direktion für Informationsmittel
-Abteilung zur Entwicklung von Kommunikationssystemen
-Abteilung zur Entwicklung von Computersystemen
-Abteilung zur Entwicklung von Datenbanken
-Abteilung für Finanzen und Buchhaltung
-Abteilung für Informations- und Kommunikationssysteme
-Abteilung für Kooperation im Informationsbereich
-Abteilung für Nutzer der Informationsmittel
-Abteilung für informative Beziehungen und Projekte
-Abteilung für materiell-technische Ausstattung
-Abteilung zur Entwicklung von Bürosystemen
-Abteilung für Planung und Verwaltung
-Abteilung für regionale und institutionelle Zusammenarbeit
-Abteilung für Entwicklung von Spezialsystemen
-Abteilung zur Entwicklung von Telekommunikationssystemen

Präsidiale Archive
-Sektion zur Schaffung von Präsidialfonds
-Sektion für Überprüfung und Erhalt von Dokumenten
-Informationssektion
-Sektion für wissenschaftlichen Nachweis

Präsidialbibliotheken
-Sektion des Bücherfonds
-Sektion für ausländische Literatur
-Sektion für Information und Bibliographie
-Filiale der Kreml-Bibliothek
-Sektion für Dienstleistungen
-Sektion für Einkauf

Staatlicher Kurierdienst

Direktion für zentrale Sicherheit
-Passstelle
-Büro des Befehlshabers der Präsidentenresidenz

Verlagshaus „Rechtsliteratur"

Abbildung 2b: Apparate im Umfeld des Staatspräsidenten (Ende 1995)

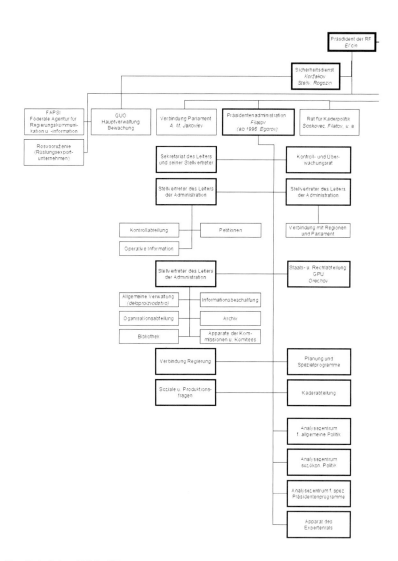

Quelle: Schröder 1996: 37.

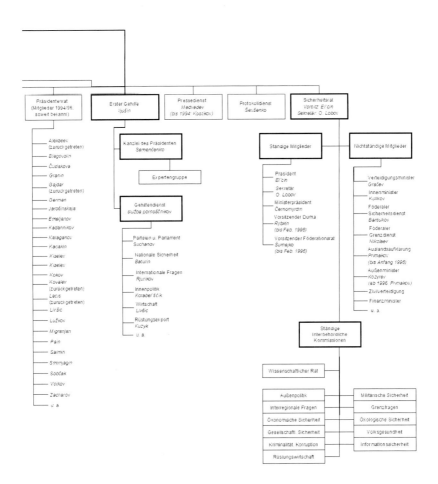

Der Umfang, die Organisation und die Kompetenzen der Präsidialadministration sind nicht nur de facto, sondern auch de jure in das Ermessen des
Staatspräsidenten gestellt. Die russländische Verfassung erwähnt die Präsidialadministration an genau einer Stelle. Im Rahmen des Kataloges der
Kompetenzen des Staatspräsidenten heißt es: Der Präsident der Russländischen Föderation „bildet die Administration des Präsidenten der Russländischen Föderation" (Art. 83 lit. i). Die Verfassung fordert keine gesetzliche
Grundlage der Tätigkeit der Präsidialadministration, und es wurde auch keine
solche geschaffen. Daraus ergibt sich, dass die Präsidialadministration über
keine eindeutig festgelegten Kompetenzen und Strukturen verfügt. Zudem
unterliegt sie keiner direkten externen Kontrolle – weder durch das Parlament
noch durch die Justiz, und infolge der geringen Transparenz de facto auch
nicht durch die Gesellschaft.

Unter diesen konkreten Voraussetzungen ist zu erwarten, dass sich der
Staatspräsident in der Ausgestaltung der ihm unterstehenden Apparate sehr
frei fühlen wird. Seine dementsprechenden Handlungen kann er gegebenenfalls leicht unter Berufung auf seine verfassungsgemäße Aufgabe, „Maßnahmen zum Schutz der Souveränität der Russländischen Föderation, ihrer Unabhängigkeit und staatlichen Integrität" zu ergreifen sowie „das koordinierte
Zusammenwirken der Organe der Staatsgewalt" zu gewährleisten (Art. 80
Abs. 1), wie auch auf seine allgemeine Richtlinienkompetenz (Art. 80 Abs. 3)
legitimieren.

Die Präsidialadministration selbst verfügt über eine Vielzahl von Untergliederungen. Während der Amtszeit El'cins kam es hier zu einer Vielzahl
formeller wie auch informeller Restrukturierungen (eine relativ umfassende
beispielsweise im Vorfeld der Präsidentschaftswahl 1996[135]), auf die an dieser Stelle nicht im Detail eingegangen werden kann. Als Beispiel für den großen Umfang dieser Institution und für ihre Binnendifferenzierung mag hier ein
Hinweis auf den Umbau der Präsidialadministration nach El'cins Wiederwahl
im Herbst 1996 genügen: Das präsidentielle Dekret, mit dem dieser Umbau in
eine rechtliche Form gegossen wurde, listet 43 „selbständige Unterabteilungen der Administration des Präsidenten der Russländischen Föderation"

---

[135] Vgl. Huskey 1999: 84.

auf.[136] In ihrer Gesamtheit haben diese Untergliederungen unter dem Dach der Präsidialadministration einen ausgesprochen breit angelegten Aufgabenbereich. Sie sind verantwortlich „for all facets of executive authority: crafting policies, gathering information and generating analyses, coordinating activities with other political institutions, and reviewing actions of governmental bodies in policy implementation"[137].

Eine zentrale Position innerhalb der Präsidialadministration während der Amtszeit El'cins nahm eine Untergliederung mit dem unscheinbaren Namen „Staats- und Rechtsabteilung" (Gosudarstvenno-pravovoe upravlenie; GPU) ein.[138] Eine der Hauptaufgaben der GPU ist die rechtliche Überprüfung der Präsidialdekrete, aber auch der untergesetzlichen Akte der Regierung. Zusätzlich wurde die Abteilung mit umfassenden Vollmachten ausgestattet, um die Tätigkeiten einer ganzen Reihe von Ministerien, Geheimdiensten, Regierungsapparaten etc. in bestimmten Politikfeldern zu koordinieren.[139] In der Praxis entwickelte sich die GPU zu einem zentralen Spieler innerhalb der Exekutive. Nach Einschätzung von Donald Jensen spielte die „Staats- und Rechtsabteilung" unter El'cin „the critical role of a gatekeeper, controlling the paper flow to the president"[140]. Insbesondere im Bereich der gesetzlichen und untergesetzlichen Rechtsetzung ist die Bedeutung der GPU kaum zu unterschätzen.

Eine besondere Rolle im Gefüge des Präsidialapparates spielt der Sicherheitsrat (Sovet Bezopasnosti). Auf der formalen Ebene hat dieses Organ Verfassungsrang. Wie auch im Falle der Präsidialadministration wird der Sicherheitsrat im Rahmen der Liste der Kompetenzen des Staatspräsidenten in der Verfassung erwähnt. Dort heißt es: Der Präsident der Russländischen Föderation „bildet den Sicherheitsrat der Russländischen Föderation, dessen Status durch föderales Gesetz festgelegt wird, und übt den Vorsitz aus" (Art. 83 lit. ž). Ein eigenes Gesetz zum Sicherheitsrat wurde bislang nicht verabschiedet. Statt dessen agiert der Sicherheitsrat auf der Basis des Gesetzes

---

[136] Ukaz 1996/1412.
[137] Willerton 2001: 31.
[138] Durch Präsidentendekret (Ukaz 1996/342) wurde die Einrichtung im März 1996 in „Hauptverwaltung für Staat und Recht" (Glavnoe gosudarstvenno-pravovoe upravlenie) umbenannt. Sie wird als „selbständige Unterabteilung der Administration des Präsidenten" bezeichnet.
[139] Vgl. Schröder 1996: 15.
[140] Jensen 1998; vgl. auch Huskey 1999: 67.

„Über die Sicherheit"[141], das bereits knapp zwei Jahre vor Verabschiedung der neuen Verfassung von 1993 beschlossen worden war. In Artikel 13 wird dem Sicherheitsrat ein Aufgabengebiet zugesprochen, das praktisch alle sozialen, ökonomischen, militärischen, außenpolitischen und allgemeinpolitischen Fragen abdeckt:

> „Der Sicherheitsrat der Russländischen Föderation beschäftigt sich mit Fragen der Innen- und Außenpolitik der Russländischen Föderation auf dem Gebiet der Gewährleistung der Sicherheit, mit strategischen Problemen der staatlichen, ökonomischen, gesellschaftlichen, Verteidigungs-, Informations-, ökologischen und anderer Arten der Sicherheit, mit der Wahrung der Gesundheit der Bevölkerung, der Prognostizierung [und] Abwehr von Notstandssituationen und der Überwindung ihrer Folgen, mit der Gewährleistung der Stabilität und der Rechtsordnung [...].“

Diese Regelung bewirkt, dass es kaum einen Bereich staatlichen Handelns gibt, für den der Sicherheitsrat keine Zuständigkeit reklamieren könnte.[142] Gleichzeitig wird er als rein konsultatives Verfassungsorgan konzipiert, das mit der Vorbereitung der Entscheidungen des Staatspräsidenten befasst ist (Art. 13 Abs. 1 Sicherheitsgesetz). Um Rechtsqualität zu erlangen, bedarf ein Beschluss des Sicherheitsrates der Überführung in ein präsidentielles Dekret.

Neben dem Staatspräsidenten und dem von ihm ernannten Sekretär des Sicherheitsrates, die beide ex officio stimmberechtigte Mitglieder sind, unterscheidet das Gesetz zwischen (stimmberechtigten) „ständigen Mitgliedern" und (einfachen) „Mitgliedern" mit beratender Stimme (Art. 14 Sicherheitsgesetz). Während das Sicherheitsgesetz ursprünglich drei ständige Mitglieder vorsah (Vizepräsident, Erster Stellvertretender Vorsitzender des Obersten Sowjet, Vorsitzender des Präsidiums der Regierung), wurde dieser Passus mit der gewaltsamen Parlamentsauflösung Anfang Oktober 1993 und der Verabschiedung einer neuen Verfassung im Dezember 1993 hinfällig. In der Folge wurden die ständigen und einfachen Mitglieder per Präsidialdekret ernannt.

Seit einem Präsidentendekret vom 31.07.1996[143] blieb der Kreis der Funktionsträger, die während der Amtszeit El'cins ex officio ständige Mitglieder

---

[141] Gesetz 1992/2446-I.
[142] In einem Präsidialerlass vom 10.07.1996 (Ukaz 1996/1024) wurde der Aufgabenbereich des Sicherheitsrates noch weiter spezifiziert. Die expansive Tendenz in der Definition des Sicherheitsbegriffs wird darin explizit beibehalten.
[143] Ukaz 1996/1121.

des Sicherheitsrates waren, unverändert. Es handelt sich dabei um den Ministerpräsidenten, die Minister für Äußeres und Verteidigung sowie den Direktor des Föderalen Sicherheitsdienstes. In Bezug auf die einfachen Mitglieder des Sicherheitsrates ist festzuhalten, dass nicht nur ihre Gesamtzahl starken Schwankungen unterworfen war (zeitweise mehr als 20) – auch das Spektrum der von den einfachen Mitgliedern bekleideten Ämter in der Exekutive war sehr breit. (Kurzzeitig wurden Mitte der 1990er Jahre auch die Vorsitzenden der beiden Parlamentskammern als einfache Mitglieder in den Sicherheitsrat kooptiert.)

Auch der Sicherheitsrat verfügt über einen umfangreichen eigenen Unterbau aus verschiedenen Kommissionen und Mitarbeitern. Im Laufe der El'cin-Ära bewegte sich die Zahl der Kommissionen zwischen zehn und fünfzehn, die Zahl der Mitarbeiter belief sich durchschnittlich auf ungefähr 200[144].

Insgesamt lässt sich festhalten, dass mit dem Sicherheitsrat neben der Präsidialadministration ein weiteres Organ im Machtbereich des Staatspräsidenten existiert, das gesetzlich über kaum klar definierte Kompetenzen verfügt und sich demokratischer Kontrolle weitgehend entzieht. In Verbindung mit der Tatsache, dass allein der Staatspräsident Mitglieder des Sicherheitsrates beruft und entlässt, begünstigt dies potentiell die Herausbildung von Mustern informeller Politikprozesse.

Die letzte an dieser Stelle zu behandelnde Einrichtung im Einflussbereich des Staatspräsidenten ist die „Verwaltungsabteilung des Staatspräsidenten" (*Upravlenie delami Prezidenta*; UDP). Zwar wurde das UDP bereits im November 1994 organisatorisch aus dem Präsidialapparat ausgelagert und erhielt – bei gleichbleibender Bezeichnung – am 02.08.1995 den offiziellen Status einer „Föderalen Agentur"[145]. Das UDP wurde damit formal zu einem Organ der Regierung, gleichzeitig jedoch „verwirklicht der Staatspräsident die Leitung der Tätigkeit"[146] dieser Einrichtung. Somit ist es nicht überraschend, dass das UDP in der Praxis während El'cins Amtszeit ein Instrument des Präsidenten blieb. Die besondere Bedeutung dieser Abteilung ergibt sich ei-

---

[144] Vgl. Mangott 2002a: 115f.
[145] Vgl. Ukaz 1995/797.
[146] So lautet bspw. die offizielle Formulierung in einem Erlass El'cins (Ukaz 1998/1142), mit dem im September 1998 eine neue Regierungsstruktur festgelegt wurde.

nerseits aus ihrer Größe und den ihr zur Verfügung stehenden Ressourcen und andererseits aus ihrem Aufgabenbereich. Konkrete offizielle Angaben zur Zahl der Beschäftigten fehlen. Schätzungen für Mitte der 1990er Jahre bewegen sich in der Größenordnung von mehr als 30.000 bis 50.000 Personen.[147] Die überwältigende Mehrheit dieses Personenkreises ist jedoch nicht in der Abteilung selbst beschäftigt, sondern in einem der angegliederten knapp 200 kommerziellen Unternehmen.[148] Darüber hinaus verwaltet das UDP unter anderem einen Großteil des föderalen Immobilienbesitzes. Die Ressourcen, über die das UDP verfügt, stammen zum überwiegenden Teil aus dem föderalen Haushalt und aus den Erträgen der angeschlossenen Unternehmen.

Das UDP verwaltet ca. die Hälfte des Etats des Staatspräsidenten und seines Apparats. Aber nicht dies, sondern eine zweite Aufgabe verleiht der UDP ihre besondere Bedeutung: Sie zahlt die meisten Gehälter an die Angehörigen der Exekutive und Diäten an die Abgeordneten aus und kümmert sich zudem um „angemessene Lebensumstände" für Amtsträger, hohe Beamte, Abgeordnete etc.

> „Unable to afford a comfortable life on their salaries alone, members of the presidential apparatus, parliament, Government, and the courts depended on the presidency's business office to supply the accoutrements of modern life. In an astute move, Yeltsin centralized in the presidency the distribution of scarce housing, summer cottages (dachas), cars, and telephones."[149]

Das bedeutet, dass das UDP während El'cins Amtszeit ein Patronageinstrument in der Hand des Staatspräsidenten war, dessen Bedeutung auch im Rahmen der Tagespolitik nicht unterschätzt werden darf. Ein derartiges Instrument kann insbesondere im Rahmen informeller Politikprozesse eine bedeutende Wirkung entfalten.

Als Zwischenfazit kann an dieser Stelle bereits festgehalten werden, dass der russländische Staatspräsident über eine bedeutende Machtstellung ge-

---

[147] Vgl. Huskey 1999: 52; Jensen 1998.
[148] Huskey (1999: 235f., Fn. 32) behauptet, dass die Liste der Unternehmen, die der UDP unterstehen, nicht veröffentlicht worden sei. In der Tat fehlt die Liste in dem og. Dekret Nr. 797 vom 02.08.1995, mit dem El'cin das UDP aus dem Präsidialapparat ausgliederte und in dessen Abs. 2 ebendiese nicht veröffentlichte Liste explizit bestätigt wird. Allerdings beinhaltet die Integrum-Datenbank das Dekret Nr. 797 in der am 07.08.1998 veränderten Fassung. Im Anhang wird eine Liste mit 186 Unternehmen angeführt.
[149] Huskey 1999: 51f.

genüber den anderen Staatsgewalten verfügt. Durch die Verfügungsgewalt über einen umfassenden Apparat wird er potentiell in die Lage versetzt, seine Kompetenzen und Machtressourcen zur Dominierung der Willensbildungs- und Entscheidungsprozesse auf föderaler Ebene einsetzen zu können – auch und gerade auf Kosten von Regierung und Parlament.

Die folgenden Abschnitte beschäftigen sich mit der Frage, in welchem Maße die Regierung in der Lage ist, ein Gegengewicht zum Amt des Staatspräsidenten zu bilden. Dazu soll zunächst die Organisationsstruktur der russländischen Regierung im Hinblick darauf untersucht werden, inwiefern sie eine eigenständige politische Rolle der Regierung begünstigt bzw. hemmt. Der nachfolgende Abschnitt widmet sich dann der Analyse der Interaktion zwischen Staatspräsident und Regierung.

4.1.2 Die Organisation der Regierung

Für semi-präsidentielle Systeme ist charakteristisch, dass sich die Regierung in einer Zwitterstellung befindet. In parlamentarischen Systemen ist die Regierung allein dem Parlament gegenüber verantwortlich, und in präsidentiellen Systemen sind die Ministerien dem Präsidenten als Chef der Exekutive untergeordnet. Demgegenüber besteht in semi-präsidentiellen Systemen eine doppelte Verantwortlichkeit der Regierung. Sie ist vom Vertrauen der Parlamentsmehrheit ebenso abhängig wie von demjenigen des Staatspräsidenten.

Semi-präsidentielle Systeme unterscheiden sich unter anderem darin, wie diese doppelte Verantwortlichkeit der Regierung „aufgelöst" wird. Während für den Subtypus der premier-präsidentiellen Systeme gilt, dass die Regierungsverantwortung gegenüber dem Parlament dominiert, überwiegt in präsidentiell-parlamentarischen Systemen die Abhängigkeit der Regierung vom Staatspräsidenten.[150] Letztgenanntes ist in der Russländischen Föderation eindeutig der Fall. Die grundsätzliche Abhängigkeit der Regierung vom Staatspräsidenten ist derart ausgeprägt, dass manche Autoren sogar von einem „Präsidialkabinett"[151] sprechen.

---

[150] Vgl. hierzu grundlegend Shugart/Carey 1992. Einen Überblick über die konzeptuellen Kontroversen und den Diskussionsstand in Bezug auf semi-präsidentielle Systeme habe ich an anderer Stelle zu geben versucht (Soldner 2010).

[151] Mommsen 2004: 183. Steinsdorffs (2015) angekündigte Monographie weist schon im Titel darauf hin, dass sie das russländische Regierungssystem – zumindest in der Verfassungsrealität – als „Präsidialsystem" einordnet.

Zunächst ist vorauszuschicken, dass die Regierung während der Amtszeit El'cins nicht nur häufigen personellen Wechseln unterlag, sondern sich auch die Organisationsstruktur der Regierung permanent im Fluss befand. Wie noch zu zeigen sein wird, ist gerade diese „Beständigkeit der Unbeständigkeit" ein Charakteristikum der Ära El'cin und ein Symptom der Interaktion zwischen dem Staatspräsidenten und der Regierung.

Auffällig ist, dass die russländische Regierung ihre Tätigkeit nach der Verabschiedung der Verfassung im Dezember 1993 vier Jahre lang auf rechtlich nicht klar geregeltem Fundament ausübte. In diesem Zeitraum, in dem fundamentale und weitreichende Entscheidungen im Hinblick auf den laufenden Transformationsprozess gefällt und umgesetzt werden mussten, versah die Regierung ihr Amt nur auf der Grundlage der neuen Verfassung sowie präsidentieller Dekrete und von der Regierung selbst festgelegter Regularien. Erst am 17.12.1997 trat das Verfassungsgesetz „Über die Regierung der Russländischen Föderation"[152] in Kraft. Damit erhielt die Tätigkeit der Regierung erstmals ein verhältnismäßig klares, mit Zweidrittelmehrheit in beiden Parlamentskammern beschlossenes rechtliches Fundament.

Die Regierung wird durch die Verfassung der Russländischen Föderation in Art. 110 Abs. 2 folgendermaßen definiert: „Die Regierung der Russländischen Föderation besteht aus dem Vorsitzenden der Regierung, den Stellvertretern des Vorsitzenden der Regierung und den föderalen Ministern." Im Gegensatz zu den meisten westlichen Systemen folgt daraus nicht, dass Russland in der Verfassungsrealität über eine schlanke Regierungsstruktur verfügt. Ungeachtet diverser Reorganisationen blieb die Regierung während El'cins Präsidentschaft eine relativ große Körperschaft.

Zwei Faktoren waren dafür ausschlaggebend: Zum einen besitzt ein großer Kreis von Personen als Amtsinhaber den Status eines Ministers oder Stellvertretenden Ministers; zum anderen verfügt der Premierminister über einen relativ umfangreichen Regierungsapparat.[153] Hinzu kommt noch, dass regelmäßig einige Leiter von Einrichtungen, die formal keine Ministerien sind,

---

[152] Gesetz 1997/2-FKZ.

[153] Huskey (1999: 101f.) spricht von „a Government bureaucracy with approximately a thousand professional staff employees". Schaich (2004: 33) taxiert für das Jahr 2000 die Gesamtzahl der Beschäftigten auf 1.250. Die genannten Zahlen beziehen sich ausschließlich auf den Regierungsapparat; die föderalen Ministerien sind davon nicht erfasst.

aber als „Staatskomitee", „Föderale Kommission", „Föderaler Dienst", „Russländische Agentur" oder „Föderale Aufsichtsbehörde" in diversen Rechtsakten explizit zur vollziehenden Gewalt gezählt werden, über den föderalen Mi-
nister-Status verfügen.

Wie Tabelle 1 zeigt, betrug die Zahl der föderalen Ministerien während der
Amtszeit El'cins meist 24. Wenn die diversen obengenannten anderen Institutionen hinzugezählt werden, kommt man auf eine Größenordnung von 65 o-
der mehr Regierungseinrichtungen. Zu beachten ist hierbei, dass die quantitativen Veränderungen unter El'cin zwar überwiegend marginal blieben, dass
sich dahinter jedoch teilweise erhebliche Veränderungen im Form von Umstrukturierungen (Zuschnitt, Status und Kompetenzbereich) einzelner Ministerien oder anderer Einrichtungen verbargen.

Diese quantitativen Daten geben erste Hinweise auf die Struktur der russländischen Regierung und mögliche Kontroll-, Koordinierungs- und Effizienz-
probleme, die sich aus ihrem institutionellen und personellen Umfang ergeben können. In dieser Hinsicht wichtiger sind jedoch qualitative Aspekte, vor
allem die interne Struktur und Arbeitsweise der Regierung.

An der Spitze der russländischen Regierung steht der „Vorsitzende der
Regierung", der Ministerpräsident. Die Verfassung enthält keine genauen Angaben über die Struktur und Arbeitsweise der Regierung, so dass ungeregelt
und ins Ermessen der Exekutive gestellt bleibt, wie das jeweilige Verhältnis
des Ministerpräsidenten zu den „Stellvertretern des Vorsitzenden der Regierung" bzw. zu den einfachen föderalen Ministern ausgestaltet wird.

Das Verfassungsgesetz „Über die Regierung"[154] von Dezember 1997 beschränkt sich darauf, dem Ministerpräsidenten die Leitungsfunktion zuzusprechen, die er auch dadurch ausübt, dass er eine in sein Ermessen gestellte Anzahl von Stellvertretenden Ministerpräsidenten mit der Aufsicht über eine Gruppe verschiedener, ebenfalls jeweils von ihm selbst festzulegender
Ministerien betraut, deren Arbeit diese auch koordinieren sollen (Art. 24 und
25 Regierungsgesetz).

---

[154] Gesetz 1997/2-FKZ.

Tabelle 1: Die Struktur der russländischen Regierung (1994-2004)

	1994 ins-ges.	1994 davon El'cin direkt unterstellt	1996 ins-ges.	1996 davon El'cin direkt unterstellt	1998 ins-ges.	1998 davon El'cin direkt unterstellt	2000 ins-ges.	2000 davon Putin direkt unterstellt	2004 ins-ges.	2004 davon Putin direkt unterstellt
Föderale Ministerien	23	3	24	3	24	4	24	5	10	5
Staatskomitees	25	0	19	0	13	0	6	0	–	–
Föderale Kommissionen	–	–	–	–	2	0	2	0	–	–
Föderale Dienste	13	4	18	7	17	5	13	8	21	12
Russländische Agenturen	2	1	3	1	3	1	8	1	12	1
Föderale Aufsichts-behörden	2	0	2	1	2	0	2	0	–	–
Andere föderale Organe der vollziehenden Gewalt	2	1	–	–	4	4	3	3	2	2
Summe	**67**	**9**	**66**	**12**	**65**	**14**	**58**	**17**	**45**	**20**

Quelle: Eigene Zusammenstellung nach 5 Erlassen des Staatspräsidenten vom 10.01.1994, 16.08.1996, 22.09.1998, 17.05.2000 und 09.03.2004.[155]

[155] Ukaz 1994/66; Ukaz 1998/155; Ukaz 1998/1142; Ukaz 2000/867; Ukaz 2004/314.

In der Summe lässt sich festhalten, dass durch das Regierungsgesetz kaum Neuregelungen geschaffen wurden, sondern für vielfach schon bestehende Praktiken (die sich entweder informell etabliert hatten oder durch Dekrete des Staatspräsidenten fixiert worden waren) eine gesetzliche Grundlage geschaffen wurde. In unserem Zusammenhang sind überdies auch weniger formelle Zuständigkeitsregelungen von Interesse, als vielmehr die in der Verfassungsrealität zu beobachtenden Praktiken. Hier fällt auf, dass die Tätigkeit der russländischen Regierung während der Amtszeit El'cins durchgehend von Apparatekonkurrenzen geprägt war, die sehr häufig zur Blockade der Handlungsfähigkeit der Regierung führten.

Dieses Phänomen wurde insbesondere dadurch begünstigt, dass vier Gruppen von Akteuren in formell nicht geregelten Bahnen um Einfluss auf die Regierungspolitik konkurrierten. Bei den genannten vier Akteursgruppen handelt es sich um den Ministerpräsidenten mit seinem Apparat; die Stellvertretenden Ministerpräsidenten mit ihren Stäben; die einzelnen Ministerien, Kommissionen, Komitees etc.; und schließlich den Präsidialapparat.

Der Ministerpräsident kann zwar nach Art. 113 der Verfassung Richtlinienkompetenz beanspruchen, doch ist er bei einer Vielzahl von Entscheidungen keineswegs unabhängig, sondern auf die Billigung des Staatspräsidenten angewiesen. So benötigt er bei der Ernennung (bzw. Entlassung) der Kandidaten für die Posten der Stellvertretenden Ministerpräsidenten, der Minister und Vorsitzenden anderer Organe der vollziehenden Gewalt sowie hinsichtlich der Organisationsstruktur der Regierung die Zustimmung des Staatspräsidenten. Der Staatspräsident bestätigt die Vorschläge des Ministerpräsidenten durch Dekret (Art. 83 lit. d, Art. 112 Verf. RF). Das Parlament ist an den entsprechenden Vorgängen in keiner Weise beteiligt.[156]

In der Verfassungspraxis während der Amtszeit El'cins zeigte sich, dass der Staatspräsident nicht nur erheblichen Einfluss auf Struktur und Zusammensetzung der Regierung nahm, sondern teilweise eigenmächtig Entscheidungen durchsetzte, zu denen er formal nicht berechtigt war. Nach der Ver-

---

[156] Eine Klage der Duma, in der die Ansicht vertreten wurde, die Verfassung (Art. 71 lit. g in Verbindung mit Art. 76 Abs. 1) verlange in Bezug auf die Festlegung der Struktur der föderalen Organe der Exekutive eine gesetzliche Regelung – und damit die Beteiligung des Parlamentes –, wurde am 27.01.1999 vom Verfassungsgericht (1999/2-P) abgewiesen. Die Struktur der Regierung sei nicht zwingend per Gesetz zu regeln, sondern könne auch durch Präsidentendekret erfolgen.

fassung wie nach dem Regierungsgesetz ist es zum Beispiel dem Staatspräsidenten nicht gestattet, von sich aus einzelne Regierungsmitglieder abzube-
rufen. Und mit Verabschiedung des Verfassungsgesetzes „Über die Regierung"[157] vom Dezember 1997 wurde endgültig klargestellt, dass der Staatspräsident den Ministerpräsidenten nicht willkürlich entlassen kann, sondern
nur bei dessen Rücktritt oder Amtsunfähigkeit (Art. 7). Unter Verstoß gegen
diese Bestimmungen entließ El'cin häufig nicht nur Regierungsmitglieder,
sondern auch einzelne Ministerpräsidenten aus eigener Machtvollkommenheit – mitunter vor laufenden Kameras.[158]

Eine weitere Beschränkung der Eigenständigkeit der Regierung ergibt
sich daraus, dass eine Reihe von Ministerien und anderer Bundesorgane direkt dem Staatspräsidenten unterstehen. Bereits Anfang Januar 1994 hatte
sich El'cin per Dekret die „Machtministerien" (Innenministerium, Verteidi-
gungsministerium und Föderaler Sicherheitsdienst), das Außenministerium
sowie fünf weitere Bundesorgane direkt unterstellt.[159] Nachdem El'cin den
Kreis dieser Organe per Präsidialerlass in den folgenden drei Jahren um weitere drei Föderale Dienste erweitert hatte, schuf erst das Verfassungsgesetz
„Über die Regierung"[160] im Dezember 1997 hierfür eine gesetzliche Basis. In
Art. 32 heißt es dort:

> „Der Präsident der Russländischen Föderation als Oberkommandierender
> der Streitkräfte der Russländischen Föderation und als Vorsitzender des
> Sicherheitsrates der Russländischen Föderation lenkt in Übereinstimmung
> mit der Verfassung der Russländischen Föderation, föderalen Verfassungs-
> gesetzen [und] föderalen Gesetzen durch seine Dekrete und Verfügungen
> die Tätigkeit föderaler Ministerien und anderer föderaler Organe der
> ausführenden Gewalt, die für Fragen der Verteidigung, der Sicherheit, der
> inneren   Angelegenheiten,   der   auswärtigen   Angelegenheiten,   der
> Abwendung von Ausnahmesituationen und der Beseitigung der Folgen von
> Naturkatastrophen zuständig sind.

---

[157] Gesetz 1997/2-FKZ.
[158] Vgl. Breslauer 2001: 49f.; Moser 2001: 65; Remington 2000: 512, Fn. 32. Beispielhaft
dafür ist die Entlassung von Ministerpräsident Černomyrdin im März 1998 (s. u.
Abschn. 4.1.3, S. 102).
[159] Ukaz 1994/66. Als „Machtministerien" (silovye struktury, wörtlich: „Machtstrukturen")
werden für gewöhnlich diejenigen föderalen Ministerien und Institutionen (teilweise mit
Ministeriumsstatus) bezeichnet, die über uniformierte, militarisierte und bewaffnete
Einheiten verfügen. Die Zahl der „Machtministerien" war in den 1990er Jahren – bedingt durch diverse institutionelle Veränderungen – variabel und schwankte zwischen
10 und 14 (vgl. Dokumentation 2006: 4).
[160] Gesetz 1997/2-FKZ.

Die Regierung der Russländischen Föderation verwirklicht die Leitung der im Absatz 1 des vorliegenden Artikels genannten Organe in Übereinstimmung mit der Verfassung der Russländischen Föderation, föderalen Verfassungsgesetzen, föderalen Gesetzen [sowie] Dekreten und Verfügungen des Präsidenten der Russländischen Föderation.[161]

Obwohl der Wortlaut nicht ganz eindeutig ist, dürfte unumstritten sein, dass dem russländischen Staatspräsidenten mit diesem Artikel die Richtlinienkompetenz in einer ganzen Reihe von wichtigen Politikfeldern zugesprochen wird; in der Tendenz wird die Regierung somit zu einem Wirtschafts- und Sozialkabinett. In Verbindung mit der generellen Richtlinienkompetenz des Staatspräsidenten (Art. 80 Abs. 2 Verf. RF) und der extensiven Definition des Sicherheitsbegriffes – unter anderem im Gesetz „Über die Sicherheit"[162] von 1992 (siehe S. 83) – wird deutlich, dass der Staatspräsident in der Lage ist, eine ganze Reihe von Kompetenzen an sich zu ziehen und Institutionen zu kontrollieren. Gleichzeitig ist es aber in Abhängigkeit von konkreten politischen Konstellationen auch möglich, dass eine politisch starke Regierung in Konflikt mit dem (geschwächten) Staatspräsidenten gerät.

Während der Amtszeit El'cins ist ein leichter Trend zur verstärkten Unterstellung von Bundesorganen unter den Staatspräsidenten zu erkennen (Tabelle 1, S. 90). Nachdem sich El'cin zu Beginn des Jahres 1994 neun Einrichtungen (drei Ministerien und sechs andere Organe) direkt unterstellt hatte, stieg diese Zahl bis Ende 1999 auf vierzehn an (vier Ministerien und zehn andere Organe). Auffällig ist, dass auf die Verabschiedung des Verfassungsgesetzes „Über die Regierung" und die dadurch gegebene höhere rechtliche und politische Legitimation keine signifikante Ausweitung folgte. El'cin beschränkte sich darauf, sich zusätzlich je ein Ministerium („Ministerium für Angelegenheiten der Zivilverteidigung, der Ausnahmesituationen und der Beseitigung der Folgen von Naturkatastrophen") und ein anderes Organ direkt zu unterstellen.

Der zweite Akteur, der bei der Koordinierung resp. Kontrolle der Regierungsarbeit eine maßgebliche Rolle spielt, ist der „Apparat der Regierung der Russländischen Föderation". Im Gegensatz zur Administration des Staatspräsidenten findet der Regierungsapparat in der Verfassung keine Erwäh-

---

[161] In einem Änderungsgesetz vom 31.12.1997 (1997/3-FKZ) wurde u. a. dieser Artikel redaktionell verändert, ohne jedoch an der Substanz Wesentliches zu verändern.

[162] Gesetz 1992/2446-I.

nung. Erst seit der Verabschiedung des Regierungsgesetzes[163] vom Dezember 1997 verfügt der Regierungsapparat über eine rudimentäre gesetzliche Grundlage. Im dortigen Artikel 47 Abs. 1 heißt es über den Regierungsapparat:

„Zur Gewährleistung der Tätigkeit der Regierung der Russländischen Föderation und zur Kontrolle der durch Organe der ausführenden Gewalt erfolgenden Umsetzung von Entscheidungen, die von der Regierung der Russländischen Föderation gefällt wurden, wird der Apparat der Regierung der Russländischen Föderation gebildet. Der Apparat der Regierung der Russländischen Föderation arbeitet mit der Administration des Präsidenten der Russländischen Föderation und den Apparaten der Kammern der Föderalversammlung zusammen."

Des weiteren legt der Artikel 47 fest, dass der Leiter des Regierungsapparats über den Status eines Stellvertretenden Ministerpräsidenten oder eines föderalen Ministers verfügen muss (Abs. 2), dass die Regierungsverordnung über den Regierungsapparat keiner externen Bestätigung bedarf (Abs. 3) und dass die Ausgaben für den Regierungsapparat aus den der Regierung zugewiesenen Mitteln des föderalen Haushalts zu bestreiten sind (Abs. 4).

Der Regierungsapparat ist eine Institution mit weitverzweigten Unterabteilungen, die in ihren Bezeichnungen und in der Zuständigkeitsverteilung beachtliche Parallelen zu Untergliederungen der Präsidialadministration aufweisen.[164] Die wichtigste Aufgabe des Regierungsapparates – mit dem Leiter als verantwortliche Person an der Spitze – ist die Koordinierung der Regierungstätigkeit. Damit hat der Ministerpräsident grundsätzlich ein potentes Mittel an der Hand, die Regierungstätigkeit zu steuern. Gleichzeitig zeigte sich jedoch in den 1990er Jahren vielfach, dass „die Fähigkeit der Leiter des Apparates, die Abteilungen ihres eigenen Apparates zu kontrollieren[,] begrenzt und schwankend"[165] sind.

Probleme im Hinblick auf das koordinierte Zusammenwirken der Regierungsorgane resultieren des weiteren daraus, dass der Regierungsapparat in Gestalt der Stellvertretenden Ministerpräsidenten mächtige potentielle Gegenspieler hat. Die Hauptaufgabe der Stellvertretenden Ministerpräsidenten ist die Kontrolle und Koordinierung der Arbeit mehrerer – in der Regel fachlich

---

[163] Gesetz 1997/2-FKZ.

[164] Huskey (1999: 109) kommt auf mehr als 20 Abteilungen mit einer durchschnittlichen Personalstärke von 40 Beschäftigten.

[165] Mangott 2002a: 130.

benachbarter – Ministerien.[166] Eine Konsequenz dieser Konstruktion ist nicht nur, dass der Ministerpräsident durch die Existenz einer weiteren Hierarchieebene innerhalb der Regierung nur mehr indirekten Zugriff auf die einzelnen Ministerien hat und damit Reibungsverluste vorprogrammiert sind. Da über weite Strecken der Ära El'cin viele der Stellvertretenden Ministerpräsidenten nicht das uneingeschränkte Vertrauen des jeweiligen Ministerpräsidenten genossen, sondern in ihrem Einflussbereich versuchten, „eigenständig Politik zu machen", wurde die Herausbildung und Umsetzung einer einheitlichen Regierungspolitik zusätzlich durch häufige Kämpfe um die Kontrolle über die Ministerien zwischen dem jeweiligen Leiter des Regierungsapparates einerseits und den Stellvertretenden Ministerpräsidenten andererseits erheblich erschwert.[167] Nicht unerheblich trug dazu sicher bei, dass die Zahl der Stellvertretenden Minister in manchen Phasen bis zu zehn betrug – beispielsweise unmittelbar nach El'cins Wiederwahl 1996.[168]

Neben den genannten Funktionsträgern und Institutionen zur Steuerung der Regierungspolitik gibt es noch ein weiteres Gremium, das zumindest teilweise diese Aufgabe mit übernehmen könnte – das Präsidium der Regierung. Dieses Organ existierte auch schon vor der Verabschiedung des Verfassungsgesetzes „Über die Regierung"[169], aber auch danach ist seine tatsächliche Rolle nicht transparenter geworden. Im Art. 29 dieses Gesetzes heißt es:

> „Für die Entscheidung operativer Fragen kann die Regierung der Russländischen Föderation auf Vorschlag des Vorsitzenden der Regierung der Russländischen Föderation das Präsidium der Regierung der Russländischen Föderation bilden. Die Sitzungen des Präsidiums der Regierung der Russländischen Föderation finden nach Bedarf statt. [...] Die Regierung der Russländischen Föderation hat das Recht, jede beliebige

---

[166] Es gibt zwei Arten von Stellvertretenden Ministerpräsidenten. Die eine Gruppe besteht aus Personen, die die Arbeit mehrerer Ministerien koordinieren, ohne dabei selbst ein Ministerium zu leiten; die zweite Gruppe setzt sich aus Individuen zusammen, die die Leitung eines eigenen Ministeriums mit dieser Koordinierungsaufgabe kombinieren. Stellvertretende Ministerpräsidenten gehörten in beiden Formen regelmäßig und parallel den verschiedenen russländischen Regierungen an. Die Besetzung und Kompetenzzuweisung sind ausschließlich Sache der Exekutive. Für die 1990er Jahre lässt sich kein durchgängiges Muster des Zuschnitts dieser Ämter feststellen. Zudem war nicht jedem Ministerium zu jedem Zeitpunkt ein Stellvertretender Ministerpräsident übergeordnet.

[167] Vgl. Huskey 1999: 110.

[168] Vgl. El'cins Ernennungserlass vom 14.08.1996 (Ukaz 1996/1178).

[169] Gesetz 1997/2-FKZ.

Entscheidung des Präsidiums der Regierung der Russländischen Föderation aufzuheben."[170] Sitzungen der gesamten Regierung finden nur sehr selten statt – gesetzliche Mindestregel: ein Mal pro Monat (Art. 27 Regierungsgesetz). Zudem dienen diese Treffen weder einem umfassenden Austausch von Ideen und Informationen noch der kontroversen Diskussion bzw. der Lösung von regierungsinternen Konflikten: „[T]hese gatherings are often little more than political theater, staged to shore up the image of the president or prime minister or to announce the latest Government initiatives."[171] Vor diesem Hintergrund könnte das Präsidium der Regierung eine koordinierende und steuernde Rolle übernehmen, auch weil es mit seinen wöchentlichen Sitzungen und seinem Charakter als „inner circle" des Kabinetts (8-15 Mitglieder) eher als Arbeitsgremium geeignet zu sein scheint.[172]

Gerhard Mangott bezeichnet das Präsidium als „faktische[s] Lenkungsgremium[] der Regierung"[173]. An dieser These scheinen Zweifel angebracht. Es gibt keine Belege für eine anhaltend maßgeblich koordinierende und steuernde Rolle des Präsidiums der Regierung während der Amtszeit El'cins. Huskey spricht zwar davon, dass am ehesten das Präsidium der Regierung ein Forum „for airing and resolving the competing claims of ministers"[174] biete, doch deutet diese Aussage eher auf eine pazifizierende als auf eine Koordinationsfunktion hin. Jedenfalls drangen keine substantiellen Informationen über die Arbeit des Präsidiums der Regierung nach außen, und es kann angenommen werden, dass dies in der einen oder anderen Form geschehen wäre, wenn das Präsidium längere Zeit autoritatives Zentrum der Regierung gewesen wäre.[175] Aber selbst falls das Präsidium der Regierung Versuche in

---

[170] Auch in der Geschäftsordnung der Regierung (1998/604) finden sich keine konkreteren Informationen. Der angeführte Art. 29 wird wortgleich in Art. 115 der Geschäftsordnung übernommen; auf weitergehende Regelungen hinsichtlich des Präsidiums wird verzichtet.

[171] Huskey 1999: 106.

[172] Vgl. Mangott 2002a: 129 und Huskey 1999: 106. Zum Kern des Präsidiums der Regierung gehören der Ministerpräsident, dessen Stellvertreter und die Leiter der wichtigsten Ministerien (Finanzen, Wirtschaft, Äußeres, Verteidigung, Inneres und Justiz).

[173] Mangott 2002a: 129. Ohne empirische Belege zur tatsächlichen Tätigkeit anzuführen, nennt Schaich (2004: 33) das Präsidium „eine wichtige Institution der Gesamtregierung".

[174] Huskey 1999: 106.

[175] Selbst Huskey, ein profilierter Kenner der russländischen Regierungsstrukturen, muss konstatieren, dass er in den zahlreichen Jahren der Beschäftigung mit der russländi-

diese Richtung unternommen haben sollte, muss in Bezug auf den Zeitraum der Präsidentschaft El'cins konstatiert werden, dass sie augenscheinlich erfolglos blieben.

Defizite in Bezug auf die Entwicklung, Koordination und Steuerung einer einheitlichen Regierungspolitik sowie die Lösung regierungsinterner Konflikte wurden während der Amtszeit El'cins nicht nur durch die Konkurrenz verschiedener, mit der Umsetzung und Kontrolle beauftragter Amtsträger, Gremien und Apparate begünstigt, sondern auch durch das häufig recht eigenständige Agieren vieler Minister, Ministerialbürokratien und Behörden verstärkt. Die Tatsache, dass weder in der russländischen Verfassung noch im Verfassungsgesetz „Über die Regierung" das bundesrepublikanische Ressortprinzip Erwähnung findet, stand diesen Verselbständigungstendenzen jedenfalls nicht im Wege.

In seiner Analyse der russländischen Exekutive kommt Eugene Huskey zu dem Ergebnis, dass Regierungsangehörige die Autorität des Ministerpräsidenten in erster Linie dadurch einschränkten, dass sie sich ein hohes Maß an Autonomie in ihren jeweiligen Zuständigkeitsbereichen verschaffen konnten.

„In Russia, a minister is more likely to influence policy through bureaucratic intrigue—by sabotaging the drafting or implementation of an initiative—than through cabinet debates. Thus, […] the Russian Government is an unwieldy coalition of ministers, most of whom are devoted first and foremost to their own institutional interests."[176]

Zusammenfassend lassen sich die Beziehungen *innerhalb* der Regierung im Beobachtungszeitraum folgendermaßen schematisch ordnen (Abbildung 3): Der Ministerpräsident hatte de facto keinen direkten Zugriff auf einzelne Ministerien, Staatskomitees und andere Organe. Ihm unterstanden als prinzipielle Instrumente zur Koordination und Kontrolle der einzelnen Regierungsorgane auf der einen Seite der Apparat der Regierung und auf der anderen Seite die Stellvertretenden Ministerpräsidenten. Gleichzeitig lässt sich beobachten, dass häufig weder der Apparat der Regierung noch die Stellvertretenden Ministerpräsidenten als einheitliche, einer bestimmten politischen Regierungsposition verpflichtete Akteure auftraten, sondern intern um die Kontrollhoheit kämpften. Dies hatte über weite Strecken der Ära El'cin zur Folge,

---

schen Exekutive „never encountered any detailed references to the operation of the Government presidium" (Huskey 1999: 249, Fn. 23).

[176] Huskey 1999: 103.

dass die Ministerien, Staatskomitees etc. im Zentrum des politischen Kamp-
fes standen.[177] Dabei ist zu beachten, dass die Beziehungen zwischen dem
Apparat der Regierung bzw. den Stellvertretenden Ministerpräsidenten einerseits und den verschiedenen Organen der Regierung andererseits keine Einbahnstraße darstellten. Vielmehr versuchten Letztere häufig, bestimmte Abteilungen innerhalb des Apparates der Regierung oder den ihnen jeweils ü-
bergeordneten Stellvertretenden Ministerpräsidenten für ihre jeweiligen Interessen zu instrumentalisieren, um damit über einen Anwalt in eigener Sache
auf höherer Regierungsebene zu verfügen.

Wenn man berücksichtigt, dass auf vielen Politikfeldern in Russland ein
Dutzend oder sogar mehr Organe an Regelsetzung, Implementation oder
Kontrolle beteiligt sind,[178] wird deutlich, welche Probleme aus der mangelnden Koordination und Kontrolle der Regierungspolitik entstehen können.
Gaddy und Ickes bringen ein entscheidendes Problem auf den Punkt: „There
really is no such thing as ‚the government‘ in Russia: it is fragmented, not just
between the regional and federal levels, but also among different agencies at
all levels."[179]

Die bisherige Analyse der Regierungsstruktur in der Russländischen Föderation ergab, dass eine Vielzahl von Akteuren an der Konzeption, Umsetzung und Kontrolle von Politik beteiligt ist. Da die Exekutive in Russland eine
duale Struktur besitzt, ist neben der internen Fragmentierung der Regierung
auch die Interaktion von Staatspräsidentschaft und Regierung von besonderem Interesse. Dieses Verhältnis ist Gegenstand des folgenden Abschnitts.

---

[177] Vgl. Huskey 1999: 111.
[178] Westphal (2000: 313) zählt 12 Organe, die an der Regelsetzung im Energiesektor beteiligt sind; nach Pleines (1999: 100) waren im Jahr 1996 15 verschiedene föderale
Staatsorgane sowie die Regierungen der Föderationssubjekte für Reformen im Erdölsektor verantwortlich (und eine noch höhere Zahl für die Verwaltung und Besteuerung
in diesem Bereich); Rose/Munro (2002: 4) schließlich sprechen von „at least fourteen
different agencies concerned with law enforcement".
[179] Gaddy/Ickes 2002: 129, Fn. 4.

Abbildung 3: Vereinfachtes Schema der Beziehungen innerhalb der russländischen Regierung unter der Präsidentschaft El'cins

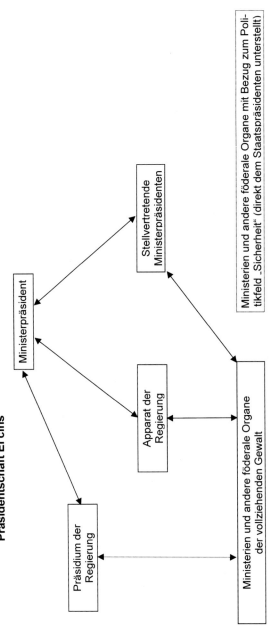

Quelle: Eigene Darstellung.

4.1.3 Die Interaktion von Staatspräsidentschaft und Regierung

Wie oben (S. 66 und 93) schon ausgeführt, verfügen sowohl der Staatspräsident (Art. 80 Abs. 3) als auch der Ministerpräsident (Art. 113) nach der Verfassung über politische Richtlinienkompetenz. Der Wortlaut der beiden Artikel („Der Präsident der Russländischen Föderation bestimmt [...] die Hauptrichtungen der Innen- und Außenpolitik des Staates." versus „Der Vorsitzende der Regierung der Russländischen Föderation legt [...] die Hauptrichtungen der Tätigkeit der Regierung der Russländischen Föderation fest und organisiert ihre Arbeit.") impliziert, dass die Richtlinienkompetenz des Staatspräsidenten – noch verstärkt durch Art. 80 Abs. 1 („Garant der Verfassung") – Vorrang vor derjenigen des Regierungschefs hat. Neben der Vielzahl an Kompetenzen und Machthebeln, die die russländische Verfassung dem Staatspräsidenten im politischen Institutionengefüge einräumt, dürfte auch dessen übergeordnete Richtlinienkompetenz ein Grund dafür sein, dass die Regierung in sehr starkem Maße vom Staatspräsidenten abhängig ist. Diese Erwartung gilt es nun an der Verfassungsrealität zu überprüfen.

Nach der Verfassung (Art. 83 lit. b) hat der Staatspräsident das Recht, bei Kabinettssitzungen der Regierung den Vorsitz zu übernehmen. Mit dem Verfassungsgesetz „Über die Regierung"[180] (Art. 31) vom Dezember 1997 wurde dieses Recht auf Sitzungen des Präsidiums der Regierung ausgedehnt. Leider liegen keine quantitativen Daten darüber vor, mit welcher Häufigkeit El'cin während seiner Amtszeit von diesen beiden Kompetenzen Gebrauch machte. Pressemeldungen erwecken den Eindruck, dass El'cin in unregelmäßigen Abständen den Vorsitz bei Kabinettssitzungen übernahm. Da diesen Treffen jedoch kaum Koordinierungs- und Kontrollfunktion zuzusprechen ist,[181] dürfte die Bedeutung für El'cin eher in deren inszenatorischem Potential gelegen haben. Sitzungen des Präsidiums hingegen unterlagen während der Ära El'cin einer weitgehenden Geheimhaltung, so dass über die Rolle des Staatspräsidenten in diesem Gremium nichts nach außen drang. Wie im Folgenden gezeigt wird, machte der Staatspräsident seinen Einfluss auf die Regierung vorwiegend und in hohem Maße informell durch die Präsidialadministration geltend. Die Bedeutung der Sitzungen des Kabinetts oder des Prä-

---

[180] Gesetz 1997/2-FKZ.
[181] Siehe vorangehenden Abschn. 4.1.2, S. 96.

sidiums der Regierung waren demgegenüber insgesamt allem Anschein nach gering.

Im vorliegenden Abschnitt soll das Verhältnis zwischen Staatspräsident und Regierung in drei Bereichen analysiert werden. Es geht hier um die Frage, ob Boris El'cin maßgeblichen Einfluss nahm auf die Struktur der Regierung, auf ihre personelle Zusammensetzung und auf ihre politischen Entscheidungen. Die angeführten Beispiele entstammen meist dem politischen Kontext Mitte der 1990er Jahre – ein Zeitraum, dem insgesamt für dic3c Arbeit eine zentrale Bedeutung zukommt.

Steven Fish ist der exponierteste Vertreter der These, dass der russländische Staatspräsident im Vergleich der politischen Systeme Osteuropas und der europäischen Nachfolgestaaten der Sowjetunion über die machtvollste Stellung verfügt. Schon in Bezug auf die Ära El'cin behauptet er: „The president enjoys virtually full control over the government's composition and operation."[182] Diese These ist in ihrer Absolutheit nicht haltbar, wie ein Blick auf die Verfassungsrealität im Russland der 1990er Jahre zeigen wird – als Tendenzaussage jedoch durchaus zutreffend.

Ein unumstößlicher Beweis, dass El'cin während seiner Amtszeit als Staatspräsident derjenige Akteur war, der die Struktur und personelle Zusammensetzung der Regierung maßgeblich bestimmte, ist kaum zu erbringen. Auf der formalen Ebene trägt in Russland immer der Staatspräsident die abschließende Verantwortung für Struktur- und personelle Veränderungen, da er ihnen auf Vorschlag des Ministerpräsidenten in Form von Dekreten eine rechtliche Form gibt. Wie sich die direkte Interaktion zwischen Premierminister und Staatspräsident auf diesem Gebiet in den 1990er Jahren genau gestaltete, kann von außen nur schwer durchschaut werden. Es gibt jedoch eine ganze Reihe von Indizien, die die These stützen, dass El'cin tatsächlich derjenige Akteur war, dessen Machtposition in Bezug auf die Struktur und personelle Zusammensetzung der Regierung derjenigen des Ministerpräsidenten deutlich überlegen war.

Zunächst ist der Staatspräsident – wie bereits erwähnt – schon allein infolge seiner formellen Kompetenzen im Vorteil. Dies wird noch dadurch verstärkt, dass der Ministerpräsident in eine noch größere Abhängigkeit vom

---

[182] Fish 2005: 205.

Staatspräsidenten gerät, weil der Präsident ein erfolgreiches parlamentarisches Misstrauensvotum gegen die Regierung bzw. eine in der Duma gescheiterte Vertrauensfrage ignorieren und statt dessen die Erste Kammer auflösen kann. Schließlich verstand es El'cin während seiner Amtszeit, Entlassungen von Regierungsmitgliedern und strukturelle Veränderungen innerhalb der Regierung geschickt zu inszenieren. In vielen Fällen war damit eine öffentliche Brüskierung des Regierungschefs verbunden, der in diesen Situationen froh sein musste, nicht selbst gefeuert worden zu sein.

Ein sehr gutes Beispiel für El'cins direktes Eingreifen in die Regierungsbildung und begleitende symbolische Inszenierungen liefert die Entlassung des Ministerpräsidenten Viktor Černomyrdin Ende März 1998. Nach dem Verfassungsgesetz „Über die Regierung" (Art. 7) hat die Abberufung des Premierministers durch den Staatspräsidenten den Rücktritt des gesamten Kabinetts zur Folge.[183] El'cin unterzeichnete jedoch separate Erlasse, mit denen Innenminister Kulikov[184] und der Erste Stellvertretende Ministerpräsident Čubajs[185] ihres Amtes enthoben wurden. Laura Belin hat die Botschaft, die mit diesem Vorgehen verbunden war, sehr schön auf den Punkt gebracht. El'cin wollte klarstellen, dass „some ministers were ‚more fired' than others and would not be returning to the cabinet".[186]Auch wenn seine Dekrete rechtlich und in der Sache keine zusätzlichen Auswirkungen hatten, zeigt diese Vorgehensweise gleichzeitig auch, dass El'cin sich über bestehende rechtliche Einschränkungen hinwegzusetzen bereit war, wenn er es für angebracht hielt. Auch bei anderen Gelegenheiten unterzeichnete El'cin eigenständig Dekrete mit dem Ziel der Ernennung bzw. Entlassung von Regierungsmitgliedern, obwohl er dazu rechtlich nicht befugt war.[187]

Die zwei Präsidentschaften El'cins weisen erhebliche Unterschiede in Bezug auf die Stabilität der Regierung auf. Während es in der ersten Amtszeit unter einem einzigen Ministerpräsidenten (Viktor Černomyrdin) nur zu zwei strukturellen Modifikationen und 23 personellen Veränderungen auf Ministeri-

---

[183] Da die Verfassung dies nicht regelt, war der kollektive Rücktritt in den Jahren zuvor formell nicht obligatorisch. In der Praxis gab es jedoch nur kollektive Rücktritte (vgl. Shevchenko 2004: 183).
[184] Ukaz 1998/284.
[185] Ukaz 1998/283.
[186] Belin 2000: 295.
[187] Vgl. Breslauer 2001: 49f.

umsebene kam, zählte die zweite Amtszeit fünf Ministerpräsidenten sowie 15 Strukturveränderungen und 76 personelle Wechsel allein auf Ministeriums-ebene (siehe Tabelle 2 und Tabelle 3).[188]

In sehr vielen Fällen war es offensichtlich, dass Veränderungen in der Regierung von der Seite des Staatspräsidenten ausgingen und durchgesetzt wurden – oft gegen den (präsumtiven) Willen des Ministerpräsidenten. Gene-rell kann man sagen, dass El'cin mit Strukturveränderungen und personellen Wechseln vor allem zwei Ziele verfolgte. Ein erstes, durchgehend wichtiges Anliegen El'cins war, verschiedene politische Interessen auszubalancieren, indem er deren Repräsentanten ins Kabinett berief bzw. loyale Personen und Unterstützer des Staatspräsidenten belohnte. „The composition of the cabinet is thus a reflection both of the president's political needs and policy inten-tions."[189] Ein zweites Ziel El'cins, das sehr häufig zu beobachten war, bestand darin, politischen Druck von seinem eigenen Amt abzulenken und auf einen „Sündenbock" in der Regierung umzuleiten. Eine ganze Reihe von Entlas-sungen unpopulärer Amtsträger inszenierte El'cin dergestalt, dass mit der „Opferung" des jeweiligen Regierungsangehörigen die Signalwirkung eines Zugeständnisses gegenüber der Opposition im Parlament und/oder der öf-fentlichen Meinung verknüpft war.[190]

Mehrere Faktoren spielten in Bezug auf die Handlungs- und Durchset-zungsfähigkeit des russländischen Staatspräsidenten gegenüber der Regie-rung in den 1990er Jahren eine entscheidende Rolle. Dazu gehören neben seiner jeweiligen politischen Stärke oder Schwäche zu einem konkreten Zeit-punkt vor allem die Entschlossenheit und Kohärenz der Schlüsselpersonen und -organe des Präsidialapparates sowie die Präsenz des Staatsoberhaup-tes.

---

[188] Ungeachtet der Tatsache, dass El'cin bereits seit Sommer 1991 als russländischer Staatspräsident amtierte, beziehen sich die für sie beiden Amtszeiten angegebenen Daten nur auf einen Ausschnitt, nämlich den Zeitraum zwischen dem Inkrafttreten der neuen russländischen Verfassung und El'cins Rücktritt am 31.12.1999. Somit fällt auch ein Teil der jeweiligen Amtszeit der Ministerpräsidenten Černomyrdin und Putin hier aus der Betrachtung heraus. Die personellen und strukturellen Veränderungen unter-halb der Ebene der Ministerien (andere „Organe der vollziehenden Gewalt") dürften in beiden Amtszeiten erheblich zahlreicher gewesen sein. Allerdings liegen hierzu keine belastbaren, aufbereiteten Daten vor.

[189] Remington 2004: 61.

[190] Vgl. hierzu bspw. Moser 2001: 90.

Tabelle 2:   Veränderungen der Struktur und der personellen
                 Zusammensetzung der russländischen Regierung auf
                 Ministeriumsebene (1994-1999)

	01/1994-07/1996	08/1996-12/1999
Gründungen, Abschaffungen und Status- veränderungen[191] von Ministerien	2	15
personelle Wechsel insgesamt	23	76
Wechsel ohne Berücksichtigung der Amtszeiten geschäftsführender Minister	18	69

Quelle: Eigene Berechnungen nach Daten von Shevchenko (2004: 108, 136f.).

Tabelle 3:   Veränderungen der personellen Zusammensetzung der
                 russländischen Regierung auf Ministerebene (1994-1999)

Ministerpräsident	Amtszeit	Ministerwechsel insgesamt[192]	Ministerwechsel bei Regierungs- übernahme
Viktor Černomyrdin	01/1994-07/1996[193]	23	–
Viktor Černomyrdin	08/1996-03/1998	27	0
Sergej Kirienko	04/1998-08/1998	14	11
Evgenij Primakov	09/1998-05/1999	15	12
Sergej Stepašin	05/1999-08/1999	13	12
Vladimir Putin	08/1999-12/1999[194]	7	6

Quelle: Eigene Berechnungen nach Daten von Shevchenko (2004: 108, 136f.).

Wie Tabelle 4 zeigt, war El'cin in seiner zweiten Amtsperiode zusam-
mengerechnet über einen Zeitraum von mehr als 15 Monaten aus gesundheitlichen Gründen abwesend. In diesen Abwesenheitsphasen ließen sich
verstärkt Machtkämpfe innerhalb der Exekutive beobachten. Diese Auseinandersetzungen fanden – teilweise parallel – auf verschiedenen Ebenen
statt: innerhalb des Präsidialapparates bzw. der Regierung; Präsidialapparat
versus Regierung; Fraktionen innerhalb des Präsidialapparates versus Fraktionen innerhalb der Regierung.

---

[191]   Statusveränderungen beziehen sich hier entweder auf die Erhebung eines „Föderalen
        Organs der vollziehenden Gewalt" in den Stand eines Ministeriums bzw. umgekehrt
        auf die Rückstufung eines Ministeriums.
[192]   Die Gesamtzahl schließt Amtszeiten geschäftsführender Minister ein.
[193]   Černomyrdins Amtszeit begann bereits im Dezember 1992. Hier sind allerdings nur die
        Daten nach Inkrafttreten der neuen Verfassung der Russländischen Föderation von In-
        teresse.
[194]   Putin war auch nach El'cins Rücktritt vom Amt des Staatspräsidenten am 31.12.1999
        weiterhin Ministerpräsident, und zusätzlich geschäftsführender Staatspräsident. Das
        Amt des Ministerpräsidenten gab Putin erst einige Wochen nach seiner Wahl zum
        Staatspräsidenten im Mai 2000 an Michail Kas'janov ab.

Tabelle 4:   Gesundheitsbedingte Abwesenheiten El'cins (1996-1999)[195]

Zeitraum	Dauer in Tagen
29.06.1996-09.08.1996	42
11.08.1996-23.12.1996	134
06.01.1997-06.03.1997	60
10.12.1997-19.01.1998	41
13.03.1998-20.03.1998	8
12.10.1998-28.12.1998	78
17.01.1999-25.03.1999	68
18.05.1999-??.06.1999	≥14
25.11.1999-06.12.1999	12
Summe:	>457

Quelle: Auszug aus Pleines 2003: 114.

Häufig wurde El'cins Rückkehr in den Kreml nach einer längeren Krankheitsphase von einem „Paukenschlag" begleitet, das heißt die Regierung wurde entlassen oder zumindest erheblich umgebildet. Die eindrücklichsten Beispiele sind in diesem Zusammenhang die Regierungsumbildung im März 1997 und die Entlassung der Regierung Černomyrdin im März 1998.

Die Regierungsumbildung im März 1997 hatte eine Vorgeschichte, die sehr viel über die politische Dynamik innerhalb der russländischen Exekutive der El'cin-Ära aussagt. El'cin wurde in einer Stichwahl am 03.07.1996 als Staatspräsident wiedergewählt. Die Tatsache, dass er zu diesem Zeitpunkt infolge einer Herzattacke zwischen den beiden Wahlgängen schwerste gesundheitliche Probleme hatte und de facto seit Ende Juni 1996 amtsunfähig war, wurde von Seiten seines Apparates bewusst vertuscht – praktisch kein Massenmedium berichtete über El'cins Abwesenheit, im Fernsehen wurden frisierte Archivbilder gezeigt.

Geraume Zeit nach dem zweiten Wahlgang wurde El'cins Erkrankung einer breiten Öffentlichkeit bekannt. Der Staatspräsident war fast das ganze zweite Halbjahr 1996 aus der Öffentlichkeit verschwunden. Einzige Ausnahme war die eintägige „Reaktivierung" eines sichtlich gezeichneten El'cin am 10.08.1996 anlässlich des Amtsantritts des an diesem Tage von der Duma wiedergewählten Ministerpräsidenten Černomyrdin und seiner Regierung.

Obwohl die Verfassung für den Fall, dass „der Präsident der Russländischen Föderation nicht in der Lage ist, seine Pflichten wahrzunehmen", eine

---

[195] Es sind nur Zeiträume angeführt, die die Dauer von einer Woche übersteigen.

temporäre Amtsausübung durch den Ministerpräsidenten vorsieht (Art. 92
Abs. 3), geschah dies nicht. Während im Fernsehen die Illusion eines zwar
kranken, aber politisch aktiven Staatspräsidenten aufrechterhalten wurde
(„der Präsident bearbeitet am Krankenbett täglich stundenlang Akten"), übernahm die Präsidialadministration unter Führung von Anatolij Čubajs ab Mitte
Juli 1996[196] nach und nach das politische Tagesgeschäft. Innerhalb kurzer
Zeit baute Čubajs „die Präsidialverwaltung zu einer Nebenregierung aus, die
alle wichtigen Wirtschaftsentscheidungen an sich zog und den Ministerpräsidenten Tschernomyrdin faktisch entmachtete"[197]. Es ist davon auszugehen,
dass diese Entwicklung mit stillschweigendem, wenn auch möglicherweise
auf manipulierter und selektiver Informationsversorgung beruhendem Einver-
ständnis El'cins vonstatten ging.

Čubajs verkörperte in dieser Phase die Galionsfigur einer häufig „liberale
monetaristische Reformer"[198] genannten Gruppe von Akteuren, die sich unter
anderem durch liberale wirtschaftspolitische Grundüberzeugungen, insbesondere das gemeinsame Ziel schneller und umfassender Privatisierungen des
verbleibenden Staatseigentums sowie fiskalischer Stabilisierung auszeichneten. Zu den wichtigen Exponenten dieser Gruppe zählten zur damaligen Zeit
auch eine Reihe von Vorsitzenden verschiedener Staatskomitees, die teilweise aber erst infolge der Übernahme der Präsidialadministration durch Čubajs
in ihre Ämter berufen wurden.[199]

Etwas mehr als ein halbes Jahr lang dominierte so die Präsidialadministration unter Leitung von Čubajs unter Zurückdrängung der Regierung in vielen
Bereichen die russländische Politik. Die Rückkehr Boris El'cins in den Raum
öffentlicher Politik am 07.03.1997 begann mit einer spektakulären Regie-

---

[196] Die Ernennung von Čubajs zum Leiter der Präsidialadministration erfolgte per Präsidi-
       alerlass am 15.07.1996 (Ukaz 1996/1032). Nachdem er schon seit Beginn der 1990er
       Jahre wichtige Ämter innegehabt hatte (aus diesen jedoch regelmäßig auch wieder
       entlassen worden war), nahm Čubajs seit Frühjahr 1996 in der Umgebung El'cins eine
       Schlüsselrolle ein, da er mit der Organisation des Wahlkampfes des Staatspräsidenten
       beauftragt worden war.
[197] Schröder 2001: 73.
[198] Stölting 1999b: 12.
[199] Eine der in diesem Zusammenhang sehr wichtigen Personalentscheidungen ist bspw.
       die Berufung von Al'fred Koch zum Vorsitzenden des staatlichen Vermögenskomitees
       (GKI) am 12.09.1996 (Regierungsverordnung 1996/1071). Ol'ga Kryštanovskaja
       (1997: 4) geht sogar so weit zu behaupten, dass gerade die Čubajs-Mannschaft die
       „Generallinie" der Entwicklung des Landes bestimme und dass Čubajs „nicht einfach
       nur Führer eines Klans, sondern der strategischen Elite des Landes" geworden sei.

rungsumbildung. Strukturell markierte dieses Revirement „a further fusing of the presidency and Government"[200] und inhaltlich eine Forcierung der seit Spätsommer 1996 von Čubajs eingeleiteten „Reformpolitik".

Per Präsidialerlass wurde Čubajs in einem ersten Schritt am 07.03.1997 als Leiter der Präsidialadministration entlassen[201] und gleichzeitig zum Ersten Stellvertretenden Ministerpräsidenten ernannt[202], am 17.03.1997 wurde ihm zusätzlich das Amt des Finanzministers übertragen[203]. Eine ganze Reihe seiner politischen Verbündeten wurde ebenfalls ins Kabinett berufen, viele davon als Stellvertretende Ministerpräsidenten mit gleichzeitigem Fachministeramt.[204] Diese Gruppe erhielt zusammengenommen de facto die Kontrolle über die Regierungspolitik im ökonomisch-fiskalischen Bereich.[205]

Obgleich die Zurückdrängung des Ministerpräsidenten Černomyrdin unübersehbar war, konnte nach der Regierungsumbildung gleichwohl nicht von einer kompletten Marginalisierung die Rede sein. So verlor beispielsweise Čubajs den Machtkampf mit Černomyrdin, als es um den Leiter des Apparates der Regierung ging. Čubajs konnte sich mit seiner Forderung nach Entlassung des Černomyrdin-Vertrauten Vladimir Babičev nicht durchsetzen und konnte seinen „eigenen" Vertrauensmann nur als dessen Stellvertreter platzieren.[206]

Das auf diese Regierungsumbildung bis zur Entlassung der gesamten Regierung im März 1998 folgende Jahr war in erheblichem Maße durch einen Machtkampf innerhalb der Regierung zwischen der Čubajs- und der Černomyrdin-Koalition geprägt.[207] Zu Beginn des Jahres 1998 versuchte Černo-

---

[200] Huskey 1999: 146.
[201] Ukaz 1997/190.
[202] Ukaz 1997/191.
[203] Ukaz 1997/251.
[204] Ukaz 1997/250.
[205] Vgl. hierzu auch McFaul 1997a: 82f. und Graham 1999: 332.
[206] Vgl. Huskey 1999: 146. Babičev wurde Mitte März 1997 nur aus seinem parallel ausgeübten Amt als Stv. Premierminister entlassen (Ukaz 1997/250). Der Machtkampf dauerte zwei Wochen und endete mit der Ernennung des Wunschkandidaten von Čubajs, Sergej Vasil'ev, zum Ersten Stellvertretenden Leiter des Regierungsapparates am 31.03.1997 (Regierungsverfügung 1997/425-r).
[207] Die Bezeichnungen „Čubajs-Koalition" und „Černomyrdin-Koalition" sind zugegebenermaßen etwas unscharf und schematisch. Beide Begriffe dienen hier nur der pointierten Zuspitzung. Mit dieser Etikettierung soll keinesfalls verschleiert werden, dass einerseits beide Gruppen jeweils ein heterogenes und temporäres Bündnis von Akteuren waren und andererseits der Regierung darüber hinaus auch Akteure angehörten, die sich keiner der beiden Gruppen anschlossen, sondern – zumindest zeit- und teilweise – andere Bündnisse eingingen.

myrdin, die Aufgabenbereiche innerhalb der Regierung neu zu verteilen. Auffällig ist hier, dass augenscheinlich kein Rechtsakt, mit dem die Kompetenz-
verschiebungen hätten fixiert werden können, veröffentlicht wurde.
Statt dessen wurde in einem Artikel in der Regierungszeitung *Rossijskaja
gazeta* am 17.01.1998 – also zu einer Zeit, in der Staatspräsident El'cin erneut krankheitsbedingt abwesend war – gemeldet, dass Ministerpräsident
Černomyrdin am Vortag „ein Dokument über die Umverteilung der Pflichten
der Vize-Premiers unterschrieben"[208] habe. Im weiteren Verlauf des Artikels
finden sich sodann Angaben zur neuen Kompetenzverteilung hinsichtlich der
zwei Ersten Stellvertretenden Ministerpräsidenten, Anatolij Čubajs und Boris
Nemcov, sowie der acht Stellvertretenden Ministerpräsidenten, angereichert
durch Zitate aus besagtem Dokument. In dem Artikel heißt es, dass Černomyrdin „jetzt die Tätigkeit des Finanz- und des Brennstoffenergie-
ministeriums, der Macht- und Sicherheitsbehörden, des Außenministeriums
sowie der Firma ‚Rosvooruženie' koordiniert". Zudem koordiniere er „die Tätigkeit der Stellvertretenden Ministerpräsidenten zur Gewährleistung der Umgestaltung der Hauptrichtungen der Wirtschaft".

Es ist unschwer zu erkennen, dass der Inhalt der Neuregelung einen
Angriff insbesondere auf Čubajs und Nemcov darstellt, denn die Finanz-,
Haushalts- und Geldpolitik war bislang Čubajs' wichtigste Domäne, während
Nemcovs Kernzuständigkeit im Energiebereich lag. Die Tatsache, dass das
Dokument nicht veröffentlicht wurde, lässt die Möglichkeit offen, dass Inhalt
und Vorgehensweise Černomyrdins mit Staatspräsident El'cin nicht
abgesprochen gewesen sein könnten.[209] Falls Černomyrdin tatsächlich
eigenständig handelte, kann man in seinem Schritt auch eine Attacke gegen
El'cin sehen, denn diesem waren unter anderem das Außenministerium, die
„Machtministerien" und Sicherheitsbehörden, aber auch der staatliche
Rüstungsexportmonopolist *Rosvooruženie* direkt unterstellt.[210]

---

[208] Predsedatel' Pravitel'stva 1998. (Als Quellenangabe des Artikels wird die staatliche
        Nachrichtenagentur ITAR-TASS genannt.)
[209] Sein Sprecher erklärte nach der Rückkehr El'cins an seinen Arbeitsplatz, dass die
        neue Kompetenzverteilung mit Billigung durch den Staatspräsidenten vorgenommen
        worden sei (Koškarëva/Narzikulov 1998b).
[210] Auf den medialen Kontext dieses Konfliktes wird später noch einzugehen sein (siehe
        S. 394.

Für die Beantwortung der hier interessierenden Frage, in welchem Maße Staatspräsident El'cin in dieser Phase in die Struktur und Arbeit der Regierung eingriff, ist jedoch gar nicht entscheidend, ob El'cin in die obengenannte Entscheidung zur Restrukturierung der Regierung eingebunden war. Dies wird deutlich, wenn man einen Blick auf das Treffen des Staatspräsidenten mit Mitgliedern der Regierung am 19.01.1998 wirft – am Tag der Rückkehr des Staatspräsidenten aus dem Krankenstand. El'cins Sprecher, Sergej Jastržembskij, erklärte nach der Zusammenkunft: „Es wird ein Dutzend vordringliche konkrete Richtungen geben, für die jeweils ein Mitglied der Regierung und ein Mitglied der Administration des Präsidenten unmittelbar Verantwortung tragen werden."[211] Damit wird klar, dass El'cin versuchte, das Heft in der Hand zu behalten, indem er dem Präsidialapparat in Gestalt der Administration des Präsidenten wieder eine größere Rolle im politischen Tagesgeschäft zumaß und die Regierung deshalb bei wichtigen Entscheidungen fortan nicht ohne Vertreter der Präsidialadministration handeln konnte.

Ein weiteres Beispiel für die häufigen Versuche des Staatspräsidenten El'cin, Präsidentschaft und Regierung unter seiner Kontrolle zusammenzuführen – und gleichzeitig ein Beispiel für intraexekutive Machtkämpfe –, ist die Schaffung der „Temporären außerordentlichen Kommission beim Präsidenten der Russländischen Föderation zur Stärkung der Steuer- und Haushaltsdisziplin" (*Vremennaja črezvyčajnaja komissija pri Prezidente Rossijskoj Federacii po ukrepleniju nalogovoaj i bjudžetnoj discipliny*; VČK). Dieses Organ wurde per Präsidialerlass Mitte Oktober 1996 gegründet[212] und Anfang August 1999 abgeschafft.[213]

Im Laufe ihrer Existenz setzte sich die VČK aus einem Kreis von Amtsträgern zusammen, der zwischen 18 und 25 Personen schwankte. Diese Personen entstammten jeweils ungefähr zur Hälfte staatlichen Organen, die dem Staatspräsidenten unterstanden, und solchen aus der Sphäre der Regierung. Auffällig ist, dass eine Reihe von Vertretern der „Sicherheitsorgane" in der VČK Sitz und Stimme hatten, so zum Beispiel die Direktoren des Inlandsgeheimdienstes FSB und der Auslandsaufklärung SVR sowie der Sekretär des Sicherheitsrates. Auch der Chef der Zentralbank und der Generalstaatsan-

---

[211] Kuznecova 1998a.
[212] Ukaz 1996/1428.
[213] Ukaz 1999/1024. Im Jahr vor der Abschaffung war die VČK de facto inaktiv.

walt waren Mitglied. Geleitet wurde die Kommission zwischen Oktober 1996 und April 1998 von Ministerpräsident Černomyrdin als Vorsitzendem und vom Leiter der Präsidialadministration (ab März 1997: Erster Stellvertretender Ministerpräsident) Čubajs als Erstem Stellvertretendem Vorsitzendem. Danach hatte der neue Ministerpräsident Sergej Kirienko den Vorsitz inne, Stellvertretender Vorsitzender war der Stellvertretende Ministerpräsident Viktor Christenko.

Die VČK versammelte vor allem die führenden, mit Fragen der Ökonomie beschäftigten Angehörigen der Regierung und des Präsidialapparates und stellte ein weiteres Organ aus der Reihe derjenigen Institutionen dar, die direkt dem Staatspräsidenten unterstanden und damit der parlamentarischen Kontrolle entzogen waren. Die Zuständigkeit der VČK reichte vom übergeordneten Politikfeld Makroökonomie über die Kontrolle der Tätigkeit privatwirtschaftlicher und staatlicher juristischer Personen bis hin zu Entlassungen von Ministern und anderen Leitern föderaler Exekutivorgane.[214]

Hauptaufgabe der VČK war, das immense Staatsdefizit durch Erhöhung der Steuereinnahmen zu verringern. Um dies zu erreichen, erarbeitete sie zum Beispiel Maßnahmen zur Zurückdrängung der Schattenwirtschaft oder versuchte, vor allem große Unternehmen zur Zahlung ausstehender Steuerschulden zu zwingen.[215] Insgesamt ist es der Kommission jedoch nicht gelungen, die „Zahlungskrise" zu entschärfen. Mit dem ökonomischen Zusammenbruch Russlands im August 1998 stellte sie ihre Tätigkeit ein.

Vor Einrichtung der VČK war ein breites Spektrum von Akteuren damit beschäftigt gewesen, Ordnung in die russländische Wirtschaft und insbesondere die Steuereintreibung zu bringen. Neben der Regierung und der Präsidialadministration gehörte dazu zum Beispiel auch der Sicherheitsrat. Es ist also keineswegs übertrieben, wenn Eugene Huskey zu dem Schluss kommt, die Installation der VČK sei „a testament to the failure of existing institutional arrangements"[216] des russländischen politischen Systems. Es gibt aber noch einen zweiten Aspekt: Die VČK war in sehr starkem Maße auch ein Vehikel,

---

[214] Für eine detaillierte Auflistung der Aufgaben und Kompetenzen der VČK siehe Ukaz 1996/1428.

[215] Druck übte die VČK z. B. dadurch aus, dass sie die Namen der „größten Steuerschuldner" veröffentlichte oder mit der Einleitung von Konkursverfahren gegen Zahlungsverweigerer drohte (vgl. Pleines 2003: 322).

[216] Huskey 1999: 139.

mittels dessen Čubajs seinen Einfluss auf die Entscheidungsfindung im Bereich der Ökonomie auszubauen gedachte. Für ihn war es somit wichtig, dass ihm politisch und/oder persönlich verbundene Akteure in möglichst großer Zahl in der Kommission vertreten waren. Seine Position wurde von Anfang an dadurch gestärkt, dass Staatspräsident El'cin fast die Hälfte der VČK-Sitze mit Alliierten von Čubajs oder dem Staatspräsidenten direkt verantwortlichen Personen besetzte.[217]

Im Kontext der Ära El'cin betrachtet, stellt die Errichtung der VČK den umfassendsten Versuch des Staatspräsidenten dar, die Regierung in die Präsidentschaft zu integrieren. Es ist deshalb nicht wirklich übertrieben, wenn man die VČK unter dem Gesichtspunkt ihrer Aufgaben, Kompetenzen und Struktur für den Zeitraum ihrer aktiven Existenz als „die wirkliche russländische Regierung" bezeichnet, denn es handelte sich bei dieser Kommission um eine „zusammengeschweißte Gruppe von Beamten, die tatsächlich das Land lenkt"[218] – jedenfalls im Bereich der Wirtschaftspolitik.

Von sehr vielen Seiten wurde die Errichtung der VČK scharf kritisiert. Angriffspunkt war vor allem der naheliegende Eindruck der Verletzung der Gewaltenteilung. Diese Kritik blieb jedoch ohne Folgen. Schließlich wurde die Annahme einer Klage aus den Reihen der Duma, die zum Ziel hatte, den Präsidentenerlass zur Einsetzung der VČK für verfassungswidrig zu erklären, am 19.03.1997 vom Verfassungsgericht abgelehnt.[219]

Laut Art. 115 Abs. 3 der Russländischen Verfassung kann der Staatspräsident Verordnungen und Anordnungen der Regierung aufheben, falls er der Meinung ist, diese verstießen gegen geltendes Recht (Verfassung, Gesetze und Präsidialdekrete).[220] Lange Zeit war es darüber hinaus offensichtlich üblich, dass alle Entscheidungen und Beschlüsse der russländischen Regierung (Rechtsakte, Gesetzentwürfe etc.) vor ihrer Verabschiedung der Präsidialadministration zur Zustimmung vorgelegt werden mussten. Eine rechtliche Fixierung dieser Praxis existierte nicht (zumindest scheint sie nicht veröffentlicht worden zu sein), sie stellte aber die übliche Verfahrensweise dar.

---

[217] Vgl. Huskey 1999: 140.
[218] Koškarëva 1996: 3.
[219] Verfassungsgericht 1997/28-O.
[220] Das Verfassungsgesetz „Über die Regierung" (1997/2-FKZ) wiederholt in Art. 33 diese Passage nahezu wörtlich.

Ein indirekter Hinweis auf die lange Jahre geltende generelle Pflicht zur Abstimmung zwischen Regierung und Präsidialadministration findet sich in einer Verfügung des Präsidenten vom Mai 1998. Mit diesem Rechtsakt, der kurz nach Amtsantritt des neuen Ministerpräsidenten Kirienko in Kraft trat, beendete El'cin – zumindest formal – die *pauschale* Verpflichtung der Regierung, jeweils die Zustimmung der Präsidialadministration einzuholen.[221] Dies kann dahingehend interpretiert werden, dass der Regierung fortan eine größere Selbständigkeit gewährt werden sollte.

Interessant ist, dass diese Anordnung des Staatspräsidenten das Erfordernis der Zustimmung durch die Präsidialadministration auf bestimmte Politikfelder begrenzte und diesbezüglich auf ein Präsidialdekret vom Sommer 1994 verwies.[222] Hier fällt zum einen auf, dass El'cin mit diesem Dekret das Zustimmungserfordernis auf solche Politikbereiche begrenzte, die im Kern seine in der Verfassung (Art. 80 Abs. 2 u. 3) festgelegten Zuständigkeiten und Richtlinienkompetenz widerspiegeln. Auch hier jedoch eröffnet die Verwendung von potentiellen *catch all*-Begriffen gleichzeitig einen großen Interpretationsspielraum, so dass offen bleibt, wie offensiv die präsidentiellen Zuständigkeiten in der Praxis zu einem bestimmten Zeitpunkt tatsächlich reklamiert werden können.[223] Eine zweite Auffälligkeit besteht darin, dass El'cin sich mit diesem Dekret eine Beschränkung auferlegte. Im Abs. 2 wird postuliert, dass der Staatspräsident bei Entscheidungen, deren Thematik in den im

---

[221] Verfügung des Staatspräsidenten 1998/160-rp.

[222] Ukaz 1994/1185.

[223] Das og. Dekret (Abs. 3) nennt u. a. folgende Bereiche, in denen die Regierung verpflichtet ist, ihre Entscheidungen zuvor der Präsidialadministration vorzulegen:
- Rechte und Freiheiten des Menschen und des Bürgers;
- Wahrung der Souveränität der Russländischen Föderation, ihrer Unabhängigkeit und territorialen Integrität;
- Gewährleistung des koordinierten Funktionierens und Zusammenwirkens der staatlichen Machtorgane;
- Bestimmung der Hauptlinien der Innen- und Außenpolitik;
- Führung der Außenpolitik;
- Erfüllung der Funktion des Oberkommandierenden der Streitkräfte der Russländischen Föderation.

Interessanterweise schränkt die Geschäftsordnung der Regierung vom Juni 1998 (1998/604) die Felder, auf denen die Abstimmung mit der Präsidialadministration vorgeschrieben ist, noch weiter ein. In Art. 45 werden Rechtsakte genannt, „die die verfassungsmäßigen Kompetenzen des Präsidenten betreffen, deren Annahme durch Rechtsakte des Präsidenten vorgesehen ist oder die auf einer vom Präsidenten geleiteten Kabinettssitzung behandelt werden". Im Falle von Personalentscheidungen in Bezug auf Einrichtungen, die direkt dem Präsidenten unterstehen, gilt dies generell (Art. 46).

Verfassungsartikel 114 festgelegten Kompetenzbereich der Regierung fällt, die Zustimmung der Regierung benötigt.

Insgesamt ist im Verlauf der Untersuchung bislang deutlich geworden, dass Staatspräsident El'cin gegenüber der Regierung bis mindestens Mitte 1998 die dominantere Position einnahm. Diese These wird zum einen gestützt durch den bereits oben beschriebenen Machtvorsprung des Staatspräsidenten, zum anderen durch die Analyse der beiden Rechtsakte des Staatspräsidenten vom Juni 1994 bzw. Mai 1998. Die explizite Rücknahme der *generellen* Verpflichtung der Regierung, ihre Entscheidungen von der Präsidialadministration genehmigen zu lassen, liefert ein starkes Indiz dafür, dass dieses Unterordnungsverhältnis in den dazwischenliegenden vier Jahren tatsächlich bestand. Huskey irrt also nur auf der formalrechtlichen Ebene, nicht jedoch in Bezug auf die Verfassungsrealität, wenn er schreibt, der Staatspräsident habe das Recht „to countermand any directive issued by the prime minister"[224].

Ein weiterer wichtiger Punkt im Verhältnis von Staatspräsident und Regierung in der Russländischen Föderation ist die Frage der Regierungsstabilität. Julija Ševčenko kommt in ihrer Untersuchung zur russländischen Regierung, bezogen auf den Zeitraum 1990 bis 2004, auf eine durchschnittliche Amtsdauer der Regierungen von rund 16,2 Monaten. Einzelne Regierungsangehörige mit dem Status eines Ministers bzw. Stellvertretenden Ministerpräsidenten waren in dieser Periode durchschnittlich rund 22,7 Monate im Amt.[225]

Wenn man nur den Zeitraum der Präsidentschaft El'cins nach Inkrafttreten der neuen Verfassung bis zu seinem Rücktritt Ende 1999 berücksichtigt und die beiden Regierungen unter Ministerpräsident Černomyrdin getrennt zählt, ergibt sich eine durchschnittliche Amtsdauer der Regierungen von rund 11,5 Monaten. Diese Zahl erhöht sich auf ca. 14,6 Monate, wenn die komplette Amtszeit von Viktor Černomyrdin (Dezember 1992-März 1998) und Vladimir Putin (August 1999-Mai 2000) zugrunde gelegt wird.

Im Vergleich mit anderen europäischen Systemen scheinen die genannten Werte eher unterdurchschnittlich zu sein. Wenn man den langjährigen Regierungsvorsitz Černomyrdins ausklammert, zeigt sich, dass vor allem die

---

[224] Huskey 1999: 99.
[225] Vgl. Shevchenko 2004: 183f. Zwischen 1990 und 2004 amtierten nach ihrer Analyse insgesamt ca. 230 Personen als Minister bzw. Stellvertretender Ministerpräsident.

zweite Präsidentschaft El'cins von sehr häufigen Regierungswechseln geprägt war. Dem steht allerdings eine stärkere Kontinuität auf Ministerebene
gegenüber. In einigen Fällen entließ El'cin zwar den Ministerpräsidenten, berief eine Vielzahl von Ministern jedoch wieder in das neue Kabinett. Darüber
hinaus ist zu berücksichtigen, dass häufig Personen in ein Ministeramt berufen wurden, die zuvor im selben Ministerium die Position eines stellvertretenden Ministers innegehabt hatten.

Die politisch-inhaltlichen Folgen des Aufstieges eines Stellvertretenden
Ministers zum Minister waren uneinheitlich. Auf der einen Seite zeigte sich,
dass „ministerial appointments are often given to deputy ministers who pro-
vide for continuity of organizational memory and issue expertise, if not the political course that was advanced by their former bosses"[226]. In zahlreichen anderen Fällen signalisierte die Beförderung eines Stellvertretenden Ministers
jedoch auch einen inhaltlichen Politikwechsel. Was auf den ersten Blick verwundern könnte, lässt sich recht einfach erklären: Ein häufig zu beobachten-
des Verhalten El'cins bestand darin, Personen aus konkurrierenden politischen Lagern nicht nur in die Regierung zu berufen, sondern auch Führungs-
funktionen in Ministerien zwischen Angehörigen verschiedener politischer
„Fraktionen" aufzuteilen. Wenn man diesen Punkt berücksichtigt, gewinnt die
erhöhte Fluktuation auf Regierungsebene auch inhaltlich-politisches Gewicht.

Julija Ševčenko hat vor kurzem den Versuch unternommen, die verschiedenen russländischen Regierungen zwischen 1990 und 2004 zu klassifizieren. Ausgehend vom *principal-agent*-Ansatz begreift sie die Regierung als
Agenten eines Prinzipals bzw. mehrerer Prinzipale. Nach der Ausrufung der
staatlichen Unabhängigkeit Russlands und der Wahl El'cins zum ersten Präsidenten sind das Parlament und der Präsident die beiden in Frage kommenden Prinzipale der Regierung.[227] In Abhängigkeit davon, ob in der Verfassungsrealität in einer bestimmten Phase die Interaktion *eines* Prinzipals mit
einem Agenten (Regierung) vorherrscht oder ob der Regierung als Agenten
mehrere Prinzipale gegenüberstehen, ändert sich der Charakter der Regierung. Ševčenko unterscheidet dabei in Bezug auf die Eigenständigkeit der

---

[226] Shevchenko 2004: 184.
[227] Zu sowjetischen Zeiten war lange Zeit die KPdSU einziger Prinzipal, seit Ende der
        1980er Jahre kamen der sowjetische Präsident und das Parlament als Akteure hinzu
        (Shevchenko 2004: 8 et pass.).

Regierung zwischen „regulativer Autorität" und „legislativer Autorität". Die Regierung besitzt *legislative authority*, „if the government is delegated the right to set up new policies"; dagegen verfügt die Regierung nur über *regulative authority*, wenn ihre Aufgabe darin besteht, „to simply implement decisions taken elsewhere".[228]

Der idealtypische Zusammenhang zwischen der Zahl der Prinzipale, die die russländische Regierung hat, und dem Maß ihrer Eigenständigkeit sieht Ševčenko zufolge folgendermaßen aus. „If only one principal influences government operation, a ‚regulatory' stage takes place. [...] A ‚legislative' stage occurs when multiple principals compete for power, thus leaving room for a relatively autonomous government."[229]

Für den hier interessierenden Zeitraum von Ende 1993 bis Anfang 2000 kommt Ševčenko zu folgenden Ergebnissen:[230] Bis zur Dumawahl im Dezember 1995 stand der russländischen Regierung nur ein Prinzipal in Gestalt des Staatspräsidenten El'cin gegenüber, und sie verfügte somit nur über regulative Autorität. Im anschließenden Intervall bis zur Wahl Vladimir Putins zum Staatspräsidenten im März 2000 gewann das Parlament an Bedeutung und somit – zumindest in Ansätzen – den Status eines zweiten Prinzipals. Da allerdings der Machtvorsprung des Staatspräsidenten gegenüber dem Parlament weiterhin bedeutend war, kann die Regierungsfunktion nur als „semilegislative" bezeichnet werden. In dieser Phase, „President Yeltsin repeatedly took away delegated powers, which engendered ‚back and forth' tendencies in government organizational development".[231]

Auch die Untersuchung Julija Ševčenkos bestätigt die in den vorangegangenen Abschnitten herausgearbeitete, überaus starke Abhängigkeit der russländischen Regierung vom Staatspräsidenten. Gleichzeitig wird ein zweiter wichtiger, in der vorliegenden Untersuchung bislang vernachlässigter Akteur eingeführt – das Parlament, insbesondere die Duma. Die folgenden Abschnitte konzentrieren sich auf die Rolle der Duma im politischen Prozess. Geklärt werden soll die Frage, inwieweit die Duma die Rolle eines institutionellen Gegenspielers der Exekutive übernehmen kann und in der Ära El'cin

---

[228] Shevchenko 2004: 2.
[229] Shevchenko 2004: 13.
[230] Vgl. im Folgenden Shevchenko 2004: 13 et pass.
[231] Shevchenko 2004: 185.

übernommen hat. Diese Frage wird am Beispiel fünf besonders wichtiger Bereiche behandelt.

4.2 Die Duma

Wie bereits erwähnt, ist auch in der Russländischen Föderation die Regierung vom Vertrauen des Parlaments – genauer: der Duma – abhängig. Somit könnte die Erste Kammer die Rolle eines wichtigen institutionellen Gegenspielers der Exekutive übernehmen. Allerdings bietet der konkrete verfassungsrechtlich-institutionelle Kontext in Russland Anlass zu der Vermutung, dass sich die diesbezüglichen Kompetenzen der Duma in der politischen Realität häufig als stumpfes Schwert erweisen und die Vorrangstellung des Staatspräsidenten nur selten erschüttert werden wird. Einige beispielhafte Bereiche, in denen der Interaktion zwischen Staatspräsident, Regierung und Duma eine herausragende Bedeutung zukommt, sollen in den folgenden Abschnitten dieses Kapitels einer genaueren Analyse unterzogen werden: das Recht des Staatspräsidenten, die Duma aufzulösen; Misstrauensvotum und Vertrauensfrage; die Amtsenthebung des Staatspräsidenten; das Verfahren, mit dem der Ministerpräsident und seine Regierung ins Amt kommen; sowie Gesetzgebung versus untergesetzliche Rechtsetzung.

4.2.1 Die Auflösung der Duma

Der russländische Staatspräsident ist in der Ausübung seines Rechtes, die Duma aufzulösen, nicht völlig frei. Wie oben erwähnt (S. 70), kann die Duma in den sechs Monaten vor Ablauf der Amtszeit des Staatspräsidenten (und während eines Kriegs- oder Ausnahmezustandes) generell nicht aufgelöst werden (Art. 109 Abs. 5 Verf. RF). In der übrigen Zeit müssen bestimmte Voraussetzungen bestehen, die eine Auflösung erst ermöglichen.

Der Staatspräsident *muss* die Duma auflösen, wenn in der Ersten Kammer auch im dritten Versuch keine Mehrheit für einen von ihm nominierten Kandidaten für das Amt des Premierministers zustande kam (Art. 111 Abs. 4 Verf. RF). Hingegen *muss* der Staatspräsident *entweder* die Duma auflösen *oder* die Regierung entlassen, wenn die Vertrauensfrage der Regierung von der Ersten Kammer negativ beantwortet wird oder binnen drei Monaten zwei parlamentarische Misstrauensvoten die erforderliche Mehrheit fanden (Art. 117 Abs. 3 u. 4 Verf. RF).

Die Auflösungsmöglichkeit nach Art. 117 besteht jedoch nicht im Verlauf des ersten Jahres nach jeder Dumawahl (Art. 109 Abs. 3 Verf. RF).[232] Bislang ist rechtlich nicht geklärt, welche Konsequenzen diese Regelung hat, falls eine Mehrheit der Dumaabgeordneten im ersten Jahr nach einer Parlamentswahl der Regierung das Vertrauen verweigert oder ihr kurz nacheinander zwei Mal das Misstrauen ausspricht. Folgt daraus, dass der Staatspräsident zwingend die Regierung entlassen *muss* oder kann er – da er die Duma nicht auflösen darf – auch untätig bleiben und die Regierung im Amt belassen? Bislang kam es nicht zu einer entsprechenden politischen Situation, und das Verfassungsgericht hat sich nicht mit dieser Frage befasst. Es ist jedoch nicht vermessen zu behaupten, dass diese Regelungslücke – eine aufgeheizte innenpolitische Atmosphäre, wie sie häufig in der El'cin-Ära herrschte, vorausgesetzt – das Potential hat, sich zur Staatskrise auszuwachsen.

Wie Tabelle 5 zeigt, war die Duma zwischen der Begründung der Zweiten Russländischen Republik und dem Rücktritt El'cins mit Ablauf des Jahres 1999 nur im ersten Halbjahr 1996 vollständig vor Auflösung geschützt. In den Jahren davor und danach war eine Auflösung im Falle drei Mal verweigerter Bestätigung des Kandidaten für das Amt des Premierministers jederzeit möglich. Die Möglichkeit der Auflösung nach Art. 117 Abs. 3 Verf. RF war hingegen nur in den kompletten Jahren 1994 und 1996 versperrt.

---

[232] Thomas Remington (2000: 510f.) stiftet doppelte Verwirrung, wenn er in Bezug auf die Auflösung der Duma durch den Staatspräsidenten schreibt: „The president may not dissolve within one year of the last dissolution if that has occurred through the resignation of the government [...].“ In der Verfassung findet sich von dieser Konditionalisierung nicht nur keine Spur, vielmehr liegt der springende Punkt gerade darin, dass der Staatspräsident nach Art. 117 Abs. 3 Verf. RF bei negativ beantworteter Vertrauensfrage oder zwei erfolgreichen Misstrauensvoten binnen drei Monaten die *Wahl* zwischen Auflösung der Duma und Entlassung der Regierung hat. Der Schutz vor Auflösung der Duma im ersten Jahr nach der letzten Wahl ist nach Art. 109 Abs. 3 Verf. RF eindeutig. Dort heißt es: „Die Staatsduma kann im Verlauf eines Jahres nach ihrer Wahl nicht aus den in Artikel 117 der Verfassung der Russländischen Föderation vorgesehenen Anlässen aufgelöst werden.“

Tabelle 5: Verfassungsrechtliche Möglichkeiten und Einschränkungen der Auflösung der Duma 1994-2000

01 02 03 04 05 06 07 08 09 10 11 12|01 02 03 04 05 06 07 08 09 10 11 12|01 02 03 04 05 06
1994   1995   1996   1997

07 08 09 10 11 12|01 02 03 04 05 06 07 08 09 10 11 12|01 02 03 04 05 06 07 08 09 10 11 12|01 02 03 04 05 06 07 08 09 10 11 12
1997   1998   1999   2000

generell **keinerlei** Auflösung möglich wegen bevorstehender Präsidentschaftswahl (Art. 109 Abs. 5)

keine Auflösung infolge Misstrauensvotum oder Vertrauensfrage möglich (Art. 109 Abs. 3)

Quelle: Eigene Darstellung unter Verwendung von Daten bei Troxel (2003: 108), modifiziert und ergänzt.

4.2.2 Misstrauensvotum und Vertrauensfrage

Die Instrumente des Misstrauensvotums und der Vertrauensfrage wurden in der Ära El'cin ausgesprochen zurückhaltend eingesetzt. Nur in der ersten, zweijährigen Legislaturperiode kamen sie tatsächlich zum Einsatz. In der zweiten Legislaturperiode dagegen wurden Misstrauensvoten und Vertrauensfragen nur angedroht, Abstimmungen fanden jedoch nicht statt.

Das erste Misstrauensvotum stand im Kontext des Rubelsturzes am „Schwarzen Dienstag" (11.10.1994) und der anschließenden politischen Krise. El'cin setzte nach Ankündigung des Misstrauensvotums nicht auf Konfrontation, sondern antwortete mit einer konsensorientierten Strategie. In umfangreichen Verhandlungen hinter den Kulissen machte El'cin eine Reihe von Zugeständnissen an die Opposition und konnte damit erreichen, dass das Misstrauensvotum am 27.10.1994 die notwendige Mehrheit um mehr als 30 Stimmen verfehlte.[233]

Das zweite Misstrauensvotum im Jahr 1995 hatte zwar formal Erfolg, weil die notwendige Mehrheit zustande kam, allerdings waren am Ende der Konfrontation eher die (oppositionellen) Abgeordneten die Verlierer als die Regierung und Staatspräsident El'cin. Sowohl hinsichtlich der konkreten Umstände als auch der Folgen kommt diesem Misstrauensvotum eine besondere Bedeutung zu.

Unmittelbarer Anlass des Misstrauensvotums vom 21.06.1995 war die Massengeiselnahme in einem Krankenhaus der Stadt Budënnovsk durch čečenische Rebellen am 14.06.1995.[234] Nachdem die Sicherheitskräfte zunächst mit äußerster Härte vorgegangen waren und es bei zwei gescheiterten Erstürmungen zu einem Blutbad gekommen war, nutzte Ministerpräsident Černomyrdin El'cins Abwesenheit, übernahm die Initiative und verhandelte persönlich mit den Geiselnehmern. Die Kernpunkte der Vereinbarung vom 18.06.1995 beinhalteten einen Waffenstillstand in Čečnja und die Aufnahme von Verhandlungen zwischen der russländischen und der

---

[233] Vgl. Süddeutsche Zeitung, 28.10.1994; Neue Zürcher Zeitung, 29.10.1994. Ein wichtiges Zugeständnis bestand bspw. in der Ernennung Aleksandr Nazarčuks, eines Abgeordneten der oppositionellen Agrarpartei Russlands, zum Landwirtschaftsminister. Daraufhin zog die Agrarpartei ihre Unterstützung des Misstrauensvotums zurück (vgl. Mangott 2002a: 171).

[234] Für ausführlichere Informationen zu diesem Ereignis und zu den Folgen siehe Soldner 1999: 194ff.

čečenischen Seite sowie die Freilassung aller Geiseln bei im Gegenzug frei-
em Geleit für die Geiselnehmer.[235]

Kurz nach der Beendigung der Geiselnahme wurde ein Misstrauensvotum
gegen die Regierung auf die Tagesordnung der Duma gesetzt und am
21.06.1995 mit Mehrheit verabschiedet (siehe Tabelle 6; auffällig ist der mit
fast 25 Prozent sehr hohe Anteil der Abgeordneten, die nicht an der Abstimmung teilnahmen). Die Interessen derjenigen Abgeordneten, die dem Miss-
trauensantrag zustimmten, waren allerdings nicht homogen. Während es einem Teil von ihnen um die weitere politische Schwächung des angeschlagenen Staatspräsidenten El'cin ging, zielte ein anderer Teil auf die Ablösung der
Befürworter eines gewaltsamen Vorgehens im Čečnja-Konflikt, insbesondere
der für die beiden blutig gescheiterten Befreiungsaktionen mitverantwortli-
chen Minister.

**Tabelle 6:   Abstimmungsverhalten in der Duma bei den
             Misstrauensvoten im Jahr 1995**

Datum des Misstrauensvotums	Abstimmungsverhalten (geheime Abstimmung)			
	Ja	Nein	Enthaltung	ferngeblieben
21.06.1995 (erfolgreich)	241	72	20	111
01.07.1995 (gescheitert)	193	117	48	92

Quelle: Auszug aus Troxel 2003: 112.

In dieser Situation gingen El'cin und Černomyrdin in die Offensive und drohten damit, umgehend die Vertrauensfrage auf die Tagesordnung der Duma
setzen zu lassen. Damit stand als Konsequenz die vorzeitige Auflösung der
Ersten Kammer im Raum. Angesichts der Gefahr der drohenden Eskalation
und der Unsicherheit beider Seiten darüber, ob vorgezogene Neuwahlen im
eigenen Interesse wären, fanden hinter den Kulissen umgehend umfangreiche Verhandlungen zwischen der Exekutive und verschiedenen Duma-
Fraktionen statt. Ziel war, einen gesichtswahrenden Kompromiss unter Vermeidung einer Parlamentsauflösung zu erreichen.

Als Ausweg wurde folgendes Szenario entworfen: Präsident El'cin entlässt
drei besonders im Kreuzfeuer der Kritik stehende „Machtminister", und die
Regierung verzichtet auf die Vertrauensfrage. Im Gegenzug stimmt die Duma

---

[235] Diese Vereinbarungen wurden sogar in einer Verfügung der russländischen Regierung
(1995/851-r) veröffentlicht.

ein zweites Mal über das Misstrauen gegenüber der Regierung ab, wobei die notwendige Mehrheit verfehlt wird.

Dieser Kompromiss wurde in der Folge umgesetzt, und mit dem gescheiterten Misstrauensvotum vom 01.07.1995 wurde die Krise beigelegt. Auch diese Abstimmung zeichnete sich durch einen hohen Anteil an Abgeordneten (mehr als 20 Prozent) aus, die nicht an der Abstimmung teilnahmen. Nur etwas mehr als ein Viertel der Gesamtzahl der Abgeordneten stimmten mit „Nein" und sprachen somit der Regierung explizit das Vertrauen aus. Insgesamt betrachtet, kann die parlamentarische Opposition in diesem Konflikt schwerlich als Sieger gelten, auch wenn die Entlassung von drei Ministern durch El'cin diesen Eindruck erwecken könnte. Erstens bleibt festzuhalten, dass sich El'cin mit seiner Weigerung, den schon lange skandalumwitterten Verteidigungsminister Gračëv zu entlassen, durchsetzen konnte. Der zweite Punkt, der die drei entlassenen Minister betrifft, ist noch wichtiger:

> Die Personalentscheidungen waren [..] letztlich nicht mehr als eine gesichtswahrende Ausstiegshilfe für die Staatsduma aus einem eskalierenden Verfassungskonflikt: Alle entlassenen Führungskader wurden in andere hochrangige Funktionen berufen; sowohl der neue Innenminister Anatolij Kulikov als auch der neuernannte Direktor des FSK Michail Barsukov sicherten die inhaltliche Kontinuität gegenüber den entlassenen Vorgängern.[236]

Aus dieser Krisensituation Mitte 1995 und insbesondere der Erfahrung der Abgeordneten, dem Erpressungsversuch von Seiten El'cins (und der Regierung) nur wenig entgegensetzen zu können, zog die Duma Konsequenzen. Mit einer Änderung der Geschäftsordnung versuchten sich die Abgeordneten gegen eine zukünftige „aufgezwungene" Parlamentsauflösung zu immunisieren. In einem ersten Schritt wurde deshalb die Geschäftsordnung der Duma im November 1995 revidiert.

Die Geschäftsordnung der Duma von 1994 bestimmte in Art. 145 Abs. 2, dass der Duma-Rat (das Parlamentspräsidium) außer der Reihe binnen zehn Tagen nach Einreichung der Vertrauensfrage durch die Regierung diese auf die Tagesordnung der Duma setzen muss.[237] Mit Beschluss vom 15.11.1995 wurden Art. 145 Abs. 2 ersetzt, Art. 146 Abs. 2 verändert und Art. 146 Abs. 3

---

[236] Mangott 2002a: 172.
[237] Dumabeschluss 1994/80-I GD.

122

neu eingefügt.[238] Die wichtigste Änderung betrifft die bislang gültige 10-Tage-
Frist. Nun wird der Duma-Rat in die Lage versetzt, selbst die Frist zu bestimmen, „die notwendig ist für die Durchführung der rechtlichen Expertise und
der Untersuchung der tatsächlichen Umstände, die als Grundlage für das
Stellen der Vertrauensfrage der Regierung der Russländischen Föderation
dienen" (Art. 145 Abs. 2). Mit dieser Änderung mindern die Abgeordneten den
Druck erheblich, der aus dem Antrag zur Vertrauensfrage bislang resultierte.
Die Änderungen des Art. 146 bestimmen darüber hinaus, dass eine Abstimmung über das Misstrauen gegenüber der Regierung auf die Tagesordnung
der Duma zu setzen ist, falls der Antrag der Regierung, ihr das Vertrauen
auszusprechen, keine Mehrheit finden sollte (Art. 146 Abs. 2). Für den Fall,
dass weder Vertrauensfrage noch Misstrauensvotum die absolute Mehrheit
erreichen sollten, wird die ganze Angelegenheit verschoben (Art. 146 Abs. 3).

Mit dieser Änderung der Geschäftsordnung machte die Duma nach der
Erfahrung des Sommers 1995 einen ersten Schritt, um sich gegen die Gefahr
der Parlamentsauflösung, die immer besteht, wenn die Vertrauensfrage keine
Mehrheit findet, zu schützen. Für eine weitgehende „Immunisierung" in dieser
Hinsicht sorgte schließlich die gut zwei Jahre später überarbeitete Ge-
schäftsordnung.[239]

Die neue Fassung vom 22.01.1998 behält die Regelung des alten Art. 145
Abs. 2 bei. Somit bleibt der Duma-Rat frei, den Tag selbst zu bestimmen, an
dem die Vertrauensfrage auf die Tagesordnung der Ersten Kammer gesetzt
wird. Die „Immunisierung" wird dadurch erreicht, dass eine neue Verfahrensweise festgelegt wird. In der neuen Geschäftsordnung heißt es dazu (Art. 153
Abs. 2):

„Falls der Vorsitzende der Regierung der Russländischen Föderation die
Vertrauensfrage [...] während der Einbringung eines Misstrauensvotums
oder dessen Prüfung durch die Abgeordneten der Staatsduma stellt, wird
zunächst der Antrag der Abgeordneten der Staatsduma über das Misstrauen
gegenüber der Regierung der Russländischen Föderation behandelt. Falls
die Staatsduma einen Beschluss über das Misstrauen gegenüber der
Regierung der Russländischen Föderation annimmt und der Staatspräsident
der Russländischen Föderation seine Ablehnung der Entscheidung der
Staatsduma erklärt, wird der Antrag des Vorsitzenden der Regierung der

[238] Dumabeschluss 1995/1320-I GD.
[239] Dumabeschluss 1998/2134-II GD.

Russländischen Föderation mit Ablauf von drei Monaten nach seiner Einbringung behandelt."

Mit Hilfe dieser Neuregelung wurde die Duma nicht nur in die Lage versetzt, eine Wiederholung des Szenarios von Sommer 1995 zu verhindern, sondern auch das Erpressungspotential des Art. 117 Abs. 4 Verf. RF fast vollständig zu beseitigen. „In short, the Duma has effectively protected itself against the government's constitutional right to demand a vote of confidence."[240] Es ist anzunehmen, dass dies auch dann gilt, falls die Regierung einen Gesetzentwurf mit der Vertrauensfrage verknüpfen sollte. Dieses – im internationalen Vergleich nicht unübliche – Verfahren wird von der russländischen Verfassung nicht erwähnt und somit auch nicht geregelt resp. ausgeschlossen. In der Praxis kam es bislang nicht zu einer solchen Verknüpfung, auch wenn gelegentlich von Seiten der Regierung damit gedroht wurde, so insbesondere im Vorfeld der August-Krise 1998.[241]

Eine besondere Situation entstand während der Beratungen über den Staatshaushalt für das Jahr 1998 im Oktober 1997. Dies war das einzige Mal während der zweiten Amtszeit El'cins, dass mit der Drohung mit einem Misstrauensvotum resp. mit der Vertrauensfrage auch ernsthafte Schritte in diese Richtung verbunden waren und tatsächlich eine innenpolitische Krisensituation entstand.

Während Ministerpräsident Černomyrdin damit drohte, bei Ablehnung des Haushaltsentwurfes die Vertrauensfrage zu stellen, lehnte die Dumamehrheit den Haushalt in erster Lesung ab und setzte Mitte Oktober auf Initiative der KPRF den Antrag, der Regierung das Misstrauen auszusprechen, auf die Tagesordnung. Auf diese Zuspitzung folgten Beratungen einer „Trilateralen Kommission" – zusammengesetzt aus Vertretern der Regierung, der Duma und des Föderationsrates –, die einen Kompromiss ausarbeiten sollte.[242] Auffällig ist, dass die Forderungen der Abgeordneten, über die in der Kommission verhandelt wurde, nicht nur den Haushaltsentwurf für das Jahr 1998 betrafen, sondern dass die Phase der Haushaltsberatungen und die Druckaus-

---

[240] Remington 2001: 213.
[241] Ministerpräsident Kirienko drohte damals damit, ein Paket von 30 „Anti-Krisen"-Gesetzen mit der Vertrauensfrage zu verbinden (vgl. bspw. entsprechende Meldungen in Novye izvestija, 25.06.1998; Nezavisimaja gazeta, 27.06.1998; und Segodnja, 27.06.1998.
[242] Vgl. Rodin 1997b.

Übung im Zuge der Androhung eines Misstrauensvotums von Seiten der Duma dazu genutzt wurden, um auch andere anstehende Gesetzesprojekte zu beeinflussen.[243]

Nach rund zehntägigen Verhandlungen und Gesten der Kompromissbereitschaft durch Präsident El'cin konnte die „Trilaterale Kommission" ein Ergebnis erzielen, mit dem sich sowohl Exekutive als auch Legislative arrangieren konnten – und das auf Seiten der Exekutive in den meisten Fällen keine eindeutige Festlegung für die Zukunft bedeutete. Die einzige konkrete Zusage bestand in der Rücknahme des Regierungsentwurfs des Steuergesetzbuches. In Bezug auf alle anderen strittigen Fragen wurde darauf verwiesen, dass diese unverzüglich im Rahmen diverser informeller Gremien („Runde Tische", „die Großen Vier"[244], „Vermittlungsausschuss" etc.) weiter diskutiert und dort Kompromisse ausgearbeitet werden sollten.[245] Auf dieser Grundlage wurde dann das angedrohte Misstrauensvotum von der Tagesordnung der Duma genommen.

Ministerpräsident Černomyrdin behauptete vor der Duma, dass durch den erzielten Kompromiss „alle gewonnen haben"[246]. So sehr sich dies auch nach politischer Rhetorik anhört – die Aussage trifft zu, allerdings in einem etwas anderen Sinn als vom Ministerpräsidenten vermutlich gemeint. Sowohl Exekutive als auch Legislative haben „gewonnen", weil es gelang, die krisenhafte

---

[243] Die Verhandlungen in der „Trilateralen Kommission" betrafen – neben der Haushaltsthematik – einen umfangreichen Themenkomplex. Die Kommission behandelte sowohl „Forderungskataloge" von Seiten der Duma als auch von Seiten der Exekutive. Die Verhandlungen kreisten insbesondere um folgende Themen bzw. Gesetzesprojekte:
- Zugang zu den und Berichterstattung durch die beiden (halb-)staatlichen Fernsehsender;
- Verfassungsgesetz „Über die Regierung der Russländischen Föderation";
- Steuergesetzbuch;
- Bodengesetzbuch;
- Reform der kommunalen Wohnungswirtschaft;
- Kompensation der Verluste der Sparguthaben durch Preisfreigabe am 01.01.1992;
- Preisentwicklung bei Energieträgern.
[244] Es handelt sich um die in unregelmäßigen Abständen einberufenen Treffen des Staatspräsidenten mit dem Regierungschef und den Vorsitzenden beider Parlamentskammern. Diese informelle Runde wurde von El'cin erstmals im Herbst 1996 als Vorschlag zur Konfliktlösung ins Spiel gebracht, trat jedoch zwischen Herbst 1997 und Frühjahr 1998 nur selten und unregelmäßig zusammen (vgl. Remington 2000: 516).
[245] Vgl. zu diesen Vorgängen und zur Beendigung der Krise u. a. Mulin/Rodin 1997. Im Rahmen dieses Artikels ist auch der Brief mit den Kompromissvorschlägen abgedruckt, den El'cin an die Dumaabgeordneten gerichtet hatte.
[246] Mulin/Rodin 1997: 2.

Entwicklung zu stoppen und eine Ablösung der Regierung ebenso zu verhindern wie eine Auflösung der Duma und vorzeitige Neuwahlen. An einer derartigen Entwicklung hatten wahrscheinlich weder der Staatspräsident noch die Regierung oder die Duma wirkliches Interesse. Gleichzeitig verzögerte die Duma die Verabschiedung des Staatshaushalts, um die Exekutive zur Erfüllung ihrer Verhandlungsangebote zu zwingen.[247] Trotzdem gelang es den oppositionellen Dumaabgeordneten nicht, einen substantiellen Politikwechsel im sozio-ökonomischen Bereich durchzusetzen. Statt dessen erreichten sie eine rund halbjährige Verzögerung in den der Regierung wichtigen Reformbereichen.[248]

Die Analyse des Verhältnisses von Legislative und Exekutive hinsichtlich der Kontrollmöglichkeiten der Duma hat bislang die Hypothese der stärkeren Machtposition des Staatspräsidenten und seiner Regierung gestützt. Es ist deutlich geworden, dass die Duma keineswegs völlig machtlos und der Willkür des Staatspräsidenten ausgeliefert ist, aber die Asymmetrie zugunsten des Letzteren ist eindeutig. Bevor im Folgenden die Stärke der Ersten Kammer im Rahmen der Ernennung des Ministerpräsidenten näher untersucht werden wird, sei noch ein kurzer Blick auf die Kompetenz des Parlaments, den Staatspräsidenten seines Amtes zu entheben – im Russischen *Impičment* genannt –, geworfen.

4.2.3 Das Amtsenthebungsverfahren gegen den Staatspräsidenten

De facto spielte die Ultima Ratio der Amtsenthebung in der Verfassungsrealität während der Präsidentschaft El'cins so gut wie keine Rolle. Der Hauptgrund dafür ist in erster Linie in den hohen Hürden zu suchen, die die Verfassung errichtet.[249] Ähnlich wie im Falle der Misstrauensvoten gegenüber der Regierung, drohten zwischen 1993 und 1999 in regelmäßigen Abständen vor allem Vertreter der KPRF El'cin mit der Einleitung eines *Impičment-*

---

[247] Vgl. Troxel 2003: 115f. Endgültig verabschiedet wurde der Haushalt in der Duma erst am 04.03.1998 und im Föderationsrat sechs Tage später; El'cin fertigte ihn schließlich am 26.03.1998 aus (vgl. Weigle 2000: 321).

[248] Černomyrdins Regierung war rund sechs Monate später am Ende und wurde von El'cin durch ein deutlich reformorientierteres Kabinett unter Sergej Kirienko ersetzt (S. 131ff.).

[249] Siehe Abschn. 3.2.

Verfahrens, aber diesen Drohungen folgten nur in drei Fällen – zumindest ansatzweise – konkrete Schritte.

Im ersten Fall wurden während der Regierungskrise nach den Ereignissen in Budënnovsk im Juni 1995 – hauptsächlich auf Initiative von Abgeordneten der KPRF und der APR – Unterschriften mit dem Ziel gesammelt, den Antrag auf Eröffnung eines Amtsenthebungsverfahrens gegen El'cin auf die Tagesordnung der Duma zu setzen. Die Initiatoren verfügten über die notwendige Zahl und verfolgten ihren Antrag auch nach der Beilegung der Regierungskrise weiter. Allerdings verfehlten sie bei der Dumaabstimmung über die Einsetzung einer entsprechenden Untersuchungskommission Mitte Juli 1995 die notwendige Zahl der Stimmen um mehr als 60.[250] Es gibt gute Gründe anzunehmen, dass diese *Impičment*-Initiative von Anfang an marginale Erfolgsaussichten hatte und mit ihr vor allem symbolische Politik betrieben wurde. Zudem konnte das schwebende Verfahren als Versicherung gegen mögliche Schritte des Staatspräsidenten hin zur Parlamentsauflösung dienen.[251]

Der zweite Fall am 21.01.1997 hatte zwar die Amtsenthebung El'cins zum erklärten Ziel, doch handelte es sich eher um eine symbolische Aktion, die auch nicht den formal vorgeschriebenen Weg eines Amtsenthebungsverfahrens einschlug, sondern ein „medizinisches *Impičment*"[252] darstellte. Der Antrag des KPRF-Abgeordneten Viktor Iljuchin zielte darauf, einen Beschluss der Duma zu erreichen, dem zufolge Boris El'cin seines Amtes „aus Gesundheitsgründen" enthoben und „in näherer Zukunft [in sein Amt] nicht zurückkehren wird".[253] Nachdem sich in einer ersten Abstimmung 229 Abgeordnete „grundsätzlich" für einen entsprechenden Parlamentsbeschluss ausgesprochen hatten, bediente sich der die Sitzung leitende Stellvertretende Dumavorsitzende Aleksandr Šochin eines Verfahrenstricks und setzte eine zweite Abstimmung

---

[250] Vgl. Nefëdova 1995.
[251] Nach formeller Einleitung eines Amtsenthebungsverfahrens kann die Duma nicht aufgelöst werden (vgl. Abschn. 3.2). In diesem Sinne hätte das schwebende Verfahren von Seiten einer Dumamehrheit bei akuter Gefahr der Dumaauflösung relativ schnell in ein reguläres Amtsenthebungsverfahren überführt und somit eine Art „Immunisierung" erreicht werden können.
[252] Rodin 1997a. Zu diesem Zeitpunkt war El'cin aus Gesundheitsgründen schon mehr als zwei Wochen nicht mehr in der Öffentlichkeit aufgetreten (die krankheitsbedingte Abwesenheit dauerte schlussendlich bis Anfang März; siehe Tabelle 4, S. 105).
[253] Rossijskaja gazeta, 24.01.1997.

an. Bei dieser wurde der eingebrachte Antrag nur noch von 87 Abgeordneten unterstützt.[254] Damit hatte sich der Vorstoß Iljuchins insgesamt erledigt.

Die dritte Initiative zur Amtsenthebung von Staatspräsident El'cin war der ernsthafteste der drei Versuche. Anfang Juni 1998 beantragte die KPRF-Fraktion in der Duma die Eröffnung eines Amtsenthebungsverfahrens. Der erste, verfassungsrechtlich vorgeschriebene Schritt besteht in der Einsetzung einer Sonderkommission durch Mehrheitsvotum der Duma (Art. 93 Abs. 2 Verf. RF). Diese Hürde nahm die Erste Kammer am 19.06.1998, als eine Mehrheit der Abgeordneten der Einrichtung einer 15köpfigen Sonderkommission zustimmte, die „die Einhaltung der Verfahrensregeln und die tatsächliche Stichhaltigkeit der gegen den Präsidenten der Russländischen Föderation vorgebrachten Beschuldigungen prüfen"[255] sollte.

Dieses Verfahren zur Amtsenthebung El'cins zog sich insgesamt über fast ein Jahr hin. Vieles deutet darauf hin, dass es von Seiten der Initiatoren auch kein Interesse an einer zügigen Durchführung gab, sondern vielmehr von Anfang an intendiert war, die Angelegenheit in einer Art „Stand by"-Zustand zu halten, von dem aus das Verfahren jederzeit durch die Anti-El'cin-Mehrheit in der Duma hätte reaktiviert und vorangetrieben werden können. In diesem Sinne diente das angedrohte *Impičment* El'cins auch als Versicherung gegen eine vorzeitige Parlamentsauflösung durch den Staatspräsidenten: „Though there was little chance of removing Yeltsin from office, the commission served as an insurance policy."[256]

Diese Funktion des Verfahrens gewann auch angesichts der weiteren wirtschaftlichen und politischen Entwicklung sehr schnell an Bedeutung. Die sich seit 1997 andeutende und im Jahresverlauf immer mehr zuspitzende Wirtschaftskrise mündete – nachdem sie am 17.08.1998 mit dem Kollaps des Rubelkurses und der Unfähigkeit der Russländischen Föderation, staatliche Schulden weiter zu bedienen, einen ersten Höhepunkt erreicht hatte – direkt in die umfassendste politische Krise seit Beginn der Zweiten Republik. Vor diesem Hintergrund stand zu erwarten, dass El'cin auch vor überraschenden Manövern und zugespitzter Konfrontation mit der Duma nicht zurückschre-

---

254 Vgl. Rossijskaja gazeta, 24.01.1997; zum gesamten Sachverhalt vgl. auch Steinsdorff 1999: 21.

255 So auch die offizielle Bezeichnung der eingesetzten Sonderkommission (vgl. die Dumabeschlüsse 1998/2636-II GD und 1998/2653-II GD).

256 Belin 2000: 297.

cken würde. Um so wichtiger war es für viele Abgeordnete, für den „Notfall"
mit dem Amtsenthebungsverfahren über ein Faustpfand zu verfügen.
Die Sonderkommission legte am 15.02.1999 ihren Bericht vor, der fünf
Anklagepunkte gegen El'cin als fundiert bezeichnete.[257] Genau drei Monate
später stimmte das Dumaplenum einzeln über jeden der Anklagepunkte ab.
In allen Fällen wurde die notwendige Zweidrittelmehrheit verfehlt, und bei
keinem Punkt erreichte die Abstimmungsbeteiligung der Abgeordneten
75 Prozent. Bemerkenswert ist weniger, dass bei allen fünf Punkten eine
deutliche absolute Mehrheit der Abgeordneten zustimmte, als vielmehr, dass
im Falle des Anklagepunktes „Kriegshandlungen in Čečnja" das Quorum nur
um 17 Stimmen verfehlt wurde (siehe Tabelle 7). Es war dabei keineswegs
so, dass Staatspräsident El'cin im Vorfeld der Abstimmung die Aktivitäten der
Abgeordneten ungerührt aus der Distanz verfolgen konnte – im Gegenteil:
„El'tsin used the full range of carrots and sticks at his disposal to avert im-
peachment, offering material blandishments to some deputies in return for
their support [...]."[258]

Tabelle 7:   Abstimmungsergebnis in Bezug auf die Eröffnung des
              Amtsenthebungsverfahrens gegen El'cin in der Duma
              am 15.05.1999

Anklagepunkte	ja	nein	ungültig
Auflösung der UdSSR 1991	241	78	13
Auflösung des Obersten Sowjet 1993	263	60	8
Krieg in Čečnja	283	43	4
Niedergang der Streitkräfte	241	77	14
Genozid am russländischen Volk	238	88	7

Quelle: Stenogramm der Staatsduma 1999a.

Diesen letzten Versuch, El'cin seines Amtes zu entheben, zeichnen eine Reihe von Besonderheiten aus. Erstens war dies der ernsthafteste von allen drei

---

[257] Die fünf Anklagepunkte lauten:
  1. Abschluss und Ratifizierung der Belovežsker Verträge, mit denen Ende 1991 die
     Auflösung der UdSSR besiegelt worden war;
  2. die gewaltsame Auflösung des Obersten Sowjet im September/Oktober 1993;
  3. Kriegshandlungen auf dem Gebiet der Čečenischen Republik Ende 1994 bis Mitte
     1996;
  4. Handlungen des Präsidenten, die zur Schwächung der Verteidigungsbereitschaft
     und Sicherheits Russlands führten;
  5. Handlungen des Präsidenten, die zum Genozid am russländischen Volk führten.
[258] Remington 2000: 515.

Vorstößen; zweitens erstreckte sich das Vorverfahren über fast ein Jahr; drittens trat in diesem Fall die Funktion eines Faustpfandes gegen eine drohende Dumaauflösung am deutlichsten hervor; und viertens lief das Vorverfahren parallel zu einer tiefen politischen und ökonomischen Krise, in deren Verlauf zwei neue Regierungen unter neuen Premierministern ins Amt kamen.

4.2.4 Die Bestätigung des Ministerpräsidenten durch die Duma

Der vorletzte Untersuchungsgegenstand dieses Abschnittes ist die Interaktion zwischen Staatspräsident und Duma bei der Ernennung der Premierminister. Während die erste Amtszeit El'cins nach Inkrafttreten der neuen Verfassung von Kontinuität im Amt des Premierministers geprägt war, standen in El'cins zweiter Amtszeit insgesamt fünf verschiedene Personen an der Spitze der Regierung (vgl. Tabelle 3, S. 104). Die übergeordnete Leitfrage nach der Machtverteilung zwischen Staatspräsident und Duma im Hinblick auf die Ernennung des Premierministers kann deshalb nur für den Zeitraum zwischen Mitte 1996 und Ende 1999 analysiert werden. In diesem Zusammenhang wird auch die obengenannte dritte Initiative zur Amtsenthebung El'cins unter verändertem Blickwinkel nochmals eine Rolle spielen, denn zwei Wechsel im Amt des Premierministers mit Zustimmung einer Dumamehrheit erfolgten während des schwebenden Vorverfahrens. Es ist also auch zu fragen, ob die Dumamehrheit das Faustpfand *Impičment* dazu nutzen konnte, die Ernennung des Premierministers im eigenen Sinne zu beeinflussen, oder ob El'cin dessen ungeachtet seine Wunschkandidaten durchsetzen konnte.

Da die Amtszeit der Regierung nach der russländischen Verfassung an diejenige des Staatspräsidenten gebunden ist (Art. 116), El'cin jedoch nach seiner Wiederwahl im Sommer 1996 am bisherigen Ministerpräsidenten festhalten wollte, musste sich Černomyrdin im August 1996 einer Dumaabstimmung stellen. In geheimer Wahl wurde Černomyrdin am 10.08.1996 mit den Stimmen von fast 70 Prozent der Mitglieder der Duma in seinem Amt bestätigt.[259] Da sich an den Verhältnissen in der Duma – das heißt der potentiellen Anti-El'cin-Mehrheit – seit Beginn des Jahres nichts geändert hatte, mag diese klare Mehrheit für Černomyrdin auf den ersten Blick überraschen. Wenn man jedoch bedenkt, dass sich der bisherige Ministerpräsident bis dahin eher

---

[259] Vgl. Troxel 2003: 114.

durch ein kooperatives Verhalten gegenüber der Duma ausgezeichnet hatte und vor allem, dass El'cin nach der gewonnenen Wiederwahl einen bedeutenden Zuwachs an Legitimität und Autorität verbuchen konnte, wird klar, dass ein Konfrontationskurs einer Dumamehrheit anlässlich der Bestätigung des Ministerpräsidenten kaum Aussicht auf Erfolg gehabt, sondern eine Auflösung der Duma zur Folge gehabt hätte. Somit hatte El'cin keinerlei Probleme – die Durchsetzung Černomyrdins war reine Formsache.

Die zweite Regierung Černomyrdin hielt sich nur noch rund eineinhalb Jahre im Amt. Als sich die ökonomischen Probleme in der Russländischen Föderation zusehends verschärften, wurde sie am 23.03.1998 von El'cin ohne Vorankündigung entlassen. Troxel nennt drei Hauptbeweggründe für das Handeln des Staatspräsidenten:[260]

- El'cin wollte damit eine für wahrscheinlich erachtete Kandidatur Černomyrdins bei der für Sommer 2000 geplanten Präsidentschaftswahl unterminieren;
- da eine Vielzahl von Reformen nicht erfolgreich umgesetzt worden war, sollte eine andere Regierung neue Akzente setzen;
- da El'cin Mitte März 1998 krankheitsbedingt erneut für acht Tage aus der Öffentlichkeit verschwunden war und Gerüchte über seinen sich rapide verschlechternden Gesundheitszustand immer stärker wurden, wollte er zeigen, dass er über hinreichend Handlungsfähigkeit verfügt und weiterhin die Kontrolle über die Politik in Russland ausübt.[261]

Zu den genannten Gründen kommt noch ein weiterer Faktor hinzu, auch wenn sich über dessen spezifisches Gewicht sicher streiten lässt. Insbesondere in Verbindung mit dem letzten der obengenannten Beweggründe dürfte ihm jedoch erhebliche Bedeutung zukommen. Die Rede ist von einem drohenden Misstrauensvotum in der Duma, dem El'cin durch die Entlassung der Regierung Černomyrdin zuvorkommen wollte. Der Vorsitzende der KPRF, Gennadij Zjuganov, hatte bereits Anfang März 1998 angekündigt, Ende des Monats anlässlich des Berichtes der Regierung über die Umsetzung des Haushaltes des Jahres 1997 ein Misstrauensvotum in die Erste Kammer einzubringen.[262] Der Dumavorsitzende, Gennadij Seleznëv, äußerte sofort nach der Entlassung der Regierung die Ansicht, El'cin habe damit einem drohen-

---

[260] Vgl. Troxel 2003: 119.
[261] Für eine Übersicht über die Zeiträume gesundheitsbedingter Abwesenheit des Staatspräsidenten vgl. oben Tabelle 4, S. 105.
[262] Vgl. Čerkasov 1998; Rodin 1998a.

den Misstrauensvotum – und damit einer Schwächung seiner eigenen Position – zuvorkommen wollen.[263] Dieser Sachverhalt wurde schließlich Mitte April 1998 auch vom Bevollmächtigten Vertreter des Staatspräsidenten bei der Duma, Aleksandr Kotenkov, bestätigt.[264]

Umgehend nach der Entlassung der bisherigen Regierung schlug El'cin der Duma den bisherigen Energieminister, Sergej Kirienko, als neuen Ministerpräsidenten vor. Der Staatspräsident entschied sich damit bewusst für „a young and inexperienced technocrat, whose views clearly clashed with those of the Duma majority"[265] – und somit für einen Konfrontationskurs gegenüber der Ersten Kammer.

Mit der Person Kirienkos bekannte sich El'cin zum einen zu einem Kurs liberaler Reformpolitik im ökonomischen Bereich; zum anderen schien damit auch intendiert zu sein, eine Umverteilung des politischen Gewichts innerhalb der Exekutive zugunsten der präsidentiellen Strukturen zu bewirken und dem Amt des Staatspräsidenten wieder eine aktivere Rolle im tagespolitischen Geschäft zu verschaffen.[266]

Zur Durchsetzung seines Kandidaten verfolgte El'cin einen Kurs, bei dem sich Signale der Verhandlungsbereitschaft und der Druckausübung auf die Duma abwechselten. Ein bemerkenswertes Beispiel war bereits die Eröffnung des Verfahrens. Laut Art. 111 Abs. 3 der Verfassung prüft die Duma die Kandidatur „binnen einer Woche nach dem Tag der Einbringung des Vorschlags" durch den Staatspräsidenten. Um mehr Zeit für Verhandlungen mit den Parlamentariern schaffen, zog El'cin unter Umgehung der Verfassung seinen Kandidatenvorschlag kurz vor Ablauf der einwöchigen Frist zurück und brachte ihn sofort unverändert wieder ein.[267]

Parallel zu Verhandlungen zwischen Unterhändlern des Präsidenten und Abgeordnetenvertretern, bei denen Letztere zum Beispiel die Aufnahme bestimmter Personen in das neu zu bildende Kabinett erreichen wollten, erhöhte der Staatspräsident den Druck. El'cin hatte von Anfang an signalisiert, dass er gegen alle Widerstände gegebenenfalls auch über drei Wahlgänge hinweg an seinem Kandidaten festhalten würde, auch wenn dies zwingend die Auflö-

---

[263] Vgl. Vandenko 1998.
[264] Vgl. Kotenkov 1998.
[265] Huskey 1999: 215f.
[266] Vgl. Zudin 1999: 57; vgl. auch Huskey 1999: 280, Fn. 22.
[267] Vgl. Troxel 2003: 124.

sung der Duma zur Folge hätte. Parallel lancierten El'cin nahestehende Politiker wiederholt die Drohung, der Staatspräsident werde in diesem Falle das
Wahlrecht vor der vorgezogenen Dumawahl per Dekret ändern und dabei das
bisherige Grabensystem zugunsten eines reinen relativen Mehrheitswahl-
rechtes in Einerwahlkreisen ändern.[268]

Es ist schwer zu beurteilen, ob El'cin tatsächlich so weit gegangen wäre,
denn er hätte sich damit dem Vorwurf des Verfassungsbruchs ausgesetzt.
Aber die Tatsache, dass diese Drohung für erhebliches Aufsehen unter den
Abgeordneten sorgte, weist darauf hin, dass viele dem Staatspräsidenten
diesen Schachzug zutrauten, der damit seine Wirkung als Druckmittel erfüllte.
Dazu trug sicher bei, dass kurz vor dem dritten Wahlgang der Vorsitzende
der Zentralen Wahlkommission der Russländischen Föderation (*Centrizbir-
kom*), Aleksandr Ivančenko, an die Öffentlichkeit trat, und auf Widersprüche
in der Wahlgesetzgebung hinwies. Er erklärte, diese Widersprüche „könnten
nur durch Dekrete des Präsidenten, der auch das System und das Verfahren
der Durchführung vorgezogener Parlamentswahlen bestimmt, beseitigt werden" – also durch Abschaffung des Grabensystems und dessen Ersetzung
durch ein reines Mehrheitswahlrecht.[269] In der Presse wurde der Auftritt Ivan-

---

[268] Diese Drohung ist im Kontext der bereits Monate zuvor von Politikern aus El'cins
       Dunstkreis initiierten Kampagne zur entsprechenden Änderung des Dumawahlrechts
       zu sehen (vgl. bspw. die Äußerungen des Vertreters des Staatspräsidenten beim Ver-
       fassungsgericht, Sergej Šachraj, zit. in: Oficial'no 1998).
[269] Korsunskaja 1998. Der angebliche Hauptwiderspruch wurde in folgendem Sachverhalt
       gesehen: Die Anmeldungen der Parteien zur Dumawahl lagen zum damaligen Zeit-
       punkt nicht vor. Da diese Anmeldungen jedoch nach dem geltenden Gesetz „Über die
       grundlegenden Garantien der Wahlrechte der Bürger der Russländischen Föderation"
       spätestens ein Jahr vor der Wahl vorliegen mussten, würden die Parteien nach Mei-
       nung Ivančenkos an einer vorgezogenen Dumawahl nicht teilnehmen können. Einen
       Ausweg biete unter gegebenen Umständen allein ein Präsidentendekret, das die Ver-
       hältniswahlkomponente des Grabensystems zugunsten eines reinen Mehrheitswahl-
       rechts suspendiere (vgl. Babičenko 1998a). Nach der Logik Ivančenkos wären darüber
       hinaus alle, auch die in der Duma vertretenen Parteien, aufgrund der Gesetzeslage
       daran gehindert, die Aufstellung von Kandidaten in den einzelnen Wahlkreisen *als
       Partei* durchzuführen und damit zu kontrollieren, d. h. parteigebundene Kandidaten
       könnten zwar in den einzelnen Wahlkreisen antreten, dürften jedoch nicht von ihren
       Parteien nominiert werden, sondern müssten für die Zulassung ihrer Kandidatur eine
       nicht unerhebliche Zahl von Unterstützungsunterschriften vorlegen (vgl. Čerka-
       sov/Aksënov/Rassafonova 1998). Auffällig ist, dass sich zuvor schon der Vorsitzende
       des Verfassungsgerichtes, der bis dahin äußerste Zurückhaltung in Bezug auf öffentli-
       che politische Äußerungen – insbesondere und gerade auch hinsichtlich der brennen-
       den Streitfrage um die Auslegung von Art. 111 Abs. 4 Verf. RF (siehe S. 133) geübt

čenkos mit den Worten kommentiert, der Kreml schleudere „die letzten Reserven gegen die Deputierten"[270].

Die Drohung mit einem geänderten Wahlrecht war aber nicht der einzige Bereich, in dem El'cin va banque spielte. Ziemlich schnell stellte sich heraus, dass El'cin tatsächlich fest entschlossen war, an seinem Premierministerkandidaten Sergej Kirienko festzuhalten – und zwar notfalls auch über alle drei möglichen Wahlgänge hinweg. Dieses Vorgehen war insofern problematisch, als verfassungsrechtlich umstritten war, ob der Präsident überhaupt berechtigt ist, einen Kandidaten für den nächsten Wahlgang vorzuschlagen, der zuvor in der Duma nicht auf die notwendige absolute Mehrheit gekommen war, oder ob in den Wahlgängen jeweils unterschiedliche Kandidaten vorgeschlagen werden müssen. Die russländische Verfassung ist hier nicht eindeutig. Der betreffende Passus (Art. 111 Abs. 4) lautet:

> „Nach dreimaliger Ablehnung der vorgeschlagenen Kandidaturen [für das Amt] des Vorsitzenden der Regierung der Russländischen Föderation durch die Staatsduma ernennt der Präsident der Russländischen Föderation den Vorsitzenden der Regierung der Russländischen Föderation, löst die Duma auf und setzt Neuwahlen fest."

Verschiedentlich wurde argumentiert, in Art. 111 Abs. 4 finde „die Pluralform ‚Kandidaten', die der Präsident dreimal zur Abstimmung vorschlägt", Verwendung. „Sowohl grammatikalisch als auch dem Sinn nach lässt sich daher bezweifeln, ob der Präsident tatsächlich dreimal denselben Kandidaten vorschlagen darf."[271] Dieses Argument kann nicht restlos überzeugen, denn es ist von „Kandidaturen" die Rede, nicht von „Kandidaten" und schon gar nicht von „Personen". Es gibt gute Argumente für die Sichtweise, dass in jedem Wahlgang in der Duma eine neue Kandidatur zur Abstimmung steht und der Staatspräsident somit nach dem Wortlaut der Verfassung nicht daran gehindert ist, im Rahmen der Wahl eine Person auch mehrmals als Kandidaten vorzuschlagen.

Die Mehrzahl der Dumaabgeordneten war vom Vorhaben El'cins, Kirienko mit aller Macht durchzusetzen, überrascht und rief – nachdem El'cin unmittel-

---

hatte –, zu Wort gemeldet und erklärte hatte: „[E]in Dekret, das ein gültiges Gesetz änderte, ist unmöglich" (Kamyšev 1998).

[270] Čerkasov/Aksënov/Rassafonova 1998.

[271] Steinsdorff 1999: 32, Fn. 71 (Hervorh. i. O.); vgl. für eine identische Argumentation u. a. Nußberger 2007: 220.

bar nach dem gescheiterten ersten Wahlgang Kirienko erneut nominiert hatte
– das Verfassungsgericht an, um die Auslegung von Art. 111 Abs. 4 Verf. RF
klären zu lassen.[272] Die Hoffnung der Antragsteller, das Verfassungsgericht
werde angesichts der dringlichen Lage umgehend entscheiden, wurde jedoch
enttäuscht.

Der Vorsitzende des Verfassungsgerichts, Marat Baglaj, äußerte sich kurz
nach Antragstellung öffentlich dahingehend, dass die Angelegenheit „in der
üblichen Reihenfolge"[273] behandelt werde. Spätestens als er wenige Tage vor
dem dritten Wahlgang hinzufügte, dass ein Verfassungsgerichtsbeschluss
auch im Falle einer Entscheidung im Sinne der Duma keine rückwirkenden
Folgen haben werde,[274] waren die Signale unübersehbar: Die Duma würde
die aktuelle Auseinandersetzung in diesem Punkt verlieren – und wahrscheinlich würde auch die generelle Frage der Auslegung von Art. 111 Abs. 4 Verf.
RF durch das Verfassungsgericht im Sinne El'cins beantwortet werden.[275] So
überraschte es auch kaum jemanden, als das Verfassungsgericht Mitte Dezember 1998 eine Entscheidung verkündete, die El'cin in seiner Auslegung
der Verfassung bestätigte.[276]

Mit dieser Entscheidung hatte die Duma mehr als nur eine Schlacht
verloren. Denn nach der Verfassung hat nur der Staatspräsident das
Vorschlagsrecht für das Amt des Ministerpräsidenten. Wenn er auch das
Recht besitzt, mehrmals denselben Kandidaten zu nominieren, gibt ihm dies
gegenüber der Duma einen zusätzlichen strategischen Machtvorteil, dem die
Erste Kammer wenig entgegensetzen kann.

Mit diesem Vorgriff auf die stärkere Machtposition des Staatspräsidenten
in der Auseinandersetzung mit der Duma um die Besetzung des Amtes des

---

[272] Vgl. Dumabeschluss 1998/2378-II GD.
[273] Kamyšev 1998.
[274] Mirzoev 1998.
[275] Dies führte jedoch nicht dazu, dass der Antrag der Abgeordneten zurückgezogen wurde – wie Steinsdorff (1999: 32, Fn. 71) schreibt. Vielmehr stellten sich die Antragsteller
auf die zu erwartende Auslegung des Verfassungsgerichts ein, erhielten den Antrag
jedoch aufrecht.
[276] Verfassungsgericht 1998/28-P. Die Entscheidung war klar. Nur zwei der 19 Richter
gaben eine abweichende Meinung ab. Nach der Mehrheitsmeinung impliziert der
Wortlaut des Verfassungstextes („Kandidaturen") keine eindeutige Auslegung (ebd.,
Abs. 3). Die Hauptargumente der Richter bezogen sich jedoch auf Stellung und Kompetenzen des Staatspräsidenten, und hier insbesondere auf seine „Verantwortung für
die Tätigkeit der Regierung" (ebd., Abs. 3).

Ministerpräsidenten im Frühjahr 1998 soll nicht behauptet werden, dass El'cin allein auf Konfrontation setzte. Vor dem ersten und zwischen den beiden folgenden Wahlgängen fanden immer wieder Verhandlungen zwischen Präsidenten- und Dumaseite statt, die vor allem mögliche Gegenleistungen des Staatspräsidenten für die Bestätigung Kirienkos zum Gegenstand hatten.[277] Teil des Machtkampfes waren auch wiederholte, mehr oder weniger hilflose Versuche von Seiten führender oppositioneller Dumaabgeordneter, Druck auf El'cin auszuüben, so zum Beispiel die Drohung mit der Einleitung eines Amtsenthebungsverfahrens gegen El'cin oder eines umgehenden Misstrauensvotums, falls Kirienko Ministerpräsident werden sollte. Auch die Tatsache, dass Kirienko im zweiten Wahlgang ein gegenüber der ersten Runde deutlich schlechteres Ergebnis erzielte (siehe Tabelle 8), gehört zu diesem Kontext.

Tabelle 8:   **Abstimmungsergebnisse in den drei Wahlgängen über die Kandidatur Sergej Kirienkos als Ministerpräsident in der Duma 1998**

	ja	*nein*	*Enthaltung*	*ferngeblieben*
1. Wahlgang, 10.04.1998	143	186	5	116
2. Wahlgang, 17.04.1998	115	271	11	53
3. Wahlgang, 24.04.1998	251	25	0	174

Quelle: Zusammengestellt nach Daten von Troxel 2003: 121ff.

Schlussendlich konnte El'cin ohne substantielle Zugeständnisse seinen Kandidaten im dritten Wahlgang durchsetzen, als über 55 Prozent der Abgeordneten für Kirienko stimmten. Obwohl auch El'cin mit seinem Vorgehen ein hohes Risiko einging, hatten die meisten Abgeordneten mehr zu verlieren als der Staatspräsident. Folgende Faktoren spielten für die Durchsetzungsfähigkeit El'cins eine wichtige Rolle: Erstens setzte er gegenüber zahlreichen Abgeordneten gezielt auf sein umfassendes Patronagepotential und nutzte – vor allem via UDP – „the standard enticements of money, housing and privilege"[278]; zweitens erschien einer Mehrheit der Abgeordneten (darunter auch vielen Mitgliedern oppositioneller Fraktionen) das Risiko von vorgezogenen

---

[277] So zeigte sich El'cin nach Angaben des Parlamentsvorsitzenden zu kooperativer Zusammenarbeit mit der Duma auf dem Feld der Gesetzgebung bereit und bot u. a. sogar an, gegen einige der von der Duma verabschiedeten Gesetze kein Veto einzulegen (vgl. Kuznecova 1998b).

[278] Huskey 1999: 216. Einem Bericht zufolge sagte El'cin am 13.04.1998, er habe Borodin angewiesen, sich um die Bedürfnisse der Abgeordneten zu kümmern, wenn diese „eine konstruktive Einstellung" zeigten (Yeltsin Offers 1998).

Neuwahlen in Bezug auf das eigene Mandat als zu groß; und drittens konnten auch oppositionelle Politiker – insbesondere angesichts El'cins Drohungen und der sich verschärfenden wirtschaftlichen Krise – „ihre Stimme für Kirienko nicht nur mit der Notwendigkeit zur Rettung der Duma erklären, sondern auch mit der Bewahrung des jetzigen politischen Systems"[279] – das heißt mit der Verhinderung einer Verfassungskrise.

Eugene Huskey hat El'cins Vorgehen gegenüber der Duma und dessen Sieg im Machtkampf prägnant in einem Satz zusammengefasst: „The age-old tactic of divide and rule worked its magic."[280]

In gewisser Weise erwies sich El'cins kurzfristig erfolgreiche Auseinandersetzung mit der Duma jedoch mittelfristig als Pyrrhussieg, denn die Regierung Kirienko bekam die sich weiter zuspitzende Wirtschaftskrise nicht in den Griff. Kirienkos Regierung wurde noch vor Ablauf von vier Monaten im Angesicht der bevorstehenden Zahlungsunfähigkeit Russlands wenige Tage nach dem dramatischen Kollaps des Wechselkurses des Rubels (17.08.1998) wieder entlassen.

Die Gründe für die Entlassung sind vor allem in der massiven Wirtschaftskrise sowie der damit in Zusammenhang stehenden, immens gewachsenen Unzufriedenheit mit der Tätigkeit der Regierung, insbesondere auf Seiten der Duma, maßgeblicher Repräsentanten des *Big Business*, aber auch ausländischer Investoren zu suchen.[281] Der Unmut der Mehrheit der Dumaabgeordneten kulminierte bereits am 21.08.1998, als in der Ersten Kammer mit deutlicher Mehrheit eine Resolution verabschiedet worden war, mit der Boris El'cin zum Rücktritt aufgefordert wurde. Parallel hatte die KPRF-Fraktion begonnen, Unterschriften für die Einbringung eines Misstrauensvotums gegen die Regierung Kirienko zu sammeln, dem bei der zwei Tage später geplanten Abstimmung gute Chancen auf Verabschiedung eingeräumt wurden.[282] Es spricht

---

[279] Čerkasov/Aksënov/Rassafonova 1998.

[280] Huskey 1999: 216.

[281] Vgl. Huskey 1999: 180. Steinsdorff (1999: 33) spricht in Bezug auf das Erscheinungsbild der Regierung Kirienko angesichts der sich immer weiter verschärfenden Krise vom „Eindruck von Ratlosigkeit und schließlich sogar von Handlungsunfähigkeit".

[282] Vgl. Jur'ev 1998. Bereits im Juli 1998 hatte die Duma wichtige Gesetzesprojekte der Regierung Kirienko im Rahmen des Anti-Krisen-Programms abgelehnt, worauf der Staatspräsident versucht hatte, einige der Maßnahmen per Dekret durchzusetzen (vgl. Belin 2000: 297).

also einiges für die These, dass El'cin mit der Entlassung Kirienkos und seiner Regierung auch auf wachsenden Druck aus dem Parlament reagierte.

Großes Erstaunen bei allen Beobachtern rief hervor, dass El'cin als Kirienkos Nachfolger im Amt des Ministerpräsidenten den weniger als ein halbes Jahr zuvor entlassenen Viktor Černomyrdin nominierte. Zwei Gründe waren für den Widerstand einer Mehrheit der Dumaabgeordneten gegen Černomyrdins Kandidatur besonders wichtig. Zum einen machte eine Vielzahl der Abgeordneten Černomyrdins Wirtschaftspolitik Mitte der 1990er Jahre für die akute ökonomische Krise verantwortlich. Zum anderen hatte sich El'cin bei der Nominierung Černomyrdins als Kandidaten für das Amt des Ministerpräsidenten für dessen Kandidatur bei der für Mitte 2000 geplanten Präsidentschaftswahl ausgesprochen, ihn somit de facto zum Wunschnachfolger erklärt.[283]

Es spricht vieles dafür, dass El'cin in diesem Fall – im Gegensatz zur Situation im Vorfeld der Bestätigung Sergej Kirienkos als Ministerpräsident wenige Monate zuvor – nicht bis zum Äußersten gegangen wäre und die Duma aufgelöst hätte. Das damit verbundene Risiko wäre angesichts der fatalen ökonomischen Lage Russlands in der Tat immens gewesen. Zudem war der Staatspräsident zu diesem Zeitpunkt innenpolitisch – und vermutlich auch gesundheitlich[284] – erheblich geschwächt.

Ungeachtet dessen verfolgte El'cin jedoch in den ersten beiden Wochen nach der Nominierung Černomyrdins – das heißt über zwei Wahlgänge hinweg – die gleiche Strategie, mit der er schon bei der Nominierung Kirienkos Erfolg gehabt hatte. Der Staatspräsident hielt an Černomyrdin fest; erneut wurden Signale lanciert, dass vorgezogene Dumawahlen unter einem geänderten Wahlsystem abgehalten werden könnten;[285] und parallel fanden Verhandlungen mit Schlüsselfiguren der Ersten Kammer statt.

---

[283] Vgl. die Fernsehansprache El'cins am 24.08.1998 (abgedruckt in: Kommersant''-daily, 25.08.1998), bei der er für Černomyrdin warb, sowie Troxel 2003: 127. Mit hoher Wahrscheinlichkeit war El'cins Unterstützung einer Präsidentschaftskandidatur Černomyrdins in erster Linie ein Testballon.

[284] Sechs Wochen später zog sich El'cin aus gesundheitlichen Gründen für zweieinhalb Monate vollständig aus der Öffentlichkeit zurück (siehe Tabelle 4, S. 105).

[285] Mit einer Entscheidung des Verfassungsgerichts vom 17.11.1998 (1998/26-P) büßte die Drohung mit einem geänderten Wahlrecht einen Teil seines Druckpotentials ein, da das Gericht das bestehende Grabensystem als verfassungsgemäß beurteilte. Die von Vertretern der Exekutive verfolgte strategische Option, auf dem Wege eines Ver-

Führungsfiguren der Duma verlangten als Gegenleistung für eine Bestätigung Černomyrdins insbesondere umfassende politisch-institutionelle Reformen. Diese sollten schriftlich in der Form eines Übereinkommens zwischen
dem Staatspräsidenten, dem Ministerpräsidenten sowie den Vorsitzenden der
beiden Parlamentskammern festgehalten werden. Es ging den Dumaabgeordneten dabei vordringlich um eine Stärkung der Kompetenzen der Duma,
unter anderem um das Recht, Einfluss auf die Struktur und Zusammensetzung der Regierung zu nehmen, wichtige Kabinettsmitglieder zu bestätigen
und auch einzelne Minister über ein Misstrauensvotum zu Rücktritt zwingen
zu können. (Eine weitere – im Hinblick auf Kapitel 6 wichtige – Forderung bestand darin, den Einfluss des Parlaments auf die staatlichen Massenmedien
zu vergrößern.)[286] Im Gegenzug wollte sich die Duma bereiterklären, kein
Amtsenthebungsverfahren gegen El'cin zu betreiben, innerhalb der folgenden
Monate keine Misstrauensvoten gegen die Regierung zu verabschieden und
umgehend dringende Gesetzesvorhaben abzuarbeiten.[287]

Diese Forderungen gingen dem Staatspräsidenten viel zu weit. Dass er
jedoch – wie teilweise berichtet wurde[288] – tatsächlich nur angeboten haben
soll, im Falle der Bestätigung Černomyrdins und unter der Bedingung, dass
die Duma umfassend bei der Gesetzgebung kooperiere und keine Misstrauensvoten verabschiede, die Erste Kammer nicht aufzulösen, erscheint frag-
lich. Denn El'cin stand zum damaligen Zeitpunkt unter so großem Druck, dass
ein derartiges „Minimalangebot", das überdies kaum verbindliche Garantien
hätte bieten können, den Staatspräsidenten dem Verdacht des Realitätsver-
lustes ausgesetzt hätte.[289]

Tatsache ist, dass hinter den Kulissen unter Mitwirkung der Präsidialadministration intensive Verhandlungen stattfanden. Was bzw. wer genau allerdings schlussendlich für deren Scheitern verantwortlich war, lässt sich nicht

---

fassungsgerichtsurteiles das bestehende Wahlrecht auszuhebeln, wurde zunichte gemacht.
[286]   Eine Umsetzung dieser Forderungen wäre nur auf dem komplizierten Weg von Verfassungsänderungen möglich.
[287]   Vgl. Archangel'skaja 1998. Die Berichterstattung zu den Forderungen der Duma ist
vielfältig und im Detail nicht identisch (vgl. für Varianten des Forderungskataloges
bspw. Lolaeva/Čerkasov 1998 oder Koreckij 1998).
[288]   Vgl. Belin 2000: 298.
[289]   Nach Robert G. Mosers (2001: 93) Darstellung beinhaltete El'cins Angebot an die
Duma das Recht, die einzelnen Minister zu bestätigen resp. abzusetzen.

eindeutig aufklären. Manche sehen vor allem die KPRF in der Verantwortung, weil diese ihre Position radikalisierte und führende Vertreter der Partei immer wieder die Forderung nach einem Rücktritt El'cins als Gegenleistung für die Bestätigung Černomyrdins ins Spiel brachten.[290] Für andere Autoren wiederum war es El'cin, der politisch-institutionellen Reformen, die den Charakter des politischen Systems der Russländischen Föderation grundlegend in Richtung eines parlamentarischen Systems verändert hätten, seine Zustimmung verweigerte.[291]

Nachdem Černomyrdins Kandidatur im ersten Wahlgang am 31.08.1998 mit deutlicher Mehrheit abgelehnt worden war (siehe Tabelle 9), nominierte El'cin den ehemaligen Ministerpräsidenten erneut. Zugleich machte er ein neues Kompromissangebot, in dem er auf viele Forderungen aus den Reihen der Duma einging.[292] Auch diese Initiative El'cins führte nicht zur Bestätigung der Kandidatur Černomyrdins – im Gegenteil: Im zweiten Wahlgang stimmten sogar über 60 Prozent der Abgeordneten mit nein, und damit deutlich mehr als im ersten Wahlgang.

Mit dem gescheiterten zweiten Wahlgang hatte der Machtkampf zwischen dem Staatspräsidenten und einer Mehrheit der Dumaabgeordneten einen Höhepunkt erreicht. El'cin hatte nun die Möglichkeit, seinen Kandidaten ein drittes Mal zu nominieren – und damit ein sehr hohes Risiko einzugehen, denn in der damaligen politischen und wirtschaftlichen Situation standen die Chancen auf eine Bestätigung Černomyrdins sehr schlecht –, oder einen für eine Abgeordnetenmehrheit akzeptablen Kandidaten zu präsentieren, auch wenn dies einen Autoritätsverlust nach sich ziehen konnte. Nach einer Reihe von Tagen mit weiteren Sondierungsgesprächen zwischen verschiedenen Akteuren präsentierte El'cin schließlich mit Evgenij Primakov einen Kandidaten, der schon

---

[290] Dies ist bspw. die Sichtweise von Moser (2001: 93) und Troxel (2003: 129). V. a. der KPRF-Abgeordnete Viktor Iljuchin trat anhaltend mit dieser Rücktrittsforderung an die Öffentlichkeit, z. B. kurz vor der ersten Abstimmung über die Kandidatur Černomyrdins (vgl. Babičenko 1998b).

[291] So u. a. Remington 2000: 517 und Mommsen 2003: 132.

[292] Pressemeldungen zufolge hatte die Präsidialadministration eine Novelle des Gesetzes „Über die Regierung der Russländischen Föderation" vorbereitet, mit der der Duma ein Mitspracherecht bei der Besetzung der Ministerposten eingeräumt werden sollte. Allerdings wurde dem Präsidenten das Recht vorbehalten, nach eigenem Ermessen einzelne Minister zu entlassen, und bei der Besetzung der vier direkt dem Präsidenten unterstellten „Machtministerien" sollte die Duma ohne Einfluss bleiben (vgl. Rodin 1998b; Sadčikov 1998).

früher aus den Reihen der *Jabloko*-Fraktion vorgeschlagen worden war und
der für ein breites politisches Spektrum in der Duma ein attraktiver Kandidat
war. Am 11.09.1998 wurde Primakov mit den Stimmen von 70 Prozent der
Abgeordneten zum Ministerpräsidenten gewählt (siehe Tabelle 9).[293] Primakov erfuhr damit ein Maß an Unterstützung durch die Duma, das in der Ära
El'cin von keinem anderen neu ins Amt kommenden Ministerpräsidenten auch
nur annähernd erreicht wurde. Die einzige und bemerkenswerte Ausnahme
stellt Viktor Černomyrdin dar, der bei seiner Wiederwahl im Sommer 1996 auf
nur eine Ja-Stimme weniger als Primakov kam.

**Tabelle 9:   Abstimmungsergebnisse in den drei Wahlgängen über
die Nachfolge Sergej Kirienkos als Ministerpräsident
in der Duma 1998**

	ja	*nein*	*Enthaltung*	*ferngeblieben*
1. Wahlgang (Černomyrdin, 31.08.1998)	94	251	0	105
2. Wahlgang (Černomyrdin, 07.09.1998)	138	273	1	38
3. Wahlgang (Primakov, 11.09.1998)	315	63	15	57

Quelle: Zusammengestellt nach Daten von Troxel 2003: 128.

Die von Primakov zusammengestellte Regierung zeichnete sich dadurch aus,
dass in ihr – als erster und einziger während El'cins Amtszeit – Repräsentanten nahezu aller in der Duma vertretenen Parteien bzw. politischen Strömun-
gen vertreten waren (Ausnahme: LDPR) und sie auf eine verhältnismäßig
stabile Unterstützung zählen konnte.[294] Diese Form der „Koalitionsregierung"
und Primakovs regelmäßige Konsultationen mit Führungspersonen der Dumafraktionen trugen in Verbindung mit dem monatelangen Verschwinden
El'cins aus der Öffentlichkeit (siehe Tabelle 4, S. 105) und dem erheblich
verminderten politischen Gewicht der Präsidialadministration maßgeblich dazu bei, dass während der Amtszeit Primakovs eine Schwerpunktverlagerung
innerhalb der Exekutive von der Staatspräsidentschaft hin zur Regierung zu
verzeichnen war.

---

[293]   Nach Daten von Troxel (2003: 128) stimmte in fast allen Dumafraktionen zumindest
die relative Mehrheit der jeweiligen Abgeordneten für Primakov. Die einzige Ausnahme war die LDPR, bei der kein Deputierter für Primakov und 49 gegen ihn stimmten.

[294]   Für Details zur Regierungsbildung und zur Zusammensetzung des Kabinetts vgl. insb.
Levin 1998; Rošek/Kalmanov 1998.

Diese Veränderung hatte jedoch keineswegs zur Folge, dass im semi-präsidentiellen politischen System der Russländischen Föderation die parlamentarische Komponente zu Lasten der präsidentiellen in den Vordergrund trat. Denn dies hätte auch eine umfängliche Verantwortlichkeit der Regierung als ganzer sowie der einzelnen Minister gegenüber dem Parlament bedeutet. Eine derartige Entwicklung lässt sich jedoch auch für die Amtszeit der Regierung Primakov nicht feststellen, denn

„die mehrheitliche Zustimmung der Staatsduma zum politischen Kurs der Regierung basierte nicht auf der politischen Solidarität der Fraktionen mit ‚ihren' Repräsentanten im Kabinett. Vielmehr unterstützten die Abgeordneten die Person und die Politik Primakovs in erster Linie deshalb, weil sie ein Gegengewicht zur Dominanz des Staatspräsidenten und seiner Administration darstellten."[295]

Allerdings zeigt der politische Prozess im Frühjahr/Sommer 1998, der in die Ernennung Primakovs mündete, dass auch in einem politischen System mit einem konstitutionell sehr starken Staatspräsidenten an der Spitze dieser seine Stellung als Zentrum politischer Entscheidungsfindung und Umsetzung nicht bewahren kann, wenn er politisch und/oder gesundheitlich erheblich geschwächt ist.[296]

Die Regierung Primakovs zeichnete sich durch einen kooperativen Führungsstil aus und konnte auf überdurchschnittliche Unterstützung durch die Duma bauen. Auch gelang es ihr, Maßnahmen zur Eindämmung der Folgen des ökonomischen Zusammenbruchs im August 1998 umzusetzen. Gleichwohl wagte sie sich kaum an fundamentale Reformen, die die Probleme des Staatshaushalts und die strukturellen Defizite der russländischen Wirtschaft grundsätzlich verbessert hätten. Dieser Faktor war jedoch nicht der Hauptgrund für die Entlassung der Regierung Primakov nach nur rund achtmonatiger Amtszeit im Mai 1999. Es sind insgesamt fünf weitere Gründe, die El'cin bei der Entscheidung, die Regierung zu entlassen, beeinflussten:[297]

1. die schwächelnde Wirtschaft in Russland;

---

[295] Steinsdorff 2002: 288. Dies relativiert ihre frühere These, der zufolge die Ernennung Primakovs beweise, „dass die semi-präsidentielle Grundidee von der doppelten Verantwortlichkeit der Regierung gegenüber dem Präsidenten *und* dem Parlament auch in Russland unter bestimmten Voraussetzungen durchaus zum Tragen kommen könnte" (Steinsdorff 2001: 455; Hervorh. i. O.).

[296] Vgl. Moser 2001: 92.

[297] Vgl. Troxel 2003: 131.

142

2. die infolge weiterer längerer Krankheitsphasen El'cins[298] gestiegene Notwendigkeit zu demonstrieren, dass der Staatspräsident die politische Kontrolle ausübt;
3. Primakovs sich ständig verbessernde Machtposition in Verbindung mit der
   Befürchtung, er werde so als aussichtsreichster Kandidat in die für Sommer 2000 angesetzte Präsidentschaftswahl gehen;
4. Gerüchte, Primakov arbeite mit der KPRF und anderen mit dem Ziel zusammen, die politische Ordnung grundlegend zu verändern und El'cin abzusetzen;
5. das wieder aufgenommene Amtsenthebungsverfahren gegen El'cin.

Die letztgenannten drei Punkte verdienen eine eingehendere Betrachtung, da
sie grundsätzlichere Bedeutung hinsichtlich der weiteren politischen Entwicklung in Russland hatten.

Wie Abbildung 4 zeigt, war Primakovs Machtposition während seiner
Amtszeit als Ministerpräsident derjenigen El'cins durchgehend überlegen.
Sowohl in der breiten öffentlichen Wahrnehmung als auch unter den politischen und wirtschaftlichen Eliten „[i]t was apparent in the first months of 1999
that Primakov was usurping Yeltsin's power"[299]. Diese Entwicklung wurde von
El'cin und ihm nahestehenden Akteuren als gefährlich wahrgenommen. Da
unterstellt werden kann, dass El'cin und seine Umgebung sich spätestens
seit dem Jahreswechsel 1998/1999 Gedanken über einen möglichen Nachfolger im Amt des Staatspräsidenten machten und Primakov als möglicher
zukünftiger Staatspräsident verhindert werden sollte, war es sehr naheliegend, Primakov mit dem Ministerpräsidentenamt seine wichtigste Profilie-
rungsmöglichkeit zu nehmen.

Der zweite bedeutsame Faktor bezieht sich auf politische Initiativen Primakovs, die von vielen als Bedrohung für die gegebene Machtverteilung angesehen wurden. Hier ist insbesondere ein Vorstoß Primakovs vom Januar
1999 – während einer erneuten längeren Krankheitsphase El'cins – zu nennen, der darauf abzielte, Staatspräsident, Regierung und beide Parlamentskammern zum Abschluss eines „Stabilitätspaktes" zu bewegen, der bis zur
Wahl eines neuen Staatspräsidenten Gültigkeit haben sollte. In einem Brief
an den Dumapräsidenten Seleznëv regte Primakov unter anderem an, dass
die Duma zusagen solle, weder gegen die Regierung ein Misstrauensvotum
einzubringen noch ein Amtsenthebungsverfahren gegen den Staatspräsiden-

---

[298] Fast den ganzen Herbst 1998 sowie zwischen Mitte Januar und Ende März 1999 trat
El'cin in der Öffentlichkeit nicht in Erscheinung (Tabelle 4, S. 105).
[299] Troxel 2003: 131.

ten einzuleiten. Im Gegenzug sollte sich der Staatspräsident verpflichten, weder die Duma aufzulösen noch die Regierung zu entlassen.[300]

Abbildung 4: **Rating des politischen Einflusses von El'cin und Primakov 1998/1999**

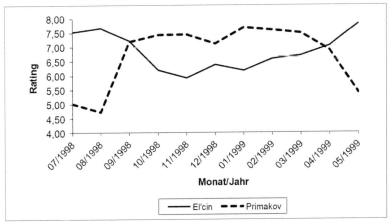

Quelle: Eigene Darstellung nach Daten aus „100 veduščich politikov Rossii...", August 1998-Juni 1999 (monatliche Rankings des Instituts Vox populi, veröffentlicht in der Nezavisimaja gazeta).

Inhaltlich bot Primakovs Initiative wenig Neues. Sie erinnerte vielmehr stark an die Verhandlungen zwischen Exekutive und Legislative im Spätsommer 1998. Für Aufmerksamkeit sorgten vielmehr die machtpolitischen Ambitionen Primakovs, die viele darin sahen. Beispielhaft hierfür steht die Bewertung eines Zeitungskommentators:

> „Als absolutes Novum erweist sich, dass der politische Handel über den Präsidenten ohne den Präsidenten wiederaufgenommen wird und dass einer der Kandidaten für das Arbeitszimmer im Kreml sich ein System von Garantien zur Bewahrung seines Amtes bis zur Präsidentschaftswahl unabhängig vom weiteren Verlauf der Entwicklung schafft."[301]

Dass in den folgenden Wochen die von Primakov initiierten Verhandlungen unter Beteiligung der Präsidialadministration tatsächlich stattfanden; dass erneut wichtige Repräsentanten der Duma vor allem mit der Forderung nach stärkerer Parlamentarisierung des politischen Systems Russlands hervortra-

---

[300] Vgl. bspw. Berger 1999; Sadčikov 1999.
[301] Berger 1999.

ten; und dass ein abgeschwächter Entwurf des „Stabilitätspaktes" schließlich weder von Präsidenten- noch von Dumaseite angenommen wurde[302] – all dies spielte keine Rolle mehr im Vergleich mit dem wichtigsten Signal, das Primakov mit seiner Initiative in den Augen der meisten Angehörigen der politischen Elite ausgesendet hatte: „Durch den Machtanspruch Primakovs, der sich in der Stabilitätsvereinbarung ausdrückte, wurde Primakov zum ‚Gegner des Präsidenten'".[303] Daneben (bzw. darüber hinaus) erweckte das Vorgehen Primakovs bei El'cin nahestehenden Akteuren den Verdacht, dieser arbeite hinter dem Rücken des Staatspräsidenten mit den Kommunisten an einer grundlegenden Umgestaltung des politischen Systems bis hin zu einer Absetzung El'cins.

Ein letzter Grund und wahrscheinlich der konkrete Anlass für die Entlassung Primakovs durch El'cin war, dass die Duma unter maßgeblicher Führung der KPRF das zwischenzeitlich auf Eis gelegte *Impičment*-Verfahren gegen El'cin reaktiviert hatte. Wie oben bereits erwähnt (S. 128), beschritt die Duma unter Federführung von KPRF und APR nach Veröffentlichung des Untersuchungsberichtes Mitte Februar 1999 den vorgesehenen Weg zur förmlichen Einleitung des Amtsenthebungsverfahrens.[304]

Primakov dürfte an einer Eskalation der innenpolitischen Lage kaum Interesse gehabt haben. Er sprach sich immer wieder gegen das Amtsenthebungsverfahren aus, doch wandte er sich erst kurz nach dem definitiven Scheitern des von ihm initiierten „Stabilitätspaktes" im Rahmen einer Fernsehansprache direkt an eine breitere Öffentlichkeit, um klar gegen die konfrontative Strategie tonangebender Akteure Position zu beziehen.[305]

Dieser Appell beeindruckte die maßgeblichen Befürworter auf Seiten von KPRF und APR genauso wenig wie die Tatsache, dass Vertreter beider Parteien im Kabinett Primakovs Posten bekleideten und beide Parteien für den Fall der Entlassung der Regierung damit rechnen mussten, diese Ämter nicht

---

[302] Vgl. Žukov 1999; Korsunskaja 1999. V. a. die Führungen von KPRF und APR hatten den „Stabilitätspakt" seit März 1999 nicht mehr unterstützt.

[303] Mangott 2002a: 175.

[304] Für Troxel (2003: 131) liegt hier der Hauptgrund: „Yeltsin knew how popular Primakov was among Duma Deputies and removing him was his response to the Duma's attempt to impeach him."

[305] Der Wortlaut der Rede vom 10.04.1999 im staatlichen Kanal *RTR* ist u. a. dokumentiert in: Kommersant''-daily, 13.04.1999; VPS-monitoring teleradioėfira/Politika, 11.04.1999.

wieder besetzen zu können. Allem Anschein nach dominierte bei einer Vielzahl an Abgeordneten das Ziel, El'cin in größtmöglichem Maße zu schwächen. Ob das Kalkül, gegebenenfalls auch eine Verfassungskrise zu provozieren, bei einigen Akteuren eine Rolle gespielt hat, lässt sich abschließend kaum beurteilen. Es bleibt jedoch festzuhalten, dass diese Möglichkeit spätestens am 12.05.1999 klar hervortrat, als El'cin Primakov und seine Regierung entließ.

Dieses Datum hatte El'cin bewusst gewählt. Es war der Tag, bevor in der Duma die Debatte über die Anklageerhebung gegen den Staatspräsidenten mit anschließender Abstimmung beginnen sollte. Noch am selben Tag nominierte er mit Sergej Stepašin einen Kandidaten für das Amt des Ministerpräsidenten, der für die oppositionelle Dumamehrheit nicht akzeptabel war.

Mit der Entlassung Primakovs und der Nominierung Stepašins war klar, dass El'cin gegenüber der Duma erneut einen konfrontativen Kurs verfolgte. Gleichzeitig bedeutete dies, dass sich die Duma in einem Dilemma wiederfand, denn nun standen zwei Abstimmungen bevor: über die förmliche Eröffnung des Amtsenthebungsverfahrens und über die Kandidatur Stepašins.

Die Möglichkeit einer Verfassungskrise kam dadurch zustande, dass unklar war, was passieren würde, wenn die Duma zunächst das Amtsenthebungsverfahren einleitete und anschließend drei Mal den Kandidatenvorschlag des Staatspräsidenten für das Amt des Ministerpräsidenten ablehnte. Nach Art. 109 Abs. 4 der Verfassung darf der Staatspräsident die Duma nicht mehr auflösen, nachdem diese Anklage gegen den Staatspräsidenten erhoben hat. Nach Art. 111 Abs. 4 muss der Staatspräsident die Duma auflösen, wenn diese drei Mal den Kandidatenvorschlag für das Amt des Ministerpräsidenten abgelehnt hat. In der Verfassung selbst findet sich keine explizite Regelung für den Fall, dass die beiden Regelungen kollidieren.

Es unterliegt keinem Zweifel, dass El'cin die Möglichkeiten, die sich aus der nicht eindeutigen Verfassungslage ergaben, bewusst einsetzte, um eine Drohkulisse aufzubauen. Ob er tatsächlich bereit gewesen wäre, nach Eröffnung des Amtsenthebungsverfahrens und dreimaliger Ablehnung des Premierkandidaten den Ausnahmezustand zu verhängen, per Dekret zu regieren und ohne Wahl in eine weitere Amtszeit überzuwechseln, wie einige argwöhnten,[306] kann hier dahingestellt bleiben. Entscheidend ist, dass entsprechende Befürchtungen – mit mutmaßlicher Billigung des Staatspräsidenten – sogar noch befeuert wurden. So ist es sicher kein Zufall, dass der bisherige Justizminister (sic!), Pavel Krašeninnikov, in einem am 14.05.1999 veröffentlichten Interview die Ansicht vertrat, dass eine Auflösung der Duma nach Art. 111 Abs. 4 der Verfassung auch nach Anklageerhebung gegen den Staatspräsidenten sehr wohl möglich sei.[307]

Der springende Punkt bei der Diskussion um die „unklare Verfassungslage" besteht darin, dass interessierte Akteure in El'cins Umfeld, wie zum Beispiel Krašeninnikov, die Unsicherheit förderten, um ein weiteres Druckmittel in der Hand zu behalten. Dabei gab und gibt es überzeugende Gründe für die These, dass die Verfassung implizit eine mögliche Kollision zwischen den genannten Verfassungsartikeln regelt und dabei Art. 109 Abs. 4, das heißt das Verbot der Auflösung der Duma nach Anklageerhebung, eindeutig Vorrang hat.[308]

Schlussendlich wich eine hinreichende Zahl von Dumaabgeordneten vom eingeschlagenen Konfrontationskurs ab und ordnete sich dem Staatspräsidenten unter. Nachdem keiner der fünf Anklagepunkte gegen den Staatspräsidenten am 15.05.1999 die notwendige Mehrheit gefunden hatte (vgl. Tabelle 7, S. 128), galt die Bestätigung Stepašins als Formsache. In offener Abstimmung erhielt er die Stimmen von mehr als 65 Prozent der Abgeordneten.[309] Damit war dem seit Frühjahr 1998 politisch stark geschwächten El'cins machtpolitisch ein eindrucksvolles Comeback gelungen.

Aus der Vorgeschichte und den konkreten Umständen der Bestätigung Primakovs durch die Duma sowie aus der politischen Entwicklung während

---

[306] Vgl. bspw. Stölting 1999b: 12.

[307] Vgl. Krašeninnikov 1999.

[308] Dies ergibt sich aus dem internen Aufbau des Art. 109. Abs. 1 bestimmt, dass der Staatspräsident die Duma nach Art. 111 (dreimalige Ablehnung des Ministerpräsidentenkandidaten) auflösen muss und nach Art. 117 (Misstrauensvotum/Vertrauensfrage) auflösen kann. Abs. 3 legt fest, dass die Duma nach Art. 117 im ersten Jahr nach ihrer Wahl nicht aufgelöst werden kann. Abs. 4 schließt eine Auflösung der Duma nach Anklageerhebung aus. Aus dem konkreten Aufbau des Art. 109 ergibt sich, dass dieser Artikel insgesamt die Auflösungsmöglichkeiten nach Art. 111 und 117 spezifiziert und einschränkt. Damit ist Art. 109 Abs. 4 eindeutig als übergeordnetes Auflösungsverbot zu interpretieren.

[309] 293 Ja-Stimmen, 55 Nein-Stimmen und 14 Enthaltungen. 88 Abgeordnete nahmen nicht an der Abstimmung teil (Stenogramm der Staatsduma 1999b).

seiner Amtszeit lassen sich eine Reihe von weiterführenden Schlüssen ziehen. Die machtpolitische Schwerpunktverlagerung – weg von Staatspräsident El'cin hin zu Regierung und, mit Abstrichen, Duma – vollzog sich auf informellem Wege und innerhalb des durch die Verfassung vorgegebenen institutionellen Rahmens. Dabei spielten die politische Schwäche des Staatspräsidenten, die öffentliche Meinung und strategische Überlegungen und Handlungen der politischen Akteure eine wichtige Rolle. Dies zeigt, dass innerhalb der russländischen Verfassungsordnung die „superpräsidentiellen" Züge nicht notwendigerweise dominieren müssen, sondern eine breitere Machtdispersion bis hin zu einer stärkeren Parlamentarisierung des Systems grundsätzlich möglich ist.

Gleichzeitig erwies sich die machtpolitische Schwerpunktverlagerung weg von Staatspräsident El'cin als temporäres Phänomen. Gerade weil diejenigen politischen Akteure, die eine Stärkung der Duma befürworteten, entsprechende Änderungen der Verfassung nicht durchsetzten, konnte El'cin die sich ihm ab Frühjahr 1999 bietenden Chancen nutzen. Es gelang ihm relativ schnell, seine politische Vorrangstellung zurückgewinnen und weiter zu konsolidieren.[310] Die Durchsetzung des Ministerpräsidentenkandidaten Primakov erwies sich unter diesem Aspekt für die oppositionellen Abgeordneten als Pyrrhussieg, weil sich das im zweiten Halbjahr 1998 und Anfang 1999 offen stehende *window of opportunity* nach wenigen Monaten wieder geschlossen hatte.[311] Zugespitzt könnte man sagen, dass Primakov als Ministerpräsident zu Lasten möglicher Verfassungsänderungen durchgesetzt wurde.

---

[310] Einige Autoren sahen nach dem Amtsantritt Primakovs bereits eine „neue[] Etappe in der politischen Entwicklung der Zweiten Russischen Republik" heraufziehen, weil sie es für wahrscheinlich hielten, „dass es den in ihrem Selbstbewusstsein gestärkten Volksvertretern gelingen wird, das de facto zu ihren Gunsten geänderte Kräfteverhältnis in absehbarer Zeit auch de jure in Form der von ihnen seit langem geforderten Verfassungsänderungen festzuschreiben" (Steinsdorff 1999: 33).

[311] Remington (2000: 502, Fn. 7) dagegen vertritt die These, dass dieses *window of opportunity* sogar noch nach dem Amtsantritt Putins als Ministerpräsident im Sommer 1999 offen gewesen sei. Er konstatiert diesbezüglich „a near-consensus among the political elite that the president's arbitrary and capricious use of his power to dismiss the government required a constitutional remedy". Wie die Analyse der Entwicklung des Verhältnisses von Staatspräsident und Regierung in Bezug auf Regierungskontrolle (Bestätigung des Ministerpräsidenten, Misstrauensvotum sowie Vertrauensfrage) und *Impičment*-Verfahren gezeigt hat, hatte die parlamentarische Gegenmacht ihren Zenit jedoch spätestens mit Ablauf der Amtszeit Primakovs überschritten.

*4.2.5 Zwischenfazit zum Verhältnis Duma-Exekutive unter
dem Aspekt Regierungsbildung bzw. -kontrolle*

Die bisherige Analyse der Interaktion zwischen Exekutive und Duma hat gezeigt, dass die Duma die Regierung nicht effektiv kontrollieren kann. Einer
der wichtigsten Gründe dafür ist in der Tatsache zu suchen, dass die Regierung in der Zweiten Russländischen Republik unter El'cin nicht auf der
Grundlage parlamentarischer Mehrheitsverhältnisse gebildet wurde. Statt
dessen waren alle Regierungen de facto alleine vom Staatspräsidenten abhängig.[312]

In einer neueren Untersuchung kommt Troxel zu dem Schluss, dass unter
Staatspräsident El'cin „the nature of executive-legislative relations in the
sphere of Government formation and dismissal fluctuated between cooperative and confrontational from 1994 to 1999".[313] In der Tat war die Durchset-
zungsfähigkeit des Staatspräsidenten gegenüber der Duma relativ häufig re-
duziert, so unter anderem durch drohende oder akute politische und wirtschaftliche Krisen, durch Veränderungen in der öffentlichen Meinung und in
den Präferenzen anderer politischer Akteure sowie nicht zuletzt durch El'cins
massive gesundheitliche Probleme. Dies nötigte El'cin immer wieder dazu, in
Verhandlungen mit Parlamentariern einzutreten.[314] Allerdings würdigen Troxel
und andere in unzureichendem Maße die verfassungsrechtlich sanktionierte
strukturelle Benachteiligung der Duma gegenüber dem Staatspräsidenten,
die phasenweise in der Verfassungsrealität sogar noch verstärkt wurde.

Die bisherige Analyse hat deutlich gemacht, dass die Mehrheit der Dumaabgeordneten letztendlich immer vor einer ultimativen Zuspitzung des Konfliktes mit der Regierung und dem Staatspräsidenten zurückschreckte. Die
Durchsetzung „ihres" Kandidaten für das Amt des Ministerpräsidenten, Evgenij Primakov, taugt nur bedingt als Gegenbeispiel, da mit diesem Vorgehen
zugleich der Verzicht auf eine Verfassungsreform verbunden war. In diesem
Sinne erwies sich die augenscheinliche Niederlage El'cins mittel- und langfristig als Sieg, da eine Veränderung des grundlegenden Charakters des
russländischen politischen Systems abgewendet werden konnte.

---

[312] Vgl. Steinsdorff 2002: 287; 2001: 455.
[313] Troxel 2003: 167.
[314] Vgl. Troxel 2003: 106.

Die Gründe für die insgesamt deutlich stärkere Durchsetzungsfähigkeit des Staatspräsidenten sind vielfältig. Sicherlich spielten rationale Kosten-Nutzen-Kalküle unter den Abgeordneten eine große Rolle. So bargen mögliche vorgezogene Neuwahlen für viele Abgeordnete das Risiko des Mandatsverlustes – und damit auch von finanziellen und anderen Vorteilen. Zudem hätte selbst eine im Zuge vorgezogener Dumawahlen gestärkte El'cin-kritische Dumamehrheit gegen den Willen des Staatspräsidenten keine „parlamentarische Regierung" durchsetzen können.[315]

Darüber hinaus besitzt der Faktor Unsicherheit ein nicht zu vernachlässigendes Gewicht, da eine Konfrontation zwischen Staatspräsident und Duma häufig auch die Möglichkeit einer Verfassungskrise in sich trug. Die Erwartung, dass im Zweifelsfall der Staatpräsident über die überlegenen Machtressourcen verfügen und gegebenenfalls auch zu verfassungswidrigen Mitteln greifen würde, trug dazu bei, dass konfrontative Situationen nicht eskalierten.

Ein weiterer Grund ist schließlich noch die Patronagemacht des Staatspräsidenten. Zum einen wurden immer wieder ausgewählte Politiker – auch und gerade moderate oppositionelle Abgeordnete – in Organe der Exekutive aufgenommen; zum anderen kann als gesichert gelten, dass El'cins UDP regelmäßig Abgeordnete mit finanziellen und anderen Vorteilen zu einem bestimmten Abstimmungsverhalten bewegen konnte.

Nachdem in den vorangehenden Abschnitten der Fokus der Analyse auf Regierungsbildung und Kontrolle der Exekutive durch die Duma lag, widmet sich der folgende Abschnitt dieses Kapitels der Gesetzgebung und der untergesetzlichen Rechtsetzung. Lässt sich die strukturell bedingte Überlegenheit des Staatspräsidenten gegenüber der Duma auch auf diesem Gebiet wiederfinden?

4.2.6 Gesetzgebung und untergesetzliche Rechtsetzung

Der Bereich Gesetzgebung und untergesetzliche Rechtsetzung ist für die Analyse des Funktionierens jedes politischen Systems von zentraler Bedeutung. Im Falle von Transformationsländern nimmt das spezifische Gewicht dieses Feldes noch erheblich zu, weil sich die Rechtsetzung für einige Jahre

---

[315] Klaus von Beyme (2001: 89) spricht in Bezug auf die Besetzung des Amtes des Ministerpräsidenten von „negativem Parlamentarismus", da die Duma kein wirkliches Mitsprache-, sondern nur ein Ablehnungsrecht hat.

weniger im Bereich politischer „Feinsteuerung" bewegt, sondern zentrale Grundlagen, Strukturen und Funktionsmuster der betreffenden Gesellschaft bei laufendem Betrieb umgestaltet resp. überhaupt erst geschaffen werden müssen.[316] Angesichts des Weiterwirkens der Institutionen[317] des alten Systems, umfassender Machtkämpfe sowie eines häufig fehlenden Konsenses zwischen gewichtigen innenpolitischen Akteuren über den einzuschlagenden Transformationspfad wird der Bereich rechtlicher Normierung häufig zum wichtigsten Schauplatz politischer Auseinandersetzungen.

Im Rahmen der vorliegenden Arbeit ist insbesondere die Interaktion zwischen Staatspräsident, Duma und Regierung im Bereich der Rechtsetzung in Russland von Interesse. Das Verordnungsrecht der Regierung kann hier außer Betracht bleiben, da es von der Verfassung auf die Gesetzeskonkretisierung und -ausführung beschränkt wird.[318] Über eine eigenkompetenzielle Rechtsetzungsbefugnis verfügen dagegen das Parlament in seiner Gesamtheit (beide Kammern müssen zusammenwirken) in Gestalt der Gesetzgebung und der Staatspräsident im Wege des Dekretrechts.

In der Literatur herrscht allgemein Konsens darüber, dass „the Russian president wields decree authority that exceeds that of any other democratically elected chief executive"[319]. Zwei Faktoren tragen maßgeblich dazu bei, dass der russländische Staatspräsident über eine derart herausgehobene Position bei der Rechtsetzung verfügt. Zum einen besitzt er – wie oben schon erläutert[320] – ein suspensives Vetorecht bei der Gesetzgebung, das nur mit Zweidrittelmehrheit in beiden Kammern überstimmt werden kann. Zum anderen stehen Gesetze in der Normenhierarchie zwar formal über präsidentiellen Dekreten,[321] doch besitzen die letztgenannten in Russland in der Rechtswirk-

---

[316] Elster et al. (1998) bringen dies im Untertitel ihres Buches sehr treffend zum Ausdruck: „Rebuilding the Ship at Sea".

[317] „Institutionen" hier verstanden in einem umfassenden Sinn nach Douglass C. North (1992: 3), der sie als – formelle und informelle – „Spielregeln einer Gesellschaft oder, förmlicher ausgedrückt, die von Menschen erdachten Beschränkungen menschlicher Interaktion" definiert.

[318] In der Russländischen Verfassung (Art. 115 Abs. 1) heißt es: „Auf der Grundlage und im Rahmen des Vollzuges der Verfassung der Russländischen Föderation, der föderalen Gesetze [sowie] der normativen Dekrete des Staatspräsidenten der Russländischen Föderation erlässt die Regierung der Russländischen Föderation Verordnungen und Verfügungen [und] gewährleistet deren Vollzug."

[319] Parrish 1998: 63; ähnlich u. a. Shugart 1996: 9.

[320] Siehe Abschnitte 3.2 u. 3.4.

[321] Vgl. für eine Übersicht zur rechtswissenschaftlichen Diskussion bspw. Schaich 2000.

lichkeit zum Beispiel in der Frage des Geltungsbereichs, des Regelungsumfangs usw. bei fehlender gesetzlicher Regelung den Status von Gesetzen. Die Kombination von suspensivem Veto mit gleichzeitigem Dekretrecht erweist sich so als eine der wichtigsten politischen Ressourcen des russländischen Staatspräsidenten.[322] Das Recht des Staatspräsidenten und der Regierung zur Gesetzesinitiative tritt demgegenüber in den Hintergrund, nicht zuletzt, da kein externer Akteur die Tagesordnung der Duma bestimmen kann.[323]

Hinzu kommt, dass der Staatspräsident in seiner Rechtsetzungskompetenz durch Dekret nur wenigen Einschränkungen unterliegt. Die Verfassung (Art. 90 Abs. 3) schreibt vor: „Die Dekrete und Verfügungen des Präsidenten der Russländischen Föderation dürfen der Verfassung der Russländischen Föderation und den föderalen Gesetzen nicht widersprechen." Zugleich führt die Verfassung (verstreut über den gesamten Text) mehr als 50 Bereiche an, die ausschließlich durch föderales Gesetz oder gar föderales Verfassungsgesetz geregelt werden dürfen (Tabelle 10).

Aus dieser Übersicht geht wie zu erwarten hervor, dass das Erfordernis, eine Materie per (Verfassungs-)Gesetz zu regeln, vor allem essentielle Bereiche des politischen Systems betrifft, so die Staatsorganisation, Grundrechtseinschränkungen etc. Erstaunlich ist hingegen, dass nur relativ wenige Politikbereiche auf sozio-ökonomischem Gebiet zwingend per Gesetz zu normieren sind. Hier sind in erster Linie die Felder Steuerrecht, Bodenrecht und soziale Sicherung zu nennen. In der Konsequenz bedeutet dies, dass der Staatspräsident im sozio-ökonomischen Bereich über ein bemerkenswertes Maß an eigenem Spielraum verfügt, wenn bzw. solange kein föderales Gesetz Rechtskraft erlangt hat.

---

[322] Vgl. Parrish 1998: 79.

[323] Die Gesetzesinitiative ist breit gestreut: Außer den Dumaabgeordneten können der Staatspräsident, die Regierung, die Mitglieder des Föderationsrates, die Legislativen der Föderationssubjekte, das Verfassungsgericht sowie das Oberste Gericht und das Oberste Schiedsgericht Gesetzentwürfe in die Duma einbringen (Art. 104 Verf. RF).

152

KAPITEL 4

Tabelle 10: Politikfelder, die nach der Verfassung von 1993 per (Verfassungs-)Gesetz geregelt werden müssen.

VERFASSUNGSGESETZLICHE REGELUNG IST NOTWENDIG FÜR	ART.
Einschränkungen der Rechte und Freiheiten der Bürger im Falle des Ausnahmezustandes	56 (1)
Bedingungen für die und Verfahren der Verhängung des Ausnahmezustandes	56 (2), 88
Aufnahme eines neuen Föderationssubjektes in die RF und Bildung eines neuen Föderationssubjektes innerhalb der RF	65 (2) 137 (1)
Änderung des territorialen Bestandes der RF, Bildung eines neuen Subjektes oder Änderung dessen verfassungsrechtlichen Status	66 (5), 137 (1)
Festsetzung der Staatsflagge, des Staatswappens, der Staatshymne der RF, deren Beschreibung und Verwendungsordnung	70 (1)
Ausschreibung von Referenden	84 lit. v
Bedingungen des Kriegsrechtes	87 (3), 88
Status des Bevollmächtigten für Menschenrechte in der RF	103 (1) lit. d
Regelung der Tätigkeit der Regierung der RF	114 (2)
Organisation des Gerichtssystems der RF	118 (3)
Bestimmung der Vollmachten, des Verfahrens der Bildung und der Tätigkeit der föderalen Gerichte	128 (3)
Status und Einberufung der Verfassunggebenden Versammlung	135 (2)

GESETZLICH REGELUNG IST NOTWENDIG FÜR	
Bestrafung der gewaltsamen Machtergreifung oder die rechtswidrige Aneignung von Machtbefugnissen	3 (4)
Staatsbürgerschaft	6 (1), 62
Abschaffung der Todesstrafe	20 (2)
Einschränkung der Informationsrechte in Bezug auf die Rechte und Freiheiten der eigenen Person	24 (2)
Einschränkung der Unverletzlichkeit der Wohnung (auch per Gerichtsbeschluss möglich)	25
Bestimmung der Liste der Staatsgeheimnisse	29 (4)
Einschränkungen der unternehmerischen und wirtschaftlichen Freiheit	34 (1)
Recht auf Privateigentum	35 (1)
Bedingungen und Ordnung der Nutzung von Grund und Boden	36 (3)
Mindestlohn	37 (3)
Lösungsverfahren individueller und kollektiver Arbeitskonflikte	37 (4)
Festlegung der Dauer der Arbeitszeit, der arbeitsfreien Tage, der Feiertage und des bezahlten Jahresurlaubes	37 (5)
Soziale Absicherung: Rente, Krankheit, Invalidität, Verlust des Ernährers, Kindererziehung	39 (1), 39 (2)
Recht auf kostenlosen oder erschwinglichen Wohnraum für Bedürftige	40 (3)
Amtshaftung aufgrund der Zurückhaltung von Informationen über gefahrbringende Tatsachen und Umstände	41 (3)
Schutz geistigen Eigentums	44 (1)
Einschränkung des Rechts, die eigenen Rechte und Freiheiten zu verteidigen	45 (2)
Recht auf gesetzlichen Richter	47 (1)
Recht auf Verhandlung vor Geschworenengericht	47 (2), 123 (4)
Kostenlose juristische Unterstützung	48
Verfahren des Schuldnachweises im Strafverfahren	49 (1)

Zulässige Beweismittel in der Rechtsprechung 50 (2)
Einlegung der Berufung im Strafverfahren 50 (3)
Bestimmung des Kreises der Personen, denen das Recht auf Aussageverweige- 51 (1, 2)
rung eingeräumt wird
Möglichkeiten der Einschränkung der Rechte und Freiheiten der Menschen 55 (3)
Festsetzung von Steuern und Abgaben 57 (1)
Militärdienst 59 (2)
Kreis der zu zivilem Ersatzdienst Berechtigten 59 (3)
Bedingungen für die Möglichkeit doppelter Staatsbürgerschaft 62 (1)
Bedingungen für die Befreiung von staatsbürgerlichen Verpflichtungen für die 62 (2)
Inhaber einer doppelten Staatsbürgerschaft
Beschränkung der Rechte von nichtrussländischen Staatsbürgern 02 (3)
Bedingungen für die Auslieferung von einer Straftat beschuldigten Personen an 63 (2)
das Ausland
Beziehungen der autonomen Bezirke, die einem Bezirk oder Gebiet angehören 66 (4)
Ausübung der Souveränitätsrechte und der Rechtshoheit der RF innerhalb der 67 (2)
eigenen territorialen Grenzen
Status der Hauptstadt der RF 70 (2)
Beschränkungen des Verkehrs von Waren und Dienstleistungen 74 (2)
Föderales Steuersystem und allgemeine Prinzipien der Besteuerung und Abgaben 75 (3)
Art und Weise der Begebung von Staatsanleihen 75 (4)
Allgemeine Prinzipien der Organisation der repräsentativen und exekutiven Or- 77 (1)
gane der Staatsgewalt
Verfahren für die Wahl des Staatspräsidenten 81 (4)
Status des Sicherheitsrates der RF 83 lit. ž
Ausschreibung der Dumawahlen durch den Staatspräsidenten 84 lit. a
Verfahren für die Bildung des Föderationsrates und die Wahl der Abgeordneten 96 (2)
der Staatsduma
Möglichkeit, Abgeordnete der Staatsduma einer Leibesvisitation zu unterziehen 98 (1)
Zusammensetzung und Verfahrensordnung des Rechnungshofes 101 (5)
Föderaler Haushalt; föderale Steuern u. Abgaben; Regelung von Finanz-, Wäh- 106
rungs-, Kredit- u. Zollangelegenheiten sowie Geldemission; Ratifizierung u. Kündi-
gung internationaler Verträge; Status u. Schutz der Staatsgrenze; Krieg u. Frieden
Zusätzliche Anforderungen an die Richter der Gerichte der RF 119
Möglichkeit der und Verfahren zur Beurlaubung oder Suspendierung eines Richters 121 (2)
Verfahren, Richter zur strafrechtlichen Verantwortung zu ziehen 122 (2)
Bedingungen für die Abweichungen vom Prinzip öffentlicher Verhandlung vor 123 (1)
Gericht
Bedingungen für die Abhaltung eines Strafverfahrens in Abwesenheit des Ange- 123 (2)
klagten
Prozessuale Formen der gerichtlichen Aufsicht durch das Oberste Gericht 126
Prozessuale Formen der gerichtlichen Aufsicht über die Schiedsgerichte durch 127
das Oberste Gericht
Verfahren der Ernennung der Richter der föderalen Gerichte unterhalb der Ebe- 128 (2)
ne der höchsten Gerichte durch den Staatspräsidenten
Vollmachten, Organisation sowie Verfahren der Tätigkeit der Staatsanwaltschaft 129 (5)
der RF
Übertragung staatlicher Vollmachten auf die Organe der örtlichen Selbstverwaltung 132 (2)
Recht der örtlichen Selbstverwaltung 133

Quellen: Lučin/Mazurov 2000: 59-62; Remington/Smith/Haspel 1998: 292f.; Schaich 2004: 91, Fn. 42 und 95, Fn. 58; eigene Auswertungen.

Dieses schon laut Verfassung hohe Maß an eigenkompetenzieller Rechtsetzungsbefugnis des Staatspräsidenten wurde durch zwei Verfassungsgerichtsentscheidungen noch erheblich erweitert. In einer ersten Entscheidung
billigte das Verfassungsgericht im Rahmen der Verhandlung über den ersten
Krieg in Čečnja im Juli 1995 dem Staatspräsidenten als „Garant der Verfassung" (Art. 80 Abs. 2 Verf. RF) das Recht zu, zum Schutz der
verfassungsmäßigen Ordnung auch Dekrete zu erlassen, mit denen Grund-
rechte eingeschränkt werden können. Wenn Gesetzeslücken bestehen, greife
die Verfassung – und damit auch der Kompetenzkatalog des Staatspräsidenten – direkt.[324]

Eine zweite Entscheidung des Verfassungsgerichtes vom April 1996
vergrößerte den Spielraum des Staatspräsidenten noch einmal. Das Verfassungsgericht sprach ihm das Recht zu, mit Dekreten auch Bereiche rechtlich
zu regeln, für die die Verfassung ein föderales Gesetz fordert, sofern dieses
Gesetz zum gegebenen Zeitpunkt nicht in Kraft ist und insoweit eine
rechtliche Lücke besteht. Sobald ein Gesetz in Kraft tritt, das den entsprechenden Bereich regelt, verliert das Dekret seine Rechtskraft.[325] Nach weiteren Entscheidungen des Verfassungsgerichtes in den Folgejahren kann diese
Auslegung, die „die Grenzen der präsidialen Normsetzung entgegen dem
Wortlaut der VerfRF verschob"[326], inzwischen als gefestigte Rechtsprechung
gelten.

In Kombination sorgen die Verfassungsgerichtsentscheidungen dafür,
dass der russländische Staatspräsident de facto über erhebliche gesetzgeberische Kompetenzen verfügt. Je weniger geschlossen die beiden Kammern
der Föderalversammlung intern und im wechselseitigen Verhältnis sind

---

[324] Verfassungsgericht 1995/10-P. Die umfangreiche Entscheidung befasste sich mit einer ganzen Reihe verfassungsrechtlicher Probleme und wurde nur von elf Richtern
vollumfänglich unterstützt. Acht Richter gaben eine – zumindest in Teilen – abweichende Meinung ab.

[325] Verfassungsgericht 1996/11-P. Unter Punkt 4 der Entscheidung heißt es: „Entsprechend Art. 80 Verf. RF ist der Präsident der Russländischen Föderation der Garant der
Verfassung der Russländischen Föderation und gewährleistet das koordinierte Funktionieren und die Zusammenarbeit der Organe der Staatsgewalt. Kraft dessen widerspricht der Erlass durch ihn von Dekreten, die Regelungslücken in der rechtlichen Regulierung in Fragen, die ein Gesetz erfordern, nicht der Verfassung[. Dies gilt] unter
der Bedingung, dass diese Dekrete der Verfassung der Russländischen Föderation
und föderalen Gesetzen nicht widersprechen und ihre zeitliche Gültigkeit auf den Zeitraum bis zum Inkrafttreten entsprechender Gesetzesakte begrenzt ist."

[326] Schaich 2004: 240.

(jeweils Zweidrittelmehrheit) und je größer die (transformationsbedingten) „Regelungslücken", desto größer ist sein Gestaltungsspielraum. Im Russland der 1990er Jahre waren beide Bedingungen in erheblichem, wenn auch im Zeitverlauf infolge des gestiegenen Gesetzesvolumens abnehmendem Maße gegeben. Natürlich hatten aber auch andere Variablen einen Einfluss darauf, in welchem Maße El'cin diese ihm zur Verfügung stehenden Möglichkeiten in der Verfassungsrealität tatsächlich nutzte.

Von zusätzlicher Bedeutung sind die im Bereich der Rechtsetzung per Präsidentendekret zu konstatierende Intransparenz und die reduzierte Kontrolle. Entgegen demokratietheoretischen Postulaten unterliegen Präsidentendekrete in der Russländischen Föderation de facto keiner Publizitätspflicht.

Schon die verfassungsrechtliche Lage ist umstritten. In Art. 15 Abs. 3 heißt es:

> „Gesetze unterliegen der amtlichen Veröffentlichung. Nicht veröffentlichte Gesetze werden nicht angewendet. Jegliche normativen Rechtsakte, die Rechte, Freiheiten und Pflichten des Menschen und Bürgers tangieren, können nicht angewendet werden, wenn sie nicht offiziell zur allgemeinen Kenntnisnahme publiziert werden."

Aus der Tatsache, dass die Verfassung an dieser Stelle einen Unterschied zwischen „Gesetzen" und „normativen Rechtsakten" zu machen scheint, schließt eine Reihe von Autoren auf eine nur eingeschränkte Veröffentlichungspflicht untergesetzlicher Rechtsakte. Aus dem Dekret „Über das Verfahren der Veröffentlichung und des Inkrafttretens [rechtlicher] Akte des Präsidenten der Russländischen Föderation und der Regierung der Russländischen Föderation" vom März 1992 kann man schließen, dass diese Praxis der Geheimhaltung Anwendung findet.[327] Dort heißt es in Abs. 2 explizit, dass Dekrete und andere Rechtsakte des Staatspräsidenten sowie Rechtsakte der Regierung, die in Gänze oder in einzelnen Punkten „Informationen enthalten, die ein Staatsgeheimnis darstellen", nicht veröffentlicht werden.[328] Werden solche Rechtsakte erlassen, bleiben sie folglich geheim.

---

[327] Ukaz 1992/302.

[328] Ein Ukaz vom Mai 1996 (1996/763) dehnte die Befreiung von der Veröffentlichungspflicht auf Rechtsakte, die „Informationen vertraulichen Charakters" enthalten, aus. Interessant ist, dass das Prädikat „vertraulich" weder in diesem Ukaz noch im Gesetz „Über das Staatsgeheimnis" (1993/5486-I) aus dem Jahr 1993 definiert wird. In Letzterem taucht das Wort nur einmal in Bezug auf Personen auf, die „auf vertraulicher Ba-

Ein renommierter Verfassungskommentar weicht der Problematik vollkommen aus. Er beschränkt sich darauf zu betonen, dass nicht veröffentlichte
Rechtsakte, welche die Rechte, Freiheiten und Pflichten der Bürger berühren,
„nicht angewendet werden, d. h. [...] nicht als gesetzliche Grundlage für die
Regulierung von Beziehungen, für die Anwendung irgendwelcher Sanktionen
gegenüber Bürgern, Amtsträgern und Organisationen infolge Nichterfüllung
der in ihnen enthaltenen Vorschriften dienen können"[329].

Nun könnte man argumentieren, dass alle staatlichen Rechtsakte „Rechte, Freiheiten und Pflichten" *von* Bürgern berühren. Es ist allerdings unklar,
ob diese Argumentation dem Verfassungsartikel 15 Abs. 3 gerecht wird oder
ob darin nicht Rechte, Freiheiten und Pflichten *aller Bürger in ihrer Gesamtheit* gemeint sind. Sollte Letzteres intendiert sein, bedeutete dies, dass die
Russländische Verfassung die Geheimhaltung von staatlichen Rechtsakten
im Grundsatz billigt. Diese verfassungsrechtliche Kontroverse kann an dieser
Stelle nicht eindeutig entschieden werden. Es ist jedoch gesichert, dass während der Präsidentschaft Boris El'cins ein verhältnismäßig großer Anteil präsidentieller Dekrete (Größenordnung: 30 Prozent) nicht veröffentlicht wurde.[330]

Schwieriger zu bestimmen als die Zahl nicht veröffentlichter Dekrete des
Staatspräsidenten ist die politische Relevanz des Inhalts geheimer Dekrete.
Man kann wohl davon ausgehen, dass ein nicht unerheblicher Teil davon Si-
cherheitsfragen betrifft, die auch in anderen Ländern der Geheimhaltung unterliegen. Es gibt jedoch deutliche Hinweise dafür, dass unter das Rubrum
„geheimhaltungswürdige Sicherheitsinteressen" auch Rechtsakte fallen, deren Inhalt politisch von immenser Bedeutung ist und deren Geheimhaltung in

---

sis" mit Geheimdienstorganen zusammenarbeiten oder zusammengearbeitet haben
(ebd.: § 5 Nr. 4).

[329] Topornin/Baturin/Orechov 1994: 116; diese Passage wurde in der 3. Aufl. praktisch
unverändert übernommen (vgl. Topornin 2003: 176).

[330] Vgl. Tabelle 11, S. 162. Aus den Daten bei Parrish (1998: 82) errechnet sich für den
Zeitraum Januar 1994 bis Oktober 1996 ein Durchschnittswert von 29,1 % (Schwankungsbreite: 23,3 % im Jahr 1994 und 40,7 % im Jahr 1995); die Daten bei Troxel
(2003: 80f.) führen für den Zeitraum 1994 bis 1998 zu einem Durchschnittswert von
33,1 % (Schwankungsbreite: 16,9 % im Jahr 1994 und 41,6 % im Jahr 1995). Die Ermittlung der Größenordnung der Zahl nicht veröffentlichter Präsidentendekrete ist verhältnismäßig einfach, da alle Dekrete eines Jahres fortlaufend numeriert sind. Die
Nummer des letzten in einem bestimmten Jahr veröffentlichten Dekrets abzüglich der
Zahl der veröffentlichten Dekrete ergibt die Mindestzahl von Dekreten, die in dem entsprechenden Jahr nicht veröffentlicht wurden (vgl. Parrish 1998: 83).

besonderem Maße auch dazu dient, Verantwortlichkeiten zu verschleiern und die Regierungskontrolle zu erschweren. Die oben bereits erwähnte extensive Auslegung des Begriffes „staatliche Sicherheit", die große Zahl an geheimen Dekreten sowie die Tatsache, dass auch mittels geheimer Dekrete der erste Krieg in Čečnja vorbereitet und in Gang gesetzt wurde, müssen in diesem Kontext gesehen werden.[331]

In offiziellen Veröffentlichungen wird zwischen „normativen" und „nicht-normativen" Dekreten unterschieden.[332] Die verfassungsrechtliche Grundlage dieser Unterscheidung wird von den meisten Rechtswissenschaftlern in Art. 115 Abs. 1 gesehen: Da dort explizit von „normativen Dekreten" die Rede ist, sei der „Umkehrschluss auf Einzelakte in Ukaz-Form"[333] gestattet. Normative Dekrete setzen somit eigenständig rechtliche Regeln in einem bestimmten Politikfeld. Scott Parrish definiert sie als „executive initiatives aimed at setting new policy"[334]. Nichtnormative Dekrete dagegen „merely implement existing policy, law, or administrative practice".[335]

In einem Beschluss vom Juni 1995 definierte das russländische Verfassungsgericht den Begriff „nichtnormative Bestimmungen" rein formalistisch anhand des Inhalts eines konkreten präsidentiellen Dekrets folgendermaßen: „Sie haben operativ-organisatorischen Charakter, enthalten zeitlich begrenzte, konkrete Vorschriften, sind an klar bestimmte Subjekte adressiert und betreffen die Entwicklung und Tätigkeit eines konkreten [...] Objektes [...]."[336]

Es ist unbestritten, dass während der Präsidentschaft El'cins nichtnormative Dekrete ein Vielfaches der Zahl normativer Dekrete ausmachten.[337] Dies

---

[331] Vgl. hierzu auch Parrish (1998: 83).

[332] Remington (2000: 507, Fn. 24) differenziert zwischen „normative" und „implementing" decrees.

[333] Schaich 2004: 29.

[334] Parrish 1998: 82. Von Schaich (2000: 359) werden „als normativ solche Ukazy verstanden, die sich mit Tatbestand und Rechtsfolge zur Regelung einer Vielzahl von Sachverhalten an eine unbestimmte Anzahl von Adressaten richten".

[335] Parrish 1998: 82. Remingtons (2000: 507, Fn. 24) Definition ist deutlich enger: „[...] implementing decrees concern individuals and other cases of limited application". Schaichs (2000: 359) Verständnis ist noch formeller: Für ihn dienen nichtnormative Dekrete ausschließlich „der Regelung eines konkreten Einzelfalles".

[336] Verfassungsgericht 1995/28-O.

[337] Die Daten von Troxel (2003: 80) ergeben in Bezug auf die Jahre 1994 bis 1998 für das Zahlenverhältnis nichtnormativer Dekrete zu normativen Dekreten einen Durchschnittswert von 6,7. Wenn man das „Ausreißerjahr" 1994 (11,7) außer Betracht lässt, beträgt der durchschnittliche Quotient immer noch 5,7 (vgl. Tabelle 11, S. 162). Re-

nimmt auch nicht wunder, wenn man sich klar macht, dass ein großer Anteil der präsidentiellen Dekrete insbesondere Ernennungen in und Entlassungen aus politischen Ämtern, staatliche Ehrungen bestimmter Personen sowie Verwaltungsabläufe und -strukturen betrifft. Auffällig ist jedoch, dass die Datenbasis häufig widersprüchlich ist, so dass unterschiedliche Autoren im Hinblick auf die Zahl der Dekrete in einem bestimmten Jahr zu unterschiedlichen Werten kommen (vgl. Tabelle 11, S. 162). Trotz dieser Differenzen kann man jedoch aus der Übersicht Größenordnungen herauslesen, die für den hier verfolgten Zweck ausreichen. Am auffälligsten ist dabei, dass nach Inkrafttreten der neuen Russländischen Verfassung die Zahl der normativen Dekrete des Staatspräsidenten die Zahl der von der Duma verabschiedeten Gesetze überstieg – bis 1996 sogar erheblich. Nach 1996 nahm der Umfang der normativen Dekrete ab, während die Gesetzesproduktion weiter stetig stieg.

Zu beachten ist, dass nichtnormative präsidentielle Dekrete nicht der Kontrolle durch das Verfassungsgericht unterliegen. Der obengenannte Beschluss vom Juni 1995 legte den Grundstein dafür, dass das Verfassungsgericht in der Folge mehrfach Normenkontrollanträge als nicht zulässig abweisen konnte, da der zur Prüfung vorgelegte Rechtsakt von Seiten des Gerichtes als nichtnormativ eingestuft wurde. Während Art. 125 Abs. 2 lit. a der Russländischen Verfassung das Verfassungsgericht mit der Überprüfung der Verfassungskonformität „der föderalen Gesetze, der normativen Akte des Präsidenten der Russländischen Föderation, des Föderationsrates, der Staatsduma [und] der Regierung der Russländischen Föderation" betraut, ist das Gericht im Falle nichtnormativer Akte nicht zuständig.

Diese Argumentation ist aus zwei Gründen bemerkenswert. Zum einen wurde damit einem Dekret El'cins die Eigenschaft „nichtnormativ" bescheinigt, das zwar in der Tat den isolierten Fall eines staatlichen Großunternehmens zum Gegenstand hatte, mit dem jedoch gleichzeitig geltendes Recht umgangen wurde. Nach der damals geltenden Rechtslage war der Import radioaktiven Abfalls aus dem Ausland in die Russländische Föderation verbo-

---

mington (2000: 507, Fn. 24) spricht – ohne jedoch dafür Zahlen anzuführen – vom Acht- bis Neunfachen in jedem Jahr.

ten. Genau diesen Import erlaubte El'cin in seinem Dekret vom Januar 1995 jedoch dem Bergbau-Chemie-Kombinat im sibirischen Železnogorsk.[338]

Die zweite Besonderheit des Beschlusses des Verfassungsgerichts besteht in den Auswirkungen der Interpretation des Begriffes „normativ". Das Gericht begreift den Ausdruck „normativer Akt", wie er (nicht nur) im Verfassungsartikel 125 vorkommt, nicht etwas als Synonym zu „rechtlicher Akt", sondern geht davon aus, dass unter den Oberbegriff „rechtlicher Akt" die Kategorien „normativer Akt" und „nichtnormativer Akt" subsumiert werden. Dieses Rechtsverständnis hat weitreichende Konsequenzen. Daraus folgt, dass „nichtnormative Akte" nicht notwendigerweise einer Veröffentlichungspflicht unterliegen, da Art. 15 Abs. 3 der Russländischen Verfassung nur besagt, dass „jegliche normativen [sic!] Rechtsakte, die Rechte, Freiheiten und Pflichten des Menschen und Bürgers tangieren, nicht angewendet werden [können], wenn sie nicht offiziell zur allgemeinen Kenntnisnahme publiziert werden".

Wenn nun eine formalistisch grundierte Definition des Begriffes „nichtnormativer Akt" zugrunde gelegt wird, hat dies zwei Folgewirkungen: Erstens kann die Bedienung von Partikularinteressen hinter dem „Schutzschild" eines als nichtnormativ deklarierten Rechtsaktes versteckt und damit nach Belieben der Publizitätspflicht entzogen werden; zweitens unterliegen nichtnormative Akte keiner Kontrolle durch das Verfassungsgericht.[339] Diese generalisierende Aussage ist jedoch dahingehend einzuschränken, dass es sicher nicht die Regel sein dürfte, dass de facto normative Dekrete (im Sinne von *policy making*) als nichtnormativ ausgegeben werden. Allerdings kann diese Lücke im Einzelfall vom Staatspräsidenten genutzt werden. Dadurch werden ohnehin schon bestehende Probleme wie Intransparenz und mangelnde Kontrolle zusätzlich verstärkt.

Eine quantitative Analyse der Rechtsetzung während der Ära El'cin stößt regelmäßig auf das Problem nicht uneingeschränkt zuverlässiger Daten. Unumstrittene offizielle Statistiken scheint es nicht zu geben. Einige Autoren wei-

---

[338] Ukaz 1995/72. Eine gesetzliche Regelung und damit eine Erlaubnis des Imports atomarer Abfälle gibt es erst seit dem Jahr 2001.

[339] Möglicherweise ahnt das Verfassungsgericht die hierin liegende Gefahr, weicht der eigenen Verantwortung jedoch aus. Ein Indiz dafür könnte sein, dass das Gericht die Antragsteller nach Erklärung seiner Nichtzuständigkeit an andere rechtliche Instanzen (allgemeine und Arbitrage-Gerichte) verweist (vgl. Verfassungsgericht 1995/28-O).

sen explizit auf dieses Problem hinsichtlich widersprüchlicher Daten hin,[340] andere scheinen dies zu ignorieren und/oder stützen sich nur auf eine Quelle[341]. Selbst Autoren, die sich jeweils ausschließlich auf eine einzige – und in diesem Fall identische – Quelle stützen, kommen zu unterschiedlichen Ergebnissen, die im Extremfall um mehr als 20 Prozent voneinander abweichen.[342]

Aufgrund der widersprüchlichen Datenlage bietet Tabelle 11 (S. 162) eine Gegenüberstellung der Zahlen zweier Untersuchungen. Während Tiffany Troxel eine eigenständige Untersuchung vorgelegt hat, bieten Wolfgang Merkel et al. eine Synopse aus verschiedenen anderen Quellen. Der Grund für die Auswahl dieser beiden Untersuchungen ist in erster Linie pragmatischer Natur. Erstens decken beide Arbeiten als einzige den gesamten hier betrachteten Untersuchungszeitraum der Präsidentschaft El'cins während der Zweiten Russländischen Republik fast vollständig ab; zweitens ergänzen sie sich wechselseitig; und drittens bieten sie in Bezug auf die Kategorie der präsidentiellen Dekrete eine interessante Gegenüberstellung, die das quantitative Spektrum der erlassenen Dekrete gut abbildet.[343]

Daraus ergibt sich, dass die Tabelle 11 (wie auch alle vorliegenden Einzeluntersuchungen für sich genommen) keinen Anspruch auf hundertprozentige Genauigkeit erheben kann. Was sie allerdings leistet – und was für das hier verfolgte Erkenntnisinteresse auch vollkommen ausreicht – ist, dass sie

---

[340] Bspw. Steinsdorff (2002: 283).

[341] Bspw. Parrish (1998), Remington (2000) und Troxel (2003). Remington/Smith/Haspel (1998: 295-297) reflektieren das Zuverlässigkeitsproblem nur hinsichtlich der Gesetzgebung, nicht jedoch in Bezug auf Dekrete.

[342] Vgl. z. B. die divergierenden Angaben zur Zahl der veröffentlichten normativen Dekrete für das Jahr 1994 bei Parrish (1998: 82), der die Zahl 256 nennt, und Remington (2000: 508), der nur 202 identifiziert.

[343] Eine Alternative wäre, sich auf Thomas F. Remington, Moshe Haspel und Steven S. Smith zu stützen, die den Anspruch erheben, über eine Datenbank mit „complete data sets on all bills taken up by the Duma and on the legislative histories of all bills that passed the Duma" (Remington 2014: XI) zu verfügen. So verdienstvoll dieses umfangreiche Projekt, das bis in die Gegenwart reicht, auch ist, löst es doch nicht das grundsätzliche Problem der Datenzuverlässigkeit, im Gegenteil: Bezogen auf die beiden ersten Legislaturperioden der Duma (1994-95 und 1996-1999) publizieren Remington und Kollegen bis heute in unterschiedlichen Veröffentlichungen abweichende Zahlen (vgl. z. B. Tabelle 1 bei Haspel/Remington/Smith 2006: 260 vs. Tabelle 4.2 bei Remington 2014: 105). Remington (2014: 105f., Fn. 8) erläutert zwar die Schwierigkeiten bei der Datenerhebung, doch dies erklärt nicht die Diskrepanzen zwischen verschiedenen Publikationen, die sich auf ein und dieselbe Datenbank stützen.

eine Übersicht über Größenordnungen bietet und somit sinnvolle Vergleiche und die Identifizierung von Entwicklungstendenzen ermöglicht. Wenn man nun die quantitative Entwicklung näher betrachtet, stechen mehrere Dinge ins Auge (vgl. Tabelle 11). Zum einen ist die sehr hohe Zahl an präsidentiellen Dekreten zu nennen. In jedem der Jahre zwischen 1994 und 1999 erließ El'cin eine vierstellige Zahl an Dekreten. Selbst wenn man die nichtnormativen und/oder nicht veröffentlichten Dekrete außer Betracht lässt, ist die Zahl an jährlich erlassenen Dekreten vergleichsweise hoch. Sie beträgt nur selten weniger als 200 und erreichte im Präsidentschaftswahljahr 1996 mehr als 450.

Üblicherweise wird argumentiert, das Jahr 1996 sei nicht repräsentativ, da es sich um das Präsidentschaftswahljahr handele, in dem El'cin aus Wahlkampfgründen unter anderem eine extrem hohe Zahl an redistributiv wirkenden Dekreten unterzeichnet habe.[344] Aber selbst wenn man dieses Jahr als Sonderfall ausklammert, ergibt sich immer noch ein durchschnittlicher Wert von 226 veröffentlichten normativen Dekreten pro Kalenderjahr (gegenüber mehr als 265, wenn man das Jahr 1996 einschließt).

Tabelle 11 zeigt zum anderen auch, dass die Zahl veröffentlichter normativer Dekrete nach 1996 stark abnimmt, wohingegen die Zahl der von der Duma verabschiedeten (wie auch die Zahl der in Kraft getretenen) Gesetze seit 1994 kontinuierlich steigt. Zu beachten ist allerdings, dass die Zahl der von der Duma verabschiedeten Gesetze die Zahl der veröffentlichten normativen Dekrete erst im Jahr 1998 überschreitet; in Bezug auf die Zahl der in Kraft getretenen Gesetze ist dies sogar erst 1999 der Fall.Vor dem Hintergrund der intensiven präsidentiellen Dekretierungspraxis ist die Erfolgsquote der Gesetzgebungsaktivitäten durch die Duma von besonderem Interesse.

---

[344] Vgl. Parrish 1998: 82; Remington 2001: 221.

Tabelle 11: Föderale Gesetze und Präsidentendekrete in Russland 1994-1999

	1994		1995		1996		1997		1998		1999	
	Troxel	Merkel et al.	Troxel	Merkel et al.	Troxel	Merkel et al.	Troxel	Merkel et al.	Troxel	Merkel et al.	Troxel	Merkel et al.
Gesamtzahl Dekrete	2.259	2.259	1.344	1.345	1.792	1.792	1.392	1.392	1.656	1.083		1.709
davon												
veröffentl. normative Dekrete	**193**	**256**	**275**	**290**	**475**	**458**	**266**	**190**	**211**	**[a]212**	**359**	**185**
veröffentl. nichtnormative Dekrete	1.685	1.477	510	507	734	567	654	639	769	482	85	745
geheime Dekrete	381	526	559	548	583	767	472	563	676	649	23,7	841
von Duma verabschiedete Gesetze[b]	**79**		**228**		**252**		**253**		**301**		**359**	
Zahl Präsidentenvetos					48		69		65		85	
Quote der präsidentiellen Vetos in %			[c]25,0		19,0		27,3		21,6		23,7	
in Kraft getretene Gesetze			**[d]240**		**145**		**163**		**193**		**229**	

[a] Merkel et al. haben die Daten zu den veröffentlichten normativen Dekreten für die Jahre 1996-1998 allem Anschein nach von Remington (2000: 508) übernommen. Dabei hat sich ein Fehler eingeschlichen (Angabe bei Merkel et al.: „121"), den ich hier korrigiert habe.

[b] Die angegebenen Werte berücksichtigen keine Ratifizierungsgesetze, d. h. Ratifizierungen internationaler Abkommen etc.

[c] Der angegebene Wert bezieht sich auf die beiden Jahre 1994/1995; Quelle: Mndojanc/Salmin 1996: Kap. 1.

[d] Es gibt keine offiziellen Angaben, und weder Troxel noch Merkel et al. bieten für diese Positionen Daten. Die angeführte Zahl ist ein Schätzwert für die Jahre 1994/1995, die sich aus der Auswertung verschiedener Presseveröffentlichungen (anlässlich einer Bilanz der ersten Wahlperiode erschienen) ergeben. Bei den berücksichtigten Presseartikeln handelt es sich um: Voskrečan 1996; Bačurina 1995; Galiev 1995; Konstantinova 1995. Haspel/Remington/Smith (2006: 260) kommen auf 267 Gesetze, Remington (2014: 105) nennt 358. (In letztgenannter Zahl sind möglicherweise Ratifizierungsgesetze enthalten. Wenn dies der Fall sein sollte, könnte dies die quantitative Diskrepanz erklären. Allerdings schmälerte dies die Aussagekraft jener Übersicht im Gegenzug erheblich, weil sie auf die Quote der eingelegten Vetos abhebt und reguläre Gesetze mit Ratifizierungsgesetzen in dieser Hinsicht nicht vergleichbar sind.

Quelle: Eigene Zusammenstellung und eigene Berechnungen nach Daten von Troxel (2003: 80, 84, 98, 195); Merkel et al. (2006: 346).

Wie aus Tabelle 11 ersichtlich, traten pro Kalenderjahr durchschnittlich nur rund 60 Prozent der von der Duma verabschiedeten Gesetze tatsächlich in Kraft. Für das Scheitern der übrigen 40 Prozent waren der Staatspräsident und/oder der Föderationsrat verantwortlich. El'cin legte pro Jahr bei 20 bis 30 Prozent der Gesetze, die bereits den Föderationsrat passiert hatten, sein Veto ein. Bei den von der russländischen Verfassung sehr hoch gesetzten Hürden für eine Überstimmung des Präsidentenvetos (Zweidrittelmehrheit in beiden Kammern) nimmt es nicht wunder, dass Gesetze nur in einzelnen Ausnahmefällen gegen den erklärten Willen El'cins in Kraft traten. In einer ganzen Reihe von Fällen setzte El'cin sein Veto gezielt ein, um die politisch gespaltene Föderalversammlung davon abzuhalten, mittels erfolgreicher Gesetzgebung bis dato auf einen bestimmten Politikfeld gültige präsidentielle Dekrete außer Kraft zu setzen.[345]

Die relativ hohe, wenn auch im Zeitverlauf sinkende Zahl normativer Dekrete des Staatspräsidenten gewinnt vor diesem Hintergrund eine besondere Bedeutung. Durch sein nur schwer überstimmbares Vetorecht kann der russländische Staatspräsident de facto das Inkrafttreten der meisten Gesetze verhindern, solange beide Kammern des Parlaments keine Geschlossenheit jenseits der Zweidrittelmehrheit aufweisen. Damit ist nicht gesagt, dass El'cin von dieser Blockademöglichkeit extensiv Gebrauch gemacht hat. Tatsächlich kann man feststellen, dass im Rahmen des Gesetzgebungsprozesses häufig intensive Verhandlungen zwischen Duma, Regierung und Parlament stattgefunden haben, um eine Einigung zu erzielen. Eine nicht zu unterschätzende Zahl von Gesetzen, gegen die El'cin ursprünglich sein Veto eingelegt hatte, traten nach Überarbeitung durch die Duma doch noch in Kraft.[346]

In der zweiten Legislaturperiode (1996-1999) entwickelte der Föderationsrat in stärkerem Maße Züge eines eigenständigen Vetoakteurs.[347] Dies führte

---

[345] Vgl. Parrish 1998: 63.
[346] Nach Angaben von Remington/Smith/Haspel (1998: 300) unterzeichnete El'cin in den Jahren 1994 bis 1997 durchschnittlich 18,6 % der schließlich in Kraft getretenen Gesetze erst nach einmaliger und 6,8 % erst nach mehrmaliger Überarbeitung durch das Parlament.
[347] Diese Entwicklung hängt insbesondere damit zusammen, dass nach 1995 Chefs der Exekutive der Föderationssubjekte nicht mehr vom Staatspräsidenten ernannt, sondern von der jeweiligen Bevölkerung direkt gewählt und damit von El'cin deutlich unabhängiger wurden. (Unter Präsident Putin wurde diese Direktwahl wieder abgeschafft, zudem sind die Mitglieder des Föderationsrates inzwischen nur noch Delegierte der regionalen Exekutiven bzw. Legislativen.)

unter anderem dazu, dass in vielen Fällen Verhandlungen zwischen den beiden Parlamentskammern über bestimmte Gesetzentwürfe notwendig wurden, um das Scheitern von der Duma verabschiedeter Gesetze in der Zweiten Kammer zu verhindern.[348] Zwar gelang es der Duma im langjährigen Durchschnitt, mehr als 60 Prozent der Einsprüche des Föderationsrates zu überstimmen,[349] doch zeitigte dieser Erfolg in denjenigen Fällen keine Folgen, in denen El'cin ein Gesetz ablehnte.[350] Überdies lassen sich zahlreiche Fälle, mehrheitlich in der ersten Legislaturperiode, anführen, in denen El'cin den Föderationsrat gezielt als Hürde einsetzte, wenn er ein Gesetz entschärfen oder sogar ganz verhindern wollte.[351] Vor diesem Hintergrund erscheint die Zahl der präsidentiellen Vetos gegen Gesetze der Duma eher als zu tief angesetzter Wert, weil die Fälle, in denen dank Mitwirkung des Föderationsrates ein präsidentielles Veto „nicht notwendig" war, nicht mit einbezogen sind.

In den obigen Daten zur Nutzung des Vetorechts durch den Staatspräsidenten fehlen auch diejenigen Fälle, in denen El'cin kein formelles Veto einlegte, aber dennoch Unterschrift und Ausfertigung verweigerte.[352] Diese Verfahrensweise war bei El'cin zwar nicht die Regel, doch wenn man berücksichtigt, dass er innerhalb von vier Jahren (1994-1997) insgesamt 37 Mal zu diesem Mittel griff,[353] wird deutlich, dass diese Art der Gesetzesblockade ein zwar relativ selten, aber doch regelmäßig genutztes Instrument des Staatspräsidenten war.

El'cin begründete die jeweilige Verweigerung seiner Unterschrift regelmäßig damit, dass das verabschiedete Gesetz Rechtsverstöße (gegen das Völkerrecht, die Verfassung der Russländischen Föderation, das Haushaltsgesetz usw.) beinhalte oder unter Verletzung von Verfahrensvorschriften (da zum Beispiel Kollegen Stimmen für abwesende Dumaabgeordnete abgege-

---

[348] Insgesamt lehnte der Föderationsrat im Zeitraum 1996-1999 7 % aller von der Duma in 3. Lesung verabschiedeten Gesetze ab (vgl. Steinsdorff 2002: 285).

[349] Vgl. Troxel 2003: 103.

[350] Das Jahr 1998 gilt als Ausnahmejahr, weil es Duma und Föderationsrat gelang, in rund der Hälfte der Fälle El'cins Veto jeweils mit Zweidrittelmehrheit zu überstimmen (vgl. Troxel 2003: 104). In den Jahren zuvor war diese Quote erheblich niedriger.

[351] Vgl. Mitrochin/Luchterhandt 1998: 51.

[352] Selbst in offiziellen Dokumenten findet sich eine unklare und von der Verfassung nicht gedeckte Terminologie. So ist mitunter neben *veto* auch von *otklonenie* (Ablehnung) sowie von *vozvraščenie bez rassmotrenija* (Rückgabe ohne Prüfung) die Rede (vgl. Chandler 2001: 496f.).

[353] Vgl. Remington/Smith/Haspel 1998: 301.

ben hatten) zustande gekommen sei. Sehr vieles spricht jedoch dafür, dass El'cin dieses Vorgehen und die entsprechenden formalen Begründungen nur wählte, wenn er das betreffende Gesetz inhaltlich ablehnte, denn immer wieder ließ er andere Gesetze passieren, die mit denselben Mängeln behaftet waren.[354]

Das Verfassungsgericht erklärte dieses Instrument El'cins mit einer Entscheidung vom April 1996 im Grundsatz für verfassungskonform.[355] Der Kern der Urteilsbegründung besteht in einer extensiven Auslegung von Art. 80 Abs. 2 der Verfassung („Der Präsident der Russländischen Föderation ist der Garant der Verfassung der Russländischen Föderation...“). Diesem Urteil zufolge besitzt der Staatspräsident das formelle Prüfungsrecht im Gesetzgebungsverfahren. Seine Zurückweisung eines Gesetzentwurfes auf dieser Grundlage ist nicht als Veto zu werten und kann demzufolge auch nicht überstimmt werden.[356] Das Verfassungsgericht setzte dem Staatspräsidenten allerdings auch Grenzen, indem es El'cins Praxis der „Rückgabe ohne Prüfung“ eines Gesetzes untersagte und den Präsidenten dazu verpflichtete, jede Zurückweisung mit Gründen zu versehen. Zudem legte es fest, dass ein Gesetz nach Ablauf der Zweiwochenfrist vom Staatspräsidenten nicht mehr mit einem Veto belegt werden kann.[357]

Einer zusätzlichen Ausweitung der oben erwähnten präsidentiellen Veto-Kompetenz schob das Verfassungsgericht erst zwei Jahre später einen Riegel vor. El'cin hatte nämlich in einigen Fällen versucht, auch Gesetzen die Unterschrift zu verweigern, die mit Zweidrittelmehrheit in beiden Kammern verabschiedet worden waren.[358] Diese Verfassungsgerichtsentscheidung – anlässlich des Streites um das „Beutekunstgesetz“ – ist insofern bemerkenswert, als sie einerseits so interpretiert werden kann, dass sie in Teilen dem obengenannten Urteil aus dem Jahre 1996 widerspricht und damit die Blockademacht des Staatspräsidenten wieder etwas einschränkt; andererseits

---

[354] Vgl. Remington/Smith/Haspel 1998: 301.
[355] Verfassungsgericht 1996/10-P.
[356] Vgl. Steinsdorff 2002: 285.
[357] Vgl. Verfassungsgericht 1998/11-P (Leitsatz 5).
[358] Dabei handelte es sich entweder um Verfassungsgesetze oder um einfache Gesetze, bei denen ein ursprüngliches „reguläres“ Veto El'cins mit der notwendigen Mehrheit in beiden Kammern überstimmt worden war.

erweckt das Urteil den Eindruck, das Gericht habe sich vor einer generali-
sierbaren, konkreten Entscheidung gedrückt.

In seiner Entscheidung in der Frage, ob El'cin berechtigt sei, die Unterzeichnung des Beutekunstgesetzes auch nach Überstimmung seines ursprünglichen Vetos mit Verweis auf rechtliche Widersprüche und Mängel im
parlamentarischen Abstimmungsverfahren zu verweigern, kam das Gericht
zu dem Schluss, dass El'cin das Gesetz in Kraft zu setzen habe.[359] Gleichzeitig unterstrichen die Richter, mit diesem Urteil weder zu mit dem Gesetz möglicherweise verbundenen rechtlichen Widersprüchen (gegenüber Völkerrecht
und russländischer Verfassung) noch zu möglichen Mängeln im Abstimmungsverfahren Stellung zu nehmen. Sie betonten, beide Streitparteien
könnten in diesen Fragen Klage vor dem Verfassungsgericht erheben.

Welche Schlüsse lassen sich aus diesem „salomonischen" Urteil ableiten?
Auffällig ist in jedem Fall, dass das Verfassungsgericht in seinem Urteil aus
dem Jahr 1996 dem Präsidenten ein formelles Prüfungsrecht (und damit das
Recht der Unterschriftsverweigerung) einräumt, ihm dieses Recht aber im
1998 zu entscheidenden konkreten Fall verweigert und statt dessen beide Parteien im Falle von Verfahrensstreitigkeiten auf eine mögliche Klage vor dem
Verfassungsgericht verweist.

Im Kern bleibt unklar, warum das Verfassungsgericht in seinem Urteil
1996 El'cin nicht ebenfalls zur Unterzeichnung verpflichtete. Offensichtlich –
so legt zumindest der vorletzte Absatz der Urteilsbegründung mit der Berufung auf Art. 107 Abs. 3 der Verfassung nahe – macht das Verfassungsgericht einen Unterschied, wenn ein Präsidentenveto erfolgreich überstimmt
wurde. Damit bestünde kein Widerspruch zwischen den beiden genannten
Verfassungsgerichtsurteilen, das Prüfungsrecht bliebe weitgehend unangetastet. Als Ergebnis bleibt somit festzuhalten, dass der russländische Staatspräsident infolge seines formellen Prüfungsrechtes über ein zusätzliches Instrument im Gesetzgebungsprozess verfügt, mit dessen Hilfe er die Verabschiedung ihm unliebsamer Gesetze erheblich erschweren und verzögern, in
einigen Fällen auch verhindern kann.

Ein qualitativ-quantitativer Blick auf die Rechtsetzung nach Politikfeldern
zeigt, dass während der Präsidentschaft El'cins – in absoluten Zahlen – im

---

[359] Vgl. Verfassungsgericht 1998/11-P.

Politikfeld „föderale Staatsorgane" die meisten normativen Präsidentendekrete erlassen wurden (vgl. Tabelle 12, S. 168). Dies kann kaum verwundern,
wurde doch oben (S. 76ff.) bereits gezeigt, dass institutionell-organisatorische
Veränderungen auf zentralstaatlicher Ebene in den ersten sechs Jahren nach
Inkrafttreten der neuen Verfassung sehr häufig vorkamen und in der Regel
durch präsidentielle Dekrete geregelt wurden.

Weiter fällt die relativ hohe Zahl von Präsidentendekreten im Bereich der
Wirtschaftspolitik auf. Dieser Punkt gewinnt eine noch größere Bedeutung,
wenn man sich vergegenwärtigt, dass in diesem Bereich in den Jahren 1994
bis 1997 insgesamt nur fünf Gesetze in Kraft traten und das Verhältnis der
Zahl der schließlich von El'cin unterzeichneten Gesetze zur Zahl der von der
Duma in dritter Lesung verabschiedeten Gesetze nur ein Drittel beträgt. So
wird deutlich, dass das Feld Wirtschaftspolitik ebenfalls in erheblichem Maße
nicht durch Gesetze, sondern durch präsidentielle Dekrete reguliert wurde.
Ähnlich verhält es sich in den Bereichen „ökonomische Reformen" – und hier
insbesondere auf dem Feld der Privatisierung – und „Massenmedien". Auf
den beiden letztgenannten Gebieten sticht weniger die absolute Anzahl der
erlassenen Präsidentendekrete ins Auge als vielmehr die geringe Ausferti-
gungsquote der von der Duma verabschiedeten Gesetze. Wie noch zu zeigen
sein wird, erfolgten insbesondere auf diesen beiden Feldern maßgebliche
und mittel- bis langfristig hochgradig wirksame Weichenstellungen per Dekret
und eben nicht per Gesetz. In diesem Sinne hatten El'cins Dekrete materielle
Auswirkungen, die geläufige Annahmen zur Reichweite untergesetzlicher
Rechtsetzung erheblich übersteigen. Wie wir sehen werden, hat diese These
insbesondere hinsichtlich der Politikfelder „Privatisierung staatlicher Betriebe"
und „Massenmedien" auch dann Bestand, wenn man Forschungsergebnisse
zu Dekretpraxis und -vollzug in der Russländischen Föderation berücksichtigt.

Unter quantitativer Perspektive kommt beispielsweise Thomas F. Remington für das Jahr 1999 zu dem Ergebnis, dass 40 Prozent aller veröffentlichten
normativen Präsidentendekrete „rescinded or amended previous decrees,
some affecting dozens of earlier decrees at once"[360].

---

[360] Remington 2000: 506, Fn. 19.

Tabelle 12: Gesetzgebung und Erlass von Dekreten nach Politikfeld (1994-1997)

Politikfelder	Gesetze				Dekrete				
	1994-1995	1996-1997	Summe 1994-97	Ausferti-gungsquote	1994	1995	1996	1997	Summe 1994-97
	verabschiedet/ausgefertigt	verabschiedet/ausgefertigt	verabschiedet/ausgefertigt						
Massenmedien	10/4	2/0	12/4	33,3 %	1	1	2	3	7
Besteuerung	21/18	28/16	49/34	69,4 %	1	4	9	5	19
ökonomische Reformen									
Grund und Boden	1/1	7/3	8/4	50,0 %	0	0	3	2	5
Privatisierung	6/1	4/3	10/4	40,0 %	7	6	3	4	20
Innenpolitik									
Beziehungen zu Föderationssubjekten	0/0	7/0	7/0	0,0 %	4	2	4	7	17
föderale staatliche Organe	2/2	4/1	6/3	50,0 %	47	38	91	57	233
Sozialpolitik									
Renten	27/21	21/12	48/33	68,8 %	4	1	7	3	15
Arbeit und Löhne	15/11	16/8	31/19	61,3 %	3	2	12	3	20
Sozialversicherung	12/9	9/7	21/16	76,2 %	2	5	5	1	13
Sozialleistungen	27/22	23/16	50/38	76,0 %	8	3	8	2	21
Wirtschaftspolitik									
staatliche Hilfen für die Wirtschaft	2/2	4/0	6/2	33,3 %	5	10	48	0	63
sektorale Programme	6/3	3/0	9/3	33,3 %	12	16	36	0	64
Außenpolitik									
internationale Beziehungen	75/71	69/63	94/86	91,5 %	0	8	7	2	17
Beziehungen zur SNG	25/23	38/36	63/59	93,7 %	2	0	0	4	6

Quelle: modifiziert nach Remington/Smith/Haspel 1998: 306; eigene Berechnungen.

Selbst wenn man annimmt, dass diese Zahl auch für die vorangegangenen Jahre repräsentativ sein sollte,[361] sagt die Quantität kaum etwas über die Qualität, das heißt den materiellen Gehalt und die Folgewirkungen der verbleibenden Dekrete aus. Gleiches gilt auch für vorangehende bzw. modifizierende Dekrete. Vor diesem Hintergrund kann Remingtons Argument, das Quantitatives mit Qualitativem verbindet, nicht überzeugen. Aus seiner Relativierung des zahlenmäßigen Umfanges präsidentieller Dekrete folgt eben nicht zwingend und generell, dass damit auch die Bedeutung der präsidentiellen Dekretpraxis in inhaltlich-qualitativer Hinsicht abnimmt.

Grundsätzlich ist Remingtons Einschätzung zuzustimmen, dass „a law has greater credibility and longevity than a decree" und dass dadurch auch Implementationsprobleme weniger wahrscheinlich sind.[362] Ebenso ist richtig, dass dem Versuch El'cins, das seit Ende 1993 verfassungsrechtlich verbriefte, durch wechselseitige Blockade von Duma und Staatspräsident jedoch de facto nicht verwirklichte Recht auf Privatbesitz von Land auf dem Wege untergesetzlicher Rechtsetzung umzusetzen, nur eingeschränkter Erfolg beschieden war.[363] Dies hatte seine Ursache nicht zuletzt darin, dass die Schaffung eines landesweiten Marktes für Grund und Boden nicht gelang, was in erheblichem Maße auch daran lag, dass lokale Akteure die rechtliche Grundlage (in Form von Dekreten statt von Gesetzen) als zu unsicher empfanden, das heißt die Reversibilität als sehr hoch einschätzten.

So wichtig diese Beobachtungen in Bezug auf die Landreform auch sind – sie können nicht als generalisierender Beleg für die geringe Wirksamkeit präsidentieller Dekrete während der Präsidentschaft El'cins dienen. Zum einen beziehen sich die genannten Implementationsprobleme nicht allein auf die Rechtsetzung per Dekret. Mangelnde Umsetzung rechtlicher Vorgaben war

---

[361] Diese Annahme zugunsten Remingtons dürfte jedoch zu hoch gegriffen sein, da erstens die Notwendigkeit zur Korrektur früherer Dekrete im Zeitverlauf im Zuge der Zunahme der Zahl von Rechtsakten gestiegen sein dürfte und zweitens erst gegen Ende der 1990er Jahre verstärkt darauf geachtet wurde, rechtliche Widersprüche zwischen unterschiedlichen Rechtsakten zu beseitigen.

[362] Remington 2004: 66.

[363] Vgl. Remington/Smith/Haspel 1998: 310. Erst unter Putin gelang die Verabschiedung des Bodengesetzbuches. Es zeichnet sich allerdings durch relativ geringe Liberalisierung und umfangreiche Restriktionen aus. Für eine ausführlichere Analyse der Entwicklung des Rechtes an Grund und Boden und der politischen Auseinandersetzung zwischen Staatspräsident und Parlament vgl. bspw. Andreeva 2002: 170-195.

unabhängig vom Status des Rechtsaktes generell ein exorbitantes Problem der El'cin-Ära (und ist es, wenn auch in geringerem Maße, bis heute geblieben). Zum anderen versuchte El'cin in diesem Fall ausnahmsweise mittels Dekreten de facto ein ganzes Gesetzbuch zu ersetzen. Dies ist naturgemäß bedeutend komplexer als durch selektive Dekrete (re-)distributive und/oder regulative Wirkungen zu erzielen, die zunächst nur einen beschränkten Akteurskreis unmittelbar betreffen. Gerade die letztgenannten Faktoren treffen auf die Bereiche Privatisierung, selektive ökonomische Maßnahmen und Massenmedien in besonderem Maße zu, und hier entfalteten El'cins Dekrete mit die größten Wirkungen.

Remington, Smith und Haspel haben formal recht, wenn sie in ihrer Untersuchung zu folgendem Schluss kommen: „For the most part, Yeltsin's decrees have tended to be footnotes to legislation, rather than setting basic policy."[364] Und doch zielen sie dabei an einem der wichtigsten Punkte vorbei, denn de facto gab es während der Präsidentschaft El'cins einige unter dem Aspekt des politischen und ökonomischen Transformationsprozesses strategisch bedeutsame Politikfelder, die in hohem Maße via Präsidentendekret reguliert wurden. In diesem Sinne wurde mittels der Summe von Dekreten eben doch auch „basic policy" gemacht.

Wenn man die Gesamtbilanz der Gesetzgebungstätigkeit der Ära El'cin näher betrachtet, so fallen die zum Teil gravierenden Regelungslücken auf. Betroffen sind ganz unterschiedliche Politikfelder – vom politisch-institutionellen über den Grundrechtsbereich bis hin zu den Feldern Wirtschaft und Finanzen. So blieb beispielsweise infolge des fehlenden dritten Teiles des Bürgerlichen Gesetzbuches das Recht an Grund und Boden ungeregelt; Gesetze zum Ausnahme- bzw. Kriegszustand oder zur Statusänderung der Föderationssubjekte wurden ebensowenig verabschiedet; vom Steuergesetzbuch trat bis zum Rücktritt El'cins nur der allgemeine Teil in Kraft.[365]

---

[364] Remington/Smith/Haspel 1998: 310.
[365] Vgl. Steinsdorff 2002: 283f.

Exkurs zur Haushaltsgesetzgebung

Es mag erstaunen, dass das Staatsbudget im Fortgang dieses Kapitels bislang nur indirekt eine Rolle spielte – gilt das Budgetrecht doch nach klassi-
scher Auffassung nicht nur als Vorrecht des Parlamentes, sondern als wichtigstes Gestaltungs- und Kontrollrecht. Was ist also der Grund dafür, dass
das Zustandekommen, die Verabschiedung und die Umsetzung des Staatshaushaltes in der vorliegenden Untersuchung keiner eingehenderen Analyse
unterzogen werden?

Ich habe mich aus folgendem Grund gegen eine ausführliche Fallstudie
zum Staatshaushalt entschieden: Die bereits in den vorangegangenen Abschnitten herausgearbeiteten Phänomene der Intransparenz exekutiven Handelns sowie der eingeschränkten Verantwortlichkeit, der eigenmächtigen
Rechtsetzungspraxis und des großen Entscheidungsspielraumes der Exekutive finden sich auch auf diesem Feld. Diesem Befund widersprechende oder
hinsichtlich der Leitfrage dieses Kapitels darüber hinausführende Erkenntnis-
se sind nicht zu erwarten. Zur Illustration der in den 1990er Jahren zu beobachtenden Besonderheiten im Bereich des Staatshaushaltes sei exemplarisch auf folgende Punkte hingewiesen:

- Ein erstaunlich großer Teil des Staatshaushaltes – Schätzungen sprechen
  von rund einem Fünftel des Volumens – unterlag der Geheimhaltung.
- Die Etats waren angesichts der vorherrschenden ökonomischen Krise und
  mangelnder Steuereinnahmen fast immer unrealistisch. Die deshalb notwendigen laufenden Kürzungen wurden von der Exekutive häufig dispro-
  portional und nach eigenem Ermessen vorgenommen.[366]
- Es konnte auch zu erheblichen Ungleichgewichten beim Vollzug eines
  nicht unterfinanzierten Haushaltes kommen. Im Jahr 1995 beispielsweise
  standen Posten mit sechsfacher Überfinanzierung solchen gegenüber, auf
  die nur zwischen einem Drittel und der Hälfte der zugesagten Mittel entfielen.[367]
- Auch Staatspräsident El'cin intervenierte, indem er Dekrete zur Finanzierung bestimmter Ausgaben, die im Widerspruch zum Haushaltsgesetz

---

[366] Vgl. Sokolowski 2001: 553.
[367] Vgl. Dmitrieva 1996. Dmitrieva, die Mitglied des Haushaltsausschusses ist, zufolge
„trafen 1995 im Finanzministerium mehr als 2.000 verschiedene Entscheidungen
(Verordnungen, Dekrete, Verfügungen) ein, die die Finanzierung von Ausgaben vor-
sahen, die nicht im Haushalt aufgeführt waren".

standen, erließ, und damit den Handlungsspielraum der Regierung ein-
engte.[368]
- Trotz diverser Verbote gab es durchgehend außerbudgetäre Fonds, die
  der Kontrolle durch das Parlament noch weniger zugänglich waren als der
  offizielle Haushalt.[369]

Schon diese kurze Liste an Beispielen zeigt deutlich, dass die Kontrolle des
Vollzuges des Etats durch das Parlament infolge der Intransparenz der staatlichen Ausgaben und Einnahmen im Russland der 1990er Jahre sehr erschwert war. Hinzu kommen die immer wieder zu konstatierenden Versuche
von Regierungsinstitutionen bzw. -angehörigen, sich ihrer verfassungsrechtlich festgelegten Rechenschaftspflicht (Art. 114 Abs. 1 lit. a Verf. RF) zu entziehen.[370] Schon „klassisch" zu nennende Vorgehensweisen reichen vom Ignorieren von Auskunftsersuchen über die direkte Verweigerung, Informationen zu erteilen, bis hin zu Herausgabe verzerrter Daten.

William Tompson hat die mit der Haushaltsgesetzgebung verbundene
Problematik in eindrücklicher Weise zugespitzt: Die jährliche Verabschiedung
des Budgets durch die Föderalversammlung

„is a ritual of legitimation. Deputies know that they are not really voting on
actual revenue and expenditure for the year ahead; they are simply
endowing the government's (generally ad hoc) conduct of fiscal policy with a
measure of democratic legitimacy. The ‚concessions' extracted during the
budget process are symbolic promises the government makes in order to
secure that legitimacy. The budget thus provides a legal basis for the
exercise of discretionary powers by executive agencies [...]."[371]

Dieser kursorische Überblick dürfte hinreichend deutlich gemacht haben,
dass sich eine eingehende Untersuchung des Prozesses der Haushaltsgesetzgebung in der Russländischen Föderation kaum dazu eignet, zusätzliche
Antworten im Hinblick auf das Erkenntnisinteresse des vorliegenden Kapitels
zu erhalten. Eine fiskalische Verantwortlichkeit der Exekutive gegenüber Parlament und Öffentlichkeit war in den 1990er Jahren nur in sehr geringem Maße gegeben. Und da diese Verantwortlichkeit stark eingeschränkt war, sinkt
die Relevanz der Frage, wie sich die Interaktion zwischen Parlament, Regierung und Staatspräsident bei den jährlichen Haushaltsberatungen gestaltete,

---

[368] Vgl. Sokolowski 2001: 559.
[369] Vgl. Diamond 2002: 15f.; Remington 1997: 113.
[370] Vgl. Steinsdorff 2002: 287.
[371] Tompson 1997: 1169.

wie und in welchem Maße sich die Duma an der Politikgestaltung beteiligte etc. Pointiert formuliert: Dass die Exekutive während El'cins Präsidentschaft im Zuge der Etatberatungen – nach oft monatelangem Tauziehen – gegen- über der Duma häufig erhebliche Zugeständnisse machte und die Duma kein einziges Haushaltsgesetz ablehnte,[372] ist von untergeordneter Bedeutung, wenn die vollziehende Gewalt in erheblichem Maße unkontrolliert nach eige- nem Gutdünken den Haushalt umsetzen kann.

4.2.7 Zwischenfazit zur Rechtsetzung durch Parlament und Staatspräsident

Diverse Untersuchungen kommen zu dem Schluss, dass El'cin keineswegs durchgehend als autoritärer Präsident agierte, der die Gesetzgebungsaktivität der Duma per Veto blockierte und im Gegenzug Recht per Dekret setzte.[373] Weitaus häufiger kam es zu Kompromisslösungen.[374]

Scott Parrish resümiert in seiner Untersuchung des präsidentiellen Dekret- rechts und der Dekretpraxis in der Russländischen Föderation, dass „[m]uch of the president's apparent power stems less from the institutional arrange- ment specified in the Constitution itself than from the current political situation in Russia"[375]. Er verweist zur Untermauerung seiner These auf vier Punkte:[376]

1. Der Föderationsrat habe sich für El'cin bei der Blockade von Gesetzesini- tiativen seitens der Duma und somit bei der Rechtsetzung mittels Präsi- dentendekreten als hilfreich erwiesen. Zukünftige russländische Staats- präsidenten müssten jedoch mit einer eigenständigeren Zweiten Kammer rechnen.
2. Der Duma gelinge es in zunehmendem Maße, die Lücken in der beste- henden Gesetzgebung zu schließen und damit den Handlungsspielraum des Präsidenten beim Erlassen von Dekreten weiter einzuschränken.
3. Die pro-präsidentielle Haltung des Verfassungsgerichtes sei teilweise ein vorübergehendes Phänomen. El'cins Nachfolger könnten darauf nicht mehr bauen.
4. Die Weiterentwicklung des Föderalismus wie auch die anhaltende Ineffi- zienz der russländischen Bürokratie führten zusammengenommen zu verminderten realen Auswirkungen der Dekrete El'cins, selbst wenn sich dieser in politischen Auseinandersetzungen mit seinen Gegnern in Mos- kau durchsetzen konnte.

---

[372] Vgl. für eine ausführliche Analyse der Haushaltsberatungen u. a. Troxel 2003: Kap. 7.
[373] Vgl. u. a. Parrish 1998; Remington 2000; Remington/Smith/Haspel 1998; Troxel 2003.
[374] Vgl. Steinsdorff 1999.
[375] Parrish 1998: 100.
[376] Vgl. im Folgenden Parrish 1998: 100-102.

In der Tat relativieren alle diese Faktoren die Wirkungsmächtigkeit El'cins bei
der Rechtsetzung per Dekret. Wie in diesem Kapitel gezeigt, blieben die verschiedenen Gegengewichte nur äußerst selten einflusslos. Das spezifische
Gewicht dieser die legislative Tätigkeit El'cins einschränkenden Variablen
nimmt jedoch erheblich ab, wenn man nicht von einem Staatspräsidenten als
„allmächtigem Gesetzgeber" – eine Mitte der 1990er Jahre häufig anzutreffende Behauptung – ausgeht, sondern die tatsächliche Machtverteilung in der
Verfassungsrealität in den Blick nimmt. Hier zeigt sich, dass es während der
Ära El'cin – wenn auch mit abnehmender Tendenz – das Amt des Staatspräsidenten war, welches über die stärkere Machtposition verfügte.

Die schon infolge der verfassungsrechtlichen Konstruktion relative
Schwäche der Duma bei der Gesetzgebung wurde in den 1990er Jahren
durch die große Fragmentierung innerhalb der Ersten Kammer und durch das
volatile Parteiensystem zusätzlich verstärkt. Ein weiterer Faktor von erheblichem Gewicht resultiert zudem aus der Rechtsprechung des Verfassungsgerichtes. Durch eine Reihe von Entscheidungen wurden die Kompetenzen des
Staatspräsidenten im Bereich der Rechtsetzung erheblich ausgeweitet – teilweise eindeutig über den von der Verfassung festgelegten Rahmen hinaus.
Zentrales Legitimationsmuster war und ist die Figur des „Garanten der Verfassung". In Bezug auf die Dekretvollmachten des Staatspräsidenten muss
von einer umfassenden Aufweichung des Gesetzesvorbehalts (Staatspräsident kann „Lücken in der Gesetzgebung" per Dekret füllen) gesprochen werden.[377] Gegen Parrishs obige These muss zu bedenken gegeben werden,
dass ein zukünftiges Verfassungsgericht ohne weiteres „präsidentenkriti-
scher" sein kann, ohne dass damit das Zurückschneiden des „Wildwuchses"
präsidentieller Rechtsetzungskompetenzen verbunden sein muss.

Vor diesem Hintergrund vermag es kaum zu überraschen, dass das Verfassungsgericht – auch über die Amtszeit El'cins hinaus – kein einziges Präsidentendekret für verfassungswidrig erklärte. Bis Mitte 2002 fällte es elf Entscheidungen zu Dekreten des Staatspräsidenten: Sieben Anträge wurden als
unzulässig abgewiesen, die vier Entscheidungen in der Sache fielen zuguns-

---

[377] Schaich (2004: 243) arbeitet die Widersprüchlichkeit der Rechtsprechung des Verfassungsgerichts klar heraus, da in Bezug auf Rechtsakte der Regierung eine gegenläu-
fige Tendenz zu konstatieren ist: Durch verschiedene Entscheidungen wurde hier der
Gesetzesvorbehalt ausgeweitet.

ten des Präsidenten aus.[378] Vieles spricht dafür, dass das Verfassungsgericht Urteile gegen die präsidentielle Rechtsetzung um jeden Preis vermeiden wollte und dabei häufig insbesondere formaljuristische Argumente ins Feld führte. Christian Schaich resümiert treffend: Durch das Verfassungsgericht „wurde und wird die Stellung eines Verfassungsgaranten als ‚Notanker' verwendet, um mittels einer daraus abgeleiteten Allzuständigkeit verfassungsrechtlich zweifelhafte Handlungen und Rechtsakte des Präsidenten zu legitimieren"[379].

Dass El'cin trotz der geschilderten Kompetenzfülle in vielen Fällen den Kompromiss mit der Duma suchte, muss obiger These nicht notwendigerweise widersprechen, denn in der politischen Realität im Russland der 1990er Jahre wäre ein konsequenter Konfrontationskurs zwischen Staatspräsident und Parlament politisch und wirtschaftlich kaum durchzuhalten gewesen. Der entscheidende Punkt ist jedoch, dass es einige Bereiche gab, die (fast) ausschließlich per Dekret geregelt wurden.[380] Dazu gehören insbesondere Bereiche, die großen Einfluss auf den weiteren sozio-ökonomischen Transformationspfad Russlands ausübten. Diese Felder zeichnen sich unter anderem dadurch aus, dass die politischen Differenzen zwischen El'cin und der Dumamehrheit sehr groß waren und die beteiligten Akteure den entsprechenden *policies* eine besondere Bedeutung zumaßen.[381]

An erster Stelle ist hier die Privatisierung von ehemals staatlichen Betrieben zu nennen, dazu gehören aber auch die Bankenregulierung, die Nutzung von Grund und Boden, verschiedene Reorganisationen der Exekutive und nicht zuletzt der Bereich der Massenmedien. In diesen Bereichen wurden strategische Akteure (teilweise) zunächst erst geschaffen und anschließend in spezifischer Weise bevorzugt behandelt. Diese konnten in der Folgezeit den politischen und ökonomischen Transformationsprozess in der Russländischen Föderation nachhaltig prägen, und einige von ihnen wurden – teils formell, teils informell – in das Regierungssystem integriert.

---

[378] Vgl. Schaich 2004: 237.
[379] Schaich 2004: 239.
[380] Vgl. Remington 2004: 251.
[381] Vgl. zur erhöhten Wahrscheinlichkeit des Erlasses von Dekreten durch den Staatspräsidenten in diesen Bereichen Remington/Smith/Haspel 1998: 294.

4.3 Zusammenfassung und Überleitung

Die Analyse der Verfassungswirklichkeit in der Zweiten Russländischen Republik hat gezeigt, dass pauschale und polarisierende Thesen („autoritärer Staatspräsident" vs. „Demokratie mit Kinderkrankheiten") die politische Situation in den Jahren 1993 bis 1999 nur sehr einseitig und verzerrend wiedergeben. Es ging und geht auch im Folgenden in dieser Untersuchung nicht darum, die unhaltbare These, dass El'cin ein allmächtiger und autoritär regierender Staatspräsident war, zu untermauern. Die bisherigen Ergebnisse zeigen im Gegenteil, dass er das nicht war. Es konnte jedoch nachgewiesen werden, dass das politische System der Russländischen Föderation eine starke Exekutivlastigkeit und ein damit verbundenes Defizit an Verantwortlichkeit der Exekutive gegenüber Legislative und Öffentlichkeit aufweist.

Einerseits konstituiert die Russländische Verfassung von 1993 ein politisches System, das in seinen Grundzügen demokratischen und rechtsstaatlichen Kriterien gerecht wird. Dazu gehört auch, dass die vorgesehenen Wahlen – entgegen vielerlei Befürchtungen – in allen Fällen planmäßig stattfanden und Ämter nicht auf anderem Wege besetzt wurden. Andererseits verschafft die Verfassung der Exekutive und insbesondere dem Staatspräsidenten strukturelle Vorteile gegenüber der Legislative. Zusätzlich konnte die Exekutive im Laufe der 1990er Jahre in einigen Bereichen ihren Gestaltungsspielraum ausbauen.

Das unterentwickelte Parteiensystem in Russland trug zu dieser Entwicklung maßgeblich bei. Allerdings stellt sich die Frage, ob nicht eine stark auf den Staatspräsidenten ausgerichtete Verfassungsordnung, in der die Legislative eine untergeordnete Rolle spielt, die Defizite im Bereich der Parteien perpetuiert oder sogar mitverursacht. Robert G. Moser hat die Problematik prägnant auf den Punkt gebracht:

> „When the legislature plays a marginal role in the composition or maintenance of the government and can easily be circumvented by the executive in the policy-making process, parties have fewer reasons to institutionalize. A vicious circle emerged in which the weakness of parties compelled President Yeltsin to circumvent the legislature and rule by decree,

while these very actions maintained and increased the weakness of Russian parties in the political system."[382]

Insgesamt konnte im vorliegenden Kapitel gezeigt werden, dass das schon in der Verfassungsordnung der Zweiten Russländischen Republik angelegte Ungleichgewicht zwischen Exekutive und Legislative in der Verfassungsrealität gravierende Auswirkungen hat. Es entwickelte sich kein ausgeglichenes, institutionalisiertes System der *checks and balances* zwischen den Staatsgewalten, die Verantwortlichkeit und Responsivität politischer Akteure ist auch in der Praxis sehr erschwert. Das Parlament erwies sich sowohl hinsichtlich Einflussnahme auf die Zusammensetzung und Kontrolle der Regierung als auch in Bezug auf die Gesetzgebung als benachteiligt. Von einer tatsächlichen Kontrolle des Staatspräsidenten durch das Parlament kann keine Rede sein. Diese Unterlegenheit des Parlaments wurde – von wenigen Ausnahmen abgesehen – durch den hohen Fragmentierungsgrad beider Kammern verstärkt. Häufig war es zudem El'cin ein leichtes, gegen ihn bzw. die Regierung gerichtete (Zweidrittel-)Mehrheiten zu verhindern. Um wirklich als System der *checks and balances* zu funktionieren, müssten einem starken Staatspräsidenten in Russland zwei zu geschlossenem Handeln fähige und bereite Parlamentskammern mit jeweils soliden Zweidrittelmehrheiten gegenüberstehen.[383]

Auch das Verfassungsgericht wirkte in der Praxis überwiegend nicht in Richtung einer Einschränkung der präsidentiellen Vollmachten. Im Gegenteil: Mit einigen Urteilen wurden die Kompetenzen und der Gestaltungsspielraum des Staatspräsidenten gestärkt und teilweise sogar ausgeweitet. Eine besondere Rolle für den Fortgang der Arbeit spielt hierbei die formalistische Auslegung des Begriffs „nichtnormativ" in Bezug auf Präsidialerlasse. Im Endeffekt entfällt dadurch generell die Möglichkeit, einen Erlass verfassungsgerichtlicher Kontrolle zu unterwerfen, mit dem der Staatspräsident einzelfallbezogen partikularen Akteuren Sonderrechte und andere Vorteile einräumt. El'cin

---

[382] Moser 2001: 73. Dieser Zusammenhang zwischen starkem Staatspräsidenten bzw. starker Exekutive und Parteiensystem wird von einer überwiegenden Mehrheit der Autoren so gesehen. Vgl. für den russländischen Fall u. a. Fish 1997: 328; 2001: 21; McFaul 1997b: 323; Remington 2004: 188f.

[383] Beichelt (2001: 133) spricht unverständlicherweise von „Zweidrittelmehrheit in der Duma bei gleichzeitiger absoluter Mehrheit im Föderationsrat".

machte von derartigen Erlassen häufig Gebrauch – besonders augenfällig auf den Politikfeldern Wirtschaft und Massenmedien.

In ihrer Gesamtheit zeigen die in diesem Kapitel angeführten Fallbeispiele, dass während El'cins Präsidentschaft die Interaktion zwischen Exekutive und Legislative durchgehend von der Gefahr einer Konflikteskalation überformt war. Die Fälle, in denen zwischen den beteiligten Akteuren über kurz oder lang Kompromisslösungen ausgehandelt wurden, da ein oder mehrere Akteure kein Interesse an einer Zuspitzung hatten, stehen zu dieser These nicht in Widerspruch, weil dadurch die spezifische Grundkonstellation nicht negiert wird. Die Fallbeispiele zeigen vielmehr, dass die Versuche der Duma, „to function as a relatively independent institution necessarily led, in one way or another, to attempts to limit the dominance of the executive branch"[384] – dass also im Grunde ein Systemkonflikt mitschwang.

Ein weiterer Faktor, der die Kontrolle der Exekutive in der Ära El'cin erheblich erschwerte, besteht in der Intransparenz der Entscheidungsprozesse. Somit wird eine differenzierte Zuordnung von Verantwortlichkeiten verhindert. Dies befördert sowohl die Wahrnehmung, dass in letzter Instanz der Staatspräsident die Verantwortung trägt, wie auch das Phänomen von – regelmäßig medial inszenierten – „Sündenbock"-Entlassungen von Angehörigen der Exekutive durch den Staatspräsidenten. Eine „Kultur der Geheimhaltung" sorgt schließlich mit dafür, dass in einigen Fällen weder die Volksvertreter noch die Öffentlichkeit erkennen können, welche Beschlüsse von der Exekutive gefällt bzw. wie Rechtsakte ausgeführt werden.

Insgesamt konnte in diesem Kapitel gezeigt werden, dass ein zentrales Element des politischen Kapitalismus in der russländischen Verfassungsrealität der 1990er Jahre deutlich hervorstach. Informeller Politik kam ein hoher Stellenwert zu. Vor allem die Umgehung demokratisch legitimierter Institutionen und Verfahren war durchgehend zu beobachten. Exekutive Normsetzung, insbesondere in Form präsidentieller Dekrete, ersetzte sehr häufig die reguläre Gesetzgebung.

In den beiden nachfolgenden Kapiteln werden weitere Phänomene des politischen Kapitalismus im Mittelpunkt stehen. Es soll analysiert werden, wie andere, informelle Akteure während der Amtszeit El'cins in jene Lücken stie-

---

[384] Razuvaev 1997: 50.

ßen, deren Entstehung die durchlöcherte Gewaltenteilung maßgeblich mitverursachte. In Form von Fallstudien soll auch gezeigt werden, dass die beschriebenen Ungleichgewichte und Defizite Einfluss auf Politikinhalte hatten. Am Beispiel der Politikfelder Ökonomie (insbesondere in Bezug auf den Finanzsektor und die Privatisierung) und Massenmedien – beides Felder, auf denen Präsidentendekreten eine herausragende Bedeutung zuwuchs – sollen schwerpunktmäßig zwei Aspekte analysiert werden: Zum einen, wie in einem interdependenten Prozess bestimmte politische Entscheidungen einen engen Kreis von außerpolitischen Akteuren begünstigten und zu hohen Renteneinnahmen verhalfen, wodurch diese zunächst ihre Integration als Akteure in das engere politische System befördern und vertiefen konnten, um dann in zunehmendem Maße Einfluss auf die Struktur und die Entscheidungen der Exekutive zu nehmen. Zum anderen, warum und wie einige ebendieser Akteure darangingen, Massenmedien als politische Ressource einzusetzen und inwiefern dies durch das politische Umfeld der 1990er Jahre erleichtert und gefördert wurde.

5. Die Transformation der Ökonomie

Die Transformation der Wirtschaft in Russland kennzeichnen nicht die relativ klaren Zäsuren, die sich im Bereich der Politik identifizieren lassen (z. B. Auflösung der UdSSR Ende 1991, Begründung der Zweiten Russländischen Republik Ende 1993 etc.). Im Gegensatz dazu stellt der Übergang von der Planwirtschaft zur Marktwirtschaft einen hochgradig inkrementellen Prozess dar. Die Anfänge der Wirtschaftstransformation lassen sich bis in die Sowjetunion Mitte der 1980er Jahre zurückverfolgen. Bereits lange vor der Konstituierung der Zweiten Russländischen Republik kam es zu einer „wilden" bzw. „spontanen Privatisierung", als sich Teile der alten Elite – zwar nicht de jure, wohl aber de facto – die Verfügungsrechte an Betrieben und Kapital sichern konnten.[385]

Es kann nicht das Ziel dieses Kapitels sein, den Gang der ökonomischen Transformation Russlands en détail zu analysieren. Statt dessen soll im Zuge der Analyse einer Reihe von Aspekten gezeigt werden, dass die Wahl bestimmter Wirtschaftsreformen und die Art und Weise ihrer Durchführung sowie das Ausbleiben anderer Reformschritte großen Einfluss auf die Entwicklung, die Strukturen und die Funktionsweise des entstehenden politischen Systems hatten. Der erste wichtige Aspekt ist die Privatisierung ehemals staatlicher Betriebe. In wesentlichen Teilen trug die Art ihrer Durchführung zur Herausbildung einflussreicher ökonomischer Akteure bei, die ab Mitte der 1990er Jahre in beachtlichem Maße wirtschaftlichen und politischen Einfluss ausübten und zum Bedeutungszuwachs informeller Politikprozesse beitrugen.

Ein zweiter bedeutender Punkt ist die Transformation des Bankensektors. Eine Reihe von Großbanken spielte sowohl im wirtschaftlichen als auch im politischen Prozess in Russland eine wichtige Rolle. Gemeinsam mit Großunternehmen aus dem realen Sektor nahmen sie beispielsweise auf dem Feld der Privatisierung, bei der Entstehung finanz-industrieller Konglomerate oder in Bezug auf *rent seeking* eine zentrale Position ein.

Eine dritte relevante Variable ist die besondere Struktur der Ökonomie der Russländischen Föderation. Wie noch zu zeigen sein wird, weist die russlän-

---

[385] Vgl. neben anderen Siehl 1998: 157ff.

dische Wirtschaft eine spezifische „Schieflage" auf: Der Energie- und der Rohstoffsektor sind mit deutlichem Abstand die wichtigsten Wirtschaftsbranchen. Diese strukturelle Besonderheit prägte den Transformationsprozess Russlands in den 1990er Jahren ebenfalls stark.

Der vierte Faktor schließlich beinhaltet die strukturellen Probleme der Russländischen Föderation, insbesondere das chronische Haushaltsdefizit während der Präsidentschaft El'cins. Dieses Defizit ist die Hintergrundfolie für eine Reihe von politischen Maßnahmen, die bestimmte ökonomische Akteure gegenüber anderen eklatant bevorzugten und ihnen bedeutende ökonomische und auch politische Gewinne bescherten. Gleichzeitig war die parallel zum anhaltenden Haushaltsdefizit massiv gestiegene interne Verschuldung des russländischen Staates eine der Hauptursachen für die im August 1998 voll ausgebrochene Wirtschafts- und Währungskrise. Teilweise sorgten die Zahlungsunfähigkeit des Staates und der Zusammenbruch der Wirtschaft dafür, dass vordem wichtige ökonomische Akteure kollabierten und von der Bildfläche verschwanden, teilweise konnten Großkonzerne ihr politisches und wirtschaftliches Gewicht jedoch bewahren.

Die genannten, analytisch getrennten vier Aspekte bilden zentrale Elemente der wirtschaftlichen und politischen Gemengelage während der Präsidentschaft El'cins. Sie überschnitten sich vielfach und verstärkten einander. Insbesondere trugen sie in ihrer Gesamtheit in erheblichem Maße dazu bei, dass sich in der Russländischen Föderation machtvolle ökonomische Akteure herausbilden konnten, die im Laufe der Zeit immer mehr Einfluss auch auf dem Feld der Politik gewannen, sich teilweise sogar in das politische System selbst integrieren konnten.

Wichtig ist in diesem Zusammenhang auch – und dies knüpft an die Ergebnisse des vorangehenden Kapitels an –, dass die Mehrzahl wirtschaftspolitischer Entscheidungen unter El'cin nicht per Gesetz oder auf der Basis eines entsprechenden Gesetzes, sondern mittels untergesetzlicher Rechtsakte umgesetzt wurden. Gleichzeitig fällt auf, dass diejenigen Wirtschaftssubjekte, die ab Mitte der 1990er Jahre am stärksten in den russländischen Medienmarkt investierten, in ihrer überwältigenden Mehrheit im Rohstoff- oder Finanzsektor tätig bzw. Teil von Wirtschaftskonglomeraten sind – mithin Akteure, die zum Beispiel von ökonomischen Verzerrungen im Zuge des Transformationsprozesses, Einzelfallentscheidungen staatlicher Organe etc. überproportional profitieren konnten und über erheblichen Einfluss im politischen Bereich verfügten.

Das vorliegende Kapitel ist in sechs Teilschritte untergliedert. Im ersten Schritt erfolgt eine kurze Einordnung der russländischen Wirtschaftstransformation in den Gesamtkontext des Systemwechsels. Dieser Schritt ist notwendig, weil bereits vor Inkrafttreten der Verfassung von 1993 eine Vielzahl ökonomischer Reformschritte beschlossen und teilweise auch umgesetzt worden waren und diese Maßnahmen auch Einfluss auf den weiteren Transformationsverlauf nahmen.

Im zweiten Schritt des Kapitels folgt ein kurzer Abriss zu den wirtschaftsstrukturellen Besonderheiten und Problemen der Russländischen Föderation in den 1990er Jahren. Phänomene wie das anhaltende Haushaltsdefizit und die steigende Staatsverschuldung oder die hohe Bedeutung des Energie- und Rohstoffsektors spielen eine wichtige Rolle, um das Verhalten der Akteure und ihre Geschäftsstrategien einordnen zu können. Damit kann auch erklärt werden, wie einzelne Akteure die sich bietenden *rent seeking*-Möglichkeiten ausnutzten, davon profitierten und versuchten, diesen Status quo zu erhalten.

Der dritte Schritt bietet eine knappe Analyse der Wirtschaftsreformpolitik der 1990er Jahre in Russland. Schwerpunktmäßig werden die Bereiche Liberalisierung, Deregulierung und makroökonomische Stabilisierung behandelt. Gemeinsam mit den wirtschaftsstrukturellen Besonderheiten bildet die Wirtschaftsreformpolitik den Kontext, innerhalb dessen sich die näher zu untersuchenden Akteure bewegen und ihre Anpassungsstrategien verfolgen.

Banken – Thema des vierten Schrittes – entwickelten sich sehr rasch zu wichtigen ökonomischen und auch politischen Akteuren auf. Dieser Aufstieg und Bedeutungszuwachs der wichtigsten unter ihnen war an die umfassende Nutzung unterschiedlicher Möglichkeiten des *rent seeking* gekoppelt. So akkumulierten viele Banken Kapital, das sie häufig nach und nach in die Bildung großer Konglomerate investierten.

In einem fünften Schritt soll der Verlauf der Privatisierung bestimmter Großunternehmen genauer untersucht werden, weil auf diesem Gebiet wichtige Weichen für den weiteren ökonomischen und politischen Prozess gestellt wurden. Die Art und Weise ihrer Durchführung trug entscheidend zur Herausbildung und (vorläufigen) Konsolidierung bedeutender ökonomischer

Konglomerate bei, die ihrerseits versuchten, maßgeblichen Einfluss auf die (Wirtschafts-)Politik zu erlangen.

Der sechste Schritt bietet eine Übersicht über die wichtigsten dieser Konglomerate. Fast alle verfügen über starke Standbeine im Rohstoff- und Finanzsektor und diversifizieren ihre Geschäftsfelder nach und nach durch Expansion in weitere Geschäftsfelder. Durch diese Konzentration ökonomischer Macht entwickeln sich die Konglomerate auch zu wichtigen politischen Akteuren und teilen – wie das folgende Kapitel zeigen wird – die russländischen Massenmedien weitgehend unter sich auf. Gerade angesichts der hohen Bedeutung des Informellen in den politischen Prozessen Russlands kommt Massenmedien als politische Ressource der sie kontrollierenden Akteure ein erhebliches Gewicht zu.

5.1 Der Kontext nach der Perestrojka: Liberalisierung und Massenprivatisierung

Gorbačëvs Reformpolitik hatte zuerst und vor allem anderen das Ziel, die sich stetig verschlechternde wirtschaftliche Lage in der Sowjetunion grundlegend zu verbessern. Mitte bis Ende der 1980er Jahre kam es im Rahmen seiner Politik der *perestrojka* zu einer Reihe von ökonomischen Reformen, die – ex post betrachtet – die ersten rechtlichen Weichen in Richtung Marktwirtschaft und Privatisierung stellten.[386] Insbesondere dem mehrfach geänderten Genossenschaftsgesetz kommt hierbei eine zentrale Bedeutung zu, da es erstens für eine faktische Legalisierung generell des Privateigentums an Wirtschaftsunternehmen sorgte; zweitens die Basis für eine massive Gründungswelle privatwirtschaftlicher Banken bildete; und drittens – unter anderem in Verbindung mit dem Pachtgesetz – eine wichtige Grundlage für erste Schritte in Richtung „spontane" Privatisierung von Staatseigentum schuf.[387]

Mit der staatlichen Unabhängigkeit der bisherigen sowjetischen Teilrepublik RSFSR (Russländische Sozialistische Föderative Sowjetrepublik) und

---

[386] Eine eingehende Betrachtung der unter Gorbačëv eingeleiteten, häufig widersprüchlichen oder mit unintendierten Nebenfolgen behafteteten Maßnahmen sprengte den Rahmen dieser Untersuchung. Vgl. für eine Zusammenfassung u a. Segbers 1989: 228ff.

[387] Vgl. bspw. Åslund 1995: 29ff. Im Hinblick auf die „spontane" Privatisierung am Ende der Sowjetunion spricht Solnick (1996: 223) sogar von einem „enterprise-level bank run".

dem Zusammenbruch der Sowjetunion Ende 1991 wurden die zu Sowjetzeiten eingeleiteten Reformmaßnahmen ausgeweitet und radikalisiert. Dies geschah im Rahmen eines labilen politischen Systems, denn die russländischen Akteure agierten im Rahmen der alten Verfassung der RSFSR. Diese hatte zwar mannigfache Veränderungen erfahren – unter anderem die Einführung des Amtes des Staatspräsidenten[388] und der Institution eines Verfassungsgerichtes –, war jedoch in sich widersprüchlich und den Herausforderungen infolge des Transformationsprozesses kaum gewachsen.

Schon am 01.11.1991, das heißt noch vor dem formellen Ende der UdSSR, hatte der russländische SND Präsident El'cin mit außerordentlichen Dekretvollmachten zur Durchführung von Wirtschaftsreformen ausgestattet[389] und der Einsetzung einer „Reformregierung" unter Ministerpräsident Egor Gajdar zugestimmt. Auf der Basis einer Vielzahl von Dekreten El'cins setzte die neue Regierung sehr schnell eine Reihe von Reformen in Gang.

Bei ihrem Ziel des zügigen Übergangs zu einer Marktwirtschaft orientierten sich sowohl die Regierung Gajdar als auch die nachfolgenden Regierungen – wenngleich mitunter mehr rhetorisch und theoretisch als praktisch – an sechs Grundprinzipien zur Liberalisierung der Wirtschaft:[390]

1. Preisfreigabe und Herstellung adäquater Wettbewerbsbedingungen;
2. Betätigungs- und Produktionsfreiheit;
3. Durchsetzung von *hard budget constraints* zur Reduzierung des Haushaltsdefizits;
4. Stabilisierung der Währung und Kontrolle der Inflation;
5. Vereinfachung der Steuergesetzgebung;
6. Entstaatlichung der Wirtschaft und Gewährleistung von Eigentumsrechten.

Angesichts des Umfanges der zu lösenden Aufgabe und in Anbetracht der vielfältigen, zumindest Teilen des Reformprogramms widerstreitenden Interessen verwundert es kaum, dass es während El'cins Amtszeit keiner Regierung gelang, die obengenannten Prinzipien in ein kohärentes Politikkonzept zu überführen und dieses auch umzusetzen. Die durchgeführten, teilweise

---

[388] Bereits im Juni 1991 wurde El'cin per Volkswahl zum Präsidenten der RSFSR gewählt.

[389] Parlamentsbeschluss 1991/1831-I. Laut Abs. 3 müssen präsidentielle Dekrete dem Obersten Sowjet vorgelegt werden. Wenn Letzterer ein Dekret nicht binnen sieben Tagen ablehnt, tritt es in Kraft.

[390] Die folgende Liste stützt sich maßgeblich auf Harter et al. 2003: 34.

weitreichenden Reformmaßnahmen führten im Laufe der 1990er Jahre nicht zu einer nachhaltigen Stabilisierung der russländischen Wirtschaft.

Drei der bereits um die Jahreswende 1991/92 eingeleiteten Reformmaßnahmen sind im Rahmen der vorliegenden Untersuchung von besonderem Interesse, da sie großen Einfluss auf die Opportunitätsstrukturen der Akteure und die Akkumulation von Startkapital in der Zweiten Russländischen Republik hatten. Es handelt sich dabei um die Liberalisierung des (Außen-)Handels, die Preisfreigabe und die Privatisierung staatlicher Unternehmen.

Zu Zeiten der Sowjetunion unterlagen Export und Import sämtlicher Güter und Dienstleistungen einem staatlichen Monopol. Im Binnenhandel fungierten staatliche Institutionen als Mittlerinstanzen zwischen Unternehmen. Nachdem das Staatsmonopol im Exportbereich schon seit Ende 1986 nach und nach aufgeweicht worden war, kam es im Januar 1992 zu umfangreichen Liberalisierungen. Auf die Deregulierung der Erzeugerpreise im Januar 1991 folgte in kleinen Schritten eine Liberalisierung des Binnenhandels.[391] Am 02.01.1992 trat schließlich die für breite Bevölkerungskreise einschneidendste Maßnahme in Kraft – mit einem Dekret El'cins wurden die Verbraucherpreise freigegeben.[392]

Mit diesen – teilweise radikalen, teilweise zögerlichen – Reformen wurden wichtige Schritte zur Schaffung marktwirtschaftlicher Strukturen unternommen. Allerdings hatten diese Maßnahmen in ihrer Kombination, infolge der Art ihrer Umsetzung und nicht zuletzt in Verbindung mit unterlassenen Reformen eine Reihe von Folgewirkungen, die großen Einfluss auf den weiteren Transformationsverlauf ausübten.

Das augenfälligste Phänomen war die galoppierende Inflation. Sie explodierte von 161 Prozent im Jahr 1991 auf über 2.500 Prozent im Jahr 1992 und sank danach bis zum Jahr 1995 (129 Prozent) nur relativ langsam (Tabelle 13, S. 197).[393] Diese hohen Inflationsraten ermöglichten es unter anderem einer Reihe von Wirtschaftsakteuren, insbesondere Banken, auf

---

[391] Vgl. für eine ausführliche Analyse der einzelnen Liberalisierungsschritte während der Regierungszeit Gajdars Åslund 1995: 137-172.
[392] Ukaz 1991/297.
[393] Diese Werte sind im Vergleich mit den ostmitteleuropäischen Transformationsstaaten sehr hoch. Unter den Nachfolgestaaten der UdSSR befindet sich Russland jedoch im Mittelfeld (vgl. Åslund 2002: 201).

dem Wege von Einlagen-, Währungs- und Zinsgeschäften große Profite anzuhäufen (siehe Abschnitt 5.4.1) – teilweise auf Kosten des Staatshaushalts.
Weite Teile der Bevölkerung verloren unterdessen einen Großteil ihrer Er-
sparnisse.

Von der Preisfreigabe zum 02.01.1992 waren rund 80 Prozent der Erzeugerpreise und 90 Prozent der Konsumentenpreise betroffen.[394] Ausnahmen
galten für Erzeugerpreise schwerpunktmäßig in den Bereichen Energie,
Transport und Rohstoffe. Im Konsumbereich unterlagen vor allem die Preise
wichtiger Grundnahrungsmittel, öffentlicher Dienstleistungen und Daseinsvor-
sorge sowie verschiedener Energieträger weiterhin der Regulierung.[395] Insgesamt verlief die Liberalisierung der Preise und des Binnenhandels in der
Russländischen Föderation bedeutend langsamer und mühsamer als in den
Ländern Ostmitteleuropas. Zwei Jahre nach der Preisfreigabe waren jedoch
fast alle Ausnahmen abgeschafft; der Regulierung unterlagen ab 1994 nur
noch der Agrar- und der Energiesektor.[396]

Bedeutend zögerlicher als im Bereich des Binnenhandels gestaltete sich
die Liberalisierung des Außenhandels. Während die staatliche Regulierung
für die weniger attraktiven Exportgüter bereits im Januar 1992 wegfiel, wurde
das Exportregime für die meisten Energieträger und Rohstoffe, aber auch für
chemische Produkte und Fisch weiterhin aufrechterhalten. Russländische
Güter aus diesen Bereichen waren (und sind) auf dem Weltmarkt extrem
konkurrenzfähig und hatten Anfang bis Mitte der 1990er Jahre einen Anteil
von mehr als 70 Prozent an den russländischen Exporten.[397]

Problematisch war die unvollständige Liberalisierung des Außenhandels
vor allem, weil das Kontrollregime nicht funktionierte und verschiedenen Akteuren Vorzugskonditionen eingeräumt wurden. So konnten zahlreiche Akteure durch – teils legales, teils illegales – gleichzeitiges Agieren auf dem regulierten Binnen- und dem freien Weltmarkt immense Profite einstreichen. Die
einfachste Variante beinhaltete den Aufkauf begehrter Rohstoffe zu regulier-

---

[394] Vgl. Åslund 1995: 140.
[395] Ukaz 1991/297 (Anlagen 1 u. 2). Eine Regierungsverordnung (1991/55) von Mitte Dezember 1991 enthielt darüber hinaus in Abs. 8 die Bestimmung, dass die regionalen
Gebietseinheiten innerhalb des durch den Präsidialerlass gesetzten Rahmens in ihrem
Gebiet Preisregulierungen vornehmen können.
[396] Vgl. Åslund 1995: 145.
[397] Vgl. Åslund 1995: 150f.

ten, extrem niedrigen Inlandspreisen und den anschließenden Export zu Weltmarktpreisen.[398]

Der Regierung gelang es insgesamt nur sehr unzureichend, eine Politik zur wirtschaftlichen Stabilisierung umzusetzen. Statt dessen trug eine Reihe von Maßnahmen dazu bei, dass die Umstrukturierung der Wirtschaft und der Unternehmen nur äußerst langsam vorankam. Seit Frühjahr 1992 wurden verstärkt subventionierte Kredite, Steuer- und Zollbefreiungen, Import- und Exportlizenzen sowie Garantien an einzelne Betriebe vergeben.[399] Diese Begünstigungen einzelner Wirtschaftssubjekte, die vielfach im Verantwortungsbereich hochrangiger Regierungsbeamter lagen, verzögerten nicht nur die erwartete Anpassung der ökonomischen Akteure an marktwirtschaftliches Verhalten, sondern führten darüber hinaus sehr schnell zur Akkumulation immenser Vermögenswerte in der Hand von Privatpersonen.[400]

Mit den Vorbereitungen für eine breit angelegte Privatisierung staatlicher Unternehmen in Russland wurde noch vor dem Auseinanderfallen der Sowjetunion begonnen. Bereits im Juli 1991 beschloss der Oberste Sowjet der RSFSR zwei grundlegende Gesetze zur Privatisierung staatlicher und kommunaler Unternehmen,[401] und Ende November wurde ein umfangreiches Privatisierungsprogramm verabschiedet.[402] Mit der verhältnismäßig unstrittigen Privatisierung der Kleinunternehmen wurde schon in der ersten Hälfte des Jahres 1992 begonnen. Ende 1993 waren mehr als 70 Prozent in Privatbesitz übergegangen.[403] Parallel dazu wurden zwischen Ende 1991 und 1993 eine Reihe von Großunternehmen allein auf der rechtlichen Grundlage von Präsidialerlassen privatisiert, so zum Beispiel die Autokonzerne *GAZ*, *AvtoVAZ* und *KamAZ*.[404]

---

[398] Die russländischen Inlandspreise begehrter Rohstoffe betrugen zum damaligen Zeitpunkt teilweise nur ein Prozent des Weltmarktpreises (vgl. Åslund 1995: 150).

[399] Zudin (1996a: 19) nennt für das Gesamtjahr 1992 eine Zahl von rund 300 Rechtsakten der Exekutive, mit denen bestimmte Vergünstigungen gewährt wurden. Auf den Agrarbereich entfielen davon ca. 10 %, auf den TEK 12 %, auf einzelne Regionen 15 % und auf einzelne Unternehmen (sic!) 25 %.

[400] Vgl. Harter et al. 2003: 39; Rutland 2001: 6.

[401] Gesetze 1991/1530-I und 1991/1531-I.

[402] Parlamentsbeschluss 1991/3038/1-I.

[403] Vgl. Åslund 1995: 249. Während diese „kleine Privatisierung" auf der quantitativen Ebene als Erfolg gelten kann, zeigten sich jedoch Defizite im qualitativen Bereich wie z. B. Wettbewerbsverzerrungen durch Vorzugskonditionen für Insider (vgl. ebd.: 251f.) – Phänomene, die sich später bei der „großen" Privatisierung wiederholen sollten.

[404] Vgl. Fortescue 2006: 44; Asatrjan 2001.

Die obengenannten Gesetze waren zwar aufgrund von späteren Änderungen und Ergänzungen für die konkrete Durchführung der Privatisierung mittlerer und großer Unternehmen nur von untergeordneter Bedeutung, doch dokumentieren sie, dass es zu Beginn der 1990er Jahre in Russland unter der überwältigenden Mehrheit der politischen Akteure in Legislative und Exekutive einen grundlegenden Konsens in Bezug auf den Übergang zu Marktwirtschaft und Privateigentum gab. Selbst angesichts zunehmender Konflikte zwischen dem Staatspräsidenten und der Regierung auf der einen und dem Parlament auf der anderen Seite, gelang es beiden Seiten immer wieder, zu Kompromisslösungen zu gelangen, wie zum Beispiel die Verabschiedung eines revidierten Privatisierungsprogramms Mitte 1992 zeigt.[405]

Gleichwohl trieb El'cin die Umsetzung seiner Vorstellungen hinsichtlich der Privatisierungspolitik zunehmend entschiedener durch den Erlass von Dekreten und im Konflikt mit der Legislative voran. So setzte er beispielsweise das obengenannte Gesetz zur Vergabe von personengebundenen Privatisierungsschecks[406] durch ein Dekret außer Kraft und verfügte die Ausgabe nichtpersonengebundener Voucher im Nominalwert von 10.000 Rubel.[407] Da das Parlament keine Mehrheit zur Aufhebung dieses Dekretes mobilisieren konnte, trat es in Kraft. Bereits im Oktober 1992 wurde mit der Ausgabe der Privatisierungsvoucher (ein Exemplar je Staatsbürger) begonnen.

Als sich in den Folgemonaten die Konfrontation zwischen Staatspräsident und Parlament immer mehr verstärkte, ging El'cin dazu über, einzelne Elemente der wirtschaftlichen Reformen eigenmächtig durch Dekret auf den Weg zu bringen.[408] Dabei nutzte er mitunter auch rechtliche Grauzonen. Einem Fall aus der Jahresmitte 1993 kommt exemplarische Bedeutung zu.

Als der Oberste Sowjet ein Dekret El'cins vom Mai 1993, mit dem der Umfang der Privatisierung via Voucher-Auktionen erweitert werden sollte,[409] mit Mehrheitsbeschluss aufgehoben und dem Verfassungsgericht zur Prüfung

---

[405] Parlamentsbeschluss 1992/2980-I; vgl. hierzu auch Barnes 2001: 45ff.
[406] Gesetz 1991/1530-I.
[407] Ukaz 1992/914.
[408] Eine Analyse der zunehmenden Konfrontation auf dem Feld der Wirtschaftsreformpolitik zwischen El'cin und dem Obersten Sowjet aus entgegengesetzten Blickwinkeln bieten bspw. Åslund 1995 und Barnes 2001.
[409] Ukaz 1993/640.

vorgelegt hatte,[410] umging der Staatspräsident das drohende Verdikt. El'cin beauftragte die Regierung, Verfahrensänderungen am bestehenden Privatisierungsprogramm vorzunehmen.[411] Er machte sich dabei den Umstand zunutze, dass nach damaligem Recht eine direkte Anrufung des Verfassungsgerichtes im Falle von Regierungsverordnungen nicht möglich war. Schlussendlich gelang es El'cin auf diesem Wege, die Intentionen seines ursprünglichen Dekretes doch noch in die Tat umzusetzen; die Regierungsverordnung vom August 1993 wiederholte den Ursprungstext aus El'cins angegriffenem Dekret nahezu wortwörtlich.[412]

Nachdem die Konfrontation zwischen Staatsoberhaupt und Parlament ihren Höhepunkt erreicht und El'cin Anfang Oktober 1993 den Obersten Sowjet schlussendlich gewaltsam aufgelöst hatte, begann ein fast dreimonatiges „Interregnum". Bis zur Volksabstimmung über eine neue Verfassung und zur Wahl der Abgeordneten der beiden neugeschaffenen Parlamentskammern im Dezember besaß die Exekutive weitgehend freie Hand in ihren politischen Entscheidungen. Der Staatspräsident und die Regierung leiteten in dieser Zeit weitere wirtschaftspolitische Weichenstellungen ein – auch und gerade im Bereich der beschleunigten Privatisierung.[413]

Die fehlende parlamentarische Kontrolle nutzte die Exekutive im vierten Quartal 1993 jedoch nicht zu einer Generalrevision der Privatisierungspolitik. Dies lag vor allem daran, dass das Parlament nach dem Zusammenbruch der UdSSR nicht der einzige Gegenspieler von Staatspräsident und Regierung auf dem Feld der ökonomischen Transformation war. Wichtige Akteure mit eigenen Interessen waren hier insbesondere die leitenden Manager der Staatsbetriebe und ehemalige Mitglieder der Sowjetnomenklatura einerseits sowie die Führungen der territorialen Gliederungen Russlands andererseits.

Die „Reformer" in der russländischen Regierung erkannten zu Beginn der 1990er Jahre sehr schnell die Notwendigkeit, diese beiden Akteursgruppen einzubinden und sie durch Zugeständnisse an deren Interessen als Unterstützer des Privatisierungsprozesses zu gewinnen. Die Unterstützung der regionalen politischen und ökonomischen Eliten wurde vor allem durch das Zu-

---

[410] Parlamentsbeschluss 1993/5468-I.
[411] Ukaz 1993/1238.
[412] Regierungsverordnung 1993/757.
[413] Vgl. Schröder 2003: 39.

geständnis erkauft, wesentliche Elemente der praktischen Durchführung der Privatisierung vom Zentrum an die regionale Ebene abzugeben.[414]

Für die Privatisierung mittlerer und größerer Unternehmen standen in Bezug auf die Beteiligung der Belegschaften drei Optionen zur Auswahl. Eine dieser Varianten kam den Interessen der alten Betriebsleitungen sehr weit entgegen. Sie war in das Privatisierungskonzept aufgenommen worden, um insbesondere die Unterstützung dieser Akteure, aber auch der Gesamtbevölkerung, für das Privatisierungsprogramm zu gewinnen. Dieser Option zufolge konnten das Management und die Belegschaft eines Betriebes gemeinsam 51 Prozent der Aktien eines Betriebes gegen Zahlung von 170 Prozent des Buchwertes vom Juli 1992 übernehmen. Es kann nicht überraschen, dass sich fast vier Fünftel der Belegschaften für dieses Modell entschieden.[415] Den Betriebsleitungen war von Anfang an bewusst, dass sich die Wahl dieser Variante mittelfristig als ausgesprochen vorteilhaft zur Erlangung der Kontrolle über das jeweilige Unternehmen erweisen würde.

Die Entscheidung, einen Teil der Staatsunternehmen auf dem Weg sogenannter Voucher-Auktionen zu veräußern, beruhte auf dem Kalkül, die Gesamtbevölkerung am Privatisierungsprozess zu beteiligen und somit den zu erwartenden Widerstand gegen die Privatisierung erheblich zu reduzieren. Erklärtes Ziel war, dass nach dem Ende der Massenprivatisierung ein möglichst großer Teil der Bevölkerung – direkt oder indirekt – Unternehmensanteile besitzen sollte. Gemessen daran, war die Massenprivatisierung nur eingeschränkt erfolgreich, da ein erheblicher Bevölkerungsanteil die Voucher nicht in Unternehmensanteile investierte, sondern auf dem Sekundärmarkt verkaufte. Viele Bürger verloren darüber hinaus ihre Voucher infolge des Zusammenbruchs einer ganzen Reihe von Investmentfonds. So besaßen nach Abschluss der Massenprivatisierung nur gut ein Viertel der russländischen

---

[415] Vgl. Blasi/Kroumova/Kruse 1997: 41; Götz 2000a: 1100; Schröder 2003: 65. Wenn man die hohen Inflationsraten bis Mitte der 1990er Jahre berücksichtigt, wird deutlich, wie gering der für die Unternehmensanteile zu entrichtende Preis war. Hinzu kam, dass der jeweilige tatsächliche Wert des einzelnen zu privatisierenden Staatsunternehmens im Vorfeld nicht ermittelt wurde (vgl. Götz 2000a: 1100). Zusammengenommen führte dies dazu, dass die überwiegende Mehrheit der Unternehmen weit unter dem realen Wert den Besitzer wechselte.

Bürger Unternehmensanteile; in Tschechien dagegen, wo ein ähnliches Privatisierungsverfahren gewählt worden war, betrug der Anteil 80 Prozent.[416] Die Massenprivatisierung wurde in der zweiten Jahreshälfte 1992 eingeleitet und endete – nachdem die ursprüngliche Frist um ein halbes Jahr verlängert worden war – am 30.06.1994.[417] Das bedeutet, dass dieser erste große Privatisierungsschritt überwiegend während der Endphase der Ersten Russländischen Republik – und damit während der Hochzeit des Konfliktes zwischen Präsident und Parlament bzw. während des „Interregnums" – durchgeführt wurde und nur zu einem kleinen Teil unter den Bedingungen des neu begründeten politischen Systems stattfand. Die Exekutive agierte somit in hohem Maße außerhalb einer effektiven Kontrolle durch das Parlament.

Auf der einen Seite kann diese erste Privatisierungsphase mit Fug und Recht als großer Erfolg auf dem Weg zur Etablierung marktwirtschaftlicher Strukturen bezeichnet werden. Bis Mitte 1994 wurden mehr als 100.000 Unternehmen in private Hände überführt, davon rund 14.000 Mittel- und Großbetriebe durch Voucher-Auktionen.[418] In weniger als zwei Jahren wurde somit mehr als die Hälfte des ehemals staatlichen Betriebsvermögens privatisiert, und im Jahr 1994 wurde schon die Hälfte des russländischen Bruttoinlandsproduktes im Privatsektor erwirtschaftet (Tabelle 13, S. 197).

Auf der anderen Seite konnte mit der Massenprivatisierung eine Reihe von ökonomischen Schwierigkeiten nicht gelöst werden; darüber hinaus war die Art und Weise ihrer Durchführung für das Entstehen neuer Probleme (mit-)verantwortlich. Die Kritik kreist überwiegend um die folgenden acht Punkte:[419]

- extreme Konzentration der Unternehmensanteile in Insider-Kreisen;
- notwendige Unternehmensrestrukturierung wurde nicht befördert;
- mangelnde Sicherheit der Verfügungsrechte und defizitäres *corporate governance*;
- mangelnde Einnahmen für den Staatshaushalt;
- Vielzahl an intransparenten Verkäufen zu Sonderbedingungen;

---

[416] Vgl. Barnes 2006: 77, Fn. 11.
[417] Vgl. Siehl 1998: 166.
[418] Vgl. Åslund 1995: 250. Da die offiziellen Statistiken fehler- und lückenhaft sind, handelt es sich bei diesen Zahlen um Schätzungen, die allerdings gute Orientierungswerte bieten. Vgl. für Daten in ähnlichen Größenordnungen u. a. Blasi/Kroumova/Kruse 1997: 189 u. 192.
[419] Vgl. für die folgende Zusammenstellung Lieberman/Veimetra 1996: 739.

- unzureichende rechtliche und regulatorische Rahmenbedingungen;
- häufiges Fortbestehen signifikanter staatlicher Unternehmensbeteiligungen; und
- Ausschluss einer Reihe von sehr großen Firmen aus dem Massenprivatisierungsprogramm.

Zwei der aufgeführten Kritikpunkte verdienen eine eingehendere Betrachtung, da sie sich auf Faktoren beziehen, denen im weiteren Verlauf dieser Arbeit größere Bedeutung zukommen wird. Als erstes ist hier die hohe Zahl an Betrieben zu nennen, die auch nach der formellen Privatisierung der Kontrolle durch Unternehmensinsider unterlagen. Damit ist zum einen gemeint, dass externe Investoren nur selten eine Kontrollmehrheit erwerben konnten.[420] Begünstigt wurde dies unter anderem dadurch, dass infolge des Widerstandes vieler Unternehmen durchschnittlich nur 20 Prozent der Unternehmensanteile von Aktiengesellschaften durch Voucher-Auktionen verkauft wurden,[421] obwohl ein Dekret El'cins vom Mai 1993 vorschrieb, dass dieser Anteil nicht weniger als 29 Prozent betragen durfte[422]. Nach dem Abschluss der Massenprivatisierung stellte sich heraus, dass „insiders won majority control in roughly 75% of all enterprises privatized, meaning that in general the property-rights claims of old economic interest groups, first and foremost the enterprise directors, were simply ratified"[423].

Das Insider-Problem wurde in noch stärkerem Maße dadurch verschärft, dass es den alten Betriebsleitungen auf unterschiedlichen – teils legalen, teils illegalen – Wegen sehr häufig in relativ kurzer Zeit gelang, sich die Stimmrechte der Belegschaftsaktionäre anzueignen und so das jeweilige Unternehmen de facto zu kontrollieren. So stieg in den Jahren 1995 und 1996 die Zahl der Unternehmen, in denen das höhere Management große, konzentrierte Anteilspakete besaß, erheblich an.[424] Im Vergleich mit anderen osteu-

---

[420] Es gab eine Vielzahl an Möglichkeiten, die gesetzlich vorgesehene Beteiligung externer Investoren an den Unternehmensauktionen zu verhindern. Zudem kam es sehr häufig vor, dass Betriebsleitungen unerwünschte Aktionäre de facto enteigneten, z. B. durch die Ausgabe neuer Aktien, die nur ausgewählten Akteuren angeboten wurden (vgl. für diese und andere Missbrauchsbeispiele Götz 2000a: 1100ff.).

[421] Vgl. Åslund 1995: 255f.; Rabotjažev (1998: 46) zufolge wurden zusammengenommen nur 10 % des gesamten Staatsvermögens im Voucher-Verfahren verteilt.

[422] Ukaz 1993/640.

[423] McFaul 1998b: 316. Tihomirov (2000: 237) zufolge gingen 20 % der größten Unternehmen in das Eigentum der früheren „Roten Direktoren" über, und 60 % wurden von ihnen kontrolliert.

[424] Vgl. Blasi/Kroumova/Kruse 1997: 56.

194 KAPITEL 5

ropäischen Ländern wird deutlich, dass es den alten Betriebsleitungen in Russland mit deutlichem Abstand am umfassendsten gelang, sich große Anteile am jeweiligen Unternehmen zu verschaffen.[425]

Der zweite wichtige Punkt bezieht sich darauf, dass die Privatisierung ehemals staatlicher Unternehmen zunächst nur teilweise durchgeführt wurde. Zum einen blieb der Staat nach dem Ende der ersten Privatisierungsphase im Besitz signifikanter Unternehmensbeteiligungen,[426] zum anderen war eine Reihe von großen Firmen vorerst ganz von einer Privatisierung ausgeschlossen.

Von Anfang an sahen die verschiedenen Privatisierungsprogramme Russlands Einschränkungen bei Verkauf staatlicher Unternehmen vor.[427] Anders Åslund kommt zu dem Ergebnis, dass die Privatisierung von mehr als 30 Prozent des staatlichen Eigentums verboten wurde und bei mehr als 50 Prozent einem Genehmigungsvorbehalt durch Regierung resp. Staatliches Vermögenskomitee (*Gosudarstvennyj komitet po upravleniju gosudarstvennym imuščestvom*; GKI) unterlag.[428] Die Listen der Unternehmen, deren Verkauf verboten bzw. genehmigungspflichtig war, wurden im Laufe der Zeit mehrfach geändert. Für einige Branchen im Rohstoff- und Infrastrukturbereich, an erster Stelle für die Erdöl- und Erdgasindustrie, wurde zusätzlich per Präsidentendekret jeweils ein separates Privatisierungsregime mit mehrjährigem Moratorium festgelegt.[429] Beides – sowohl das Faktum der umfangreichen Privatisierungseinschränkungen als auch die modifizierten Listenzusammensetzungen – ist Ausdruck der Konflikte zwischen den politischen Akteuren in Russland zu Beginn der 1990er Jahre und der Notwendigkeit, Kompromisslösungen auszuhandeln.

Die Problematik dieses Vorgehens zeigt sich in zwei Sachverhalten: Erstens verschaffte die Herausnahme eines Unternehmens aus dem regulären Privatisierungsprogramm insbesondere dessen Management und anderen

---

[425] Vgl. Frydman/Murphy/Rapaczynski 1996: 8. Es kann hier dahingestellt bleiben, ob diese massive Begünstigung von Unternehmensinsidern als conditio sine qua non des russländischen Privatisierungsprozesses der 1990er Jahre als geringeres Übel in Kauf genommen werden musste. In diese Richtung argumentieren eine Reihe von Beteiligten (am exponiertesten: Shleifer/Treisman 2000).

[426] Nach Rutland (1995: 15) verblieben rund 40 % der Unternehmen in staatlichem Besitz.

[427] Vgl. für eine frühe Fassung Parlamentsbeschluss 1992/2980-I.

[428] Vgl. Åslund 1995: 241.

[429] Vgl. für die Erdölindustrie Ukaz 1992/1403; für *Gazprom*: Ukaz 1992/1333.

einflussreichen Akteuren Zeit und somit vielfache Möglichkeiten zur Verfolgung ihrer Interessen – sei es zur Plünderung des Unternehmens, zum Beispiel via *asset stripping* oder *transfer pricing*, sei es zur Verbesserung der eigenen Zugriffsrechte im Falle der Privatisierung des Unternehmens.

Der zweite Punkt, der im Laufe dieses Kapitels noch eine zentrale Rolle spielen wird, ist folgender: Der wertvollste und renditestärkste Teil des Staatsvermögens, der im Zuge der ersten Phase von der Privatisierung ausgenommen war – in erster Linie Betriebe aus den Branchen Energieträger, Stromerzeugung, Metalle und Infrastruktur –, wurde Mitte der 1990er Jahre zum zentralen Objekt ökonomischer Verteilungs- und politischer Machtkämpfe. Die meisten der betreffenden Unternehmen wurden im Zuge intransparenter Privatisierungen Teil großer Unternehmenskonglomerate, in deren Portfolio wiederum Massenmedien eine – nicht wirtschaftlich, aber politisch – herausgehobene Rolle spielten.

> „For reasons of political expediency, many of the country's most valuable corporations were kept out of the original program and precious blocks of shares in thousand of other companies remained unprivatized. [...] the property of the most valuable companies—oil and gas, utilities, metals and telecommunication—is apportioned in a way that gives ordinary citizens no opportunity for ownership."[430]

Dadurch wird auch die Beteiligung der russländischen Gesamtbevölkerung an der Massenprivatisierung im Zuge der Voucher-Auktionen erheblich relativiert.[431] Wenn Beteiligungen an den profitträchtigsten Unternehmen unmöglich sind und große Intransparenz und Informationsasymmetrien herrschen, wird jeder Voucher zum Lotterielos: „As it turned out, this lottery was to have very few winners and many, many losers. [...] The rest of the citizens received pieces of various other industries, most of which would turn out to have little value."[432]

---

[430] Blasi/Kroumova/Kruse 1997: 168.
[431] Nach Angaben von Siehl (1998: 205) zählten fast vier Fünftel der am Voucher-Verfahren teilnehmenden Betriebe zu den Kategorien kleine resp. mittlere Unternehmen (64,2 % hatten weniger als 500 Beschäftigte, 14,3 % zwischen 500 und 1000).
[432] Gaddy/Ickes 2002: 116f.

5.2 Besonderheiten und Probleme der ökonomischen Transformation

Bevor bestimmte ökonomische Akteure und Politikfelder genauer untersucht werden können, ist es notwendig, auf einige Besonderheiten und Probleme der ökonomischen Transformation in der Russländischen Föderation genauer einzugehen. Diese Faktoren bilden eine Hintergrundfolie, ohne die bestimmte Interessen, Strategien und politische Prozesse nur unzureichend nachvollzogen werden können. Deshalb soll im Folgenden ein kurzer Blick auf die Entwicklung einer Reihe wirtschaftlicher Kennziffern geworfen werden.[433] Die angeführten Zahlen sind – wie alle statistischen Angaben in Bezug auf die Russländische Föderation in den 1990er Jahren – mit einer gewissen Vorsicht zu betrachten, da die Einhaltung fachlicher Standards nicht durchgehend gewährleistet war. Für den hier verfolgten Zweck dürften die entsprechenden Daten jedoch brauchbar sein, da sie mit hinreichender Genauigkeit Größenordnungen und Trends widerspiegeln.

Fast die gesamten 1990er Jahre über gingen das Bruttoinlandsprodukt (BIP) und die Industrieproduktion der Russländischen Föderation kontinuierlich zurück. Verglichen mit dem Jahr 1991 erfuhren die gesamtwirtschaftliche und die Agrarproduktion Ende der 1990er Jahre einen Rückgang um 40 Prozent, die Industrieproduktion sank sogar um rund die Hälfte.[434] Erst seit 1999 weist Russland auf diesem Gebiet kontinuierliche Wachstumsraten auf. Parallel zu dieser Entwicklung litt das Land unter sehr hohen Inflationsraten. Auch wenn die Jahre 1996 und 1997 eine spürbare Verbesserung brachten, bekämpften Regierung und Zentralbank erst mit Beginn des neuen Jahrtausends das Problem der Geldentwertung mit nachhaltigerem Erfolg.

Ebenfalls große Probleme in den 1990er Jahren verursachte das Staatsbudget. Das am BIP gemessene Haushaltsdefizit betrug zwischen 1992 und 1998 im günstigsten Fall 6,0 Prozent, 1994 fiel es sogar zweistellig aus. Die Folge war eine teilweise immens steigende interne und externe staatliche Verschuldung. Auch hier begann erst mit dem Jahr 1999 eine kontinuierliche Verbesserung. Über die Jahre stieg die Kapitalflucht stark an und erreichte

---

[433] Vgl. für eine zusammenfassende Übersicht Tabelle 13.
[434] Vgl. Götz 2000b: 137.

Tabelle 13: Wichtige Wirtschaftsindikatoren (1991-1999)

	1991	1992	1993	1994	1995	1996	1997	1998	1999
GDP (billion redenominated rubles)	1.4	19.0	171.5	610.7	1540.5	2145.7	2478.6	2696.4	4476.1
Percent change in real GDP (year average)	-5.0	-14.5	-8.7	-12.7	-4.1	-3.5	0.8	-4.6	3.2
Industrial production (% change)	na	-18.2	-14.2	-20.9	-3.0	-4.0	1.9	-5.2	8.1
Inflation (change in year-end retail/consumer price level, %)	161	2506	840	204.4	128.6	21.8	10.9	84.5	36.8
General government balances (as % of GDP)	na	-18.9	-7.3	-10.4	-6.0	-8.9	-7.6	-8.0	-1.0
Domestic public debt (as % GDP)	na	35.7	26.3	18.9	14.4	19.9	28.4	39.6	19.7
External debt (percentage of GDP)	161.2	128.2	66.9	43.7	36.6	32.3	29.8	58.6	87.1
Estimated capital flight (billion $)	na	11.0	13.1	19.7	18.5	16.3	17.9	>23.7	>15.9
Unemployment (as % of labor force)	0.0	5.3	6.0	7.8	9.0	9.9	11.2	13.3	11.7
Private sector as share of GDP (EBRD estimates, midyear, as % of GDP)	5	25	40	50	55	60	70	70	70

Quellen: Åslund 2002: 201, 279, 329, 416; Johnson 2000: 7.

Tabelle 14: Ausgewählte Wirtschaftsdaten zu Unternehmen (1993-1999)

	1993	1994	1995	1996	1997	1998	1999
Zahlungsrückstände der Unternehmen in Mrd. Rubel (Mrd. US-$), jeweils nominell per 1. Januar, davon	2985 (7,2)	58300 (46,8)	95975 (27,0)	238900 (51,5)	514421 (92,2)	756135 (126,9)	1230613 (59,6)
ausstehende Zahlungen an Lieferanten	1254 (3,0)	29034 (23,3)	56780 (16,0)	122300 (26,4)	245937 (44,1)	344688 (57,8)	585993 (28,4)
ausstehende Löhne und Gehälter	29 (0,1)	766 (0,6)	4200 (1,2)	13380 (2,9)	34705 (6,2)	39678 (6,7)	170147 (8,2)
Anteil der gesamten Zahlungsrückstände am BIP in %	15,7	34,0	15,7	14,4	22,8	28,3	45,8
überfällige Steuerschulden von juristischen Personen in Mrd. Rubel (US-$)	k. A.	k. A.	57,4 (12,4)	106,2 (19,1)	162,3 (27,2)	228,3 (11,1)	275,2 (10,2)
Anteil nicht-monetärer Zahlungen am Industrieabsatz, in %	9	17	22	35	42	51	40
Anteil der verlustmachenden Industrieunternehmen an der Gesamtzahl aller Unternehmen, in %	15,3	14,0	32,5	36,0	43,0	47,3	49,2

Quellen: Dolud 2001: 17; Pleines 2003: 329; Tikhomirov 2000: 23.

1999 den Spitzenwert von rund 23,7 Milliarden US-Dollar. Die insgesamt zunehmenden ausländischen Investitionen konnten diesen Kapitalabfluss bei weitem nicht ausgleichen.

Vor dem Hintergrund der obengenannten negativen Kennziffern verwundert es auf den ersten Blick, dass die Arbeitslosenrate Russlands zwischen 1992 und 1999 im Durchschnitt nur 9,3 Prozent betrug. Wenn man das Problem unzuverlässiger Statistiken außer Betracht lässt, ist für diesen niedrigen Wert insbesondere die nicht offiziell erfasste verdeckte Arbeitslosigkeit verantwortlich. Darunter fällt zum einen die verbreitete „Freistellung" von Arbeitnehmern – ohne formelle Entlassung, aber auch ohne Lohnzahlung. Zum anderen spielen hier aber auch die Zahlungsrückstände der Unternehmen eine Rolle. Die Summe ausstehender Löhne und Gehälter nahm im Verlauf der 1990er Jahre kontinuierlich zu und erreichte 1999 einen Spitzenwert von umgerechnet 8,2 Milliarden US-Dollar.

Nicht ausgezahlte Löhne und Gehälter machten jedoch nur einen verhältnismäßig geringen Teil der Zahlungsrückstände von Unternehmen aus. Zurückbehalten wurden in viel größerem Ausmaß Zahlungen an Lieferanten und an die Staatskasse. Der Anteil der gesamten unternehmerischen Zahlungsrückstände am Bruttoinlandsprodukt fiel in den 1990er Jahren nur im Jahr 1996 unter 15 Prozent und erreichte 1999 einen Wert von über 45 Prozent (Tabelle 14). Erschwerend kam hinzu, dass – teils aus Finanznot, teils aus Steuervermeidungsgründen – im Laufe der 1990er Jahre ein rapide steigender Anteil an Wirtschaftstransaktionen auf nichtmonetärem Wege (Naturaltausch, Geldsurrogate, wechselseitige Verschuldung etc.) abgewickelt wurde. Der Anteil nichtmonetärer Zahlungen am Absatz der Industrie stieg beispielsweise von neun Prozent im Jahr 1993 kontinuierlich an und erreichte 1998 mit 51 Prozent seinen Höhepunkt (Abbildung 5).[435]

---

[435] Bei Großunternehmen war der Anteil nichtmonetärer Transaktionen noch höher. 1998 wickelten sie nur 27 % ihres Geschäftsverkehrs und 8 % der Steuerzahlungen in Geldform ab; *Gazproms* inländische Kunden bezahlten nur 8 % der Gaslieferungen bar (vgl. Pleines/Westphal 1999: 22, 26).

Abbildung 5:   Anteil nicht-monetärer Zahlungen am Industrieabsatz
                1993-1999

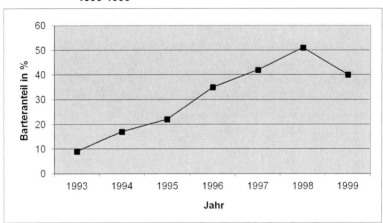

Quelle: Dolud 2001: 17.

Mitte der 1990er Jahre stellten fehlende Steuereinnahmen das größte Problem in Bezug auf die Handlungsfähigkeit des russländischen Staates dar. Ende 1996 beispielsweise hatten nur rund ein Sechstel aller juristischen Personen ihre steuerlichen Pflichten vollständig erfüllt, ca. 50 Prozent zahlten eingeschränkt und rund ein Drittel überhaupt keine Steuern.[436] Ausbleibende
Steuereinnahmen stellten für sich genommen das mit Abstand größte fiskalische Einzelproblem Russlands in den 1990er Jahren dar, das eine Fülle weiterer Folgeprobleme nach sich zog.

    Die Wirtschaftstransformation in der Russländischen Föderation führte
auch zu einer stark zunehmenden sozio-ökonomischen Differenzierung. Die
Einkommensunterschiede wuchsen erheblich, und ein signifikanter Teil der
Bevölkerung rutschte unter die Armutsgrenze.[437] Das oberste Bevölkerungsquintil verfügt seit 1994 durchgehend über fast die Hälfte des gesamten

---

[436] Vgl. Christophe 1998: 212; Shevtsova/Olcott 1999: 14. Im Bereich der Energieträger
       tätige Unternehmen stachen als Gruppe besonders heraus: Im Jahr 1995 waren Un-
       ternehmen aus diesem Sektor für fast drei Viertel der gesamten Steuerrückstände
       verantwortlich; 1997 kamen acht der zehn größten Steuerschuldner aus dieser Bran-
       che (vgl. Lane 2001: 116).
[437] In den 1990er Jahren lebte meist mehr als ein Drittel der Bevölkerung unterhalb der
       Armutsgrenze, 1999 waren es immer noch 30 % (vgl. EBRD o. J. [2000]: 14).

Geldeinkommens (Abbildung 6). Der Gini-Koeffizient, der das Maß der (Un-)Gleichheit in einer Gesellschaft anzeigt, stieg mit Beginn der 1990er Jahre steil an und erreicht seit 1993 Werte über 0,4.[438]

Abbildung 6:   Geldeinkommen nach Bevölkerungsquintil 1991-2004

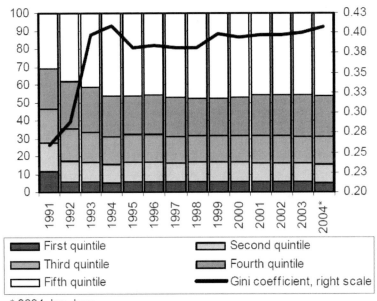

* 2004 Jan-June

Quelle: BOFIT Russia Review Nr. 3 (09.03.2005): 2.

Generell werden Werte über 0,4 als Indikator großer Ungleichheit angesehen. Zwar ist der Koeffizient Russlands verglichen mit demjenigen anderer Schwellenländer eher moderat (Brasilien 1998: 0,59; China 2001: 0,45), aber im Vergleich mit der Europäischen Union (2001: 0,28) wird das Ausmaß der Ungleichheit deutlicher.[439] Wenn man die Russländische Föderation mit den anderen Transformationsstaaten Osteuropas und der früheren Sowjetunion vergleicht, sieht man, dass Russlands Gini-Koeffizient mit deutlichem Ab-

---

[438] Der Gini-Koeffizient misst, wie stark eine Einkommensverteilung von einer perfekten Gleichverteilung abweicht. Beträgt der Wert 0, erzielen alle Mitglieder der Gruppe ein identisches Einkommen. Der Koeffizient 1 zeigt an, dass ein einzelnes Gruppenmitglied über sämtliche Einkünfte verfügt.

[439] Vgl. für diese Daten BOFIT Russia Review Nr. 3 (09.03.2005): 2.

stand an der Spitze steht – und dies, obwohl das russländische BIP/Kopf nur im Mittelfeld rangiert.[440]

Auch bei diesen Daten ist zu berücksichtigen, dass die statistischen Angaben zur Einkommensungleichheit in Russland zum Teil erheblich variieren. Während laut offiziellen Daten der Gini-Koeffizient im Russland der 1990er Jahre um den Wert 0,40 schwankt (siehe Abbildung 5), gehen die Zahlen der Weltbank von einem deutlich höheren Maß sozialer Ungleichheit aus. Nach ihren Angaben bewegte sich der Koeffizient in diesem Zeitraum in Russland zwischen 0,46 und 0,49 (Tabelle 15).[441]

Tabelle 15:   Entwicklung des Gini-Koeffizienten 1988-2000

	1988	1994	1996	1998	2000
Gini-Koeffizient	0,2380	0,4834	0,4615	0,4867	0,4562

Quelle: Weltbank   *(http://iresearch.worldbank.org/PovcalNet/jsp/index.jsp, download: 26.01.2007).*

Das Ausmaß der Einkommensdifferenzierung und der gesellschaftlichen Ungleichheit in Russland ist hier vor allem deshalb interessant, weil insbesondere die Unternehmensprivatisierung für einen nicht unerheblichen Teil dieser Spreizung verantwortlich ist. Dem steht auch die Beobachtung von Andrei Shleifer und Daniel Treisman nicht entgegen, dass der Gini-Koeffizient bereits vor dem Start der offiziellen Privatisierung und auch vor dem steilen Anwachsen der Arbeitslosenraten stark gestiegen war.[442]

Shleifer und Treisman schließen aus dem frühzeitigen Anstieg beider Indikatoren, dass die wachsende soziale Differenzierung andere Ursachen als Arbeitslosigkeit und Unternehmensprivatisierung haben müsse. Bei ihrem Versuch, die Wirtschaftstransformation in Russland zu entproblematisieren,[443]

---

[440]   Vgl. Guriev/Rachinsky 2006, insb. S. 5 (Abb. 3).

[441]   Guriev und Rachinsky (2006: 15ff.) schätzen, dass Russlands offizieller Gini-Koeffizient um bis zu 0,15 Punkte unterbewertet ist. In einer Untersuchung zur Situation in der Hauptstadt Moskau – zugegebenermaßen *das* ökonomische Zentrum des Landes und somit sicherlich nicht repräsentativ – kommen sie zu dem Schluss, dass in der dortigen Einkommenspyramide die obersten 10 % über die Hälfte des gesamten Geldeinkommens verfügen.

[442]   Vgl. Shleifer/Treisman 2004: 27.

[443]   Eine umfängliche Verteidigungsschrift erschien bereits einige Jahre zuvor (Shleifer/Treisman 2000). Es ist dabei wichtig zu wissen, dass Andrei Shleifer im Rahmen des „Harvard Project" zu Beginn der 1990er Jahre maßgeblich an der Konzeption der Unternehmensprivatisierung in Russland beteiligt war.

lassen sie jedoch mindestens zwei wichtige Aspekte außer Acht. Zum einen begann – wie oben bereits angesprochen (S. 184) – der Privatisierungsprozess bereits einige Jahre vor dem offiziellen Start als „spontane" Privatisierung, in deren Rahmen umfangreiches Unternehmenskapital de facto den Besitzer wechselte. Zum anderen nehmen Shleifer und Treisman nur auf die offizielle Arbeitslosenrate Bezug, die bereits sehr früh zu Tage tretende verdeckte Arbeitslosigkeit in all ihren Erscheinungsformen (Lohnrückstände, unbezahlte Freistellung etc.) ist ihnen dagegen keinerlei Erwähnung wert.[444]

Aufgrund dieser beiden Variablen wird hier die These vertreten, dass die Unternehmensprivatisierung – zwar nicht ausschließlich, aber zu einem wesentlichen Teil – für wachsende soziale Ungleichheit in Russland verantwortlich ist. Allerdings bedarf diese These der weiteren Spezifizierung, denn ein großer und im Verlauf der 1990er Jahre zunehmender Teil der Industrieunternehmen arbeitete mit Verlust (Höchstwert im Jahr 1999 mit fast 50 Prozent; vgl. Tabelle 14, S. 198).

Wenn man als vorläufigen, groben Indikator für die wirtschaftliche Konkurrenzfähigkeit die Liste der Hauptexportgüter der Russländischen Föderation betrachtet, wird deutlich, dass zwei Güterkategorien für den Hauptteil der Exporteinnahmen verantwortlich sind – Energieträger und Metalle. Zusammengenommen generierten diese beiden Positionen in den 1990er Jahren durchschnittlich mehr als 51 Prozent der Einnahmen, der durchschnittliche Anteil alleine der Energieträger betrug über 44 Prozent (siehe Tabelle 16, S. 204). Parallel dazu stieg der Anteil des Energiebereichs an der gesamten Industrieproduktion steil an. Während dieser Wert 1991 nur 11,3 Prozent betragen hatte, belief er sich 1998 mit 31,8 Prozent bereits fast auf das Dreifache.[445]

---

[444] Ein zusätzlicher Aspekt ist, dass die Qualität des Bankensystems die aus der Privatisierung resultierende ungleiche Verteilung beeinflusst. Wenn – wie in Russland – „the banking system is underdeveloped [...], the initial allocation of capital becomes very important" (Alexeev 1999: 461).

[445] Vgl. Graham 1999: 328.

Tabelle 16: Hauptexportgüter der Russländischen Föderation (1992-1999) in Mio. US-Dollar

	1992	1993	1994	1995	1996	1997	1998	1999
Rohöl	8.545,0	8.370,0	9.245,0	11.000,0	14.063,0	13.011,0	14.800,0	14.200,0
Erdölprodukte	4.171,0	3.471,0	3.370,0	3.870,9	7.146,0	6.757,0	7.300,0	5.400,0
Kohle	747,0	636,0	585,0	749,1	809,8	694,1	800,0	500,0
Erdgas	7.479,0	7.443,0	7.942,0	9.759,6	10.784,0	10.721,0	16.400,0	11.400,0
Aluminium	1.231,0	1.885,0	2.367,0	3.345,9	3.926,0	3.790,0	3.786,7	3.603,9
Kupfer	10,8	302,0	921,0	1.167,3	1.131,0	1.122,0	912,4	907,3
Nickel	715,0	432,0	677,0	1.232,7	1.214,0	na	1.102,0	1.118,5
Zwischensumme	22.898,8	22.539,0	25.107,0	31.125,5	39.073,8	36.095,1	45.101,1	37.129,7
Gesamtsumme der Exporte	42.376,3	44.297,4	51.450,0	64.344,0	71.874,0	69.478,0	86.600,0	72.954,0
Anteil der Zwischensumme am Gesamtexport in %	54,0	50,9	48,8	48,4	54,4	52,0	52,1	50,9
Anteil der Energieträger am Gesamtexport in %	49,4	45,0	41,1	39,4	45,6	44,9	45,4	43,2

Quellen: Tikhomirov 2000: 151; Russian Economic Trends, Quarterly Edition, Nr. 1/1999: 110, Nr. 1/2000: 109, Nr. 4/2000: 80; eig. Berechnungen.

Diese kurze Übersicht lässt den vorläufigen Schluss zu, dass in Russland insbesondere ökonomische Akteure aus dem Rohstoff- und Energiebereich in den 1990er Jahren über einen herausragenden Anteil am gesamtwirtschaftlichen *cash flow* verfügten und deren Interessen vom ökonomischen Transformationsprozess in bedeutendem Maße betroffen waren. Hinzu kommen – wie in einem späteren Abschnitt noch ausführlich zu zeigen sein wird – führende Akteure aus dem Finanzsektor, die besonders von einer hohen Inflationsrate (in Verbindung mit niedrigen Realzinsen) und hohen Staatsschulden profitieren konnten. Daraus ergibt sich die Hypothese, dass erstens vor allem diese Akteure während der Amtszeit El'cins über ein hohes Maß an ökonomischer Macht verfügten; dass sie zweitens versuchten, wirtschaftliche Macht in politischen Einfluss umzuwandeln; und dass sie drittens in diesem Zusammenhang massiv im Medienbereich investierten, um Massenmedien als politische Ressource im ökonomischen und politischen Verteilungskampf zu nutzen.

Bevor auf die genannten Akteure im vierten und fünften Abschnitt näher eingegangen wird, soll im folgenden Schritt die Wirtschaftsreformpolitik in der Zweiten Russländischen Republik auf ausgewählten Feldern näher untersucht werden. Dabei steht die Frage im Mittelpunkt, welche Marktverzerrungen aus der Vergangenheit erhalten blieben bzw. welche neu hinzukamen und welche Akteure davon profitieren konnten.

5.3 Stagnierende Wirtschaftsreform und *rent seeking* unter El'cin

In Russland waren die Jahre 1994 bis 1999 in Bezug auf die tatsächliche Umsetzung ökonomischer Reformmaßnahmen überwiegend von Stagnation geprägt. Eine ganze Reihe dringend erforderlicher Neuregelungen wurde nicht – oder erst kurz vor der Jahrtausendwende – verwirklicht. Dazu zählen unter anderem eine grundlegende Steuerreform, die Reform des Bankensystems, eine umfassende Deregulierung wirtschaftlicher Tätigkeit, die Reform der „natürlichen Monopole", eine vollständige Liberalisierung des Außenhandels und eine moderne Insolvenz- wie auch konsequente Antimonopolgesetzgebung.

Der Aufschub einschneidender Maßnahmen in diesen und anderen Bereichen trug maßgeblich dazu bei, dass die wirtschaftliche und fiskalische Situation im Russland der 1990er Jahre von stark negativen Vorzeichen geprägt
war und das Land regelmäßig von Krisen heimgesucht wurde. Neben der
schon erwähnten chronischen Haushaltskrise, die autonomes staatliches
Handeln in weiten Bereichen de facto paralysierte, und einem Wirtschaftssystem, das häufig als „virtual economy"[446] oder „half-barter, half-market economy"[447] bezeichnet wird, lassen sich in dieser Phase in der Russländischen
Föderation eine Reihe von Faktoren identifizieren, die für fundamentale Verzerrungen im wirtschaftlichen Bereich Verantwortung trugen. Von diesen Verzerrungen profitierte eine Reihe von Akteuren in überproportionaler Weise.

Ganz generell ist festzuhalten, dass eine Reihe grundlegender ökonomischer Institutionen in den 1990er Jahren allenfalls rudimentär vorhanden waren. Dazu zählen Dinge wie nachhaltige Wettbewerbsstrukturen und Demo-
nopolisierung, Durchsetzung harter Budgetschranken, Förderung der Restrukturierung, Transparenz, sichere Verfügungsrechte, gesicherte Aktionärs-
rechte, corporate governance etc. – oder allgemeiner formuliert: Oligopolisti-
sche Märkte in Verbindung mit einer Vielzahl von „Spielregeln" förderten eher
das Streben der Akteure nach kurzfristiger Profitmaximierung und Rentenerzielung (rent seeking) als langfristige Gewinnorientierung.[448]

Die tatsächlichen Möglichkeiten vieler Anteilseigner (und der Öffentlichkeit), ein Unternehmen zu kontrollieren, waren überwiegend sehr beschränkt.
Dafür war – neben generellen rechtsstaatlichen Defiziten – das Zusammenwirken einer Reihe von Faktoren verantwortlich, zum Beispiel unzureichende
Publizitätspflichten, der illiquide Aktien- und unterentwickelte Kapitalmarkt
sowie eine mangelhafte Infrastruktur zur Durchsetzung von Aktionärsinteres-
sen.[449]

Im Graubereich zwischen legal und illegal gab es eine Vielzahl an Operationen, mit deren Hilfe Wirtschaftsakteure in großem Stil Kapital akkumulieren, Besteuerung vermeiden und/oder konkurrierende Aktionäre enteignen
konnten. Verbreitete Phänomene waren beispielsweise asset stripping, das

---

[446] Dieser Begriff wurde von Clifford G. Gaddy und Barry W. Ickes (1998, 2002) geprägt.
[447] Rutland 2001: 2.
[448] Vgl. Rutland 2001: 15.
[449] Vgl. Kuznetsova/Kuznetsov 1999: 437.

heißt der Verkauf von Teilbereichen oder Vermögensgegenständen eines Unternehmens unter Marktpreis; die Verlagerung von Gewinnen und Kapital von einem Unternehmen auf ein anderes durch extrem niedrig angesetzte Verrechnungspreise (transfer pricing); oder das Verwässern des Aktienkapitals, das heißt der Anteile anderer Aktionäre, durch Neuemissionen zu Vorzugskonditionen an einen eingeschränkten Kreis von Anteilseignern (equity dilution).[450]

Die obengenannten wie auch ähnlich gelagerte Praktiken waren in den 1990er Jahren in allen Wirtschaftsbranchen und unabhängig von der Firmengröße weit verbreitet. Die meisten Gestaltungsmöglichkeiten und das größte Machtpotential besaßen in diesem Zusammenhang jedoch eindeutig die großen russländischen Konzerne und Konglomerate. Sie konnten naturgemäß auch unvergleichlich höhere Summen akkumulieren als kleinere oder mittlere Unternehmen. Es kann als gesichert gelten, dass alle großen Unternehmenskonglomerate ihr Portfolio nicht allein durch politische Unterstützung, sondern gerade auch durch Operationen wie asset stripping, transfer pricing, equity dilution oder ähnliches arrondierten.[451]

Im Bereich des unmittelbaren rent seeking spielten staatliche Stellen eine zentrale Rolle. Unter dem Begriff rent seeking werden Aktivitäten zusammengefasst, die darauf abzielen, Einkommenschancen unter Ausnutzung von Privilegien, die von politischer Seite gewährt werden, zu erschließen, zu sichern oder auszubauen.[452] Rent seeking steht somit im Gegensatz zum profit seeking im Rahmen von Marktkonkurrenz und konserviert Verzerrungen des Wettbewerbs, indem Renten Objekte des Verteilungskampfes in der politischen Arena werden.[453] Der Privatisierung von Gewinnen steht dabei die Sozialisierung von Verlusten gegenüber. Die Steuerungslogik des Marktes wird somit erheblich geschwächt bzw. in bestimmten Wirtschaftsbereichen unter Umständen gänzlich außer Kraft gesetzt. Rent seeking-Aktivitäten sind zwar

---

[450] Für Fallbeispiele vgl. u. a. Barnes 2006: 117ff., 131ff.; Götz 2000a: 1103ff.; Wolosky 2000 21ff. Eine eindrückliche Recherche zur Ausplünderung Gazproms in den 1990er Jahren hat als erster Florian Hassel (2001a, 2001b, 2001c) vorgelegt. Eine ausführliche, systematisierende Zusammenstellung verbreiteter corporate governance-Probleme in den 1990er Jahren in Russland bietet Adachi 2010: 25.

[451] Vgl. Boone/Rodionov 2001: 11.

[452] Vgl. Eggertson 1990: 279.

[453] Vgl. Aslund 1996a: 13.

de facto häufig illegal und mit Korruption verbunden, aber eine Vielzahl von entsprechenden Tätigkeiten ist rechtlich nicht zu beanstanden.

Es liegt in der Natur der Sache, dass im Rahmen eines derart umfassenden politischen und ökonomischen Systemwechsels, wie ihn die Staaten Osteuropas und noch stärker die Nachfolgestaaten der Sowjetunion erleb(t)en, der Umfang potentiell zur Verfügung stehender Renten deutlich höher ausfällt als in konsolidierten Marktwirtschaften (deren Renten-Potential jedoch nicht unterschätzt werden sollte).[454] Wie oben bereits erwähnt, erlebte die Russländische Föderation zu Beginn der 1990er Jahre einen regelrechten Boom im *rent seeking*-Bereich, weil sich gewaltige Möglichkeiten zur Gewinnabschöpfung für gut vernetzte Akteure ergaben. Die eindrücklichsten, aber bei weitem nicht die einzigen *windfall*-Profite ließen sich dabei im Bereich des Rohstoffexports erzielen. Insgesamt profitierten die Branchen Energie, Rohstoffe und Handel sowie der Agrar- und der Bankensektor in der ersten Hälfte der 1990er Jahre am stärksten vom *rent seeking*.[455]

Diese Profite hatten einen Effekt, der die weitere ökonomische und politische Transformation Russlands entscheidend mitprägte: Akteure, die bereits zu einem sehr frühen Zeitpunkt viel Kapital akkumulieren konnten, waren später in einer sehr vorteilhaften Position, als die attraktivsten Unternehmen privatisiert wurden. Dies war einer der wesentlichen Gründe für die ab Mitte der 1990er Jahre extrem starke Konzentration der Eigentumsrechte in bestimmten Wirtschaftssektoren und eine Voraussetzung für die Möglichkeit einiger Akteure, wirtschaftliche in politische Macht umzuwandeln.

Mit den eingeleiteten wirtschaftlichen Liberalisierungs- und Deregulierungsmaßnahmen gingen die *rent seeking*-Möglichkeiten in bestimmten Wirtschaftsbereichen erheblich zurück. Ende 1993 entfiel beispielsweise mit der Abschaffung der direkten Import- und Kreditsubventionen ein wichtiger Bereich, in dem bis dato umfangreiche Renten erwirtschaftet werden konnten.[456] Der Erdölsektor erfuhr Mitte der 1990er Jahre mehrfache Änderungen in den rechtlichen Rahmenbedingungen, doch häufig war das Schließen einer bestimmten *rent seeking*-Gelegenheit mit der Eröffnung einer anderen verbun-

---

[454] Für Åslund (1999: 52) ist *rent seeking* „the key problem after communism".
[455] Vgl. Aslund 1996a: 14.
[456] Vgl. Åslund/Dmitriev 1999: 98.

den.[457] Für viele Akteure hatte die Reduzierung der *rent seeking*-Möglichkeiten keine grundsätzliche Verhaltensänderung zur Folge, sondern sie verlegten ihre Anstrengungen auf das Erschließen von Renten auf anderen Feldern.

Anders Åslund hat versucht, die in Russland in den 1990er Jahren erzielten Renten zu quantifizieren. Nach seiner Schätzung erreichte der Anteil des Einkommens aus Renten gemessen am BIP im Jahr 1992 mit rund 80 Prozent seinen Höhepunkt und sank anschließend bis 1995 auf ungefähr 10 Prozent.[458] In den folgenden drei Jahren sei der Anteil wieder stetig angestiegen und habe 1998 rund ein Fünftel betragen (Abbildung 7).

Abbildung 7:   Rent Seeking in Russland, 1991-1998

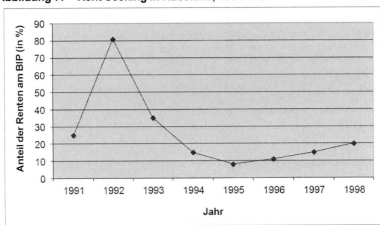

Quellen: Åslund/Dmitriev 1999: 119; Åslund 2007: 116.

Åslund legt die Berechnungsgrundlagen seiner Schätzungen leider nur unzureichend offen. Erschwerend kommt hinzu, dass gesicherte, offizielle Basisdaten, auf die sich eine Berechnung stützen könnte, nicht vorliegen. Deshalb

---

[457] So wurde zwar die Quotierung der Erdöl- und Erdgasexporte im Juli 1994 aufgegeben, an deren Stelle trat jedoch für ein Jahr ein Surrogat in Form besonders zu lizenzierender „Spezialexporteure" (*specéksportery*) (vgl. Rutland 1997: 14; Levin 1995). Die Abschaffung der Exportzölle für Rohöl und Rohölprodukte im Juli 1996 wurde teilweise durch eine Erhöhung der Pipelinegebühren durch den Staatsmonopolisten *Transneft'* und steigende Verbrauchssteuern kompensiert (vgl. Rutland 1997: 15). Gleichzeitig wurde der Zugang zum Pipelinenetz in intransparenten Verfahren erteilt.

[458] Vgl. Aslund 1996a: 15.

stellen Quantifizierungen immer nur Schätzwerte dar. Eine fundierte und detaillierte Kritik an den Angaben Åslunds ist deshalb nahezu unmöglich. Trotz dieses Vorbehalts möchte ich auf zwei Dinge näher eingehen. Zum einen dürfte Åslund eine Grundtendenz der russländischen Wirtschaft in den 1990er Jahren zutreffend wiedergegeben haben. Es ist plausibel, dass die Renteneinkommen im Jahr 1992 ihren Höhepunkt erreichten und in den Jahren danach stark zurückgingen. Dass sie – gemessen am BIP – 1995 allerdings nur noch ein Achtel des Wertes von 1992 betragen haben sollen, erscheint äußerst zweifelhaft. In der Tat entfielen in den Jahren nach 1992 eine ganze Reihe von *rent seeking*-Möglichkeiten, aber eine Vielzahl blieb erhalten, und neue kamen hinzu.[459]

Zum anderen bestand das Grundproblem in Russland unter Präsident El'cin darin, dass in einer kaum überschaubaren Anzahl von untergesetzlichen Rechtsakten Ausnahmeregelungen für verschiedenste Akteure gewährt wurden – teilweise sogar ohne jegliche tragfähige rechtliche Grundlage. Sogar Oleg Davydov – Mitte der 1990er Jahre Stellvertretender Premier- und Außenhandelsminister – räumt in seiner im Grundsatz apologetischen Publikation ein, dass „it became common practice to grant substantial privileges not just to individual importers and exporters but to entire regions and categories of foreign trade"[460].

Bedenklich an dieser Praxis ist nicht nur die Einräumung weitreichender Privilegien per se, sondern insbesondere die Tatsache, dass dies in extrem intransparenter, keiner demokratischen Kontrolle unterliegender Weise durch Organe einer von Lobbyisten durchsetzten Exekutive geschah und dass dieses Muster auch nach Inkrafttreten der neuen Verfassung Bestand hatte.[461] Einige Fallbeispiele sollen die spezifischen Charakteristika dieses Phänomens illustrieren.

Ende 1993 wurden sowohl *Gazprom* als auch der Metallindustrie umfangreiche Steuererleichterungen gewährt. Laut Anders Åslund und Michail

---

[459]   Implizit scheinen Åslund/Dmitriev (1999: 92) die Bedeutung des behaupteten extremen Rückganges des finanziellen Umfanges von *rent seeking*-Aktivitäten zu relativieren, indem sie *rent seeking*-Interessen für das Ausbleiben von gegensteuernden Maßnahmen vor und während der August-Krise 1998 verantwortlich machen.

[460]   O. Davydov 1998: 20.

[461]   Allein in den ersten zehn Monaten 1994 „some 6.5 trillion rubles in foreign-trade revenue was given away as more-or-less legal special privileges (equal to 18.4 percent of total budget receipts)" (Rutland 1995: 17).

Dmitriev hatten alleine diese Privilegien einen Umfang von drei bis vier Prozent des BIP (Metallindustrie: 2 %; *Gazprom*: 1-2 %).[462] Hier wird deutlich, dass es vielfach um den Erlass erheblicher Summen ging und das Problem mangelnder Staatseinnahmen so noch weiter verschärft wurde.

Eine Besonderheit der 1990er Jahre bestand auch darin, dass vorgeblich gemeinnützige Organisationen per Präsidentendekret von Abgaben freigestellt wurden, die im Zuge von deren kommerzieller Tätigkeit hätten entrichtet werden müssen. So befreite das Staatliche Zollkomitcc (*Cosudarstvennyj tamožennyj komitet*; GTK) auf der Basis eines Präsidentendekretes von Ende 1993[463] den Nationalen Sportfonds (*Nacional'nyj Fond Sporta*; NFS) jahrelang von der Zahlung von Import- und Exportzöllen sowie weiterer Abgaben. Die unmittelbar daraus resultierenden Profite des NFS beliefen sich auf 4,2 Milliarden US-Dollar.[464] Vergleichbare Privilegien erhielten eine Vielzahl weiterer Organisationen, mit dem prominentesten und finanziell gewichtigen Fall des „Russländischen Fonds der Veteranen des Afghanistan-Krieges" an der Spitze.[465]

Es soll nicht verschwiegen werden, dass die Liste der gewährten Zollprivilegien regelmäßig gelichtet wurde.[466] Allerdings bedeutete dies Mitte der 1990er Jahre keine generelle Abkehr von der beschriebenen Privilegierungspraxis, denn zahlreiche Sonderkonditionen wurden erneuert bzw. neue gewährt. Bezeichnend ist beispielsweise, dass El'cin 1995 parallel zu einem Dekret, das die Aufhebung von Zollvergünstigungen zum Gegenstand hatte, am selben Tag einen Ukaz unterschrieb, mit dem er ein Unternehmen von der Devisenumtauschpflicht befreite.[467] Bis mindestens Mitte 1997 waren die-

---

[462] Vgl. Åslund/Dmitriev 1999: 102; Åslund 2007: 138, 141.

[463] Ukaz 1993/1973.

[464] Vgl. Glinkina 1998: 20; ausführlicher zum NFS aus journalistischer Perspektive vgl. Klebnikov 2000: 230-234. Der damalige stellvertretende Vorsitzende des Rechnungshofs, Jurij Boldyrev, behauptete Ende 1998, die staatlichen Einnahmeausfälle durch die Einfuhrzollbefreiung des NFS hätten allein im Jahr 1995 umgerechnet 7 Mrd. US-Dollar betragen (St. Petersburg Election Winner 1998).

[465] Fortdauernde Rechtsgrundlage war hier ebenfalls ein Präsidentendekret (1993/2254) von Ende 1993.

[466] Vgl. z. B. ein Präsidentendekret (1995/244) vom März 1995 oder die Anordnung des Staatlichen Zollkomitees (1995/763) vom Dezember 1995, mit der 1135 (sic!) Fälle von Zollprivilegien abgeschafft wurden.

[467] Es handelt sich um die zum Konglomerat *Novolipeckij metallurgičeskij kombinat* gehörende Kühlschrankfabrik *Stinol* (vgl. Ukaz 1995/241).

se Vergünstigungen auf Einzelfallbasis – nicht nur im Zollbereich – eines der Hauptcharakteristika russländischer Wirtschaftspolitik.[468]

Daneben nutzte der Staatspräsident sein Dekretrecht auch unter wahlpolitischen Gesichtspunkten extensiv. El'cins Chancen auf eine zweite Amtszeit standen im Vorfeld der Präsidentschaftswahl 1996 sehr schlecht. Ein wichtiges Instrument, auf das er in den Monaten vor der Wahl setzte, waren materielle Wahlversprechen. Diese Wahlversprechen betrafen einerseits bestimmte, überwiegend sozial benachteiligte Personenkreise, andererseits aber auch einzelne Föderationssubjekte und einzelne Großunternehmen. Ihnen wurde vom Staatspräsidenten die Zuweisung von Haushaltsmitteln, Steuerermäßigungen bzw. -befreiungen usw. in Aussicht gestellt. Mit der Umsetzung einer Vielzahl dieser Wahlversprechen wurde umgehend begonnen, häufig in Form eines Präsidentendekretes.[469]

Zwar nahm El'cin bezeichnenderweise einen hohen Anteil der materiellen Wahlversprechen schon gut einen Monat nach der für ihn erfolgreichen Stichwahl zurück,[470] und im weiteren Verlauf der Jahre 1996 und 1997 wurden die meisten durch Präsidentendekrete gewährten Steuerbefreiungen wieder aufgehoben,[471] doch sagt dies mehr aus über die Nutzung des präsidentiellen Dekretrechtes als wahltaktisches Instrument als dass es als Indiz für eine grundlegende Änderung der Regierungspraxis während der Amtszeit El'cins gewertet werden könnte. Dies zeigt sich etwa daran, dass El'cin bereits Anfang August 1996, also *nach* seinem Wahlerfolg, ein Dekret unterzeichnete, durch das die Aktiengesellschaft *Noril'skij nikel'* eine Reihe Vergünstigungen in Bezug auf Steuerzahlungen, Zollbefreiungen und Kredite er-

---

[468] Vgl. Glinkina 1998: 20.

[469] Ein gutes Beispiel ist das Präsidentendekret (1996/439) vom April 1996. Mit diesem Dekret wurde 15 in Tatarstan beheimateten Unternehmen des VPK sowie der dortigen Aktiengesellschaft *KamAZ* jeweils ein extrem zinsgünstiger (ein Viertel des Leitzinssatzes der Zentralbank im Interbankengeschäft), fünf Jahre laufender „Investitionskredit" in Höhe der Summe, die das jeweilige Unternehmen im Jahr 1996 an föderalen Steuern würde abführen müssen, gewährt. Wenn man die Inflationsrate und die Laufzeit der Kredite berücksichtigt, wird erkennbar, dass sich hinter diesem Ukaz de facto fast eine Steuerbefreiung für das Jahr 1996 verbirgt.

[470] Mit einem Präsidentendekret (1996/1208) von Mitte August 1998 wurden rund 50 finanziell wirksame Präsidentendekrete und andere Rechtsakte der Exekutive aufgehoben oder außer Kraft gesetzt.

[471] Vgl. Remington/Smith/Haspel 1998: 309f.

hielt.[472] Dieses Beispiel ist noch aus einem zweiten Grund bemerkenswert: Das betroffene Unternehmen befand sich zum damaligen Zeitpunkt im Prozess der Privatisierung,[473] die gewährten Sonderkonditionen kamen also direkt dem designierten Eigentümer zugute – und dessen Mehrheitsaktionär, Vladimir Potanin, war just Mitte August 1996 als Stellvertretender Ministerpräsident mit Zuständigkeit für Wirtschaft in die Regierung berufen worden.

Ein weiteres Feld, auf dem hohe Renten erwirtschaftet werden konnten, war die staatliche Rechte- und Lizenzvergabe. Schon in den Jahren 1992 und 1993 hatten die großen Öl- und Gasfirmen die Rechte zur Exploration von 180 Erdölfeldern und der wichtigsten Erdgaslagerstätten ohne die laut Gesetz „Über die Bodenschätze"[474] vorgesehene Ausschreibung oder Versteigerung durch Regierungsverordnung bzw. Präsidentendekret[475] erhalten.[476] Diese freihändige Vergabepraxis setzte sich in der Zweiten Russländischen Republik fort – auch und gerade im Rohstoffsektor.

Für die ganzen 1990er Jahre gilt, dass beispielsweise die Regulierung des Exportes von Erdöl und Erdölprodukten extrem intransparenten Verfahren unterlag und von öffentlichen Ausschreibungen oder Auktionen kein Gebrauch gemacht wurde. Zwar wurde sukzessive der Erdölexport liberalisiert, und mit der Annäherung der Binnen- an die Weltmarktpreise sowie der Abschaffung des Exportzolles sanken Ende 1997 die Anreize für großangelegten Ölschmuggel erheblich,[477] doch blieb eine Regulierung der Ausfuhren notwendig, da die Exportkapazitäten beschränkt waren. Im Laufe der Jahre änderte sich zwar das konkrete Regulierungsregime, doch die Möglichkeiten zur Rentenerzielung verringerten sich kaum:[478] Staatlich lizenzierten „Spezialexporteuren", bevollmächtigten „Koordinatoren" oder mit dem Export „für

---

472 Vgl. das entsprechende Präsidentendekret (1996/1149) sowie die ausführende Regierungsverordnung (1996/1040). Die Moscow Times (14.08.1996; 22.08.1996) bezifferte den Gesamtwert der Unterstützungsleistungen auf mehr als eine Mrd. US-$. Ungeachtet dessen befand sich *Noril'skij nikel'* im Herbst 1996 unter den 15 größten Steuerschuldnern (vgl. Pleines 2004: 77).

473 *Noril'skij nikel'* ist eines der Großunternehmen, die im Zuge der *loans-for-shares*-Auktionen privatisiert wurden (siehe Abschn. 5.5.1).

474 Vgl. Art. 13 des Gesetzes (1992/2395-I).

475 Regierungsverordnung 1993/180; Ukaz 1992/539.

476 Vgl. hierzu insb. Kryukov 2000: 111.

477 Vgl. Pleines 1999: 103.

478 Vgl. für eine Übersicht über die Entwicklung der Exportregulierung im russländischen Erdölsektor der 1990er Jahre Westphal 2000: Kap. 3.3.5.

Staatsbedürfnisse" beauftragten Unternehmen standen in jedem Fall lukrative Geldquellen offen. Insgesamt unterlag der Export von Erdöl während der Präsidentschaft El'cins „einem Aushandlungsprozess, der über bestehende politische und wirtschaftliche Verflechtungen sowie über das erfolgreiche politische Unternehmertum der Exporteure die staatlichen Kapazitäten zur Generierung von Einnahmen unterminiert[e]"[479], zu Verzerrungen des Marktes beitrug und hohe Renteneinkommen bescherte.

Zusammenfassend ist festzuhalten, dass die Einräumung ökonomischer Vorzugskonditionen auf Einzelfallbasis in Russland während der 1990er Jahre ein Grundcharakteristikum des Systems war. Die sich bietenden *rent seeking*-Möglichkeiten nutzen zwar insgesamt sehr viele Akteure, doch waren es in erster Linie Großkonzerne bzw. deren Tochterfirmen, die quantitativ mit Abstand am meisten von Marktverzerrungen profitierten. Dabei machte die politische Führung Russlands nicht einmal ein Geheimnis aus der verbreiteten Praxis, einzelnen Akteuren Sonderbedingungen zu gewähren, und gestand indirekt auch die immensen Schwierigkeiten ein, dieses System zu beenden. Dies wird am Beispiel des Gesetzes „Über einige Fragen der Gewährung von Privilegien an Teilnehmer des Außenhandels"[480] deutlich.

Das Mitte 1995 in Kraft getretene Gesetz verpflichtet die Exekutive dazu, sämtliche Außenhandelsprivilegien zu streichen, die keine gesetzliche Grundlage haben.[481] In einem fast eineinhalb Jahre später veröffentlichten Regierungsdokument „über die mittelfristige Strategie und die Wirtschaftspolitik im Jahr 1996" wird unter anderem in Bezug auf Einfuhrzölle angekündigt, dass „in Zukunft Entscheidungen über die Gewährung von Vergünstigungen nicht getroffen werden", sofern diese vom Zolltarifgesetz nicht gedeckt sind.[482] Diese Passage lässt eindeutig den Schluss zu, dass die Einräumung von Privilegien ohne gesetzliche Basis in jedem Fall bis zu diesem Zeitpunkt offizielle Politik war. Die Aussage legt aber durch die implizite Beschränkung auf Ein-

---

[479] Westphal 2000: 179.
[480] Die Duma setzte das Gesetz (1995/31-FZ) bezeichnenderweise gegen das suspensive Veto des Föderationsrates durch.
[481] Explizit genannt werden ausschließlich die Gesetze „Über den Zolltarif", „Über die Mehrwertsteuer", „Über die Verbrauchsteuern" und der Zollkodex der Russländischen Föderation.
[482] Vgl. Punkt 24 des Maßnahmenkataloges der Regierung (1996/954).

fuhrzölle und die durch das Zolltarifgesetz geschaffene Gesetzesgrundlage auch nahe, dass Sonderkonditionen auf anderen Feldern fortbestanden.

Die weitverbreitete und insgesamt ausufernde Gewährung von wirtschaftlichen Privilegien durch untergesetzliche Rechtsakte (Präsidentendekret, Regierungsverordnung etc.), aber auch auf informellem Wege hatte zur Folge, dass der Exekutive als Objekt von Lobbyismus zentrale Bedeutung zukam. Eine Besonderheit der Zweiten Russländischen Republik bestand darin, dass alle ökonomischen Akteure nicht nur ein Interesse an guten Verbindungen zu den einschlägigen Ministerien oder Behörden bzw. zur Präsidialadministration hatten, sondern dass sie darüber hinaus mit Erfolg versuchten, „ihre" Leute direkt an den Schaltstellen dieser Einrichtungen zu platzieren. Dies ist ein wesentlicher Grund dafür, dass die These von Anders Åslund und Michail Dmitriev in Bezug auf Steuerbefreiungen während der Präsidentschaft El'cins generell auf alle Sonderregelungen im ökonomischen Bereich ausgeweitet werden kann: „[They] are granted more on the basis of political and personal connections than for reasons of public policy."[483]

In den folgenden Abschnitten dieses Kapitels soll am Beispiel des Bankensektors und der Privatisierung via Pfandauktionen gezeigt werden, wie bestimmte Akteure – von denen viele im Mediensektor engagiert waren – durch Marktverzerrungen und die freihändige Vergabe von Privilegien durch die Exekutive immenses Kapital akkumulieren konnten. Es liegt nahe zu vermuten, dass diese zur wirtschaftlichen Elite zählenden Akteure zumindest kurz- bis mittelfristig jeweils Interesse daran hatten, das bestehende System in seiner Funktionsweise zu konservieren, die eigene Stellung zu festigen bzw. auszubauen und den eigenen Nutzen zu maximieren. Neben einer guten Verankerung innerhalb der staatlichen Entscheidungs- und Implementationsstrukturen erschienen zahlreichen Akteuren in diesem Zusammenhang „eigene" Massenmedien als wertvolle Ressource im Verteilungskampf.

---

[483] Åslund/Dmitriev 1999: 109.

5.4 Der Finanzsektor

Unter den Wirtschaftsbranchen, die – als Kollektiv betrachtet – am stärksten vom Übergang zur Marktwirtschaft profitierten, sticht der Banken- und Finanzsektor in besonderer Weise hervor. Zwischen 1992 und 1998 wuchs diese Branche immens und konnte bedeutende Mengen an Kapital akkumulieren. Dies impliziert selbstverständlich nicht, dass jedes einzelne Institut in diesem Zeitraum in herausragendem Maße wirtschaftlich erfolgreich war – im Gegenteil: Im Laufe der 1990er Jahre verschwanden Hunderte von Banken, verloren ihre Lizenz oder wurden insolvent. Vor diesem Hintergrund erhält der immense wirtschaftliche Erfolg einer Reihe von Finanzkonzernen eine zusätzliche Dimension. Gerade einige große Unternehmen aus dem Bankenbereich konnten jahrelang von den Verzerrungen im Transformationsverlauf und von Vorzugsbehandlungen durch staatliche Akteure in besonderem Maße profitieren, eine Reihe von ihnen überstand sogar den Finanzcrash im August 1998 relativ unbeschadet.[484]

Um einige Besonderheiten der Entwicklung des russländischen Bankensektors der 1990er Jahre besser einordnen zu können, müssen einige Spezifika berücksichtigt werden (Tabelle 17). Die Finanzbranche zeichnet sich durch eine recht hohe geographische und kapitalbezogene Konzentration aus. Zum einen haben von den 20 größten Banken 17 ihren Sitz in Moskau, zwei in St. Petersburg und nur eine in der „Provinz". Zum anderen entfielen auf die größten 25 Banken bereits Mitte 1994 fast 45 Prozent des gesamten Bankkapitals.[485] Selbst die größten Banken sind jedoch im Weltmaßstab relativ klein. So verfügte beispielsweise die *ONĖKSIMbank*, die damals größte Privatbank, 1996 nur über eine Kapitalausstattung von umgerechnet weniger als 300 Millionen US-Dollar.

Die Tätigkeit der russländischen Banken bestand nur zu einem verschwindend geringen Anteil aus traditionellen Finanzgeschäften, das heißt Verzinsung der Einlagen und Gewährung von Krediten. Dass die überwiegende Mehrheit der Bevölkerung – sei es aus Mangel an Ersparnissen, infolge des

---

[484]   Eine detaillierte Analyse der (sowjetischen) Ursprünge und der Entwicklung der russländischen Bankenlandschaft kann in diesem Abschnitt nicht geleistet werden; vgl. hierzu die Überblicksdarstellungen bei Dmitriev et al. 1996, Dmitriev/Travin 1996 und Johnson 2000.

[485]   Vgl. Freinkman 1995: 55.

verbreiteten Misstrauens gegenüber dem Bankensystem oder in Anbetracht der hohen Inflationsraten – keinerlei Sparguthaben bei Banken unterhielt,[486] war hierfür nur von untergeordneter Bedeutung. Die Gründe dafür, dass die Banken die gesamten 1990er Jahre hindurch kaum ihre klassische Rolle der finanziellen Intermediation erfüllten, sind vielfältig. Sie reichen von Erblasten aus sowjetischer Zeit über makroökonomische Faktoren wie drei- bis vierstellige Jahresinflationsraten bis hin zu transformationsbedingten Defiziten, zum Beispiel einem widersprüchlich regulierten Devisenregime und fehlenden Institutionen zur Bewertung von Kreditrisiken und zur Durchsetzung von Forderungen. Kurz gesagt: „The environment within which the banks operate presents them with enormous incentives to focus on other activities, while the political and economic obstacles to intermediation were and are substantial."[487]

Tabelle 17: Führende Russländische Banken (nach Aktiva) per 01.01.1996 (in Mio. Rubel)

Bank	Sitz	Aktiva	Kapital	Gewinn
1. *Sberbank*	Moskau	119.824.868	6.099.889	3.010.424
2. *Vneštorgbank*	Moskau	26.066.736	3.764.350	875.083
3. *Agroprombank*	Moskau	18.622.009	275.509	na
4. ONĖKSIMbank	Moskau	17.717.302	1.370.596	260.727
5. Inkombank	Moskau	14.686.940	1.052.618	806.354
6. *Mosbiznesbank*	Moskau	13.110.620	640.478	482.539
7. Rossijskij kredit	Moskau	11.982.206	557.032	400.351
8. International Financial Company (*MFK*)	Moskau	11.265.122	1.120.847	207.889
9. Imperial	Moskau	10.100.994	996.003	395.220
10. *Moscow Industrial*	Moskau	10.017.547	527.385	609.219
11. Menatep	Moskau	9.962.400	625.027	285.877
12. *Unikombank*	Moskau	8.960.225	469.296	463.639
13. *Promstrojbank*	Moskau	8.173.556	487.892	435.813
14. *Bank St. Petersburg*	St. Petersburg	8.136.274	139.342	131.294
15. International Moscow Bank	Moskau	7.088.619	731.741	206.038
16. Stoličnij bank sbereženij	Moskau	6.696.978	867.715	36.162
17. *Tver'universalbank*	Tver'	6.114.373	262.228	81.604
18. Avtobank	Moskau	5.771.314	615.759	331.008
19. Vozroždenie	Moskau	5.647.559	376.954	171.132
20. *Promstrojbank St. Petersburg*	St. Petersburg	5.383.508	349.026	348.931

Anm.: 1 US-$ = 4.622 Rubel (01.01.1996)

Kursivsetzungen verweisen darauf, dass sich die betreffende Bank in staatlichem (Mehrheits-)Besitz befindet oder es sich um eine ehemalige sowjetische Spezialbank handelt.

Quelle: Johnson 2000: 109.

---

[486] Anfang 1998 besaß nur ca. ein Fünftel der Bevölkerung Sparguthaben bei Banken (vgl. Johnson 2000: 220).

[487] Tompson 2000: 605.

Diese „anderen Aktivitäten" bestanden in erster Linie aus Finanzspekulatio-
nen und *rent seeking*. Es ist unbestritten, dass es zu einfach wäre, für diese
Entwicklung allein die Banken verantwortlich zu machen. Sie operierten in
den 1990er Jahren in einem chronisch instabilen ökonomischen und politischen Kontext, in dem die Orientierung auf Spekulationsgeschäfte, staatliche
Patronage, kurzfristige Höchsterträge und *rent seeking* attraktiv und rational
war – die Vergabe von eigenen Krediten dagegen unattraktiv und überwiegend irrational.[488] Allerdings muss ebenso festgehalten werden, dass die ü-
berwiegende Mehrheit der Banken kurz- und mittelfristig ein Interesse an diesem Status quo hatte. Unter diesen Umständen kam es zu einer Interdependenz zwischen einer Reihe von Großbanken und staatlichen Akteuren, die
über weite Phasen zu engen Verflechtungen zwischen beiden Seiten führte.

In den folgenden drei Abschnitten soll am Beispiel dreier Geschäftsfelder,
die zu unterschiedlichen Zeiten eine bedeutende Rolle im Bankensektor gespielt haben, die Verschränkung der Interessen staatlicher Akteure und der
Banken analysiert werden. Es handelt sich dabei erstens um Inflations- und
Spekulationsgewinne, zweitens um das Konzept der autorisierten Banken
und drittens um den Markt staatlicher Wertpapiere.

5.4.1 Inflations- und Spekulationsgewinne

Der mit Abstand größte Teil der Gewinne der Banken zu Beginn der 1990er
Jahre und in den Anfangsjahren der Zweiten Russländischen Republik resultierte aus verschiedenen Spekulationsgeschäften. Diese Profite wurden durch
eine Reihe von Kontextvariablen ermöglicht. Hier sind in erster Linie die damals herrschende immense Inflation, ökonomisch-institutionelle Verzerrungen
sowie die Duldung beziehungsweise direkte und indirekte Begünstigung
durch staatliche Stellen zu nennen. Duncan Allan bezeichnet „the parasitical
dependence on the state"[489] sogar als den wichtigsten Grund für Boom des
russländischen Bankensektors in den 1990er Jahren.

Generell gilt, dass sich angesichts hoher Inflationsraten Banken große
Gewinnmöglichkeiten durch kurzfristig orientierte Spekulationsgeschäfte im
Bereich der Devisen- und Handelsoperationen, des Interbanken-
Kreditgeschäftes sowie durch die Manipulation der Geldflüsse (das heißt des

---

[488] Vgl. Tompson 2000: 610.
[489] Allan 2002: 141.

Zeitraumes, innerhalb dessen Gelder an Empfänger weitergeleitet werden) eröffnen.[490] Unter diesen Bedingungen war das Massengeschäft mit Privatkunden insbesondere für die russländischen Privatbanken von äußerst geringer Relevanz.[491] Auch an der ersten großen Privatisierungsrunde 1993/94 beteiligte sich der Bankensektor zunächst kaum.[492]

Die Haupteinnahmen der Banken in der ersten Hälfte der 1990er Jahre konzentrierten sich so auf wenige Geschäftsfelder. Eine wichtige Quelle großer Profite waren großangelegte spekulative Devisengeschäfte und Manipulationen der Wechselkurse.[493] Diese Gewinne wurden durch die lockere Geldpolitik und die große Inflation stark begünstigt. Viele Banken setzten unter anderem von der Zentralbank zu Vorzugskonditionen gewährte Kredite (negative reale Verzinsung) für diese Spekulationsgeschäfte ein – die hohen Inflationsraten „tilgten" unterdessen binnen kurzer Zeit einen Großteil der aufgelaufenen Schulden.[494]

Eine weitere einträgliche Einnahmequelle eröffnete sich vielen Banken dadurch, dass sie als Agenten für die Weiterleitung und/oder Auszahlung staatlicher Kredite an Unternehmen fungierten, Haushaltsmittel an staatliche Einrichtungen transferierten und Steuerzahlungen Dritter abwickelten. Für alle diese Tätigkeiten gilt zum einen, dass die Banken das Fehlen einer entsprechenden staatlichen Infrastruktur kompensierten, und zum anderen, dass der Löwenanteil der dabei anfallenden Gewinne nur unter den Bedingungen der immensen Inflation möglich war. Das „Geschäftsmodell" vieler Banken bestand nämlich darin, die Weiterleitung der eingegangenen Gelder extrem zu verzögern und diese in der Zwischenzeit inflationssicher zum eigenen Vorteil anzulegen. Auch hier gilt, dass die teilweise extrem hohen Gewinne vieler

---

[490] Vgl. Johnson 2000: 100.

[491] Im Durchschnitt der Jahre 1992-1999 entfielen mehr als drei Viertel der Einlagen von Privatpersonen auf die staatliche *Sberbank* (vgl. Johnson 2000: 110).

[492] Nach Punkt 9.5 des Privatisierungsprogrammes für das Jahr 1994 war den Geschäftsbanken die direkte Teilnahme an der Unternehmensprivatisierung nur in äußerst beschränktem Umfang möglich (Ukaz 1993/2284). Allerdings gab es keinen wirkungsvollen Überwachungs- und Sanktionsmechanismus, und einige Banken, z. B. *Al'fa-bank* und *MENATEP*, beteiligten sich über Tochterfirmen schon zu diesem frühen Zeitpunkt am Privatisierungsprozess (vgl. Gorbatova 1995: 24).

[493] Diese Geschäfte waren hochgradig profitabel, weil der Rubelkurs extrem volatil und die Devisenumsätze klein waren. Mit der Einführung eines Wechselkurskorridors für den Rubel im Juli 1995 versiegte diese Einnahmequelle (vgl. Åslund 1996b: 497).

[494] Vgl. Allan 2002: 141.

Banken zumindest durch Duldung, häufig jedoch durch direkte Begünstigung durch staatliche Stellen ermöglicht wurden. Weitere Möglichkeiten der Banken, hohe Summen einzustreichen, ohne produktiv arbeiten zu müssen, ergaben sich auf dem Interbanken-Kreditmarkt, bei der Finanzierung von Außenhandelsgeschäften und durch Kapitaltransfer ins Ausland.[495]

Zu beachten ist bei allen genannten Geschäften, dass die Gewinnmöglichkeiten der Banken nicht gleichmäßig verteilt waren. Vor allem große und in Netzwerke eingebundene Moskauer Banken hatten immense Vorteile im Vergleich mit anderen Finanzinstituten. Diejenigen Banken, die über gute Kontakte mit Ministerien, der Zentralbank, Staatsunternehmen und anderen staatlichen Stellen verfügten, konnten am stärksten profitieren, da sie zumindest auf die Duldung ihrer Aktivitäten sowie auf die Gewährung von Insiderinformationen und Vorzugskonditionen bauen konnten. Daraus folgt auch, dass sich sehr schnell nach Gründung der Zweiten Russländischen Republik eine Spaltungslinie zwischen einigen privilegierten, vorwiegend in Moskau beheimateten größeren Privatbanken und dem großen Rest kleinerer Banken aus den Regionen herauszubilden begann. Der dieser Trennung zugrundeliegende Konzentrationsprozess im Bankensektor Russlands verstärkte sich bis Sommer 1998 zusehends. Allerdings veränderten sich auch die Geschäftsfelder, auf denen die meisten Banken aktiv waren.

Eine erste und einschneidende Zäsur wurde durch einen Paradigmenwechsel in der Wirtschafts- und Finanzpolitik ausgelöst. Seit 1994 setzten die Regierung und die Zentralbank immer stärker auf Maßnahmen, die eine makroökonomische Stabilisierung zum Ziel hatten. Dazu gehörte insbesondere eine drastische Reduzierung der Inflationsrate. Spätestens Ende 1995 waren diejenigen Geschäfte der Banken, die eine hohe Inflationsrate und extrem volatile Devisenkurse zur Voraussetzung hatten, unprofitabel geworden.[496] Viele Banken – zunächst vor allem kleinere – standen vor einer Liquiditätskrise. Da auch die Zentralbank bei ihrer Kontrollaufgabe strengere Kriterien anlegte, musste eine ganze Reihe von Banken ihren Betrieb einstellen (Tabelle 18).[497]

---

[495] Vgl. Johnson 2000: 8.
[496] Vgl. Tompson 1997: 1174.
[497] Vgl. Petuchow/Wjunizkij 1997: 14.

Tabelle 18: Wirtschaftliche Kennziffern des russländischen Bankensektors (1991-1999)

	1991	1992	1993	1994	1995	1996	1997	1998	1999
Number of licensed commercial banks[a]	1360	1713	2019	2517	2295	2030	1697	1476	1349
Number of bank branches[b]	na	3135	4539	5440	5581	5123	4425	4453	3923
Number of foreign-owned banks[c]	1	2	15	na	19	23	26	30	32
Banks with authorized capital above 20 billion redenominated rubles (%)	na	na	na	1.2	3.6	9.3	17.0	28.0	40.1
Banks headquartered in Moscow city	na	22	27	37	39	41	42	45	45
Loss-making banks as percent of all banks	na	4.8	9.9	23.7	22.9	19.9	15.8	23.6	17.5
Licenses revoked by CBR (cumulative)	2	7	25	65	303	562	852	1004	1028
CBR refinancing rate (%)	20	80	210	18o	160	48	28	60	60
Commercial bank credit to the non-financial sector (as % GDP)	na	33.6	20.4	19.6	12.0	10.4	9.6	14.1	11.3
Average bank equity/asset ratio	na	na	11.2	10.9	8.9	13.8	12.8	na	na
Interest rates (period average)									
deposit rate	na	na	na	na	102	55	16.4	25.7	8.5
lending rate	na	na	na	na	320	147	46.2	41.7	32.1
Membership in the Association of Russian Banks (ARB)	415	570	733	954	1067	1006	868	707	660

Anm.:
[a] Credit institutions licensed to perform banking operations.
[b] Except Sberbank outlets and Vneshekonombank branches.
[c] Fifty percent or higher foreign ownership.

Quelle: Johnson 2000: 6.

Zwei Finanzkrisen im Abstand von weniger als einem Jahr beschleunigten die Veränderungsprozesse im Bankensektor ganz erheblich. Am „Schwarzen Dienstag" (11.10.1994) sank der Wert des Rubel gegenüber dem US-Dollar um fast 30 Prozent, und am 24.08.1995 kollabierte der Interbanken-Kreditmarkt. Die letztgenannte Krise markierte das Ende des rund fünf Jahre währenden Bankenbooms. Der Verlauf und die Bewältigung beider Krisen zeigen jedoch auch die sich verstärkende Spaltung innerhalb des Finanzsektors. Im Oktober 1994 konnte eine Reihe von großen Privatbanken mit politischen Verbindungen mutmaßlich durch Insiderinformationen gegen den Markttrend immense Gewinne einstreichen.[498] Während der Liquiditätskrise im August 1995 wiederum genossen führende Großbanken eine Vorzugsbehandlung bei Stützungsmaßnahmen durch die Zentralbank.[499] Dieser Graben

---

[498] Vgl. Coulloudon 1997.
[499] Vgl. Hellman 1996: 6.

im Bankensektor zwischen der großen Masse kleiner und häufig verlustma-
chender Banken und einigen im Entstehen begriffenen Giganten wurde im
Laufe der folgenden Jahre noch größer.[500]

Im Zuge der makroökonomischen Stabilisierungspolitik Mitte der 1990er
Jahre gerieten die Banken so unter immer stärkeren Druck, neue Einnahmequellen zu erschließen und bestehende zu sichern.[501] Die übliche Reaktion
auf diesen Druck bestand jedoch nicht darin, produktiv tätig zu werden. Statt
dessen perpetuierte der Bankensektor bislang erfolgreiche Verhaltensweisen:
„The survival strategies employed by the banks in these circumstances stake
a great deal on securing close links to the state."[502] Auch in der zweiten Hälfte
der 1990er Jahre waren in erster Linie politisch vernetzte Großbanken mit ihren *rent seeking*-Strategien am erfolgreichsten. Die Felder, auf denen die
größten Gewinne erzielt werden konnten, wurden nun das Agieren als autorisierte Bank, der Markt staatlicher Wertpapiere sowie die zweite Runde der
Privatisierung. Diesen Geschäften widmen sich die folgenden Abschnitte.

5.4.2 Autorisierte Banken

Die Ursprünge des Konzeptes der „autorisierten" (*upolnomočennye*) Banken
reichen zurück bis 1992. Ein wichtiger Hintergrund bestand in bestimmten
technisch-institutionellen Problemen des Staates bei der Verwaltung, Weiterleitung und Auszahlung staatlicher Mittel (Haushaltsgelder, Gelder außerbudgetärer Fonds, Außenhandelstransaktionen, Zentralbankkredite etc.). Es darf
jedoch bezweifelt werden, dass diese Schwierigkeiten unüberwindbar waren
beziehungsweise ein derart umfangreiches Ausmaß des Systems autorisierter Banken, wie es sich sehr schnell einstellte, rechtfertigten.

Ende 1992 erreichte eine Reihe von Geschäftsbanken, dass nicht mehr
ausschließlich Banken mit staatlicher (Mehrheits-)Beteiligung (*Sberbank*,
Promstrojbank, *Agroprombank*), sondern auch kommerziellen Banken der
Umgang mit staatlichen Geldern ermöglicht wurde. Damit war der Grundstein
des Systems autorisierter Privatbanken gelegt, das heißt staatliche Stellen
(insbesondere das Finanzministerium) konnten kommerzielle Banken bevoll-
mächtigen, staatliche Mittel zu verwalten. Um die Jahreswende 1992/1993

---

[500] Vgl. für die Entwicklung der Branchenkennziffern Tabelle 18, S. 221.
[501] Vgl. Gustafson 1999: 91.
[502] Tompson 1997: 1174.

wurden die ersten Banken autorisiert, und es überrascht kaum, dass gerade die größten und mit staatlichen Akteuren am besten vernetzten Banken lizenziert wurden.[503] Dieses Konzept, bei dem sich staatliche Einrichtungen der Dienste privater Banken bedienten, wurde – trotz mancher Änderungen im Detail – die gesamten 1990er Jahre über beibehalten.

Problematisch an dieser Praxis ist, dass sie zu einer Verquickung der Interessen staatlicher und ökonomischer Akteure führt und Letzteren immense Gewinnmöglichkeiten via *rent seeking* bei insgesamt hoher Korruptionsanfälligkeit eröffnet. In der russländischen Realität wies die Funktionsweise des Systems folgende (dysfunktionale) Charakteristika auf:[504]

- Das Verfahren, mit dem bestimmte Banken als autorisierte lizenziert und mit der Verwaltung staatlicher Mittel betraut wurden, war hochgradig intransparent. Es gab keine klaren Vergabekriterien, und die Auswahl war in das Belieben staatlicher Funktionsträger gestellt.
- Die Banken zahlten den staatlichen Stellen für die deponierten Gelder keinerlei Zinsen und erhielten somit de facto zinsfreie Kredite; zudem erhoben die betreffenden Banken nicht unwesentliche Gebühren für die Kontenführung.
- Darüber hinaus erzielten die Banken durch die bewusste Verzögerung der Weiterleitung beziehungsweise Auszahlung ihnen anvertrauter Haushaltsmittel erhebliche Zinsgewinne.
- In vielen Fällen wurden staatliche Gelder auch schlicht veruntreut.

Die Praxis, Geschäftsbanken mit der Verwaltung staatlicher Mittel zu beauftragen, war in den 1990er Jahren in der Russländischen Föderation weit verbreitet. Sowohl auf zentralstaatlicher als auch auf regionaler und lokaler Ebene wurden Banken für entsprechende Tätigkeiten lizenziert. Zusammengenommen ging es um die Verwaltung sehr großer Summen. Allerdings standen die Umsätze auf lokaler und regionaler Ebene tendenziell in proportionalem Verhältnis zur Wirtschaftskraft der jeweiligen Körperschaft, und vorzugsweise wurden in den Föderationssubjekten und Kommunen jeweils kleinere, lokale Finanzinstitute autorisiert.[505]

---

[503] Vgl. Johnson 2000: 121.

[504] Vgl. für die folgende Zusammenstellung Dinello 1999: 27f.; Pleines 1998: 12; Pleines 2001: 145; Schröder 1998a: 18; Tompson 1997: 1165.

[505] Auf regionaler und lokaler Ebene kam ein zusätzliches Motiv für die Autorisierung von Geschäftsbanken zur Verwaltung öffentlicher Gelder ins Spiel: Das Zentrum konnte den Geldfluss von Mitteln, die nicht von Niederlassungen der Zentralbank oder Filialen von Banken mit (zentralstaatlicher) Beteiligung verwaltet wurden, schwerer kontrollie-

224   KAPITEL 5

In diesem Abschnitt sollen kollektiv diejenigen Akteure in den Blick ge-
nommen werden, die durch ihren Status als autorisierte Banken die größten
Gewinne erzielen konnten. Dies sind zum einen einige von zentralstaatlichen
Einrichtungen mit der Verwaltung fiskalischer Mittel beauftragte Banken mit
Sitz in Moskau; zum anderen zählen hierzu aufgrund der herausragenden
Stellung der Stadt und des Föderationssubjektes Moskau auch die von der
lokalen Exekutive autorisierten Banken.[506] Diese beiden Akteurskreise wiesen
zwar zeitweise einige Überschneidungen auf, doch grundsätzlich handelte es
sich um unterschiedliche Gruppen von Banken.

Am Institut für Soziologie der Russländischen Akademie der Wissenschaf-
ten wurde 1994 eine Untersuchung zum russländischen Bankensektor durchgeführt. Ein Ziel der Untersuchung war, ein Ranking der Banken in Abhängigkeit von der Zahl der ihnen von staatlichen Stellen gewährten Autorisierungen
zu erstellen. Das Ergebnis war unter anderem, dass das Autorisierungsran-
king nur geringe Überschneidungen mit der Rangliste nach der Höhe des Eigenkapitals aufwies, das heißt Banken mit hohem Eigenkapital nicht notwendigerweise auch zu den meistautorisierten zählten. Zudem tauchten Banken
mit staatlicher Beteiligung unter den 25 meistautorisierten Banken nicht auf
(Tabelle 19, S. 225).

Aufgrund der Intransparenz des Bankensektors und der verbreiteten Ge-
heimhaltungspraxis staatlicher Stellen bietet Tabelle 19 einen nützlichen,
gleichzeitig aber auch beschränkten Anhaltspunkt zu den größten Profiteuren
des Systems der autorisierten Banken. Denn die Anzahl der Autorisierungen
einer Bank sagt nicht notwendigerweise etwas über die Höhe der verwalteten
staatlichen Gelder und/oder der dabei erzielten Profite aus.

---

ren. Manche Regionen gründeten auch eigene Banken, so z. B. schon sehr früh die
Föderationssubjekte St. Petersburg und Karelien (vgl. Bagrov 1993).
[506] Bereits am 12.04.1993 autorisierte die Regierung der Stadt Moskau insgesamt neun
Geschäftsbanken: *Delovaja Rossija*, *MENATEP*, *MOST-bank*, *Nacional'nyj kredit*, *Or-
bita*, *Promradtechbank*, *Sajany*, *Stoličnyj bank sbereženij* (SBS) und *Technobank* (vgl.
Chatul' 1993; Moskovskaja pravda, 14.04.1993).

Tabelle 19: Rangliste russländischer Banken nach Zahl der Autorisierungen und nach Höhe des Eigenkapitals (Juli 1994)

Bank	Rang nach Zahl der Autorisierungen	Rang nach Höhe des Eigenkapitals
Inkombank	1-2	4
MENATEP	1-2	46
Al'fa-bank	3	50
Avtobank	4	10
MOST-bank	5	53
ONĖKSIMbank	6	21
Mosbiznesbank	7	9
Vozroždenie	8	29
Rossijskij kredit	9	54
Nacional'nyj kredit	10	37
MFK	11	14
Stoličnyj bank sbereženij	12	28
Tokobank	13	5
Moskovskij meždunarodnyj bank	14	7
Unikombank	15	11
Mežkombank	16	30
Kredobank	17	33
Vneštorgbank	18	1
Tver'universalbank	19	61
Mosstrojėkonombank	20	58
Mosėkonomsberbank	21	95
MNbank	22	45
Orbita	23	115
Imperial	24	6
Moskovskij mežregional'nyj kommerčeskij bank	25	27

Quelle: Kryštanovskaja 1995: 15.

Wie nicht anders zu erwarten, gibt es keinerlei offizielle Angaben zu den Summen der Einlagen öffentlicher Einrichtungen bei autorisierten Banken. Im Jahr 1997, als das System autorisierter Banken vermutlich seinen Höhepunkt überschritten hatte, sollen insgesamt 170.000 Konten mit Geldern staatlicher Einrichtungen existiert haben, die Hälfte davon bei der Zentralbank,

44 Prozent bei Geschäftsbanken und 6 Prozent bei der *Sberbank*,[507] im Jahr 1996 sollen nur 30 Prozent der Haushaltsmittel von der Zentralbank verwaltet worden sein.[508] Anderen Quellen zufolge wurden jährlich bis zu 90 Prozent der staatlichen Mittel von autorisierten Banken gehalten.[509] Die Gesamtzahl der autorisierten Banken wird mit 50 bis 100 angegeben.[510] Diese Anzahl entspricht maximal fünf Prozent der privaten Banken (Tabelle 18, S. 221).

Bei einer Reihe kleinerer Banken machten die Mittel staatlicher Einrichtungen die Hälfte aller Einlagen und teilweise sogar mehr aus.[511] Dies deutet darauf hin, dass es einige Banken gab, für die die Verwaltung von Haushaltshaltsgeldern zur wichtigsten Geschäftstätigkeit wurde. Auch wenn dies bei den größeren Privatbanken nicht so signifikant war, konnte auch diese Gruppe durch die Verwaltung staatlicher Mittel den jeweiligen Umfang ihrer Einlagen erheblich ausweiten und aus den de facto zinsfreien Krediten große Gewinne ziehen. Heiko Pleines zufolge lagerten im Jahr 1997 föderale Haushaltsgelder in Höhe von 25 Milliarden US-Dollar auf Konten bei Geschäftsbanken; hinzu kamen noch Mittel außerbudgetärer Fonds und regionaler Haushalte.[512] Insgesamt kann davon ausgegangen werden, dass nur eine verhältnismäßig kleine Zahl von größeren Geschäftsbanken die lukrativsten Geschäfte mit zentralstaatlichen Organen oder den Behörden der Stadt Moskau machte.

Es überrascht kaum, dass genaue Zahlen zu den durch das System der autorisierten Banken in den 1990er Jahren entstandenen Gewinnen und den einzelnen Profiteuren nicht vorliegen. Der russländische Rechnungshof befasste sich nur mit einzelnen Aspekten dieses Themenkomplexes. Diverse

---

[507] Vgl. das Interview mit Aleksandr Smirnov, Leiter der Hauptabteilung des föderalen Schatzamtes (Minfin i Central Bank 1997); siehe hierzu auch Russian Government Again 1997.
[508] Egizarjan 1997.
[509] Vgl. Čerkasov/Skvorcov 1997.
[510] Vgl. Schröder 1998a: 18. Kryštanovskaja (1995: 15) spricht für den Jahresbeginn 1995 von 78 autorisierten Banken, von denen 48 jedoch nur über eine einzige Autorisierung verfügten. Nach Berechnungen von Juliet Johnson (2000: 155) auf der Basis von Daten der Zentralbank lagen 1998 rund zwei Drittel aller lokalen Haushaltsmittel auf Konten bei Moskauer Geschäftsbanken.
[511] Egizarjan 1997. Michail Berger (1997) zufolge machten bei einigen autorisierten Banken staatliche Gelder sogar mehr als 90 % der liquiden Mittel aus.
[512] Pleines 2003: 166.

Berichte zu Einzelfällen und bestimmten Akteuren umreißen jedoch die Dimensionen des Phänomens.

Auffällig ist, dass nahezu alle großen Akteure aus dem Finanzsektor, die später im Rahmen der Privatisierung und/oder beim Aufbau finanzindustrieller Konglomerate sowie häufig auch durch ihr Engagement im Mediensektor hervortraten, wichtige autorisierte Banken waren. Zu den größten Profiteuren wird allgemein die *ONĖKSIMbank* gezählt. Nur kurz nach ihrer Gründung wurde sie bereits im Sommer 1994 von der russländischen Regierung für die Abwicklung von Außenhandelsoperationen lizenziert.[513] Im März 1998 wurden die Konten der Verbrauchsteuerabteilung der Staatlichen Zollverwaltung – nachdem sie drei Monate zuvor an die Zentralbank übertragen worden waren – zur *ONĖKSIMbank* rücktransferiert.[514] Darüber hinaus wickelten die *ONĖKSIMbank* und ihr Partner *MFK* eine Fülle weiterer Transaktionen mit föderalen Haushaltsmitteln als autorisierte Banken ab. Nach der Einschätzung einiger Beobachter besaß die *ONĖKSIMbank* als autorisierte Bank eine Ausnahmestellung.[515]

Ein weiterer wichtiger Profiteur, dessen Involvierung in den politischen Prozess sich allerdings überwiegend außerhalb der öffentlichen Wahrnehmung vollzog, war die *Al'fa-bank*. Sie konzentrierte sich als autorisierte Bank auf wenige Marktnischen und war beispielsweise seit 1994 jahrelang mit der Abwicklung der von Russland übernommenen sowjetischen Altschulden sowie der Vergabe von Krediten an den Agrarsektor betraut.[516] Neben den genannten zählten Mitte der 1990er Jahre auf föderaler Ebene zu den wichtigsten autorisierten Banken Kreditinstitute wie *Imperial*, *Inkombank*, *MENATEP*, *MFK*, *Rossijskij kredit* oder *SBS*.[517] Eine Sonderrolle nimmt hierbei die *MOST-bank* ein, die auf föderaler Ebene kaum präsent war, aber als autori-

---

[513] Vgl. Kryukov/Moe 1999: 52.
[514] Vgl. Baranov 1998.
[515] Von Dinello (1998) stammt eine prägnante Charakterisierung: „ONEKSIMbank's claim to be the ‚private bank with a state mentality' and its status of a ‚state appointee' in handling the accounts of almost all government programs put it beyond the reach of rivals."
[516] Vgl. Pappė 1998: Abschn. 9; Schulze 2000: 87f.
[517] Vgl. Lepėchin 1998: 124f. Ihm zufolge kam es im Gefolge der Krise auf dem Interbankenmarkt (Ende 1994) im Laufe der ersten Jahreshälfte 1995 zu einem politisch motivierten „Durchsieben" der Liste der autorisierten Banken. Am Ende habe sich eine Spitzengruppe „superautorisierter" Banken herausgebildet, die sich durch besondere Loyalität gegenüber der föderalen Exekutive ausgezeichnet habe.

sierte Bank der Moskauer Stadtverwaltung über weite Strecken eine herausragende Bedeutung hatte.

Dass auch im Bereich autorisierter Banken die intransparente Privilegierung einzelner Akteure teilweise auf höchster Ebene beschlossen und *rent seeking* ermöglicht wurde, verdeutlicht folgendes Beispiel.[518] Medienberichten zufolge wurden mittels unveröffentlichter Rechtsakte der Exekutive zehn Banken exklusiv lizenziert, die finanziellen Transaktionen des staatlichen Rüstungsexportmonopolisten *Rosvooruženie* abzuwickeln. Man muss die offizielle Rüstungsexportstatistik nicht für untertrieben halten (1996: 3,5 Mrd. US-Dollar), um festzustellen, dass die Summen, die in diesem Bereich bewegt wurden, attraktiv waren. Dies gilt um so mehr, als nicht alle Banken gleichmäßig mit Aufträgen bedacht wurden, sondern einzelne Banken in Abhängigkeit von ihrer Nähe zum jeweiligen Führungspersonal bevorzugt wurden. Führungswechsel und Reorganisationen führten so regelmäßig zu Schwerpunktverlagerungen von einer bestimmten Bank zu einer anderen. Daraus folgt, dass es zwar erhebliche Konkurrenzen innerhalb der Gruppe dieser autorisierten Banken gab – aber eben nur *innerhalb* eines relativ kleinen Kreises privilegierter Akteure. Im Falle *Rosvooruženie* galt für diese relativ abgeschlossene Gruppe von Banken sogar: „Herausfliegen konnte man, hineinkommen jedoch nicht."[519]

In einem anderen konkreten Fall liegen ausnahmsweise Angaben über die verteilten Gewinne vor. Das russländische Finanzministerium beauftragte seit 1995 regelmäßig bestimmte Banken mit einer spezifischen „Zwischenfinanzierung" des Staatshaushalts. Bei dieser eindeutig rechtswidrigen Praxis stellten Banken verschiedenen aus dem Staatshaushalt finanzierten Einrichtungen (dazu zählten im konkreten Fall auch die Föderationssubjekte) statt der bewilligten Haushaltsmittel kurzfristige Kredite zur Verfügung, für die jeweils das Finanzministerium bürgte. Die von den Banken erhobenen Zinsen und Gebühren übernahm jedoch nicht das Ministerium – die bewilligten Haushaltsmittel des jeweiligen Empfängers wurden einfach um die entsprechende Summe gekürzt.[520]

---

[518] Vgl. im Folgenden: Pelechova 1996; Sokolov/Plužnikov 1997.
[519] Pelechova 1996.
[520] Vgl. Tompson 1997: 1173f.

Nach Schätzung des Rechnungshofes der Russländischen Föderation verdienten die hierfür autorisierten Banken allein in den Jahren 1995 und 1996 rund 6,5 Trillionen Rubel (nach damaligem Kurs mehr als 1,3 Mrd. US-Dollar).[521] Eine Prüfung ergab zudem, dass die Hälfte der kreditierten Haushaltsgelder zum entsprechenden Zeitpunkt in der Staatskasse vorhanden war.[522] Im Jahr 1996 beispielsweise wurden rund zehn Prozent der Staatsausgaben auf diesem Wege finanziert. Die Zahl der profitierenden Banken scheint dabei ausgesprochen klein gewesen zu sein – ungefähr 90 Prozent der Kreditsumme entfielen 1995 auf fünf autorisierte Banken.[523]

Die Praxis der „Zwischenfinanzierung" zugewiesener Haushaltsmittel wurde – nicht zuletzt auf Druck des IWF und wie schon in der präsidentiellen Botschaft an die Föderalversammlung angekündigt – im Mai 1997 durch Präsidentendekret untersagt.[524] Es bestehen jedoch erhebliche Zweifel daran, dass das Dekret zügig und vollumfänglich umgesetzt wurde. Wahrscheinlich ist angesichts der immensen Haushaltsprobleme zur damaligen Zeit und der Interessen der Profiteure eher, dass die rechtswidrige Praxis nur sehr langsam zurückgefahren und möglicherweise einfach durch ähnlich zweifelhafte Substitute ersetzt wurde.[525] Die Zweifel an der schnellen und vollständigen Abschaffung werden auch durch jene zeitlich parallelen Schritte der Exekutive, die offiziell das Ende des Gesamtsystems der autorisierten Banken zum Ziel hatten, genährt.

Schon seit Mitte der 1990er Jahre gab es immer wieder Ankündigungen verschiedener staatlicher Akteure, die Praxis der intransparenten Autorisierung von Geschäftsbanken zur Verwaltung staatlicher Gelder zu beenden.[526] Diese Äußerungen blieben de facto folgenlos, allerdings nahm der Druck auf die Regierung zu, das intransparente System zumindest grundlegend zu reformieren und das verbreitete *rent seeking* der Banken einzudämmen. Die weitere politische Entwicklung in dieser Frage ist aus drei Gründen bemerkenswert und in hohem Maße exemplarisch für die politische Situation in

---

[521] Vgl. Whitehouse 1997.
[522] Vgl. Gusarev 1998.
[523] Vgl. Tompson 1997: 1174.
[524] Ukaz 1997/467.
[525] Vgl. Tompson 1997: 1174.
[526] So wurde etwa Anfang Februar 1996 verkündet, die staatliche *Sberbank* sei nunmehr „generalbevollmächtigter Vertreter für die Arbeit mit den Konten des föderalen Haushaltes" (vgl. Otdel finansov 1996).

Russland Mitte der 1990er Jahre: Erstens gilt es die Interessengegensätze innerhalb der Exekutive zu beachten; zweitens versuchten die Großbanken, aus der Reformdiskussion Kapital zu schlagen; und drittens änderte sich über Monate nichts – und auf Jahre gerechnet nur wenig.

Die vordergründig naheliegende Annahme, die Regierung sei sich grundsätzlich in dem Ziel einig, das System der autorisierten Banken zu beenden, um wieder mehr Kontrolle über den Staatshaushalt zu erlangen, trifft nicht zu. Ministerien, Behörden und eine Reihe anderer staatlicher Einrichtungen befürworteten das Fortbestehen autorisierter Banken, um die Möglichkeit zu haben, „nach eigenem Ermessen über zugeteilte Mittel zu verfügen"[527].

Diejenigen Großbanken, die als autorisierte Banken hohe Gewinne einstrichen, versuchten, die drohende Reform des Systems zu ihren Gunsten zu manipulieren: Wenn absehbar war, dass'das System in seiner gegenwärtigen Form mittelfristig nicht haltbar war, konnte versucht werden, die Reform so zu gestalten, dass ihr Konkurrenten zum Opfer fallen. Eine Regierungskommission unter Vorsitz des Ersten Stellvertretenden Ministerpräsidenten und Miteigentümers der ONÉKSIMbank beschloss im Januar 1997, die an autorisierte Banken – insbesondere hinsichtlich ihres Grundkapitals – zu stellenden Anforderungen zu erhöhen, so dass die Zahl der Banken insgesamt erheblich schrumpfte.[528]

Die Kommission schuf drei Kategorien autorisierter Banken, die sich am vorhandenen Grundkapital orientierten. Nur die dreizehn Banken in der höchsten Kategorie waren vollumfänglich für den Umgang mit staatlichen Geldern autorisiert, die Banken in Kategorie zwei und drei erhielten nur eine beschränkte beziehungsweise sehr eingeschränkte Autorisierung. Bei der Liste der Banken in der obersten Kategorie fällt auf, dass zwei prominente Namen fehlen: die Al'fa-bank und die MOST-bank. Dies legt den Verdacht nahe, dass die der Aufnahme in die Liste zugrundeliegenden Kriterien nicht allein aus objektiven Indikatoren wie etwa Grundkapital bestanden, sondern zum Beispiel auch (politische?) „Zuverlässigkeit" eine Rolle spielte. So kamen die Äußerungen Potanins – diesmal in seiner Funktion als Präsident der O-NÉKSIMbank – der Realität vielleicht doch sehr nahe: „Wir sind konkurrenzfähiger. Die Autorisierung [von Banken] bedeutet eine Beschränkung des

---

[527] Egizarjan 1997.
[528] Vgl. Berger 1997; Grigor'ev 1997; Narzikulov 1997.

Wettbewerbs. In diesem System können wir nicht in vollem Maße unsere Konkurrenzvorteile zeigen."[529]

An dem Tag, an dem El'cin die „Zwischenfinanzierung" zugewiesener Haushaltsmittel per Dekret untersagte, fertigte er auch einen Erlass aus, der das Ende des überkommenen Systems autorisierter Banken einläuten sollte. Der Erlass legte fest, spätestens zum 01.01.1998 die Konten mit Haushaltsmitteln „in der Regel" bei der Zentralbank zu führen, den Status autorisierter Banken auf dem Wege öffentlicher und transparenter Ausschreibungen zu erteilen und für die Verwaltung staatlicher Einlagen keine Gebühren zu leisten, sondern Zinszahlungen an die Staatskasse sicherzustellen.[530]

Der Erlass dieses Dekrets hing sicherlich auch mit der Umbildung des Kabinetts und dem Regierungseintritt wirtschaftsliberaler Politiker im Frühjahr 1997 zusammen. Insbesondere Boris Nemcov war seit seiner Berufung zum Vizepremier für die Abschaffung autorisierter Banken eingetreten.[531] Von Abschaffung allerdings konnte in El'cins Dekret („in der Regel") keine Rede sein. Das geplante offene Ausschreibungsverfahren und die Zinsforderung versprachen aber immerhin Fortschritte im Reformprozess. Diese Hoffnungen erfüllten sich jedoch nur zu einem relativ geringen Teil. Anfang 1998 musste das russländische Finanzministerium einräumen, dass bis dato nur ein Drittel aller Haushaltsmittel von staatlichen Instituten verwaltet wurde.[532] Zudem gab es bis Ende der 1990er Jahre und darüber hinaus eine ganze Reihe von Fällen, in denen Geschäftsbanken in zweifelhaften Verfahren und zu unklaren Konditionen mit der Verwaltung staatlicher Gelder betraut wurden.[533]

Zusammenfassend ist zu konstatieren, dass das System autorisierter Banken einigen Großbanken bedeutende *rent seeking*-Möglichkeiten eröffnete und eine grundsätzliche Beendigung dieses Schemas in den 1990er Jahren nicht gelang. Einschränkend ist jedoch festzuhalten, dass die Bedeutung des Status einer autorisierten Bank für die Gewinne der Großbanken ab Mitte der 1990er Jahre sukzessive abnahm, weil sich neue, lukrative Einnahmequellen eröffneten. Bei einigen davon spielte *rent seeking* wieder eine große

---

[529] Zit. n. Pjatnickij 1997. Zu diesem Zeitpunkt war Potanin nicht mehr Mitglied der Regierung.
[530] Ukaz 1997/477.
[531] Semënov/Trosnikov 1997.
[532] Vgl. Pleines 1998: 14.
[533] Für zahlreiche Beispiele vgl. Pleines 2000: 199f.

Rolle (siehe besonders die Abschnitte 5.4.3, 5.5.1 und 5.5.2). Außerdem war das System autorisierter Banken nach der Finanzkrise vom August 1998 und dem Zusammenbruch zahlreicher Banken nicht länger aufrechtzuerhalten. Eine der alternativen Einnahmequellen vieler Großbanken fand sich auf dem Feld der Staatsanleihen. Auch hier lässt sich die Einschränkung der Konkurrenz beobachten, verbunden mit der Privilegierung einzelner Akteure. Diesem Phänomen widmet sich der folgende Abschnitt.

5.4.3 Staatsanleihen

Kurzfristige Rubel-Staatsanleihen der Russländischen Föderation wurden schon im März 1993 eingeführt und waren – unter anderem durch die Steuerfreiheit der Gewinne der Gläubiger und die Verzinsung – im Grundsatz von Anfang an attraktiv.[534] Ihre Relevanz für die russländischen Geschäftsbanken war allerdings zunächst nicht besonders hoch. Dies änderte sich erst allmählich mit der beginnenden Politik der makroökonomischen Stabilisierung, durch die viele bislang interessante Gewinnmöglichkeiten – die an erster Stelle durch hohe Inflationsraten bedingt waren – an Attraktivität einbüßten oder sogar obsolet wurden (siehe S. 220f.).

Die russländische Regierung war im Zuge der sich seit 1994 verändernden Wirtschafts- und Finanzpolitik darauf angewiesen, das weiterhin beträchtliche Haushaltsdefizit zu decken und gleichzeitig die Inflationsrate möglichst niedrig zu halten (Tabelle 13, S. 197). Zwar ging es auch darum, die staatlichen Einnahmen signifikant zu erhöhen und die Ausgaben wesentlich zu verringern, doch wurde diese Herausforderung – aus praktisch-technischen, vor allem jedoch aus (verteilungs-)politischen Gründen – von maßgeblichen politischen Kräften nur als mittelfristige Aufgabe angesehen. So stand an erster Stelle das Ziel einer „inflationsneutralen" Deckung des Staatsdefizits, und mit Staatsanleihen meinten viele, das „ideale" Instrument entdeckt zu haben.[535] Dass damit ein ungedeckter Wechsel auf die zukünftige politische und öko-

---

[534] Vgl. Johnson 2000: 123. Kurzfristige staatliche Schuldverschreibungen der Russländischen Föderation unterteilen sich in Anleihen mit dreimonatiger (*Gosudarstvennye kratkosročnye obligacii, GKO*) und solchen mit sechsmonatiger Laufzeit (*Obligacii federal'nogo zajma; OFZ*) (vgl. Gustafson 1999: 92). Ich werde im Folgenden vereinfachend die Begriffe „Staatsanleihen" und „Staatsobligationen" verwenden, wenn beide Arten staatlicher Schuldverschreibungen zusammengenommen gemeint sind.

[535] Es darf nicht unterschlagen werden, dass der IWF eine „nichtinflationäre Defizitfinanzierung" explizit einforderte (vgl. Johnson 2000: 123).

nomische Entwicklung des Landes ausgestellt wurde und dass bestimmte E-
lemente des Verfahrens der Ausgabe der Staatsobligationen immense vertei-
lungspolitische Konsequenzen – im Sinne der Kapitalakkumulation bei privilegierten Akteuren – hatten, wurde einer breiten Öffentlichkeit erst mit dem
Finanzcrash im August 1998 klar.

Maßgeblichen Einfluss auf die Veränderung der Wirtschafts- und Finanzpolitik hatte der „Schwarze Dienstag" im Oktober 1994 (siehe S. 221). Ende
1994/Anfang 1995 folgte eine Reihe von Personal- und Sachentscheidungen,
die Ausdruck dieses Richtungswechsels waren, zum Beispiel die Berufung
von Anatolij Čubajs zum Ersten Stellvertretenden Ministerpräsidenten mit Zuständigkeit für den makroökonomischen Bereich und die Beendigung der Finanzierung des Haushaltsdefizits durch Kredite der Zentralbank.[536] Parallel
dazu wurden die Ausgabe von Staatsanleihen ausgeweitet und die Konditionen verbessert. Als sich schließlich mit dem Kollaps des Interbanken-
Kreditmarktes im August 1995 und mit der anhaltend sinkenden Inflationsrate
die Gewinnmöglichkeiten der Banken weiter verengt hatten, war der Punkt erreicht, an dem die Attraktivität der Staatsobligationen kaum mehr zu überbie-
ten war – nicht nur im Hinblick auf die Rendite, sondern auch, weil diese Geschäfte als weitgehend risikolos galten.

Seit 1995 stieg die Bedeutung der Staatsanleihen im Verhältnis zum
Haushaltsdefizit des Staates, aber auch absolut in Bezug auf das ausgege-
bene Volumen und die Höhe der zu erzielenden realen Verzinsung sprung-
haft an. Im ersten Halbjahr 1995 waren bereits Staatsanleihen im Umfang
von umgerechnet 7,9 Milliarden US-Dollar im Umlauf, das Haushaltsdefizit
des Jahres 1995 wurde zu 70 Prozent auf diese Weise gedeckt.[537] Das Volumen der ausgegebenen Staatsobligationen stieg in den Folgejahren stetig
an. Das Verhältnis der im Umlauf befindlichen Staatsobligationen zum BIP
vervielfachte sich von 2 Prozent (Januar 1995) über 4,4 Prozent (Januar
1995) auf schließlich 13,9 Prozent im Jahr 1998.[538] Der finanzielle Zusammenbruch im August 1998 war erreicht, als der russländische Staat die Be-

---

[536] Vgl. Allan 2002: 139f.
[537] Vgl. Johnson 2000: 124.
[538] Vgl. Bernstam/Rabushka 1998: 65.

dienung von Staatsanleihen im Wert von umgerechnet 60 Milliarden US-Dollar aussetzte.[539]

Die durchschnittliche Umlaufrendite der Staatsobligationen war durchgehend sehr hoch. In den Jahren 1994 und 1995 betrug die reale Verzinsung mehr als 160 Prozent pro Jahr. Dieser Wert sank nach der Präsidentschaftswahl 1996 stark, erreichte im Jahresdurchschnitt 1996 nur noch rund 85 Prozent und fiel im Jahr 1997 sogar auf unter 30 Prozent. Allerdings kann diese Rendite zum einen immer noch als recht stattlich bezeichnet werden; zum anderen war dieser Tiefstand nur von kurzer Dauer, denn die Rendite stieg ab dem zweiten Quartal wieder steil an und erreichte mit knapp 100 Prozent unmittelbar vor dem Finanzcrash am 17.08.1998 einen neuen Höhepunkt (Abbildung 8).

Abbildung 8:   Durchschnittliche Umlaufrendite russländischer Staatsanleihen (Jahresmittel), 1994-1998

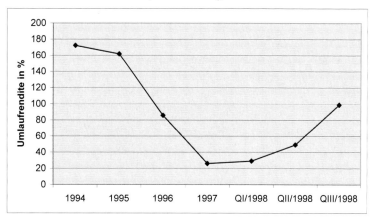

Quelle: Eig. Darstellung nach Daten aus Russian Economic Trends, Quarterly Edition, Nr. 1/1999: 149.

Angesichts dieser Zahlen wird nicht nur generell verständlich, warum sehr viele Banken überhaupt in russländische Staatsanleihen investierten, sondern es wird auch klar, warum viele Banken einen Großteil ihrer Aktiva dafür ver-

---

[539] Vgl. Johnson 2000: 216.

wendeten. Wenn man von der staatlichen *Sberbank* als Sonderfall absieht,[540] fällt auf, dass einige, vorwiegend kleinere Banken 30 bis 50 Prozent, in einigen Fällen sogar bis zu 80 Prozent ihrer Aktiva in Staatsanleihen investierten.[541] Aber auch die größten Geschäftsbanken des Landes waren in ihrer überwiegenden Mehrheit im Geschäft mit Staatsobligationen sehr aktiv. Die meisten von ihnen tauchen in der Liste der zwanzig größten Abnehmer von Staatsobligationen auf, viele von ihnen investierten über 10 Prozent ihrer Aktiva, teilweise sogar über 25 Prozent[542] Dementsprechend machten Staatsanleihen Mitte der 1990er Jahre auch einen sehr großen Teil der Erlöse der Banken aus. Ende 1997 beispielsweise stammten kumuliert über 40 Prozent der Erlöse der 100 größten Banken aus dem Geschäftsfeld Staatsanleihen.[543]

Der von der russländischen Regierung eingeschlagene Weg „nichtinflationärer Staatsdefizitfinanzierung" durch die Ausgabe von Rubel-Staatsanleihen war in gleich mehrfacher Hinsicht problematisch. Erstens bestand angesichts des großen Volumens der im Umlauf befindlichen Anleihen eine zumindest latente Gefahr, denn strukturell wächst im Zeitverlauf das Risiko, dass diese Form der Defizitfinanzierung zu einem pyramidalen „Schneeballsystem" degeneriert, welches im Falle einer Krise in einer Art Dominoeffekt das ganze Finanz- und Wirtschaftssystem unterminiert. Zweitens verursachte diese Form der Finanzpolitik hohe Kosten und hatte gleichzeitig immense staatliche Distributionseffekte zugunsten eines relativ kleinen Kreises von Akteuren. Folgende Zahlen belegen dies eindrücklich: Im Zeitraum von Anfang 1994 bis August 1998 wies der russländische Staatshaushalt kumuliert ein primäres, durch Staatsanleihen finanziertes Defizit von umgerechnet 15 Milliarden US-Dollar auf. Ende Juli 1998 betrug der kumulierte Nominalwert der begebenen Staatsobligationen umgerechnet 70 Milliarden US-Dollar. Die Differenz – 55

---

[540] Die *Sberbank*, die hinsichtlich des Umfanges ihrer Aktiva den Geschäftsbanken um ein Vielfaches überlegen war (vgl. für detaillierte Rankings Mellow 1997a: 54f.; Lane/Lavrentieva 2002: 109-111), hielt im Juli 1997 Staatsanleihen, deren Wert mehr als 57 % ihrer Aktiva ausmachte (vgl. Johnson 2000: 208). Kurz vor dem Finanzcrash im August 1998 betrug dieser Wert immer noch 50 % (Russian Economic Trends, Monthly Edition, Nr. 11/1998: III).
[541] Vgl. Loginov 1996.
[542] Vgl. Johnson 2000: 209.
[543] Vgl. Johnson 2000: 208.

Milliarden US-Dollar – waren schlicht Zinszahlungen an die Anleihengläubi-
ger, das heißt in erster Linie an den russländischen Bankensektor.[544]

Der dritte problematische Aspekt bezieht sich auf die Privilegierung einer
Reihe von großen Geschäftsbanken und deren von Seiten staatlicher Akteure
unterstützter Abschottung gegenüber Konkurrenz. Dies hatte zur Folge, dass
der russländische Fiskus rund drei Jahre lang deutlich mehr Zinsen zahlen
musste, als dies auf einem funktionierenden, der Marktkonkurrenz unterwor-
fenen Finanzmarkt der Fall gewesen wäre. Hier zeigt sich folglich eine weitere Facette des Konzeptes der autorisierten Banken (siehe Abschnitt 5.4.2). In
den ersten Jahren gab der russländische Fiskus seine Staatsobligationen
nicht direkt am Rentenmarkt aus, sondern versteigerte sie auf speziellen Auktionen, zu denen – aufgrund intransparenter Kriterien – nur eine beschränkte
Anzahl von Finanzinstituten zugelassen wurde. Durch dieses Verfahren blieb
vielen Banken nicht nur dieses lukrative Geschäftsfeld verschlossen, sondern
es eröffnete auch einer kleinen Gruppe von Banken die Möglichkeit zur
Preisabsprache – auf Kosten des Staatshaushaltes.[545]

Unter diesen Umständen ist es nicht verwunderlich, dass diese Praxis
einer Konzentration von Profiten bei bestimmten Geschäftsbanken Vorschub
leistete. Im Jahr 1995 beispielsweise entfielen 90 Prozent der nationalen
Verbindlichkeiten des russländischen Staates auf fünf Banken, darunter
MENATEP und *ONÉKSIMbank*. Diese fünf Banken zusammen verdienten
daran umgerechnet rund 1,4 Milliarden US-Dollar.[546] So leistete auch das
gewählte Verfahren der Begebung von Staatsanleihen – wie schon zuvor das
Konzept der autorisierten Banken und andere von staatlicher Seite gewährte
Privilegien – nicht nur dem *rent seeking*-Verhalten zahlreicher Finanzinstitute
weiter Vorschub, sondern es führte auch zur Verfestigung von „quasi-closed,
Moscow-based financial markets" und vertiefte die Gräben zwischen den
„haves and have-nots" innerhalb des Bankensektors.[547] Dass die
Privilegierung einzelner Geschäftsbanken teilweise sogar absurde Ausmaße
annahm, zeigt folgendes, von Jerry F. Hough angeführtes Beispiel:

In December 1995 [*Rossiiskii Kredit*] was allowed to issue three-month
bonds on western credit markets to borrow $33.3 million at just below an 11

---

[544]   Vgl. Russian Economic Trends, Monthly Edition, Nr. 9/1998: 2.
[545]   Vgl. Pleines 2001: 144.
[546]   Vgl. Kryukov/Moe 1999: 61.
[547]   Vgl. Johnson 2000: 136, 125.

percent annualized rate. Since Russian banks had not been able to borrow abroad since bank defaults in August [1995], the Ministry of Finances issued government-backed bonds as collateral for the Rossiiskii Kredit paper. Rossiiskii Kredit was to use the foreign loans to invest in Russian government securities [= GKO/OFZ] that would yield 80 percent in dollar terms. A naive observer might wonder why the Ministry of Finance did not sell government securities directly on the European market for 11 percent instead of to Rossiiskii Kredit for 80 percent. Then in early 1996, Rossiiskii Kredit raised a further $28.7 million, this time at 9.6 percent interest, but again fully collateralized by government bonds. The government had found one more way to launder the money it was providing the banks to make their subsidy loans.[548]

Die Privilegierung einzelner Banken und die von maßgeblichen politischen Akteuren unterstützte Beschränkung der nationalen und internationalen Konkurrenz auf dem Geschäftsfeld der Staatsanleihen hatte nicht nur zur Folge, dass die Zinskosten der Staatskasse um ein Vielfaches zu hoch ausfielen; angesichts des stetig zunehmenden Finanzbedarfes des russländischen Fiskus erreichten die Mitglieder des etablierten Kreises der Staatsanleihen-Gläubiger über kurz oder lang die Grenzen ihrer Absorptionsfähigkeit. Diese beiden verschränkten Motive – die Notwendigkeit, zusätzliche Kapitalgeber zu finden und die aufzubringenden Zinszahlungen zu reduzieren – waren die Hauptgründe für zwei Liberalisierungsschritte, mit denen die russländische Regierung in den Jahren 1996 und 1997 die Liquidität auf dem Feld der Staatsanleihen erhöhen wollte. Zum einen wurde 1997 der freie Handel mit Staatsanleihen eingeführt;[549] zum anderen wurde 1996 das bis dahin für ausländische Banken geltende Verbot, Staatsanleihen zu zeichnen, aufgehoben.

Gleichzeitig zeigen jedoch die näheren Umstände der Zulassung ausländischer Banken auch, dass es sich nur um eine inkrementelle und unvollständige Liberalisierung handelte und die Renditen der etablierten russländischen Platzhirsche möglichst wenig beschnitten werden sollten. So erfolgte beispielsweise die Zulassung ausländischer Käufer nicht generell, sondern für jede Emission wurde jeweils eine bestimmte Quote an Wertpapieren festgelegt, die ausländische Interessenten erwerben konnten.[550] Außerdem wurde die Höhe der Rendite, die ausländische Akteure erzielen konnten, durch

---

[548] Hough 2001: 209f.
[549] Vgl. Pleines 2001: 144.
[550] Die erstmalige Zulassung ausländischer Finanzakteure erfolgte im Februar 1996; ihnen wurde eine Quote von 35 % zugestanden (vgl. Rutland 1996a).

238 KAPITEL 5

eine Reihe von Maßnahmen begrenzt, um sie deutlich unter den Gewinn-
chancen inländischer Anleger zu halten. Eine dieser Vorgaben sah unter anderem vor, dass ausländische Anleger die Staatsobligationen nur über die
Eurobank, eine Pariser Tochter der russländischen Zentralbank, zu einem
administrativ festgelegten – und damit gegenüber dem offiziellen ungünstige-
ren – Wechselkurs erwerben konnten.[551]

Trotz dieser Beschränkungen waren russländische Staatsanleihen für
ausländische Investoren relativ attraktiv. Mitte 1997 hatten sie einen Marktan-
teil von ungefähr 30 Prozent erreicht.[552] Dieser Einstieg ausländischer Anleger hatte jedoch einen Nebeneffekt, durch den die Auswirkungen der Finanzkrise im August 1998 auf viele russländische Banken erheblich verstärkt werden sollte: Die ausländischen Investoren sicherten ihr Währungsrisiko häufig
mit Devisenterminkontrakten ab; Vertragspartner waren überwiegend russländische Banken. Deren Verluste aus diesen Geschäften im Zuge Rubelsturzes im August 1998 werden auf 10 bis 22 Milliarden US-Dollar ge-
schätzt.[553]

Zusammenfassend lässt sich festhalten, dass sich auch auf dem Feld der
Staatsobligationen die aus den vorangegangenen Abschnitten bekannten
Phänomene des rent seeking, der Privilegierung einzelner (Groß-)Banken,
der Beschränkung oder gar Ausschaltung marktwirtschaftlicher Konkurrenz
und des Protektionismus[554] wiederfinden lassen. Auch hier führten die von

---

[551] Vgl. Rutland 1996a. Diese Sonderregeln für ausländische Investoren wurden immer
wieder in Details revidiert. Am grundsätzlichen Bestreben, die zu erzielenden Renditen
ausländischer Gläubiger deutlich unterhalb derjenigen russländischer Anleger zu fixie-
ren, wurde jedoch festgehalten (vgl. zu weiter bestehenden Restriktionen trotz stärkerer Marktöffnung ab Sommer 1996 z. B. Russia Relaxes Rules 1996).
[552] Vgl. Russian Economic Trends, Monthly Edition, Nr. 6/1998: 4.
[553] Vgl. Sarkisiants 2001: 169. Zum Vergleich: Die Gesamtverbindlichkeiten des russländischen Bankensektors in ausländischer Währung betrugen Ende 1997 32,4 Mrd. US-
$. Dies entsprach rund einem Drittel der offiziellen Aktiva (vgl. Johnson 2000: 210).
Viele russländische Banken nahmen auch Kredite auf dem westlichen Kapitalmarkt
auf, um das geliehene Geld in russländische Staatsobligationen zu investieren. Viele
Beobachter attestieren westlichen Finanzakteuren in Bezug auf deren Russlandge-
schäfte Mitte bis Ende der 1990er Jahre Blindheit gegenüber bestehenden Risiken
und Profitgier; Johnson (2000: 211) kommt zu dem pointierten Urteil, dass „the Western financial community not only admired the Russian bankers' Potemkin village, but
helped them to construct it".
[554] Auch unter den Bedingungen teilweise erbitterter Konkurrenz zwischen russländischen
Geschäftsbanken um den Zugang zu staatlichen Ressourcen gab es einige wenige
kollektive Interessen des gesamten Bankensektors: Die ausländische Konkurrenz
auszuschließen bzw. ersatzweise den Markteintritt ausländischer Banken in der Russ-

staatlichen Akteuren gewählten Verfahrensweisen zur Akkumulation hoher Gewinne durch eine relativ kleine Zahl von Akteuren. Ein wesentlicher Teil dieser Profite entstand auf Kosten des Staatshaushaltes (im Falle der Staatsobligationen vor allem durch überhöhte Zinszahlungen), so dass man gleichzeitig von einer Umverteilung staatlicher Ressourcen zugunsten von privaten Akteuren sprechen kann.

Im Falle der Staatsanleihen ist natürlich zu berücksichtigen, dass mit dem finanziellen Zusammenbruch im August 1998 der russländische Staat die Bedienung seiner Verbindlichkeiten aussetzte und damit den meisten Banken immense finanzielle Verluste zufügte, die bei einigen entscheidend zur baldigen Insolvenz beitrugen. Es waren aber nicht alle Finanzakteure vom August-Crash in gleichem Maße betroffen. Einige Großbanken hatten ihre Profite seit Mitte der 1990er Jahre in wesentlichen Teilen in Form von Unternehmensbeteiligungen reinvestiert, Unternehmenskonglomerate aufgebaut und konnten so den überwiegenden Teil ihrer Aktiva dem Zugriff der Bankengläubiger entziehen. Dieser Strategiewechsel ist Gegenstand der folgenden Abschnitte.

5.5 Die zweite Phase der Unternehmensprivatisierung: Bargeld-Privatisierung

Staatspräsident El'cin hatte ursprünglich die Hoffnung gehabt, das im Dezember 1993 neu gewählte Parlament werde kurz nach seinem Zusammentreten das von der Regierung ausgearbeitete Privatisierungsprogramm für das Jahr 1994 verabschieden. Er erkannte allerdings schnell, dass die Dumawahl eine präsidentenkritische Mehrheit ergab und ein „Durchwinken" der Vorlage extrem unwahrscheinlich war. Um die absehbare Notwendigkeit einer

---

ländischen Föderation möglichst lange hinauszuzögern war eines der wichtigsten gemeinsamen Ziele. Einen wichtigen ersten Etappensieg erreichte der Bankensektor Ende 1993 – charakteristischerweise in Folge der Verabschiedung eines Dekretes des Staatspräsidenten (1993/1924) und nicht durch eine gesetzliche Regelung. Mit diesem Ukaz wurden ausländischen Banken bzw. russländischen Banken mit ausländischer Mehrheitsbeteiligung Geschäftsbeziehungen mit russländischen natürlichen oder juristischen Personen vorläufig bis zum 01.01.1996 untersagt. (Eine Ausnahme galt nur für ausländische Banken, die bereits vor dem 15.11.1993 russländische Kunden hatten.) Damit hatten die russländischen Banken zumindest Zeit gewonnen. Weitere Beschränkungen für ausländische Finanzinstitutionen blieben – nicht nur auf dem Feld der Staatsobligationen – während der gesamten 1990er Jahre erhalten. Zu den wichtigsten gehört der Ausschluss von den *loans for shares*-Privatisierungsauktionen in den Jahren 1995 und 1996 (siehe Abschnitte 5.5.1 und 5.5.2).

Kompromissbildung zwischen Exekutive und Legislative zu umgehen, erließ El'cin noch vor der Konstituierung der ersten Duma ein Dekret, mit dem er das Privatisierungsprogramm in Kraft setzte und das Ende der Voucherprivatisierung auf den 01.07.1994 terminierte.[555]

Nach dieser ersten Phase der Privatisierung begann am 02.07.1994 die zweite Phase, die sogenannte Geld-Privatisierung (*deneznaja privatizacija*). Unternehmen sollten nun nicht mehr via Voucher und Beteiligung der jeweiligen Belegschaften, sondern durch Auktionen und Investitionswettbewerbe gegen Barzahlung privatisiert werden. Unter den zur Privatisierung vorgesehenen Einheiten befand sich eine Vielzahl an Unternehmen, die – zumindest mittelfristig – hohe Profite erwarten ließen. Zu dieser Gruppe zählten insbesondere Unternehmen aus dem Energie- und Rohstoffbereich.

Als die Regierung schließlich am 13.07.1994 ihr Programm für die Geld-Privatisierung in die Duma einbrachte, war bereits klar, dass die Parlamentsmehrheit dieses Programm in der von der Exekutive gewünschten Form nicht verabschieden würde. Alle Anzeichen deuten darauf hin, dass das Einbringen in die Duma nur ein formaler Akt und von Anfang an beabsichtigt war, keinerlei Kompromisse mit der Dumamehrheit einzugehen, sondern das Programm nach seinem parlamentarischen Scheitern in der Form eines Präsidentendekrets in Kraft zu setzen.[556] Dafür spricht schon allein die Tatsache, dass El'cin das entsprechende Dekret bereits neun Tage später unterschrieb.[557] Dies ist ein weiteres Beispiel dafür, dass El'cin sein Dekretrecht zwar quantitativ nicht exzessiv missbrauchte, aber unter qualitativ-strategischen Gesichtspunkten bei bestimmten Materien in einer Form nutzte, die erhebliche Auswirkungen auf den weiteren Transformationsverlauf der Russländischen Föderation hatte.

Die Regierung setzte große Hoffnungen auf diese Privatisierungsphase, galt es doch, das überbordende Staatsdefizit durch „nichtinflationäre Einnahmen" zu reduzieren. Neben den bereits analysierten Staatsanleihen (siehe Abschnitt 5.4.3) sollten auch umfangreiche Privatisierungserlöse hierfür einen wesentlichen Beitrag leisten. Allerdings verlief die Anfangsphase der Geld-Privatisierung ausgesprochen schleppend und demzufolge enttäuschend:

---

[555] Ukaz 1993/2284.
[556] Vgl. für eine Analyse des politischen Kontextes bspw. Barnes 2001.
[557] Ukaz 1994/1535.

Nach Ablauf eines Jahres beliefen sich die Privatisierungseinnahmen auf umgerechnet nur 22,3 Millionen US-Dollar, das entspricht gerade einmal 2,5 Prozent der eingeplanten Summe.[558] Im gesamten Monat Januar 1995 beispielsweise fanden nur 12 Privatisierungsauktionen und 13 Investitionswettbewerbe statt; sechs weitere Investitionswettbewerbe mussten mangels Interessenten abgesagt werden.[559] De facto war die Privatisierung somit weitgehend zum Erliegen gekommen.[560]

Während der Phase der Voucherprivatisierung spielten Geschäftsbanken nur eine sehr untergeordnete Rolle. Mit ganz wenigen Ausnahmen – unter anderem *Inkombank*, *MENATEP* und *Rossijskij kredit* – beteiligten sie sich nicht am Erwerb von Anteilen an privatisierten Unternehmen.[561] Dies lag jedoch weniger an den restriktiven Regelungen des Privatisierungsprogramms für das Jahr 1994, das Banken vom Handel mit Unternehmensanteilen ausschloss, denn dieses Verbot konnte de facto kaum kontrolliert und durch die Gründung von Tochterfirmen einer Bank zudem sehr leicht umgangen werden.[562] Der Grund für die anfängliche Zurückhaltung der Banken war vielmehr, dass diese ihre Gewinnmöglichkeiten im Investmentbereich als eher gering und mit großem Risiko behaftet einschätzten und der Rentenerzielung auf den weiter oben analysierten Feldern eindeutig den Vorzug gaben. Mit dem allmählichen Rückgang dieser Gewinnmöglichkeiten veränderten sich jedoch die strategischen Überlegungen vieler Finanzakteure. Parallel zur restriktiveren makroökonomischen Politik der Regierung erfolgte in der ersten Jahreshälfte 1995 ein erster – angesichts des niedrigen Ausgangsniveaus merklicher – Schub des Anteilserwerbs an privatisierten Unternehmen durch

---

[558] Vgl. Tikhomirov 2000: 241.

[559] Vgl. Allan 2002: 139.

[560] Differenzen innerhalb der Exekutive trugen maßgeblich zu diesem Stillstand bei. Die öffentlichkeitswirksamen Kämpfe an der Spitze des GKI Ende 1994/Anfang 1995 waren das vielleicht aussagekräftigste Symbol dieser Auseinandersetzungen um die weitere Privatisierungspolitik (vgl. Schwanitz 1995; Barnes 2001: 54). Weitere Gründe waren aber auch technisch-administrative Probleme (organisatorische Defizite auf Seiten des GKI und Befürchtungen, durch große Privatisierungsvolumina den labilen Aktienmarkt zu unterminieren) sowie das sich nach dem „Schwarzen Dienstag" im Oktober 1994 stetig verschlechternde Vertrauen ausländischer Investoren in den russländischen Markt (vgl. Allan 2002: 138f.).

[561] Vgl. Hellman 1996: 7; kumuliert waren Banken 1995 nur zu 1 % an privatisierten Unternehmen beteiligt (vgl. Blasi/Kroumova/Kruse 1997: 193).

[562] Vgl. Gorbatova 1995: 24.

Geschäftsbanken.[563] Diese Investments hatten jedoch auf die Höhe der staatlichen Einnahmen zunächst keine spürbaren Auswirkungen.

5.5.1 Die Pfandauktionen

Mitte Mai 1995 gab es den ersten eindeutigen Hinweis auf dem Gebiet der Rechtsetzung, dass für die Exekutive in Bezug auf den Fortgang der Privatisierung die Generierung von Haushaltseinnahmen nunmehr eindeutig Priorität hatte. Erneut erfolgte hier eine Normsetzung nicht durch Gesetzgebung, sondern durch präsidentielles Dekret. El'cins Ukaz verfügte unter anderem die Bildung einer Regierungskommission, welche die Privatisierungseinnahmen überwachen sollte und gab – ungeachtet des Fehlens einer gesetzlichen Grundlage – den Verkauf von Grund und Boden, auf dem privatisierte Unternehmen standen, frei. Darüber hinaus wurde die Regierung verpflichtet, binnen eines Monats eine Liste von staatlichen Unternehmen, deren Produkte oder Dienstleistungen „für die nationale Sicherheit des Landes strategische Bedeutung haben", zu erstellen. Nur die Unternehmen auf dieser Liste sollten von der Privatisierung ausgenommen sein, noch bestehende Privatisierungsbeschränkungen anderer Unternehmen sollten vollständig aufgehoben werden.[564]

Das Dekret ließ jedoch die konkreten Verfahrensweisen offen, mit denen der Privatisierungsprozess vorangetrieben werden sollte. Dies zeigt sich auch daran, dass unter Punkt 9 das GKI aufgefordert wird, einen Plan auszuarbeiten, einen Teil der zu verkaufenden Aktien auf dem internationalen Kapitalmark zu platzieren. Auch diese Bestimmung des Erlasses stützt den Eindruck, dass die Exekutive nicht nur dem Privatisierungsprozess neuen Schub verleihen, sondern auch die daraus resultierenden Staatseinnahmen maximieren wollte. Zu Erreichung dieses Zieles – so schien es – nahm man auch eine Bedeutungszunahme ausländischer Investoren, die potentiell über mehr Liquidität verfügten als russländische Akteure, in Kauf.

---

[563] Vgl. Hellman 1996: 7.
[564] Ukaz 1995/478.

5.5.1.1 Die Vorgeschichte

Unterdessen waren jedoch bereits im Frühjahr 1995 zwei Bankengruppen mit jeweils einem eigenen Angebot an die Exekutive herangetreten. Beide Initiativen zeigen, dass die Banken auf sich ändernde ökonomischen Kontextvariablen weniger mit einer grundsätzlichen Veränderung ihrer Geschäftsstrategien reagierten als vielmehr versuchten, Gewinne mit Hilfe der Protektion staatlicher Akteure zu realisieren. Die erste Bankengruppe – die sich später den Namen „Zuverlässigkeit" (Nadežnost') gab und überwiegend aus den Nachfolgeorganisationen der sowjetischen Staatsbanken bestand – bot der Regierung einen Kapitalpool an, aus dem heraus Investitionskredite für strategisch wichtige Projekte oder Branchen vergeben werden sollten. Im Gegenzug sollte der Staat unter anderem Kreditbürgschaften vergeben und die beteiligten Banken von strengen Anforderungen der Zentralbank ausnehmen.[565] Da die Regierung diesen Vorschlag ignorierte – nicht zuletzt, da mit seiner Hilfe das Problem der fehlenden Staatseinnahmen nicht hätte gemildert werden können –, soll im Folgenden die alternative und schließlich weitgehend erfolgreiche Offerte der zweiten Bankengruppe analysiert werden.[566]

Das zweite Bankenkonsortium präsentierte der Regierung einen bemerkenswerten Vorschlag, der versprach, die Probleme der stockenden Privatisierung und der unzureichenden Staatseinnahmen erheblich zu verringern. Dieses Konzept, das unter den Bezeichnungen „Pfandauktionen" bzw. „Aktien-Kredit-Swaps" (loans-for-shares) notorische Berühmtheit erlangen sollte, liefert ein weiteres Beispiel für das in der zweiten Hälfte der 1990er Jahre bedeutsame Phänomen der Verquickung von politischer und ökonomischer Macht. Ein erheblicher Teil der konkreten Ausgestaltung der wirtschaftlichen Umverteilung resultierte aus dem privilegierten Zugang einiger Akteure zu po-

---

[565] Vgl. Hellman 1996: 9; Loginov 1995 (dort finden sich auch Auszüge aus dem Angebot der Bankengruppe an die Regierung). Die Veröffentlichung dieses Vorschlages erfolgte kurz nach dem Bekanntwerden der Offerte der zweiten Bankengruppe. Ob das Nadežnost'-Angebot eine unmittelbare Reaktion auf diese Offerte war oder ob das Angebot der Regierung schon länger vorlag, aber erst infolge der Lancierung einer konkurrierenden Offerte veröffentlicht wurde, um Druck auf die Regierung auszuüben, lässt sich nicht abschließend ermitteln.

[566] Interessant ist, dass sich die beiden Bankengruppen teil- bzw. zeitweise hinsichtlich ihrer Mitglieder überschnitten, z. B. im Fall der Bank Vozroždenie (vgl. Allan 2002: 142; Loginov 1995).

litischen Schaltzirkeln, in einigen Fällen sogar aus der Position bestimmter
Akteure innerhalb der Institutionen der Exekutive.

Die Grundidee der Pfandauktionen entstand Ende 1994 im Umfeld und
auf Initiative von Vladimir Potanin,[567] der unter anderem die ONÈKSIMbank,
die Moskovskaja finansovaja kompanija (MFK) und das Unternehmenskonglomerat Interros kontrollierte. Die Führung der ONÈKSIMbank hatte schon einige Zeit zuvor begonnen, ihre Geschäftsfelder zu diversifizieren und dabei
auch auf den Erwerb von Unternehmensbeteiligungen gesetzt. Parallel dazu
trieb Potanin aber auch Initiativen auf dem Feld der „politischen" Privatisierung voran, das heißt er versuchte, auf politischem Wege die Kontrolle über
noch im Staatsbesitz befindliche Unternehmen zu erlangen.

Ein erster einschneidender Erfolg gelang ihm schon Ende Oktober 1994:
Mittels Dekret wies El'cin die Regierung unter anderem an, die von Potanin
kontrollierte FPG Interros zu unterstützen, und erlaubte Interros, bestimmte
staatliche Unternehmensanteile – allen voran am attraktiven Rohstoffkonzern
Noril'skij nikel' – treuhänderisch oder kommerziell zu verwalten.[568] Der Weg
eines allein für die von Potanin kontrollierte Gruppe von Unternehmen maß-
geschneiderten Präsidentendekretes war im Falle der Pfandauktionen nicht
gangbar, weil der geplante Umfang dieser Quasi-Privatisierung unvergleichlich höher und der Plan somit kaum gegen den Widerstand wichtiger politischer wie auch konkurrierender ökonomischer Akteure durchsetzbar gewesen wäre; zudem dürfte der absehbare Kapitalbedarf jeden einzelnen Akteur
überfordert haben. Infolge dessen entschied sich Potanin, eine Allianz mit
anderen Großbanken aufzubauen.

Potanin höchstselbst präsentierte das ursprüngliche Konzept des Konsortiums Interbank-Kreditunion (Mežbankovskij kreditnyj sojuz; MKS) von neun
Banken auf einer Kabinettsitzung am 30.03.1995.[569] Der vorgestellte MKS-

---

[567] Vgl. Freeland 2005: 164; Klebnikov 2000: 197f. Berichte, wonach ein identischer Plan
       – allerdings mit ausländischen Banken als Vertragspartnern – bereits im Sommer
       1994 u. a. innerhalb des Wirtschaftsministeriums und der Präsidialadministration kur-
       sierte (vgl. Otdel finansov 1995) sind nicht verifizierbar.

[568] Genaugenommen wurde Interros als offizielle FPG, d. h. als juristische Person, mit
       diesem Präsidialerlass (1994/2023) formal überhaupt erst geschaffen.

[569] Vgl. Privalov 1995. Die genaue Zusammensetzung des Konsortiums ist nicht mit letz-
       ter Sicherheit bestimmbar. Einige Autoren zählen bis zu neun Mitgliedsbanken (Priva-
       lov 1995; Allan 2002: 142), andere nur fünf (Lieberman/Veimetra 1996: 743). Im
       Sommer 1995 war teilweise sogar von zehn Konsortiumsmitgliedern die Rede (Pravi-
       tel'stvo blagoželatel'no 1995). Aus allen Analysen kann man jedoch einen gemeinsa-

Vorschlag sah im Kern Folgendes vor: Ein großes Paket von Aktien staatlicher Unternehmen wird dem Konsortium zur treuhänderischen Verwaltung übertragen. Die Banken erhalten das Recht, die Entscheidungen des Managements der betroffenen Unternehmen zu beeinflussen, und arbeiten an der Verbesserung der wirtschaftlichen Lage dieser Unternehmen. Im Gegenzug erklären sich die Banken bereit, der Regierung kollektiv einen Kredit bis zum Betrag der im Haushalt eingeplanten Privatisierungserlöse von 9,5 Trillionen Rubel (rund 2 Milliarden US-Dollar) zu einem Zinssatz in Höhe des LIBOR-Satzes plus einem Prozentpunkt zu gewähren.[570] Viele Detailregelungen des Vorschlags waren zum damaligen Zeitpunkt jedoch entweder noch nicht ausgearbeitet oder öffentlich nicht bekannt.[571]

Für die beteiligten Banken hatte das präsentierte Angebot eine Reihe von Vorteilen. Erstens bildete das Konzept einen ersten wichtigen Schritt zur Erlangung der Kontrolle über einige der attraktivsten Unternehmen in Russland. Darüber hinaus hatte der MKS-Vorschlag für die im Investmentbanking aktivsten Banken – die zugleich überwiegend Konsortiumsmitglieder waren – den Vorteil, die im Falle einer großangelegten Privatisierungswelle drohende Gefahr eines massiven Verfalls der Aktienkurse und eines Kollapses des Fondsmarktes in der Russländischen Föderation zu vermeiden. Schließlich war ein weiteres, kaum verhülltes Ziel, durch protektionistische Vorkehrungen zum Ausschluss ausländischer Investoren die nationale Kontrolle über strategische Unternehmen zu erhalten.[572]

---

men Kern von fünf Konsortiumsmitgliedern destillieren: *Inkombank*, *Imperial*, *ONÈK-SIMbank*, *MENATEP* und *Stoličnyj bank sbereženij* (*MFK* wird meist aufgrund der sehr engen Partnerschaft unter die *ONÈKSIMbank* subsumiert). Allan (2002: 142) führt darüber hinaus die Banken *Mosbiznesbank*, *Tokobank* und *Vozroždenie* an, während Privalov (1995) statt der *Tokobank* die *Kredobank* einschließt. Auch wenn der Bestand der Mitgliedsbanken in letzten Details offenbleiben muss, zeigt die Liste der genannten Banken, dass das Konsortium als übergreifendes Bündnis geplant war. Daran ändert auch die Tatsache nichts, dass die Zusammensetzung im weiteren Zeitverlauf fluide war.

[570] Vgl. Privalov 1995. Andere Quellen führen bei einigen Details des vorgestellten Plans leicht abweichende Regelungen an, z. B. einen deutlich höheren Zinssatz (Lieberman/Veimetra 1996: 743; Stanova/Trosnikov 1995).

[571] Allan (2002: 141) spricht bspw. davon, dass die Aktienpakete im Falle der Nichttilgung des Kredites in den Besitz der Banken übergehen sollten. Diese Behauptung lässt sich jedoch nicht verifizieren, viele Presseberichte thematisieren diese Unklarheiten explizit (vgl. Privalov 1995; Otdel finansov 1995).

[572] Vgl. Lieberman/Veimetra 1996: 743.

Einen gewichtigen Teil der Regierung einte mit dem MKS-Konsortium das Interesse, den Zugang ausländischer Investoren zu beschränken. Und natürlich konnte die Regierung an einer Aktienbaisse kein Interesse haben. Noch entscheidender dürfte aber der Umstand gewesen sein, dass die Regierung zu diesem Zeitpunkt unter erheblichem fiskalischem Druck stand. Von den im Haushaltsjahr 1995 eingeplanten Privatisierungseinnahmen war bislang nur rund ein Prozent tatsächlich realisiert worden.[573] Gleichzeitig bestand weiterhin die dringende Notwendigkeit, die Inflation unter Kontrolle zu behalten. Der Vorschlag des Bankenkonsortiums stellte aus dieser Perspektive zum einen ein attraktives Angebot zur nichtinflationären Finanzierung des Haushaltsdefizits dar, zum anderen bestand die Hoffung, dem stagnierenden Privatisierungsprozess wieder neuen Schwung zu verleihen. Diese Faktoren zusammengenommen, nimmt es nicht wunder, dass das Kabinett den von Potanin präsentierten Vorschlag Ende März 1995 im Grundsatz billigte.

Das Angebot des MKS-Konsortiums wurde allerdings nicht umgehend und auch nicht in der von Potanin präsentierten Form verwirklicht. Die Regierung forderte von dem Bankenkonsortium eine Überarbeitung des Angebotes sowie zusätzliche Informationen, bevor eine endgültige Entscheidung gefällt werden sollte.[574] Zu dieser eher verzögernden Vorgehensweise trug sicherlich maßgeblich bei, dass es einerseits Interessengegensätze sowie Abstimmungserfordernisse innerhalb der Exekutive gab, und dass anderseits der Konsortiumsvorschlag bis dato noch Entwurfscharakter hatte. In den folgenden Wochen widmete sich das Bankenkonsortium der Überarbeitung seines Angebotes, und innerhalb der Exekutive setzte ein intensiver Beratungsprozess ein.

Im oben bereits erwähnten Dekret El'cins vom 11.05.1995 (siehe S. 242) wurden dann die beiden Möglichkeiten, Aktienpakete in Staatsbesitz an private Treuhänder zu übergeben oder als Pfand zu hinterlegen, explizit als zwei von mehreren Privatisierungsvarianten aufgegriffen, allerdings nur in allgemeiner Form.[575] Dagegen wurde ein zwischen dem GKI und dem Bankenkonsortium am selben Tag geschlossenes *memorandum of understanding*

---

[573] Vgl. Privalov 1995. Zum September 1995 erreichte die Quote nur knapp 2 % der geplanten Einnahmen (vgl. Treisman 2010: 216).
[574] Vgl. Allan 2002: 141.
[575] Ukaz 1995/478.

etwas konkreter.[576] Interessant an diesem Papier sind mehrere Aspekte. Zunächst einmal war erstmals öffentlich und expressis verbis von einer „prinzipiellen Billigung" des Angebotes des MKS-Konsortiums die Rede, was nahelegt, dass außer dem GKI auch ein nicht unbedeutender Teil der Regierung dahinter stand. Des weiteren enthielt das Dokument keine Detailregelungen, sondern implizierte weiteren Verhandlungs- und Beratungsbedarf, da eine „Fertigstellung des Angebotes" angekündigt wurde. Schließlich beinhaltete das Dokument eine Abkehr von einigen Grundlagen des ursprünglichen Vorschlages des Bankenkonsortiums, da (1) die Idee einer Treuhandregelung zugunsten einer Verpfändung der Aktienpakete aufgegeben wurde; (2) das Bankenkonsortium sich zur Aufnahme „neuer, interessierter Finanzinstitutionen" bereiterklärte; und (3) Auktionen, die „sowohl für in- als auch ausländische Finanzinstitute offen und zugänglich" sein sollten, als einzig zulässiger Vergabemodus festgelegt wurde. Gleichzeitig wurde in dem Memorandum jedoch ebenfalls festgehalten, dass das Konsortiumsangebot nur „eine der Quellen der nichtinflationären Finanzierung des Staatshaushaltes" darstelle.

Die Aufnahme dieser Formulierung in das Memorandum könnte man als Zeichen interpretieren, dass die Regierung entweder intern uneinig war beziehungsweise starken politischen Widerstand befürchtete – vor allem durch betroffene Unternehmensmanager und vieltausendköpfige Unternehmensbelegschaften sowie nicht berücksichtigte Banken, aber auch durch oppositionelle Politiker – und deshalb auf Zeitgewinn orientiert war und/oder sich weiterhin nicht endgültig festlegen, sondern verschiedene Optionen zur Finanzierung des Haushaltsdefizits offenhalten wollte. Für Duncan Allan etwa zeichneten sich die fünf langen Monate zwischen der ersten Präsentation des Vorschlags des Bankenkonsortiums und dem Beginn der Umsetzung des Plans gerade dadurch aus, dass „[t]he authorities were keeping their options open"[577].

Man kann nur schwer grundsätzlich bestreiten, dass dieser Aspekt eine gewisse Rolle spielte. Die Frage ist allerdings, ob das bewusste Offenhalten aller Alternativen tatsächlich, wie von Allan behauptet, das alleinige und bewusste Kalkül einer Exekutive war, die anhaltend hoffte, das Budgetdefizit auf

---

[576] Abgedruckt u. d. T. Memorandum soveščanija 1995.
[577] Allan 2002: 144.

andere Weise reduzieren zu können.[578] Es gibt einige gewichtige Indizien, die
eher den Schluss nahelegen, dass der Vorschlag des MKS-Konsortiums im
Grundsatz von Anfang an die besten Chancen innerhalb von Regierung und
Präsidialadministration hatte und maßgebliche Akteure zielgerichtet auf seine
Umsetzung hinarbeiteten, auch wenn öffentlich betont wurde, dass weiter alternative Privatisierungsverfahren zur Erhöhung der Einnahmen geprüft würden. Dies lag vor allem daran, dass das MKS-Angebot eine ganze Reihe von
Vorteilen bot. Zum Beispiel ging die politische Führung offensichtlich davon
aus, dass eine Privatisierung auf der Basis dieses Vorschlages keiner parlamentarischen Zustimmung bedurfte.[579] Außerdem ließ sich auf diesem Wege
am leichtesten die Teilnahme ausländischer Investoren beschränken – ein
essentielles Interesse auch der beteiligten Banken.[580]

In den auf El'cins Dekret und das Memorandum folgenden drei Monaten
drang wenig über die Weiterentwicklung des Konsortiumsvorschlags an die
Öffentlichkeit. Es ist jedoch anzunehmen, dass innerhalb der Exekutive und
des Bankenkonsortiums daran weitergearbeitet wurde und einige Akteure
(potentiell betroffene Unternehmen, Branchenministerien, nicht berücksichtigte Banken etc.) versuchten, Widerstand zu leisten. Im Juli 1995 äußerte sich
Anatolij Čubajs erneut und betonte, dass die Regierung den Vorschlag des
Bankenkonsortiums positiv bewerte.[581]

Parallel arbeitete das GKI an einer Liste der strategischen Unternehmen,
die aus Gründen der nationalen Sicherheit von der Privatisierung einstweilen
ausgeschlossen bleiben sollten.[582] Obwohl die Frist zu Erstellung nur einen
Monat betrug, dauerte es zwei Monate, bis die Regierung Mitte Juli 1995 eine
vorläufige Liste beschließen konnte – aus den ca. 2.000 Unternehmen im ersten Entwurf waren zunächst über 2.800 und schließlich rund 3.000 geworden.[583] Bemerkenswert ist, dass die staatlichen Anteile an diesen Unterneh-

---

[578] Vgl. Allan 2002: 154.
[579] Vgl. Olenič 1995.
[580] Einem Zeitungsbeitrag zufolge sprach Potanin dieses Interesse in einem Schreiben an
Čubajs offen an (vgl. Narzikulov 1995); auch Allan (2002: 142) berichtet davon, dass
dieses protektionistische Ziel offen vertreten wurde.
[581] Vgl. Pravitel'stvo blagoželatel'no 1995.
[582] Der Auftrag zur Erstellung der Liste erfolgte durch das oben erwähnte Präsidentendekret (1995/478) vom 11.05.1995.
[583] Vgl. Allan 2002: 145; Bekker 1995; Senina 1995. Die endgültige Liste wurde schließlich Mitte September 1995 in Form einer Regierungsverordnung (1995/949) veröffentlicht.

men zwar im Jahr 1995 nicht verkauft werden durften, dass ihrer prinzipiellen Aufnahme in das staatliche Aktienpaket im Rahmen des Aktien-Kredit-Swaps jedoch nichts im Wege stand.[584]

5.5.1.2 Die rechtliche Ausgestaltung

Am 31.08.1995 unterzeichnete Staatspräsident El'cin schließlich ein Dekret,[585] mit dem der förmliche Startschuss für die *loans-for-shares*-Auktionen gegeben wurde. Im Grundsatz sah der Erlass folgendes Verfahren vor: Statt eines einzelnen Großkredits eines Bankenkonsortiums an den Staat sollen nun eine ganze Reihe verschiedener Kredite aufgenommen werden. Einzelne staatliche Beteiligungen an einer Vielzahl von Großunternehmen dienen jeweils als Sicherheit für das Darlehen eines Kreditgebers an die Staatskasse. Der Zinssatz der einzelnen Kreditverträge beläuft sich einheitlich auf 0,5 Prozentpunkte über dem LIBOR. Die Laufzeit sollte ursprünglich jeweils am 01.01.1996 enden, wurde jedoch mit einem separaten Ukaz im November 1995 bis zum 01.09.1996 verlängert.[586]

Am Ende der Laufzeit kann die Regierung den einzelnen Kredit zuzüglich aufgelaufener Zinsen gegen Rückgabe des jeweils verpfändeten Aktienpaketes zurückzahlen. Macht sie von diesem Recht keinen Gebrauch, hat der jeweilige Kreditgeber das Recht, das Aktienpaket zu verkaufen und 30 Prozent des die aufgelaufenen staatlichen Schulden übersteigenden Betrages „als Kommission" zu vereinnahmen. Sollte der Verkaufserlös unterhalb des Betrages der Schuldsumme liegen, besteht für die Regierung keine Nachschusspflicht. Das jeweilige Recht der Kreditgewährung erhält derjenige Bieter, der im Rahmen einer offenen, auch für ausländische Finanzakteure zugänglichen Auktion für die Verpfändung einzelner staatlicher Aktienpakete bei feststehender Laufzeit und fixem Zinssatz bereit ist, die größte Kreditsumme auszureichen.

Das Präsidentendekret vom 31.08.1995 hat einen bemerkenswerten Umfang und ist im Hinblick auf die darin getroffenen Festlegungen zum Ablauf der geplanten Auktionen und die vertraglichen Rechte und Pflichten von Kreditgeber und -nehmer relativ konkret. Bei einigen Detailfragen könnte zwar

---

[584] Daraus machte z. B. auch der damalige Leiter des GKI, Sergej Beljaev, kein Geheimnis (vgl. Pravitel'stvo blagoželatel'no 1995).

[585] Ukaz 1995/889.

[586] Ukaz 1995/1067.

eingewendet werden, dass sie für die staatliche Seite ungünstigere Regelungen enthalten als notwendig – beispielsweise hinsichtlich der obengenannten „Kommission" –, aber insgesamt erweckt die Ausgestaltung des Dokumentes den Eindruck, dass durch die bewusste Sicherung von Bieterkonkurrenz die Maximierung staatlicher Privatisierungserlöse im Vordergrund stehen soll. Allerdings enthält das Dekret auch einen Passus, der der Exekutive potentiell einen breiten Spielraum im Rahmen der konkreten Durchführung der Auktionen einräumt, weil das GKI für jede einzelne Versteigerung gesondert zusätzliche Bedingungen formulieren darf.[587] Diese Bevollmächtigung sollte sich später als wichtiges Einfallstor für Manipulationen, insbesondere aber als Mechanismus zum Ausschluss ausländischer Investoren erweisen.

Auffällig an El'cins Ukaz ist auch, dass er keine Liste derjenigen staatlichen Unternehmensanteile enthält, die auf den anstehenden Auktionen veräußert werden sollen. Dies hängt damit zusammen, dass das GKI die ihm vom Staatspräsidenten per obengenanntem Dekret vom 11.05.1995 übertragene Aufgabe, eine Liste mit von der Privatisierung auszunehmenden „strategischen Unternehmen" zu erstellen, zu diesem Zeitpunkt immer noch nicht abgeschlossen hatte – bzw. die Regierung, die diese Liste zu billigen hatte, aufgrund anhaltenden Lobbydruckes noch nicht zu einer abschließenden Entscheidung gekommen war.[588] Der Erlass vom 31.08.1995 fordert deshalb das GKI auf, binnen zehn Tagen eine Liste derjenigen staatlichen Aktienpakete zu erstellen, die versteigert werden sollen, und die Auktionen im IV. Quartal 1995 durchzuführen.[589]

Die Entstehung dieser Liste ist ausgesprochen interessant, zeigt sie doch, wie es innerhalb relativ kurzer Zeit recht vielen Unternehmen durch informelle Einflussnahme gelang, entgegen der ursprünglichen Intention des GKI wieder von der Liste gestrichen zu werden. Ehedem waren mindestens 64 staatliche Beteiligungspakete für die Pfandauktionen vorgesehen gewesen, doch Mitte September 1995 kündigte der Leiter des GKI, Al'fred Koch, an, dass diese

---

[587] In Punkt 3 der Anlage („Regeln zur Durchführung der Auktionen...") zu besagtem Dekret (1995/889) heißt es: „Die Kommission kann zusätzliche Anforderungen an die Teilnehmer [einer Auktion] festsetzen. Diese Anforderungen sollen in einer Informationsmitteilung über die Durchführung der Auktion öffentlich bekannt gegeben werden."

[588] Das Energieministerium (*Mintopénergo*) bspw. leistete massiven Widerstand gegen die Privatisierung staatlicher Anteile im Erdölsektor (vgl. Lane 2001: 108).

[589] Vgl. Punkt 4 des Ukaz 1995/889.

Liste gekürzt werde.[590] In einem ersten Schritt wurden dann 20 Unternehmen gestrichen.[591] Die endgültige, am 25.09.1995 in Form einer Verfügung des GKI veröffentlichte Liste umfasste schließlich nur noch 29 Aktienpakete.[592] Von dieser Liste wurden bis Ende 1995 nochmals acht Unternehmen durch Präsidentendekret gestrichen.[593]

Häufig wird argumentiert, die Tatsache, dass „an alliance of managers, ministries and regional administrations lobbied to reduce the number of companies on the list", zeige, dass die Finanzorganisationen „were powerless to prevent the cuts from taking place".[594] Dieses Argument ist nicht aus der Luft gegriffen, denn zweifellos schafften es eine Reihe für Investoren attraktiver Unternehmen, von der ursprünglichen Liste wieder gestrichen zu werden. Daraus auf eine *generelle* Schwäche der Bankenlobby zu schließen, wäre jedoch verfehlt, denn dabei würde ein zentraler Punkt unterschlagen: Die ökonomische Lage in Russland allgemein und die finanzielle Position vieler Banken hatte sich zwischen Frühjahr und Sommer 1995 verschlechtert. El'cins Dekret zu den Pfandauktionen fiel mitten in eine erneute Finanz- und Bankenkrise. Es ist deshalb davon auszugehen, dass auch die überwiegende Mehrheit der kaufinteressierten Banken ein kurz- bis mittelfristiges Interesse an einer überschaubaren Auktionsliste hatte – und generell am Ausschluss ausländischer Investoren, siehe unten –, weil ihre Kapitalausstattung und Refinanzierungsmöglichkeiten zu diesem Zeitpunkt recht begrenzt waren.

Zudem gab es auch den umgekehrten Fall: Ein Unternehmen, das ursprünglich gar nicht für die Pfandauktionen vorgesehen worden war, wurde nachträglich durch Einflussnahme ökonomischer Akteure auf die Versteigerungsliste gesetzt. Um den spezifischen Charakter dieser im Endeffekt sehr freihändigen Privatisierung richtig einschätzen zu können, muss man noch genauer sagen: Dieses Unternehmen, *Sibneft'*, wurde Ende August 1995

---

[590] Vgl. Den'gi bjudžet polučit 1995.
[591] Vgl. Bagrov 1995.
[592] Regierung 1995/1365-r; vgl. auch Hedlund 1999: 258 sowie die tabellarische Zusammenstellung bei Lieberman/Veimetra 1996: 763-766.
[593] Ukaz 1995/1230. Für drei Anteilspakete beraumte das GKI keine Auktion an, und in weiteren drei Fällen wurde das Verfahren ausgesetzt, da die Leitung der betreffenden Unternehmen die jeweils angesetzte Auktion gerichtlich anfocht (vgl. Lieberman/Veimetra 1996: 763-766).
[594] Allan 2002: 147.

durch Präsidentendekret überhaupt erst *geschaffen*.[595] Bemerkenswert ist, dass der ursprüngliche Präsidialerlass bestimmt, dass „51 Prozent der *Sibneft'*-Aktien für drei Jahre in Staatsbesitz" bleiben sollen (somit 49 Prozent verkauft werden dürfen). Drei Monate später verfügte El'cin mit einem erneuten Dekret „auf Vorschlag der Regierung" die Freigabe des staatlichen *Sibneft'*-Mehrheitsanteils für eine Versteigerung im Rahmen der Pfandauktionen – ohne allerdings formal den Erlass vom August 1995 aufzuheben oder abzuändern.[596]

5.5.1.3 Durchführung und Ergebnisse

Dem Parlament gelang es nicht, die Durchführung der Pfandauktionen zu verhindern. Zwar hatte die Duma mit diesem Ziel schon gut einen Monat nach Veröffentlichung des entsprechenden Präsidentendekretes einen Gesetzentwurf in drei Lesungen verabschiedet,[597] und auch der Föderationsrat hatte der Vorlage zugestimmt, doch versagte ihr Staatspräsident El'cin die Zustimmung.[598] Da die beiden Parlamentskammern einerseits nicht die politische Kraft aufbrachten, den Widerstand El'cins zu überwinden, und andererseits zum Zeitpunkt der förmlichen Zurückweisung des Gesetzesprojektes durch den Staatspräsidenten die Serie der Versteigerungen bereits begonnen hatte, war absehbar, dass die noch anstehenden Auktionen auch durchgeführt wer-

---

[595] Mit El'cins Dekret (1995/872) wurde die „Offene Aktiengesellschaft ‚Sibirskaja neftjanaja kompanija'" (*Sibneft'*) durch Zusammenfassung von vier in Staatsbesitz befindlichen Unternehmen des Erdölsektors (Exploration, Förderung und Weiterverarbeitung) als juristische Person geschaffen (vgl. auch die ausführende Regierungsverordnung 1995/972). Zu beachten ist allerdings, dass die administrative Schaffung eines Unternehmens bzw. die Zusammenstellung der Unternehmensteile *per se* noch nicht auffällig ist. Aufgrund der strukturellen Besonderheiten der sowjetischen Wirtschaft musste im Rahmen der ökonomischen Transformation des öfteren dieser Weg beschritten werden, beispielsweise zeitlich parallel im Falle der Ölunternehmen *TNK* oder *NORSI-OJL* (vgl. die Regierungsverordnungen 1995/802 und 1995/868). In allen drei Fällen wurden so Teile aus dem staatlichen Ölkonzern *Rosneft'* herausgelöst und jeweils unter dem Dach einer neuen, eigenständigen und zur Privatisierung vorgesehenen Firma zusammengeführt. Das Besondere im Falle *Sibneft's* waren jedoch der knappe Zeitraum zwischen Schaffung und Privatisierung dieser juristischen Person sowie die große Bedeutung lobbyistischer Bemühungen ökonomischer Akteure in diesem Zusammenhang (vgl. Freeland 2005: 178-180).
[596] Ukaz 1995/1186 und Regierungsvorlage 1995/1167. Eineinhalb Jahre später befand sich dieses Mehrheitspaket dann in Privatbesitz (siehe S. 265).
[597] Vgl. Samojlova/Ivanov 1995.
[598] Vgl. Zakonodatel'naja osnova 1995.

den würden. Weitere Beschlüsse der Duma in dieser Sache im Jahr 1995 hatten rein appellativen Charakter[599].

Neben der Tatsache, dass im Fall der Pfandauktionen die Rechtsgrundlage einmal mehr allein in einem Präsidentendekret bestand und das Parlament nicht in der Lage war, den entsprechenden Erlass zu neutralisieren, ist hier noch ein anderes Detail interessant und signifikant: *Formal* legte El'cin gegen den Gesetzentwurf *kein Veto* ein, sondern verwies ihn wegen Verfahrensverstößen zurück ans Parlament.[600] Da das Parlament mit einer Zweidrittelmehrheit ein förmliches Veto hätte überstimmen können, ist anzunehmen, dass El'cin mit seiner Vorgehensweise genau dies verhindern und die Durchführung der Auktionen sichern wollte. Denn ein neuer Durchlauf des gesamten Gesetzgebungsprozesses hätte schon aus Zeitgründen die anstehenden Versteigerungen nicht mehr verhindern können. Und dass die rechtliche Argumentation El'cins in Bezug auf die angeblichen Verfahrensverstöße auf tönernen Füßen stand, kann hierbei unbeachtet bleiben, da ein möglicherweise gegenteiliges Urteil des Verfassungsgerichtes die Durchführung der Auktionen ebenfalls nicht mehr hätte verhindern bzw. deren Ergebnisse wahrscheinlich auch nicht hätte rückgängig machen können.

Insgesamt wurden die Auktionen recht freihändig durchgeführt. Dazu trug sicher erheblich bei, dass die konkreten Durchführungsbestimmungen zum einen eine Vielzahl an potentiellen Schlupflöchern enthielten[601] und sie zum anderen erst veröffentlicht wurden, als die Auktionsserie bereits begonnen hatte.[602] Darüber hinaus kam es aber sowohl im Vorfeld der einzelnen Auktionen als auch während der Versteigerungen zu einer Vielzahl von klaren Rechtsverstößen, die in ihrer überwiegenden Mehrheit jedoch ungeahndet blieben.

---

[599] Z. B. die Dumaresolution 1392-I GD vom 24.11.1995.

[600] Als einen von mehreren Verstößen nannte El'cin die Tatsache, dass die Duma nicht, wie laut Verfassung (Art. 104 Abs. 3) vorgeschrieben, eine Stellungnahme der Regierung zum Gesetzentwurf eingeholt hatte (vgl. Iškova 1995; Iz kanceljarij 1995).

[601] Es kann hier dahingestellt bleiben, ob die lückenhaften Regelungen dadurch begünstigt wurden, dass die Exekutive die Auktionen „durchpeitschen" wollte und infolgedessen den zuständigen Behörden infolge Zeitmangel und Organisationschaos Fehler unterliefen (vgl. bspw. Allan 2002: 147f.) oder ob – auch durch die Einflussnahme von ökonomischen und politischen Akteuren – bestimmte Ambiguitäten bewusst in die Normen aufgenommen wurden, um Manipulationen zu erleichtern (vgl. etwa Brown 2001: 562; Freeland 2005: 176).

[602] Vgl. Regierungsverfügung 1995/1665-r.

Zu den Einzelheiten der Durchführung und der Ergebnisse der *loans-for-shares*-Auktionen liegen zahlreiche Studien vor.[603] Für die in der vorliegenden Untersuchung verfolgten Zwecke kommt es weniger auf die Details der einzelnen Versteigerungen an. Entscheidend ist vielmehr, dass auch bei dieser besonderen Form der Unternehmensprivatisierung Phänomene im Vordergrund standen, die in ganz ähnlicher Form auch in den anderen, weiter oben analysierten Bereichen der Wirtschaftstransformation von zentraler Bedeutung waren: Im Kern stößt man erneut auf die Verquickung der Interessen politischer und ökonomischer Akteure, massives *rent seeking*, die umfangreiche Einflussnahme von Wirtschaftssubjekten auf Teile der Exekutive sowie ein überwiegendes Interesse der meisten Beteiligten am Ausschluss ausländischer Konkurrenz. Unternehmenserfolge resultierten in hohem Maße aus der Begünstigung durch Akteure aus Politik und Verwaltung. Gleichzeitig ergab sich auch im Falle der Pfandauktionen eine Spaltung innerhalb der Gruppe der ökonomischen Akteure – die Trennung zwischen den „haves and have-nots", zwischen Gewinnern und Verlierern. Und schließlich trug die Tatsache, dass auch dieses Politikfeld de facto allein durch untergesetzliche Rechtsakte, das heißt insbesondere Präsidentendekrete, normiert und die Gestaltungs- und Kontrollmöglichkeiten des Parlamentes weitgehend ausgeschaltet wurden, erheblich zu den geschilderten Phänomenen bei.

Als Einzelfall kommt der *loans-for-shares*-Privatisierung aus mehreren Gründen eine Sonderrolle zu. Erstens wurde in diesem Rahmen bei insgesamt nur zwölf tatsächlich durchgeführten Auktionen staatliches Eigentum mit einem potentiellen Marktwert in der Größenordnung von mehreren Milliarden US-Dollar binnen weniger Wochen de facto privatisiert.[604] Zweitens markierte sie den Auftakt für eine neue, dritte Etappe der Privatisierung: Die meisten Großbanken begannen, sich erstmals massiv und auf breiter Front zu beteiligen.[605] Drittens bildeten für die Gewinner der Auktionen ihre jeweiligen Er-

---

[603] Vgl. u. a. Allan 2002; Barnes 2006; Fortescue 2006; Lieberman/Veimetra 1996; Pleines 1998.

[604] Die Ermittlung des „tatsächlichen" Marktwertes der betreffenden Unternehmen zum damaligen Zeitpunkt gestaltete(e) sich sehr schwierig und ist auch unter Experten in höchstem Maße umstritten. Es herrscht weitgehend Konsens darüber, *dass* die siegreichen Gebote den jeweiligen Marktwert erheblich unterschritten. Um welchen *genauen Faktor* es dabei im Einzelfall ging, lässt sich kaum seriös berechnen, weil zu viele unsichere Variablen zum Auktionszeitpunkt in die Kalkulation einfließen müssen.

[605] Vgl. Tschepurenko 1999: 186.

werbungen weitere, sehr wichtige Bausteine im Rahmen ihrer Unternehmensexpansion und Kapitalakkumulation – und damit zum Auf- bzw. Ausbau von großen Mischkonglomeraten, an denen, so das Kalkül, wirtschaftlich und politisch in Russland kaum ein Weg vorbeiführen sollte und die perspektivisch auch global konkurrenzfähig sein wollten.[606] Viertens wurde die Pfandprivatisierung Ende der 1990er Jahre zu einem – teilweise über die Maßen überhöhten – Symbol für die angeblich generell korrupte Unternehmensprivatisierung in Russland, ja sogar für die schon im Grundsatz fehlgeleitete Wirtschaftstransformation im allgemeinen.[607] Fünftens schließlich hatte das *loans-for-shares*-Programm in besonderem Maße (wie die Privatisierungspolitik generell, aber nicht so pointiert) auch einen strategischen Aspekt: Ob intendiert oder nicht, band es die Gewinner – zumindest bis zu den anstehenden Wahlen – zusätzlich an das herrschende Regime, weil im Falle eines Machtwechsels die Revision der Privatisierungsergebnisse drohte.[608]

Zur praktischen Vorbereitung und Durchführung der *loans-for-shares*-Auktionen bildete das GKI gemeinsam mit dem Russländischen Fond Föderalen Eigentums (*Rossijskij fond federal'nogo imuščestva*; RFFI) eine spezielle Versteigerungskommission unter Vorsitz des Leiters des GKI, Al'fred Koch, in die Vertreter verschiedener Ministerien und Regierungsbehörden entsandt wurden.[609] Diese Kommission hatte das Recht, den Auktionsteilnehmern zusätzliche Bedingungen aufzuerlegen,[610] allem Anschein nach ohne gravierende (rechtliche) Restriktionen. Gleichzeitig akzeptierte das GKI – augenscheinlich ohne Auflagen – „den Vorschlag des Bankenkonsortiums, [dem Konsortium selbst] die Verantwortung für die Organisation der Durchführung der Auk-

---

[606] Vgl. u. a. Peregudov 2000. Fortescue (2006: 57) vertritt sogar die These, eine Gruppe von Politikern um Čubajs habe die Pfandauktionen geplant, „to achieve a strategic goal, laying the foundation for a privately owned big business able to operate competitively in global markets". Allerdings bleibt Fortescue überzeugende Nachweise für diese These schuldig.

[607] Vgl. Barnes 2006: 114.

[608] Die überwältigende Mehrheit der vorliegenden Debattenbeiträge rekurriert auf diesen Effekt. Uneinigkeit besteht nur darüber, ob diese Verknüpfung mit El'cins Wiederwahl im Sommer 1996 eine bewusste strategische Entscheidung der politisch Verantwortlichen oder nur ein „positiver Nebeneffekt" war. Vgl. stellvertretend für die Minderheit derjenigen Autoren, die die Relevanz dieses Aspektes grundsätzlich negieren, Allan (2002: 138 et pass.) und Barnes (2006: 114).

[609] Vgl. Regierung 1995/1365-r und 1995/1459-r.

[610] Vgl. Lieberman/Veimetra 1996: 747; Samojlova 1995.

tionen zu übertragen".[611] Durch diese beiden Entscheidungen ergaben sich somit zwei weitere Einfallstore für eine Manipulation der Versteigerungen, und diese sollten auch genutzt werden.

Es lässt sich nur sehr schwer rekonstruieren, was sich im Herbst 1995 genau „hinter den Kulissen" – das heißt innerhalb der Regierung, innerhalb des ursprünglichen Bankenkonsortiums und bei der Interaktion zwischen Vertretern der Exekutive und Akteuren des Finanzsektors – abspielte. Innerhalb weniger Wochen kristallisierten sich jedoch eine Reihe von Besonderheiten heraus, die dazu führten, dass schließlich de facto alle Auktionen unter Ausschluss von Konkurrenz durchgeführt wurden und die „Gewinner" schon vorher feststanden.

Die erste wichtige Schlüsselentscheidung war, dass die Versteigerungskommission bei über 50 Prozent der durchgeführten Auktionen ausländische Investoren schon im Vorfeld von der Teilnahme ausschloss.[612] Zweitens waren weder die Kommission noch eine staatliche Behörde, sondern private Finanzgruppen für die *komplette* Organisation und Durchführung der Auktionen zuständig. Da der jeweilige, für eine konkrete Versteigerung zuständige Finanzakteur einerseits die eingehenden Gebote sichten und bei Nichterfüllung der Formalia auch disqualifizieren konnte, andererseits aber auch selbst bzw. über seinem Einflussbereich zurechenbare Firmen Gebote abgeben konnte, war der Manipulation Tür und Tor geöffnet. Drittens schließlich zerbrach im Laufe des Herbstes 1995 der Zusammenschluss der Großbanken in Form des Konsortiums. Zwei der treibenden Kräfte – die Finanzgruppe um *ONĖK-SIMbank* und *MFK* sowie die *MENATEP*-Gruppe – brachen gemeinsam aus dem Bankenbündnis aus und sprachen sich untereinander mit dem Ziel ab, die überwältigende Mehrheit der Anteilspakete unter sich aufzuteilen.[613]

Angesichts des oben geschilderten Verfahrensaufbaus waren diejenigen Akteure im Vorteil, die die Durchführung der Auktionen organisieren konnten. Es gelang *ONĖKSIMbank* und *MENATEP* sicherzustellen, dass alleine sie selbst mit Auktionsorganisation und -durchführung betraut wurden und die Zuständigkeit für die einzelnen Versteigerungen zwischen sich aufteilen konnten (vgl. Tabelle 20). Es ist schlechterdings nicht vorstellbar, dass dies

---

[611] Vgl. Punkt 7 in Regierung 1995/1365-r.
[612] Vgl. Lieberman/Veimetra 1996: 763-766 (Tab. 2); Pleines 1998: 16.
[613] Vgl. Allan 2002: 148.

den beiden Akteuren ohne massive Unterstützung durch Schlüsselpersonen innerhalb von Regierung und GKI gelungen wäre.

Die Ergebnisse der *loans-for-shares*-Auktionen zeigten nach Abschluss der zwölf Versteigerungen Ende 1995 – wenig überraschend – *ONĖKSIM-bank* und *MENATEP* als erfolgreichste Bieter. Im Detail waren die Resultate folgende:[614] Die *ONĖKSIM*-Gruppe gewann bei fünf Auktionen und erhielt so Anteile des Bergbau- und Metallkonzerns *Noril'skij Nikel'*, der Ölfirmen *SIDANKO* und *NAFTA Moskva*, des *Novolipeckij Metallkombinat* (NLMK) sowie der Flussschiffahrtsgesellschaft *Severozapadnoe parochodstvo* als Pfand. Die *MENATEP*-Gruppe war bei drei Auktionen erfolgreich und bekam so Anteilspakete an den Ölfirmen *JuKOS* und *Sibneft*[615]sowie an der Schiffahrtsgesellschaft *Murmanskoe MP* als Kreditsicherheit übertragen. Die Anteile am Ölkonzern *Surgutneftegaz* gingen an dessen unternehmenseigenen Rentenfonds; das Aktienpaket des Metallurgiekombinats *Mečel* sicherte sich ein Konsortium unter Kontrolle der Bank *Imperial* und des Unternehmens selbst; und die Anteile am Ölkonzern *LUKojl* wurden ebenfalls an einen Bieterzusammenschluss des Unternehmens und der Bank *Imperial* verpfändet. Das Aktienpaket der Schiffahrtsgesellschaft *Novorossijskoe MP* schließlich ging an eine Bietergemeinschaft von *Tokobank* und *Novorossijskoe MP*. Völlig ohne Auktionsgewinn blieben dagegen die Großbanken *Rossijskij kredit*, *Inkombank* und *Al'fa-bank*.

---

[614] Vgl. für die folgenden Angaben Lieberman/Veimetra 1996: 767f. (Tab. 3); Pleines 1998: 34f. (Tab. 1).

[615] Bei *Sibneft'* war *MENATEP* nur einer von drei Partnern: Formaler Auktionsgewinner war die Firma *Neftjanaja-finansovaja kompanija* (NFK). NFK stand aller Wahrscheinlichkeit nach unter der Kontrolle von Boris Berezovskij, der bei dieser Auktion mit den beiden Banken *MENATEP* und *Stoličnyj bank sbereženij* (SBS) kooperierte.

Tabelle 20: Ergebnisse der zwölf erfolgreich durchgeführten Pfandauktionen (November/Dezember 1995)

Unternehmen	Akti-enpa-ket	Organisator der Auktion[a]	Mindestgebot (Mio. US-$)	Bieter [Garantiegeber] – Gebot (Mio. US-$)[b]
Surgutneftegaz	40,1 %	Reg.komm./Onéksim	80	Surgutneftegaz Pensionsfond – 88,3 Rosneft' – disqualifiziert
Noril'skij Nikel'	38 %	Reg.komm./Onéksim	170	Onéksim – 170,1 MFK [Onéksim] – 170 Reola [MFK] – 170 Kont [Rossijskij Kredit] – 355/disqualifiziert
Čeljabinskij metallurgičeskij kombinat („Mečel")	15 %	Reg.komm./Onéksim	5	Rabikom [Kombinat-Management + Imperial] – 13,3 Firmenkonsortium [Promstrojbank] – 10,5 Unikor [Rossijskij Kredit] – 8 Union [Rossijskij Kredit] – unter Mindestgebot
Severo-Zapadnoe parochodstvo	25,5 %	Reg.komm./Onéksim	6	MFK [Onéksim] – 6,05 Onéksim – 6 Karat [MFK] – 6
SIDANKO	51 %	Reg.komm./Onéksim	125	MFK [Onéksim] – 130 RTD [Onéksim] – 127 Konsul [Al'fa-bank, Inkombank] – 126 Rossijskij Kredit – disqualifiziert
Novolipeckij metallurgičeskij kombinat (NLMK)	15 %	Reg.komm./Onéksim	30	MFK [Onéksim] – 31 Mašservis [MFK] – 30,5
Murmanskoe MP	49 %	Reg.komm./Onéksim	4	Strateg [Menatep] – 4,125 Vagant [Menatep] – 4,05
LUKojl	5 %	Reg.komm./Onéksim	35	LUKojl/Imperial Bank – 35,01 Nacional'nyj Rezervnyj Bank [Imperial] – 35

JuKOS[c]	45 %	Reg.komm./ Menatep	150	Laguna [Menatep/Stoličnyj/Tokobank] – 159 Reagent [Menatep/Stoličnyj/Tokobank] – 150 Babaevskoe AO [Inkombank/Al'fa-bank/Rossijskij Kredit] – 350/disqualifiziert
Novorossijskoe MP	45 %	Reg.komm./ Menatep	15	Novoship [+Tokobank] – 22,65 Onéksim – 17,10 Astarta [Menatep] – 15,05
Sibneft'	51 %	Reg.komm./ Menatep	100	NFK [Berezovskij/Stoličnyj/Menatep] – 100,3 Tonus [Menatep] – 100 Samara Metallkombinat [Inkombank] – 177/disqualifiziert Inkombank – 175/disqualifiziert
NAFTA Moskva	15 %	Reg.komm./ Onéksim	20	NAFTA Moskva/Unibestbank [Onéksim] – 20,01 MFK [Onéksimbank] – 2?)

Anm.:

[a] Die Aufsicht über die Auktionen lag bei einer Regierungskommission unter dem Leiter des Staatskomitees für Staatsbesitz, Al'fred Koch. Die aufgeführten Banken waren verantwortlich für die Entgegennahme der Gebote.

[b] Der erfolgreiche Bieter ist *kursiv* hervorgehoben.

[c] Am gleichen Tag wurde ein weiteres Aktienpaket im Umfang von 33 % auf einem Investitionswettbewerb veräußert. Alle Bieter mussten parallel für beide Pakete Gebote abgeben. Laguna gewann auch den Investitionswettbewerb mit einem Gebot in Höhe von 150,1 Mio. US-$.

Quellen: Harter et. al. 2003: 176; Johnson 2000: 187; Itogi zalogovych aukcionov 1996; Lieberman/Veimetra 1996: 767f.; RECEP 1997: 198f.; Pleines 1998: 34f.; Prishvin 1996: 41.

Insgesamt betrugen die Staatseinnahmen aus diesen zwölf *loans-for-shares*-Auktionen – das heißt die gegen Verpfändung der versteigerten Anteilspakete ausgereichte Kreditsumme – umgerechnet rund 800 Millionen US-Dollar.[616] Im Durchschnitt lag das siegreiche Gebot weniger als sieben Prozent über dem jeweiligen Mindestgebot.[617] Diese Zahl gewinnt erheblich an Bedeutung, wenn man sich vergegenwärtigt, dass die von der Versteigerungskommission festgelegten Mindestgebote mehr als 30 Prozent unterhalb des Marktwertes angesetzt waren – und dies angesichts der Tatsache, dass der russländische Markt zum damaligen Zeitpunkt im Vergleich mit internationalen Standards erheblich unterbewertet war.[618] Rund eineinhalb Jahre später waren beispielsweise die Anteilspakete der Ölkonzerne *LUKojl*, *JuKOS*, *Surgutneftegaz*, *SIDANKO* und *Sibneft'*, gemessen am Börsenwert, um durchschnittlich mehr als das Zwanzigfache gestiegen, und auch die Beteiligung am Bergbau- und Metallkonzern *Noril'skij Nikel'* hatte eine Wertsteigerung um rund 500 Prozent erfahren.[619]

Dieses in seiner Gesamtheit in vielfacher Hinsicht bemerkenswerte Auktionsergebnis konnte nur durch das Zusammenwirken einer Reihe von Faktoren zustande kommen. Der erste ist dem Umstand geschuldet, dass keinerlei Konkurrenz durch ausländische Investoren bei den Auktionen in Erscheinung trat. Wie bereits erwähnt, waren ausländische Bieter bei der Mehrzahl der Versteigerungen formell von der Teilnahme ausgeschlossen, weil Unternehmen mit „nationaler strategischer Bedeutung" – insbesondere Erdöl- und Rohstoffunternehmen – angeblich nicht in „fremde Hände" fallen sollten.[620] Bei den übrigen, ihnen formal zugänglichen Auktionen verzichteten ausländische Investoren auf eine Beteiligung. Die Hauptgründe dafür sind in den intransparenten und stark politisierten Verfahren, starken Zweifeln an der

---

[616] Die verfügbaren Angaben bewegen sich, vermutlich wechselkursbedingt, zwischen 779 und 872 Mio. US-$ (vgl. Pleines 1998: 34f.; Prishvin 1996: 41; Tikhomirov 2000: 242).
[617] Vgl. Prishvin 1996: 38.
[618] Vgl. Tikhomirov 2000: 241.
[619] Vgl. Klebnikov 2000: 209. Keine vier Monate nach der Versteigerung der *LUKojl*-Anteile zahlte ein westlicher Investor für ein Beteiligungspaket in Höhe von 3,3 % umgerechnet fast das Sechsfache des bei der *loans-for-shares*-Auktion siegreichen Gebotes (vgl. Hough 2001: 208f.).
[620] Vgl. Allan 2002: 148.

Rechtssicherheit und dem damals insgesamt instabilen Investitionsklima zu suchen.[621]

In die formalen Verträge mit den Auktionsgewinnern zur Verwertbarkeit der verpfändeten Aktienpakete im Falle der Nichtrückzahlung der jeweiligen Kreditsumme wurden jedoch keinerlei Beschränkungen in Bezug auf den Kreis der Käufer aufgenommen. Unter der plausiblen Annahme, dass ausländische Investoren sowohl zum Zeitpunkt der *loans-for-shares*-Auktionen als auch später erheblich höhere Preise zu zahlen bereit waren, stellte sich – wie Jerry F. Hough pointiert formuliert – im Kern eigentlich eine Gewinnverteilungsfrage: „[W]ho would receive the price foreigners were willing to pay, the government or the banks"[622]?

Der weitgehende Ausschluss von Konkurrenz hatte aber auch noch eine nationale Dimension. Der *ONĖKSIM-* und der *MENATEP*-Gruppe gelang es, die Auktionen mit den attraktivsten Unternehmensbeteiligungen zu gewinnen. Um dieses Ziel zu erreichen, nutzten sie ihren Bevollmächtigtenstatus für die Organisation und die Durchführung der Auktionen. So disqualifizierten sie die konkurrierenden, höheren Gebote anderer Interessenten (unter anderem von *Rossijskij kredit, Inkombank* und *Al'fa-bank,* auf die zusammengenommen rund ein Viertel der abgegebenen Gebote entfielen) aufgrund angeblicher oder tatsächlicher Verstöße gegen formale Bestimmungen;[623] sie trugen

---

[621] Vgl. Lieberman/Veimetra 1996: 749. Nach Ansicht von Archie Brown (2001: 562) bestand das Ziel führender Finanzakteure darin, „to make the law so ambiguous that it would not be a question of Western companies finding a legal way of buying into Russia's mineral wealth, but rather one of whether they could compete with their Russian rivals for political influence." Chrystia Freeland (2005: 176) berichtet von einem Interview mit Konstantin Kagalovskij, einem leitenden Mitarbeiter von *MENATEP.* Dieser habe auf die Frage, wie er sichergestellt habe, dass „the laws were written in so precisely vague fashion as to make it legally too risky for foreigners to participate", geantwortet: „Well, of course, I wrote the law myself, and I took a special care with it."

[622] Hough 2001: 208.

[623] Vgl. u. a. Pleines 1998: 16. Die trennscharfe Unterscheidung zwischen gerechtfertigten und rechtsbeugenden Ausschlüssen mag in Einzelfällen schwierig sein, doch insgesamt lässt sich ein Muster der Manipulation konstatieren. Das vielleicht eindrücklichste Beispiel ist die rechtswidrige Disqualifikation eines Gebotes, hinter dem *Rossijskij kredit* stand und das mehr als das Doppelte des Mindestpreises betrug (Versteigerung von *Noril'skij Nikel'*). Entgegen den Regularien, die verlangten, dass ein Bieter *vor* Beginn der Auktion zu informieren ist, falls sein Gebot formale Mängel aufweist, wurde der Interessent erst bei der Versteigerung selbst informiert und umgehend disqualifiziert (vgl. Lieberman/Veimetra 1996: 749). Hinzu kamen informelle Tricks. So wurde z. B. anlässlich der Versteigerung der Anteile an *Surgutneftegaz* der Flughafen

gleichzeitig dafür Sorge, dass ihre eigenen Gebote trotz Verfahrensverstößen zum Zuge kamen;[624] und schließlich ließen sie eigene Strohfirmen als weitere Bieter zu, um so den Anschein von Bieterkonkurrenz zu wahren und gleichzeitig sicherzustellen, dass das siegreiche Gebot nur knapp über dem Mindestpreis lag[625] (siehe Tabelle 20, S. 258f.). Es muss jedoch ebenfalls festgehalten werden, dass konkurrierende Bieter mitunter daran scheiterten, die bei jeder Auktion notwendige Sicherheitsleistung in der erforderlichen Höhe zu hinterlegen.[626]

Es gab von Seiten nicht zugelassener Bieter eine Reihe von Versuchen, gegen ihren Ausschluss oder das gesamte Verfahren vorzugehen. Allerdings blieben alle diesbezüglichen Vorstöße erfolglos und teilweise halbherzig. Dazu trug sicherlich das Exempel bei, das im Vorfeld der Auktionierung der Anteile an *Noril'skij Nikel'* an der *Inkombank* statuiert worden war. Nachdem die Bank versucht hatte, ihre Zulassung zur Versteigerung gerichtlich zu erzwingen, setzte eine breite Kampagne seitens der privilegierten Banken gegen sie ein. Der Feldzug wurde vor allem mittels der von diesen Banken kontrollierten Massenmedien geführt – ein erstes Beispiel für die (konzertierte und erfolgreiche) Nutzung der Kontrolle über Medien als politische Ressource. Die Folgen für die *Inkombank*, die sich an verschiedenen Fronten gegen ihre Benachteiligung bei den Auktionen zu wehren versuchte, waren fatal: Es kam zu einem „financial run on Inkombank that brought it close to bankruptcy".[627]

---

[624] der Stadt Surgut im Vorfeld der Auktion zwei Tage lang geschlossen, um das Eintreffen unerwünschter Bieter zu verhindern (vgl. Lieberman/Veimetra 1996: 748) Bieter mussten Bankbürgschaften in Höhe ihrer jeweiligen Höchstgebote vorlegen. Die formal getrennt auftretenden, de facto aber eng verbundenen Bieter *ONĖKSIMbank* und *MFK* bürgten wechselseitig für das „konkurrierende" Gebot des jeweils anderen Akteurs, und dies in Höhe eines Geldbetrages, der sich auf knapp 120 % ihres kumulierten Grundkapitals belief (vgl. Prishvin 1996: 38, 41).

[625] Kein einziges der erfolgreichen Gebote überstieg den Mindestpreis um mehr als 15 % (vgl. Pleines 1998: 16). Vgl. für zahlreiche weitere Beispiele der Vorgänge hinter den Kulissen auch die journalistisch grundierten Darstellungen bei Brady (1999: insb. 135-143); Freeland (2005: 161-181); Hoffman (2002: 302-320); Klebnikov (2000: 197-211, 266-275).

[626] Vgl. Prishvin 1996: 38-40.

[627] Vgl. für Details und das Zitat Fadin 1997: 30; vgl. auch Mellow 1997a: 50. Eine weitere öffentliche Kampagne einer Gruppe von Banken, die befürchtete, nicht hinreichend zum Zuge zu kommen (*Al'fa-bank, Inkombank, Rossijskij kredit*), startete Ende November 1995 kurz vor der Versteigerung der *JuKOS*-Anteile. Die drei Banken wandten sich mit einer gemeinsamen, direkt gegen *MENATEP* und das Finanzministerium gerichteten Erklärung an die Öffentlichkeit und forderten einen Stop der weiteren Pfandauktionen und eine Überarbeitung der Verfahrensregeln (vgl. Sovmestnoe zajavlenie

Ex post betrachtet, deuten somit alle Indizien darauf hin, dass eine Reihe von Großbanken „selbst die Bedingungen festlegten, die Privatisierungsmasse in Absprache aufteilten, die Preise niedrig hielten und ausländische Anleger ausschlossen"[628]. Zwar waren die Pfandauktionen bei weitem nicht die alleinige Ursache, aber für einige wenige profitierende Akteure sehr wohl Meilensteine auf dem Weg ihrer Entwicklung zu umfassenden Konglomeraten. Dieser Aufstieg hätte ohne Duldung und aktive Unterstützung durch politische Akteure nicht so rasant erfolgen können, und die Gewinner des Expansionsstrebens hätten bei gewährleisteter Marktkonkurrenz ohne politisch gedeckte Manipulationen durchaus andere sein können.

5.5.2 Die zweite Runde der Pfandauktionen und weitere Großprivatisierungen

Die Kreditvereinbarungen im Rahmen der Pfandauktionen sahen vor, dass die kreditgebenden Banken für den Fall, dass der Staat die jeweilige Kreditsumme zur Fälligkeit (01.09.1996) nicht tilgt, das Recht und die Pflicht haben, das verpfändete Aktienpaket zu verkaufen und 30 Prozent des die staatlichen Schulden übersteigenden Betrages zu vereinnahmen. Es kann als gesichert gelten, dass die russländische Regierung von Anfang an davon ausging, ihre Kreditschulden nicht zu tilgen und die beliehenen Unternehmensanteile auf diesem Wege de facto zu privatisieren. Dafür spricht schon allein die Tatsache, dass im Staatshaushalt für das Jahr 1996 keinerlei Mittel für die Kreditrückzahlung enthalten waren.[629]

1995). Dieser Vorstoß blieb nicht nur erfolglos, die Bankengruppe verlor zwei Monate später einen Prozess wegen „geschäftlicher Rufschädigung" gegen *MENATEP* (vgl. u. a. Semënova 1996). Zur endgültigen Kapitulation der *Inkombank* kam es letztendlich dadurch, dass diese versuchte, vor dem Moskauer Arbitragegericht die Auktionierung des *Sibneft'*-Mehrheitsanteils annullieren zu lassen. Nachdem sie in erster Instanz erfolgreich gewesen war (vgl. Jasina 1996), wurde die Bank einer („regulären") Prüfung durch die Zentralbank unterzogen. Infolge des in der Summe massiven Drucks durch diverse Akteure und zunehmende Liquiditätsprobleme zog sich *Inkombank* aus allen laufenden Gerichtsverfahren zurück (vgl. Vranceva 1996).

[628] Schröder 1998a: 31.

[629] Vgl. Tompson 2002: 7; Hedlund 1999: 259. Für die gelegentlich anzutreffende Einschätzung (vgl. Russian Economic Trends, Quarterly Edition, Nr. 3/1996: 107), dass sich die Banken informell – und somit abweichend von der Rechtslage – bereiterklärt hätten, mit der Verwertung der Kreditsicherheiten mindestens bis zum Jahr 1997 zu warten, finden sich hingegen keine Belege.

Da der russländische Staat 1996 in keinem der zwölf Fälle von der Option
der Kredittilgung Gebrauch gemacht hatte, begannen die Finanzakteure 1997
damit, die Aktienpakete zu verwerten. In dieser zweiten und abschließenden
Runde der Pfandauktionen wiederholten sich die aus dem ersten Durchgang
bekannten Phänomene: Intransparenz, Absprachen, unfairer Konkurrenzausschluss etc. Da die zugrundeliegenden Verträge nicht veröffentlicht wurden,
bleibt es Spekulation, ob die Regelungen absichtlich so formuliert worden waren, dass den Kreditgebern Manipulationen leicht fielen, oder ob staatliche
Akteure bewusst davon absahen, Verfahrensverstöße zu sanktionieren. Gesichert ist jedoch, dass den Kreditgebern erlaubt wurde, eigenverantwortlich
den Ausschreibungen Bedingungen hinzuzufügen, die von externen Bietern
nur schwerlich erfüllt werden konnten.[630] De facto besaßen die Gewinner der
ersten Runde der Pfandauktionen somit „the right to keep the shares by ar-
ranging a sale to oneself at a price close to the value of the loan"[631].

Im Ergebnis führten die Verwertungen der Aktienpakete dazu, dass in jedem Einzelfall diejenige Bank (oder ein mit ihr verbundenes Unternehmen)
die jeweilige Ausschreibung gewann, die zuvor den Kredit an den Staat aus-
gereicht hatte. Der dabei erzielte Verkaufspreis lag in aller Regel nur knapp
über dem ursprünglichen Kreditbetrag, in Einzelfällen sogar darunter (Tabelle
21). Externe Konkurrenten, das heißt mit dem Kreditgeber unverbundene
Firmen, traten bei den Auktionen entweder erst gar nicht an oder wurden – in
ähnlicher Manier, wie schon bei der ersten Runde – unter formalen Vorwän-
den disqualifiziert. Insgesamt herrschte weitgehend ein „Nichtangriffspakt"
zwischen den Siegern aus der ersten Auktionsrunde.[632]

---

[630] Vgl. Russian Economic Trends, Quarterly Edition, Nr. 1/1997: 151; Nr. 2/1997: 98f.

[631] OECD 1998: 139.

[632] Nachdem die ersten drei Ausschreibungen (*JuKOS*, *SIDANKO* und *Surgutneftegaz*)
„reibungslos" abgelaufen waren, versuchte die *ONĖKSIMbank* bei der Versteigerung
des Mehrheitsanteils von *Sibneft'* im Mai 1997 durch ein sehr hohes Gebot ihres Fi-
nanzvehikels *KM-Invest* zu verhindern, dass die ursprünglichen Kreditgeber in den
Besitz des Aktienpakets kamen. Der Versuch scheiterte, weil das Gebot von *KM-
Invest* disqualifiziert wurde (vgl. Johnson 2000: 194; Russian Economic Trends, Quarterly Edition, Nr. 2/1997: 98). Dieser Bruch des „Nichtangriffspaktes" durch die *ONĖK-
SIMbank* war eine Ausnahme von der Regel im Rahmen der zweiten Runde der
Pfandauktionen. Gleichzeitig bildete dieses Vorgehen jedoch eine Vorstufe für den
Mitte 1997 ausbrechenden „Bankenkrieg" (Kämpfe um außerhalb der Pfandauktionen
zur Privatisierung anstehende Großunternehmen) bzw. den zweiten Medienkrieg. Die-
ses Phänomen wird im folgenden Kapitel eingehend analysiert werden, weil dabei den

Tabelle 21: Ergebnisse der zweiten Runde der Pfandauktionen (1996/97)

Unternehmen	Aktien-paket	Preis (Mio. US-$)	Auktionsgewinner
JuKOS	45 %	160,1	MENATEP
SIDANKO	51 %	129,8	ONĖKSIM
Surgutneftegaz	40,1 %	78,8	Surgutneftegaz
Sibneft'	51 %	110,0	SBS-Agro
LUKojl	5 %	43,6	LUKojl
Noril'skij Nikel'	38 %	256,0	ONĖKSIM
Čeljabinskij metallurgičeskij kombinat („Mečel")	15 %	13,8	Imperial
Novolipeckij metallurgičeskij kombinat (NLMK)	15 %	23,8	ONĖKSIM
Murmanskoe MP	49 %	k. A.	MENATEP
NAFTA Moskva	15 %		annulliert
Severo-Zapadnoe parochodstvo	25,5 %		keine Gebote[a]
Novorossijskoe MP	45 %		keine Auktion[a]

Anm.:
[a] Diese beiden Schiffahrts- bzw. Hafengesellschaften gingen zu Beginn der Präsidentschaft Vladimir Putins wegen ihrer „strategischen Bedeutung für die Gewährleistung der nationalen Sicherheit des Staates" gegen Rückzahlung der jeweiligen Kreditsumme zuzüglich Zinsen wieder in staatlichen Besitz über (vgl. Sčëtnaja palata Rossijskoj Federacii 2003).

Quellen: Harter et. al. 2003: 176; Lieberman 2008: 300; RCĖR/RECĖP 1998b: 135f.

Parallel zur zweiten Runde der Pfandauktionen fanden weitere Verkäufe staatlicher Beteiligungspakete statt. Darunter waren auch weitere Anteile an Unternehmen, die Teil der loans-for-shares-Auktionen waren (JuKOS, SIDANKO und Sibneft'). In diesen drei Fällen gelang es den einzelnen Gewinnern der Pfandauktion, unter weitgehendem Konkurrenzausschluss und zu verhältnismäßig niedrigen Preisen de facto die vollständige Kontrolle über das jeweilige Unternehmen zu erlangen[633] – und damit einen weiteren wichtigen Schritt im Prozess ihrer Konglomeratsbildung zurückzulegen.

---

von den jeweiligen Akteuren kontrollierten Massenmedien eine immense Bedeutung zukam.
[633] Vgl. Moser/Oppenheimer 2001: 313; Sim 2008: 38).

Aber auch über diesen engeren Akteurskreis hinaus wurden in den Jahren 1995 bis 1999 in der Russländischen Föderation eine Reihe von staatlichen Aktienpaketen an großen Unternehmen privatisiert. Von besonderem Interesse waren hierbei Unternehmen aus den Bereichen Energie, Rohstoffe
und Infrastruktur – sowohl in Bezug auf die zu erwartenden Verkaufserlöse
als auch hinsichtlich der strategischen Bedeutung und (potentiellen) Profitabilität der betreffenden Firmen.

Die Zahl der erfolgreich privatisierten Großbetriebe ging allerdings stetig
zurück. Im letzten Quartal 1997 scheiterten eine ganze Reihe von geplanten
Versteigerungen von Anteilspaketen, darunter einiger bedeutender Unternehmen aus dem Erdölsektor.[634] Angesichts der zunehmend spürbaren wirtschaftlichen Auswirkungen der Asienkrise – die schließlich im Sommer 1998
mit zum Zusammenbruch der russländischen Staatsfinanzen und der Wirtschaft führen sollte – kamen größere Privatisierungsvorhaben gegen Jahres-
ende 1997 de facto zum Erliegen[635] und wurden erst 1999 wieder aufgenommen.

Generell zeichneten sich Großprivatisierungen der Jahre 1995 bis 1999
einerseits durch einige Charakteristika aus, die schon bei den Pfandauktionen auftraten; andererseits zeigten sich auch Brüche im Vergleich mit der im
Rahmen der Pfandauktionen geübten Praxis.

- Formal wurden die Unternehmensanteile im Rahmen unterschiedlicher
  Verfahren privatisiert. Dazu gehörten vor allem „einfache" Versteigerungen, „spezielle Auktionen" sowie Investitionstender.[636] Es zeigte sich allerdings keine Korrelation zwischen der Art des gewählten Privatisie-
  rungsverfahrens einerseits und der Fairness der Durchführung bzw. dem
  Ausmaß an tatsächlich zugelassener Konkurrenz – und damit der Höhe
  der siegreichen Gebote – andererseits.
- Offene Konkurrenz herrschte nur bei sehr wenigen Verfahren.[637] Die Regel war in Fortführung der Pfandauktionen eher, dass infolge mangelnden

---

[634] Vgl. RCĖR/RECĖP 1998a: 162.
[635] Vgl. Rutland 2001: 9.
[636] Eine Neuauflage der Pfandauktionen wäre politisch kaum durchsetzbar gewesen.
       Durch das erstmalige Inkrafttreten eines Privatisierungsgesetzes (1997/123-FZ) An-
       fang August 1997 wurden derartige Verfahren auch rechtlich unzulässig. Das Gesetz
       sieht eine Reihe unterschiedlicher Privatisierungsverfahren vor, die allesamt einer of-
       fenen Konkurrenz unterliegen müssen.
[637] Das prominenteste Beispiel ist die Privatisierung eines Aktienpakets am Telekommu-
       nikationsunternehmen *Svjaz'invest* im Umfang von 25 % im Sommer 1997. Dieser Fall
       wird im folgenden Kapitel im Rahmen der „Medienkriege" eine zentrale Rolle spielen.

Wettbewerbs ein mutmaßlich schon zuvor feststehender Akteur die jeweiligen Unternehmensanteile mit einem Gebot nur unwesentlich oberhalb der Mindestgrenze erwarb.

- Es herrschte überwiegend hohe Intransparenz bei den Verfahren, und es gab weiterhin zahlreiche Manipulationen im Vorfeld eines Unternehmensverkaufs. Ein häufig genutztes Mittel war das Zuschneiden der Ausschreibungsbedingungen auf einen konkreten Interessenten.[638] Diese Charakteristika verschwanden selbst nach der Überwindung der Finanzkrise von 1998 nicht von der Bildfläche und prägten so auch die wenigen größeren Privatisierungen in den Jahren 1999/2000.[639]

- Die vermehrt durchgeführten Investitionstender sorgten in der Regel nicht für größere Transparenz und Fairness. Der Kaufpreis wurde zwar jeweils im Vorfeld festgelegt, und den Zuschlag erhielt der Bieter mit der höchsten zugesagten Investitionssumme. Allerdings unternahmen staatliche Stellen – selbst in offensichtlichen Fällen – keine ernsthaften Versuche, das in den Kaufverträgen festgelegte Rückabwicklungsrecht in Anspruch zu nehmen, wenn die vertraglichen Investitionen nicht getätigt wurden oder gar zutage getreten war, dass der siegreiche Käufer eine Strohfirma war, die zielgerichtet in die Insolvenz geführt wurde, um Verpflichtungen aus dem Kaufvertrag zu umgehen.[640]

- Das Problem aufgelaufener Schulden an Steuern und Sozialabgaben blieb auch im Falle privatisierter Unternehmen weitgehend ungelöst. In vielen Fällen ließen die neuen Eigner die Außenstände sogar noch anwachsen, ohne damit rechnen zu müssen, von staatlichen Stellen sanktioniert zu werden.[641]

Zusammenfassend gesehen bildet die Vielzahl an rent seeking-Möglichkeiten in den 1990er Jahren einen entscheidenden Faktor bei der Akkumulation von Unternehmenskapital. Insbesondere die in diesem Kapitel analysierten Inflations- und Spekulationsgewinne in der Zeit vor der makroökonomischen Stabilisierung ab 1994 sowie anschließend das System der autorisierten Banken und die massive Expansion bei der Ausgabe von Staatsanleihen zu Höchstzinssätzen eröffneten einer begrenzten Zahl von Akteuren – vorwiegend aus

---

[638] Exemplarisch hierfür ist der Verkauf von 40 % der Anteile am Erdölkonzern *TNK* Mitte 1997. Die Vertragsbedingungen sahen vor, dass der Käufer des Aktienpakets Raffinerieausrüstung im Umfang von 40 Mio. US-$ erwerben musste, die die *Al'fa*-Gruppe besaß. Es erstaunt wenig, dass ein Konsortium um die *Al'fa*-Gruppe als Sieger hervorging (vgl. Pleines 1998: 18; Johnson 2000: 190f.; N. Petrov 1997).

[639] Vgl. EBRD 2000: 202f.; Sim 2008: 40.

[640] Vgl. Götz 2000a: 1101; Peregudov 2001: 261.

[641] Die ausstehenden staatlichen Forderungen an die Tochterfirmen von *JuKOS* und *SIDANKO* beispielsweise verdoppelten sich zwischen 1996 und 1997 nahezu (vgl. Russian Economic Trends, Quarterly Edition, Nr. 1/1997: 152f.).

dem Finanzsektor – immense Gewinnmöglichkeiten. Dieses angesammelte Kapital war ein wichtiges Mittel für die weitere Unternehmensexpansion – häufig durch Kauf von Beteiligungen an Großunternehmen im Zuge von deren Privatisierung. Diese Expansion erstreckte sich in den meisten Fällen auf Felder außerhalb des bisherigen Kerngeschäfts, mit Schwerpunkt auf den Bereichen Energie, Rohstoffe und Infrastruktur.

Nach und nach entstanden so aus relevanten Spielern auf dem ökonomischen und auch politischen Parkett kaum überschaubare und – gemessen an Wirtschaftskraft, Exportbeitrag, Zahl der Arbeitsplätze usw. – äußerst gewichtige Unternehmenskonglomerate, die zumindest fallweise einen starken und unübersehbaren Einfluss auch auf die politische Sphäre ausüben konnten. Zur Einflussnahme nutzte die Mehrzahl dieser Wirtschaftsakteure jeweils „eigene" Massenmedien, über die sie seit etwa Mitte der 1990er Jahre zunehmend die Kontrolle zu erlangen suchten. Diese spezifische Konglomeratsbildung à la russe analysiert der folgende Abschnitt.

5.6 Konglomerate: Die Konzentration ökonomischer Macht

Verzweigte Großkonzerne mit jährlichen Umsätzen von dutzenden Milliarden (Euro oder US-Dollar) findet man in vielen Volkswirtschaften der Welt. Prominente Beispiele in den OECD-Mitgliedstaaten sind etwa die *Siemens AG* oder die *General Electric Company*. Es sind zwei Besonderheiten, die der Konzentration von wirtschaftlicher Macht im Russland der 1990er Jahre ein spezifisches Gepräge geben: Zum einen ist dies die hohe Geschwindigkeit, mit der sich die Konglomeratsbildung und -expansion vollzog; zum anderen erreich(t)en die russländischen Großkonzerne kumulativ erstaunlich hohe prozentuale Anteile an volkswirtschaftlichen Kennziffern wie BIP, Exporteinnahmen, Steueraufkommen, Arbeitsplätze etc. Diese relativ große volkswirtschaftliche Bedeutung lag sicherlich auch in der strukturellen Schwäche der russländischen Wirtschaft begründet, in der nicht zuletzt aufgrund der Erblast der Sowjetunion bis heute kleine und mittlere Unternehmen nur eine untergeordnete Rolle spielen. Entscheidender aber waren eine unzureichende staatliche Monopolkontrolle und die Begünstigung einzelner Unternehmen durch staatliche und politische Akteure.

Die Förderung der Verbindung von Banken mit einer Gruppe von Industrieunternehmen war schon vor der Gründung der Zweiten Russländischen Republik ein wirtschaftspolitisches Ziel maßgeblicher politischer Akteure. Daran änderte sich auch nach Inkrafttreten der neuen russländischen Verfassung Ende 1993 nichts. Auffällig ist allerdings, dass im Windschatten dieser geförderten, „offiziellen" Unternehmenszusammenschlüsse „informelle" Konglomerate entstanden, die über eine ungleich größere ökonomische – und in der Folge auch politische Potenz verfügten.

5.6.1 Finanz-Industrie-Gruppen als politisch gewünschte Verbindungen

Inspiriert von japanischen (*Zaibatsu* bzw. *Keiretsu*) und südkoreanischen (*Jaebeol*) Vorbildern und in der Erwartung, dadurch die tiefe Wirtschaftskrise überwinden zu können, plädierten konservative, gemeinhin der „Branchenlobby" zugerechnete Teile der russländischen Regierung schon ab Mitte 1993 für die Bildung und Förderung großer finanz-industrieller Gruppen (*finansovo-promyšlennye gruppy*, FPG).[642] Die Hoffnung bestand darin, durch das Zusammenbringen von Unternehmen aus dem Finanz- und dem Produktionssektor und ergänzt durch Handels- und Dienstleistungsunternehmen große, wettbewerbsfähige und mit hinreichendem Kapital ausgestattete Unternehmensgruppen zu formen. Ein erster Ausfluss dieser politischen Vorstöße war ein Präsidialerlass vom 05.12.1993.[643]

Der Erlass sieht die Unterstützung der Formierung von FPG, eine Registrierungspflicht sowie staatliche Förderungsmaßnahmen vor. Gleichzeitig gibt es eine Reihe von Restriktionen. Zu den wichtigsten Beschränkungen gehören etwa das Verbot von Überkreuzbeteiligungen zwischen den an der jeweiligen FPG teilnehmenden Unternehmen oder der Beteiligung an mehr als einer FPG; die Begrenzung der Anteile, die eine Finanzinstitution an einzelnen Mitgliedsunternehmen halten darf, auf jeweils maximal zehn Prozent; und das Verbot der Beteiligung von Finanzholdings.[644]

Die Konstituierung und Registrierung der FPG ging nur sehr schleppend voran. Ein Jahr nach Inkrafttreten des Präsidialerlasses gab es erst sieben

---

[642] Vgl. Peregudov 2000: 73.
[643] Ukaz 1993/2096.
[644] Vgl. insb. Punkt 7 der Bestimmungen in der Anlage des Präsidentenerlasses (1993/2096). Vgl. zu den rechtlichen Restriktionen auch Jasper 1999: 30-33; Popova 1998: 11.

registrierte FPG.[645] Vermutlich war dies der Hauptgrund dafür, dass Ende
1995 ein Gesetz verabschiedet wurde, mit dem die meisten der bis dahin geltenden Restriktionen gestrichen wurden.[646] Die wichtigste Beschränkung
blieb das Verbot der Beteiligung an mehr als einer FPG (Art. 3, Abs. 2). Nach
Inkrafttreten des Gesetzes nahm die Zahl der neu gebildeten FPG stetig zu,
Ende 1998 waren mehr als 70 in das staatliche Register eingetragen.[647]

Diese quantitative Steigerung erweckt den Eindruck, dass das Gesetz
maßgeblich zur Bildung stärkerer wirtschaftlicher Einheiten beitrug. Ein
genauerer Blick auf die Entwicklung zeigt jedoch, dass dies nicht der Fall war.
Die meisten FPG „typically combined poor regional banks with suffering
industrial or agricultural enterprises in an unsuccessful attempt to use their
collective power to lobby the government for more money and to attract
outside investment"[648]. Häufig reproduzierten sie industrielle Strukturen und
Verbindungen aus der Sowjetzeit, litten unter geringer Produktivität, geringer
Kapitalausstattung und schwacher Nachfrage; viele erwiesen sich als
künstliche Gebilde, bei denen im Binnenverhältnis zwischen den beteiligten
Unternehmen keine festen technologischen, strukturell-organisatorischen
oder finanziellen Verbindungen geschaffen wurden.[649]

Da der Staat, von ganz wenigen Ausnahmen abgesehen, die den FPG in
Aussicht gestellten (Steuer-)Vergünstigungen de facto nicht einräumte und
auch kaum finanzielle Unterstützung gewährte,[650] verwundert es kaum, dass
die gewichtigsten Akteure aus dem Finanzbereich auch nach der gesetzlichen Neuregelung Ende 1995 darauf verzichteten, offiziell eine FPG zu gründen oder einer FPG beizutreten.[651] Hinzu kam, dass der überwiegende Teil
der industriellen Produktionsunternehmen in Russland bis Ende der 1990er
Jahre unprofitabel war[652] – in jedem Falle deutlich weniger profitabel als Wäh-
rungsspekulationen, Anlage in Staatsanleihen und andere Finanzgeschäfte.
Und schließlich erforderte eine Registrierung als FPG eine – und sei es nur

---

[645] Vgl. Russian Economic Trends, Quarterly Edition, Nr. 3/1996: 123.
[646] Gesetz 1993/190-FZ.
[647] Vgl. Peregudov 2000: 74.
[648] Johnson 2000: 8; vgl. Popova 1998: 14.
[649] Vgl. Harter 1999: 120; Peregudov 2000: 74.
[650] Vgl. Popova 1998: 13.
[651] Die einzige Ausnahme ist die FPG *Interros* um *ONÉKSIMbank* und *MFK*. Näheres
        hierzu im folgenden Abschnitt.
[652] Vgl. Makrushenko 1998: 65.

geringfügig höhere – Unternehmenstransparenz, woran die meisten Finanzakteure keinerlei Interesse hatten.

5.6.2 Die Bildung großer, informeller Unternehmenskonglomerate

Die obengenannten Punkte hatten zwar zur Folge, dass nahezu alle großen Finanzakteure davon absahen, einer („offiziellen") FPG beizutreten. Das bedeutete jedoch nicht, dass sie auf eine Expansion in Wirtschaftsbereiche außerhalb des Finanzsektors verzichtet hätten. Im Gegenteil: Von der Öffentlichkeit weitgehend unbemerkt, hatten einige von ihnen bereits um das Jahr 1993 damit begonnen zu versuchen, via Anteilskauf, Kreditgewährung und andere Instrumente nach und nach die Kontrolle über zahlreiche Großunternehmen zu erlangen. Den Strategieschwerpunkt bildeten dabei eindeutig Unternehmen aus den Rohstoff- bzw. exportorientierten Branchen. Ab etwa 1994/95 setzten fast alle großen Finanzakteure auf diese Form der Expansion.

Binnen relativ kurzer Zeit entstanden auf diese Weise mehr als ein Dutzend sehr große Unternehmensverbünde, deren Kern zumeist jeweils ein Zusammenschluss von Unternehmen aus dem Finanzsektor (Banken, Investmentgesellschaften etc.) mit Unternehmen aus dem Rohstoff-, Energie- und/oder Infrastrukturbereich bildete. Diese Unternehmen verfügten über keine einheitlichen Strukturen, Organisations-, Beteiligungs- oder Steuerungsformen. Gemeinsam ist ihnen jedoch, dass fast alle nach und nach verstärkt versuchten, die Kontrolle über verschiedene Massenmedien zu erlangen.

5.6.2.1 Terminologie und Akteurskreis

In der Literatur wird auf diese Unternehmensverbünde mit unterschiedlichen Begriffen Bezug genommen. Ab etwa 1997 verbreitete sich vor allem in der politischen Publizistik der Begriff „Oligarchen".[653] Gemeint sind damit in erster Linie Führungspersonen von privaten Großbanken und Großkonzernen, die Mitte der 1990er Jahre erheblichen Einfluss auf föderaler politischer Ebene ausübten. Der Begriff impliziert ein stark personalisiertes Verständnis wirtschaftlicher und politischer Strukturen und Prozesse im Russland der 1990er

---

[653] Laut Hans-Henning Schröder (1998a: 5f.) fand der Begriff erst Eingang in den alltagspolitischen Sprachgebrauch, nachdem er von prominenten Politikern – insbesondere Boris Nemcov – aufgegriffen worden war.

Jahre. Diese Vorstellung rekurriert zwar auf tatsächlich beobachtbare Phänomene, gleichwohl suggeriert der Begriff eine gewisse klandestine „Allmacht
der ‚Oligarchen'", die eher ein politisch instrumentalisierter Mythos ist.[654] Ü-
berdies werden durch diese Begriffswahl eine Reihe ökonomischer Akteure
nicht erfasst, deren Führungsfiguren weniger exponiert in der Öffentlichkeit
stehen, deren Führungsstruktur weniger stark auf eine Spitzenperson ausgerichtet ist oder bei denen – de facto oder de jure – staatliche Stellen Kontrolle
ausüben.

Eine ganze Reihe von Autoren sprechen von „finanz-industriellen Gruppen" (finansovo-promyšlennye gruppy; FPG/financial-industrial groups; FIG).
Sie übernehmen damit die Begriffswahl des Präsidialerlasses von Ende 1993
und des Gesetzes von Ende 1995 weitgehend unabhängig von der Frage, ob
die entsprechenden ökonomischen Gebilde im staatlichen Register eingetragen sind oder sich informell konstituierten.[655] Im Zentrum der Aufmerksamkeit
steht bei diesen Autoren das grundsätzliche Phänomen der Verbindung von
Finanz- und Industriekapital. Der Nachteil dieser Herangehensweise ist, dass
die Frage der wirtschaftlichen – und, daraus abgeleitet, der politischen –
Stärke dieser Gruppen bei Definition und Terminologie keine Rolle spielt. E-
benfalls nicht erfasst werden Konzerne unter (formell) staatlicher Kontrolle,
wie etwa der Gasmonopolist Gazprom, die eigene (Groß-)Banken gründeten
oder Anteile an bereits existierenden erwarben und verstärkt in Bereiche außerhalb ihres Kerngeschäfts expandierten – nicht zuletzt auch in den Medienbereich.

Juliet Johnson unterscheidet zwischen industry-led FIGs und bank-led
FIGs.[656] Die Differenzierung erfolgt entlang der Frage, ob ein Industrieunternehmen oder eine Bank die führende Rolle im Verbund einnimmt. Johnson
zeigt, dass die industriegeführten FIG früher entstanden, wirtschaftlich eher
schwach und regional ausgerichtet sind sowie die überwältigende Mehrheit
der offiziell registrierten FIG stellen. Demgegenüber entstanden bankgeführte
FIG zögerlich und verstärkt erst im Zuge der makroökonomischen Stabilisie-

---

[654] Vgl. Schröder 1998a: 6.

[655] Vgl. exemplarisch für die frühe Literatur Freinkman 1995; Gorbatova 1995; Starodubrovskaya 1995.

[656] Vgl. für diese grundsätzliche Unterscheidung Johnson 1997, die sie auch in ihrer späteren Untersuchung des russländischen Bankensektors (Johnson 2000) beibehält.

rung; die überwältigende Mehrheit verzichtete auf eine förmliche Registrierung, repräsentiert aber die wirtschaftlichen Schwergewichte.[657]

Der Vorteil von Johnsons Differenzierung ist, dass mit den bankgeführten FIG die ökonomisch potentesten Akteure und ihre Expansion ins Blickfeld gerückt werden. Wie sie jedoch selbst einräumt, werden mit ihrer Klassifizierung eine Reihe von expansiven Großkonzernen nicht erfasst, allen voran *Gazprom* und *LUKojl*.[658]

Einige Autoren haben auf die genannten begrifflichen und definitorischen Schwierigkeiten reagiert, indem sie den Begriff „integrierte Business-Gruppe" (*integrirovannaja biznes-gruppa*; IBG) einführten.[659] Dieser Begriff hat jedoch den gravierenden Nachteil, dass er eine Unternehmensintegration suggeriert, die bei den meisten Akteuren bis Ende der 1990er Jahre nicht vorhanden war. In den seltensten Fällen gab es einheitliche Strukturen, Organisations-, Beteiligungs- oder Steuerungsformen. Sehr vieles blieb informell, Kontroll- und Beteiligungsverhältnisse unklar.

Im weiteren Fortgang dieser Arbeit soll es zum ersten vor allem um den Kreis von privatwirtschaftlichen Akteuren gehen, denen es innerhalb weniger Jahre gelang, große Wirtschaftsimperien aufzubauen. Sie konnten sich dabei, wie im Verlauf des Kapitels gezeigt wurde, zunächst vor allem auf die Akkumulation von Kapital durch massive *rent seeking*-Einnahmen und die Privilegierung durch politische und staatliche Akteure stützen; diese Bevorzugung setzte sich in zahlreichen Fällen später im Rahmen der Privatisierung von Großunternehmen fort. Diese Gruppe von Akteuren deckt sich weitgehend mit denen, die Juliet Johnson als *bank-led FIGs* bezeichnet.

Zum zweiten sind aber auch einige große Wirtschaftsakteure wichtig, deren Kern nicht von Unternehmen der Finanzindustrie, sondern von Konzernen im Energie-, Rohstoff- und Infrastrukturbereich gebildet wird. Unter ihnen finden sich sowohl Unternehmen mit als auch ohne staatlichen Anteilsbesitz. Viele von ihnen expandierten verstärkt in Bereiche außerhalb ihres Kerngeschäfts, vor allem in den Finanzbereich und andere industrielle Branchen.

---

[657] Vgl. Johnson 1997: 334f., 344. Makrushenko (1998: 72) zufolge operierten die nicht registrierten FIG „with capital with levels of turnover that are several dozen (if not hundreds) of times greater than in the case of the official FIGs".

[658] Vgl. Johnson 1997: 334, Fn. 5.

[659] Vgl. Pappé 2000: 18; Dynkin/Sokolov 2002.

Sowohl den Akteuren aus dem ersten als auch aus dem zweiten Kreis ist gemeinsam, dass sie über eine relativ hohe Bedeutung für die russländische Volkswirtschaft verfüg(t)en. Überdies versuchten die meisten von ihnen schon sehr früh, Kontrolle über – oder zumindest Einfluss auf – unterschiedliche Massenmedien zu erlangen.

Um diese Gruppe großer Wirtschaftssubjekte bei all ihren strukturellen, organisatorischen und anderen Unterschieden unter einem begrifflichen Dach zusammenfassen zu können, werde ich in der Folge von „großen Unternehmenskonglomeraten" oder kurz „Konglomeraten" sprechen.[660] Sie üben ab etwa Mitte der 1990er Jahre einen großen wirtschaftlichen und politischen Einfluss in Russland aus. Und sie sind maßgebliche Spieler auf dem Gebiet der Massenmedien.

5.6.2.2 Die großen Unternehmenskonglomerate

Der Ursprung vieler der späteren Unternehmenskonglomerate reicht bis in die späte Sowjetzeit zurück, als viele Handelsgesellschaften Banken gründeten. Im Zuge der immens wachsenden Profitabilität von Bankgeschäften ab Anfang der 1990er Jahre wurden die Banken zunehmend die führenden Einheiten in Unternehmensverbünden.[661] Einige Akteure aus dem Finanzsektor begannen beispielsweise mittels ihrer Erdölhandelstöchter bereits ab 1994 damit, sich in wirtschaftlich schwächeren Ölfirmen zu verankern: „They had cash, and they had Moscow connections; whereas the weaker oil companies had only their debts."[662] Überwiegend verdeckt, teilweise jedoch auch offen investierten viele Akteure parallel in Anteile an Unternehmen in unterschiedlichen Industriebereichen. Die bald beginnende Privatisierung von Großunternehmen mit dem Negativhöhepunkt der Pfandauktionen war dann eine weitere sehr wichtige Etappe in der Formierung, Expansion und Konsolidierung großer Unternehmenskonglomerate. In gewisser Weise wurden Expansion und Akquisition zu einem Selbstläufer:

---

[660] Wenn in der Folge bei Zitaten oder Bezugnahme auf andere Autoren bspw. von finanz-industriellen Gruppen, financial industrial groups, FIG, FPG oder IBG die Rede ist, so wird jeweils die Originalterminologie der jeweiligen Quelle übernommen, wenn sichergestellt ist, dass damit jene Akteure gemeint sind, die ich als Konglomerate bezeichne.

[661] Vgl. Freinkman 1995: 56.

[662] Gustafson 2012: 93.

„Once a critical size has been reached, these conglomerates have the capacity to grow exponentially as recently acquired properties are leveraged for the acquisition of new properties; until all state assets have been transferred to the ‚private‘ sector, the name of the game is expansion and acquisition, not profit maximization."[663]

Zu beachten ist, dass das Zusammengehen von Finanz- und Industriekapital in der Anfangszeit häufig nicht darauf gerichtet war, veraltete Unternehmensstrukturen und Produktionsweisen zu modernisieren, sondern dass die Industrieunternehmen den Finanzakteuren als *cash cow* dienten, deren Erlöse abgesaugt und umgeleitet[664] und die teilweise via *asset stripping* entkernt werden konnten. Neben Steuerminimierung und Vermeidung staatlicher Regulierung war dies der Hauptgrund dafür, dass sich viele Konglomerate durch extreme Diversifikation, organisatorische Verschachtelung mit einer Vielzahl von Tochtergesellschaften und Überkreuzbeteiligungen sowie unklare Eigentumsverhältnisse auszeichneten – häufig unter Zwischenschaltung von Offshore-Gesellschaften.[665]

Diese Intransparenz von Unternehmensstrukturen und Eigentumsverhältnissen ist ein wichtiger Grund dafür, dass die nachfolgende Übersicht großer Unternehmenskonglomerate im Detail mit einer gewissen Vorsicht zu betrachten ist. Aufgrund der nicht immer eindeutigen Quellenlage kann sie nur ein näherungsweises und vereinfachtes Schema darstellen. Eine weitere Einschränkung ergibt sich daraus, dass alle Konglomerate eine sehr dynamische Entwicklung aufweisen. Das bedeutet, dass jede schematische Visualisierung eine Momentaufnahme zu einem bestimmten Zeitpunkt bleiben muss. Gleichwohl bietet die folgende Zusammenstellung für die hier verfolgten Zwecke eine gute Grundlage, um die maßgeblichen ökonomischen Akteure zu identifizieren, die gleichzeitig – wie im folgenden Kapitel gezeigt wird – zum überwiegenden Teil im Bereich der Massenmedien eine wichtige Rolle spielen.

In der Übersicht treten eine Reihe von Aspekten hervor, die in diesem Kapitel bereits eingehender analysiert wurden. In nuce: Unter allen wichtigen Konglomeraten finden sich Unternehmen, die in den Jahren zuvor massiv von Vorzugsbehandlungen profitieren konnten. Meist sind dies die finanzindus-

---

[663] McFaul 1998b: 317.
[664] Vgl. Peregudov 2000: 74.
[665] Vgl. Freinkman 1995: 57; Dynkin/Sokolow 2002: 208.

triellen Zweige, die als „autorisierte Banken", mit Staatsanleihen, Spekulationsgeschäften usw. hohe Gewinne machen und Kapital ansammeln konnten. In der Folge profitierten diese Akteure in zahlreichen Fällen im Zuge der Privatisierung staatlicher (Groß-)Unternehmen von (politisch gestützter) verzerrter oder gar unterbundener Konkurrenz und konnten so in weitere Industriebereiche – mit Schwerpunkt im Energie- und Rohstoffbereich – expandieren.

Die Quellenlage in Bezug auf den konkreten Umfang und die detaillierten internen Strukturen dieser Konglomerate ist für die 1990er Jahre einigermaßen diffus. Dies liegt zum einen daran, dass die betreffenden Akteure aus diversen Gründen wenig bis kein Interesse an Transparenz hinsichtlich der Verflechtung innerhalb der Konglomerate hatten. Zum anderen zeichneten sich die 1990er Jahre aber auch durch eine sehr große Dynamik aus, das heißt es gab regelmäßige und häufige Verschiebungen bei Unternehmensbeteiligungen und Kontrollausübung sowohl innerhalb der Konglomerate als zwischen ihnen.

Gesichert ist, dass zahlreiche Akteure aus dem Finanzsektor ab etwa Mitte der 1990er Jahre begannen, ihre Industriebeteiligungen im realen Sektor nach und nach in unterschiedlichen Holdings zu bündeln.[666] Nach der Präsidentschaftswahl 1996 wechselten eine Reihe von damaligen Chefs des finanzindustriellen Konglomeratszweigs an die Spitze der industriellen (Dach-)Holding.[667] Meist bedeutete dies jedoch nicht automatisch eine größere Unternehmenstransparenz. Die Mehrheit der Konglomerate blieb relativ amorph und fluide. Dies änderte sich erst im Gefolge der Wirtschafts- und Finanzkrise 1998, als zahlreiche der überdauernden Konglomerate begannen, Elementen guter *corporate governance* (Transparenz, Konsolidierung, horizontale und vertikale Unternehmensintegration, klare Entscheidungs- und Kontrollstrukturen etc.) einen höheren Stellenwert beizumessen.[668]

Die Soziologin Ol'ga Kryštanovskaja kam in einer Untersuchung zu dem Schluss, dass die großen Konglomerate Mitte 1995 – also vor Beginn der Pfandauktionen und den weiteren Großprivatisierungen – mindestens 30, häufig mehr und teilweise über 60 separate juristische Personen umfass-

---

[666] Vgl. Johnson 2000: 174, 185; Schröder 1998b: 14, 17, 21.
[667] Vgl. Johnson 2000: 179.
[668] Vgl. Peregudov 2000: 76 und zu generellen Aspekten Dynkin/Sokolov 2002.

ten.[669] Wahrscheinlich sind diese Zahlen eher zu niedrig angesetzt,[670] doch geben sie einen Eindruck von der im Grundsatz großen Spannweite und breiten Diversifizierung der Unternehmensgruppen.

Auch die volkswirtschaftliche Bedeutung der Konglomerate ist nicht zu unterschätzen. Sicherlich sind die Selbstzuschreibungen einiger Akteure übertrieben, etwa wenn die ONĖKSIM/Interros-Gruppe im Jahr 1997 behauptete, sieben der zwanzig größten russländischen Unternehmen zu kontrollieren.[671] Und wenn Boris Berezovskij Ende 1996 in einem Interview mit der Financial Times prahlt, eine Gruppe von sieben Geschäftsleuten kontrolliere die Hälfte der russländischen Volkswirtschaft,[672] dürfte es sich eher um Propaganda handeln, die darauf abzielt, die eigene Bedeutung zu überhöhen.

In der wissenschaftlichen Literatur werden „inoffizielle Schätzungen" kolportiert, wonach die acht bedeutendsten Konglomerate zusammengenommen im Jahr 1996 direkt und indirekt 25 bis 30 Prozent des russländischen BIP kontrollierten.[673] Auch wenn die Datenlage sehr unbefriedigend und auch diese Schätzung möglicherweise übertrieben ist, dürfte dennoch außer Zweifel stehen, dass die genannten Konglomerate in den 1990er Jahren eine herausragende volkswirtschaftliche und auch politische Bedeutung hatten.

---

[669] Vgl. Kryštanovskaja 1996: 5.

[670] Freinkman (1995: 65) zählte alleine im Falle von MENATEP mehr als 100 zugehörige Unternehmen. Schröder (1998b: 26) kommt in seiner Untersuchung zu dem Schluss, dass zum Konglomerat Sistema Mitte 1998 ebenfalls mehr als 100 Unternehmen gehörten.

[671] Vgl. Mellow 1997b.

[672] Vgl. Freeland/Thornhill/Gowers 1996: 17.

[673] Vgl. u. a. McFaul 1997b: 324.

Tabelle 22: Bedeutende Unternehmenskonglomerate (Stand: Ende 1997-Mitte 1998)[a]

Konglomerat	Führungspersonen	signifikante Holdinggesellschaften, Tochterfirmen	Beteiligungen und verbundene Unternehmen[b]	(Auswahl) in den Bereichen	relevante Staatsbeteiligung
		Finanzindustrie (Banken, Investmentfirmen, Versicherungen etc.)	Rohstoff- + Energieindustrie	sonstige Industrie + Handel	
Al'fa	Pëtr Aven Michail Fridman	**Al'fa-bank** Al'fa-éstejt Al'fa-Kapital	TNK	Al'fa-cement Al'fa-éko Al'fa-spirit Ačinskij glinozemnyj kombinat Kuban'-sachar Nikitin Zapadno-Sibirskij MK	
Gazprom	Rem Vjachirev	Gazénergofinans NPF Gazfond Gazprombank Gazprominvest Gorizont Imperial[c] Lider Nacional'nyj rezervnyj bank Promstrojbank Olimpijskij Sogaz Sovfintrejd (Inkombank)[d]	**Gazprom** Gazéksport Mežregiongaz Strojtransgaz Zarubežneftegaz (Itera)	Azot Gazmaš	ja

Inkombank	Vladimir Vinogradov	**Inkombank** Inkom-fond Inkom-invest Inkom-Kapital RESO-Garantija	Kolénergo Lenénergo	Babaevskij Baltijskij zavod Inkom-metall Magnitogorskij MK Rot Front SAMEKO Severnaja verf' Suchoj
LogoVAZ/ Sibneft'[e]	Boris Berezovskij Roman Abramovič	AvtoVAZbank Neftjanaja finansovaja kompanija[f] Ob"edinënnyj bank	**Sibneft'** Vostsibneftegaz	Aéroflot AvtoVAZ AVVA **LogoVAZ**
LUKojl	Vagit Alekperov	Imperial[c] LUKojl-Garant LUKojl-rezervinvest Petrokommercbank SK LUKojl (NIKojl)	Archangel'skgeoldobyča **NK LUKojl**	Murmanskoe morskoe parochodstvo
MENATEP/ Rosprom	Michail Chodorkovskij Leonid Nevzlin Aleksandr Zurabov	Al'jans-Menatep **MENATEP** MENATEP-Sankt Peterburg Russkie investory SK JuKOS-Garant SK Progress (Promradtechbank)	NK JuKOS Vostočnaja neftjanaja kompanija	Apatit Krasnojarskij metallurgičeskij zavod Murmanskoe morskoe parochodstvo Moskovskij šinnyj zavod Omskšina Ust'-Ilimskij LPK Volgotanker Volžskij trubnyj zavod

				relevante Anteile der Stadt Mos-kau
Moskauer Gruppe/ Lužkov/Sistema[g]	Vladimir Ev-tušenkov/ Jurij Lužkov	Bank Moskvy Guta bank Moskovskij bank re-konstrukcii i razvitija Mozbiznesbank SK Lider SK Inkastrach	Central'naja toplivnaja kompanija Sistema-neft'	Businovskij mjasopere-rabatyvajuščij kombinat Inturist Kedr-M Kvant Mikron Moskovskij neftepererera-batyvajuščij zavod Moskvič Sistema-telekom ZIL
MOST	Vladimir Gusin-skij	Imidž-bank **MOST-bank** MOST-investment SK Spasskie vorota (Rosbiznesbank) (SK ROSNO)	Moskovskaja toplivnaja kompanija	MOST-development
ONÉKSIM/ Interros[h]	Vladimir Potanin Michail Pro-chorov	Al'ba-al'jans Baltonéksimbank Interros-Dostojnstvo Interros-soglasie **ONÉKSIM-bank** MFK Renessans-Kapital Renessans-strachovanie SK Interros-soglasie Sputnik SVIFT Vostočnaja investicion-naja kompanija	NK SIDANKO Rusia-petroleum	Baltijskij zavod Noril'skij nikel' Novolipeckij MK Permskie motory Severnaja verf' Severo-zapadnoe mor-skoe parochodstvo Svjaz'invest Suchoj

Rossijskij kredit	Vitalij Malkin	Kont Metallěks RK-Invest **Rossijskij kredit** SK RK-Garant	Lebedinskij GOK Michajlovskij GOK Stojlenskij GOK	Bežeckij staletelejnyj za-vod Krasnojarskij aljuminievyj zavod Orlovskij staletelejnyj za-vod Tulačermet
SBS-Agro[i]	Aleksandr Smo-lenskij	Dobroe delo KOPF **SBS-Agro**[j] STS Zolotoplatina-bank (Ob"ediněnnyj bank)		

Anm.:

^a Das (ursprüngliche) Kernunternehmen bzw. die Kernholding des Konglomerats ist fett hervorgehoben.

^b Aufgeführt sind nicht nur Mehrheitsbeteiligungen, sondern auch Minderheitsbeteiligungen sowie solche Unternehmen, die nach überwiegender Meinung von dem betreffenden Konglomerat weitgehend kontrolliert werden (u. a. über indirekte Finanzierung und weitere informelle Kanäle). Bei unklaren Beteiligungs- oder Kontrollformen wird das betreffende Unternehmen in Klammern gesetzt.

^c Sowohl *Gazprom* als auch *LUKojl* Imperial werden sowohl als Großaktionär als auch als Hauptkunde dieser Bank genannt.

^d Teilweise wird von engeren Beziehungen zwischen *Gazprom* und *Inkombank* berichtet (vgl. Belonučkin 1998).

^e Dieses Konglomerat ist außerordentlich informell konstruiert und im Zeitverlauf extrem fluide. Die konkreten Besitz-, Entscheidungs- und Kontrollverhältnisse sind unklar. Aus dem Agieren einzelner Akteure in bestimmten Situationen kann jedoch auf eine – zumindest zeitweise – sehr enge Verbindung geschlossen werden.⁶⁷⁴ Die prinzipielle Fluidität zeigt sich auch daran, dass bspw. Pappé (2000) mit Stand Ende 1997 eine Unternehmensgruppe um Smolenskij und Berezovskij (*LogoVAZ/SBS-Agro*) identifiziert, in einer späteren Publikation (Pappé/Galuchina 2009: 59) für den gleichen Stichtag die Gruppe um Abramovič (*Sibneft*) erweitert.

^f Gehört formal zur Gruppe *SBS-Agro* (vgl. Belonučkin 1998).

^g Die Gruppe um den damaligen Moskauer Bürgermeister, Jurij Lužkov, und den Konzern *Sistema* ist in hohem Maße informell strukturiert und eher eine temporäre Koalition politischer und ökonomischer Akteure (die allerdings in den 1990er Jahren durchgehend Bestand hatte). Vielfach sind die konkreten Besitz-, Entscheidungs- und Kontrollverhältnisse nicht zweifelsfrei zuschreibbar bzw. eine Mischung aus privatem und öffentlichem (hier: des Föderationssubjekts Moskau) Eigentum.

^h Die *FPG Interros*, zentraler Bestandteil des Gesamtkonglomerats, ist die einzige offiziell registrierte bankgeführte Finanz-Industrie-Gruppe, die den Kern eines weit umfassenderen Unternehmensverbundes bildet.

ⁱ Teilweise wird diese Unternehmensgruppe in sehr enger Verbindung zu Berezovskij (*LogoVAZ*) gesehen (vgl. Anm. e u. f).

^j Ursprüngliche Kernbank war *Stoličnyj bank sbereženij* (SBS): nach Absorption der *Agroprombank* 1997 Umbenennung in *SBS-Agro*.

Quellen: *Belonučkin 1998; Johnson 2000: 175-177; Pappé 2000: 60-64, 206-210; Pappé 2002: 37; Pappé/Galuchina 2009: 59; Rutland 2001: 20f.*

---

⁶⁷⁴ Ob Berezovskij persönlich über maßgebliche Kapitalbeteiligungen verfügte oder überwiegend als Powerbroker fungierte, wird sich nie abschließend klären lassen. Der Ausgang eines Gerichtsprozesses in London im August 2012 legt Letzteres nahe (vgl. Judiciary of England and Wales 2012).

5.7 Zusammenfassung und Überleitung

Die Transformation der Wirtschaft in Russland in den 1990er Jahren war ein Projekt von riesigem Ausmaß. Und es wäre angesichts der extrem schwierigen Ausgangsbedingungen vermessen, einen schnellen, konsistenten und reibungsarmen Übergang zu einem marktwirtschaftlichen System zu erwarten. Gleichwohl fallen der Umfang und die Dauer dieser Friktionen im Falle Russlands besonders groß aus. Die Jahre des Übergangs waren von einer Vielzahl wirtschaftlicher Widersprüche und Verzerrungen geprägt, wirtschaftspolitische Entscheidungen wurden in den meisten Fällen auf der Basis untergesetzlicher Rechtsakte vollzogen, und häufig profitierte ein recht kleiner Kreis ökonomischer Akteure überproportional.

Politische Entscheidungen und die Spezifika ihrer Implementierung führten auf breiter Front dazu, dass *rent seeking* für Wirtschaftssubjekte erheblich attraktiver war als *profit seeking*. *Rent seeking* ist dann erfolgreich, wenn Akteure von Marktverzerrungen und der Begünstigung durch Politik und Verwaltung profitieren. Einschlägige Vorteile ergeben sich beispielsweise durch privilegierten Zugang zu Informationen, die selektive Gewährung von Lizenzen, die Befreiung von staatlichen Auflagen und Vorschriften, den Zugriff auf Eigentum in staatlichem Besitz, den Ausschluss von Konkurrenz usw. Die überwältigende Mehrheit dieser Privilegien wurde durch untergesetzliche Rechtsakte – an erster Stelle Präsidentendekrete – ermöglicht, die kaum parlamentarischer oder gesellschaftlicher Kontrolle unterliegen.

Die Einräumung ökonomischer Vorzugskonditionen auf Einzelfallbasis war in Russland während der 1990er Jahre ein Grundcharakteristikum des Systems. Die sich bietenden *rent seeking*-Möglichkeiten nutzen zwar insgesamt sehr viele Akteure, doch waren es in erster Linie Großkonzerne bzw. deren Tochterfirmen – besonders aus dem Banken- und Rohstoffsektor –, die quantitativ mit Abstand am meisten von Marktverzerrungen profitierten.

Die exemplarische Untersuchung der vier *rent seeking*-Felder Inflations- und Spekulationsgewinne, „Autorisierte Banken", Staatsanleihen und Privatisierung von Großunternehmen hat gezeigt, wie massiv sich bestimmte Branchen bzw. individuelle Unternehmen Vorteile verschaffen konnten. Die genannten Felder lösten sich in ihrer wirtschaftlichen Bedeutung im Zeitverlauf

in Abhängigkeit vom makroökonomischen und politischen Umfeld gegenseitig
ab. Viele ökonomische Akteure verlagerten bei abnehmenden Erträgen in einem bestimmten Geschäftsfeld ihren Schwerpunkt nach und nach auf ein
neues Feld, welches wiederum zugunsten eines dritten aufgegeben wurde,
wenn dies lukrativer erschien.

Auf dem ersten Feld, bei den *Inflations- und Spekulationsgeschäften*, ver-
buchten vor allem die großen und in Netzwerke eingebundenen Moskauer
Banken immense Gewinne. Diejenigen Banken, die über gute Verbindungen
zu den föderalen Ministerien, zur Zentralbank, zu Staatsunternehmen und zu
anderen staatlichen Stellen verfügten, profitierten am stärksten, da sie zumindest auf die Duldung ihrer Aktivitäten sowie auf die Gewährung von Insiderinformationen und Vorzugskonditionen zählen konnten. Schon in dieser
Phase begann in gewisser Weise die Trennung der Spreu vom Weizen, weil
einzelne, gut mit politischen Akteuren vernetzte Großbanken Kapital in erheblichem Umfang akkumulieren konnten und somit im Zeitverlauf zunehmend
über signifikante Vorteile gegenüber potentiellen Konkurrenten verfügten.

Das System *autorisierter Banken* war der nächste Geschäftsbereich, der
einigen Großbanken bedeutende *rent seeking*-Möglichkeiten eröffnete. Im
Gegensatz zu den Inflations- und Spekulationsgeschäften war die Bevorzugung durch staatliche Akteure hier eine unmittelbare, weil nur relativ wenige
Banken für diese Geschäftätigkeit im staatlichen Auftrag in intransparenten
Verfahren und aufgrund unklarer Kriterien autorisiert wurden. Die meisten autorisierten Banken nutzten ihren Status, um über die lukrativen Honorare für
ihre Dienstleistungen hinaus durch unterschiedliche Manipulationen erhebliche Zusatzgewinne einzustreichen. Auffällig ist, dass nahezu alle großen Akteure aus dem Finanzsektor, die später im Rahmen der Privatisierung
und/oder beim Aufbau finanz-industrieller Konglomerate hervortraten, wichtige autorisierte Banken waren.

Im Zuge der „nicht-inflationären" Finanzierung des Staatsdefizits wurde
der Bereich der *Staatsanleihen* zunehmend zu einen wichtigen Geschäftsfeld
vieler Banken. Auch hier finden sich die schon bekannten Phänomene des
rent seeking: Privilegierung einzelner (Groß-)Banken durch staatliche Stellen,
Beschränkung oder gar Ausschaltung von Konkurrenz und Protektionismus.
Die von staatlichen Akteuren angewandten Verfahren führten auch in diesem
Bereich zur Akkumulation hoher Gewinne durch eine verhältnismäßig geringe

Zahl von Akteuren. Ein wesentlicher Teil dieser Profite entstand auf Kosten des Staatshaushaltes, so dass man gleichzeitig von einer Umverteilung staatlicher Ressourcen zugunsten von privaten Akteuren sprechen kann. Gleichzeitig verfestigte sich dadurch die Konzentration von Kapital bei relativ wenigen Finanzakteuren, die de facto innerhalb eines weitgehend geschlossenen, mit politischen Akteuren vernetzten und hauptstadt-zentrierten Zirkels agierten.

Auch bei den *Pfandauktionen* und weiteren *(Groß-)Privatisierungen* ab Mitte der 1990er Jahre stößt man auf die Verquickung der Interessen politischer und ökonomischer Akteure, umfangreiches *rent seeking*, die Einflussnahme von Wirtschaftssubjekten auf Teile der Exekutive sowie den Ausschluss von Konkurrenz. Der Erwerb von Anteilen an attraktiven, zu privatisierenden Unternehmen – häufig zu extrem günstigen Preisen – resultierte in hohem Maße aus der Begünstigung durch Akteure aus Politik und Verwaltung. Die Tatsache, dass auch dieser Bereich de facto allein durch untergesetzliche Rechtsakte geregelt und die Gestaltungs- und Kontrollmöglichkeiten des Parlamentes weitgehend ausgeschaltet wurden, trug erheblich zur Bevorzugung partikularer Interessen bei. Für die Gewinner diverser Privatisierungsverfahren – in erster Linie große Finanzakteure – bildeten ihre jeweiligen Erwerbungen sehr wichtige Bausteine im Rahmen ihrer Unternehmensexpansion und Kapitalakkumulation.

In ihrer Gesamtheit bildet die Vielzahl an *rent seeking*-Möglichkeiten in den 1990er Jahren einen herausragenden Faktor bei der Akkumulation von Unternehmenskapital. Einer begrenzten Zahl von Akteuren – vorwiegend aus dem Finanzsektor –, die von Marktverzerrungen und der selektiven Privilegierung durch staatliche Akteure profitierten, eröffneten sich dadurch immense Gewinnmöglichkeiten. Das angesammelte Kapital war ein wichtiges Instrument für die weitere Expansion – häufig durch Kauf von Beteiligungen an Großunternehmen bei Privatisierungen. Diese Expansion erstreckte sich in den meisten Fällen auf Felder außerhalb des bisherigen Kerngeschäfts, mit Schwerpunkt auf den Bereichen Energie, Rohstoffe und Infrastruktur.

So entstanden im Laufe der Jahre aus ökonomisch und politisch relevanten Spielern intransparente und – gemessen an wirtschaftlichen Kennziffern – äußerst gewichtige *Unternehmenskonglomerate*, die zumindest von Fall zu Fall einen starken und unübersehbaren Einfluss auch auf die politische Sphäre ausüben konnten. Dabei kam den meisten von ihnen zugute, dass sie – jedenfalls zeitweise und politikfeldspezifisch – auch über einen „politischen Arm" verfügten, das heißt über Koalitionspartner unter den politischen Akteuren in der Exekutive. Einigen Führern von Konglomeraten gelang es zeitweise sogar selbst, Positionen in der Regierung oder der Präsidialadministration zu bekleiden. Andere konnten höhergestellte Unternehmensmanager dort positionieren. In einem Fall, der im folgenden Kapitel eine wichtige Rolle spielen wird, muss man wohl eher konstatieren, dass es ein politischer Akteur – der Moskauer Bürgermeister Jurij Lužkov – ist, der mit dem Unternehmenskonglomerat *Sistema* über einen „wirtschaftlichen Arm" verfügt.

Insgesamt konnte in diesem Kapitel die Relevanz einer Reihe von Elementen des politischen Kapitalismus im Russland der 1990er Jahre herausgearbeitet werden. Auch im Politikfeld Wirtschaft spielte die Umgehung demokratisch legitimierter Institutionen und Verfahren eine beachtliche Rolle. Einige zentrale Weichenstellungen wurden nicht per Gesetz, sondern mittels präsidentieller Dekrete auf den Weg gebracht. Es zeigte sich, dass ein verhältnismäßig kleiner Kreis außerpolitischer Akteure in einer Reihe von Wirtschaftsbereichen überproportional und privilegiert profitierte. Politische Akteure ermöglichten einer Reihe von Akteuren die Generierung hoher Einnahmen via *rent seeking* und gewährleisteten häufig den Ausschluss von Konkurrenz. Die Konzentration ökonomischer Macht nahm zu. In einigen Fällen zeigten sich Tendenzen zur Ausbeutung staatlicher Institutionen zugunsten partikularer Interessen, mithin zur Privatisierung des Staates. Bei allen sonstigen Differenzen hatten diese privilegierten Akteure – zumindest kurz- bis mittelfristig – ein gemeinsames Interesse an der Aufrechterhaltung des Status quo.

Ein wichtiger Kanal zur Einflussnahme für die Mehrzahl dieser Wirtschaftsakteure sind „eigene" Massenmedien, über die sie seit etwa Mitte der 1990er Jahre zunehmende Kontrolle erlangt hatten. Die Transformation des Mediensektors und die Aufteilung der bedeutendsten überregionalen Medien zwischen ursprünglich medienfernen Unternehmenskonglomeraten sind deshalb der Gegenstand des nächsten Kapitels. Zentrale, bereits aus dem originären Wirtschaftsbereich bekannte Phänomene finden sich auch dort: Das Politikfeld Medien wurde in den 1990er Jahren in Russland fast ausschließlich durch untergesetzliche Rechtsakte normiert, rechtliche Regelungen wurden selektiv angewendet, Einzelfallregelungen erlassen und einzelne Akteure bevorzugt. Massenmedien waren für die sie kontrollierenden Wirtschaftsakteure kein Geschäftsfeld wie jedes andere, sondern ein spezifisches Instrument: Sie setzten „ihre" Medien zwar selektiv, im Bedarfsfall jedoch vollumfänglich zur Beförderung ihrer wirtschaftlichen, außerhalb des Medienbereichs liegenden Interessen ein. Die Adressaten der unterschiedlichen Medienkampagnen waren dabei sowohl ökonomische Kooperationspartner und Gegner wie auch politische Akteure. Das Ziel der Medienkampagnen war jeweils, die eigene privilegierte Position zu wahren bzw. auszubauen.

6. Die Transformation des Mediensektors

Der Bereich der Massenmedien in den 1990er Jahren in Russland weist eine Vielzahl von Spezifika auf, die eine Analyse besonders interessant, gleichzeitig teilweise aber auch schwierig machen. Einen Teil dieser Merkmale kann man auch in anderen (osteuropäischen) Transformationsstaaten dieser Zeit beobachten, meist jedoch in deutlich schwächer ausgeprägter Form. Andere Besonderheiten haben ihre Ursachen in strukturell-prozessualen Eigenarten der Transformation der Russländischen Föderation bzw. Pfadabhängigkeiten, die in die sowjetische Zeit zurückreichen.

Einige dieser Spezifika sowie allgemeine Querbezüge zu osteuropäischen Transformationsstaaten werden im ersten Abschnitt dieses Kapitels behandelt, sofern sie für das Verständnis der Strukturen und Prozesse in diesem Politikfeld von erheblicher Bedeutung sind. Der zweite Abschnitt beschäftigt sich mit dem Politikfeld Massenmedien und analysiert schwerpunktmäßig die Rolle staatlicher Akteure und die Politikergebnisse in diesem Bereich. Im dritten Abschnitt werden die wichtigsten nichtstaatlichen Akteure auf dem Feld der Massenmedien analysiert. Hier schließt sich ein weiterer Kreis zum vorangegangenen Kapitel: Die politisierten Unternehmenskonglomerate, deren Hauptgeschäftsfeld – bis auf eine Ausnahme – gerade nicht der Medienbereich ist, treten wieder in den Fokus. Sie investieren sehr stark in Massenmedien, obwohl nahezu alle Medien über viele Jahre hinweg große wirtschaftliche Verluste anhäufen. Die Analyse der drei exemplarischen „Medienkriege" im vierten Abschnitt macht deutlich, dass das wichtigste Motiv dieser Konglomerate, wirtschaftlich notleidende Zeitungen, Radiosender und Fernsehkanäle zu kontrollieren und zu subventionieren, nicht darin besteht, vorausschauend in zukünftig profitable Geschäftsfelder zu investieren. Statt dessen wird herausgearbeitet, dass sie Medien in erster Linie als Instrument begreifen, mit deren Hilfe sie ihre wirtschaftlichen, außerhalb des Medienbereichs liegenden Interessen befördern können.

6.1 Der Kontext der Transformation des Mediensektors

Dass Medien in Umbruchperioden eine höhere Bedeutung erwächst als in stabilen Phasen, gilt als Gemeinplatz. Osteuropa und die Sowjetunion standen ab 1989/91 vor einem „Dilemma der Gleichzeitigkeit", weil eine „dreifache Transformation" mehr oder minder zeitgleich eingeleitet und bewältigt werden musste: Es galt, eine neue politische Ordnung, ein neues Wirtschaftssystem und – im Falle einiger osteuropäischer Staaten sowie aller Nachfolgestaaten der Sowjetunion – einen neuen (National-)Staat aufzubauen.[675] In einer Zeit dermaßen grundstürzender Umbrüche mit hoher und anhaltender Unsicherheit, wenn alte Regeln sich auflösen und neue erst nach und nach ausgehandelt werden müssen, wenn neue Regeln instabil sind, nur auf Zeit gelten, ihre Revision zu erwarten steht und auch die Regeldurchsetzung sehr lückenhaft ist, wird Information für alle Akteure zu einer Ressource von herausragender Bedeutung. Massenmedien stellen hierbei aufs Ganze gesehen den wichtigsten Kommunikationskanal dar.

Vor dem Hintergrund dieser fundamentalen Umwälzungen können Massenmedien – zumindest zeitweise – zum Akteur im Transformationsprozess werden.[676] Gleichzeitig sind Massenmedien aber auch Objekt anderer Akteure. Denn die Aufgabe, ein ehedem de facto staatliches Mediensystem umzubauen, berührt eine Vielzahl von Interessen, vor allem politische und wirtschaftliche.

In grundsätzlich jedem politischen System üben die Bereiche Politik, Wirtschaft und Medien einen wechselseitigen Einfluss aufeinander aus. Dies ist, wie es Dirk Wentzel treffend resümiert, in Zeiten großer Transformationen in viel stärkerem Maße der Fall,

> „da sowohl die wirtschaftliche als auch die politische Ordnung zumindest in den frühen Übergangsstadien Mischordnungen sind. [...] Der Versuch der Einflussnahme auf die Medien ist schon allein deshalb außerordentlich hoch

---

[675] Vgl. Offe 1994: 57, 63-66; vgl. für einen zusammenfassenden Überblick auch Merkel 2010: 324-340.

[676] Das bedeutet nicht, Massenmedien als einheitlich handelnden (Kollektiv-)Akteur zu verstehen. Die übergeordnete Frage, ob bzw. inwiefern oder in welchen Phasen Massenmedien im (osteuropäischen) Transformationsprozess als eigenständiger Akteur angesehen werden können, ist umstritten (vgl. etwa Thomaß 2001: 49; Trautmann 2001: 205f.) und muss an dieser Stelle nicht entschieden werden.

einzuschätzen, weil es um die Sicherung von Marktanteilen geht, die in dieser frühen Marktphase von großer Bedeutung für die zukünftige Marktstruktur sind."[677]

Es geht – so müsste man ergänzen – in dieser Phase außerdem um die Sicherung der „Marktanteile" politischer Akteure; auf der Tagesordnung steht zugleich die Verteilung von (Start-)Chancen für in der Zukunft zu erwartende Gewinne für politische und ökonomische Akteure; und nicht zuletzt steht der Umbau des Mediensektors bevor, dessen spezifische Ausgestaltung wiederum Interessen und „Gewinnerwartungen" sowohl politischer als auch ökonomischer Akteure direkt berührt.

Vor diesem Hintergrund vermag kaum zu erstaunen, dass es in fast allen Staaten Osteuropas insbesondere im Rahmen der Umstrukturierung der audiovisuellen Medien über viele Jahre hinweg immer wieder zu „Medienkriegen" zwischen unterschiedlichen Akteuren kam, deren tiefgreifende Interessengegensätze die Verabschiedung gesetzlicher Rahmenbedingungen mitunter jahrelang verzögerten.[678] Teilweise handelte es sich um grundsätzliche Transformationsantagonismen, so dass „sich in den ‚Medienkriegen' ungelöste Verfassungskonflikte wider[spiegelten]"[679].

Für die meisten Staaten Osteuropas ließ sich auch eine Dekade nach Beginn des Umbruchs „eine enge Koppelung zwischen Politik und Medien"[680] konstatieren. Das äußerte sich zum Beispiel in immer wiederkehrenden Konflikten, wenn es um die Besetzung von Führungspositionen und Kontrollgremien geht, vor allem im Bereich des Fernsehens.[681] Dies ist jedoch kein per se „osteuropäisches Phänomen", wie zahlreiche vergleichbare Fälle in Westeuropa zeigen, in letzter Zeit beispielsweise die durch politische Akteure verhinderte Vertragsverlängerung des ZDF-Chefredakteurs Nikolaus Brender.

Wie bereits im vorangegangenen Kapitel deutlich wurde, weist Russland in den 1990er Jahren einen sehr hohen Grad an Überschneidung zwischen wirtschaftlicher und politischer Sphäre bzw. eine Vermischung beider Subsysteme auf. Die Trennung dieser beiden Domänen ist in keinem politischen System vollumfänglich gegeben – auch nicht in Staaten mit ausgeprägt libe-

---

[677] Wentzel 1999: 113; vgl. auch Kol'cova 2001: 6.
[678] Vgl. Voltmer 2000a: 137f.
[679] Voltmer 2000a: 139.
[680] Tzankoff 2001:33.
[681] Vgl. Thomaß/Tzankoff 2001: 246.

raldemokratischen Traditionen. Und vor dem historischen Hintergrund der sozialistischen Systeme in Osteuropa, die eine Identität beider Sphären propa-
gierten, ist eine schnelle und weitreichende Separierung beider Bereiche
kaum zu erwarten. Insofern verwundert es nicht, wenn Beobachter für ganz
Osteuropa auch zur Jahrtausendwende für das Verhältnis von Politik und
Ökonomie den Begriff der „Interpenetration" verwenden.[682]

Gleichwohl sticht die Russländische Föderation in Bezug auf Umfang und
Tiefe der Interpenetration in diesem Kontext deutlich heraus. Hier zeigt sich
„[t]he alignment of different sections of capital with various political forces [...]
at its extreme"[683]. Wie in diesem Kapitel noch zu zeigen sein wird, kann man
in der Russländischen Föderation der 1990er Jahre nicht nur eine hochgradige Interpenetration von Wirtschaft und Politik beobachten; diese Konfiguration muss um den Mediensektor erweitert werden. Es wäre allerdings zu einfach, sich das Verhältnis zwischen Politik und Wirtschaft einerseits und Massenmedien andererseits als „Einbahnstraße" im Sinne einer alleinigen Abhängigkeit der Medien von Politik und Wirtschaft vorzustellen, wie etwa Martin Hagström insinuiert.[684] Vielmehr handelt es sich um eine komplexe Interdependenz, in der Medien zwar oftmals das schwächere Glied im Rahmen
instrumenteller Handlungsstrategien politischer oder wirtschaftlicher Akteure
darstellen, aber beileibe nicht machtlos sind.

Einige Autoren sprechen angesichts der ausgeprägten Interpenetration
von Politik, Wirtschaft und Medien in Russland von „symbiosis of state, politics, private capital and the media"[685]. Unabhängig davon, welcher Begriff
Verwendung findet, ist sich die überwältigende Mehrheit der Autoren darin einig, dass die Transformation des Mediensektors in Russland im osteuropäischen Vergleich in vielerlei Hinsicht einen „Sonderfall" darstellt. Einige strukturelle Charakteristika finden sich nur in der Russländischen Föderation. Andere Konstellationen und Prozesse lassen sich zwar im Grundsatz auch in
anderen Staaten der Region finden, doch sticht Russland bei diesen Merkma-
len insbesondere in puncto Ausmaß und Folgewirkungen deutlich heraus.

---

[682] Vgl. etwa Sparks 2000: 42f.
[683] Sparks 2000: 43.
[684] Vgl. Hagström 2000: 218.
[685] Pankin 1998a: 33. Trautmann (2001: 229) spricht von „Verflechtung"; Oates (2002: 3)
sieht in Russland „the ‚big bang' of media and politics, [...] in an environment relatively
free from established democratic institutions".

Ljuba Trautmann bringt die Einschätzung der allermeisten Beobachter auf den Punkt, wenn sie schreibt: „Die Entwicklung der russischen Medien ist eine im ostmittel- und osteuropäischen Transformationsprozess singuläre Erscheinung."[686]

6.1.1 Die Ausgangslage in der Endphase der Sowjetunion: Glasnost'

Nachdem die Massenmedien in der Sowjetunion über Jahrzehnte der strengen Kontrolle und Zensur durch Partei und Regierung unterworfen waren,[687] begann etwa ein Jahr nach dem Amtsantritt Michail Gorbačëvs als Generalsekretär der KPdSU im Jahr 1985 und im Gefolge seiner Forderung nach glasnost' zunächst sehr langsam und zaghaft eine vorsichtige Öffnung. Die Reaktorkatastrophe von Černobyl' im Jahr 1986 erwies sich auch als „information failure"[688] und trug in der Folge erheblich zu Personalwechseln bei wichtigen Medien bei. Gorbačëv und seinen Gefolgsleuten war bewusst, dass eine Politik der perestrojka in verschiedener Hinsicht auf Massenmedien angewiesen war. Wichtig waren Massenmedien für die politische Führung zum Beispiel als Mobilisierungs-, Legitimations- und Rückkoppelungskanal in Bezug auf die eingeleiteten oder geplanten Reformschritte sowie, angesichts der aufbrechenden Risse innerhalb der Elite, auch als Instrument zur Zurückdrängung der Hardliner.[689]

Das politische Problem für die sowjetische Führung in Bezug auf die Massenmedien in der zweiten Hälfte der 1980er Jahre bestand somit wesentlich in einer kontrollierten und kleinschrittigen Liberalisierung im Rahmen und zum Nutzen des beabsichtigten Reformprozesses.[690] Die Zensur wurde in Abhängigkeit von übergeordneten politischen Zielsetzungen modifiziert[691] und im-

---

[686] Trautmann 2001: 230.
[687] Ausnahmen waren westliche audiovisuelle Medien und Propagandasender, deren Empfang gestört wurde, sowie die in sehr geringen Auflagen vorwiegend in Dissidentenkreisen kursierenden Untergrundpublikationen (samizdat).
[688] Mickiewicz 1999b: 42.
[689] Vgl. zu Letzterem ausführlich bspw. Mickiewicz 1999b (insb. S. 31ff.).
[690] Genaugenommen bestand Gorbačëvs Politik auf fast allen Feldern aus kleinteiligen Reformen und zaghaften Liberalisierungsschritten, die immer durch die politische Führung kontrollierbar bleiben sollten. Dass die eingeleiteten Prozesse eine Eigendynamik entwickeln und sich immer mehr der Kontrolle entziehen konnten, markiert ein strategisches Dilemma, an dem die sowjetische Führung schließlich scheiterte. Eine Folge war das Auseinanderbrechen der Sowjetunion.
[691] Vgl. Tolz 1992: 169.

mer mehr Teil eines Aushandlungsprozesses, in den auch Akteure aus dem Bereich der Medien eingebunden waren. Ein Teil der Journalisten suchte sogar den offenen Konflikt mit bremsenden Parteivertretern.[692]

Damit wurde innerhalb relativ kurzer Zeit eine Eigendynamik in Gang gesetzt, die dazu führte, dass die Spielräume für Medien, die sie nutzen wollten, immer größer wurden. Bald war erkennbar, „dass ein Teil der Medien immer unabhängiger wurde und Glasnost sich immer mehr in den in aller Welt üblichen Begriff der ‚Pressefreiheit' aufzulösen begann"[693]. Teile der Medien widersetzten sich zunehmend der ihnen zugedachten Rolle als Instrument der Gorbačëvschen „Revolution von oben" und begannen, Kritik an den politischen, ökonomischen und gesellschaftlichen Prinzipien und Fundamenten des sozialistischen Staates zu üben.[694] Formal und per Gesetz abgeschafft wurde die Zensur schließlich Mitte 1990 mit dem Gesetz „Über die Presse und andere Mittel der Masseninformation" (PresseG), das darüber hinaus erstmals die Gründungsfreiheit von Massenmedien sowohl durch juristische als auch natürliche Personen gewährleistete.[695]

Die Versuche, im Vorfeld und während des August-Putsches 1991 die Medien wieder enger an die Kandare zu nehmen, kamen allesamt zu spät. Die angestoßene Dynamik ließ sich nicht mehr stoppen – im Gegenteil: Rückblickend werden die Jahre 1989/90 bis 1991/92 in der Literatur weitgehend einhellig als „goldenes Zeitalter" für die Medien bezeichnet.[696] Die Medienlandschaft befand sich so in einem bemerkenswerten Aufschwung und gewissermaßen in einer Position anhaltend wachsender Stärke, als Ende 1991 die Sowjetunion zerfiel und der nunmehr unabhängigen Russländischen Föderation nicht nur die Rechtsnachfolge, sondern auch der größte Teil des bisherigen Staatsgebietes mit seinem politischen Zentrum zufiel.

---

[692] Vgl. Steinsdorff 1994: 86.
[693] Gurkow 1991: 245.
[694] Vgl. Richter 2006a: 98.
[695] Vgl. Gesetz 1990/1552-I (Wiederabdruck in Fedotov 2002: 579-592).
[696] Vgl. bspw. Fossato 2001: 344; Richter 2006b: 212; Vartanova 2000b: 111; I. Zasurskij 1999b: 82. Die Autoren unterscheiden sich in der genauen zeitlichen Eingrenzung minimal: Strittig ist, ob das Jahr 1989 ein- und/oder das Jahr 1992 ausgeschlossen werden sollte. Unbestrittener Konsens sind Kernjahre 1990 und 1991.

6.1.2 Die Umbruchsjahre in Russland:
„Zeitungs-Boom" und (wirtschaftliche) Ernüchterung

Ende der 1980er/Anfang der 1990er Jahre gab es in Russland einen regelrechten Boom im Mediensektor. Dieser Aufschwung bezog sich sowohl auf
die Rezipienten- als auch die Produzentenseite. Das Maß und die Intensität
der Mediennutzung durch die Bevölkerung nahmen immer weiter zu, und die
Medienangebote zeichneten sich durch zunehmende Breite und Diversität in
qualitativer wie quantitativer Hinsicht aus. Die zahlenmäßige Zunahme an
Medienangeboten schlug sich in diesem Zeitraum am deutlichsten bei den
Printmedien nieder, da die Einstiegshürden bei audiovisuellen Medien generell deutlich höher sind – erst recht in den Umbruchsjahren angesichts fortbe-
stehender staatlicher Monopole vor allem im infrastrukturellen Bereich.

Tabelle 23: Zeitungsauflagen in Russland[a] (1980-1999)

Jahr	Gesamtzahl an Zeitungen[b]	Gesamtauf- lage in Mio.	Anteil der überregi- onalen Zeitungen	Durchschnittliche Tagesauflage in Tsd.
1980	4.413	119,6	67 %	27,1
1990	4.808	165,6	67 %	34,4
1991	4.863	160,2	69 %	32,9
1992	4.837	144,0	66 %	29,8
1993	4.650	86,2	52 %	18,5
1994	4.526	85,6	42 %	18,9
1995	5.101	121,6	33 %	23,8
1996	4.881	114,1	40 %	23,4
1997	5.500	125,1	28 %	22,8
1998	5.436	112,5	29 %	20,7
1999	5.535	103,6	35 %	18,7

Anm.:
[a] In der Gesamtauflage sind, unabhängig von der Frequenz der Erscheinungsweise,
alle Zeitungen enthalten, also auch nur sporadisch und/oder unregelmäßig erscheinende.
[b] Bis einschließlich 1991: Russländische Sozialistische Föderative Sowjetrepublik
als Teilrepublik der UdSSR; ab 1992: Russländische Föderation als souveräner
Staat.
Quelle: Auszug aus Pietiläinen 2001: 213.

Tabelle 23 zeigt einen sprunghaften Anstieg bei wichtigen Kennziffern im Zei-
tungsbereich zwischen 1980 und 1990. Sowohl die reine Anzahl an Titeln als
auch die Gesamtauflage bzw. die durchschnittliche Tagesauflage nahmen
erheblich zu. Gleichzeitig wird deutlich, dass schon 1991/92 ein Abwärtstrend
einsetzte, der 1993/94 seinen Tiefpunkt fand: Die Gesamtzahl der Titel wie
auch die Gesamtauflage gingen stark zurück. Die Ursachen für diese Einbußen sind vielfältig und werden weiter unten (Abschnitt 6.3.1) noch eingehender behandelt werden. An dieser Stelle sei jedoch schon einmal vorausgeschickt, dass ein wichtiger Grund auch in der Bedeutungszunahme der audiovisuellen Medien zu finden ist – eine weltweit verbreitete Entwicklung, der
sich auch Russland nicht entziehen konnte

Tabelle 23 enthält Angaben zu allen Zeitungsarten, unabhängig von der
Frequenz und Regelmäßigkeit der Erscheinungsweise, und schließt somit
auch Printmedien ein, die in den Umbruchsjahren eine nicht unbedeutende
Rolle spielten: sporadisch erscheinende Blätter, vielfach herausgegeben von
politisch und gesellschaftlich engagierten regionalen Gruppen, die teilweise in
der Tradition des *samizdat'* standen.[697] Nimmt man nur das Feld der Tages-
und Wochenzeitungen in den Blick, wird deutlich, dass die oben beschriebenen Trends im Kern noch deutlich ausgeprägter waren, das heißt die Rück-
gänge ab 1992 waren noch einschneidender. Tabelle 24 zeigt, dass die Gesamtauflage bis 1994 gegenüber 1990 um rund 60 Prozent zurückging. Und
noch eine weitere Tendenz wird deutlich: Der Anteil der überregionalen Ta-
ges- und Wochenzeitungen nimmt erheblich ab, weil im Gegenzug regionale
und lokale Angebote stark an Bedeutung gewinnen. Deshalb waren die Auf-
lagenverluste für die bedeutendsten überregionalen Zeitungen mit teilweise
bis zu 95 Prozent katastrophal.[698]

---

[697] Vgl. zur „inoffiziellen Publizistik" in der zweiten Hälfte der 1980er Jahre bspw. Steinsdorff 1994: 132-219.

[698] Vgl. Richter 1995: Tab. 1. Einschränkend muss allerdings berücksichtigt werden, dass
die exorbitanten Auflagen einiger Blätter zu Sowjetzeiten künstlich aufgebläht waren,
so z. B. durch „automatische Abonnements". Es gab aber auch „echte" Auflagenstei-
gerungen in der zweiten Hälfte der 1980er Jahre: Zeitungen, die die *glasnost'*-Politik
aktiv unterstützten und publizistisch selbst vorantrieben, konnten erhebliche Auflagen-
steigerungen erzielen (vgl. Simon/Simon 1993: 46).

Tabelle 24: Tages- und Wochenzeitungen in Russland[a] (1990-1999)

Jahr	Gesamtzahl an Zeitungen	Gesamtauflage in Mio.	Auflage pro tausend Personen	Anteil der überregionalen Zeitungen
1990	4.528	164,6	1.108	69 %
1991	4.274	152,5	1.027	69 %
1992	3.839	129,9	874	65 %
1993	3.660	68,9	463	46 %
1994	3.383	65,8	443	33 %
1995	3.621	80,3	363	31 %
1996	3.699	70,6	478	26 %
1997	4.063	85,6	580	24 %
1998	3.917	76,6	520	25 %
1999	3.792	67,1	458	30 %

Anm.:
[a] Bis einschließlich 1991: Russländische Sozialistische Föderative Sowjetrepublik als Teilrepublik der UdSSR; ab 1992: Russländische Föderation als souveräner Staat.

Quelle: Pietiläinen 2001: 214.

Auch strukturell gab es im Bereich der Printmedien ab 1990 erhebliche Veränderungen. Das neue sowjetische Massenmediengesetz sah lediglich eine Registrierungspflicht vor und ermöglichte so erstens die freie Gründung eines Massenmediums; zweitens konnten die bislang inoffiziell erscheinenden Publikationen formell legalisiert werden; und drittens stand den Beschäftigten eines Mediums das Recht zu, den eigenen Herausgeber zu bestimmen.[699] Letzteres wurde von sehr vielen Journalisten genutzt und führte dazu, dass bei einer ganzen Reihe von Zeitungen und Zeitschriften, die bis dato direkt von der Partei oder ihren Untergliederungen, Gewerkschaften, anderen offiziellen Vereinigungen und dergleichen herausgegeben worden waren, die bisherigen Kontrolleure entmachtet wurden.[700] In vielen Fällen fungierte fortan ein „Redaktionskollektiv" als Herausgeber bzw. als „Gründer" (*učreditel'*)[701]. Dieses Verfahren der Befreiung von überkommener Bevormundung

---

[699] Vgl. Tolz 1992: 172f.
[700] Vgl. Hübner 1998: 3, 7; Tolz 1992: 173.
[701] Vgl. für eine Übersicht über die Registrierungsdaten bedeutender Zeitungen Deppe 2000: Anhang 2. Die mit dem Gesetz von 1990 neugeschaffene und problematische

sollte allerdings in der Zukunft auch eine entscheidende, von den meisten nicht vorausgesehene „Nebenwirkung" haben: Frisches Kapital musste von außen beschafft werden und eröffnete so Einflussmöglichkeiten für „Sponsoren" und/oder verdeckte Eigentümer – ein Einfallstor, das in den Folgejahren eine zunehmende Rolle spielte.

Insgesamt gesehen war so am Ende der Sowjetunion bzw. in der Startphase der unabhängigen Russländischen Föderation eine vielfältige und pulsierende Medienlandschaft entstanden, in der demokratisch inspirierte Neugründungen neben altbekannten, indessen reformierten Publikationen in den Auslagen zu sehen waren, gleichzeitig aber auch (orthodox-)kommunistische und nationalistische bis hin zu offen faschistischen Blättern feilgeboten wurden. Allerdings währte diese Phase nicht lange, denn beginnend mit den ersten wirtschaftlichen Reformen der seit Dezember 1991 unabhängigen Russländischen Föderation verschlechterte sich die Lage der allermeisten Medien. Dies hatte eine Reihe von Gründen und weitreichende Konsequenzen.

Der zentrale ökonomische Faktor Anfang der 1990er Jahre, der auch die Massenmedien mit großer Wucht traf, war die Freigabe der Preise zum 02.01.1992. Hatte die Inflation schon im vorangehenden Jahr 161 Prozent betragen, explodierte sie 1992 auf mehr als 2.500 Prozent (vgl. Tabelle 13, S. 197). Die sinkende Kaufkraft der Bevölkerung traf vor allem die Printmedien gleich doppelt: Große Teile der Bevölkerung konnten sie sich schlicht nicht mehr leisten, und die übliche jährliche Vorauszahlung der Abonnementgebühren erwies sich bei immensen Inflationsraten als fatal. Hinzu kamen die meist unzureichenden Anzeigeneinnahmen sowie stark steigende Produktions- und Vertriebskosten.[702] Die extrem unzuverlässige Zustellung trug ein übriges zum Leserschwund bei.[703] Die überwiegende Mehrheit aller Zeitungen und Zeitschriften machte operative Verluste, und für sie galt: „the larger the print run a publication had, the heavier was the financial loss inflicted."[704]

Rechtsfigur des „Gründers" wurde anschließend auch im Massenmediengesetz der Russländischen Föderation von 1991 übernommen (für Details siehe den folgenden Abschnitt).

[702] Vgl. Lange 1997 (Länderkapitel Russia, Abschnitt Media Structures).

[703] Vgl. Resnjanskaja/Fomičeva 1999: 33. Vgl. generell zum Bedeutungsrückgang der überregionalen Presse in den russländischen Regionen auch Hübner 1995c: 66-68.

[704] Richter 1995: Abschn. 5.

Aber nicht nur die Printmedien standen vor großen ökonomischen Herausforderungen. Auch die – Anfang der 1990er Jahre noch nahezu ausschließlich staatlichen – audiovisuellen Medien wurden von den wirtschaftlichen Entwicklungen schwer getroffen. Neben großen Kostensteigerungen hatten sie mit sinkenden oder gar ausbleibenden Zuweisungen aus öffentlichen Haushalten zu kämpfen. Gleichzeitig akkumulierten sie teilweise immense Rückstände bei der Bezahlung von Mitarbeitern und Dienstleistern.[705]

Nachdem viele Massenmedien und Journalisten seit Mitte der 1980er Jahre eine veränderte Rolle angenommen sowie eine stetig wachsende Bedeutung im Rahmen des initiierten Reformprozesses gewonnen hatten, gerieten sie nach der Auflösung der Sowjetunion recht schnell in eine, zunächst vor allem wirtschaftlich bedingte, Krise. Auch Russland ist somit Teil einer generellen Tendenz, wie sie für fast alle osteuropäischen Transformationsstaaten nach 1989/91 konstatiert wird. Innerhalb relativ kurzer Zeit „erlischt die Dynamik, die von den Akteuren in den Medien ausgeht, und die ökonomischen und politischen Prozesse bestimmen, ob und inwieweit die Umgestaltung des Mediensystems vorangeht"[706]. Im Falle Russlands müsste es jedoch konkreter heißen: Die politischen und ökonomischen Prozesse bestimmen die Veränderung der Struktur und der Funktionsweise des Medienbereichs. In diesem Sinne soll im nächsten Abschnitt die Medienpolitik einer genaueren Analyse unterzogen werden.

6.2 Das Politikfeld Massenmedien

Die Medienpolitik in Russland in den 1990er Jahren war durch zwei Haupttendenzen geprägt. Zum einen gab es kein ersichtliches Gesamtkonzept, auf dessen Grundlage die Transformation des Mediensektors (gesetzgeberisch) hätte gelenkt und flankiert werden können. Statt dessen gab es eine Fülle von Ad-hoc-Maßnahmen in Abhängigkeit von der innen- bzw. machtpolitischen Situation. Zum anderen erfolgte die Normsetzung weniger durch Gesetzgebung als vielmehr durch untergesetzliche Rechtsakte. Gerade zentrale Umstrukturierungen, Privatisierungen und Lizenzierungen, die erheblichen

---

[705] Vgl. Downing 1996: 130.
[706] Thomaß/Tzankoff 2001: 249.

Einfluss auf die Akteurskonstellation im Medienbereich hatten, wurden allein auf der Basis von Präsidialerlassen implementiert.

6.2.1 Gesetzliche (Nicht-)Regelungen und untergesetzliche Normen

Schon kurz nach dem Zerfall der Sowjetunion und nur wenige Tage nach Er-ringung der Eigenstaatlichkeit wurde in Russland am 27.12.1991 ein eigenes Mediengesetz verabschiedet.[707] Das Autorenteam des russländischen Geset-zes bestand im Kern aus dem Personenkreis, der schon für das sowjetische Mediengesetz eineinhalb Jahre zuvor verantwortlich gezeichnet hatte. Auch deshalb überrascht es nicht, dass der neuere Text keine systematischen oder tiefgreifenden Veränderungen erfuhr, sondern zwischen beiden Gesetzestex-ten „eine große inhaltliche und politische Kontinuität besteht"[708]. Das russlän-dische Mediengesetz blieb die ganzen 1990er Jahre über in seinem Kern und seinen grundsätzlichen Regelungen unverändert. Während der Amtszeit El'cins gab es nur insgesamt fünf geringfügige Modifikationen.[709]

Aus den konkreten Regelungen bzw. Leerstellen des russländischen Me-diengesetzes, das einen Rahmen für die weitere Rechtsetzung im Medienbe-reich vorgeben sollte, ergeben sich eine ganze Reihe von Problemen. Einige von ihnen hatten maßgeblichen Einfluss auf die weitere politische und öko-nomische Entwicklung im Medienbereich.

6.2.1.1 Das russländische Gesetz „Über die Massenmedien"

Bei aller folgenden Kritik muss vorangestellt werden, dass das Massenme-diengesetz von 1991 ursprünglich als Gesetz für eine Übergangszeit gedacht war. Es war nicht auf Dauer angelegt, sondern sollte in der ersten Transfor-mationsperiode einen grundsätzlichen Rahmen für den Medienbereich festle-gen, der nach und nach ergänzt werden würde. Entgegen dem Titel des Ge-setzes beschränkt es sich weitgehend auf allgemeine Bestimmungen und die Printmedien. Regelungen etwa zu Regulierungsaspekten und zu audiovisuel-len Medien gibt es nur in sehr rudimentärer Form. Diese und ähnliche Fragen sollten in später folgenden Gesetzen, zuvorderst in einem Gesetz zu Radio

---

[707] Vgl. Gesetz 1991/2124-I (Wiederabdruck in Fedotov 2002: 549-578).
[708] Steinsdorff 1994: 256.
[709] Vgl. Deppe 2000: Kap. 4.1. Für eine ausführlichere Erörterung dieser Änderungen und Ergänzungen aus medienrechtlicher Sicht vgl. Fedotov 2002: 77-84.

und Fernsehen geregelt werden,[710] das allerdings bislang nicht verabschiedet wurde. Somit blieb (und bleibt) dieses Massenmediengesetz von 1991 das einzige originäre Gesetz für den Medienbereich.

Vor dem historischen Hintergrund ist es verständlich, dass das Medienge-setz (MedienG) seinen eindeutigen Schwerpunkt auf die Pressefreiheit legt. Im Bereich der äußeren Pressefreiheit ist das zentrale Anliegen des Geset-zes, die Einflussmöglichkeiten staatlicher Akteure zu minimieren und die Rechte der Journalisten und Bürger zu maximieren. Monroe E. Price bringt das Prinzip prägnant auf den Punkt: „to involve the state as little as possi-ble"[711]. Im Hinblick auf die innere Pressefreiheit versucht das Gesetz durch ausführliche Regelungen dafür zu sorgen, dass sowohl die Redaktionen als auch die einzelnen Journalisten in ihrer Arbeit möglichst autonom sind, Re-daktionsstatute und -verträge mit klaren Schutzkriterien verbindlich gemacht werden und Akteure außerhalb der Redaktionen (Herausgeber, Verleger etc.) nur minimale eigenständige Vollmachten besitzen.[712]

Dem politischen Transformationskontext ist ebenso geschuldet, dass der „Gründer" (*učreditel'*) eines Massenmediums im Gesetz eine wichtige Rolle einnimmt. Der Gründer kann eine einzelne natürliche oder juristische Person sein, eine Gruppe von Einzelpersonen, aber auch staatliche Organe und Ein-richtungen oder nichtstaatliche Organisationen (Art. 7 MedienG). Die gesetz-liche Hauptaufgabe des Gründers besteht darin, das von der Redaktion aus-gearbeitete Redaktionsstatut zu bestätigen (Art. 18 Abs. 1 MedienG) und das Medium bei den Behörden registrieren (Art. 8 Abs. 2 MedienG). Darüber hin-aus hat der Gründer kaum autonome Rechte, insbesondere hat er „nicht das Recht, sich in die Tätigkeit des Massenmediums einzumischen" (Art. 18 Abs. 3 MedienG). Im Gegenzug erlegt ihm das Gesetz jedoch auch keinerlei finan-zielle Verpflichtungen gegenüber der Redaktion, dem Herausgeber oder dem Rundfunkveranstalter auf.[713]

---

[710] Art. 30 Abs. 2 MedienG (1991/2124-I) verweist explizit auf ausstehende Gesetzge-bung. Vgl. allgemein zum Übergangscharakter des Mediengesetzes u. a. Deppe 2000: Kap. 4.9.e.; Krug/Price 1996: 175; Simonov 2001: 187. Zur Entstehungsgeschichte und zum „strukturbildenden Charakter" vgl. Fedotov 2002: 58-77.

[711] Price 2002: 33.

[712] Vgl. insbesondere Art. 16-22 MedienG (1991/2124-I), die ausführliche Bestimmungen für die interne Organisation und die Strukturen eines Massenmediums enthalten.

[713] Vgl. Aksartova et al. 2003: 8.

Das russländische Massenmediengesetz von 1991 übernahm die Rechtsfigur des Gründers vom sowjetischen Pressegesetz aus dem Jahr 1990 mit
der weiter bestehenden Intention, die Neugründung von Massenmedien möglichst einfach zu machen und bereits bestehende Medien der Kontrolle durch
die bisherigen staatlichen oder quasistaatlichen Herausgeber zu entwinden.
Vielen Redaktionen gelang es auf diese Weise, sich als Gründer ihres Mediums eintragen zu lassen und die alten Herausgeber zu entmachten, weil als
Gründer derjenige gilt, der ein Medium mit einem bestimmten Namen registrieren lässt.[714] Dieser zentrale Aspekt des Mediengesetzes erwies sich jedoch schon auf mittlere Sicht als Nachteil, weil das Gesetz keine Aussage
über das Eigentum an einem Medium macht. Das hat zur Folge, dass das
Verhältnis zwischen Redaktion und Eigentümer gesetzlich nicht geregelt
ist.[715]

Diese Regelungslücke könnte auf den ersten Blick als lässliche Sünde erscheinen, da entsprechende Vorschriften überall auf der Welt nach dem Mot-
to „Wer zahlt, schafft an." in der Praxis sehr leicht umgangen werden können.
Im Kontext der Transformation Russlands kommt diesem Rechtsvakuum
gleichwohl besondere Bedeutung zu. Erstens gerieten die meisten Medien
sehr schnell in finanzielle Bedrängnis, so dass sie auf – formelle oder informelle – Kapitalgeber angewiesen waren (siehe Abschnitt 6.3.1). Zweitens
begünstigt das Fehlen eigentumsrechtlicher Regelungen im Mediengesetz
die hochgradige Intransparenz der Beteiligungs- und Kontrollverhältnisse im
Medienbereich, da auch das Zivil- und das Wirtschaftsrecht nur relativ geringe Publizitätspflichten auferlegen bzw. diese nicht sanktioniert werden und
leicht umgangen werden können. Zusammengenommen führt dies dazu,
dass „niemand – ausgenommen vielleicht die Steuerinspektion – darüber
Auskunft geben [kann], wer Eigentümer eines Medienunternehmens ist"[716].

---

[714] Vgl. Deppe 2000: Kap. 4.3, 4.9.a.

[715] Vgl. Y. Zassoursky 2001: 179. In einem juristischen Kommentar zum Mediengesetz
vertritt Michail Fedotov (1996: 241) die Ansicht, aus dem Sinn einiger Gesetzesartikel
ergebe sich, „dass der Gründer (die Co-Gründer) als Eigentümer anzusehen" seien.
Diese Interpretation ist hochgradig umstritten, wirft im Hinblick auf wirtschaftliche Au-
ßenbeziehungen mehr Fragen auf, als sie in Bezug auf die Binnenverhältnisse möglicherweise löst, und beseitigt nicht das Problem nominellen vs. faktischen Eigentums.

[716] Fedotov 2005: 72. Michail Fedotov traf diese Aussage zu einem Zeitpunkt, als während der Präsidentschaft Putins die Phase der Rezentralisierung der Macht schon in
vollem Gange war. Während der Amtszeit El'cins muss davon ausgegangen werden,

Drittens schließlich enthält das Mediengesetz auch keinerlei Bestimmungen zur Verhinderung publizistischer Konzentration. Da obendrein die allgemeine Antimonopolgesetzgebung nicht griff, blieb der Medienbereich auch in dieser Hinsicht unreguliert.[717] Das besondere Gewicht dieser fehlenden Rechtsetzung durch das Massenmediengesetz von 1991 ergibt sich daraus, dass in den 1990er Jahren eine fundamentale Revision dieses grundlegenden Gesetzes ebenso wenig gelang wie die Verabschiedung ergänzender Mediengesetze und gleichzeitig vieles durch untergesetzliche Rechtsakte der Exekutive, vor allem präsidentielle Erlasse, geregelt wurde – nicht selten ad hoc und einzelfallbezogen mit politisch-partikularem Subtext.

6.2.1.2 Gesetzgebungsblockade

In den ersten beiden Legislaturperioden der Föderalversammlung der Russländischen Föderation (1994-2000) wurden rund 25 Gesetze und Gesetzesänderungen mit (direktem oder indirektem) Medienbezug verabschiedet und anschließend von Staatspräsident El'cin unterzeichnet.[718] Diese recht hohe Zahl scheint auf eine rege Gesetzgebungstätigkeit in diesem Politikfeld hinzuweisen.

Ein genauerer Blick auf die Gesetzgebung zeigt einerseits, dass tatsächlich eine ganze Reihe von Gesetzen in Kraft traten, die potentiell – das heißt in Abhängigkeit von der juristischen Auslegung und Anwendung, der Wechselwirkung mit anderen Gesetzen etc. – erhebliche Auswirkungen auf die Arbeit der Massenmedien haben können. Dies gilt zum Beispiel für bestimmte restriktive strafrechtliche Regelungen zur Verleumdung oder zivilrechtliche Regelungen zur Beweispflicht bei Tatsachenbehauptungen,[719] weil dadurch

---

dass auch die staatlichen Behörden in vielen Fällen die „eigentlichen Eigentümer" nicht kannten – auch jenseits des Medienbereiches.

[717] Vgl. Isakov 1999: 64; Mickiewicz 1999b: 275.

[718] Andrej Richter (2001: 128) spricht von rund 30 entsprechenden Gesetzen zwischen 1992 und 2000. Deppe (2000: Anhang 1. a) listet für den Zeitraum 1994 bis August 1999 insgesamt 38 Gesetze auf. Dieser Zusammenstellung liegt jedoch ein sehr weites Verständnis von „Medienbezug" zugrunde. Deshalb kommen in seiner Liste auch zahlreiche Gesetze vor, deren Auswirkungen auf die Massenmedien nur marginal sind, z. B. Gesetze über die Ablieferung von Pflichtexemplaren, über das Bibliothekswesen, über die Bekanntmachung von Rechtsakten, über internationalen Informationsaustausch und dergleichen mehr.

[719] Vgl. Richter 2001: 128f. Teilweise wurden entsprechende Regelungen während der Präsidentschaft Putins sogar noch weiter verschärft, z. B. indem Medien auch dann für

die Tendenz zur Einschränkung der Pressefreiheit befördert wird. Noch stärker fällt dies ins Gewicht, wenn Medien in einer rechtsstaatlich defizitären
Umgebung arbeiten, in der Rechtssicherheit und Rechtsschutz mitunter weniger von der Gesetzeslage, als vielmehr von machtpolitischen Konstellationen abhängen.[720] Andererseits zeigt die Liste der in Kraft getretenen Gesetze
aber auch, dass es kaum unmittelbare Mediengesetzgebung gab. Insbesondere traten keine strukturbildenden oder -verändernden Gesetze in Kraft, die
Einfluss auf die Herausbildung einer unabhängigen und pluralistischen Medienlandschaft genommen hätten und klare Regeln zur Regulierung dieses
Sektors aufgestellt hätten. Wie kam es zu dieser Leerstelle?

Wie bereits in Kapitel 4 und 5 gezeigt wurde, blockierten sich die Duma,
der Föderationsrat und Staatspräsident El'cin in den 1990er Jahren bei der
Gesetzgebung sehr häufig gegenseitig. An die Stelle föderaler Gesetze traten
im Ergebnis sehr häufig Präsidialerlasse und Regierungsverordnungen. Dieses Phänomen zeigte sich auch sehr deutlich im Medienbereich, besonders
exemplarisch beim Scheitern diverser Versuche, das Massenmediengesetz
von 1991 einer grundlegenden Revision zu unterziehen und ein Gesetz für
die audiovisuellen Medien zu verabschieden.

Eine Einigung bzw. Kompromissbildung zwischen der Staatsduma, dem
Föderationsrat und dem Staatspräsidenten bei medienrelevanten Gesetzesmaterien kam zwischen 1994 und 2000 in einer ganzen Reihe von Fällen zustande. Mit wenigen Ausnahmen ist allen in Kraft getretenen Gesetzen jedoch gemein, dass es keine spezifischen Mediengesetze sind, sondern Gesetze zu anderen Fragen, die mehr oder weniger starke Auswirkungen auf
den Medienbereich haben. Diese Gesetze eint, dass sie die zentralen politischen Konflikte um die zukünftige Struktur der Medienlandschaft, die Aufsicht
über die Medien und vor allem das Eigentum an ihnen nicht berühren. Auf ei-

---

falsche Informationen verantwortlich gemacht werden, wenn sie identifizierbare Quellen wörtlich zitieren (vgl. Skillen 2007: 1266f.).
[720] Zur übergeordneten Frage der Entwicklung der nominellen und faktischen Meinungs-
und Pressefreiheit in der Russländischen Föderation liegen eine ganze Reihe ausführlicher Arbeiten vor, die in ihrer Mehrzahl normativ ausgerichtet sind. Stellvertretend
seien an dieser Stelle genannt: Deppe 2000; Institut ,Obščestvennaja ėkspertiza'
2000; Nußberger/Schmidt 2005; Reporters sans frontières 2001; Richter 2007; Ja. Zasurskij 2004.

nige dieser Gesetze soll an dieser Stelle kurz eingegangen werden.[721] Den Anfang machen exemplarisch drei nicht-medienspezifische Gesetze, die jedoch Auswirkungen auf Massenmedien haben (können), bevor in einem zweiten Schritt drei Gesetze mit direktem Medienbezug analysiert werden.

Das Gesetz „Über Werbung" vom Juli 1995[722] schreibt unter anderem Obergrenzen für massenmediale Werbung vor. Bei audiovisuellen Medien darf der Umfang von Werbung 25 Prozent der täglichen Sendezeit nicht überschreiten (Art. 11 Abs. 4 WerbeG), bei Printmedien liegt die Schwelle bei 40 Prozent des Umfangs (Art. 12 WerbeG). Als potentiell problematisch wird hier oft die weitgreifende und wenig spezifische Definition von Werbung (Art. 2 WerbeG) angesehen.[723]

Das Gesetz „Über die grundlegenden Garantien des Wahlrechts und des Rechts auf Teilnahme am Referendum der Staatsbürger der Russländischen Föderation" vom September 1997[724] schreibt vor, dass allen Kandidaten und Parteien der Zugang zu den Massenmedien zu gleichen Konditionen gewährt werden muss (Art. 37 Abs. 3 WahlrechtsgarantieG). Für Medien im Besitz des Staates oder lokaler Körperschaften sowie alle subventionsempfangenden Medien gelten besondere Bestimmungen, insbesondere die Pflicht zur Einräumung kostenloser Sendezeit für Wahlwerbung (Art. 40 Abs. 1 WahlrechtsgarantieG).[725]

Der Zugang zu Informationen ist auch für die Arbeit der Massenmedien von großer Bedeutung. Zwei Gesetze sind hier besonders wichtig: das noch vor Inkrafttreten der post-sowjetischen russländischen Verfassung verabschiedete Gesetz „Über das Staatsgeheimnis" vom Juli 1993[726] und das Gesetz „Über Information, die Informatisierung und den Schutz der Information" vom Februar 1995[727]. Das letztgenannte Gesetz gewährleistet formal weitge-

---

[721] Vgl. im Folgenden sowie für eine zusammenfassende Übersicht und Einordnung insb. auch Deppe 2000, Kap. 6; Richter 2001: 129-132.
[722] Gesetz 1995/108-FZ.
[723] Vgl. Aksartova et al. 2003: 16.
[724] Gesetz 1997/124-FZ.
[725] Vor den Duma- bzw. Präsidentschaftswahlen 1995, 1996, 1999 und 2000 traten jeweils spezifische Wahlgesetze in Kraft, die in Bezug auf die Massenmedien identische oder ähnliche Regelungen enthielten (vgl. Trautmann 2001: 222).
[726] Gesetz 1993/5845-I. Das Gesetz wurde im Oktober 1997 geändert: Einige (verfassungs-)rechtliche Widersprüche wurden beseitigt, aber der zentrale Gehalt blieb unangetastet (Gesetz 1997/131-FZ).
[727] Gesetz 1995/24-FZ.

hend freien Zugang zu Informationen und enthält einen umfangreichen Katalog an Informationskategorien, die keinerlei Zugangsbeschränkungen unterliegen dürfen (Art. 10 Abs. 3 InformationsG). Das Staatsgeheimnis-Gesetz wiederum erstreckt sich nur auf Personen, die ein öffentliches Amt innehaben oder aufgrund ihrer Tätigkeit zu besonderer Geheimhaltung verpflichtet werden (Art. 1 StaatsgeheimnisG), mithin nicht auf Journalisten.[728] Eine genauere Analyse der beiden Gesetze zeigt jedoch deren etatistischen, stark auf vorgeblich staatliche Interessen und einen extensiven Sicherheitsbegriff ausgerichteten Grundtenor.[729]

Infolgedessen bereitet der Informationszugang in zahlreichen Fällen erhebliche Probleme, weil in der Praxis die betreffenden Stellen selbst über die Zugangsgewährung entscheiden – und sehr häufig die Freigabe verweigern.[730] Darüber hinaus kommt es in Einzelfällen zu Gerichtsverfahren gegen Journalisten wegen Verrat von Staatsgeheimnissen oder „Spionage", besonders wenn ihre Tätigkeit den Interessen eines oder mehrerer der diversen Sicherheitsorgane zuwiderläuft. Die prominentesten, auch im Ausland wahrgenommenen Fälle sind die Urteile gegen Aleksandr Nikitin und Grigorij Pas'ko.[731]

Neben solchen übergeordneten Gesetzen mit mehr oder weniger starken Auswirkungen auf den Medienbereich konnten sich Legislative und Exekutive auch bei einzelnen Gesetzesprojekten mit direktem Medienbezug einigen. Diese hatten die finanzielle Unterstützung von Massenmedien bzw. die Berichterstattungspflichten staatlicher Medien zum Gegenstand. Beispielhaft seien hier drei Gesetze genannt, allesamt aus dem Jahr 1995.

Bereits zu Jahresbeginn 1995 trat das Gesetz „Über die Ordnung der Berichterstattung über die Tätigkeit der Organe der Staatsgewalt in den staatlichen Massenmedien"[732] in Kraft. Durch dieses Gesetz unterliegen alle staatlichen Sender der Verpflichtung, über bestimmte politische Ereignisse in objektiver Form und angemessenem Umfang zu berichten. Das Gesetz macht da-

---

[728] Vgl. Hübner 1997: 13f.
[729] Vgl. für eine ausführliche Analyse Deppe 2000: Kap. 3.2.d, 6.1, 6.7.
[730] Vgl. Baturin 2004a, 2004b; Hübner 1997; Pustintsev 2000; Ratinov/Efremova 1998: Kap. III.1.
[731] Vgl. für Details zu diesen haarsträubenden, sich jahrelang hinziehenden Verfahren z. B. Nilsen/Gauslaa 1997; Pavlov 2000; Siegert 2002.
[732] Gesetz 1995/7-FZ.

zu detaillierte Vorgaben. So enthält es eine Liste von Ereignissen, die obligatorisch von mindestens je einem föderalen Fernseh- und Radiosender in voller Länge ausgestrahlt werden müssen, zum Beispiel die konstituierenden Parlaments- und Regierungssitzungen, die Amtseinführung des Staatspräsidenten sowie die Appelle und Erklärungen dieser politischen Institutionen (Art. 5 BerichterstattungsG). Der Artikel 6 des Gesetzes enthält darüber hinaus eine umfangreiche Liste von Entscheidungen und Handlungen politischer Akteure, über die berichtet werden muss. Des weiteren muss In je einem föderalen Fernseh- und Radiosender während der Sitzungsperioden der beiden Parlamentskammern wöchentlich mindestens 45 Minuten lang über deren Arbeit informiert werden. Der Sendeplan ist „nach der Vorstellung der Pressedienste des Föderationsrates und der Staatsduma" zu erstellen (Art. 7 Abs. 2 BerichterstattungsG). Weitere Bestimmungen in den nachfolgenden Artikeln gehen in eine ähnliche Richtung und machen teilweise sehr spezifische Vorgaben zu Art und Weise der Berichterstattung.

Zwei weitere Gesetze, über die die beteiligten politischen Akteure Einigkeit erzielen konnten, wurden Ende 1995 in Kraft gesetzt und hatten in erster Linie die finanzielle Unterstützung der Massenmedien zum Ziel. Das erste der beiden Gesetze schuf die Grundlagen für direkte Zahlungen aus dem Staatshaushalt an ausgewählte lokale, in der Regel von den jeweiligen Gebietskörperschaften herausgegebene Zeitungen.[733] Zu beachten ist allerdings, dass das Gesetz de facto wirkungslos blieb, weil in den Folgejahren im jeweiligen Haushalt keinerlei Mittel dafür bereitgestellt wurden.[734]

Das eine Woche später verabschiedete Gesetz „Über die staatliche Unterstützung der Massenmedien und des Buchverlagswesens"[735] bezieht sich auf alle Arten von Massenmedien sowie auch auf Nachrichtenagenturen und Verlage. Im Gegensatz zum erstgenannten Gesetz soll die staatliche Unterstützung nicht durch Direktzahlungen aus dem Staatshaushalt, sondern durch Vergünstigungen umgesetzt werden. Das Gesetz gewährt unter anderem eine Befreiung von der Umsatz- und Gewinnsteuer sowie Zollerleichterungen (Art. 2 und 3 MedienunterstützungsG) und weitere Vorzugskonditionen bei staatlichen Einrichtungen oder Unternehmen (Art. 5 MedienunterstützungsG).

---

[733] Gesetz 1995/177-FZ.
[734] Vgl. Fedotov 1999: Kap. 2.
[735] Gesetz 1995/191-FZ.

Gleichzeitig enthält das Gesetz in den Artikeln 7 bis 9 aber auch Bestimmungen, die einem weitgehenden Privatisierungsverbot für Großbetriebe in der
Druckindustrie bis Ende 1998 gleichkommen.
Ursprünglich war die Gültigkeit der gewährten Privilegien befristet. Mit Beginn des Jahres 1999 sollten die Sonderrechte der Massenmedien entfallen
(Art. 10 Medienunterstützungsg). Im Herbst 1998, inmitten der tiefen Finanzkrise, wurde die Gewährung fast aller Vergünstigungen für den Medienbereich durch ein Änderungsgesetz[736] um weitere drei Jahre bis Ende 2001 verlängert. Interessant ist in diesem Zusammenhang, dass der Föderationsrat
zwar die Zustimmung verweigerte, die Duma diese Zurückweisung aber mit
einer Zweidrittelmehrheit überstimmte und Staatspräsident El'cin darauf verzichtete, sein Veto einzulegen, so dass das Gesetz in Kraft treten konnte.[737]

Den an der Gesetzgebung beteiligten Akteuren gelang es während der
Präsidentschaft El'cins somit zwar, eine Reihe von Gesetzen mit indirektem,
teilweise auch mit direktem Medienbezug in Kraft zu setzen, doch blieben die
fundamentalen medienpolitischen Fragen auf der gesetzlichen Ebene ungelöst. Die Staatsduma unternahm in ihren ersten beiden Legislaturperioden
zahlreiche Versuche, sowohl das Massenmediengesetz grundsätzlich zu ü-
berarbeiten als auch ein Rundfunkgesetz zu verabschieden. Abgesehen von
kleineren, eher kosmetischen Änderungen am Massenmediengesetz trat jedoch keines der in Angriff genommenen Gesetzesvorhaben in Kraft, weil
entweder der Föderationsrat oder Staatspräsident El'cin ein Veto einlegten
und es der Duma nicht gelang, diese mit einer Zweidrittelmehrheit zu überstimmen.[738] Die hauptsächlichen Konfliktlinien verliefen bei allen Gesetzesprojekten zwischen Legislative und Exekutive, wobei sich die Zweite Kammer, der Föderationsrat, bei einzelnen Fragen auf die Seite von Staatspräsident und Regierung schlug.

Auffällig ist, dass einige der im Parlament beratenen medienpolitischen
Gesetzentwürfe erhebliche Restriktionen für die journalistische Arbeit beinhalteten. So sollten beispielsweise die Möglichkeiten, ein Massenmedium zu
verbieten, ausgeweitet oder die Bewahrung der „Reinheit" der russischen

---

[736] Gesetz 1998/159-FZ.
[737] Vgl. Aksartova et al. 2003: 18.
[738] Vgl. Aksartova et al. 2003: 10; Deppe 2000: Kap. 5.1; Richter 2001: 134; Trautmann
       2001: 208.

Sprache überwacht werden.[739] Diese und ähnliche Ideen stellen potentiell ohne Zweifel eine erhebliche Gefahr für die Pressefreiheit dar.[740] Gleichwohl waren es nicht diese Aspekte, die in der politischen Auseinandersetzung zwischen Parlament, Regierung und Staatspräsident im Fokus standen.

Die zentralen Streitpunkte bezogen sich vielmehr ausschließlich auf strukturbildende oder -verändernde medienpolitische Regelungen. Eine Einigung zwischen den politischen Akteuren scheiterte immer wieder an den folgenden Aspekten:[741] die Kontrolle und Verhinderung publizistischer Konzentration – einschließlich der Frage, ob mächtige ökonomische Akteure, zum Beispiel Banken und Konglomerate, Kapitalanteile an Massenmedien halten dürfen; die Organisation der staatlichen audiovisuellen Medien, ihre Finanzierung und die Kontrolle über sie; das Lizenzierungsverfahren für die audiovisuellen Medien und die Aufsicht darüber; und schließlich die Möglichkeit staatlicher Organe von der zentralstaatlichen bis hinunter zur lokalen Ebene, eigene Massenmedien zu gründen.

Im Kern, das wird aus obiger Auflistung deutlich, drehte sich der Konflikt in Russland – wie in vielen Transformationsländern Osteuropas – um die Frage, ob und in welchem Maße Legislative bzw. Exekutive Einfluss auf die Ausgestaltung und Entwicklung des Mediensystems und insbesondere auf die staatlichen Medien nehmen können. Im Gegensatz zu den meisten ostmitteleuropäischen Staaten waren Staatspräsident und Regierung in Russland jedoch im Vorteil, weil sie in gesetzlich nicht normierten Bereichen durch untergesetzliche Rechtsakte Fakten schaffen konnten. Staatspräsident El'cin machte von dieser Möglichkeit immer wieder Gebrauch – gerade auch durch Entscheidungen, die über den jeweiligen Einzelfall hinauswiesen und strategisch-strukturelle Wirkungen entfalteten. Dass diese untergesetzliche Normsetzung bzw. die sich darauf stützende Rechtsanwendung in zahlreichen Fällen im Widerspruch zur bestehenden Rechtslage stand, hatte gemeinhin keinerlei Konsequenzen.

---

[739] Vgl. Deppe 2000: Kap. 5.2.c; Wishnevsky 1995: 38.

[740] Vgl. für eine ausführliche Analyse einiger in die Duma eingebrachter Gesetzentwürfe im Hinblick auf deren die Pressefreiheit einschränkenden Auswirkungen v. a. Deppe 2000: Kap. 5.2-5.5.

[741] Vgl. im Folgenden Aksartova et al. 2003: 10f.; Deppe 2000: Kap. 5.3.c, 5.5; IPI 1999; Wishnevsky 1995: 38.

6.2.1.3 Rechtsetzung und -umsetzung durch die Exekutive

Sowohl weitreichende strukturelle medienpolitische Entscheidungen wie auch deren Umsetzung bis hin zu Einzelfallentscheidungen zugunsten partikularer Interessen erfolgten im Russland der 1990er Jahre auf der Basis untergesetzlicher Rechtsakte, in erster Linie präsidentieller Dekrete und Regierungsverordnungen. Es sprengte den Rahmen dieser Arbeit, alle entsprechenden Rechtsakte einer detaillierten Analyse zu unterziehen. Entscheidend für den weiteren Fortgang der Untersuchung sind vielmehr zentrale Weichenstellungen durch die Exekutive in vier Bereichen, in denen untergesetzlichen Rechtsakten eine Schlüsselrolle zukam. Erstens der gesamte Bereich der Lizenzierung audiovisueller Medien sowie der staatlichen Aufsicht und Kontrolle über sie; zweitens die Strukturentscheidungen in Bezug auf die Staatsmedien und die institutionelle Konfiguration einschließlich Personalentscheidungen; drittens Einzelfallentscheidungen unter Umgehung vorgesehener Verfahren zum Vorteil einzelner Akteure; und viertens die (Teil-)Privatisierung von Massenmedien. In allen diesen Bereichen wurden bedeutende Entscheidungen ohne substantielle Mitwirkung der Legislative gefällt und umgesetzt – in einigen Fällen gegen den erbitterten, aber letztlich erfolglosen Widerstand der Duma.

Wie bereits erwähnt, lässt das Mediengesetz von 1991[742] Hörfunk und Fernsehen weitgehend unberücksichtigt und verweist in Art. 30 Abs. 2 auf ein noch zu beschließendes Gesetz, das jedoch während der Präsidentschaft El'cins nicht zustande kam. Aus den Artikeln 30 bis 32 ergibt sich nur sehr allgemein, dass eine „Föderale Rundfunkkommission" (*Federal'naja komissija po teleradioveščanija*) „die föderale Politik auf dem Gebiet der Lizenzierung der Radio- und Fernsehausstrahlung ausarbeitet und durchführt" (Art. 30 Abs. 1 MedienG) sowie sowohl für die Erteilung (Art. 31 MedienG) als auch den Entzug (Art. 32 MedienG) von Sendelizenzen zuständig ist. Da das Mediengesetz über diese sehr allgemein gehaltenen Bestimmungen hinaus keine weiteren Regelungen beinhaltet und ein Rundfunkgesetz nicht in Kraft trat, blieben entscheidende Punkte ohne gesetzlichen Rahmen. Dies betrifft insbesondere das gesamte Lizenzierungsverfahren und die Kompetenzen, Zusammensetzung und Kontrolle der Föderalen Rundfunkkommission. Vor dem

---

[742] Gesetz 1991/2124-I (Wiederabdruck in Fedotov 2002: 549-578).

Hintergrund dieses rechtlichen Vakuums verwundert es kaum, dass Staatspräsident und Regierung die Lücken nach eigenem Ermessen füllten.

El'cin hatte bereits im Dezember 1992 per Dekret das direkt dem Staatspräsidenten unterstellte „Föderale Informationszentrum" (*Federal'nyj informacionnyj centr*, FIC) geschaffen und dieses neben der Funktion als Pressestelle der Exekutive unter anderem damit betraut, die staatliche Medienpolitik vorzubereiten und zu koordinieren sowie die audiovisuellen Medien zu überwachen.[743] Obwohl das Parlament mehrfach dessen Auflosung beschlossen und das Verfassungsgericht das FIC für verfassungswidrig befunden hatte, hielt El'cin daran fest.[744]

Kurz nach der ersten Parlamentswahl und dem Inkrafttreten der neuen russländischen Verfassung, aber noch vor der konstituierenden Parlamentssitzung, erließ El'cin ein weiteres Dekret, mit dem die Konzentration medienpolitischer Kompetenzen bei der Exekutive unter Umgehung der Legislative weiter verfestigt wurde. Zwar wurde damit das FIC zum 15.02.1994 formal aufgelöst, an seine Stelle trat jedoch – mit weitgehend identischen Kompetenzen – der neugegründete „Föderale Dienst Russlands für Fernsehen und Rundfunk" (*Federal'naja služba Rossii po televideniju i radioveščaniju*; FSTR).[745] Rund ein Jahr später folgte eine Regierungsverordnung, die unter Berufung auf obigen Präsidialerlass dem FSTR zusätzlich auch die Lizenzierung der audiovisuellen Medien übertrug.[746]

Mit Inkrafttreten dieser beiden untergesetzlichen Normen hatten Staatspräsident und Regierung erreicht, das Parlament von zentralen medienpolitischen Fragen auszuschließen. Mit Blick auf das Vetorecht des Staatspräsidenten bei der Gesetzgebung war somit klar, dass eine grundlegende Änderung am Status quo nur erfolgen konnte, wenn es dem Parlament gelänge, mit Zweidrittelmehrheit Gesetze zu verabschieden, durch die die exekutive Normsetzung hinfällig würde. Wie bereits oben erläutert (siehe S. 308), schei-

---

[743] Ukaz 1992/1647.

[744] Vgl. Michel/Jankowski 1996: C 66.

[745] Ukaz 1993/2255.

[746] Regierungsverordnung 1994/1359. Ebenfalls aufgelöst wurde mit diesem Dekret das Presseministerium, dessen Zuständigkeiten auf das neu zu gründende „Pressekomitee der Russländischen Föderation" (*Komitet Rossijskoj Federacii po pečati*) übergingen.

terten alle entsprechenden Vorstöße. Somit basierte die staatliche Regulierung des audiovisuellen Sektors allein auf untergesetzlichen Rechtsakten.[747]
Bei den audiovisuellen Medien zeichnete sich die Rechtslage in den
1990er Jahren in Bezug auf die Lizenzierung und Regulierung durch Lücken-
haftigkeit und Widersprüchlichkeit aus.[748] Dies verschaffte Staatspräsident
und Regierung erheblichen Gestaltungsspielraum. In der Praxis bedeutete
dies, dass die Vergabe von Sendelizenzen in den 1990er Jahren überwiegend ohne Ausschreibung oder allenfalls unter „nomineller Konkurrenz"[749] erfolgte.[750] Dazu trug erheblich bei, dass die Vergabekommission vom Staatspräsidenten besetzt wurde. Im Ergebnis waren Abgesandte der Exekutive
gegenüber unabhängigen Mitgliedern deutlich in der Überzahl, und Letztere
besaßen de facto keine Entscheidungsbefugnis.[751] Darüber hinaus zeichnete
sich das gesamte Vergabeverfahren durch ein Höchstmaß an Intransparenz,
informellen Verbindungen, willkürlichen Hürden und lobbyistischen Interventi-
onen aus – „selbst im Vergleich mit anderen Verwaltungsbereichen", wie einige Beobachter konstatieren.[752] In puncto Intransparenz und politische Inter-
ventionen scheint das föderale Procedere bei der Lizenzierung und Regulierung audiovisueller Medien vom Verfahren in den Regionen noch übertroffen
zu werden. Da sich die vorliegende Arbeit auf Medien von gesamtstaatlicher

---

[747] Eine formale, aber inhaltlich kaum relevante Ausnahme ist das Gesetz „Über die Li-
zenzierung einzelner Arten von Tätigkeiten" (LizenzierungsG; 1998/158-FZ) aus dem
Herbst 1998. Art. 17 nennt im Rahmen eines sehr umfangreichen Katalogs auch die
Ausstrahlung von Fernsehen und Hörfunk als lizenzierungspflichtige „Tätigkeitsarten".
Dieses Gesetz selbst enthält keinerlei Verfahrensbestimmungen, sondern überträgt
deren Festlegung der Exekutive. Somit beschränkt sich die Wirkung des Gesetzes im
Medienbereich weitgehend darauf, der Tätigkeit des FSTR eine rudimentäre gesetzliche Grundlage zu geben. Auf einer rein formalen Ebene wurde damit eine spezifische
Rechtswidrigkeit beendet, da das Mediengesetz von 1991 festlegt, dass Rundfunkli-
zenzen auf einer gesetzlichen Grundlage zu erteilen sind. Dem Wesensgehalt des
Mediengesetzes wird damit freilich nicht entsprochen, da diese Grundlage nach ein-
helliger Gesetzesinterpretation nur durch ein spezifisches Rundfunkgesetz geschaffen
werden kann.
[748] Ausführlichere Analysen zu einzelnen regulatorischen und lizenzierungstechnischen
Details finden sich bspw. bei Aksartova et al. 2003; Grachov/P'jankov 2006; P'jankov
2005; Sklyarova 2001, 2003.
[749] Mickiewicz 2000: 100.
[750] Erst seit dem Jahr 2000 ist eine Ausschreibung obligatorisch. Die Rechtsgrundlage
dafür schuf eine Regierungsverordnung (1999/698) Ende Juni 1999.
[751] Vgl. IREX 2001: 194.
[752] P'jankov 2005. P'jankovs These bezieht sich wohlgemerkt nicht nur auf die 1990er
Jahre, sondern darüber hinaus auch auf die erste Amtszeit Putins; vgl. dazu auch
IREX 2006: 185.

Bedeutung konzentriert, kann darauf an dieser Stelle jedoch nicht ausführlich eingegangen werden.[753]

Über diese konkreten Probleme des formellen Vergabeverfahrens hinaus gab es auch einige Fälle, in denen Sendelizenzen unter Umgehung der Kommission direkt erteilt wurden. Das prominenteste Beispiel ist hier sicherlich der Fernsehsender NTV, der gleich mehrfach von Präsidialdekreten profitierte (siehe Abschnitt 6.3.3.1). Von einer ähnlich freihändigen Vergabe profitierte jedoch beispielsweise auch der staatliche *Kul'tura*-Kanal.[754]

Spiegelbildlich verhält es sich mit dem Lizenzentzug. Schon die Rechtslage ist hier sehr unklar bzw. widersprüchlich, sowohl was die notwendigen Voraussetzungen als auch was das Verfahren selbst anbelangt. Die Regierungsverordnung Nr. 1359 vom Dezember 1994 geht zum Beispiel erheblich über das Massenmediengesetz hinaus, wenn sie ganz allgemein „Verstöße gegen die Gesetzgebung" als hinreichend für einen Lizenzentzug bezeichnet.[755] Weiterhin ist beispielsweise umstritten, ob eine Suspendierung der Lizenz bzw. ihr Entzug zwingend ein gerichtliches Verfahren und/oder vorherige schriftliche Verwarnungen durch die Aufsichtsbehörden voraussetzt.[756] Darüber hinaus agierte Staatspräsident El'cin auch hier mitunter eigenmächtig. Der Sankt Petersburger Fernsehgesellschaft etwa wurde der 5. Kanal Ende 1994 halbtags in der Region Moskau und 1997 komplett per Präsidialdekret entzogen.[757]

Auch wenn es erst Mitte 1999 auf föderaler Ebene erstmals zu einem zwangsweisen Entzug der Lizenz eines Fernsehsenders kam,[758] ändert dies nichts an der grundsätzlichen Problematik: Eine unklare und widersprüchliche Rechtslage vergrößert die Unsicherheit bei Akteuren, die von staatlichem

---

[753] Ab Mitte 1995 begann langsam, aber stetig der Aufbau regionaler FSTR-Kommissionen, die in der Regel von den lokalen Exekutiven kontrolliert wurden. Vgl. hierzu weiterführend bspw. Aksartova et al. 2003: 21; Belin 2001: 341; Deppe 2000: Kap. 4.4; Kolesnik 1996.

[754] Vgl. Richter 2001: 153.

[755] Vgl. Punkt 17 der Regierungsverordnung (1994/1359). Dort heißt es wörtlich: „wiederholter Verstoß binnen Jahresfrist gegen Normen, die durch die Lizenzen, die vorliegende Verordnung oder die Gesetzgebung der Russländischen Föderation bestimmt werden".

[756] Vgl. für Details zu dieser Problematik, die teilweise auf Widersprüchen zwischen dem MedienG und dem LizenzierungsG beruht, Aksartova et al. 2003: 12; Deppe 2000: Kap. 4.4, Krug/Price 1996: 178; Richter 2001: 126f.

[757] Vgl. Hübner 1995b: 12; Oates 2006: 25.

[758] Vgl. Richter 2001: 127.

Handeln abhängig sind, weil potentiell jederzeit gegen sie vorgegangen werden kann. Dadurch erhöht sich auch die Gefahr, dass staatliches Handeln auf der Basis partikularer Interessen stattfindet. In diesem Sinne wurden hier Grundsteine für eine politisierte Medienaufsicht und -regulierung gelegt, die am Ende der Amtszeit El'cins an Bedeutung gewinnen sollten. Sehr schnell nach dem Amtsantritt Putins wurde klar, welche Konsequenzen zu gewärtigen sind, wenn sich eine entschlossene politische Führung dieser Lücken, Interpretationsbedürftigkeiten und Widersprüchlichkeiten in manipulatorischer Absicht bemächtigt: Unter dem Anschein formaler Legalität werden konkurrierende Akteure verdrängt oder zerstört.

Die starke Konzentration medienpolitischer Gestaltungsmacht bei der Exekutive – und hier überwiegend beim Staatspräsidenten – infolge ausbleibender Gesetzgebung, Normsetzung durch untergesetzliche Rechtsakte und weitgehender Ausschluss des Parlaments und zivilgesellschaftlicher Akteure findet sich nicht nur im Bereich Lizenzierung und Regulierung. Auch auf anderen Feldern lässt sich dieses Phänomen beobachten. In den beiden folgenden Abschnitten sollen unter diesem Blickwinkel zwei Bereiche staatlichen Handels näher analysiert werden. Zunächst stehen die staatlichen Medien im Fokus (Abschnitt 6.2.2). Analysiert wird, wie, wann, auf welchem Wege und mit welchem Ziel Staatspräsident und Regierung die institutionelle Struktur des umfassenden Ensembles staatlicher Medien ohne Beteiligung des Gesetzgebers verändern konnten. Anschließend soll auf einen besonderen Fall vertieft eingegangen werden: den ersten Kanal des staatlichen Fernsehens (Abschnitt 6.2.3). Gegen den erbitterten Widerstand des Parlaments verfügte El'cin im Jahr 1994 per Erlass dessen „Teilprivatisierung". Die Vorgehensweise des Staatspräsidenten wie auch die Folgen dieser Entscheidung verweisen auf ein schon aus den vorangehenden Kapiteln bekanntes Phänomen: Intransparente Einzelfallentscheidungen ohne Zustimmung des Parlaments zugunsten partikularer Interessen zeitigen erhebliche strukturelle und politische Folgen, die weit über den konkreten Fall hinausweisen.

6.2.2 Medien in zentralstaatlichem Besitz

Nach dem Zusammenbruch der Sowjetunion gingen die auf russländischem Staatsgebiet gelegenen überregionalen audiovisuellen Medien und Nachrichtenagenturen in den zentralstaatlichen Besitz Russlands über. Staatspräsident und Regierung gelang es binnen zwei Jahren, das Parlament als Mitentscheidungs- und Kontrollinstanz in Bezug auf diese Medien weitestgehend auszuschalten, so dass das Etikett „staatliche Medien" in gewisser Weise irreführend ist. Genauer wäre die Bezeichnung „Medien in staatlichem Besitz und unter der Kontrolle der Exekutive". Wenn gleichwohl im Folgenden aus pragmatischen Gründen von (zentral-)staatlichen Medien die Rede ist, so impliziert dies in aller Regel die weitreichende Verfügungsmacht der Exekutive.[759]

Auf der überregionalen Ebene gab es während der Präsidentschaft El'cins eine kleine Anzahl von Printmedien, deren Profil über dasjenige von Amtsblättern hinausging, die jedoch in all den Jahren über keine große öffentliche Resonanz verfügten. Zu nennen sind hier in erster Linie die beiden Zeitungen *Rossijskaja gazeta* und *Rossijskie vesti* sowie die Zeitschriften *Rodina* und *Rossijskaja Federacija*. Die *Rossijskaja gazeta* war ursprünglich die Zeitung des Parlaments. Nach der gewaltsamen Auflösung des Obersten Sowjet im Oktober 1993 übernahm die russländische Regierung dauerhaft die Kontrolle über die Zeitung.[760]

Demgegenüber wurde die Zeitung *Rossijskie vesti* von der Präsidialadministration kontrolliert. Bemerkenswert ist hierbei, dass die beiden Zeitungen eine ganze Zeit lang konkurrierten und immer wieder als Sprachrohr verschiedener Macht- und Interessengruppen innerhalb der Präsidialadministration bzw. der Regierung fungierten.[761] Im Frühjahr 1998 erklärte der Chefredakteur der *Rossijskie vesti*, dass die Zeitung kein offizielles Organ der Präsidialadministration mehr sei und fortan nur noch als Wochenzeitung erscheine.[762] Allem Anschein nach stellte die Präsidialadministration die Finanzierung ein.

---

[759] Weitgehend spiegelbildlich verhält es sich auf regionaler und lokaler Ebene, wo Medien im formellen Besitz von Gebietskörperschaften in den meisten Fällen de facto von der zuständigen Spitze der Verwaltung kontrolliert werden.

[760] Nach jahrelangen Konflikten um die Einstellung entsprechender Mittel in den Staatshaushalt, kam es erst Ende 1997 zu einer Einigung und im Mai 1998 schließlich zur Neugründung einer Zeitung des Parlaments, der *Parlamentskaja gazeta* (vgl. Belin/Fossato/Kachkaeva 2001: 69, 84).

[761] Vgl. I. Zasurskij 1996: 12.

[762] Vgl. IPI 1999.

Die beiden obengenannten Zeitschriften der Exekutive waren im Hinblick auf die Wahrnehmung in der Öffentlichkeit noch unbedeutender als die Zeitungen. Auch angesichts ausufernder Kosten[763] wurde versucht, eine Konsolidierung im Bereich der zentralstaatlichen Printmedien einzuleiten. In einer seiner ersten Amtshandlungen nach den Präsidentschaftswahlen 1996 stellte der damit beauftragte Chef der Präsidialadministration, Anatolij Čubajs, die Finanzierung der *Rossijskaja Federacija* ein.[764] Eine umfangreiche strukturelle Reform der zentralstaatlichen Printmedien gelang ihm gleichwohl nicht, was seinen Grund in den weiter bestehenden Konflikten zwischen Legislative und Exekutive, vor allem jedoch innerhalb der Exekutive gehabt haben dürfte.

Während die genannten Printtitel trotz offiziell sehr hoher Auflagen nur über recht begrenzten Einfluss verfügten und kaum als *agenda setter* für andere Medien fungierten, stellt sich dies in Bezug auf staatliche Nachrichtenagenturen anders dar. Deren potentielle Wirkungsmacht ist prinzipiell höher einzuschätzen – vor allem dann, wenn sie im Vergleich zu ihren nichtstaatlichen Konkurrenten über eine deutlich bessere Marktposition verfügen.

Nach dem Ende der Sowjetunion übernahm Russland die Kontrolle über die sowjetische Nachrichtenagentur *TASS*, die zunächst als *ITAR* firmierte und später in *ITAR-TASS* umbenannt wurde.[765] Die zweite staatliche Nachrichtenagentur, *RIA „Novosti"*, baute gleichfalls auf einer sowjetischen Vorgängerin auf, unterlag jedoch zahlreichen Umstrukturierungen und Namensänderungen.[766]

In Bezug auf die Übernahme dieser beiden Nachrichtenagenturen durch die Russländische Föderation und ihre weitere Entwicklung stechen mehrere Aspekte ins Auge: Erstens erhielten beide Agenturen Ende 1993 durch präsidentielle Erlasse eine ganze Reihe wirtschaftlicher Vorteile, insbesondere Steuer- und Zollbefreiungen sowie Zugang zu staatlicher Infrastruktur.[767] Zweitens gilt auch hier, dass das Parlament von der Mitsprache ausgeschlossen war. Struktur- und Personalentscheidungen oblagen allein der E-

---

[763] Mitte der 1990er Jahre verschlang die Finanzierung dieser Handvoll zentralstaatlicher Titel fast die Hälfte der staatlichen Subventionen für Printmedien insgesamt (vgl. Downing 1996: 130).
[764] Vgl. I. Zasurskij 1999b: 150.
[765] Vgl. Rantanen/Vartanova 1995: 213.
[766] Vgl. Rantanen 2002: 71.
[767] Vgl. Ukaze 1993/2257 und 1993/2278.

xekutive.[768] Ungewöhnlich ist schließlich drittens, dass ein Land parallel über zwei staatliche Nachrichtenagenturen verfügt, die in Konkurrenz zueinander stehen. Der Hauptgrund dafür könnte in der innenpolitischen und vor allem innerexekutiven Lage im Russland der El'cin-Zeit zu finden sein. Da Regierung und Präsidialadministration aus unterschiedlichen Interessengruppen und „Fraktionen" bestanden, lässt sich das Nebeneinander zweier Agenturen als interne Absicherungs- und Balancierungsmaßnahme verstehen, um das Monopol einer einzelnen Gruppierung zu verhindern und nötigenfalls ein Gegengewicht zur Verfügung zu haben.[769] Dies wird um so wichtiger, je stärker die Marktposition der beiden staatlichen Agenturen ist, denn es gab in Russland in den 1990er Jahren zwar zahlreiche private Nachrichtenagenturen, doch wiesen deren Abonnentenzahlen selbst addiert immer noch einen großen Abstand zum Führungsduo auf. Überdies handelt es sich bei den meisten privaten Agenturen um thematisch spezialisierte Dienstleister, die zwar in ihren jeweiligen Teilgebieten erfolgreich sind, aber in der gesamten Breite mit *ITAR-TASS* und *RIA „Novosti"* nicht ernsthaft konkurrieren können.[770] Die Konkurrenzsituation dürfte außerdem durch teilweise sehr enge Beziehungen privater Agenturen zur Exekutive gemindert werden. So wechselten beispielsweise mehrfach leitende Mitarbeiter von *Interfaks* in führende Positionen in Regierung oder Präsidialadministration.[771]

Unter dem Aspekt der Möglichkeiten der Einflussnahme auf die öffentliche Meinung stehen audiovisuelle Medien an erster Stelle, und hier insbesondere das Fernsehen. Deshalb sind sowohl die Zahl staatlicher Sender als auch der Umfang staatlicher Einflussnahme von großer Bedeutung. Der russländische Staat verfügte nach dem Ende der Sowjetunion mit dem ersten (*Ostankino*[772]) und zweiten Kanal (*RTR/Rossija*[773]), über zwei zentrale Fernsehsender, die nahezu im gesamten Staatsgebiet empfangen werden konnten. Hinzu kom-

---

[768] Michel/Jankowski (1998: 486) behaupten, *ITAR-TASS* und *RIA „Novosti"* seien am 22.12.1994 der direkten Kontrolle des Staatspräsidenten unterstellt worden. Belege dafür lassen sich jedoch nicht finden.

[769] Vgl. Rantanen 2002: 265.

[770] Vgl. Rantanen/Vartanova 1995: 218.

[771] Vgl. Kačkaeva 1998: 22.

[772] Der Sender wurde 1995 umbenannt in *ORT* und firmiert heute unter der Bezeichnung „Erster Kanal" (*Pervyj kanal*).

[773] Die offizielle Bezeichnung des Senders wechselte mehrmals. Zwischenzeitlich hieß er auch *RTR-1*.

men eine Reihe von überregionalen Hörfunksendern sowie als Tochtergesellschaften die Regionalsender in den einzelnen Föderationssubjekten[774]. Darüber hinaus befand sich anfangs praktisch die gesamte Sende- und Übertra-
gungsinfrastruktur in staatlichen Händen.

Der erste Fernsehkanal wurde 1995 „teilprivatisiert" und stellt insofern einen Sonderfall dar, auf den weiter unten (Abschnitt 6.2.3) ausführlich eingegangen werden soll. Im weiteren Verlauf dieses Abschnitts stehen deshalb
RTR und andere überregionale Fernseh- und Radiosender sowie die strukturellen und personellen Entwicklungen im Fokus.

Mitte der 1990er Jahre gab es fünf überregionale Hörfunksender unter
zentralstaatlicher Kontrolle: *Junost'*, *Majak*, *Orfej*, *Radio-1* und *Radio
Rossii*.[775] Hinzu kommt mit *Golos Rossii* ein staatlicher Radiosender, den
El'cin noch vor der Konstituierung der neugewählten Duma per Dekret
geschaffen und damit beauftragt hatte, Hörer im Ausland über das „politische,
wirtschaftliche, soziale und kulturelle Leben [in] der Russländischen
Föderation [aufzuklären]".[776]

Im Kern blieben Umfang und Struktur der überregionalen Hörfunksender
unter zentralstaatlicher Kontrolle bis Ende der 1990er Jahre erhalten. Zwar
gab es gelegentlich Überlegungen zur Privatisierung einzelner Radiosender;
so erteilte beispielsweise El'cin im Herbst 1995 der Regierung einen
Prüfauftrag zur Möglichkeit der Umwandlung von *Junost'* und *Majak* in
Aktiengesellschaften sowie einer anschließenden Teilprivatisierung.[777]
Umgesetzt wurde El'cins Idee jedoch nicht – mutmaßlich, weil maßgebliche
Akteure innerhalb von Regierung und Präsidialadministration die Kontrolle
über diese Sender nicht aufgeben wollten.

Im Jahr 1997 zeigten sich schließlich erste Anzeichen einer Trendwende,
was den Umgang der Exekutive mit ihren Medienressourcen anbelangt. Mit
dafür verantwortlich dürften nicht nur die anhaltend gravierenden Finanzie-
rungsprobleme gewesen sein, sondern besonders die Erfahrungen aus den
„Medienkriegen" (siehe insbesondere Abschnitt 6.4.3). Diese Trendwende
zeichnete zum einen aus, dass die Exekutive versuchte, knappe Ressourcen

---

[774] De facto übernahm in den meisten Föderationssubjekten recht schnell die regionale
Exekutive die Kontrolle über den jeweiligen Sender.
[775] Vgl. Michel/Jankowski 1994: B 80; Pleines 1997: 394.
[776] Ukaz 1993/2258.
[777] Ukaz 1995/1019.

effizienter und effektiver einzusetzen; zum anderen sollte die Kontrolle stärker zentralisiert werden. Ex post betrachtet manifestierte sich diese Kursänderung zunächst im Hörfunkbereich. Per Präsidialerlass fusionierte El'cin im Sommer 1997 die beiden Radiosender *Junost'* und *Majak* zur „allrussländischen staatlichen Hörfunkgesellschaft" *Majak*, liquidierte den Radiosender *Radio-1* und übertrug dessen Frequenzen an die drei verbleibenden zentralstaatlichen Hörfunkanstalten.[778]

Diese Tendenz zur Rezentralisierung der Medienkontrolle durch die Exekutive im Vorfeld der für Ende 1999 bzw. Frühjahr 2000 erwarteten Parlaments- bzw. Präsidentschaftswahlen blieb der breiten Öffentlichkeit zunächst verborgen. Bevor diese Entwicklung analysiert wird, soll zunächst jedoch ein genauerer Blick auf die Entwicklung im Bereich des staatlichen Fernsehens geworfen werden.

Bis Mitte der 1990er Jahre gab es einige signifikante Veränderungen im Bereich des zentralstaatlichen Fernsehens, die allesamt auf Entscheidungen und Umsetzungen durch die Exekutive beruhen. (Diese Tendenz reicht weit über den Sonderfall des ersten Fernsehkanals – *Ostankino/ORT* – hinaus, dessen „Teilprivatisierung" weitreichende Folgen hatte, deren Umstände im separaten Abschnitt 6.2.3 weiter unten eingehend analysiert werden sollen.)

Bereits im Januar 1993 wurde der zuvor militärisch genutzte sechste terrestrische Fernsehkanal privatisiert, indem einem russländisch-amerikanischen Joint Venture in einem von der Konkurrenz als intransparent kritisierten Verfahren die Sendelizenz erteilt wurde.[779] Der neue Sender erhielt den Namen *TV-6*, konnte seine anfänglich sehr geringe, auf den Moskauer Raum begrenzte Reichweite recht schnell ausbauen und verfügte im Jahr 1994 bereits über eine technische Reichweite von ungefähr 60 Millionen Menschen[780] (zur weiteren Entwicklung dieses Sender siehe Abschnitt 6.3.3.2).

Auf einem weiteren staatlichen Fernsehkanal wurde Anfang der 1990er Jahre – neben einem Informations- und Kulturprogramm in den späten Abendstunden und am Wochenende – das Bildungsfernsehen „Russländische

---

[778] Ukaz 1997/823.

[779] Vgl. McNair 1996: 491; Mickiewicz: 1995: 163. Die Umstände der Lizenzerteilung kritisiert bspw. Igor' Malašenko in einem Interview (S general'nym direktorom 1993).

[780] Vgl. Michel/Jankowski 1996: C 71f.

Universitäten" (*Rossijskie universitety*) ausgestrahlt. Der Sender war zunächst nur im europäischen Teil der Russländischen Föderation zu empfangen.[781] Staatspräsident El'cin nutzte den Zeitraum vor der Konstituierung der Staatsduma, um per Dekret und ohne Ausschreibung dem neu gegründeten privaten Fernsehsender *NTV* mit Wirkung zum 01.01.1994 wöchentlich 58 Stunden Sendezeit (inklusive zur wochentäglichen Prime Time ab 18.00 Uhr) „auf experimenteller Grundlage" zu Lasten der bisherigen Programme einzuräumen.[782] Diese Vorzugsbehandlung von *NTV* durch präsidentiellen Erlass bildete den Anfang einer Serie und sollte sich in den folgenden Jahren fortsetzen (siehe Abschnitt 6.3.3.1).

Kurz nach dem Zusammenbruch der Sowjetunion hatte El'cin den damaligen Sankt Petersburger Regionalsender per Erlass in die neu gegründete „Russländische staatliche Rundfunkgesellschaft *Peterburg*" umgewandelt.[783] Mit gewissen Abstrichen konnte der Kanal als überregionaler Fernsehsender bezeichnet werden, da sein Ausstrahlungsgebiet Mitte der 1990er Jahre sowohl den europäischen Teil Russlands als auch einen beachtlichen Teil Sibiriens abdeckte[784] und er so von rund 90 Millionen Menschen empfangen werden konnte[785]. In dieser Form existierte *Peterburg* etwas mehr als fünf Jahre.

Im Sommer 1997 kam es zu einem weiteren Rezentralisierungsschritt. El'cin stufte *Peterburg* per Erlass wieder auf den Status eines Petersburger Regionalsenders zurück, übertrug die bisher genutzten Frequenzen an den neugegründeten überregionalen staatlichen Sender *Kul'tura* und unterstellte diesen der staatlichen Dachgesellschaft „Gesamtrussländische staatliche Fernseh- und Hörfunkgesellschaft" (*Vserossijskaja gosudarstvennaja televizionnaja i radioveščatel'naja kompanija*; *VGTRK*)[786] In diesem Erlass reservierte sich der Staatspräsident zudem auch bei dem *Kul'tura*-Kanal das alleinige Recht, den Chefredakteur zu ernennen bzw. zu entlassen (Ziffer 3). Erneut zeigt sich an dieser Stelle die alleinige Gestaltungsmacht der Exekutive und

---

[781] Michel/Jankowski 1994: B 82.
[782] Ukaz 1993/1975.
[783] Ukaz 1992/47.
[784] Vgl. Michel/Jankowski 1996: C 71.
[785] Vgl. Hübner 1995b: 12.
[786] Ukaz 1997/919.

insbesondere des Staatspräsidenten bei wesentlichen Strukturentscheidungen auch im Medienbereich.

Strukturell und institutionell blieb der zweite zentralstaatliche Fernsehkanal, *RTR*, bis Ende der 1990er Jahre weitgehend unangetastet. Umso auffälliger sind die präsidentiellen Personalentscheidungen, mittels derer die Exekutive ab 1996 versuchte, mehr Einfluss auf die inhaltliche und politische Ausrichtung des Senders zu nehmen. Bis Mitte der 1990er Jahre galt *RTR* als verlässliche Informationsquelle, die zwar grundsätzlich loyal zur politischen Führung stand, aber zugleich regelmäßig kritische Berichte sendete – auch und gerade zu zentralen Themen wie etwa Wirtschaftspolitik und Krieg in Čečnja.[787] Nachdem *RTR*-Chef Oleg Popcov den Sender mehr als fünf Jahre lang auf diesem Kurs eines „gemäßigten Binnenpluralismus" gehalten hatte, änderten sich Anfang 1996 die politischen Prioritäten maßgeblicher Akteure, und Popcov wurde Mitte Februar von El'cin per Dekret entlassen[788] – auffälligerweise in unmittelbarem zeitlichem Zusammenhang mit El'cins Bekanntgabe seiner Präsidentschaftskandidatur. Es herrscht weitgehend Einigkeit darüber, dass der Grund für Popcovs Entlassung das Bestreben El'cins war, *RTR* im Vorfeld der Präsidentschaftswahl im Juni 1996 wieder stärker unter Kontrolle zu bringen.

Die Entlassung Popcovs sorgte jedoch nicht für Stabilität. Sein Nachfolger Éduard Sagalaev – bemerkenswerterweise einer der Hauptaktionäre des oben erwähnten Privatsenders *TV-6* – trat seine Stelle zwar mit der Maxime an, positive Berichterstattung wieder in den Vordergrund zu rücken,[789] dennoch hielt er sich nur ein knappes Jahr auf seinem Posten. Seinem Nachfolger wiederum, Nikolaj Svanidze, wird zwar gemeinhin attestiert, dass *RTR* während seiner Amtszeit stärker als Propaganda-Sprachrohr der Exekutive fungierte,[790] aber auch er verlor nach dem Scheitern der Regierung Kirienko im Sommer 1998 sein Amt. Die darauffolgenden beiden Chefs hatten ihre Ämter ebenfalls nur jeweils etwas mehr als ein Jahr inne.[791]

---

[787] Vgl. Belin/Fossato/Kachkaeva 2001: 68; Hübner 1995b: 11; McNair 2000: 89; Zasurskii 2001: 221.

[788] Ukaz 1996/203.

[789] Vgl. McNair 2000: 90.

[790] Vgl. I. Zasurskij 1999b: 143.

[791] Vgl. Zasurskii 2001: 221.

Grund für die häufigen Personalwechsel an der Spitze des zentralstaatlichen Fernsehens war nicht allein das Bestreben politischer Akteure, stärkeren Einfluss auf die inhaltliche Ausrichtung zu erlangen. Es galt ebenso, die
desolate finanzielle Lage des Senders zu verbessern bzw. mit den vorhandenen Ressourcen effizienter zu wirtschaften. Dabei spielten sowohl die knapp
bemessenen Mittel aus dem Staatshaushalt, von denen zudem meist deutlich
weniger als die Hälfte auch tatsächlich ausgezahlt wurde, als auch senderinterne Misswirtschaft bis hin zu verdeckten Privatisierungen (*asset stripping*)
und Veruntreuung eine zentrale Rolle.[792] Keiner der Nachfolger Popcovs bekam diese Probleme grundsätzlich in den Griff, gegen Sagalaev und Svanidze wurden sogar Veruntreuungs- bzw. Korruptionsvorwürfe erhoben.[793]

Die bescheidenen Erfolge beim Versuch, *RTR* sowohl in inhaltlicher als
auch wirtschaftlicher Hinsicht stärker unter staatliche Kontrolle zu bringen,
und die Erfahrungen politischer Akteure während des zweiten Medienkrieges
im Sommer 1997 sowie insbesondere die exponierte Rolle, die der teilprivati-
sierte Senders *ORT* dabei spielte (siehe Abschnitt 6.4.3), trugen maßgeblich
dazu bei, dass im Frühjahr 1998 ein umfassendes Rezentralisierungsprojekt
im Bereich staatlicher Massenmedien bekannt gegeben wurde. Rund eineinhalb Jahre vor der anstehenden Dumawahl und knapp zwei Jahre vor der
planmäßigen Präsidentschaftswahl sollten alle staatlichen Massenmedien
und Nachrichtenagenturen, aber auch wichtige Teile der Infrastruktur, allen
voran Übertragungs- und Sendeeinrichtungen, unter dem zentralen Dach einer staatlichen Holding zusammengefasst werden.

Formell angeordnet wurde die Bildung des staatlichen „Superkonzerns"[794]
– wörtlich: „einheitlicher produktions-technologischer Komplex der staatlichen
elektronischen Massenmedien" (*edinyj proizvodstvenno-technologičeskij
kompleks gosudarstvennych élektronnych sredstv massovoj informacii*;
EPTK) – auf der Basis der schon bestehenden staatlichen Dachgesellschaft

---

[792] Vgl. zur finanziellen Lage und zum intransparenten Geschäftsgebaren insb. Belin
2002d: 275; Belin/Fossato/Kachkaeva 2001: 69; Hübner 1995b: 7f.; Rykovceva 1999a,
2001. Manche diagnostizieren bei dem Sender gar eine „Privatisierung des Staates"
(Centr ‚Pravo i sredstva massovoj informacii' 1999: Teil 2, Kap. 5).

[793] Vgl. McNair 2000: 90f. Über die Stichhaltigkeit dieser Vorwürfe kann nur spekuliert
werden. Es ist sehr gut möglich, dass es sich um in politischer Absicht konstruierte
Verdächtigungen handelt.

[794] Hübner 2000c: 25.

VGTRK mit einem Präsidialerlass vom 08.05.1998.[795] Die detaillierte Umsetzung legte knapp drei Monate später eine Regierungsverordnung fest.[796] Durch die neue staatliche Medienholding wurden nicht nur die zentralstaatlichen Informationsressourcen, das heißt der Fernsehsender *RTR* sowie die überregionalen Hörfunksender und Nachrichtenagenturen, unter einem von der Exekutive kontrollierten Dach zusammengeführt. Auch die in Staatsbesitz befindlichen Produktions-, Sende- und Übertragungseinrichtungen wurden Teil dieser Holding. Und schließlich wurden auch die elektronischen Medien in den Föderationssubjekten sowie die dortigen Sendeeinrichtungen, die bislang de facto von den regionalen Machthabern kontrolliert worden waren, als Tochtergesellschaften integriert und nicht zuletzt durch die Zentralisierung der Finanzzuweisungen sowie der Personalpolitik wieder unter die Kontrolle der zentralstaatlichen Exekutive gebracht.[797]

Die konkrete Umsetzung des Rezentralisierungsvorhabens stieß auf zahlreiche Widerstände. Zum Beispiel gelang es zahlreichen Gouverneuren in den Föderationssubjekten offenbar, Betriebsvermögen der regionalen elektronischen Medien auszugliedern und dem Zugriff des Föderationszentrums zu entziehen.[798] Zudem wurde bald deutlich, dass ein von manchen Kritikern befürchtetes simples „Durchregieren" von oben in der Praxis nicht umsetzbar war – schon gar nicht innerhalb weniger Monate. Gleichwohl zeigt dieser Versuch der Bündelung staatlicher Medien und Medieninfrastruktur deutlich das Bemühen der zentralstaatlichen Exekutive, im Vorfeld der anstehenden Wahlen wieder stärkeren Zugriff auch auf Informationsressourcen zu erlangen. Das Hauptziel bestand darin, sowohl in wirtschaftlicher als auch in politi-

---

[795] Ukaz 1998/511.

[796] Regierungsverordnung 1998/844. Deppe (2000: Kap. 8.1.2) berichtet davon, die Zeit zwischen Ukaz und Verordnung sei von starken Protesten von Interessengruppen geprägt gewesen und die schließlich veröffentlichte Verordnung stelle eine gegenüber den ursprünglichen Plänen abgeschwächte Version dar. Leider nennt er als Beleg für diese These allein den Zeitungsbeitrag eines Autorenduos, das gemeinhin als Sprachrohr Boris Berezovskijs gilt (vgl. Koškarëva/Narzikulov 1998a).

[797] Diese Maßnahmen wurden auch von einer Reihe finanzieller Vergünstigungen begleitet. Sie beinhalteten u. a. einen teilweisen Schuldenerlass sowie die mehrjährige Stundung bestehender Zahlungsverpflichtungen (z. B. Steuern, Zoll) des Fernsehsenders *RTR* (vgl. Aksartova et al. 2003: 46f.).

[798] Vgl. bspw. Coulloudon 1999; Deppe 2000: Kap. 8.1.2; Hübner 2000c: 26; IPI 1999; Rykovceva 1998a.

scher Hinsicht ein Gegengewicht zu den nichtstaatlichen audiovisuellen Medien aufzubauen.[799]

Diese seit 1998 offensichtliche Tendenz setzte sich auch danach fort und kulminierte im Sommer 1999 in der Wiedereinrichtung eines „Ministeriums für Angelegenheiten der Presse, des Hörfunks und Fernsehens sowie der Massenkommunikationsmittel" (*Ministerstvo Rossijskoj Federacii po delam pečati, teleradioveščanija i sredstv massovych kommunikacij*; *MPTR*) durch Staatspräsident El'cin.[800] In dem neuen Medienministerium wurden alle medienrelevanten Zuständigkeiten zusammengefasst und daneben Behörden wie das Pressekomitee sowie die unter anderem für die Lizenzerteilung zuständige *FSTR* integriert.[801] Das *MPTR* erhielt beispielsweise auch die Kompetenz, die Preise für die Nutzung staatlicher Sendeeinrichtungen festzulegen. Für private elektronische Medien, die auf diese Infrastruktur angewiesen waren, stand mithin die Gefahr im Raum, dass individuelle „politische" Preise festgesetzt werden könnten.[802]

Die grundsätzliche Problematik dieser Konzentration medienpolitischer Macht zeigte sich bald nach der Einrichtung des *MPTR*. Unter anderem unter Berufung auf das Lizenzierungsgesetz von 1998 versuchte das Ministerium durchzusetzen, dass alle Printmedien lizenzpflichtig werden und binnen dreier Monate eine Lizenz erwerben sollten. Da der politische Protest und Widerstand enorm war, wurde das Vorhaben wieder zurückgezogen.[803] Dieser Plan war aber in jedem Falle ein Vorzeichen für die zunehmend aktive medienpolitische Rolle, die das MPTR einnehmen sollte. Einen ersten Kulminationspunkt bildete dann der Dumawahlkampf 1999, als das Ministerium offizielle „Verwarnungen" wegen Fehlverhalten gegen zwei Fernsehsender aussprach und in der Folge die Verlängerung der jeweiligen Sendelizenz in Frage stellte[804] (zum Kontext siehe unten Abschnitt 6.4.4).

---

[799] Vgl. Fedotov 1999: Kap. 3.
[800] Ukaz 1999/885.
[801] Formal wurden diese Behörden erst durch eine wenige Tage später veröffentlichte Regierungsverfügung (1999/1141-r) aufgelöst und ihre bisherigen Aufgaben an das Ministerium übertragen.
[802] Vgl. IPI 1999; Mickiewicz 1999b: 282.
[803] Vgl. Kharina 2001: 7; Richter 2001: 125f.
[804] Vgl. Belin 2001: 333f.

Die politischen Bestrebungen Ende der 1990er Jahre, „landesweit einer Exekutiv-nahen Informationspolitik zur Dominanz zu verhelfen"[805] und den Einfluss einiger nichtstaatlicher Akteure zurückzudrängen, mischen sich jedoch gleichzeitig mit der politischen und ökonomischen Bevorzugung anderer nichtstaatlicher Akteure. Die Ernennung Michail Lesins zum Medienminister im Sommer 1999 ist ein aufschlussreiches Beispiel, weil er als zentraler Akteur der medienpolitischen Rezentralisierungspolitik angesehen wird und gleichzeitig seine potentiellen Interessenkonflikte augenfällig sind.

Zahlreiche Autoren liefern eine Vielzahl an Indizien, die nahelegen, dass unter anderem die Gründung der staatlichen Medienholding im Mai 1998 wesentlich auf Lesin zurückgeht.[806] Seine Ernennung zum Minister nur kurze Zeit später erhöhte seinen Einfluss noch einmal entscheidend.[807] Gleichzeitig galt Lesin schon seit Jahren als Lobbyist des Unternehmens *Video Internéšnl*, damals unter anderem größter Vermarkter von Werbung in Russland und exklusiver Verkäufer der Werbezeiten des staatlichen Fernsehsenders *RTR*, dessen Vizevorsitzender Lesin seit 1997 war.[808]

Lesin bestätigte 1999 in einem Interview zwar, einer der Gründer von *Video Internéšnl* gewesen zu sein, behauptete jedoch, schon 1994 seine Anteile an der Agentur verkauft zu haben und keinerlei Beziehungen mehr zu ihr zu unterhalten.[809] Der Wahrheitsgehalt dieser Aussagen ist ausgesprochen zweifelhaft, und selbst wenn Lesin damals keine unmittelbare Kapitalbeteiligung an dem Unternehmen mehr gehalten haben sollte, war er höchstwahrscheinlich vielfach – zumindest mittelbar – an Entscheidungen beteiligt war, die *Video Internéšnl* Vorteile verschafften.

Am besten dokumentiert ist die unangefochtene Stellung, die *Video Internéšnl* auch und gerade im Bereich der zentralen Staatsmedien einnahm. Das exklusive Vermarktungsrecht für Werbung beim Fernsehsender *RTR* ging mit auffällig ungünstigen Konditionen für den Fernsehsender und großen, weit-

---

[805] Hübner 2000c: 25.

[806] Vgl. bspw. Belin 2002b: 147; Centr ‚Pravo i sredstva massovoj informacii' 1999: Teil 2, Kap. 5; Kol'cova 2001: 73; Rykovceva 1998a: 2; Usačëva 2000: 122.

[807] Zumindest aus Teilen seiner ministeriellen Agenda machte er keinen Hehl. Kurz nach seinem Amsantritt sagte er: „Die Medien haben heute große Möglichkeiten, auf den Staat einzuwirken, statt umgekehrt. Deshalb ist der Schutz des Staates vor den freien Medien eine sehr aktuelle Frage" (zit. n. Hassel 2000: 24).

[808] Vgl. Belin 2001: 327.

[809] Vgl. das Interview mit Elena Rykovceva (1999a).

gehend risikolosen Gewinnen für die Agentur einher.[810] Darüber hinaus steht außer Frage, dass die Agentur von der Gründung der staatlichen Medienholding erheblich profitierte, weil ihr im Zuge der damit einhergehenden Integration anderer staatlicher Medien und der Rezentralisierung der Entscheidungsprozesse die Türen zur weiteren wirtschaftlichen Expansion geöffnet wurden.[811]

Auch wenn – wie noch zu zeigen sein wird – ein kohärentes staatliches „Durchregieren" im Medienbereich während der Präsidentschaft El'cins nicht gelang, weil zahlreiche partikulare Interessen dem entgegenstanden, markieren die Rezentralisierungsschritte ab Ende der 1990er Jahre ex post betrachtet eine Trendwende, die innerhalb weniger Jahre unter der nachfolgenden Präsidentschaft Vladimir Putins zu einer Rückgewinnung staatlicher Entscheidungs- und Durchsetzungsmacht unter autoritären Vorzeichen führen sollte. Dazu gehörte auch die Wiedererlangung der staatlichen Kontrolle über den Fernsehsender *ORT*. Dessen „Teilprivatisierung" im Jahr 1994 bildet den Schwerpunkt des folgenden Abschnitts.

6.2.3 Der Fall ORT

Neben *RTR* befand sich auch der erste zentralstaatliche Fernsehkanal, *Ostankino*, im staatlichen Alleinbesitz und unter der Kontrolle der föderalen Exekutive. Und ähnlich wie beim zweiten Kanal, hatte auch *Ostankino* mit großen finanziellen Problemen zu kämpfen.[812] Die Finanzierung aus dem Staatshaushalt deckte nur einen geringen Teil der Ausgaben, gleichzeitig waren die Einnahmen erstaunlich niedrig, vor allem infolge von Misswirtschaft und dubioser Binnenorganisation. Gerade im Hinblick auf die Werbeeinnahmen zeigte sich das schon bekannte Phänomen der „Privatisierung der Profi-

---

[810] Vgl. insb. den Bericht des Rechnungshofs (Sčëtnaja palata Rossijskoj Federacii 2001) und die ausführliche Berichterstattung von Rykovceva (2001).

[811] Vgl. Rykovceva 1998a: 3. Der damalige *VGTRK*-Vorsitzende, Michail Švydkoj, sagte sogar, dass „in Bezug auf die Säuberung und Koordinierung des Werbemarktes die Interessen von *Video Internešnl* und die Interessen des Staatsunternehmens [= *VGTRK*; MS] in den nächsten zwei, drei Jahren zusammenfallen" (zit. n. Usačëva 2000: 122).

[812] Hübner (1995b: 7f.) hält die wirtschaftlichen Probleme bei *Ostankino* sogar für deutlich größer als im Falle *RTR*.

te": Zwischengeschaltete Firmen schöpften den Großteil der Werbeeinnahmen ab und reichten nur einen Bruchteil an den Sender weiter.[813]

Die Entlastung des Staatshaushalts war ein wichtiger Gesichtspunkt, der zu Überlegungen führte, den Fernsehsender zu privatisieren. Möglicherweise entscheidender waren jedoch politische Überlegungen im Vorfeld der im Dezember 1995 anstehenden Duma- und der für Juni 1996 erwarteten Präsidentschaftswahl. Die Exekutive hatte die Erfahrung gemacht, dass sich der erste zentralstaatliche Kanal zwar grundsätzlich durch eine loyale Berichterstattung auszeichnete (siehe S. 321), sich allerdings nicht als breites Propagandainstrument eignete.[814] Ein solches erschien zentralen politischen Akteuren, vor allem in der Präsidialadministration, aber essentiell, da nicht nur ein polarisierter Wahlkampf gegen eine weiter erstarkende KPRF erwartet wurde, sondern auch die Zweifel an der Loyalität wichtiger Privatmedien stärker wurden – besonders in Bezug auf den populären Sender NTV, der beispielsweise sehr kritisch über den Krieg in Čečnja berichtete (siehe S. 350).

Zahlreiche journalistische Berichte verweisen auf Boris Berezovskijs Schlüsselrolle bei der konkreten Idee zur Teilprivatisierung von Ostankino und deren Umsetzung im Jahr 1994.[815] Definitiv nachweisen lässt sich diese Vermutung nicht, aber sie kann eine sehr hohe Plausibilität für sich beanspruchen. Diesen Berichten zufolge hat Berezovskij argumentiert, wenn einem von ihm zusammengestellten Konsortium die Kontrolle über knapp die Hälfte der Anteile an dem Fernsehsender überlassen werde, erhalte die Exe-

---

[813] Vgl. für Details zur ökonomischen Lage von Ostankino/ORT Anfang bis Mitte der 1990er Jahre bspw. Aksartova et al. 2003: 56-60; Belin 1995: 2f.; Kačkaeva 1997b; Mickiewicz: 1995: 169; 1999b: 238f.; Pleines 1997: 395. Die senderinterne Situation im Hinblick auf die Geschäfte mit Werbung scheint Mitte der 1990er Jahre mafiöse Ausmaße angenommen zu haben. Um wieder stärkere Kontrolle über dieses Geschäftsfeld zu bekommen, kündigte der damalige Generaldirektor Vladislav List'ev ein viermonatiges Werbemoratorium zum Sendestart an. List'ev wurde wenig später ermordet. Der Fall wurde nie aufgeklärt, aber eine ganze Reihe von Beobachtern halten einen Auftragsmord in Zusammenhang mit Konflikten um die Kontrolle über die Fernsehwerbung für wahrscheinlich (vgl. Versii ubijstva 1995; I. Zasurskij 1999b: 146).

[814] Dafür waren überdies auch technische und strukturelle Gründe verantwortlich, z. B. eine im Vergleich mit Ostankino geringere Reichweite, eine veraltete technische Ausstattung etc. (vgl. Hübner 1995c: 73).

[815] Vgl. etwa Freeland 2005: 134f.; Hoffman 2002: 281; Klebnikov 2000: 144f. Bemerkenswert ist, dass Berezovskij im Jahr 1995 die Notwendigkeit der Deckung der laufenden Verluste des Fernsehsenders als Begründung dafür angeführt haben soll, ihm die Kontrolle über den Ölkonzern Sibneft' zu übertragen (vgl. Freeland 2005: 135, 180; siehe hierzu auch S. 251 et pass.).

kutive im Gegenzug ein loyales und wirkmächtiges Werkzeug im Vorfeld der anstehenden Wahlen. Ende 1994 kam es tatsächlich unter intransparenten Umständen und allein auf der rechtlichen Grundlage eines Präsidentendekrets zur Teilprivatisierung des Senders.[816] El'cins Ukaz vom 29.11.1994 legt fest, dass *Ostankino* „mit den Rechten eines Co-Gründers in die Aktiengesellschaft ‚Obščestvennoe rossijskoe televidenie' [Öffentliches Russländisches Fernsehen; *ORT*] mit einem staatlichen Aktienanteil von 51 Prozent eintreten" wird.[817] Darüber hinaus erteilt der Erlass ORT die Erlaubnis zur wirtschaftlichen Tätigkeit und eine Sendelizenz.[818] Schließlich gibt es eine Reihe von Berichten, denen zufolge ORT zahlreiche Vergünstigungen erhalten habe, zum Beispiel die Befreiung von Gebühren für Sendeleistungen oder die Übernahme der Altschulden *Ostankinos* durch den Staat.[819]

Die Teilprivatisierung des zweiten zentralstaatlichen Fernsehkanals folgt nicht nur dem aus den vorangehenden Kapiteln bekannten Muster, dass weitreichende politische und wirtschaftliche Entscheidungen unter Umgehung des Gesetzgebers allein auf Basis der Entscheidungen und Rechtsetzung von Staatspräsident und Regierung umgesetzt werden, sondern spitzt diese Vorgehensweise noch einmal zu. Im vorliegenden Fall wurde noch nicht einmal der Versuch unternommen, eine Ausschreibung des zu vergebenden Aktienanteils vorzunehmen. Somit bestimmte allein die Exekutive darüber, wer zu welchem Preis *ORT*-Anteilseigner werden sollte.[820]

Kurz vor dem offiziellen Sendestart von *ORT* am 01.04.1995 stellte sich heraus, dass die zu vergebenden 49 Prozent der Anteile an ORT relativ gleichmäßig unter einer Reihe bekannter Akteure aus dem Banken- und Industriebereich aufgeteilt worden waren.

---

[816] Vgl. für Berichte über intraexekutive Konflikte im Vorfeld Kačkaeva 1997a.

[817] Ukaz 1994/2133.

[818] Rein formal wird die Lizenz erst etwas später auf Basis einer Anweisung durch eine Regierungsverfügung (1994/2020-r) erteilt.

[819] Vgl. Aksartova et al. 2003: 46; Svetickaja 2000.

[820] Vgl. Krug/Price 1996: 180. Es gibt jedoch eine Reihe von Berichten, die Berezovskij eine tragende Rolle bei der Zusammenstellung des Aktionärskreises zuschreiben (vgl. Fn. 815). Krug und Price (1996: 180) vertreten auch die plausible These, dass der Kaufpreis vermutlich allein in der Bereitschaft, zukünftige Verluste zu tragen, bestanden habe.

Tabelle 25:   Die Aktionärsstruktur von ORT (Februar 1995)

Aktionär	Anteil in %
Staat (51 %) Staatliches Vermögenskomitee (*GKI*)	36
RGTRK *Ostankino*[a]	9
Staatsunternehmen Fernsehtechnisches Zentrum (*TTC*)	3
staatliche Nachrichtenagentur *ITAR-TASS*	3
Private Akteure (49 %) Vereinigung unabhängiger Fernsehunternehmen	3
LogoVAZ	8
Bank *MENATEP*	5
Bank *Nacional'nyj kredit*	5
Stoličnyj bank sbereženij	5
Al'fa-bank	5
Ob"edinënnyj bank	8
Mikrodin	5
Gazprom	3
Nationaler Sportfonds der Russländischen Föderation (*NFS*)	2

Anm.:

[a] Aus der ursprünglichen Rundfunkanstalt *Ostankino* wurde im Zuge der Teilprivatisierung im wesentlichen der zentrale Fernsehbereich herausgelöst, der fortan als *ORT* firmierte. Die verbleibenden Anstaltsteile im Staatsbesitz blieben zunächst unter dem Dach von *Ostankino*.

Quellen: Amirov/Balutenko 1997: 9; Éfirnoe sozdanie 1995; Kolesnik 1997; Privatizacija gosudarstvennogo televidenija 1995; I. Zasurskij 1999b: 147.

Die Intransparenz, die bei der Vergabe der Senderanteile geherrscht hatte, setzte sich auch in der Zukunft fort. Begünstigt wurde dies durch die gewählte Rechtsform von *ORT*. Der Sender firmierte als „geschlossene Aktiengesellschaft" (*Zakrytoe akcionernoe obščestvo*; ZAO) und unterlag somit de facto keinen Berichtspflichten.[821] Dies erleichterte auch das Bestreben Boris Berezovskijs, im Hintergrund die Fäden zu ziehen und *ORT* weitgehend unter seine Kontrolle zu bringen (zur weiteren Entwicklung siehe Abschnitt 6.3.3.2). Von „öffentlichem" Fernsehen, wie der offizielle Name von *ORT* behauptet, konnte jedenfalls keine Rede sein: Weder das Parlament noch die Parteien, geschweige denn zivilgesellschaftliche Akteure hatten Einfluss auf den Sen-

---

[821] Erst im Zuge der oben bereits erwähnten Bestrebungen, die Rolle der Exekutive im Medienbereich zu stärken (S. 318ff.), wurde *ORT* Ende 1997 in eine „offene Aktiengesellschaft" (*Otkrytoe akcionernoe obščestvo*; OAO) umgewandelt (vgl. Centr ‚Pravo i sredstva massovoj informacii' 1999: Teil 2, Kap. 8).

der.[822] Statt dessen ist ORT ein weiterer Fall des „engen Zusammenwachsens von Staatsmacht und Kapital"[823].

Das Parlament versuchte mehrfach und mit unterschiedlichen Mitteln, die Teilprivatisierung von ORT zu verhindern. Zunächst wurde im Frühjahr 1995 in der Duma ein Gesetzgebungsverfahren initiiert, um den Erlass El'cins gegenstandslos zu machen. Das entsprechende Gesetz wurde sehr zügig und mit breiter Mehrheit nicht nur von der Duma verabschiedet, sondern ebenso vom Föderationsrat. Nachdem der Staatspräsident jedoch sein Veto gegen dieses Gesetz eingelegt hatte, gelang es nicht, in beiden Kammern die nötige Zweidrittelmehrheit zu mobilisieren.[824] Damit war das Vorhaben gescheitert, auf dem Wege der Gesetzgebung die Teilprivatisierung von ORT zu stoppen bzw. rückgängig zu machen.[825]

Nachdem diese gesetzgeberische Initiative gescheitert war, erhob die Duma im Juni 1995 vor dem Verfassungsgericht Klage gegen den Präsidialerlass vom 29.11.1994.[826] Das Gericht lehnte jedoch am 02.11.1995 die Annahme der Klage ab. Im Kern argumentierte das Verfassungsgericht dabei wie folgt: „Die Bestimmungen des Erlasses haben hauptsächlich operativ-organisatorischen Charakter, richten sich an bestimmte Subjekte und erweisen sich nicht als normativ."[827] Da das Verfassungsgericht nur zur Prüfung der Verfassungsmäßigkeit normativer Akte des Staatspräsidenten befugt sei, fehle es im vorliegenden Fall an seiner gesetzlichen Zuständigkeit.[828] Das Verfassungsgericht nimmt hier fast wortwörtlich seine Definition normativer Akte wieder auf, die es bei der Begründung der Ablehnung der Annahme ei-

---

[822] Formal wurden zwar zwei Aufsichtsgremien installiert – ein Verwaltungsrat (sovet direktorov) und ein Kuratorium (popečitel'skij sovet) –, durch die jedoch keinerlei zivilgesellschaftliche Kontrolle ausgeübt wurde. Das Kuratorium (Vorsitz: Staatspräsident El'cin) hatte auch zwei Jahre nach Sendestart noch kein einziges Mal getagt, eine Satzung fehlte ebenfalls (vgl. Amirov/Balutenko 1997: 10, Fn. 1; Kačkaeva 1997a; I. Zasurskij 1999b: 145).

[823] Kačkaeva 1997a.

[824] Vgl. Parrish 1998: 88f.

[825] Es gab in der Folge noch zwei weitere parlamentarische Initiativen: Nachdem die Duma im November 1995 im Kern den Gesetzentwurf aus dem Frühjahr noch einmal verabschiedet hatte, verweigerte diesmal jedoch der Föderationsrat die Zustimmung; im Oktober 1996 forderte die Dumamehrheit dann die Verstaatlichung von ORT, doch diese nicht bindende Resolution blieb folgenlos (vgl. Ot „Ostankino" – k ORT 1998).

[826] Dumabeschluss 1995/835-I GD.

[827] Verfassungsgericht 1995/70-O, Punkt 1, Abs. 2.

[828] Vgl. Verfassungsgericht 1995/70-O, Punkt 1, Abs. 3.

ner früheren Klage der Duma knapp fünf Monate vorher zugrunde gelegt hatte.[829] Einmal mehr wird hier deutlich, dass diese sehr enge Definition normativer Rechtsakte in der Praxis dazu führt, dass gerade Präsidialerlasse zugunsten partikularer Akteure, die teilweise massive (Re-)Distributions-Entscheidungen und -Folgen beinhalten und de facto der Parlamentskontrolle weitgehend entzogen sind, aus formalen Gründen auf verfassungsgerichtlichem Wege nicht einmal dann angefochten werden können, wenn ihre Verfassungswidrigkeit offensichtlich ist.

Angesichts der parlamentarischen Mehrheitsverhältnisse war mit dieser Klagezurückweisung klar, dass die Teilprivatisierung von *ORT* – zumindest vor den anstehenden Wahlen – nicht mehr rückgängig gemacht werden konnte. Und sehr schnell stellte sich heraus, dass die rechtliche Teilprivatisierung de facto eine vollständige Entstaatlichung war, weil innerhalb kurzer Zeit Boris Berezovskij auf informellem Wege sowohl die finanzielle wie auch die personelle und inhaltliche Kontrolle über den Fernsehsender errang. Aus diesem Grund wird *ORT* im Folgenden dem Medienkonglomerat Berezovskijs zugeschlagen, das unten in Abschnitt 6.3.3.2 genauer analysiert wird.

Bevor jedoch einzelne nichtstaatliche Akteure im Medienbereich in den Blick genommen werden, soll herausgearbeitet werden, welche Faktoren dazu beitrugen, dass die überwältigende Mehrheit wichtiger Massenmedien unter die Kontrolle ökonomischer Akteure geriet und wie dieser Prozess verlief. Auffällig ist hierbei nicht die Tatsache an sich, dass Medien in den Besitz oder unter der Kontrolle privatwirtschaftlicher Akteure geraten. Bemerkenswert ist vielmehr, dass es vorwiegend die aus Abschnitt 5.6 (S. 268ff.) bekannten finanz-industriellen Unternehmenskonglomerate sind, die die bedeutendsten audiovisuellen und Printmedien unter sich aufteilen – Konglomerate, deren wirtschaftliche Interessen außerhalb des Medienbereichs lagen und auch weiterhin liegen.

---

[829] Es handelt sich um die Verfassungsgerichtsentscheidung 28-O/1995 vom 09.06.1995, auf die schon oben in Abschn. 4.2.6 näher eingegangen wurde (S. 157).

6.3 Nichtstaatliche Akteure auf dem Feld der Massenmedien

Zu der Entwicklung, dass sehr viele russländische Massenmedien in den 1990er Jahren nach und nach ihre jeweilige Eigenständigkeit verloren, trugen eine Reihe von Faktoren bei. Dazu zählen zum Beispiel auch Probleme, die gemeinhin der journalistischen Ethik oder der (defizitären) Professionalisierung zugerechnet werden.[830] Von herausragender Bedeutung waren jedoch die massiv zunehmenden finanziellen Schwierigkeiten, mit denen fast alle Medien stark zu kämpfen hatten. Die Ernüchterung Anfang der 1990er Jahre, die den Jahren des Booms ein Ende bereitete, wurde bereits oben kurz skizziert (siehe Abschnitt 6.1.2, S. 295ff.). Im Folgenden soll ausführlicherer auf die wirtschaftliche Schwäche vieler Massenmedien, die den Einstieg branchenfremder Investoren oder „Sponsoren" maßgeblich beförderte, eingegangen werden.

6.3.1 Ökonomische Probleme: Subventionen und Sponsoren

Vorausgeschickt werden muss, dass die im Folgenden genannten Zahlen Schätzwerte sind. Die meisten Gründe für den Mangel an exakten Daten hängen mit der besonderen Transformationssituation zusammen. So gab es im Russland der 1990er Jahre beispielsweise keine etablierten und anerkannten Dienstleister mit erprobten Techniken, die verlässliche Daten zu Medienreichweiten, Auflagen und so weiter zu Verfügung stellen konnten. Das bedeutet, dass es entsprechende Daten zwar gibt, die Validität jedoch unklar bleibt. Des weiteren hatten die Medien im Hinblick auf die Akquisition von Werbung Anreize, ihre jeweilige Auflage oder Reichweite überhöht anzugeben, im Gegenzug jedoch Motive, gegenüber den Steuerbehörden niedrige Werbeeinnahmen auszuweisen.[831]

Unbestritten ist, dass die Werbewirtschaft in den 1990er Jahren bis zur Finanz- und Wirtschaftskrise im August 1998 einen starken Aufschwung erlebte. Einige Beobachter gehen davon aus, dass sich der Umfang des ge-

---

[830] Zu diesem wichtigen Themenfeld, auf das an dieser Stelle nicht vertieft eingegangen werden kann, liegen eine Reihe von Beiträgen vor. Vgl. bspw. Kustarëv 2000; Pasti 2005, 2007; Sinus Moskau 1995.

[831] Vgl. zur Datenproblematik bspw. Iskyan 1999: 9, 23.

samten Werbemarktes zwischen 1993 und 1997 nahezu versiebenfacht hat.[832] Die Vereinigung Russländischer Werbeagenturen veröffentlichte für das letzte Drittel der 1990er Jahre folgende Zahlen:

Tabelle 26:   Der Werbemarkt in Russland (1997-1999)

	Werbeumsätze 1997 in Mio. US-$	Werbeumsätze 1998 in Mio. US-$[a]	Werbeumsätze 1999 in Mio. US-$
Fernsehen	550	480	190
Printmedien	600	630	260
Radio	75	80	30
Außenwerbung	210	180	90
Direktmarketing	60	75	40
Übrige	350	350	150
Summe	*1.845*	*1.795*	*760*

Anm.:
[a] Im August 1998 kam es zu einer schweren Finanz- und Wirtschaftskrise, die nahezu alle Bereiche der Wirtschaft erheblich in Mitleidenschaft zogen. Deshalb sind die Daten für 1998 nur eingeschränkt aussagekräftig. Es gibt Behauptungen, der Gesamtumsatz im 1. Halbjahr 1998 habe zwei Mrd. US-$ betragen (vgl. Chinyaeva 2002: 15).

Quelle: Reklamnyj Sovet Rossii 2000: 11.

Es gibt Experten, die diese Zahlen für überhöht halten und von Werten ausgehen, die nur etwa halb so hoch sind.[833] Aber auch wenn die oben aufgeführten Umsätze in der Größenordnung korrekt sind, wird klar, dass die Werbeausgaben in Russland relativ niedrig sind. Im internationalen Vergleich betrugen die Werbeumsätze pro Einwohner um die Jahrtausendwende in Russland nur rund drei Prozent der Pro-Kopf-Umsätze in Westeuropa, im Vergleich mit den USA sogar nur knapp ein Prozent.[834]

Obwohl Russland in den 1990er Jahren ein Transformationsland ist und ein deutlich geringeres Preisniveau hat, erscheinen diese Zahlen sehr niedrig. Dies wird auch deutlich, wenn man die Werbeausgaben in Relation zum Bruttoinlandsprodukt setzt: Im Vergleich mit Russland wurde 1997 in Europa mehr als fünf Mal, in den USA sogar fast sieben Mal so viel für Werbung aufgewendet.[835] Verschärft wird diese Problematik durch die große Gesamtzahl an Medien, die um Werbeeinnahmen konkurrierten: Schätzungen für das

---

[832] Vgl. Pankin 1998b.
[833] Vgl. Iskyan 1999: 18.
[834] Vgl. Chinyaeva 2002: 15.
[835] Vgl. Iskyan 1999: 18.

Jahr 1999 gehen von 9.000 regelmäßig erscheinenden Printmedien sowie
1.000 tatsächlich sendenden Radiostationen und 500 Fernsehsendern aus.[836]

Zu diesen Problemen auf der Einnahmenseite kommen zusätzliche
Schwierigkeiten bei den Ausgaben. Die Betriebsausgaben aller Medien erhöhten sich – auch inflationsbereinigt – im Laufe der 1990er Jahre stetig. Besonders große Steigerungen betrafen etwa die Kosten für Papier, Druck, Zustellung sowie Sende- und Übertragungsleistungen.

Angesichts dieser schwierigen wirtschaftlichen Umstände kann es nicht
verwundern, dass die überwältigende Mehrheit der Medien in den 1990er
Jahren im normalen Geschäftsbetrieb mit anhaltenden Verlusten arbeitete.
Auch in diesem Bereich gibt es keine verlässlichen Statistiken, so dass man
auf Schätzungen von Experten angewiesen ist, die sich zwar in Bezug auf
konkrete Größenordnungen voneinander unterscheiden, aber im Trend über-
einstimmen. In einem Zeitungsbericht werden beispielsweise Berechnungen
zitiert, wonach die russländischen Printmedien Ende der 1990er Jahre kumuliert einen operativen Jahresverlust zwischen umgerechnet einer und 3,4 Milliarden US-Dollar machten. Die Zahlen der elektronischen Medien seien
„zwar andere, aber die Situation identisch".[837] Selbst nach der Jahrtausendwende, als die Wirtschaft Russlands einen merklichen Boom erlebte, waren
mindestens 40 Prozent aller Massenmedien für ihr wirtschaftliches Überleben
auf direkte oder indirekte Subventionen angewiesen.[838]

Wer genau aber zahlt für diese Betriebsverluste der Massenmedien? Wie
oben bereits herausgearbeitet (siehe S. 307f.), gibt es auch in der zweiten
Hälfte der 1990er Jahre staatliche Vergünstigungen für die Medien, allerdings
fallen diese aufs Ganze gesehen wenig ins Gewicht. Wichtiger scheinen verschiedene Spielarten von bezahlter Schleichwerbung zu sein, wovor auch seriöse und reichweitenstarke Medien nicht zurückschreckten.[839] Von herausragender Bedeutung – zumindest Mitte bis Ende der 1990er Jahre – waren jedoch diverse Varianten „politischer Investitionen", vor allem ökonomischer,

---

[836] Vgl. Bovt 2002: 95. Möglicherweise sind diese Zahlen etwas überhöht. Im Falle der
     Printmedien beispielsweise schließt die offizielle Statistik neben Periodika auch „sich
     fortsetzende Ausgaben" (*prodolžajuščiesja izdanija*) ein, deren Charakteristika, Bedeu-
     tung und Qualität nicht separat ausgewiesen werden (vgl. Matrjuchin 2000: 87).
[837] Posleslovie k jubileju 2000.
[838] Vgl. Aksartova et al. 2003: 28.
[839] Vgl. Pankin 1999; spezifisch für den Fall *Ostankino/ORT* vgl. Kačkaeva 1997b.

aber auch politischer Akteure. Dieses Phänomen findet sich im Grundsatz bei allen Formen von Massenmedien und sowohl auf überregionaler wie auch auf lokaler Ebene. Anna Kačkaeva, eine führende Moskauer Medienwissenschaftlerin, schätzt, dass insgesamt „50 Prozent der Budgets der Massenmedien im Zeitraum 1995 bis 1998 einen politischen Ursprung hatten"[840]. Was damit genau gemeint ist, wird für die in dieser Arbeit im Zentrum stehenden überregionalen Medien im folgenden Abschnitt näher analysiert.

6.3.2 Die „Aufteilung" der überregionalen Massenmedien

Konzerne im Medienbereich sind keine russländische Besonderheit. Die Korporatisierung der Massenmedien ist ein Phänomen, das sich in den allermeisten Ländern beobachten lässt. Das besondere im Falle Russlands ist jedoch, dass sich eine ganze Reihe branchenfremder Großkonzerne, namentlich besonders die im vorangegangenen Kapitel behandelten Finanz-Industrie-Gruppen, seit Mitte der 1990er Jahre massiv bei Massenmedien engagierten und es – bis auf eine Ausnahme – eben nicht zur Bildung spezialisierter Medienkonzerne kam.

Der Schwerpunkt dieses Kapitels liegt auf überregionalen Massenmedien. Zwar zeigen sich vergleichbare Konzentrationsprozesse in Russland auch auf regionaler Ebene. Diese wurden allerdings zunächst überwiegend von örtlichen wirtschaftlichen und politischen Akteuren forciert[841] und spielten unter gesamtstaatlich politisch-wirtschaftlichen Gesichtspunkten nur eine untergeordnete Rolle. Hinzu kommt, dass die überregionalen Medien unangefochtene *agenda setter* bei Themen mit landesweitem Bezug sind.

Die zweite Beschränkung, die in diesem Kapitel vorgenommen wird, bezieht sich auf die Arten bzw. Zielgruppen der Massenmedien. Eindeutig im Mittelpunkt stehen audiovisuelle und Printmedien mit einer allgemeinpolitischen, gesamtgesellschaftlichen Ausrichtung, die – zumindest dem eigenen Anspruch nach – auf ein breiteres Publikum zielen. Dies schließt Boulevardmedien ebenso ein wie unterhaltungsorientierte Radio- und Fernsehsender, sofern diese auch über Informationsanteile verfügen. Nicht im Fokus stehen demgegenüber spezialisierte Medien ohne jegliche allgemeinpolitische Profilelemente. Weitgehend unberücksichtigt bleibt ebenso das

---

[840] Kačkaeva 2003: 23.
[841] Vgl. Fossato/Kachkaeva 1998b; Vartanova 1996: Abschn. 4; 1997: Abschn. 3.

russländische Internet, weil es in gesamtgesellschaftlicher Breite erst nach der Jahrtausendwende größere Durchdringung und Relevanz zu entwickeln begann.[842]

Eine grundsätzliche Vorbemerkung ist auch in Bezug auf die „Beteiligungs- und Kontrollverhältnisse" notwendig. Wenn im Folgenden davon die Rede ist, ein bestimmter Akteur halte Anteile an einem oder kontrolliere ein Medium, so ist dies in vielen Fällen in formaler Hinsicht vermutlich nicht ganz korrekt. Das hängt mit den spezifischen politischen und ökonomischen Bedingungen in Russland und den hochgradig informellen Strukturen und Beziehungen zusammen. Im Medienbereich war die Informationslage besonders lückenhaft. Hier herrschte teilweise eine (gewollte) Undurchsichtigkeit – sowohl in Bezug auf die Finanzlage als auch was die konkreten Eigentümer und „Unterstützer" der einzelnen Medien anbelangt. So muss der Medienbereich als „especially non-transparent segment of the Russian economy"[843] angesehen werden.

Die wirtschaftliche Beteiligung an Massenmedien fand nur teilweise in Form eines direkten und dokumentierten Erwerbs von Geschäftsanteilen durch einen bestimmten Akteur statt. Häufig waren statt dessen indirekte Beteiligungen über juristische oder natürliche Personen, die dem „eigentlichen" Akteur nicht unmittelbar zugeordnet werden konnten. Ebenso verbreitet waren verschiedene Spielarten des Sponsorings, bei dem es gar nicht zum förmlichen Anteilserwerb kam. So wurden Medien beispielsweise „Darlehen" zur Verfügung gestellt, deren Rückzahlung nicht ernsthaft zu erwarten war, größere Anzeigenkontingente zu überhöhten Preise erworben oder bestimmte Kosten, etwa Personalkosten, übernommen und dergleichen mehr.[844] Schätzungen zufolge erhielten im Jahr 1994 landesweit bereits ein Fünftel aller Medien finanzielle Zuwendungen von Sponsoren, in einigen großen Industrieregionen sogar rund drei Viertel.[845]

Wie bereits oben herausgearbeitet wurde (Abschnitt 6.3.1), verschlechterte sich die wirtschaftliche Lage der allermeisten Massenmedien in den 1990er Jahren rapide. Gleichzeitig galt der Medienmarkt als übersaturiert. Sehr viele

---

[842] Vgl. für Details zur Internetentwicklung in Russland in den 1990er Jahren bspw. I. Davydov 2000; Harter 2000a, 2000b; Loukina 2000; Lukina 2001; Semënov 2002.

[843] Iskyan 1999: 4; vgl. auch Fedotov 2005: 72.

[844] Vgl. Belin 2002b: 142.

[845] Vgl. Trepper 1996: 96.

Medien „lösten" ihre finanziellen Probleme zunehmend dadurch, dass sie Unterstützung bei Akteuren außerhalb des Medienbereichs suchten – am häufigsten bei Unternehmen aus dem Finanz- und Rohstoffsektor. Da es sich bei den Kapitalgebern nicht um mildtätige Stiftungen handelt, birgt deren Finanzhilfe eine Gefahr: Der Preis könnte in der finanziellen Abhängigkeit bestehen, somit potentiell die redaktionelle Unabhängigkeit bedrohen und das Einfallstor zur Einflussnahme auf redaktionelle Inhalte öffnen.

Die Korporatisierung der Massenmedien ist ein globales Phänomen. Weltweit sind kleine und mittelständische Medienunternehmen zunehmend seltener geworden. Der Trend zur Bildung von Konzernen, die eine Vielzahl von Massenmedien unter einem Dach vereinen, existiert schon seit vielen Jahrzehnten, und seit der zweiten Hälfte des vergangenen Jahrhunderts entstehen große, integrierte Medienkonzerne, die neben Massenmedien auch mediennahe Geschäftsfelder, wie zum Beispiel Werbung, Produktion und Distribution, abdecken.[846]

Es sind vier Besonderheiten, durch die sich die Situation in Russland in den 1990er Jahren – und in mancherlei Hinsicht bis heute – von der weltweiten Entwicklung unterscheidet. Erstens gab es in Russland, gemessen am gesamtwirtschaftlichen Durchschnitt, nur in sehr geringem Umfang ausländische Investitionen im Medienbereich, obwohl damals de facto keine gesetzlichen Beschränkungen für Medienbeteiligungen existierten. Und wo es Investitionen ausländischer Akteure gab, flossen sie in Medien mit größtmöglicher Distanz zu politisch auch nur entfernt relevanten Profilen.[847] Die zweite Auffälligkeit betrifft die Ausrichtung der ökonomischen Akteure: Während weltweit die Entstehung und die Expansion von spezialisierten Medienkonzernen zu beobachten sind, entstammen die wichtigsten Akteure, die in Russland direkt

---

[846] Vgl. Huber 2008. Für einen internationalen Überblick siehe bspw. die Jahrbuch-Reihe von Hachmeister/Rager 1997-2005 sowie die Nachfolgedatenbank im Internet (www.mediadb.eu).

[847] Vgl. Dunn 1998: 5; I. Zasurskij 1999b: 191. Erst mit einem Gesetz (2008/57-FZ) aus dem Jahr 2008 wurden audiovisuelle Medien, die von mehr als der Hälfte der Bevölkerung empfangen werden können, zu den Wirtschaftsbereichen „mit strategischer Bedeutung für die Gewährleistung der Landesverteidigung und der Sicherheit des Staates" gezählt, bei denen ausländische Investitionen beschränkt sind (Art. 6, Nr. 34-35). Im Herbst 2014 wurde im Eilverfahren ein Gesetz (2014/305-FZ) beschlossen, durch das der Anteil ausländischen Kapitals an allen Medienarten, somit auch der bis dahin völlig unbeschränkten Printmedien, mit dem Stichtag 01.02.2017 auf 20 % begrenzt wird.

oder indirekt die Kontrolle über eine Vielzahl von Medien erlangten, aus dem Finanz- oder Rohstoffsektor. Die zunehmende Konzentration im Medienbereich ist somit „das Ergebnis des Zustroms von Bank- oder Industriekapital in die Massenmedien"[848]. Drittens scheint in den 1990er Jahren das Engagement dieser Konglomerate im Medienbereich kaum von wirtschaftlichen Gewinnerwartungen getrieben gewesen zu sein: „Profits are certainly desirable, but not immediately expected."[849] Der erhoffte Nutzen war offenkundig indirekter Natur. Viertens schließlich gab es im medialen Bereich in Russland keine rechtliche Basis für eine Konzentrationskontrolle.[850] Zusammengenommen mit der bereits oben angesprochenen verbreiteten Intransparenz der Beteiligungs- und Kontrollverhältnisse (S. 302), hatte dies zur Folge, dass die Kontrolle vieler Medien nicht nur in rechtlicher, sondern auch in gesellschaftlich-politischer Hinsicht eingeschränkt war.

Die Frage, über wie viel Einfluss oder gar Macht „die Medien" realiter verfügen, ist in der Forschung hochgradig umstritten. Einigkeit besteht jedoch darüber, dass die Wirkung von Massenmedien auf Rezipienten keine Einbahnstraße ist, sondern eine Vielzahl von Variablen und Wechselwirkungen im Rahmen von Kommunikationsprozessen eine Rolle spielen. Folgerichtig hat sich die Medienwirkungsforschung von ihren behavioristischen Anfängen im Laufe der vergangenen Jahrzehnte aus inzwischen theoretisch und methodisch stark ausdifferenziert.[851] Im Rahmen der vorliegenden Arbeit muss das konkrete Maß des politischen Einflusses der Massenmedien in Russland gar nicht en détail bestimmt werden. Was auf den ersten Blick kontraintuitiv anmuten mag, hat einen einfachen Grund: Die politischen und ökonomischen Akteure sind davon überzeugt, dass Medien politischen Einfluss haben und stimmen ihr Handeln darauf ab. Winfried Schulz hat dieses Phänomen pointiert auf den Punkt gebracht:

> „Wenn die Macht der Massenmedien allgemein angenommen wird, verhalten sich alle so, als hätten die Medien tatsächlich politische Macht – ganz gleich, ob die Annahme zutreffend ist oder nicht. Jedenfalls sind die Folgen gleichbedeutend mit tatsächlicher Macht der Massenmedien."[852]

---

[848] Gubanov 2000a.
[849] Fossato 1997a.
[850] Vgl. Isakov 1999: 64.
[851] Vgl. für einen Überblick zur Entwicklung der Forschung im Bereich der politischen Kommunikation Schulz 2011.
[852] Schulz 2011: 66.

Wenn im Folgenden von der „Aufteilung der Massenmedien" in Russland gesprochen wird, spielen auch überregionale Printmedien eine wichtige Rolle.
Dies mag unter dem Aspekt ihres potentiellen Einflusses verwundern, denn in
vielen Fällen handelt es sich um Zeitungen mit nur relativ geringer Auflage
(teilweise erheblich weniger als 100.000 Exemplare), deren Absatzgebiet sich
entgegen dem nominellen Anspruch weitgehend auf die Hauptstadtregion
beschränkt und die kaum in die Regionen des Landes vordringen. Dessen
ungeachtet können auch solche Zeitungen in Bezug auf politische Einflussnahme aus zwei Gründen Wirkung entfalten: Zum einen werden viele dieser
in Moskau ansässigen Blätter vor allem von den politischen und ökonomischen Eliten rezipiert und dienen deshalb in hohem Maße auch der Inter- und
Intra-Elitenkommunikation.[853] Zum anderen haben nicht nur Massenblätter,
sondern auch und gerade eher „elitäre" Zeitungen einen nicht zu unterschät-
zenden Einfluss auf das *agenda setting*. Sowohl bei den überregionalen audiovisuellen als auch den regionalen Print- und elektronischen Medien lässt
sich diese Wirkung feststellen.[854]

6.3.3 Die Unternehmenskonglomerate und der Mediensektor

Die weitreichende Aufteilung der überregionalen Massenmedien unter ökonomischen Akteuren, die meist zur Gruppe der Konglomerate gehören, war
ein dynamischer Prozess, der sich über einige Jahre hinzog. Während diese
Entwicklung bis Mitte der 1990er Jahre noch recht verhalten und unter Beteiligung weniger Akteure anlief, beschleunigte sie sich nach der Präsidentschaftswahl 1996 rapide, und eine ganze Reihe weiterer Akteure sprang auf
den fahrenden Zug auf.

Bis 1993/94 entstanden zwar eine ganze Reihe nichtstaatlicher Massenmedien, sei es durch Neugründungen oder durch formelle bzw. informelle
Privatisierung, aber das Engagement von Akteuren aus dem Spektrum der
(späteren) FPG im überregionalen Medienbereich war eher die Ausnahme.[855]
Gemeinhin werden zwei Akteure des Big Business als Pioniere genannt, „die
früher als die anderen die Vorteile der Kontrolle über Massenmedien ein-

---

[853] Vgl. Belin/Fossato/Kachkaeva 2001: 65, 67; Hübner 1998: 15.
[854] Vgl. Vgl. Belin/Fossato/Kachkaeva 2001: 67; Hagström 2000: 213f.
[855] In einigen Regionen ließ sich zu diesem Zeitpunkt schon beobachten, dass manche
Medien von ökonomischen Akteuren (mit)finanziert wurden, deren Geschäftsfeld außerhalb des Mediensektors lag (vgl. EIM 1994: 15).

schätzen konnten"[856]. Der – auch zeitlich gesehen – erste Akteur ist die Gruppe um die *MOST-bank*, die damals beispielsweise den Fernsehsender *NTV* und die Tageszeitung *Segodnja* gründete sowie beim Radiosender *Ėcho Moskvy* einstieg.[857] In Bezug auf ihr Medienengagement agierte diese Gruppe schon zu dieser Zeit relativ offen (ausführlich zu diesem Akteur siehe Abschnitt 6.3.3.1).

Der zweite Pionier beim Medienengagement ist die Gruppe um Boris Berezovskij. Häufig wird sein frühes Interesse an Massenmedien als eine unmittelbare Reaktion auf die Expansion der Gruppe um die *MOST-bank* in den Mediensektor, bei der man „nicht an der Seite bleiben"[858] könne, interpretiert. Unternehmen aus Berezovskijs Einflussbereich beteiligten sich an einzelnen überregionalen Medien bzw. finanzierten diese. Gemeinhin werden als erste Engagements die Zeitschrift *Ogonëk*, die Tageszeitung *Nezavisimaja gazeta* und – wie oben bereits in Abschnitt 6.2.3 erwähnt – der landesweite Fernsehsender *ORT* genannt.[859]

Im Gegensatz zur *MOST*-Gruppe, die relativ transparent agierte, zeichnen sich Berezovskij und die mit ihm mutmaßlich verbundenen Unternehmen nicht nur, aber gerade auch im Medienbereich durch hochgradig klandestine Praktiken aus. Dies zeigt sich vor allem bei der „mehrgliedrigen Finanzierung"[860]: Erstens ist eine Vielzahl von Akteuren beteiligt, die vorgeblich eigenständig sind und bei denen anfangs häufig nicht unmittelbar ersichtlich ist, dass sie de facto in erheblichem Umfang, wenn nicht sogar allein von Berezovskij kontrolliert werden. Beispiele für solche Vehikel bei den frühen Medienengagements Berezovskijs sind *LogoVAZ*, *Ob''edinënnyj bank* und *SBS* (später *SBS-Agro*).[861] Zweitens ist die Form des finanziellen Engagements in der Regel undurchsichtig. Allem Anschein nach verzichtete Berezovskij häufig auf den formellen Erwerb von Anteilen an Massenmedien.[862] Seine indi-

---

[856] Centr ‚Pravo i sredstva massovoj informacii' 1999: Teil 2, Kap. 4; vgl. hierzu auch Fossato 2001: 345; Gubanov 2000b; I. Zasurskij 1999a: 48.
[857] Vgl. Belin/Fossato/Kachaeva 2001: 71; Centr ‚Pravo i sredstva massovoj informacii' 1999: Teil 2, Kap. 9; I. Zasurskij 1996: 14-16.
[858] Kačkaeva 1997a: Abschn. 4; vgl. auch I. Zasurskij 1996: 14-16.
[859] Vgl. Belin/Fossato/Kachaeva 2001: 70f.; I. Zasurskij 1996: 15.
[860] Centr ‚Pravo i sredstva massovoj informacii' 1999: Teil 2, Kap. 8.
[861] Vgl. I. Zasurskij 1999b: 158f.
[862] Vgl. Centr ‚Pravo i sredstva massovoj informacii' 1999: Teil 2, Kap. 8; Hagström 2000: 223.

rekte Kontrollposition gegenüber bestimmten Medien resultierte aus der Gewährung „informeller" Kredite oder anderer Finanzspritzen und Kostenüber-
nahmen. So erhielten beispielsweise Angestellte von *ORT* ihre Gehälter von
Strukturen aus dem Einflussbereich Berezovskijs.[863]

Die Gruppe um Berezovskij bildet in Bezug auf die Intransparenz finanzieller Involviertheit und Kontrolle zwar einen Extremfall, sie ist jedoch keine
Ausnahme. Wie bereits das vorangegangene Kapitel deutlich gemacht hat,
spielte sich ein erheblicher Teil wirtschaftlicher und auch politischer Aktivitäten im Russland der 1990er Jahre außerhalb öffentlicher Wahrnehmbarkeit
ab. Dies lässt sich auch im Mediensektor beobachten. Einige der im Folgenden näher betrachteten Akteure engagierten sich – zumindest in der Anfangszeit – eher im Verborgenen bei Massenmedien und machten diese finanziellen Beziehungen nicht publik.[864]

Die direkte Beteiligung an Massenmedien oder finanzielles Sponsoring
durch FPG in den 1990er Jahren war ein dynamischer Prozess. Eine wichtige
Zäsur stellen die Duma- und die Präsidentschaftswahlen 1995/96 dar. Nachdem schon im Vorfeld der für Dezember 1995 angesetzten Dumawahl und
besonders vor der Präsidentschaftswahl im Juni 1996 verstärkte Aktivitäten
einiger Konglomerate im Medienbereich sichtbar geworden waren, führte die
Präsidentschaftswahl 1996 zu einem Dammbruch. Danach versuchten nahezu alle großen Wirtschaftsakteure in Russland, eigene Massenmedien in ihren Besitz oder unter ihre Kontrolle zu bringen. Der Auslöser für diese extreme Beschleunigung eines schon vorhandenen Trends ist die einhellige
Wahrnehmung dieser Akteure, dass „die Medien" die anfangs aussichtslos
erscheinende Kandidatur El'cins noch gedreht hatten (ausführlich dazu siehe
Abschnitt 6.4.2) und dass es fahrlässig wäre, auf die eigene Kontrolle über so
wichtige Instrumente zu verzichten.

Dieser beschleunigte Prozess der Aufteilung des russländischen Medienmarktes unter branchenfremden ökonomischen Akteuren kulminierte in den
Jahren 1997 und 1998. Es kam zur Bildung formeller und informeller Medien-
Holdings unter dem Dach der unterschiedlichen FPG. Auf dem Höhepunkt
dieser Entwicklung gab es rund zehn große Medienholdings, die jeweils eine

---

[863] Vgl. Belin 1997: Abschn. 3; Centr ,Pravo i sredstva massovoj informacii' 1999: Teil 2,
Kap. 8; Fossato/Kachkaeva 2000; Nivat 1998: 45f.; Zasurskii 2001: 218, Fn. 15.
[864] Vgl. Hagström 2000: 219.

Reihe audiovisueller und Printmedien sowie mediennaher Unternehmen um-
fassten.[865] Unter den Akteuren in diesem Bereich finden sich fast alle Konglomerate, die bereits im vorangehenden Kapitel behandelt wurden. Fünf von
ihnen sollen in den folgenden Abschnitten beispielhaft und mit dem Schwerpunkt auf ihrer Rolle bei der Aufteilung des Medienmarktes analysiert werden.

Die konkreten fünf Akteure wurden so ausgewählt, dass sie die
vielfältigen Charakteristika der beteiligten Konglomerate in größtmöglicher
Breite abdecken. Die Pioniere sind ebenso vertreten wie Akteure mit relativ
spätem Markteintritt; Konglomeraten mit „eigenem" überregionalem
Fernsehsender stehen solche gegenüber, die in diesem Bereich nicht Fuß
fassen konnten. Einige Akteure profitierten auch im Medienbereich von einer
direkten Vorzugsbehandlung via präsidentielle Dekrete, andere eher indirekt.
Ein Akteur mit Wurzeln im Finanzsektor verwandelte sich innerhalb einiger
Jahre zu einem reinen Medienkonzern mit verhältnismäßig offener
Geschäftspolitik, ohne jedoch die politischen Ambitionen abzulegen. Ein
anderer Akteur behielt sein intransparentes Geschäfts- und Politikgebaren die
ganze Zeit über bei. Ein weiteres Konglomerat bildete sich um einen politisch
ambitionierten Moskauer Bürgermeister, in dem formell staatliche wie auch
de jure privatwirtschaftliche Subjekte eine undurchsichtige Verbindung
eingingen. Bei einem vierten Konzern handelt es sich um einen
parastaatlichen Akteur: Ein formal als Aktiengesellschaft organisierter
Rohstoffkonzern mit dem Staat als größtem Einzelaktionär, der sich
allerdings während der Präsidentschaft El'cins die meiste Zeit staatlicher
Kontrolle entziehen und ein beeindruckendes Eigenleben entfalten konnte,
wird nicht zu unrecht häufig als „Staat im Staate"[866] bezeichnet. Das fünfte
Konglomerat schließlich war einer der größten Profiteure der Privatisierung
von Großbetrieben mit exzellenten Verbindungen in die Exekutive.

Wie später noch herausgearbeitet werden wird (Abschnitt 6.4), besitzen
alle Akteure unabhängig von ihren individuellen Unterschieden zumindest eine Gemeinsamkeit: Die von ihnen jeweils kontrollierten Medien werden als
Waffe in der politischen und wirtschaftlichen Auseinandersetzung eingesetzt.
Die jeweiligen Anlässe mögen dabei unterschiedlich sein, zentral bleibt

---

[865] Vgl. I. Zasurskij 1999b: 136.
[866] Hassel 2001c. Vgl. für Details zu Insider-Privatisierung, *asset stripping* und derglei-
       chen mehr die ausführlichen Recherchen von Florian Hassel (2001a, 2001b, 2001c).

gleichwohl, dass alle Akteure Medien als potentielle Ressource im Rahmen der Durchsetzung politischer oder wirtschaftlicher Unternehmensinteressen begreifen und so auch einzusetzen bereit sind.

6.3.3.1 MOST

Der historische Nukleus des späteren Konglomerats *MOST* im Medienbereich ist die bereits im Februar 1993 gegründete überregionale Tageszeitung *Segodnja*.[867] Diese Zeitung, die stark auf eine Leserschaft unter den politischen und wirtschaftlichen Eliten zielte, gilt als „das früheste Beispiel einer privaten Investition in eine Zeitung aus politischen Überlegungen"[868]. Der wichtigste Medien-Bestandteil von *MOST* ist jedoch der Fernsehsender *NTV*. Dieser wurde Ende 1993 unter Federführung der *MOST-bank* gegründet – einer der damals bedeutendsten Großbanken, wie im vorangehenden Kapitel gezeigt.[869] Die breit angelegte Expansion der *MOST*-Gruppe in den Medienbereich verlief in den folgenden Jahren in sehr hohem Tempo.

Die Medienneugründungen oder -anteilskäufe der *MOST*-Gruppe Mitte der 1990er Jahre erstrecken sich über alle Medientypen. Zu den wichtigsten zählt unter anderem der Erwerb eines Kontrollpakets am Radiosender *Ècho Moskvy*, der mit seinem ausgeprägten politischen Profil als Ausnahme unter den privaten Radiokanälen gilt.[870] Im Frühjahr 1996 erschien das neugegründete Nachrichtenmagazin *Itogi*, anfänglich in Kooperation mit dem US-Magazin *Newsweek*.[871] Bereits Ende 1996 startete die *MOST*-Gruppe mit *NTV+* ein eigenes Satellitenfernsehen[872] und schickte Ende 1998 sogar einen eigenen Satelliten (*Bonum-1*) auf eine Erdumlaufbahn.[873] Als das Netzwerk

---

[867] Vgl. Blinova 2001: 74.

[868] I. Zasurskij 1996: 15; vgl. auch Fossato 1997a.

[869] Möglicherweise waren auch weitere Banken beteiligt. Amirov/Balutenko (1997: 73) und Sigal (1997: Kap. V.3) etwa nennen *Stoličnyj bank sbereženij* und *Nacional'nyj kredit*, Gubanov (2000b) dagegen *Inkombank* und *Al'fa-kapital*; Mickiewicz (1995: 165) spricht nur von einem Konsortium. Wie auch eine Reihe anderer Details bei *MOST* und anderen Akteuren, lassen sich diese Angaben nicht verifizieren. Gesichert ist jedoch die Führungsrolle der *MOST-bank*.

[870] Vgl. Vartanova 2000a: 76. Der Beteiligungserwerb fand vermutlich 1994, eventuell aber auch erst 1995 statt. Die Quellenlage ist hier nicht eindeutig (vgl. bspw. Belin 1997: Abschn. 3; Centr ‚Pravo i sredstva massovoj informacii' 1999: Teil 2, Kap. 9; I. Zasurskij 1999b: 163).

[871] Vgl. Belin/Fossato/Kachkaeva 2001: 72; Blinova 2001: 74.

[872] Vgl. Blinova 2001: 65; Cvik 1998: 11; Iskyan 1999: 34.

[873] Vgl. Mickiewicz 2000: 101; Pappè 2000: Kap. 2.9; I. Zasurskij 1999b: 163.

TNT im Januar 1998 seinen Sendebetrieb aufnahm, begann die breit angelegte Expansion in die regionalen Fernsehmärkte.[874]

Innerhalb weniger Jahre entstand auf diese Weise ein großes Portfolio
der unterschiedlichsten Medien sowohl im Print- als auch im audiovisuellen
Bereich. Hinzu kamen Unternehmen aus dem mediennahen
Dienstleistungsbereich, wie etwa Produktion, Vertrieb oder Werbung.[875]
Darüber hinaus gab es immer wieder nicht verifizierbare Berichte, denen
zufolge die *MOST*-Gruppe zumindest zeitweilig einige Medien finanziell
unterstützte und möglicherweise teilweise auch kontrollierte, ohne formell an
ihnen beteiligt zu sein. Genannt wurden in diesem Zusammenhang
beispielsweise *Novaja gazeta*, *Obščaja gazeta* oder *Moskovskie novosti*. [876]

Die *MOST*-Gruppe unterscheidet sich in einer Hinsicht fundamental von
allen anderen Konglomeraten mit Engagement im Medienbereich. *MOST* hat
zwar mit den übrigen Konglomeraten gemeinsam, dass die Akkumulation von
Kapital am Ende der Sowjetunion und in der ersten Zeit der russländischen
Eigenstaatlichkeit auf medienfernen Geschäftsfeldern stattfand. Bei *MOST*
waren das vor allem der Finanz-, Immobilien- und Handelsbereich.[877] *MOST*
ist jedoch der einzige Akteur, der sich Mitte der 1990er Jahre durch Abspal-
tung des Medienbereichs zu einem reinen Medienkonzern wandelte.

Am 27.01.1997 reorganisierte sich die *MOST*-Gruppe. Alle Medienbeteiligungen unter dem Dach der Gruppe wurden herausgelöst und der neu gegründeten Holding *Media-MOST* übertragen. Wenige Wochen danach gab
Vladimir Gusinskij seinen Posten als Vorsitzender der *MOST-bank* auf, um
die Leitung von *Media-MOST* zu übernehmen. Knapp ein Jahr später erfolgte
die Bildung zweier Unterholdings: Die elektronischen Medien wurden in der
NTV-Cholding und die Printmedien in der Holding *Sem' dnej* vereinigt. Un-

---

[874] Vgl. Gubanov 2000b; Narinskaja 1998.
[875] Einen Überblick über die Entwicklung der Investitionen der *Most*-Gruppe im Medienbereich Mitte bis Ende der 1990er Jahre bietet die Berichtsserie von Floriana Fossato
und Anna Kachkaeva (1997 1998d, 1998e, 1998f, 1999, 2000).
[876] Vgl. Belin/Fossato/Kachkaeva 2001: 73; Hübner 1995b: 9f.; I. Zasurskij 1999b: 180.
[877] Vgl. zur Entstehung der *MOST*-Gruppe und den unterschiedlichen Geschäftsfeldern
Muchin 1999a: 92-104; Pappé 1998: Abschn. 10; Schröder 1998b: 15f.

bestätigten Berichten zufolge sollen sich damals 70 Prozent der Anteile an *Media-MOST* im persönlichen Eigentum Gusinskijs befunden haben.[878]

Für diese Restrukturierung, die die Entstehung des ersten und lange Zeit größten privaten Medienkonzerns im Russland zur Folge hatte, gibt es eine Reihe von Gründen. Der wichtigste war, dass Gusinskij, westlichen Trends und Vorbildern folgend, den Anspruch hatte, zumindest mittelfristig einen hochprofitablen, allein im Mediengeschäft tätigen Konzern aufzubauen. Ein weiteres Motiv dürfte aber auch gewesen sein, mögliche Interessenkonflikte zu reduzieren, die innerhalb des Konglomerats unvermeidlich entstünden: Interessengegensätze zwischen dem Medienbereich und den anderen Geschäftsfeldern, vor allem dem Finanzbereich; und der Widerspruch, medial stärkere politische Loyalität zeigen zu müssen, um die von politischen Entscheidungen abhängigen Geschäfte anderer Konglomeratsteile nicht zu gefährden, damit jedoch die eigene Glaubwürdigkeit zu gefährden.[879]

Dies bedeutet natürlich nicht, dass *Media-MOST* durch die Ausgliederung als reiner Medienkonzern ein „unpolitisches" Unternehmen geworden wäre. Jeder Medienkonzern ist auch ein Unternehmen mit politischem Gewicht – unabhängig davon, innerhalb welches politischen Systems er tätig ist. Dies gilt in noch viel höherem Maße in Russland, wo die wechselseitige Durchdringung von Politik und Ökonomie so tiefgehend war (und ist). Sowohl vor als auch nach der Restrukturierung nahmen *MOST*-Medien recht offen starken Einfluss auf politische Prozesse und Akteure und waren an den einschlägigen „Medienkriegen" beteiligt (siehe nachfolgender Abschnitt 6.4). Darüber hinaus profitierte *MOST* über Jahre hinweg immer wieder von informellen Vorzugsbehandlungen durch die Exekutive, häufig in Form präsidentieller Dekrete. In besonderem Maße war dies bei *NTV* der Fall – dem Filetstück, ohne dessen rasantes Wachstum der Konzern möglicherweise gar nicht entstanden wäre oder zumindest nicht so schnell große wirtschaftliche und politische Relevanz gewonnen hätte.

Bereits in früheren Jahren hatte die Moskauer Stadtverwaltung den Unternehmen der *MOST*-Gruppe aus der Finanz- und Immobilienbranche mehr-

---

[878] Vgl. ausführlicher zur Restrukturierung Centr ‚Pravo i sredstva massovoj informacii' 1999: Teil 2, Kap. 9; Fossato/Kachkaeva 1998a; Hübner 1998: 21f.; Pappé 1998: Abschn. 10.

[879] Vgl. Pappé 2000: Kap. 2.9.

fach Privilegien eingeräumt.[880] Die *MOST*-Medien blieben dieser Tradition treu, doch in diesem Fall war es die föderale Exekutive, die die Vorzugsbehandlung gewährte. Gerade *NTV* verdankt seine Existenz und die anschließende Expansion einer ganzen Reihe informeller Entscheidungen der russländischen Exekutive.

Bereits der Sendebeginn von *NTV* im Januar 1994 fußte auf einem präsidentiellen Dekret, mit dem dem Fernsehsender unter Umgehung der vorgesehenen Verfahren die Senderlaubnis erteilt wurde – bezeichnenderweise in einer Zeit, als sich das neugewählte Parlament noch nicht konstituiert hatte. Nachdem El'cin bereits Ende November 1993 einen entsprechenden Ukaz unterzeichnet hatte,[881] der kurz darauf jedoch wieder zurückgezogen worden war, wurde Ende Dezember 1993 ein inhaltsgleiches Dekret veröffentlicht.[882] Eine Reihe von Berichten deutet darauf hin, dass im November und Dezember 1993 hinter den Kulissen der Präsidialadministration ein heftiger Machtkampf um die Sendeerlaubnis für *NTV* tobte.[883]

Schlussendlich setzte sich *NTV* jedoch durch und erhielt in diesem ersten Schritt die Genehmigung, „im Rahmen eines Experiments auf dem achten Fernsehkanal (Stadt Moskau) zu senden", zunächst allerdings begrenzt auf die Abend- und Nachtstunden ab 18 Uhr sowie maximal 58 Stunden pro Woche, die das Bildungsfernsehen „Russländische Universitäten" (*Rossijskie universitety*) abgeben musste.[884] Auffällig ist auch, dass im Dekret dem FSRTR aufgegeben wird, „die Vereinbarung zwischen dem Nationalen Sportfonds (NFS) und der Fernsehgesellschaft NTV über die Zuteilung von täglich zwei Stunden Sendezeit für die Propagierung der Körperkultur und des Sports zur Kenntnis zu nehmen".[885] Was auf den ersten Blick wie die rechtliche Fixierung eines Zugeständnisses durch *NTV* im Rahmen der Erteilung

---

[880] Vgl. Abschn. 5.4.2 sowie Pleines 1997: 397.
[881] Ukaz 1993/1975.
[882] Ukaz 1993/2259.
[883] Die genaue Akteurskonstellation lässt sich nicht aufklären. Vgl. für eine Vielzahl unterschiedlicher Berichte zu den Personen, Institutionen oder Firmen, die gegen die Sendegenehmigung intervenierten u. a. Amirov/Balutenko 1997: 74; Klebnikov 2000: 152; Krug/Price 1996: 187; Freeland 2005: 146-148, letztgenannte allerdings mit zumindest teilweise unzutreffenden Zeitangaben.
[884] Ukaz 1993/2259, Nr. 1, Satz 1 und Nr. 3, Absatz 3, Satz 3.
[885] Ukaz 1993/2259, Nr. 3, Absatz 3, Satz 23.

der Sendeerlaubnis erscheinen mag, erweist sich de facto als unverbindliche Absichtserklärung, die letztendlich nicht eingehalten wurde.[886]

Der NFS spielte auch bei den kurze Zeit später gewährten Vorzugskonditionen für *NTV* eine Rolle. Durch eine Regierungsverfügung vom Mai 1994 wurde der NFS beim Import von Waren und Ausrüstung, „die für die Sicherstellung der Durchführung internationaler Sportwettbewerbe bestimmt sind, unter anderem solche für die Fernsehübertragung im Rahmen der täglichen Ausstrahlung durch die Fernsehgesellschaft N I V mit dem Ziel der Propaglerung der Körperkultur und des Sports in der Russländischen Föderation"[887], von Zöllen sowie anderen Steuern und Abgaben befreit. Ende 1996 erfolgten die Vergünstigungen für *NTV* beim Ausrüstungsimport ohne Umweg über den NFS direkt per Anweisung des Staatlichen Zollkomitees.[888]

Eine anhaltende Vorzugsbehandlung erfuhr *NTV* auch auf dem Gebiet der Gebühren für staatliche Sendeleistungen. Im Januar 1996 gelang es dem Sender, eine informelle Übereinkunft mit dem Kommunikationsministerium zu erzielen, der zufolge *NTV* nur die reduzierten Entgelte zahlen musste, auf die ursprünglich allein staatliche Sender Anspruch hatten.[889] Es spricht einiges dafür, dass es nicht nur Zufall war, dass diese Gefälligkeit nur wenige Monate vor der anstehenden Präsidentschaftswahl gewährt wurde, sondern in der Erwartung unterstützender Berichterstattung erfolgte (siehe Abschnitt 6.4.2).

Nachdem das Staatliche Antimonopol-Komitee (*Gosudarstvennyj antimonopol'nyj komitet*; GAK) diese Vorzugsbehandlung Ende 1997 untersagt, die Duma eine Resolution gegen das Privileg verabschiedet und *NTV* eine Klage gegen das GAK eingereicht hatte,[890] sicherte El'cin die Vorzugskonditionen von *NTV* durch ein Dekret ab. Er änderte einen früheren Erlass dahingehend, dass neben den staatlichen Sendern ab sofort auch *NTV* – als einziger privater Sender – als „allgemeinrussländischer Rundfunksender" galt.[891] Im Ergebnis erfolgte die in der Sache und im Umfang unveränderte Privilegierung

---

[886] Vgl. Amirov/Balutenko 1997: 78.
[887] Regierungsverfügung 1994/692-r.
[888] Vgl. Regierung 1996/01-14/1212.
[889] Vgl. Fossato 2001: 346
[890] Vgl. ausführlicher hierzu Belin 2002a: 30; de Smaele/Romashko 2001: 377; P'janych 1998.
[891] Ukaz 1998/55.

von *NTV* nur durch eine veränderte rechtliche Fixierung, nämlich durch präsidentielle Rechtsetzung.[892] Die bei weitem wichtigste Privilegierung von *NTV* auf der Basis exekutiver Einzelfallnormsetzung betrifft die Sendelizenz. Wie bereits oben erwähnt (S. 320), basierte der Sendestart Anfang 1994 auf einem Präsidialerlass, der dem Sender die Möglichkeit eröffnete, in den Abend- und Nachtstunden sein Programm auszustrahlen. Ziel von *NTV* war es jedoch, als Vollprogramm auf einem eigenen Kanal ohne Zeitbeschränkung senden zu können. Einige Wochen nach der von El'cin gewonnenen Präsidentschaftswahl wurde dieses Ziel erreicht: Ohne sich Konkurrenz aussetzen zu müssen sowie unter weitgehender Umgehung förmlicher Verfahren und zu beteiligender Institutionen, erhielt *NTV* per präsidentiellem Erlass einen kompletten Kanal ganztägig zur freien Verfügung.[893] Verschiedenen Berichten zufolge bezahlte *NTV* für die Lizenz das Fünfzigfache des staatlichen Mindestlohns (damals umgerechnet rund 730 US-Dollar) und erhielt zusätzlich Sendeanlagen und weitere technische Ausrüstung, die sich zuvor im Eigentum von *VGTRK* befunden hatten.[894]

Nahezu alle Beobachter sind sich darin einig, dass diese eigenmächtige Erteilung einer Volllizenz durch Staatspräsident El'cin eindeutig als Belohnung der *MOST*-Gruppe für die publizistische, aber auch personelle Unterstützung El'cins während des vorangehenden Präsidentschaftswahlkampfes zu verstehen ist (siehe Abschnitt 6.4.2).[895] Und es spricht einiges dafür, dass eine Reihe von Finanzierungshilfen, die *MOST*-Medien im Zuge des beschleunigten Expansionskurses in Anspruch nahmen, in einem vergleichbaren Sinne eine „politische Finanzierung" war.

So bürgte die russländische Regierung im Sommer 1997 beispielsweise für Kredite im Gesamtumfang von bis zu 140 Millionen US-Dollar, die *Media-MOST*-Unternehmen zur Finanzierung des Starts eines eigenen Übertra-

---

[892] Später gab es auf Regierungsseite Versuche, die Gebühren für Sendeleistungen zu vereinheitlichen, doch umgesetzt wurde die Reform während El'cins Präsidentschaft nicht mehr (vgl. Belin 2002a: 31, Fn. 77).

[893] Ukaz 1996/1386.

[894] Vgl. Amirov/Balutenko 1997: 78; de Smaele/Romashko 2001: 377, Fn. 15; Y. Zassoursky 1997.

[895] Es ist sicher kein Zufall, dass Igor' Malašenko, einer der Mitbegründer und -eigentümer von *NTV*, 1996 ein wichtiger Kopf in El'cins Wahlkampfstab war (vgl. Belin 1997: Abschn. 2; McNair 2000: 88). In einem späteren Interview redet er die eigene Rolle damals zumindest nicht klein (vgl. Svinarenko 1999).

gungssatelliten (*Bonum-1*) bei Geschäftsbanken aufgenommen hatten.[896] In den Jahren beiden Folgejahren soll *Media-MOST* dann staatliche Kredite im Umfang von mindestens 200 Millionen US-Dollar erhalten haben.[897] Insgesamt dürften sich die Kredite der Holding und der Konzerngesellschaften in den 1990er Jahren, für die staatliche Stellen bürgten, auf einen Betrag in mehrstelliger Millionenhöhe belaufen.[898]

Eine Sonderrolle nimmt in diesem Zusammenhang *Gazprom* ein – ein halb staatliches, halb privates Konglomerat.[899] Als die *MOST*-Gruppe Kapital zum Aufbau des Bezahlfernsehprojektes *NTV+* benötigte, beteiligte sich *Gazprom* bereits im Frühjahr 1996 mit 30 Prozent der Anteile an *NTV*. Die meisten Beobachter vermuten, dass der Gasmonopolist diese Investition auch auf Bitten der politischen Führung tätigte, die auf diesem Wege die Loyalität der *MOST*-Medien gegenüber El'cin im laufenden Präsidentschaftswahlkampf sichern wollte (ausführlicher hierzu siehe S. 370 und Abschnitt 6.4.2).[900]

---

[896] Vgl. die beiden Regierungsverfügungen 1997/813-r und 1997/814-r vom 10.06.1994. Die Behauptung bei Belin (2002a: 28) und Muchin (1999a: 95), diese Staatsgarantien verletzten ein vier Wochen zuvor veröffentlichtes präsidentielles Dekret (1997/467), dem zufolge Kreditbürgschaften zukünftig generell verboten seien, beruht möglicherweise auf einer Fehlinterpretation. In dem Dekret werden Kreditgarantien durch den Staat zwar untersagt, aber als dem Verbot unterworfene Kreditnehmer werden nur „Subjekte der Russländischen Föderation" (der gebräuchliche Begriff und die offizielle Bezeichnung für die föderalen Gliederungseinheiten Russlands; siehe Art. 65 Verf. RF) „und andere Empfänger von Mitteln aus dem Staatshaushalt" genannt. Zudem bezieht sich das Verbot staatlicher Bürgschaften nur auf Kredite „mit dem Ziel der Finanzierung von Ausgaben, die im föderalen Staatshaushalt vorgesehen sind. Es erscheint wahrscheinlicher, dass mit besagtem Erlass bspw. die bisherige Praxis unterbunden werden sollte, dass Föderationssubjekte die ausbleibende Zuweisung von Mitteln aus dem föderalen Haushalt mit Krediten finanzierten, für die wiederum die Regierung bürgte (siehe Abschn. 5.4.2, S. 228).

[897] Vgl. Citovskij 2000.

[898] Vgl. Belin 2002d: 277; Fossato 2001: 347.

[899] Der Staat besaß nach der Teilprivatisierung des Konglomerats in den 1990er Jahren zwar weiterhin ein Kontrollpaket an Aktien, übte den damit verbundenen Einfluss auf die Unternehmensführung jedoch nur zeit- und teilweise aus; gleichzeitig gelang es der Führung des Gasmonopolisten in vielen Fällen, unabhängig von staatlichen Stellen bzw. in einigen Fällen sogar explizit gegen Regierungsinteressen zu handeln; darüber hinaus gab es jedoch auch regelmäßig Felder, auf denen *Gazprom* politischen Interessen der Staatsführung klare Priorität vor Unternehmensinteressen einräumte. Vgl. zu diesem Spannungsverhältnis bspw. Heinrich 2001; Kryukov/Moe 1996; Muchin 2001b; Pleines/Westphal 1999.

[900] Vgl. stellvertretend Chermenskaya 2001; Pappé 2000: Kap. 2.1; Zasurskii 2001: 223.

Auch in der Folgezeit unterstützte *Gazprom* die *MOST*-Gruppe, etwa durch Kredite und Bürgschaften.[901] Parallel dazu kam es neben dieser finanziellen auch zu einer indirekten personellen Verflechtung: Sergej Zverev, langjähriger Partner Gusinskijs und Vize-Präsident von *Media-MOST*, wechselte zu *Gazprom* und übernahm die Leitung der wenige Monate zuvor gebildeten Unterholding *Gazprom-Media* (für Details zu diesem Akteur siehe Abschnitt 6.3.3.4).[902]

MOST-Medien und insbesondere das Flaggschiff *NTV* erarbeiteten sich sehr schnell hohes Ansehen durch professionelle Machart und kritische Berichterstattung. Eine herausragende Rolle spielte dabei der Krieg gegen Čečnja. Nach Ausbruch des ersten Krieges (November 1994-August 1996) gewann vor allem *NTV* stetig an Glaubwürdigkeit und verzeichnete rapide steigende Zuschauerzahlen. Vor diesem Hintergrund kommt Ellen Mickiewicz zu einer anschaulichen und pointierten These: „Chechnya *made* NTV"[903].

Die Čečnja-Berichterstattung, aber auch die journalistische Behandlung einiger anderer Themen sorgten in Teilen der Exekutive immer wieder für Verärgerung. Während des ersten Krieges gegen Čečnja ließ sich Mickiewicz zufolge beobachten, dass „the Yeltsin government exerted strong pressure on NTV to cease its vivid and accurate reporting on that disaster. The commercial station resisted the pressure, but was constantly made aware of its vulnerability and knew that its license could be revoked"[904]. Geballt und besonders augenfällig ließ sich dies zu Beginn des Krieges beobachten, als eine Reihe von bekannten Politikern öffentlich den Entzug der Sendelizenz für *NTV* forderten.[905]

Daneben gab es auch eine Reihe kleinerer Aktionen, die gemeinhin zumindest als Warnungen, wenn nicht gar als Einschüchterungsversuche ge-

---

[901] Für Details zu dieser finanziellen Verflechtung siehe S. 374.

[902] Vgl. Belin/Fossato/Kachaeva 2001: 75; Centr ‚Pravo i sredstva massovoj informacii' 1999: Teil 2, Kap. 6; Hübner 2000b: 2.

[903] Mickiewicz 1999b: 225 (Hervorh. i. O.). Vgl. ausführlich zu der Berichterstattung während des ersten Čečnja-Krieges und der Rolle der *MOST*-Medien Mickiewicz 1999b: 217-263. Zur Nutzung der entsprechenden Lücke, die die anderen Medien ließen, durch *NTV* vgl. auch Kol'cova 2001: 69f., 123f.

[904] Mickiewicz 2000: 105; vgl. hierzu auch Hübner 1995b: 10.

[905] Eine Abfrage der Integrum-Datenbank für die Monate Dezember 1996 und Januar 1995 ergibt Berichte in überregionalen Medien über insgesamt sechs solcher öffentlichen Vorstöße. Der prominenteste unter diesen Politikern war der damalige Erste Stellvertretende Ministerpräsident Oleg Soskovec.

wertet werden. Dazu zählen etwa aufsehenerregende und demonstrativ bewaffnete Einsätze des Sicherheitsdienstes des Staatspräsidenten gegen die MOST-bank im Dezember 1994,[906] die Eröffnung von Strafverfahren in Bezug auf NTV-Sendungen im Jahr 1995[907] und die angedrohte Schließung des Radiosenders Écho Moskvy wegen angeblicher Verletzung von Brandschutzauflagen im Herbst 1998.[908]

Eine regelrechte Kampagne entwickelte sich schließlich im Vorfeld der für Dezember 1999 geplanten Dumawahl, die eine entscheidende Weichenstellung für die im Juni 2000 anstehende Präsidentschaftswahl darstellte. Nachdem augenscheinlich alle Versuche gescheitert waren, Gusinskij persönlich – und damit auch die Media-MOST zuzurechnenden Medien – von einer Unterstützung des politischen Bündnisses um Evgenij Primakov und Jurij Lužkov abzubringen, wurden auf unterschiedlichen Wegen Maßnahmen eingeleitet, um den Druck auf Media-MOST zu erhöhen: So wurden etwa von staatlichen Banken ausgereichte Kredite fällig gestellt, die Steuerpolizei wurde in Marsch gesetzt und es wurde versucht, den NTV-Aktionär, -Kreditgeber und -bürgen Gazprom zu veranlassen, auf einen Kurswechsel bei Media-MOST hinzuwirken.[909] Diese Schritte verschärften den in der Vorwahlkampfzeit bereits laufenden Medienkrieg noch zusätzlich (ausführlich hierzu siehe Abschnitt 6.4.4).

Im Rückblick betrachtet, wurde Media-MOST die Gewährung von Vorzugskonditionen durch bzw. die Abhängigkeit vom Wohlwollen staatlicher und parastaatlicher Akteure während der Präsidentschaft El'cins mit dem Führungswechsel zu Vladimir Putin zum Verhängnis. Konkret entwickelten sich vor allem Kredite und Bürgschaften durch staatliche Institutionen und Gazprom zur finanziellen Achillesferse und zum Hebel, durch den die Mehrheit der Anteilseigner de facto enteignet und die weitgehende Übernahme durch Gazprom in seiner Funktion als Instrument der neuen Staatsführung bewerkstelligt werden konnte.

---

[906] Vgl. Soldner 1999: 84f. Pleines (1997: 397) sieht als Motiv der Aktion nicht die Berichterstattung über den Krieg gegen Čečnja durch die MOST-Medien, sondern die zu dem Zeitpunkt enge Verbindung der MOST-Gruppe mit dem Moskauer Bürgermeister Jurij Lužkov.

[907] Nach der Entlassung des Generalstaatsanwalts Jurij Skuratov im Herbst 1995 wurden diese Verfahren sang- und klanglos eingestellt; vgl. Belin 2002a: 26.

[908] Vgl. IPI 1999.

[909] Vgl. Belin 2002a: 32; Hübner 2000b: 1f.

Dem im Folgenden zu analysierenden Medienakteur war es in den 1990er Jahren ebenfalls gelungen, eine starke Position im Medienbereich aufzubauen. Bei allen augenfälligen Unterschieden zu *MOST* ereilte ihn schließlich während der ersten Amtszeit Putins ein vergleichbares Schicksal – die Zerschlagung.

6.3.3.2 Berezovskijs Gruppe

Das von und um Boris Berezovskij herum aufgebaute Mediengeflecht ist keine Mediengruppe im eigentlichen Sinne. Er bleibt auch im Medienbereich der Strategie treu, die er bereits bei seinen anderen wirtschaftlichen Engagements verfolgt: Häufig ist Berezovskij nicht als Mehrheitseigentümer, in den meisten Fällen nicht einmal als Miteigentümer eindeutig identifizierbar, weil er sich hinter komplizierten Beteiligungskaskaden verbirgt oder Kontrolle mittels anderer Formen finanzieller Verbindungen ausübt.[910] Ivan Zasurskij hat einen wesentlichen Bestandteil dieser Geschäftsstrategie prägnant auf den Punkt gebracht:

> „In fact he discovered that it is always cheaper to privatize management, than a company. If management is privatized, the company can be stripped of assets pretty fast and some of these assets (not all of them, certainly) can be used to buy it when it is almost bankrupt."[911]

Streng genommen existiert eine Mediengruppe im Eigentum Berezovskijs folglich nicht. Wenn in dieser Arbeit ungeachtet dessen von Berezovskijs Mediengruppe die Rede ist, bezieht sich diese Bezeichnung weniger auf formelles Eigentum an bestimmten Massenmedien als vielmehr auf die faktische Kontrolle über sie.

Wie bereits in Abschnitt 6.2.3 ausgeführt, zählte Berezovskij zu den maßgeblichen Akteuren bei der Teilprivatisierung des 1. Staatlichen Fernsehkanals und dessen Umwandlung in den Sender *ORT*. *LogoVaz* und *Ob"edinënnyj bank* – zwei Akteure, die dem unmittelbaren Einflussbereich Berezovskijs zugerechnet werden können – hielten jeweils acht Prozent und somit zusammengenommen fast ein Drittel derjenigen Anteile, die an nicht-staatliche Akteure fielen. 1996 änderte sich die Zusammensetzung des privaten Aktionärskreises einschneidend. *Nacional'nyj kredit*, *Mikrodin*, die Vereinigung unabhängiger Fernsehunternehmen und der NFS – vier Anteilseigner,

---

[910] Siehe auch oben S. 282 und 340.
[911] Zasurskii 2001: 218, Fn. 15.

die kumuliert 15 Prozent an *ORT* hielten – stiegen aus. Somit verblieben auf nichtstaatlicher Seite nur noch sechs Anteilseigner, darunter vier Banken. Diese Finanzinstitute – *Al'fa-bank*, *MENATEP*, *Ob"edinënnyj bank* und *SBS* – schlossen sich im Dezember 1996 zum „ORT-Bankenkonsortium" (*ORT – Konsorcium bankov*) zusammen und übernahmen das freigewordene Aktienpaket.[912] Als *Gazprom* um den Jahreswechsel 1998/99 aus dem Kreis der Aktionäre ausschied, sollen *LogoVAZ* bzw. Berezovskij den dreiprozentigen Anteil übernommen haben.[913]

Es kann als sicher gelten, dass diese Restrukturierung im privaten Aktionärskreis den Einfluss Berezovskijs nicht gemindert, sehr wahrscheinlich sogar vergrößert hat. Ein Hinweis darauf ist, dass Aleksandr Smolenskij, Präsident von *SBS*,[914] mit der Gründung des Konsortiums dessen Vorsitz übernahm. Wenn Kolesnik vor diesem Hintergrund Mitte 1997 schreibt, ein Ziel der Gründung des Konsortiums habe darin bestanden, „to remove the ‚LOGOVAS' label from ORT"[915], meint sie damit, das „Berezovskij-Etikett", das heißt *ORT* sollte als von Berezovskij unabhängig erscheinen.

Dieses Unterfangen war schon damals zweifelhaft, denn es gab immer wieder Hinweise auf eine – zumindest fallweise – sehr enge Kooperation zwischen Beresovskij unmittelbar zuzurechnenden Strukturen und *SBS(-Agro)* bzw. Aleksandr Smolenskij.[916] Ab 1999 verdichteten sich diese verstreuten Hinweise immer mehr. Nach der Insolvenz von *SBS-Agro* im Gefolge der Finanz- und Wirtschaftskrise 1998 landeten zum Beispiel die Beteiligungen der Bank an dem Radiosender *NSN* und der gleichnamigen Nachrichtenagentur

---

[912] Vgl. Kačkaeva 1997a; Kolesnik 1997; I. Zasurskij 1999b: 147. Die genaue Verteilung des 15-prozentigen Pakets unter den Banken des Konsortiums bleibt ebenso unklar wie die Höhe des Kaufpreises. Amirov und Balutenko (1997: 17f.) berichten von existenziellen finanziellen Problemen der ausgeschiedenen Aktionäre. Nach der Insolvenz von *Mikrodin* sollen bspw. Teile des Unternehmens bei der von der *MENATEP-bank* geführten FPG *Interros* gelandet sein. Ob dies auch für *Mikrodins* fünfprozentigen *ORT*-Anteil galt, muss offen bleiben.

[913] Vgl. Aksartova et al. 2003: 49; Centr ‚Pravo i sredstva massovoj informacii' 1999: Teil 2, Kap. 8; I. Zasurskij 1999b: 147, 174.

[914] Nach Fusion mit der *Agroprombank* ab 1997 Umbenennung in *SBS-Agro*.

[915] Kolesnik 1997.

[916] Im Rahmen der bereits oben (S. 341) erwähnten, teilweise klandestinen Finanzierung durch Berezovskij konnten bspw. *ORT*-Angestellte ihre Gehälter mit von *SBS-Agro* ausgegebenen Plastikkarten abheben (vgl. Centr ‚Pravo i sredstva massovoj informacii' 1999: Teil 2, Kap. 8; Muchin 2005: 57).

bei Berezovskij.[917] Der Verbleib des *SBS-Agro*-Anteils an *ORT* blieb hingegen noch zwei Jahre unklar.[918]

Dies änderte sich erst, nachdem Staatspräsident Putin begonnen hatte, nach Vladimir Gusinskij auch Boris Berezovskij aus dem Medienbereich zu drängen. Putin setzte als erstes bei *ORT* an und erreichte schließlich, dass die privatisierten Anteile an regimeloyale Wirtschaftsakteure übertragen wurden. Im Zuge dieses Eigentümerwechsels stellte sich heraus, dass Berezovskij de facto das komplette nichtstaatliche Anteilspaket an *ORT* kontrolliert hatte, auch wenn es sich vermutlich nicht in seinem persönlichen Eigentum befand.[919] Ex post betrachtet, kann somit davon ausgegangen werden kann, dass die Bank *SBS(-Agro)* einschließlich ihrer unterschiedlichen Beteiligungen dem Geflecht rund um Berezovskij zugerechnet werden kann.

Einfluss auf die Arbeit von *ORT* nahm Berezovskij auf drei unterschiedlichen Wegen: durch die Besetzung von Schlüsselpositionen mit Personen seines Vertrauens; durch – meist verdeckte – Finanzierung; und vermutlich auch durch Absprachen mit einzelnen exponierten Journalisten. Die wichtigste Personalie war zweifellos Badri Patarkacišvili. Dieser war über lange Jahre stellvertretender *ORT*-Generaldirektor mit Zuständigkeit für Finanzen und führte die Geschäfte in Berezovskijs Sinne.[920] Darüber hinaus gelang es Berezovskij, Personen seines Vertrauens in den Verwaltungsrat (*sovet direktorov*) zu entsenden und diesen im Jahr 1998 sogar weitgehend unter seine Kontrolle zu bringen.[921]

Vor diesem Hintergrund war es unerheblich, dass Berezovskij seinen Sitz im Verwaltungsrat niederlegte, den er nach dessen Konstituierung innegehabt hatte, nachdem er im Herbst 1996 direkt in die Exekutive eingetreten

---

[917] Vgl. I. Zasurskij 1999b: 158f.

[918] Vgl. Belin/Fossato/Kachkaeva 2001: 85, Fn. 30.

[919] Vgl. Zolotov 2001: 4. Zur Intransparenz dieses Vorgangs, insbesondere unklarem Käufer und Kaufpreis, vgl. I. Zassoursky 2004: 201f. Es wird gemeinhin angenommen, dass Roman Abramovič persönlich oder durch eines seiner Unternehmen im Auftrag des Regimes das Anteilspaket übernahm.

[920] Vgl. Centr ‚Pravo i sredstva massovoj informacii' 1999: Teil 2, Kap. 8; Medvedev/Sinchenko 1997: 39. Presseberichten zufolge hat der bis Herbst 1997 amtierendere *ORT*-Generaldirektor, Sergej Blagovolin, sogar zugegeben, nur eine dekorative Position zu bekleiden und keinen wirklichen Einfluss auf die Geschäfts- oder Informationspolitik des Senders zu haben (vgl. Medvedev/Sinchenko 1997: 39; I. Zasurskij 1999b: 148).

[921] Vgl. Aksartova et al. 2003: 33; Fossato/Kachkaeva 1998b. Eine Übersicht über die Mitglieder des Verwaltungsrates bis Anfang 1998 bieten Amirov/Balutenko 1997: 11, ab Februar 1998 Muchin 2005: 65f.

und zunächst zum stellvertretenden Sekretär des Sicherheitsrates, eineinhalb Jahre später zum Exekutivsekretär der GUS ernannt worden war.[922] Als die Exekutive ab Ende 1997 versuchte, stärkeren Einfluss auf *ORT* zu erlangen, zeigte sich, wie stark Berezovskijs Position inzwischen geworden war: Zwar konnte sie sich mit ihrem Anliegen durchsetzen, die Rechtsform des Senders von einer *ZAO* in eine *OAO* zu ändern, doch brachte diese Reform sie ihrem eigentlichen Ziel nicht näher, weil Anfang 1998 eine neue Satzung verabschiedet wurde. Diese sah für zentrale Angelegenheiten – darunter wichtige Personalentscheidungen – eine qualifizierte Mehrheit von zwei Dritteln vor.[923]

Im Hinblick auf die Finanzierung von *ORT* kann als gesichert gelten, dass der Löwenanteil der Geldzuflüsse nach Ende der Finanzierung aus dem Staatshaushalt aus Berezovskijs Umfeld stammte. Da sich diese Geldströme im Verborgenen abspielten, lassen sich jedoch keine gesicherten Aussagen über ihre Höhe treffen. Es finden sich allerdings eine Reihe von Äußerungen beteiligter Personen, die bekräftigen, dass bis Ende der 1990er Jahre mit Berezovskij verbundene Strukturen die wichtigsten Finanziers waren.[924]

Im Gefolge der Finanz- und Wirtschaftskrise 1998 geriet auch *ORT* in ernsthafte Schwierigkeiten, und weder die privaten Mitaktionäre noch Berezovskij konnten oder wollten die notwendigen Mittel aufbringen. Ende Dezember 1998 kam es zu einem aufsehenerregenden Medienauftritt Berezovskijs, in dem er behauptete, *ORT* habe durchgehend Verluste erwirtschaftet, die nur durch profitable eigene Geschäfte der Aktionäre hätten gedeckt werden können, und diese Form der Quersubventionierung sei an ihr Ende gelangt. Es obliege nun dem Staat, entweder die Schulden von *ORT* zu ü-

---

[922] Vgl. Schröder 1998b: 23, Fn. 89.

[923] Vgl. Deppe 2000: Kap. 8.2.2. Mit einer Mitte 1999 in Kraft getretenen Satzungsänderung stieg das Mehrheitserfordernis sogar auf 75 % (vgl. Muchin 2005: 59; Usačeva 2000: 121).

[924] Vgl. bspw. Interviews mit den *ORT*-Generaldirektoren Sergej Blagovolin (Beljaeva 1996) und Igor' Šabdurasulov (Rykovceva 1998c: 19). In einem Zeitungsinterview zwei Monate vor der Präsidentschaftswahl 1996 stilisierte sich Berezovskij als derjenige, der bei *ORT* nach Jahren der Misswirtschaft Ordnung geschaffen habe, beschwor die Gefahr der Re-Nationalisierung im Falle eines Wahlsieges des KPRF-Kandidaten Sjuganow und stellte sich bzw. sein Unternehmen *LogoVAZ* als de facto einzigen *ORT*-Finanzier dar: „Die privaten Banken, die Mitbegründer der Aktiengesellschaft [ORT], betrachten ORT als zu riskantes Geschäft und haben die Finanzierung von ORT praktisch eingestellt. Gegenwärtig gewährleistet allein die Firma LogoVAZ die Finanzierung" (Nikolaeva 1996).

bernehmen oder den eigenen Mehrheitsanteil abzugeben.[925] Unabhängig vom Wahrheitsgehalt dieser Behauptungen hatte Berezovskijs Auftritt selbstredend vor allem die Funktion, Druck auf die Exekutive auszuüben. Und erstaunlich ist, wie schnell Staatspräsident El'cin diesem Druck nachgab und per Dekret die staatliche *Vnešékonombank* anwies, *ORT* gegen Verpfändung zweier gleich großer staatlicher und privater Aktienpakete einen Kredit über umgerechnet rund 100 Millionen US-Dollar zur Verfügung zu stellen.[926] Bezeichnenderweise wurde der Ukaz nicht veröffentlicht. Hinweise darauf finden sich nur in Zeitungsberichten[927] und auf offizieller Seite in einer Verlautbarung des Pressedienstes des Staatspräsidenten[928]. Alle Anzeichen deuten darauf hin, dass dieser Kredit von *Vnešékonombank* de facto sehr schnell abgeschrieben wurde. Während die Bank eineinhalb Jahre später Schulden von *NTV* dazu nutzte, massiven Druck auf den Sender auszuüben, scheint sie im Falle von *ORT* mindestens fünf Jahre lang auf eine Tilgung verzichtet und darüber hinaus auch keinerlei Zinszahlungen eingefordert zu haben.[929]

Boris Berezovskij sah sich immer wieder dem Verdacht ausgesetzt, dass er regelmäßig direkten Einfluss auf den Inhalt zentraler *ORT*-Programme nehme – vor allem auf politische Magazinsendungen und sogenannte analytische Informationsprogramme (*informacionno-analitičeskie programmy*), die von Sergej Dorenko, Aleksandr Nevzorov und anderen präsentiert wurden. Zweifelsfrei nachweisen ließ sich dieser Verdacht freilich nie. Mitte Dezember 1999 – bezeichnenderweise unmittelbar vor der Wahl zur Staatsduma und damit vermutlich Teil des dritten Medienkrieges (siehe Abschnitt 6.4.4) – wurde ein mutmaßlicher Mitschnitt eines Telefongesprächs zwischen Berezovskij und Dorenko veröffentlicht. Aus ihm geht hervor, dass beide sich hinsichtlich des Inhalts einer bevorstehenden Sendung eng abstimmten.[930] Nach der Dumawahl folgte die Veröffentlichung weiterer mutmaßlicher Mitschnitte, und

---

[925] Vgl. Svetickaja 2000. Zuvor war von *ORT*-Gläubigern ein Vollstreckungsverfahren in Gang gesetzt worden (vgl. Dunn 2000).

[926] Vgl. Centr ‚Pravo i sredstva massovoj informacii' 1999: Teil 2, Kap. 8; Usačeva 2000: 121.

[927] Vgl. bspw. Chavkina 1998; Cvetkova/Pasternak 1998.

[928] Soobščenija press-služby Prezidenta 1998.

[929] Vgl. Aksartova et al. 2003: 33; Kachkaeva/Kiriya/Libergal 2006: 46.

[930] Im konkreten Fall ging es um einen medialen Angriff auf den damaligen Moskauer Bürgermeister Jurij Lužkov, der für die Parlamentswahl zusammen mit Evgenij Primakov das Spitzenduo der gegen *Edinstvo* antretenden Bewegung *Otečestvo – Vsja Rossija* bildete (vgl. Tracy 1999a).

sowohl Berezovskij als auch Dorenko bestätigten Ende Dezember 1999 ihre enge Zusammenarbeit bei medialen Angriffen auf politische Gegner.[931] Auch wenn sich Zweifel an der Authentizität der vermutlich illegal zustande gekommenen Mitschnitte nicht endgültig ausräumen lassen, sie im Kontext des dritten Medienkrieges lanciert wurden und Berezovskijs und Dorenkos konkreter Umgang damit auch Teil eines Machtspiels vor dem Hintergrund des Präsidentschaftsübergangs von El'cin zu Putin gesehen werden muss, kann mit einiger Sicherheit davon ausgegangen werden, dass Berezovskij zumindest fallweise im Sinne eigener politischer und wirtschaftlicher Interessen gezielt Einfluss auf den Inhalt von *ORT*-Sendungen nahm.

Der Grund für die ausführliche Analyse der Entwicklungen bei *ORT* und Berezovskijs Rolle dabei ist, dass der 1. Kanal nicht nur das Flaggschiff von Berezovskijs Mediengruppe darstellt, sondern darüber hinaus in den 1990er Jahren der wichtigste Fernsehsender war – und im Kern bis heute ist. Obwohl sich die Abstände zu den konkurrierenden Kanälen stetig verringert haben, war *ORT* während der Präsidentschaft El'cins allen anderen Sendern in puncto technischer Reichweite und Einschaltquoten überlegen.[932] *ORT* ist somit der wichtigste Bestandteil der von Berezovskij kontrollierten Medien, aber erst in Verbindung mit seinen anderen Engagements konnte eine einflussreiche Mediengruppe entstehen, die sehr schnell eine bemerkenswerte Machtposition im politischen und ökonomischen Prozess entwickelte.

Die Massenmedien, die formell oder informell – mal mehr, mal weniger eng – von Berezovskij und seinem Umfeld kontrolliert wurden, finden sich in allen Sparten, so dass binnen verhältnismäßig kurzer Zeit tatsächlich von einer Mediengruppe Berezovskijs gesprochen werden kann, auch wenn, wie bereits erläutert, Berezovskij in den allermeisten Fällen auf den förmlichen Erwerb von Anteilen an Medien verzichtete – oder zumindest verhindern konnte, dass seine jeweilige Beteiligung publik wurde. Ein wichtiges potentiel-

---

[931] Vgl. Tracy 1999b. Bereits Anfang Juni 1999 hatte Aleksandr Nevzorov in einem Interview gesagt, er stehe „mit Berezovskij täglich in Verbindung" (Borodina 1999). Einschränkend ist hier jedoch anzumerken, dass nicht ausgeschlossen werden kann, dass Nevzorovs Aussagen mit dem Ziel getätigt wurden, die eigene (politische) Bedeutung zu überhöhen.

[932] Vgl. zur Entwicklung in der zweiten Hälfte der 1990er Jahre Zadorin/Burova/Sjutkina 1999: 188. Übersichten zu Reichweiten und Marktanteilen der überregionalen Fernsehsender bieten auch Michel/Jankowski (1996: C 74; 1998: 497; 2000: 546).

les Motiv für diese gewollte Intransparenz brachte Ivan Zasurskij schon früh treffend auf den Punkt:

> „[...] ist ‚LogoVAZ' daran interessiert, dass die Massenmedien, die das Unternehmen finanziert, ihren unabhängigen Status behalten. Auf seine Beteiligung an Massenmedien aufmerksam zu machen, bedeutete für ‚LogoVAZ', mit einem roten Tuch vor dem Gesicht politischer Konkurrenten herumzufuchteln, Anrüchigkeit und Misstrauen bei den Lesern hervorzurufen und, was für Berezovskij vollkommen sinnlos wäre, die Verantwortung für all jenes Material zu übernehmen, das in den Blättern und Fernsehkanälen auftaucht, die er faktisch kontrolliert."[933]

Vor dem Hintergrund dieser Undurchsichtigkeit, können die folgenden Angaben zu Berezovskijs weiterem Medienengagements teilweise nur Tendenzaussagen in dem Sinne sein, dass die meisten Beobachter hinreichend Anlass sehen, von einer Kontrolle durch ihn oder seine Gruppe auszugehen. Später bestätigte sich die überwältigende Mehrheit dieser Annahmen, sei es durch Publikwerden eindeutiger Belege, sei es durch nachfolgenden förmlichen Anteilserwerb durch Berezovskij. Im Gegensatz zur *MOST*-Gruppe, deren Ziel darin bestand, einen integrierten Medienkonzern aufzubauen, handelt es sich bei Berezovskijs Mediengruppe jedoch um einen sehr losen Verbund. In ihm sind zwar fast alle Medienarten und einige mediennahe Geschäftsfelder vertreten, sie werden aber nicht auf der Basis einer einheitlichen und koordinierten Geschäftspolitik geführt.[934]

Ausgehend von seinem Einstieg bei *ORT*, brachte Berezovskij innerhalb weniger Jahre eine ganze Reihe weiterer wichtiger Massenmedien in seinen Einflussbereich.[935] Auf die wichtigsten unter ihnen soll an dieser Stelle kurz eingegangen werden. Im Bereich audiovisueller Medien kommt neben *ORT* noch der Fernsehkanal *TV-6* hinzu. *TV-6* war ursprünglich ein Joint venture von Éduard Sagalaev und dem US-amerikanischen Medienkonzern *TBS*, doch währte diese Partnerschaft nur kurz.[936] Im Jahr 1994 teilten die Mos-

---

[933] I. Zasurskij 1999a: 15.

[934] Berezovskij kündigte zwar im Sommer 2000 an, seine Medienbeteiligungen in einer Holding zusammenzufassen (vgl. Gulyaev 2000: 3), doch stand er zu diesem Zeitpunkt bereits unter steigendem Druck von Seiten der neuen politischen Führung unter Präsident Putin. Diese Ankündigung scheint eher Teil des – letztlich erfolglosen – Versuchs gewesen zu sein, sein Kapital und sich selbst in Sicherheit zu bringen.

[935] Einen detaillierten Überblick über die Entwicklung der Mediengruppe Berezovskijs Mitte bis Ende der 1990er Jahre bietet die Berichtsserie von Floriana Fossato und Anna Kachkaeva (1997 1998d, 1998e, 1998f, 1999, 2000).

[936] Vgl. Mickiewicz: 1995: 163f.

kauer Stadtregierung, der Ölkonzern *LUKojl* sowie Berezovskij die 75-prozentige *TV-6*-Beteiligung von *TBS* unter sich auf.[937] Bis zum Wahljahr 1999 scheint Berezovskij seine Anteile auf 75 Prozent erhöht zu haben.[938] *TV-6* verfolgte das US-amerikanische Network-Konzept und expandierte Mitte der 1990er Jahre sehr stark in die russländischen Regionen.[939] Im Hörfunkbereich war die Berezovskij-Gruppe dagegen nur schwach vertreten. Sie kontrollierte zwar den Radiosender *NSN* (*Nacional'naja služba novostej*), doch gelang es diesem nicht, größere Bedeutung zu erlangen.[940]

Auch im Bereich der Printmedien baute Berezovskij seinen Einflussbereich stetig aus. Nachdem die relativ kleine, in Elitekreisen jedoch stark rezipierte Tageszeitung *Nezavisimaja gazeta* aufgrund finanzieller Schwierigkeiten im Frühjahr 1995 ihr Erscheinen einstellen musste, stellte die *Ob"edinënnyj bank* Kapital zur Verfügung und sicherte so die Finanzierung und das Wiedererscheinen ab Herbst 1995.[941] Die *Nezavisimaja gazeta* gilt als eine Zeitung, die großen Einfluss auf die Meinungsbildung unter Eliten hat und in dieser Hinsicht für Berezovskij von zentraler Bedeutung ist.[942] Knapp zwei Jahre später finanzierte Berezovskij die Gründung der Tageszeitung *Novye izvestija*.[943] Seinen größten Coup im Printbereich landete Berezovskij schließlich im Sommer 1999. Die Verlagsgruppe *Kommersant"*, die in schwierigen Jahren ihre Unabhängigkeit hatte bewahren können und unter deren Dach eine ganze Reihe renommierter Qualitätszeitungen und -zeitschriften erscheint, sah sich gezwungen, ein Kontrollpaket an Berezovskij zu verkaufen.[944]

---

[937] Vgl. Gulyaev 1996; Narinskaja 1998; I. Zasurskij 1999b: 184.

[938] Vgl. Hübner 2000b: 3; Iskyan 1999: 22.

[939] Vgl. Mickiewicz 1999b: 222; I. Zasurskij 1999b: 157.

[940] Dazu gehörte auch eine gleichnamige Nachrichtenagentur. Beide wurden ursprünglich von der Berezovskij-nahen Bank *SBS-Agro* kontrolliert. Nach deren Insolvenz in der Folge der Augustkrise 1998 landeten die Beteiligungen bei der Berezovskij-Gruppe (vgl. I. Zasurskij 1999b: 158f.).

[941] Vgl. Belin/Fossato/Kachkaeva 2001: 71; Besters-Dilger 1996: 115f.; Hübner 1998: 9; I. Zasurskij 1996: 6-8. Berezovskij stach dabei die *ONKÉSMIMbank* aus, die zeitgleich versucht hatte, bei der Zeitung einzusteigen (vgl. I. Zasurskij 1999b: 73-77).

[942] Vgl. I. Zasurskij 1999b: 159.

[943] Vgl. Murray 1999: 4; I. Zasurskij 1999b: 171. Die Zeitung wurde von ehemaligen *Izvestija*-Redakteuren gegründet, die nach einem Streit mit den Investoren *LUKojl* und *ONÉKSIM-bank* um die Berichterstattung die Redaktion verlassen hatten (für Details siehe S. 379).

[944] Vgl. Zasurskii 2001: 222. Das Verlagshaus war auch in den Jahren zuvor immer wieder von Krediten abhängig, u. a. von *SBS-Agro* (vgl. I. Zasurskij 1999b: 178). Belin

360   Kapitel 6

Über die genannten Medien hinaus werden auch einige Zeitschriften, darunter das Traditionsblatt *Ogonëk*[945], gemeinhin der Berezovskij-Gruppe zugerechnet. Hinzu kommen mediennahe Unternehmen wie etwa eine Werbeagentur und ein Telekommunikationsunternehmen.[946] Des weiteren gab es immer wieder Berichte, dass Berezovskij unabhängige Medien finanziell unterstütze, aber dies lässt sich nicht hinreichend gut belegen.[947]

Zusammenfassend lässt sich festhalten, dass es Berezovskij ab 1994 sehr schnell gelang, eine informelle Mediengruppe aufzubauen, die über erhebliches Potential verfügte, bei Bedarf gezielt im Rahmen medialer Kampagnen eingesetzt zu werden. Die Möglichkeit, mit den von ihm kontrollierten Massenmedien auch „Politik zu machen", nutzte Berezovskij in den 1990er Jahren wiederholt. Dies zeigte sich an einigen kleineren Aktionen,[948] am markantesten jedoch im Rahmen der drei ausgewählten großen Medienkriege, auf die unten (Abschnitt 6.4) noch näher einzugehen sein wird.

6.3.3.3 Die Moskauer Gruppe

Wenn hier von der „Moskauer Gruppe" die Rede ist, dann handelt es sich um eine behelfsweise Benennung, da diese Gruppe zwar ein Unternehmenskonglomerat darstellt, die konkreten Besitz-, Entscheidungs- und Kontrollverhältnisse jedoch für Außenstehende häufig nicht eindeutig rekonstruierbar sind. Rein formal, das heißt gesellschaftsrechtlich betrachtet, existiert die Moskauer Gruppe nicht. Es handelt sich im Kern um eine im Grundsatz temporäre Koalition politischer und ökonomischer Akteure, die in den 1990er Jahren recht eng war und durchgehend Bestand hatte. Tragende Kräfte dieser Gruppe sind das formell private Konglomerat *Otkrytoe akcionernoe obščestvo „Akcionernaja finansovaja korporacija ‚Sistema'"* (Offene Aktiengesellschaft „Aktien-Finanz-Korporation ‚Sistema'"; im Folgenden *AFK Sistema*), die Stadt Moskau mit ihren unterschiedlichen Unternehmensbeteiligungen

---

(2001: 326) meint, der Einfluss der Geldgeber habe sich gelegentlich in der inhaltlichen Berichterstattung niedergeschlagen, bleibt dafür aber leider die Belege schuldig.
[945] Vgl. zur jahrzehntelangen Geschichte dieser Zeitschrift Lovell 1996.
[946] Vgl. Schröder 1998b: 25; Zasurskij 2001: 222.
[947] Vgl. bspw. in Bezug auf die *Novaja gazeta* Iskyan 1999: 12.
[948] Beispielsweise im Mai 1997 im Rahmen einer kontroversen Auktion, bei der ein Kontrollpaket an *Sibneft'* zum Verkauf stand, oder im Dezember 1997 gegen Čubajs und andere damalige Regierungsmitglieder (vgl. Belin/Fossato/Kachkaeva 2001: 77, 79).

sowie als politische Führungsfigur der damalige Moskauer Bürgermeister Jurij Lužkov.[949]

Die Ursprünge dieser Koalition, die zur Etablierung der Moskauer Gruppe führte, reichen bis Anfang der 1990er Jahre zurück. Als Lužkov von El'cin per Präsidialerlass im Sommer 1992 zum Bürgermeister Moskaus ernannt wurde,[950] arbeitete Evtušenkov, der spätere Gründer und Mehrheitseigentümer von *AFK Sistema*, bereits seit einigen Jahren in leitender Position in der Stadtverwaltung.[951] Nachdem es Lužkov gelungen war, die Stadt Moskau aus dem allgemeinen russländischen Verfahren der Unternehmensprivatisierung herauszulösen und die Erlaubnis zur Durchführung einer eigenen Privatisierungspolitik zu erhalten,[952] begann eine enge und anhaltende Zusammenarbeit zwischen Lužkov und Evtušenkov, die sehr schnell zum Aufbau eines Unternehmenskonglomerats führte, bei dem nicht klar ist, welche Anteile jeweils die Moskauer öffentliche Hand und welche Privatpersonen halten. Über diese wirtschaftlichen Verflechtungen hinaus wird auch von einer familiären Verbindung berichtet: Lužkov soll über die Familie seiner Gattin indirekt mit Evtušenkov verwandt sein.[953]

Unbestritten ist, dass das städtische „Moskauer Komitee für Wissenschaft und Technologie" (*Moskovskij komitet po nauke i technologijam*; *MKNT*),

---

[949] Lužkov bekleidete offiziell das Amt des „Bürgermeisters" (*mér*). Da Moskau nach der Verfassung eine „Stadt mit föderaler Bedeutung" ist und somit den Status eines Föderationssubjektes besitzt (siehe S. 61), ist der Bürgermeister der Vorsitzende der Exekutive eines Gliedstaates der Russländischen Föderation – im Falle Moskaus des politisch und wirtschaftlich gewichtigsten Föderationssubjektes.

[950] Ukaz 1992/565. Lužkov gewann die drei nachfolgenden Bürgermeisterwahlen und blieb auch nach deren Abschaffung unter Staatspräsident Putin im Amt. Erst im Jahr 2010 wurde er zum Rücktritt genötigt.

[951] Vgl. Muchin 1999b: 246.

[952] Vgl. Schröder 1998b: 26.

[953] Vgl. bspw. Leonidova 1998; Slavutinskaja/Pimenov 1998. Zwei Dinge fallen in diesem Zusammenhang besonders auf. Nachdem die *Novaja gazeta* im Oktober 1998 einen gegenüber Lužkov und Evtušenkov/*AFK Sistema* sehr kritischen Artikel veröffentlicht und dort ebenfalls eine familiäre Verbindung behauptet hatte (Muratov 1998), veröffentlichte sie drei Wochen später eine Replik von Evgenij Novickij, dem damaligen Präsidenten von *AFK Sistema*, in der dieser zahlreichen Behauptungen widersprach (Novickij 1998). Novickij bestritt auch explizit, dass Lužkovs und Evtušenkovs jeweilige Ehefrauen Schwestern seien. Zu einer möglicherweise auf andere Weise gegebenen familiären Verbindung äußerte er sich jedoch nicht. Darüber hinaus mag erstaunen, dass einen Monat später in der Zeitung *Moskovskij komsomolec*, die als sehr Lužkov-nah galt, ein Artikel erschien, in dem erneut behauptet wurde, die Ehefrauen seien Schwestern (Il'in 1998).

dessen Leiter Evtušenkov zu Beginn der 1990er Jahre war, in einem mehr-
stufigen Prozess in die gleichnamige Aktiengesellschaft *MKNT* umgewandelt
wurde. *MKNT* verfügte über zahlreiche Beteiligungen an Moskauer Unternehmen und bildete wiederum die wirtschaftliche Basis für die Gründung der
Holdinggesellschaft *AFK Sistema* im Jahr 1993.[954] Die Holding wuchs sehr
schnell und vereinigte Anfang 1998 etwa 100 Unternehmen aus diversen
Branchen, bei denen rund 50.000 Menschen beschäftigt waren.[955] Parallel
dazu gründete die Stadt Moskau 1995 die *Bank Moskvy*, bei der der Großteil
ihrer Finanzen konzentriert ist und mit deren Hilfe sie ein wachsendes Geflecht an Unternehmensbeteiligungen verwaltet.[956]

Die enge Kooperation zum wechselseitigen Vorteil zwischen städtischen
Gesellschaften und *AFK Sistema* kann als gesichert gelten. Zahlreiche Privilegien für *AFK Sistema* bei städtischen Ausschreibungen und Lizenzen[957]
zeigen dies ebenso wie die finanzielle, organisatorische und politische Unterstützung für Lužkovs politische Ambitionen. Heiko Pleines hat zwar formal
recht, wenn er schreibt, es sei „nicht möglich zu entscheiden, ob die Unterstützung für Lužkov durch die Stadt als Eigentümer diktiert wurde oder ob sie
als Geschäftsstrategie entwickelt wurde, um eine Vorzugsbehandlung durch
die Stadtverwaltung zu erreichen"[958]. Allerdings deuten sehr viele Umstände
darauf hin, dass es sich im Fall der Moskauer Gruppe um ein reziprokes Verhältnis handelt: Eine ganze Reihe von politischen und ökonomischen Akteuren gingen eine enge Koalition zum wechselseitigen wirtschaftlichen und politischen Vorteil ein. Dies zeigt sich nicht zuletzt auch im Bereich der Massenmedien, wo die Moskauer Gruppe im Verlauf der 1990er Jahre eine kontinuierlich wachsende Bedeutung erlangte.

Sowohl die Stadt Moskau als auch *AFK Sistema* erwarben sehr früh Beteiligungen an verschiedenen Massenmedien und mediennahen Unternehmen. Diese Expansion erfolgte in zwei Schritten: Zunächst in kleinerem

---

[954] Vgl. Belončukin 1998.
[955] Vgl. Pappė 2000: Kap. 2.10.
[956] Vgl. Schröder 1998b: 26f. Zu den sehr schnell wachsenden Einlagen und dem darauf
beruhenden Aufstieg der *Bank Moskvy* in die Gruppe der größten Banken vgl. Pappė
1998: Abschn. 10.
[957] Vgl. Pleines 2003: 157.
[958] Pleines 2003: 157.

Rahmen und weitgehend im Verborgenen bis zur Präsidentschaftswahl Mitte 1996, ab Ende 1996 dann in hohem Tempo.

Charakteristisch für die Phase bis 1996 ist, dass es dabei zunächst nahe-zu ausschließlich um Anteile an lokal relevanten (Medien-)Unternehmen ging. So wurde die Moskauer Stadtregierung beispielsweise 1994 Haupteigentü-mer des städtischen Fernsehkabelnetzes und finanzierte die Schaffung eines einheitlichen Moskauer Kabelfernsehens.[959] Im selben Jahr kam eine Minder-heitsbeteiligung am Fernsehender *TV-6* hinzu (siehe oben S. 358). In städti-scher Hand befindet sich auch der lokale Fernsehsender *MTK* (*Moskovskaja telekompanija*), der sich bis 1997 eine Frequenz mit dem kommerziellen Sender *2x2* teilte.[960] 1996 erwarb die *Bank Moskvy* Anteile an der Zeitung *Večernjaja Moskva*.[961] Darüber hinaus wird vereinzelt von Anteilen an der *Obščaja gazeta* berichtet.[962] Die Stadt ist auch schon zu einem frühen Zeit-punkt an zahlreichen lokalen Radiostationen beteiligt sowie an mediennahen Dienstleistungs- und Infrastrukturunternehmen (zum Beispiel Werbung, Pres-severtrieb und Telekommunikation).

Über diese formellen Beteiligungen hinaus verfügt die Moskauer Stadtre-gierung über eine Fülle von Mitteln, mit denen sie Einfluss auf in der Stadt ansässige Medien nehmen kann. Ebenso wie die anderen Konglomerate hat die Moskauer Gruppe durch die von ihr kontrollierten Banken die Möglichkeit, einzelnen Medien Kredite zu günstigen Konditionen zu gewähren und damit auch ein potentielles Abhängigkeitsverhältnis zu schaffen. Die informellen Möglichkeiten von Lužkov und seinem Umfeld gehen aber weit darüber hin-aus, da faktisch alle Medien mit Sitz in Moskau in der einen oder anderen Weise Kunden lokaler öffentlicher Unternehmen sind, zum Beispiel weil sie (günstig) Büroräume bei einer städtischen Gesellschaft angemietet haben, ihr Medium beim lokalen Monopolisten drucken lassen, der sich unter städtischer Kontrolle befindet, oder Vertriebsstrukturen nutzen, die in städtischer Hand sind.[963]

---

[959] Vgl. Kačkaeva 1997a: Abschn. 6.
[960] Vgl. de Smaele/Romashko 2001: 374.
[961] Vgl. Medvedev/Sinchenko 1997: 41.
[962] Vgl. Schröder 1998b: 27; I. Zasurskij 1999b: 165; andere Autoren sprechen nur von Subventionen, z. B. Belin/Fossato/Kachkaeva 2001: 70.
[963] Vgl. die Beispiele für konkrete „Anreize" in Moskau bei Reljić 1998: 236 sowie allge-mein zu diesem Phänomen, das sich im Grundsatz auch in allen anderen Regionen

Zu den informellen Verbindungen zählt auch Lužkovs Einfluss auf das wichtige Massenblatt *Moskovskij komsomolec*. Dessen Chefredakteur war parallel von 1992 bis 1997 Informationsminister in der Moskauer Stadtregierung und sein Verlag steht in mehrfachen Geschäftsbeziehungen zur Stadt Moskau, die auch finanzielle Unterstützung gewährt haben soll.[964]

Über formelle Beteiligungen und informelle Kanäle gelang es der Moskauer Gruppe bis 1996, großen Einfluss auf den lokalen Pressemarkt zu erlangen, besonders auf die Massenpresse.[965] Als sich nach der Präsidentschaftswahl 1996 andeutete, dass Lužkov größere politische Ambitionen hegte, das heißt bei den folgenden Wahlen selbst zum Staatspräsidenten gewählt werden wollte, begann die zweite Phase der Expansion der Moskauer Gruppe in den Medienbereich. Vermutlich besonders vor dem Hintergrund der herausragenden Rolle der Medien im vorangegangenen Wahlkampf (siehe Abschnitt 6.4.2), starteten die Moskauer Stadtregierung und *AFK Sistema* eine koordinierte, großangelegte Offensive, die nun auch auf die Erlangung überregionaler Medienmacht zielte. Im wesentlichen bestand die dabei verfolgte Strategie aus dem Erwerb von Anteilen an etablierten Medien, Medienneugründungen und strukturellen Maßnahmen, insbesondere der Gründung einer Holding, unter deren Dach die meisten Medienbeteiligungen gebündelt wurden.

Einer der ersten Schritte – und sicherlich der bedeutendste – war die Gründung eines Fernsehsenders mit überregionalem Anspruch. Anfang Januar 1997 gründete die Moskauer Stadtregierung das Fernsehunternehmen *TV Centr* (*Telekompanija „TV Centr"*; *TVC*).[966] Obgleich rechtlich die Weitergabe einer Lizenz nicht vorgesehen ist, konnte sie das eigentlich notwendige Lizenzierungsverfahren ungehindert umgehen, indem die oben bereits er-

---

des Landes findet, bspw. Lange 1997: Kap. 11.4; Ratinov/Efremova 1998; Tucker 1996.

[964] Vgl. Belin/Fossato/Kachkaeva 2001: 70; Fossato 1997a. Gusev trug nach Ende seiner Ministerzeit den Titel „Berater des Bürgermeisters für Presseangelegenheiten" und scheint diese Funktion mehr als nur zeremoniell ausgefüllt zu haben (vgl. Makarenko/Venediktov 1998: Kap. 2, Abschn. 10).

[965] Vgl. Schröder 1998b: 27.

[966] Angeblich hatte die *Bank Moskvy* 1996 eine tragende Rolle bei der Finanzierung der Gründung des überregionalen Networks *REN-TV* gespielt (vgl. Kačkaeva 1997a). Es ist unklar, warum die Moskauer Gruppe dieses Projekt aufgab. Im Folgejahr übernahm der Ölkonzern *LUKojl* 75 % der *REN-TV*-Anteile, und die Kredite der *Bank Moskvy* sollen zurückgezahlt worden sein (vgl. Belin/Fossato/Kachkaeva 2001: 84, Fn. 16).

wähnten Fernsehfirmen *MTK* und *2x2* sowie der Kabelsender *VKT* „freiwillig"
den von *TVC* beanspruchten Sendekanal frei- und die eigene Lizenz an die
Neugründung übergaben.[967] Die Anteile an *TVC* hielt zu 67 Prozent die Moskauer Stadtregierung, *MKNT* – somit de facto *AFK Sistema* – war mit 33 Prozent beteiligt.[968] Alle Beobachter waren sich von Anfang darin einig, dass die
wichtigste Funktion von *TVC* darin bestehen sollte, als landesweites Sprachrohr von Lužkov zu fungieren – eine Einschätzung, die sich in der Folgezeit
im Programm widerspiegelte und später sogar vom ehemaligen *TVC*-
Generaldirektor Boris Višnjak bestätigt wurde.[969]

In den auf den Sendebeginn im Juni 1997 folgenden eineinhalb Jahren
gelang es *TVC* zwar, sein Sendegebiet erheblich auszubauen, der Kanal
blieb aber – nicht zuletzt aufgrund des im Vergleich mit der Konkurrenz relativ
späten Starts – deutlich hinter den anderen überregionalen Sendern zurück.
Zu Beginn des Wahljahres 1999 konnte *TVC* nur von rund 40 Millionen Menschen, vorwiegend in Zentralrussland, empfangen werden. Die großen überregionalen Privatsender verfügten über mindestens die doppelte Abdeckung;
RTR und *ORT* waren unerreicht mit ihrer nahezu vollständigen Abdeckung.[970]
Dieser Nachteil der Moskauer Gruppe konnte auch durch den späteren Kauf
von Anteilen an dem Satelliten- und Kabelprojekt *Meteor-TV* nur leicht gemildert werden.[971]

---

[967] Vgl. Amirov/Balutenko 1997: 97; Blinova 2001: 104; Mašin 1997: 10. Die Freiwilligkeit
betont in einem Interview auch der *VKT*-Chefredakteur. Über eventuellen Druck oder
mögliche Kompensationen schweigt er sich aus. Zwischen den Zeilen scheint aber
durch, dass vermutlich Druck ausgeübt wurde (vgl. Konkurentov nado ispugat' 1997).

[968] Vgl. Belončukin 1998; Blinova 2001: 104f. Im Frühjahr 1999 sollte *TVC* in eine „staatliche Aktiengesellschaft" (*gosudarstvennoe akcionernoe obščestvo*; *GAO*) umgewandelt werden; *MKNT* sollte als Anteilseigner ausscheiden und die Moskauer Stadtregierung Alleinaktionär werden (vgl. Centr ,Pravo i sredstva massovoj informacii' 1999: Teil
2, Kap. 10). Aus unklaren Gründen wurde dieses Vorhaben nicht umgesetzt,
MKNT/AFK Sistema reduzierte jedoch den eigenen Anteil auf 10 % (vgl. Muchin 2006:
285; Pappė 2000: Kap. 2.10; Rykovceva 1999b: 3).

[969] In einem Interview nach seiner Entlassung räumte er ein, dass einige regelmäßige
Sendungen nicht vom Sender selbst hergestellt wurden: „Es gibt Programme, die der
Pressedienst des Bürgermeisteramtes produziert, zum Beispiel ,Slovo i delo' [Wort
und Tat]" (vgl. Rykovceva 1999b).

[970] Vgl. Michel/Jankowski 2000: 544, 546. Iskyan (1999: 32) spricht für Mitte 1999 von einer Abdeckung von ungefähr 40 %. Entsprechend niedrig war auch das Zuschauerra-
ting. Die Werte der drei erstplatzierten Sender betrugen 1999 durchschnittlich das
Vier- bis Achtfache von *TVC* (vgl. Aksartova et al. 2003: 32).

[971] Verkäufer war die zentralstaatliche Anstalt *VGTRK*, die näheren Umstände des Kaufs
sind unklar (vgl. I. Zasurskij 1999b: 165, 185).

Die Jahre 1997 und 1998 waren auch von Änderungen der Organisationsform geprägt. Die „strukturell verschwommene Informationsholding der Moskauer Stadtregierung"[972] wurde mit dem Ziel umgebaut, klarere Unternehmensstrukturen zu schaffen und die unterschiedlichen Medienarten in Subholdings zu bündeln, die wiederum unter einer Dachholding zusammengefasst wurden. Die übergeordnete Medienholding, *Sistema Mass-Media*
(*SMM*), wurde als Tochtergesellschaft von *AFK Sistema* geschaffen.[973] Die
Subholdings decken die ganze Breite von Medienbranchen ab. Die Printme-
dienbeteiligungen etwa wurden in der Subholding *Metropolis* gebündelt, die
lokalen Radiosender unter dem Dach von *Radio-Centr* vereinigt, und *Maksi-
ma* fasste die Werbeaktivitäten der Gruppe zusammen. Hinzu kamen weitere
Subholdings, etwa für Vertriebsunternehmen und dergleichen mehr. Nur sehr
wenige Medienbeteiligungen verblieben außerhalb dieser Holdingstruktur, als
einziges mediales Schwergewicht behielt nur *TVC* (zusammen mit dem zu-
gehörigen lokalen Kabelfernsehsender *TV-Stolica*) seine Eigenständigkeit.[974]

Die Schaffung einer klareren Struktur war nicht zuletzt deshalb notwendig
geworden, weil die Moskauer Gruppe in den Jahren ab 1996 weitere Anteile
an Medienunternehmen erwarb und einige neue Massenmedien gründete.[975]
Die unter dem Aspekt der politischen Ambitionen Lužkovs wichtigste Neugründung war die überregionale Tageszeitung *Rossija*, die seit Frühjahr 1998
erscheint und sich als Qualitätszeitung mit spürbarem Einfluss auf die landesweite politische Meinungsbildung etablieren sollte.[976] Etwa zur gleichen
Zeit wurde die *Literaturnaja gazeta* von der Gruppe *MENATEP* zugekauft.[977]
Wenige Monate später ging das Druck- und Verlagshaus *Moskovskaja pravda* durch eine umstrittene Verfügung des damaligen Ministerpräsidenten Evgenij Primakov – mutmaßlich kostenlos – in den Besitz der Moskauer Stadt-

---

[972] Centr ‚Pravo i sredstva massovoj informacii' 1999: Teil 2, Kap. 10.
[973] Vgl. Belin/Fossato/Kachkaeva 2001: 70; Blinova 2001: 104.
[974] Vgl. Belin/Fossato/Kachkaeva 2001: 70; Blinova 2001: 104-120; Muchin 2006: 284f.
[975] Einen Überblick über die Entwicklung der Investitionen der Moskauer Gruppe im Me-
       dienbereich Mitte bis Ende der 1990er Jahre bietet die Berichtsserie von Floriana Fos-
       sato und Anna Kachkaeva (1997 1998d, 1998e, 1998f, 1999, 2000).
[976] Vgl. Blinova 2001: 117-119; Nivat 1998: 47. Die Moskauer Gruppe stand mit ihrem
       Versuch der Neugründung eines „influence newspapers" (I. Zassoursky 2004: 30)
       nicht alleine. Auch *ONÉKSIM* verfolgte diese Strategie (siehe S. 380).
[977] Vgl. Belin/Fossato/Kachkaeva 2001: 74.

regierung über.[978] Damit erhielt die Moskauer Gruppe nicht nur die Kontrolle über ein weiteres Massenblatt, sondern auch über das unangefochtene Schwergewicht unter den Druckunternehmen. Direkt zur Printgruppe gehören darüber hinaus weitere (Gratis-)Zeitungen, und einige Berichte deuten darauf hin, dass andere, nominell unabhängige Verlagsgruppen – wie beispielsweise *Puškinskaja ploščad'* – von einer Finanzierung durch die Moskauer Gruppe abhängig sind.[979]

Der Moskauer Stadtregierung gelang es darüber hinaus im Infrastrukturbereich, das Moskauer Kabelfernsehnetz vollständig unter ihre Kontrolle zu bringen. Nachdem sie Mitte 1997 mit dem Aufkauf einzelner Netze begonnen hatte, konnte sie Ende 1998 alle Teilnetze zu einem einheitlichen Netz zusammenschließen.[980] Damit verfügte sie auch über die Möglichkeit, den Zugang zum Kabelnetz zu kontrollieren.

Zusammenfassend lässt sich festhalten, dass es der Moskauer Gruppe – einer Koalition aus politischen und ökonomischen Akteuren mit sehr breit gestreuten ökonomischen Interessen und Beteiligungen – im Medienbereich Mitte bis Ende der 1990er Jahre gelungen ist, aus einer sehr starken lokalen Position heraus massiv auf gesamtstaatlicher Ebene zu expandieren. Den Hintergrund dieser Expansion bildeten die politischen Ambitionen des Moskauer Bürgermeisters Lužkov, und dieser wusste die gewonnene Medienmacht gut zu seinen Gunsten einzusetzen (siehe Abschnitt 6.4.4). Begünstigt, wenn nicht sogar erst ermöglicht wurde diese Entwicklung durch intransparente Kontroll- und Eigentumsstrukturen sowie Finanzflüsse. Die Moskauer Gruppe machte sich als Akteur – so man diese Akteurskoalition als einheitlichen Akteur verstehen kann – die fließenden Übergänge zwischen öffentlichem und privatem Eigentum, zwischen Amtsträgern, Politikern und Unternehmern mit Erfolg zunutze.

Dieses Phänomen war, wenn auch in anderer Ausgestaltung, bereits im Falle der Gruppe um Boris Berezovskij zutage getreten. Strukturell vergleichbar, jedoch in wiederum abweichender Form, tritt es auch beim folgenden Akteur auf: *Gazprom*.

---

[978] Vgl. Regierungsverfügung 1998/1369-r; Slavutinskaja/Pimenov 1998. Möglicherweise ist es kein Zufall, dass Primakov bei den Dumawahlen im darauffolgenden Jahr Bündnispartner Lužkovs war.

[979] Vgl. I. Zasurskij 1999b: 180; 2001: 283.

[980] Vgl. Blinova 2001: 113; Muchin 2005: 115.

6.3.3.4 Gazprom

Dieses Unternehmenskonglomerat gruppiert sich um den zentralen Unternehmensbereich, den Gaskonzern *Gazprom*. Der Konzern entstand durch Umwandlung des sowjetischen Gasministeriums in eine Aktiengesellschaft und verfügte in den 1990er Jahren de facto über eine Monopolstellung im Bereich der Förderung, des Transports und des Exports von Erdgas. Gesamtwirtschaftlich war (und ist) *Gazprom* für die Russländische Föderation von zentraler Bedeutung: Mitte der 1990er Jahre war der Konzern für rund ein Viertel des Gesamtsteueraufkommens wie auch der staatlichen Deviseneinnahmen verantwortlich.[981]

Bis Mitte 1994 wurde *Gazprom* teilprivatisiert; 40 Prozent der Aktien blieben in zentralstaatlichem Besitz. Auffällig ist, dass das Management des Konzerns nicht nur großen Einfluss auf das Privatisierungsverfahren nahm, sondern auch durchsetzen konnte, dass der anschließende Handel mit *Gazprom*-Aktien umfassenden Einschränkungen und de facto der Genehmigung durch das Management unterlag.[982] Darüber hinaus verwaltete Rem Vjachirev, seit 1992 Nachfolger Viktor Černomyrdins als Vorsitzender der Unternehmensleitung, ein staatliches Anteilspaket im Umfang von 35 Prozent „treuhänderisch" – und übte somit auch die entsprechenden staatlichen Stimmrechte im Direktorenrat aus.[983]

Insgesamt lässt sich festhalten, dass *Gazprom* während der Präsidentschaft El'cins zwar allein aufgrund schierer Größe ein „Staat im Staate" war, sich aber weder als staatlicher noch als privatwirtschaftlicher Akteur klassifizieren lässt. Vielmehr zeigte sich ein Verhältnis wechselseitiger Abhängigkeit zwischen dem Konzern und staatlichen bzw. politischen Akteuren. Eine zentrale Rolle spielte hier das Interesse, dass der Gasmonopolist eine kostengünstige und durchgehende Belieferung inländischer Kunden sicherstellt, und zwar unabhängig von deren Zahlungsfähigkeit.[984] Gleichzeitig hatte *Gazprom*

---

[981] Vgl. Pleines/Westphal 1999: 7.

[982] Vgl. Pleines 2003: 245f.; Westphal 2000: 64-67.

[983] Vgl. Pleines/Westphal 1999: 7. Erst zu Beginn der Präsidentschaft Putins wurde diese Treuhandkonstruktion beendet (vgl. Ivanova 2001: 69).

[984] Zugespitzt wird dieser Punkt innerhalb der *virtual economy*-These, der zufolge *Gazprom* de facto die russländische Volkswirtschaft subventioniert (vgl. Gaddy/Ickes 1998, 2002).

vor allem Interesse an der Aufrechterhaltung der eigenen Monopolstellung sowie der Verhinderung externer Kontrolle.[985]

Ab Mitte der 1990er Jahre expandierte *Gazprom* massiv in Geschäftsgebiete außerhalb des Erdgassektors. Zentral waren Investitionen in den Bereichen Metallurgie und Maschinenbau sowie Chemie-, Strom- und Finanzindustrie.[986] Schon allein der Umfang dieser Diversifizierung rechtfertigt es, auch bei *Gazprom* von einem Konglomerat zu sprechen. Hinzu kamen zahlreiche Medienengagements, die jedoch in der Anfangszeit nicht den Eindruck systematischer Investitionen erweckten und teilweise auch nicht öffentlich bekannt gegeben wurden.

Die Ursprünge von *Gazproms* Kontrolle über Massenmedien reichen in die sowjetische Zeit zurück. Mit der Umwandlung des sowjetischen Gasministeriums in einen Gaskonzern gingen auch eine Reihe von Fachperiodika der Gasbranche in das Eigentum des neuen Unternehmens über. Ähnliches gilt in Bezug auf eine relativ gute und ausbaufähige Kommunikationsinfrastruktur, die ursprünglich in erster Linie zur Gasförderungs- und Pipelineüberwachung aufgebaut worden war.[987] Obwohl *Gazprom* in diesem Sinne seit seiner Gründung als Konzern auch im Medienbereich tätig war, lässt sich von einem wirklichen Engagement im Mediensektor erst ab Mitte der 1990er Jahre sprechen.

Gazprom unterstützte schon recht früh auf unterschiedlichen informellen Wegen eine Reihe von überregionalen wie auch regionalen Massenmedien. Vermutlich geschah dies anfänglich kaum durch direkte Investitionen, sondern eher durch verdeckte Finanzierung, beispielsweise mittels verbundener Banken oder indem Papierfabriken nicht beglichene Gasrechnungen in Teilen mit kostenlosen Papierlieferungen an bestimmte Zeitungshäuser verrechneten.[988] Mitte 1995 kamen schließlich Berichte auf, *Gazprom* kaufe Aktien sowohl überregionaler als auch regionaler Zeitungen auf und plane, „ein eigenes Informationsimperium aufzubauen".[989]

---

[985] Vgl. Pleines 2003: 247.
[986] Vgl. Westphal 2000: 58-61.
[987] Vgl. Centr ‚Pravo i sredstva massovoj informacii' 1999: Teil 2, Kap. 6; Hagström 2000: 230.
[988] Vgl. Savvateeva 1996.
[989] Politkovskaja 1995.

Ob dieser Aktienaufkauf tatsächlich schon zu diesem Zeitpunkt in größerem Umfang stattfand, lässt sich nicht mit Bestimmtheit sagen, weil auch der Akteur *Gazprom* im Medienbereich wenig transparent agierte. Gesichert ist jedoch, dass sich der Konzern Anfang 1995 mit einem Anteil von drei Prozent am halbstaatlichen Fernsehsender *ORT* beteiligte (siehe oben S. 329). Mitte Juni 1996 – mitten im Präsidentschaftswahlkampf – gab *Gazprom* dann überraschend bekannt, sich mit 30 Prozent am Fernsehsender *NTV* zu beteiligen.[990] Der Kaufpreis wurde nicht bekannt gegeben, betrug dem Vernehmen nach aber umgerechnet 120 Millionen US-Dollar.[991] Im Zuge der anstehenden Investitionen zum Aufbau des Satellitenfernsehkanals *NTV+* benötigte die *MOST*-Gruppe zu diesem Zeitpunkt dringend frisches Kapital.

Die Gründe für *Gazproms* Investition in *NTV* lassen sich nicht zweifelsfrei identifizieren. Der Vorsitzende, Rem Vjachirev, ließ sich von der zur *MOST*-Gruppe gehörenden Tageszeitung *Segodnja* mit den Worten zitieren, das Hauptmotiv für das Geschäft sei seine „wirtschaftliche Zweckdienlichkeit" gewesen. Darüber hinaus verhehlte Vjachirev jedoch nicht, dass auch die Pflege des Images von Gazprom in der Öffentlichkeit eine Rolle spielte. Er erhoffe sich „eine angemessene Beleuchtung der Rolle des Konzerns in der russländischen Volkswirtschaft".[992]

Zahlreiche Analysen gehen jedoch davon aus, dass es noch einen weiteren, möglicherweise sogar zentralen Grund für *Gazproms* Investition gibt. Vermutet wird, der Gasmonopolist sei auf Bitten führender politischer Akteure tätig geworden, die auf diesem Wege die Loyalität der *MOST*-Medien gegenüber El'cin im laufenden Präsidentschaftswahlkampf hätten belohnen und sichern wollen.[993] Diese These kann zwar einige Plausibilität für sich beanspruchen, lässt sich aber nicht sicher belegen. Dafür spricht, dass *Gazprom* die mit der Beteiligung verbundenen Rechte zur formellen Einflussnahme auf die Geschäfte des Senders nicht wahrnahm, sondern die Anteile treuhänderisch von der *MOST*-Gruppe verwalten ließ und keinen eigenen Vertreter in den Di-

---

[990] Vgl. Petrovskaja 1996; Klasson 1996.
[991] Vgl. Zasurskii 2001: 223.
[992] Vgl. Grigor'ev 1996.
[993] Vgl. stellvertretend Chermenskaya 2001; Fossato 2001: 346; Pappé 2000: Kap. 2.1; Zasurskii 2001: 223.

rektorenrat entsandte.[994] Dies schließt gleichwohl die Nutzung informeller Einflusskanäle nicht aus.

Als er im Juni 1996 den Einstieg bei *NTV* verkündete, bestritt Vjachirev, dass *RAO Gazprom* über weitere Kapitalbeteiligungen an Massenmedien verfüge. *Gazproms* übriges Medienengagement beschränke sich darauf, dass „wir einigen Zeitungen manchmal Unterstützung in Form von Sponsoring gewähren"[995]. Möglicherweise war diese Behauptung Vjachirevs formal korrekt, aber irreführend, denn es ist sehr wahrscheinlich, dass zumindest *Gazproms* Tochterfirmen und verbundene Banken schon zum damaligen Zeitpunkt über informelles Sponsoring hinaus Anteile an Massenmedien erwarben. Aufschlussreich ist in diesem Zusammenhang, dass der *Gazprom*-Vorsitzende bei ebendiesem Pressetermin durchblicken ließ, die bisherige Zurückhaltung in Bezug auf die direkte Beteiligung an Massenmedien bedeute nicht, dass der Konzern keinerlei Pläne im Medienbereich habe: „Mit der Zeit werden Sie alles erfahren."[996] In der Tat: Gut fünfzehn Monate später, Mitte Oktober 1997, wurden Pläne des Gaskonzerns bekannt, eine eigene Holding namens *Gazprom-Media* zu gründen, in der die Medienbeteiligungen gebündelt werden sollten.[997]

Mit dieser strukturellen Maßnahme folgte *Gazprom* einem Trend, der sich, wie bereits gezeigt, zuvor schon bei anderen Konglomeraten beobachten ließ. Interessant ist jedoch darüber hinaus, dass im Zuge des Aufbaus der Holdingstruktur erkennbar wurde, welchen Umfang das Engagement von *Gazprom* im Medienbereich zwischenzeitlich bereits angenommen hatte, aber auch wie unstrukturiert und intransparent dieses Geflecht war. Viktor Iljušin, der Vorsitzende des Direktorenrats von *Gazprom-Media* – zuvor El'cins langjähriger persönlicher Sekretär und Erster Berater und nach der Präsidentschaftswahl 1996 kurzeitig Erster Stellvertretender Regierungschef –, räumte in einem Interview Anfang 1998 ein, dass die Konzernführung noch keinen vollständigen Überblick über die Medienbeteiligungen besitze.[998]

Über die bereits genannten Anteile an den Fernsehsendern *ORT* und *NTV* hinaus gaben Führungskräfte von *Gazprom-Media* Anfang 1998 weitere

---

[994] Vgl. Hagström 2000: 230.
[995] Zit. n. Grigor'ev 1996.
[996] Zit. n. Grigor'ev 1996.
[997] Vgl. „Gazprom" chočet 1997.
[998] Vgl. Gazprom-media 1998.

Beteiligungen offiziell bekannt. Dazu zählen insbesondere die Zeitungen *Trud* und *Rabočaja tribuna*[999], aber auch die Fernsehproduktionsgesellschaft *Prometej* und eine Vielzahl an regionalen Print- und elektronischen Medien.[1000] Der genaue Umfang der Kontrolle über regionale Medien wurde nicht veröffentlicht. Schätzungen reichen von 32 regionalen Printmedien sowie 13 lokalen Radio- und Fernsehstationen bis hin zu mehr als 100 regionalen Medien.[1001] Durch den Erwerb des regionalen Satellitenfernsehnetzes *AST* plante *Gazprom-Media* darüber hinaus den Aufbau eines vollwertigen, landesweiten Networks, für das *Prometej* zentrale Inhalte bereitstellen sollte, und das perspektivisch mit eigenen Satelliten das gesamte Gebiet der ehemaligen Sowjetunion abdecken sollte.[1002]

Jenseits der beiden Zeitungen *Trud* und *Rabočaja tribuna* ist die Informationslage auch im Bereich überregionaler Printmedien unübersichtlich. Zahlreiche Berichte deuten darauf hin, dass *Gazprom* zumindest partiell – teilweise auch mittels verbundener Banken wie etwa *Imperial* oder *Nacional'nyj rezervnyj bank* – eine Reihe von bereits existierenden Zeitungen, Nachrichtenmagazinen und Wirtschaftstiteln finanziell unterstützte, in Einzelfällen auch Neugründungen förderte.[1003] Häufig genannt werden in diesem Zusammenhang etwa *Kompanija*, *Profil'* und *Vek*,[1004] vereinzelt auch Titel wie *Delovoj mir*, *Obščaja gazeta* oder *Sel'skaja žizn'*.[1005] Der Versuch *Gazproms*, die landesweit bedeutende und auflagenstarke Tageszeitung *Komsomol'skaja pravda* unter Kontrolle zu bringen, scheiterte 1997.[1006]

---

[999] Ab Frühjahr 1998 firmierte die letztgenannte Zeitung nur noch unter dem Namen *Tribuna* (vgl. I. Zasurskij 1999b: 174).

[1000] Vgl. die Interviews mit den beiden *Gazprom-Media*-Managern Viktor Iljušin (damals Vorsitzender des Direktorenrats) und Sergej Karaganov (damals Mitglied des Direktorenrats) in Gazprom-media 1998 bzw. Kommersant"-daily Nr. 38 (1441), 05.03.1998.

[1001] Vgl. Aksartova et al. 2003: 50; Belin/Fossato/Kachkaeva 2001: 76; Dunn 2000; Dzjalošinskij 2001: 18; Isakov 1999: 11; Narinskaja 1998; Pappė 2000: Kap. 2.1; Pleines/Westphal 1999: 8; I. Zasurskij 1999b: 174; 2001: 283.

[1002] Vgl. Centr ‚Pravo i sredstva massovoj informacii' 1999: Teil 2, Kap. 2, 6; Narinskaja 1998; I. Zasurskij 1999b: 174.

[1003] Einen Überblick über die Entwicklung der Investitionen von *Gazprom* im Medienbereich Mitte bis Ende der 1990er Jahre bietet die Berichtsserie von Floriana Fossato und Anna Kachkaeva (1997, 1998d, 1998e, 1998f, 1999, 2000).

[1004] Vgl. etwa Belin/Fossato/Kachkaeva 2001: 75; Dzjalošinskij 2001: 18; Pleines/Westphal 1999: 8; I. Zasurskij 2001: 283.

[1005] Vgl. Schulze 2000: 79; Pappė 2000: Kap. 2.1; Muchin 2000: 139.

[1006] Die *ONĖKSIM*-Gruppe stach *Gazprom* aus. Für Details hierzu vgl. S. 379).

Daran, dass eine wesentliche Motivationsgrundlage für *Gazproms* Engagement im Medienbereich die Sorge um das Unternehmensimage und die politische Entwicklung betraf, kann kein ernsthafter Zweifel bestehen. Sergej Smirnov, damals bei *Gazprom* verantwortlich für Medienkontakte, formulierte bereits 1996 das anzustrebende *Gazprom*-Image: „[W]ir arbeiten im Interesse des Staates, wir werden vom Staat gebraucht."[1007] Im Zuge der Gründung von *Gazprom-Media* machten auch Führungskräfte der Holding, allen voran der Direktorenratsvorsitzende Viktor Iljušin, kein Gehelmnis aus diesen politischen Zielen. In einem Interview sagte er unter anderem:

„Wir hatten freundschaftliche Beziehungen [zu einigen Massenmedien], aber heutzutage kommt man mit Freundschaft alleine nicht weit. [...] Da ‚Gazprom' eine russländische Aktiengesellschaft ist, ist es uns nicht egal, wer den Regionen vorstehen, wer die Gesetze verabschieden, welche Regierung es geben wird, wir können bei diesen gesellschaftlichen Prozessen nicht am Rand stehen bleiben."[1008]

Ähnlich explizit äußerte sich kurz darauf auch Sergej Karaganov. In einem Interview sprach er in Bezug auf Russland von „unserem hochpolitisierten Land" und sagte, die Holding *Gazprom-Media* sei mit dem Ziel aufgebaut worden, „Gazprom adäquate Möglichkeiten für den Einfluss auf die Politik" zu verschaffen.[1009]

Von Seiten *Gazproms* wurden zwar übergeordnete politische Ziele eingeräumt, die Unterstellung konkreter tagespolitischer Interessen und Einflussnahme wurde jedoch (verständlicherweise) zurückgewiesen. Dies bezieht sich insbesondere auf den damals von zahlreichen Beobachtern geäußerten Verdacht, die Holding-Gründung diene vor allem der publizistischen Unterfütterung der erwarteten Kandidatur des ehemaligen *Gazprom*-Vorsitzenden und damaligen Ministerpräsidenten Viktor Černomyrdin bei der Mitte 2000 anstehenden Präsidentschaftswahl.[1010]

Auffällig ist, dass *Gazprom-Media* phasenweise versuchte, Verbindungen zu und möglicherweise sogar Koalitionen mit anderen Medienakteuren auf-

---

[1007] Zit. n. Savvateeva 1996: 7.
[1008] Gazprom-media 1998.
[1009] Interv´ju s Karaganovym 1998.
[1010] Vgl. etwa Fossato/Kachkaeva 1998b; Graham 1999: 334; Panjuschkin/Sygar 2008: 75. Nach der Entlassung der von ihm geführten Regierung Ende März 1998 hatte Černomyrdin tatsächlich seine Präsidentschaftsambitionen öffentlich bekannt gegeben (vgl. Aksënov 1998).

zubauen. So gehörte 1998/99 mit Vladimir Evtušenkov ein führender Kopf der „Moskauer Gruppe" dem Direktorenrat an.[1011] Und Sergej Zverev, bis dato Vize-Präsident von *Media-MOST*, ersetzte im Sommer 1998 Viktor Iljušin an der Spitze von *Gazprom-Media*.[1012]

Neben der bereits erwähnten *NTV*-Beteiligung im Jahr 1998 griff *Gazprom Media-MOST* auch in der Folgezeit finanziell unter die Arme. So bürgte *Gazprom* im Frühjahr und Sommer 1998 – kurz vor Ausbruch der Finanz- und Wirtschaftskrise – für zwei Kredite von *Credit Suisse First Boston* an *Media-MOST*, die eine Laufzeit von zwei bzw. drei Jahren und einen Gesamtumfang von rund 470 Millionen Dollar hatten.[1013] Möglicherweise war *Media-MOST* Ende der 1990er Jahre sogar noch in höherem Umfang direkt oder indirekt bei *Gazprom* verschuldet, allerdings sind die Quellen hierzu widersprüchlich, und einige Autoren sind der Ansicht, dass die Gesamtverschuldung in rein betriebswirtschaftlicher Hinsicht noch kein kritisches Niveau erreicht habe.[1014]

Ungeachtet dessen entfaltete *Gazproms* Medienholding in den 1990er Jahren – im Gegensatz zu den anderen Akteuren – nur geringe eigene Aktivitäten. Das heißt, der erwartete Expansionskurs stockte, und eine einheitliche, koordinierte und stetige Medienpolitik war nicht erkennbar.[1015] Gleichwohl bedeutet die ausbleibende Expansion nicht, dass der Einfluss des Konzerns auf die von ihm finanzierten Medien zu unterschätzen wäre. *Gazprom* blieb ein

---

[1011] Vgl. Centr ‚Pravo i sredstva massovoj informacii' 1999: Teil 2, Kap. 10.

[1012] Vgl. Belin/Fossato/Kachkaeva 2001: 75; Centr ‚Pravo i sredstva massovoj informacii' 1999: Teil 2, Kap. 6. Zverevs Amtszeit währte indes weniger als ein Jahr. Er wechselte im Frühjahr 1999 in die Administration des Staatspräsidenten.

[1013] Vgl. Belin 2002a: 30f.

[1014] Vgl. bspw. Pappé 2000: Kap. 2.9. Al'fred Koch dagegen führt erheblich höhere Außenstände an (vgl. Kokh 2001). Diese Angaben sind jedoch mit größter Vorsicht zu behandeln, da Koch Partei ist, insofern er in den Jahren 2000 und 2001 auf Seiten *Gazproms* maßgeblich an der Entmachtung Gusinskijs und der Übernahme der wichtigsten *MOST*-Medien beteiligt war. In der Anlage Nr. 3 des Gusinskij im Juli 2000 abgenötigten und von ihm später widerrufenen Verkaufsvertrages, durch den *Media-MOST* an *Gazprom* fallen sollte, ist eine umfangreiche Liste der Verbindlichkeiten von *Media-MOST* enthalten (Gusinskij podpisal soglašenie 2000). Die online abrufbaren Dokumente sind wahrscheinlich authentisch, ihre inhaltliche Richtigkeit und Vollständigkeit lässt sich gleichwohl nicht abschließend beurteilen. Vgl. insgesamt zum Druck auf *Media-MOST* und die spätere Mehrheitsübernahme der wichtigsten *MOST*-Medien durch *Gazprom-Media* gleich zu Beginn der Präsidentschaft Putins bspw. Belin 2002a; Lipman/McFaul 2001.

[1015] Einige Analysen kommen sogar zu dem Schluss, dass die Holding nur nominell existierte. Vgl. für unterschiedliche Bewertungen bspw. Aksartova et al. 2003: 49; Muchin 2005: 89; Pappé 2000: Kap. 2.1.

wichtiger Akteur im Medienbereich, auch wenn dessen Potential erst nach dem Amtsantritt Vladimir Putins in vollem Umfang offen zutage trat.

Auch wenn Ausmaß, Motivation und Anreize schwer zu bestimmen sind, profitierte *Gazprom* zweifellos immer wieder politisch von der Verbindung mit *Media-MOST*. Beobachtern fiel beispielsweise die erstaunlich positive Berichterstattung in *MOST*-Medien auf, als Viktor Černomyrdin versuchte, sich für die regulär im Sommer 2000 anstehende Präsidentschaftswahl in Position zu bringen.[1016] Im Rahmen einiger Konflikte zwischen der Regierung und dem Gasmonopolisten fiel die positive *Gazprom*-Berichterstattung durch *NTV* auf – besonders augenfällig, nachdem die Regierung Kirienko im Sommer 1998 eine Kampagne zur Steuereintreibung beim größten Einzelschuldner *Gazprom* gestartet hatte.[1017]

Dass in anderen Phasen in Medien von *Media-MOST* mit merklich negativer Tendenz über *Gazprom* berichtet wurde,[1018] steht dazu nicht in prinzipiellem Widerspruch. Dies ist nicht nur eine Folge davon, dass es *Gazprom* in den 1990er Jahren nicht gelang, eine kohärente Medienstrategie umzusetzen, sondern insbesondere Ausdruck dessen, dass die Koalitionen zwischen unterschiedlichen Akteuren auch im Medienbereich nicht statisch waren, sondern sich permanent im Fluss befanden. Davon zeugen nicht zuletzt die „Medienkriege" (siehe Abschnitt 6.4).

6.3.3.5 ONĖKSIM

Die *ONĖKSIM*-Gruppe begann im Vergleich mit anderen Konglomeraten erst relativ spät, sich im Bereich der Massenmedien zu engagieren. Trotzdem entwickelte sie sich innerhalb verhältnismäßig kurzer Zeit zu einem relevanten Akteur auch auf diesem Gebiet.

Wenn hier vereinfacht von der *ONĖKSIM*-Gruppe die Rede ist, ist damit ein weitverzweigtes Konglomerat gemeint, das sich um die *ONĖKSIMbank*, die Holding *Interros* und das Finanzunternehmen *MFK* gruppiert und das spätestens seit Mitte der 1990er Jahre zu den wichtigsten Wirtschaftsakteuren in Russland zählt. Wie bereits im vorangehenden Kapitel deutlich wurde, zählt die *ONĖKSIMbank* zu den wichtigsten privilegierten Banken, und wichtige

---

[1016] Vgl. Fossato/Kachkaeva 1998b. Zu den Präsidentschaftsambitionen Černomyrdins siehe Abschn. 4.2.4 (S. 130 und 137).

[1017] Vgl. Belin 2002d: 286; Belin/Fossato/Kachkaeva 2001: 79.

[1018] Vgl. Pappé 2000: Kap. 2.1; Volodin 1998.

Teile des Konglomerats bestehen aus Schwergewichten aus den Bereichen Rohstoffe, Energie und Schwerindustrie, die im Zuge der Privatisierung unter die Kontrolle des Konglomerats gerieten. Die genauen Besitz- und Beteiligungsverhältnisse innerhalb der Gruppe sind unklar; als zentrale Steuerungsfigur und Bindeglied gilt jedoch Vladimir Potanin,[1019] der – wie ebenfalls im vorangehenden Kapitel eingehend erörtert – 1996/97 auch der russländischen Regierung angehörte. Im Zuge der formellen Restrukturierung der Gruppe entstand im Frühjahr 1998 die Holding *Interros*, und Potanin wechselte von der Spitze der *ONĖKSIMbank* auf die Führungsposition der Holding.[1020]

Nachdem die *ONĖKSIM*-Gruppe 1995 beim Versuch, bei der *Nezavisimaja gazeta* einzusteigen, gegen Berezovskij unterlegen war (siehe S. 359), unterstützte sie im selben Jahr die Gründung der Zeitschrift *Ėkspert*, die sich sehr schnell eine hohe Reputation erwerben konnte, mit einem größeren Kredit. Beobachter gehen davon aus, dass dieser Kredit in eine Beteiligung in Höhe von knapp 25 Prozent umgewandelt wurde, die später noch erhöht wurde.[1021] Für eine ganze Zeit blieb dies augenscheinlich das einzige Medienengagement der Gruppe. Das änderte sich erst im Jahr 1997, wahrscheinlich auch unter dem Eindruck der bedeutenden Rolle, die Massenmedien im Präsidentschaftswahlkampf 1996 gespielt hatten (siehe Abschnitt 6.4.2).

Die *ONĖKSIM*-Gruppe konzentrierte ihre Investitionen im Medienbereich auf Printmedien – nicht zuletzt deshalb, weil der Markt im audiovisuellen und insbesondere im Bereich des Fernsehens bereits als aufgeteilt galt. Innerhalb weniger Monate gelang es dem Konglomerat, eine beachtliche Position bei Zeitungen und Zeitschriften auf- und diese in der Folgezeit stetig auszubauen.[1022] Bereits im Juli 1997 wurde zur Bündelung der Medienengagements die *ONĖKSIMbank*-Tochterfirma *Prof-Media* gegründet, die ab April 1998 als eigenständige Medienholding innerhalb der Gruppe fungierte.[1023] Auffällig ist,

---

[1019] Vgl. Pappė 1998: Abschn. 4; Pleines 2003: 154f.; Schröder 1998b: 12.
[1020] Vgl. Pappė 2000: Kap. 2.3; Schröder 1998b: 13.
[1021] Vgl. Hübner 1998: 12; Isakov 1999: 60f.; Pappė 2000: Kap. 2.3.
[1022] Einen Überblick über die Entwicklung der Investitionen der *ONĖKSIM*-Gruppe im Medienbereich Mitte bis Ende der 1990er Jahre bietet die Berichtsserie von Floriana Fossato und Anna Kachkaeva (1997, 1998d, 1998e, 1998f, 1999).
[1023] Vgl. Blinova 2001: 121.

dass die Gruppe in Bezug auf ihre Geschäftspolitik im Medienbereich verhältnismäßig offen agierte – offener sowohl im Vergleich mit den anderen Konglomeraten als auch verglichen mit den anderen Geschäftsfeldern, auf denen sie aktiv war.[1024]

Ende der 1990er Jahre erstreckten sich die Beteiligungen der *ONĖKSIM*-Gruppe über ein breites Spektrum: Von Zeitungen und Zeitschriften mit allgemeinpolitischem Profil über unterhaltungsorientierte Printmedien wie etwa Boulevardzeitungen, Sport-, Programm und Hochglanzzeitschriften bis hin zu Gratiszeitungen und Werbeblättern. Daneben gab es Beteiligungen an zwei kommerziellen Radiostationen (*Evropa+, Avto-radio*), einem regionalen Fernsehsender (*TRK Peterburg*), der Nachrichtenagentur *Prajm-Tass* sowie mediennahen Dienstleistungsunternehmen wie Produktion, Vertrieb, Werbung etc. Einige der Medien waren Kooperationsprojekte mit dem französischen Unternehmen *Hachette*.[1025]

Beim Medienengagement der *ONĖKSIM*-Gruppe fällt auf, dass (potentiell) kommerziell erfolgreiche Medien einen verhältnismäßig hohen Stellenwert einnehmen. Zudem spielt die Präsenz in den Regionen eine wichtige Rolle. Ende der 1990er Jahre beanspruchte *Prof-Media* die Marktführerschaft im Bereich der Printmedien für sich und behauptete, über eine monatliche Verkaufsauflage von mehr als 70 Millionen Exemplaren zu verfügen.[1026] Auch wenn diese Angaben möglicherweise überhöht sind, steht die starke Stellung der *ONĖKSIM*-Gruppe im Printbereich außer Frage. Und wie im Folgenden gezeigt werden wird, wurde parallel zum Fokus auf wirtschaftlich gewinnträchtige Medien von Beginn an die Strategie verfolgt, die Kontrolle über Printmedien zu erlangen, die über das Potential verfügten, beim politischen *agenda setting* eine wichtige Rolle zu spielen. Im Falle von drei überregionalen Tageszeitungen wird dies deutlich: *Izvestija, Komsomol'skaja pravda* und *Russkij telegraf*.

Die seriöse und einflussreiche Tageszeitung *Izvestija* hatte ihre wirtschaftliche Eigenständigkeit bis Mitte der 1990er Jahre zunächst weitgehend bewahren können. Das beinhaltete strukturell auch die Dominanz von Belegschaftsaktionären. Ende 1996 sah sich die Zeitung allerdings gezwungen, zur

---

[1024] Vgl. Pappé 2000: Kap. 2.3.
[1025] Vgl. Belin/Fossato/Kachkaeva 2001: 73; Iskyan 1999: 36f.; I. Zasurskij 2001: 284f.
[1026] Vgl. Muchin 2000: 189.

KAPITEL 6

Kapitalbeschaffung einen externen Investor zu beteiligen. Im November 1996 wurde der Einstieg des Ölkonzerns *LUKojl* mit rund 20 Prozent der Anteile verkündet,[1027] und diese Beteiligung wurde in den nachfolgenden Monaten nach und nach aufgestockt.[1028] Weniger als ein halbes Jahr später kam es zu einem schweren Konflikt zwischen der Zeitung und dem neuen Investor. Nachdem die *Izvestija* am 1. April 1997 (sic!) die Übersetzung eines kurz zuvor in der französischen Zeitung *Le Monde* erschienenen Artikels abgedruckt hatte, in dem Ministerpräsident Viktor Černomyrdin eine maßgebliche Aktienbeteiligung an *Gazprom* und immense Bereicherung während seiner laufenden Amtszeit unterstellt worden waren,[1029] sah sich *LUKojl* unter Handlungsdruck und betrieb offen die Absetzung der Führung der Zeitung, während *Izvestija* mit „Enthüllungsberichten" über den Anteilseigner und Černomyrdin zu kontern versuchte.

So erstaunlich dieses Vorgehen von *LUKojl* auf den ersten Blick auch erscheinen mag, lässt es sich doch vor dem Hintergrund der engen Verbindung zwischen Politik und Wirtschaft und einer hochgradig politisierten Medienlandschaft erklären. Mehr noch: Diese Erklärung ist weitgehend unabhängig von der Frage der sachlichen Richtigkeit der in dem Černomyrdin-Artikel aufgestellten Behauptungen (die von den meisten Beobachtern in Zweifel gezogen wird). Während *LUKojls* Interventionsversuch von Seiten der *Izvestija* öffentlichkeitswirksam als genereller Angriff auf die Pressefreiheit und als Zensurversuch stilisiert wurde, lässt sich die Vorgehensweise des Ölkonzerns als Ausdruck der im Dreieck Politik-Wirtschaft-Medien virulenten *cui bono*-Logik interpretieren.

LUKojl fürchtete offensichtlich, dass *Izvestija* als Instrument einer Kampagne gegen Černomyrdin wahrgenommen werden könnte und der Konzern in der Folge Gefahr liefe, bei zukünftigen Entscheidungen der Regierung wirt-

---

[1027] Rein formal gesehen, war es der konzerneigene Pensionsfonds *LUKojl-Garant*, der die Anteile erwarb. Die weiteren Ereignisse rund um die *Izvestija* sind gut dokumentiert. Die nachfolgenden Ausführungen stützen sich maßgeblich auf Belin 1998; Fossato 1997b; Hübner 1998: 28-34; Jones 2002: 366-370; Rykovtseva 1997; Voltmer 2000b: 475f.; I. Zasurskij 1999b: 167-171.

[1028] *LUKojl* ist ebenfalls ein Konglomerat, das in Massenmedien investierte, dabei aber in der zweiten Reihe verharrte. Einen Überblick über die Entwicklung der Beteiligungen von *LUKojl* im Medienbereich Mitte bis Ende der 1990er Jahre bietet die Berichtsserie von Floriana Fossato und Anna Kachkaeva (1997, 1998d, 1998e, 1998f, 1999).

[1029] Vgl. Černomyrdin imeet 1997.

schaftliche Nachteile zu erleiden und bei bestimmten Vergaben und Energie-projekten nicht mehr zum Zuge zu kommen. Aus dieser Perspektive blieb *LUKojl* gar nichts anderes übrig, als schnellstmöglich die Kontrolle über die Verlagsleitung und die Chefredaktion zu erlangen. Da *LUKojl* inzwischen über mehr als 40 Prozent der Anteile verfügte, sollte dies auf einer außerordentli-chen Hauptversammlung geschehen.

Die von *Izvestija*-Seite in die Wege geleiteten Gegenmaßnahmen folgten politisch-strukturell derselben Logik. Da ein regierungsinternes Spannungs-verhältnis zwischen Černomyrdin und einer Gruppe um den damaligen Ersten Stellvertretenden Premierminister Anatolij Čubajs allgemein bekannt war und die *ONĖKSIM*-Gruppe als Čubajs nahestehend galt, trugen *Izvestija*-Führungspersonen diesem Konglomerat den Erwerb einer Aktienmehrheit an. Insbesondere Belegschaftsaktien sollten zum Vorzugspreis den Besitzer wechseln.[1030] Der Plan bestand darin, dass die *ONĖKSIM*-Gruppe als Weißer Ritter *Izvestija* vor einer vollständigen Kontrolle durch *LUKojl* bewahren sollte.

Schlussendlich wurde eine *Izvestija*-Übernahme durch *LUKojl* zwar abge-wendet, aber der Preis bestand in einer Kontrollmehrheit der *ONĖKSIM*-Gruppe. Entgegen den Erwartungen arbeiteten beide Konglomerate bei der Entmachtung der *Izvestija*-Führung zusammen, und nach dem Abgang des bisherigen Chefredakteurs Igor' Golembiovskij mit einem Teil der Redaktion im Sommer 1997 können sowohl die Zeitung als auch die zugehörige Ver-lagsgruppe dem *ONĖKSIM*-Konglomerat zugerechnet werden, auch wenn *LUKojl* Co-Eigentümer blieb.[1031] Klarster Ausdruck dessen ist, dass der O-*NĖKSIMbank*-Vize Michail Kožokin erst Vorsitzender des Direktorenrats der *Izvestija* und rund ein Jahr später sogar deren Chefredakteur wurde.[1032]

Ein ähnliches strategisches Meisterstück wie im Falle *Izvestija* gelang der *ONĖKSIM*-Gruppe kurz zuvor beim Einstieg bei der Tageszeitung *Komso-mol'skaja pravda*, damals einem der auflagenstärksten überregionalen Mas-senblätter mit einer starken Präsenz in den Regionen.[1033] Ende 1996 hatte

---

[1030] Formal kaufte der zum *ONĖKSIM*-Konglomerat zählende Ölkonzern *SIDANKO* die An-teile (vgl. Belin 1998: 293).

[1031] Der Chefredakteur und zahlreiche Redakteure fanden bei der von Berezovskij neu ge-gründeten *Novye izvestija* eine neue Wirkungsstätte (siehe S. 359).

[1032] Vgl. Belin/Fossato/Kachkaeva 2001: 85, Fn. 39; Murray 1999: 4.

[1033] Ihre Tagesauflage soll im Jahr 1996 zwischen 1,2 und 1,4 Mio., am Wochenende so-gar 2,5 Mio. Exemplare betragen haben (vgl. Hübner 1998: 25).

380   KAPITEL 6

diese Zeitung den Einstieg von *Gazprom* mit einem Anteil von 20 Prozent vermeldet.[1034] Offensichtlich war die Transaktion zu diesem Zeitpunkt noch nicht förmlich vollzogen und eher als Absichtserklärung zu verstehen. Was genau hinter den Kulissen in den nachfolgenden Wochen geschah, lässt sich nicht mit Sicherheit sagen. Einige Berichte deuten darauf hin, dass *Gazprom*, das bereits umgerechnet 12 Millionen US-Dollar in die Zeitung investiert hatte, im Gegenzug eine Beteiligung von 20 Prozent zugesagt worden war und dies auf der folgenden Hauptversammlung beschlossen werden sollte. In der Zwischenzeit fädelten offenbar eine Gruppe von Führungspersonen der Zeitung und Belegschaftsaktionäre den Verkauf des Aktienpakets an die *ONĖKSIM*-Gruppe ein, der im März 1997 bekannt gegeben wurde.[1035] Damit war klar, dass *Gazprom* den Kampf um die Kontrolle dieser Zeitung verloren hatte.

ONĖKSIM beschränkte sich jedoch nicht auf den Erwerb von Beteiligungen an prominenten, einflussreichen Zeitungen. Wie auch bei anderen Konglomeraten – als Trendsetter die *MOST*-Gruppe mit *Segodnja* (siehe S. 343), als Nachzügler die Moskauer Gruppe mit *Rossija* (siehe S. 366) – durfte eine „eigene" Qualitätszeitung mit spürbarem Einfluss auf die landesweite politische Meinungsbildung nicht fehlen. Dies war zwar auch aus Gründen des eigenen Prestiges geboten, wichtiger jedoch war, über ein Instrument zu verfügen, das im Bedarfsfall zugunsten der wirtschaftlichen und politischen Interessen des Konglomerats eingesetzt werden konnte.

Im September 1997 erschien die erste Ausgabe der Neugründung der *ONĖKSIM*-Gruppe – der *Russkij telegraf*. Der Anspruch war, schnell zu einer der führenden seriösen Tageszeitungen aufzusteigen. Der Zeitung wurde ein großes finanzielles Budget zur Verfügung gestellt – auch, um mit hohen Gehaltszusagen erfahrene und prominente Journalisten von konkurrierenden Blättern abwerben zu können.[1036] Der *Russkij telegraf* konnte sich zwar schnell einen recht guten Ruf erarbeiten, produzierte aber, wie sogar ein Manager der *ONĖKSIM*-Gruppe einräumte, auch ein knappes Jahr nach dem

---

[1034] Vgl. Medvedev/Sinchenko 1997: 40.
[1035] Vgl. Blinova 2001: 126f.; Jones 2002: 367f.; Medvedev/Sinchenko 1997: 40; Rykovtseva 1997.
[1036] Vgl. Fossato 1997a; Iskyan 1999: 17.

Start anhaltende wirtschaftliche Verluste.[1037] (An seiner Behauptung, die *Izvestija* habe jährliche Gewinne im fünfstelligen US-Dollar-Bereich erwirtschaftet, sind gleichwohl große Zweifel angebracht.)

Die im August 1998 ausbrechende Finanz- und Wirtschaftskrise beendete dieses Projekt zumindest teilweise. Die zwischenzeitlich konstituierte *ONĖKSIM*-Medienholding *Prof-Media* stellte den *Russkij telegraf* im September 1998 ein und fusionierte ihn mit der Zeitung *Izvestija*, die weiter unter ihrem angestammten Namen erschien. Im Zuge der Fusion kam es zu einer breiten Entlassungswelle in beiden Redaktionen.[1038] Dies ist jedoch keine Besonderheit, denn alle Medien gerieten im zweiten Halbjahr 1998 in sehr schweres Fahrwasser.

Zusammenfassend gesehen zeigt das Beispiel der *ONĖKSIM*-Gruppe zweierlei. Zum einen gab es unter den Konglomeraten einen Akteur, der das erklärte Ziel, mit seinem Medienengagement wirtschaftlichen Gewinn zu erzielen, in hohem Maße umsetzen konnte, parallel jedoch auch in tendenziell verlustträchtige Medien investierte, die das Potential eines Einflussinstrumentes im Interesse des gesamten Konglomerats besaßen. Zum anderen konnte es auch einem Akteur, der an der frühen ersten Runde der Aufteilung des Medienmarktes nicht teilgenommen hatte, somit ohne relevante Beteiligungen im audiovisuellen Bereich geblieben und vermutlich erst durch den medialen Präsidentschaftswahlkampf 1996 aufgeschreckt worden war, gelingen, durch strategisches Geschick innerhalb relativ kurzer Zeit eine signifikante Position nicht nur auf dem Medienmarkt insgesamt, sondern gerade auch im Bereich einflussreicher Medien zu erreichen. Wie im nächsten Abschnitt zu zeigen sein wird, spielten auch Medien der *ONĖKSIM*-Gruppe in ihrer Funktion als politische Ressource des Konglomerats eine nicht zu unterschätzende Rolle.

[1037] Vgl. Rykovceva 1998b: 17.
[1038] Vgl. Iskyan 1999: 17; Rykovceva 1998d: 17; I. Zasurskij 1999b: 172f.

6.4 „Medienkriege"

Dass Massenmedien in politischen und wirtschaftlichen Konflikten eine wichtige Rolle einnehmen (können), ist ein Gemeinplatz. Ebenso unumstritten ist, dass Medien „Politik machen" können und mit Medien „Politik gemacht" werden kann. Die Beispiele dafür sind Legion – unabhängig davon, welche Weltregion und welches politische System man in den Blick nimmt. Die Situation in Russland in den 1990er Jahren geht jedoch erheblich über dieses allgemeine weltweite Phänomen hinaus. Herausragendes Charakteristikum ist, dass die zentralen Akteure keine großen Medienkonzerne sind (wie etwa Bertelsmann oder Murdoch), sondern zahlreiche Massenmedien Anhängsel von Konglomeraten darstellen, zu deren zentralen wirtschaftlichen Betätigungsfeldern gerade nicht der Medienbereich gehört.

In Russland wurden diese Medien regelmäßig sowohl in politischen Konflikten als auch in ökonomischen Verteilungskämpfen als Instrumente zur Wahrung der Interessen dieser Konglomerate ins Rennen geschickt. Zumindest mittelbares Ziel war es in allen Fällen, die je eigene privilegierte Position zu sichern bzw. auszubauen. Häufig entwickelten sich großangelegte, mitunter sogar monatelange Medienkampagnen unter Beteiligung unterschiedlicher Akteure in temporären Koalitionen.

6.4.1 Massenmedien als politische Ressource in wechselnden Allianzen

Die Bezeichnung von Massenmedien in Russland als politische Ressource taucht in der russländischen Literatur erstmals Ende der 1990er Jahre auf. Hintergrund ist in erster Linie die Beobachtung, dass von Medien, die durch bestimmte Konglomerate kontrolliert oder finanziell unterstützt werden, in einzelnen politischen oder wirtschaftlichen Konfliktsituationen jeweils eine Reihe von Beiträgen erscheinen oder Sendungen ausgestrahlt werden, die in auffälliger Weise die jeweiligen Interessen der Konglomerate unterstützen. Häufig kommt dabei *kompromat* (kompromittierendes Material) zum Einsatz.[1039]

[1039] Vgl. für Grundsätzliches zum Phänomen *kompromat* im post-sowjetischen Russland insbesondere Ledeneva 2006: 58-90. Für Ivan Zasurskij (1999b: 109) begann die „Epoche des *kompromats*" nach der Präsidentschaftswahl 1996.

Auf der einen Seite finden sich zahlreiche Kampagnen in einem eher kleinen Maßstab. Sie richteten sich gegen Politiker und Wirtschaftsführer und/oder attackierten Unternehmen(sverbünde) oder bestimmte Fraktionen innerhalb der Exekutive bzw. verteidigten oder protegierten diese. Hierfür gibt es eine ganze Reihe von Beispielen. Dazu gehören etwa – wie im vorangegangen Kapitel bereits angesprochen – die Konflikte zwischen Profiteuren und Verlierern im Zuge der Pfandauktionen 1995/96, die maßgeblich mittels der von den entsprechenden Finanzakteuren kontrollierten Massenmedien ausgetragen wurden (siehe S. 262).

Auf der anderen Seite gibt es auch Kampagnen mit stärkerem Umfang und/oder größeren Allianzen. Gerade im Krisenjahr 1998 zeigten sich eine ganze Reihe von auffälligen Medienphänomenen. Dazu gehört zum Beispiel die Berichterstattung rund um den „Schienenkrieg"[1040] im Frühjahr 1998. Bergarbeiter in Sibirien waren – vor allem wegen umfangreicher Lohnrückstände – massenhaft in den Streik getreten und hatten nach und nach damit begonnen, wichtige Ost-West-Eisenbahnverbindungen durch Gleisbesetzungen zu blockieren. Zahlreiche Medien berichteten darüber mit diametral entgegengesetztem Unterton. Während die Medien der Berezovskij- und der MOST-Gruppe, an erster Stelle ORT und NTV, die Verantwortung der Regierung für die Krise in den Vordergrund rückten, beklagte vor allem der staatliche Fernsehsender RTR im Verbund mit den Zeitungen der ONÉKSIM-Gruppe, dass die Streiks kostspielig, überzogen und kontraproduktiv seien und das korrupte Management der Minen die Schuld trage.[1041] Unten wird gezeigt, dass diese Frontenbildungen als Nachwehen des zweiten Medienkrieges rund um die Privatisierung von Svjaz'invest zu verstehen sind, als diese temporäre Koalitionsstruktur ihren Anfang nahm (vgl. Abschnitt 6.4.3), bald darauf aber auch wieder zerfiel.

Mit dem zweiten Medienkrieg teilt der „Schienenkrieg" noch eine weitere Besonderheit. Staatspräsident El'cin gelang es während seiner gesamten Amtszeit, sein Image eines Hüters der Pressefreiheit zu bewahren. Dazu gehörten auch und gerade einerseits entsprechende offizielle Bekenntnisse sowie andererseits die Weigerung, in Konfliktsituationen öffentlich mit medienregulierender Stoßrichtung zu intervenieren. Zwei Ausnahmen sind hier je-

---

[1040] Usačëva 2000: 120.
[1041] Vgl. Belin 2000: 300f.

doch wichtig. Auf dem Höhepunkt der ausgeweiteten Bergarbeiterstreiks wich er von dieser Linie das zweite Mal ab und wiederholte damit eine aus dem zweiten Medienkrieg ein Jahr zuvor bekannte Inszenierung: El'cins Sprecher Jastržembskij kritisierte die Streik-Berichterstattung von Teilen der Medien als unvernünftig und provokativ und erklärte, der Staatspräsident werde in Kürze die Leiter der großen Fernsehkanäle zu einer Diskussion über das Verhältnis zwischen den Medien und den Regierenden treffen.[1042]

Etwas anders war die Konflikt- und Koalitionskonstellation in einem zweiten Fall kurz darauf. Als die Regierung unter Sergej Kirienko ernsthafte Anstalten unternehmen wollte, *Gazproms* Steuerschulden einzutreiben, sah sie sich einer ganzen Serie medialer Attacken ausgesetzt. Wie bereits erwähnt (S. 375), spielte der Fernsehsender *NTV* in dieser Kampagne eine führende Rolle. Aber auch in *Gazprom*-nahen Zeitungen, wie etwa *Trud* und *Tribuna*, erschien parallel eine ganze Reihe von Artikeln, in denen die Regierung mit identischer Stoßrichtung hart angegangen wurde.[1043]

Aus den zahlreichen Medienkampagnen in der zweiten Hälfte der 1990er Jahre in Russland sollen in den folgenden Abschnitten drei näher betrachtet werden. Diese drei sind besonders wichtig, weil (1) sie besonders breit und anhaltend geführt wurden; (2) sie die Interdependenz von politischer, wirtschaftlicher und medialer Macht deutlich machen; (3) sich in ihnen ein breites Spektrum der im Zeitverlauf variablen Akteursinteressen und -koalitionen manifestiert; und (4) sie – zumindest ex post betrachtet – Zäsuren in der politischen, wirtschaftlichen und medialen Entwicklung darstellen – mit erheblichen Folgewirkungen in die Ära Putin hinein.

Für breit angelegte Medienkampagnen in Russland bürgerte sich schon früh der Begriff „Informationskrieg" (*informacionnaja vojna*) ein und wurde sehr schnell in journalistischen und wissenschaftlichen Texten auch anderer Sprachen übernommen. Dabei ist zu beachten, dass der Begriff durch offiziöse Verwendung politisch und militärisch kontaminiert ist und auch im postsowjetischen Russland eine entsprechende Tradition hat. Schon beim ersten Čečnja-Krieg war davon die Rede, Staats- und Militärführung seien den Rebellen im Informationskrieg unterlegen. Und in der von Staatspräsident Putin im September 2000 in Kraft gesetzten „Doktrin der Informationssicherheit der

---

[1042] Vgl. Fossato 1998; IPI 1999; Mickiewicz 1999b: 282f.; 2000: 105.
[1043] Vgl. Belin/Fossato/Kachkaeva 2001: 79, 86.

Russländischen Föderation"[1044] findet dieser Begriff ebenso Verwendung wie im Rahmen des aktuellen Konflikts in der Ukraine. Vor diesem Hintergrund und in Abgrenzung zu jener politisch konnotierten Verwendung wird in dieser Arbeit dem Begriff „Medienkrieg" der Vorzug gegeben.

6.4.2 Präsidentschaftswahl 1996

Strenggenommen wird der Präsidentschaftswahlkampf 1996 meist nicht zu den „klassischen Medienkriegen" der El'cin-Zeit gezählt. Das hat zwei Gründe: Zum einen fand der Begriff „Medienkrieg" erst 1997 im Umfeld der Privatisierung von Svjaz'invest breite Verwendung; zum anderen war die Konstellation 1996 insofern eine Ausnahme, als sie durch eine sehr breite und umfangreiche Koalition von Akteuren aus den Bereichen Politik, Wirtschaft und Medien geprägt war. Im Rahmen dieser Arbeit ist jedoch ein anderer Aspekt entscheidend: Die mediale Begleitung des Präsidentschaftswahlkampfs und insbesondere seine mediale Inszenierung hatten „Vorbildcharakter", weil das innerhalb der Eliten dominierende Rezeptions- und Interpretationsmuster in Bezug auf den Wahlkampfverlauf die Macht der Massenmedien in den Vordergrund rückte. Ob diese verbreitete Wahrnehmung berechtigt war, ist dabei unerheblich. Entscheidend ist die normative Kraft des Geglaubten einschließlich der handlungsleitenden Konsequenzen für jene Vielzahl an Akteuren, die der Meinung waren, El'cin habe seine Wiederwahl in erster Linie dem Einsatz der Massenmedien zu verdanken.[1045] In diesem Sinne stellt der mediale Präsidentschaftswahlkampf 1996 eine Blaupause für den instrumentellen Einsatz von Massenmedien bei politischen und ökonomischen Konflikten in der Folgezeit dar.

Boris El'cin hatte sich lange Zeit nicht öffentlich festgelegt, ob er im Sommer 1996 zur Präsidentschaftswahl antreten würde. Neben dem schlechten Abschneiden der El'cin nahestehenden politischen Kräfte bei der Dumawahl im Dezember 1995 und dem anhaltenden, auf immer stärkere Ablehnung

---

[1044] Doktrina informacionnoj bezopasnosti 2000.

[1045] Bereits während des Wahlkampfs im Vorfeld der Wahl zur Staatsduma im Dezember 1995 hatte sich die Mehrheit der Massenmedien nicht durch Unparteilichkeit ausgezeichnet (vgl. EIM 1996a; Oates/Roselle 2000), doch stieß der Präsidentschaftswahlkampf sowohl qualitativ als auch quantitativ in neue Dimensionen vor. El'cin gewann den ersten Wahlgang am 16.06.1996 knapp vor Zjuganov (35,3 % vs. 32,0 %), konnte sich aber in der Stichwahl zweieinhalb Wochen später mit deutlichem Abstand durchsetzen (53,8 % vs. 40,3 %) (vgl. Mommsen 2010: 428).

stoßenden Krieg in Čečnja, war ein wichtiger Grund dafür vermutlich, dass El'cins Popularitätswerte anhaltend niedrig und weiter im Sinken begriffen,[1046] seine Wiederwahlchancen somit ausgesprochen gering waren. Erst Mitte Februar 1996, vier Monate vor dem geplanten Wahltermin, gab El'cin seine Kandidatur bekannt. Dass er zeitgleich Oleg Popcov, den langjährigen Leiter des staatlichen Kanals *RTR*, entließ (siehe S. 321), war ein erstes Indiz dafür, dass El'cin und die ihn stützenden Kräfte der medialen Unterstützung des Staatspräsidenten eine wichtige Rolle beimaßen.

Wie erst später bekannt werden sollte, hatte wenige Wochen zuvor bereits ein wichtiges Treffen stattgefunden. Am Rande des Weltwirtschaftsforums in Davos im Januar 1996 kam eine Runde gewichtiger Wirtschaftsführer zusammen, um über die Möglichkeiten zu beraten, den für wahrscheinlich erachteten Wahlsieg des *KPRF*-Vorsitzenden Zjuganov noch zu verhindern und eine gemeinsame Allianz zugunsten El'cins zu schmieden.[1047]

Im Ergebnis schlossen sich die Führer zahlreicher gewichtiger Unternehmen und Konglomerate in einem breiten Bündnis zur personell-strategischen, finanziellen und medialen Unterstützung von El'cins Wiederwahlkampagne zusammen. Dieser Zusammenschluss ist vor allem deshalb bemerkenswert, weil zwischen vielen der koalierenden Akteure zahlreiche manifeste wirtschaftliche und politische Interessengegensätze und Konflikte bestanden und ihre Allianz auf einem gemeinsamen Nenner basierte, der negativ definiert war: die Verhinderung eines zukünftigen Staatspräsidenten Zjuganov. Als strategisch-politischer Kopf der Wahlkampagne und Verbindungskoordinator zur Wirtschaftsallianz wurde Anatolij Čubajs auserkoren, der bis zu seinem Rücktritt Mitte Januar 1996 das Amt des Ersten Stellvertretenden Ministerpräsidenten bekleidet hatte.[1048]

Mit dieser komprimierten Darstellung des Kontextes soll nicht der Eindruck erweckt werden, Konflikte zwischen den hinter El'cin versammelten Akteuren hätten hinfort keine Rolle mehr gespielt. Zahlreichen Berichten zufolge gab es hinter den Kulissen der Präsidialadministration starke Auseinander-

---

[1046] Vgl. White/Rose/McAllister 1997: 168-173. Ende 1995 war El'cin noch unpopulärer als das Parlament und der Ministerpräsident. Er genoß laut Umfragen die uneingeschränkte Unterstützung von gerade noch 2 % der Wahlberechtigten, wohingegen 52 % der Ansicht waren, er solle zurücktreten (vgl. ebd.: 171).

[1047] Vgl. Fadin 1997: 28; McFaul 1997a: 19; Zudin 1996b: Abschn. 3.

[1048] Vgl. Fadin 1997: 28; Zudin 1996b: Abschn. 3.

setzungen zwischen unterschiedlichen Fraktionen um die Ausrichtung der Wahlkampfstrategie, und einzelne Kräfte wollten sich sogar eine Absage der Wahl offenhalten.[1049] Im Laufe des Frühjahrs 1996 gewann jedoch im Wahl-kampfstab nach und nach die Čubajs-Fraktion, die unter anderem für eine Fortsetzung des (wirtschafts-)liberalen Kurses und die Beendigung des Čečn-ja-Krieges stand, die Oberhand.[1050] Im Zuge dieser Entwicklung wurden auch einige hochrangige Personen aus der Wirtschaft und aus dem Medienbereich in den Wahlkampfstab aufgenommen, darunter zwei enge Gefolgsleute Gu-sinskijs: Sergej Zverev (MOST-Bank) und Igor' Malašenko (NTV).[1051]

Außer der personell-strategischen Beteiligung umfasste die Unterstützung der Wiederwahlkampagne El'cins durch die Akteure des Big Business zwei weitere entscheidende Komponenten: finanzielle und mediale Unterfütterung. Während die Wahlkampfausgaben der Kandidaten per Gesetz auf jeweils umgerechnet rund drei Millionen US-Dollar beschränkt waren, unterliegt es keinem Zweifel, dass diese Grenze in der Realität keine Rolle spielte und ein US-Dollar-Betrag in dreistelliger Millionenhöhe in El'cins Kampagne investiert wurde.[1052] Zwar wurden für El'cins Wahlkampf kaum verhüllt auch staatliche Mittel eingesetzt,[1053] ein gewichtiger Teil der benötigten Gelder wurde jedoch von Wirtschaftsakteuren beigesteuert. Aufgrund der umfassenden Intranspa-

---

[1049] Der Leiter des Sicherheitsdienstes des Staatspräsidenten, Aleksandr Koržakov, sprach sich Anfang Mai 1996 für eine „Verschiebung" der Wahl aus (vgl. Hough 2001: 197f.). Auch der Ende April 1996 erschienene sogenannte Aufruf der 13 mit dem Titel „Heraus aus der Sackgasse" (Vyjti iz tupika 1996) ist vor dem Hintergrund des Konflik-te um die Wahlkampfausrichtung zu sehen. In diesem öffentlichen Aufruf warnten 13 Führungsfiguren von Großunternehmen – darunter u. a. Berezovskij, Chodorkovskij, Fridman, Gusinskij, Potanin und Smolenskij – vor bürgerkriegsähnlichen Konflikten und forderten einen Schulterschluss der konkurrierenden politischen Kräfte. Zum Kon-text und zur Einordnung dieses Vorstoßes vgl. etwa Lepëchin 1998: 121; Petu-chow/Wjunizkij 1997: 13f.; Zudin 1996b: Abschn. 3, 5.

[1050] Vgl. Mickiewicz 1999b: 173f.

[1051] Vgl. Mickiewicz 1999b: 173. Malašenko leugnete weder seine Rolle im Wahlkampfstab noch bereute er die Rollenvermischung durch die parallel weiter ausgeübte Leitung des Fernsehsenders NTV, wie aus einem späteren Interview hervorgeht (vgl. Svina-renko 1999).

[1052] Schätzungen bewegen sich im Intervall zwischen 100 und 500 Mio. US-Dollar (vgl. Fadin 1997: 29; Gelman 2001: 191f.; Zasurskij 1999b: 206). Vladimir Gel'man (Gel-man 2001) hat für die Politikfinanzierung im Russland der 1990er Jahre das Bild des Eisbergs geprägt – mit einem kleinen, sichtbaren Teil oberhalb und einem um ein Viel-faches größeren, unsichtbaren Teil unterhalb der Wasseroberfläche. Eine Übersicht der offiziell deklarierten Wahlkampfausgaben aller Kandidaten bei der Präsident-schaftswahl 1996 bietet Treisman (1998: 6).

[1053] Vgl. Gel'man 2005: 93.

renz lässt sich die Summe dieses Sponsorings nicht belegen, Schätzungen gehen jedoch mindestens von einem hohen zweistelligen Millionen-US-Dollar-Betrag aus.[1054] Nicht weniger wichtig war die mediale Unterstützung, die El'cin zuteil wurde. Sie erreichte ein bislang im post-sowjetischen Russland unbekanntes Ausmaß und bestand sowohl aus freiwilliger als auch aus gesteuerter Berichterstattung zugunsten El'cins. In der Realität gingen diese beiden Unterstützungsformen ineinander über bzw. überschnitten und ergänzten sich.

Eine entscheidende Komponente des Wahlkampfs war die strategische Polarisierung, die eine Reaktion auf El'cins miserable und Zjuganovs hohe Umfragewerte darstellte.[1055] Die Abstimmung über den zukünftigen Staatspräsidenten wurde sowohl von Seiten El'cins als auch von der erdrückenden Mehrheit der Medien als Duell zwischen El'cin und Zjuganov bzw. als Wahl zwischen Demokratie und Marktwirtschaft auf der einen und Rückkehr des Kommunismus auf der anderen Seite inszeniert.[1056] Ein nicht zu unterschätzender Nebeneffekt dieses Richtungswahlkampfs war, dass damit die acht anderen zur Wahl stehenden Kandidaten de facto marginalisiert wurden.

Während El'cin davon ausgehen konnte, dass die staatlichen überregionalen Medien seine Kandidatur zumindest wohlwollend begleiten und durch das erwähnte Bündnis gewichtiger Wirtschaftsführer zumindest die von diesen kontrollierten überregionalen Medien seine Wiederwahl ebenfalls unterstützen würden, galten zahlreiche lokale und regionale Medien, vor allem im Printbereich, als Unterstützer Zjuganovs.[1057] Um diesen strategischen Nachteil zu reduzieren, wurde innerhalb der Präsidialadministration im Frühjahr 1996 eine „Agentur für die regionale Presse" unter der Leitung des Chefre-

---

[1054] Vgl. Fadin 1997: 29. Berichten zufolge unterstützten einige große Wirtschaftsakteure auch Zjuganov zeitweise finanziell – teilweise parallel zu El'cin, um im Fall der Fälle auf der sicheren Seite zu sein –, und El'cins Finanziers unterstützten die Kandidatur Aleksandr Lebed's, nachdem dieser im Rahmen einer nichtöffentlichen Abmachung die Unterstützung El'cins in einem zweiten Wahlgang zugesichert hatte (vgl. Fadin 1997: 29; Zudin 1996b: Abschn. 6, 7).

[1055] Für die im Zeitverlauf im Rahmen der Polarisierungsstrategie stetig steigenden Umfragewerte El'cins bei Stagnation auf Seiten Zjuganovs vgl. VCIOM 2000: 225.

[1056] Vgl. Belin 1997: Abschn. 2 u. Fn. 11; Belin/Fossato/Kachkaeva 2001: 66; Resnjanskaja/Gruša/Nechoroševa 1997: 12. Die Strategie, den Anti-Kommunismus zum einzigen Kernbestandteil des Wahlkampfs zu machen, war in El'cins Team anfänglich hochumstritten, und ihre Proponenten setzten sich damit erst am Frühjahrsanfang 1996 durch (vgl. zu den Hintergründen I. Zasurskij 1999b: 99-103).

[1057] Vgl. Cherkassov 1996; Nivat 1996: 34.

dakteurs der *Rossijskie vesti*, Valerij Kučer, installiert, die nicht nur Kontakte zu Lokaljournalisten aufbaute und pflegte, sondern auch exklusive Interviews mit führenden Politikern anbot sowie eigene Beiträge verfasste und diese mit der Bitte um Abdruck über die Zwischenstation der Regionaladministrationen an die lokalen Redaktionen übermittelte.[1058] Über den „Erfolg" dieser Medienarbeit liegen keine detaillierten Untersuchungen vor. Zu vermuten ist jedoch, dass die Auswirkungen begrenzt blieben, vor allem im Vergleich mit der Wahlberichterstattung in den überregionalen Medien, der allgemein und insbesondere in Kreisen der politischen und wirtschaftlichen Eliten herausragende Bedeutung zugesprochen wurde.

Es herrscht weitgehende Einigkeit darüber, dass die überwältigende Mehrheit der überregionalen Medien während des Wahlkampfs eine deutliche Schlagseite zugunsten El'cins erkennen ließ. Dies betrifft Print- und audiovisuelle Medien gleichermaßen. Die Form der Unterstützung El'cins variierte im Einzelfall, das ganze Spektrum zwischen direkter Propaganda und subtilen Formen wurde ausgeschöpft – unabhängig davon, ob sich ein Medium in staatlichem Eigentum, unter der Kontrolle externer ökonomischer Akteure oder in Besitz des Redaktionskollegiums befand.

Unter den nichtstaatlichen Akteuren mit Medienbezug nahmen Boris Berezovskij und Vladimir Gusinskij eine Schlüsselstellung ein – die beiden Medien-Pioniere, die als erste auf die Expansion in den Medienbereich gesetzt hatten und zum damaligen Zeitpunkt als einzige Wirtschaftsakteure ein breites Spektrum an Medien und insbesondere auch überregionale Fernsehsender kontrollierten. Sie und die ihnen zuzurechnenden Medien können mit Fug und Recht als Triebfeder der Pro-El'cin/Contra-Zjuganov-Kampagne gelten.[1059]

In einer eingehenden Untersuchung der Rolle der Medien im Präsidentschaftswahlkampf 1996 kommt das Europäische Medieninstitut zu dem klaren Befund, dass die Inhalte der überwältigenden Mehrheit der überregionalen Medien eine eindeutige Schieflage zugunsten El'cins und zulasten Zjuganovs aufwiesen.[1060] Dies nahm seinen Anfang bereits damit, dass in den Me-

---

[1058] Vgl. Huskey 1999: 83; Pankin 1997: 127; I. Zasurskij 1996: 12.
[1059] Vgl. I. Zassoursky 2001: 79.
[1060] Zjuganov verfügte über keine Unterstützung unter den überregionalen audiovisuellen Medien. Die drei Zeitungen, die seine Kandidatur unterstützten (*Pravda*, *Zavtra*, *So-*

dien El'cins Wahlkampfstrategie eines Duells gegen Zjuganov aufgenommen und die anderen Kandidaten in der weiteren Berichterstattung marginalisiert wurden, und setzte sich in der Folge in den Medieninhalten fort. Die Parteilichkeit zugunsten El'cins trat dabei in unterschiedlichen Formen und Intensitäten auf, sie zeigte sich sowohl quantitativ in der Zahl der Bezugnahmen auf die Kandidaten als auch qualitativ in der Auswahl und Bewertung der Inhalte.[1061]

Insgesamt gesehen fällt auf, dass sich die offene Unterstützung El'cins nicht auf die staatlichen sowie die von Berezovskij und Gusinskij kontrollierten Medien beschränkte, sondern auch bei den anderen verbreitet war, und zwar unabhängig davon, ob sie unter dem Einfluss weiterer Wirtschaftsakteure standen oder – vorgeblich oder tatsächlich – unabhängig waren. So zeigte etwa die mit Lužkovs Moskauer Gruppe verbundene Zeitung *Moskovskij komsomolec* ebenso eine eindeutige Tendenz pro El'cin wie die zum damaligen Zeitpunkt noch konglomeratsunabhängige *Izvestija*.[1062] Und die renommierte *Kommersant''*-Verlagsgruppe, die teilweise unter anderem von SBS finanziert wurde, zeichnete gar für das Anti-Zjuganov-Propagandablatt *Ne daj Bog* („Gott verhüte") verantwortlich, das in vier Ausgaben mit einer Auflage von jeweils zehn Millionen Exemplaren erschien und im ganzen Land verteilt wurde.[1063] Diese Beispiele stehen stellvertretend für die überwältigende Mehrheit überregionaler tendenziöser Massenmedien.[1064]

An zwei thematischen Aspekten lässt sich die Parteilichkeit der Masse der Medien zugunsten El'cins wie unter einem Brennglas beobachten. Der erste

---

vetskaja Rossija), hatten ein stark ideologisches Profil und nur eine untergeordnete Bedeutung (vgl. Belin 1996: 64; Nivat 1996: 34).
[1061] Vgl. EIM 1996b. In manchen Fällen war die Parteilichkeit nicht unmittelbar offensichtlich, sondern erst nach und nach. So räumte bspw. NTV Zjuganov relativ viele Interviews ein und befragte seine Positionen sehr kritisch, ohne jedoch im Falle El'cins dieselben Maßstäbe anzulegen (vgl. etwa Mickiewicz 1999b: 179). In Bezug auf die vier überregionalen Fernsehsender resümiert Mickiewicz (2000: 113): „There were important differences among the networks in the way they covered the campaign, but unbiased coverage was not among them. All four [...] coordinated their offerings to maximize Yeltsin's chances."
[1062] Resnjanskaja/Gruša/Nechoroševa 1997: 12. Ausführlich zur damals hochangesehenen *Izvestija* vgl. Murray 1999; Voltmer 2000b.
[1063] Vgl. EIM 1996b: 44; Pankin 1997: 128; I. Zasurskij 1996: 16.
[1064] Als verhältnismäßig pluralistisch werden mitunter einige Zeitungen mit niedriger Auflage eingeschätzt (*Obščaja gazeta, Novaja gazeta, Moskovskie novosti*) (vgl. Belin 1996: 64; Resnjanskaja/Gruša/Nechoroševa 1997: 12-19).

Aspekt bezieht sich auf die Kandidatur Aleksandr Lebed's. Hier fällt auf, dass sich die mediale Berichterstattung über Lebed' wenige Wochen vor dem ersten Wahlgang qualitativ und quantitativ massiv veränderte. Nachdem es allem Anschein nach im Hintergrund kurz zuvor zu einer Vereinbarung gekommen war, der zufolge Lebed' für die Stichwahl eine Wahlempfehlung zugunsten El'cins aussprechen und im Gegenzug nach El'cins Wiederwahl eine herausgehobene Position in der Exekutive erhalten würde, startete „[a] sophisticated media campaign to promote Aleksandr Lebed'"[1065].

Beim zweiten Aspekt handelt es sich ebenfalls um ein konzertiertes Vorgehen, allerdings ex negativo: das Verschweigen wichtiger Informationen. Nachdem El'cins Gesundheitszustand bereits geraume Zeit zuvor allgemein als prekär wahrgenommen worden war, zwang ihn eine Serie von Herzattacken zwischen dem ersten und dem zweiten Wahlgang zum Rückzug aus der Öffentlichkeit. Faktisch unterlag diese ernste Entwicklung einem medialen Tabu. Das Ausbleiben öffentlicher Auftritte El'cins wurde entweder kaschiert oder mit einer „Erkältung" begründet.[1066] Statt dessen richtete die überwältigende Mehrheit der Massenmedien ihre Aufmerksamkeit darauf, die Bevölkerung zur Teilnahme an der Stichwahl zu motivieren und übernahm de facto die von der – formal zur Überparteilichkeit verpflichteten – Zentralen Wahlkommission initiierte Kampagne *Golosuj, a to proigraeš'* („Stimme ab oder du verlierst").[1067]

Selbstverständlich bestand El'cins Wahlkampf nicht ausschließlich aus inhaltsleerer (Angst-)Propaganda. Zahlreiche Versprechen und „Wahlgeschen-

---

[1065] Belin 2002b: 143. Vgl. auch Belin 1997: Abschn. 2; EIM 1996b: 30-36. Parallel dazu sollen die El'cin unterstützenden Wirtschaftsakteure auch zu Lebed's Wahlkampffinanzierung beigetragen haben (vgl. Zudin 1996b: Abschn. 6). Nachdem Lebed' seine Schuldigkeit getan hatte, wurde er Mitte Oktober 1996 aus der Regierung entlassen. Bei einer Diskreditierungskampagne im Vorfeld spielte *NTV* eine zentrale Rolle (vgl. Belin 2002a: 28).

[1066] Vgl. Belin 1996: 64; EIM 1996b: 33; Mickiewicz 1999a: 28; Murray 1999: 9. Breitere mediale Berichterstattung über die anhaltenden gesundheitlichen Probleme des wiedergewählten Staatsoberhauptes setzte erst rund zwei Monate später ein (vgl. Belin 1997: Fn. 3).

[1067] Vgl. Belin 1997: Abschn. 2; EIM 1996b: 26, 75; Murray 1999: 12f. Auf den ersten Blick scheint gegen eine Kampagne zur Erhöhung der Wahlbeteiligung nichts einzuwenden zu sein. Unter den damaligen Bedingungen allerdings war klar, dass eine hohe Wahlbeteiligung El'cin in die Hände spielen würde – besonders, wenn es gelänge, gerade junge Wählerschichten an die Urne zu bringen. Die Parallelen zu Bill Clintons *Choose or Lose*-Kampagne sind offensichtlich.

ke", die im Frühjahr 1996 per Präsidentendekret verteilt wurden, verfehlten ihren Zweck ebenso wenig wie die zeitliche Punktlandung bei der Aushandlung eines Waffenstillstandes in Čečnja.[1068] Dies schmälert jedoch das zentrale Charakteristikum dieses ersten Medienkrieges keineswegs. Es besteht darin, dass breite Kreise innerhalb der politischen und wirtschaftlichen Eliten eine Allianz mit dem Ziel der Verhinderung eines zukünftigen Staatspräsidenten Zjuganov eingegangen sind. Die überwältigende Mehrheit der Medienschaffenden schloss sich diesem Bündnis an – in einer Mischung von Eigeninteresse, weil sie mit dem Amtsantritt eines kommunistischen Staatspräsidenten das Ende der Pressefreiheit und damit auch der eigenen beruflichen Existenz heraufziehen sahen,[1069] und von Druck von Seiten politischer und ökonomischer Akteure.

Ob es schlussendlich in erster Linie die systematische Parteilichkeit der zentralen Massenmedien war, die für El'cins Sieg über Zjuganov den Ausschlag gab – was von einigen Studien stark relativiert wird[1070] –, muss hier nicht entschieden werden. Entscheidend für den im Rahmen dieser Arbeit gewählten Fokus ist vielmehr ein Phänomen, über das weitgehend Konsens besteht: Für die politischen und wirtschaftlichen Eliten hatte der konkrete Verlauf des Präsidentschaftswahlkampfes eine Vorbildfunktion. Sie zogen aus der Rolle der Massenmedien den Schluss, dass Medien ein höchst wirksames Instrument darstellen können und der Erlangung der Kontrolle über sie im Vorfeld zukünftiger politischer und wirtschaftlicher Konflikte eine hohe Bedeutung beizumessen ist. In diesem Sinne beschleunigte dieser erste Medienkrieg im Zuge des Präsidentschaftswahlkampfes 1996 die schon in Gang gekommene „Politisierung des Medienmarktes"[1071]. Empirisch zeugen davon, wie bereits zuvor herausgearbeitet wurde (Abschnitt 6.3.3, S. 339ff.), insbesondere die nach der Präsidentschaftswahl verstärkten Bemühungen ver

---

[1068] Vgl. Soldner 1999: 205f.
[1069] Mitten im Wahlkampf fasste Igor' Malašenko dieses Phänomen in folgendem Bild zusammen: „Wenn wir streng nach objektiven, professionellen, unbefangenen und unparteilichen Regeln arbeiten und morgen Zjuganov gewinnt, wissen wir, dass wir mit eigenen Händen unser Grab ausgehoben haben" (zit. n. Petrovskaja 1996b). Dass die Alternative dazu die Verwandlung der Medien in Propagandainstrumente ist, verschweigt er nicht, scheint für ihn und die Mehrheit der Medienschaffenden aber das kleinere Übel zu sein.
[1070] Vgl. bspw. Brudny 1997; Treisman 1996, 1998.
[1071] Kačkaeva 2003: 22.

schiedener Konglomerate, einen eigenen „Medienarm" aufzubauen. Und die Option zum erneuten instrumentellen Einsatz von Massenmedien bot sich schon weniger als ein Jahr nach der Präsidentschaftswahl – aber in einer veränderten Akteurskonstellation.

6.4.3 Privatisierung von Svjaz'invest

Der zweite Medienkrieg entfaltete sich anlässlich der Privatisierung eines Anteilspaketes (25 Prozent plus eine Aktie) der Telekommunikationsholding Svjaz'invest im Sommer 1997.[1072] Der zugrundeliegende Konflikt wird mitunter auch als „Bankenkrieg" oder „Bankierkrieg" bezeichnet,[1073] weil die Mehrzahl der beteiligten Akteure eine gewichtige Rolle im Finanzsektor spielte und die von ihnen kontrollierten Finanzinstitutionen um den Erwerb der Svjaz'invest-Anteile konkurrierten. Über diesen unmittelbaren Auslöser hinaus hat der zweite Medienkrieg aber auch eine wichtige Vorgeschichte, und zudem weisen seine Folgen weit über die konkreten wirtschaftlichen Interessen im Falle von Svjaz'invest hinaus.

Die Privatisierung von Svjaz'invest fand in einem wirtschaftlichen und politischen Kontext statt, der von zahlreichen weiteren geplanten Großprivatisierungen geprägt war. Mit der Jahreswende 1996/97 hatte die zweite Runde der Pfandauktionen begonnen, bei der die kreditgebenden Finanzakteure die als Sicherheit dienenden Unternehmensbeteiligungen verkaufen konnten (siehe Abschnitt 5.5.2, S. 263ff.). Gleichzeitig stand die russländische Regierung finanziell weiterhin unter großem Druck und hoffte durch weitere Privatisierungen auf einen erheblichen Mittelzufluss für die Staatskasse. Zu den für das Jahr 1997 ins Auge gefassten Großprivatisierungen gehörten als prominenteste, weil vom erwarteten Volumen her wichtigste Beispiele neben Svjaz'invest unter anderem größere Anteilspakete an den Ölunternehmen Rosneft', Slavneft' und Vostočnaja neftjanaja kompanija (VNK) sowie ein kleinerer Anteil am Strommonopolisten RAO EES.[1074] Das bedeutete auch,

---

[1072] Ein erster Privatisierungsversuch war im Herbst 1995 gescheitert. Vgl. für Details hierzu Harter et al. 2003: 160f.

[1073] Vgl. etwa Dinello 1998; Freeland 2005: 260-283; Hoffman 2002: 365-396; Graham 1999: 332; Schröder 1998a: 22f.; Stykow 2006: 134.

[1074] Dass die Privatisierung von Rosneft', Slavneft' und einigen weiteren Unternehmen (teilweise) scheitern bzw. sich um Jahre verzögern würde, war zum damaligen Zeitpunkt nicht absehbar. Entscheidend ist, dass alle Akteure davon ausgingen, dass in

dass in (wirtschafts-)politischer Hinsicht weitere Distributionsentscheidungen bevorstanden, und dass den Regeln, nach denen diese gefällt würden, entscheidende Bedeutung zukommen würde.

Wie im Falle der anderen Großprivatisierungen zuvor, fußte auch die Privatisierung von *Svjaz'invest* auf einem Präsidentendekret, durch das die Holding unter anderem von der Liste strategisch wichtiger Unternehmen, die einem Veräußerungsverbot unterlagen, gestrichen wurde. (Bemerkenswerterweise wurden ausländische Investoren diesmal jedoch zugelassen).[1075] Auch in einer anderen Hinsicht zeigte sich eine Parallele zu vorangegangenen Fällen: Zwei der Kaufinteressenten – ein Unternehmen aus Gusinskijs *MOST*-Gruppe sowie die *Al'fa-bank* – waren Ende November 1996 mit den Vorbereitungen und der Durchführung der geplanten Auktion betraut worden.[1076] Diese Aufgabenübertragung kam zustande, nachdem einem bislang damit befassten Konsortium westlicher Investmentfirmen der Auftrag entzogen worden war. Für damalige Beobachter war dieser Wechsel ein klares Anzeichen dafür, dass mit *MOST* und *Al'fa-bank* zwei wichtige Finanziers von El'cins Präsidentschaftswahlkampf, die jedoch bei den Pfandauktionen leer ausgegangen waren, belohnt werden sollten, und dass mit einer Fortsetzung der Insider-Privatisierungen zu rechnen sei.[1077]

Unterdessen kam es im März 1997 zu einer Regierungsumbildung. Zwar blieb der bisherige Ministerpräsident, Viktor Černomyrdin, im Amt, doch wurde ein (wirtschafts-)liberaler Flügel erheblich gestärkt, der dann sehr schnell mit dem Etikett „Junge Reformer" (*molodye reformatory*) versehen wurde. Die führenden Köpfe dieser Gruppe waren Anatolij Čubajs und Boris Nemcov, die beide jeweils als Erste Stellvertretende Ministerpräsidenten ins Kabinett berufen wurden. Čubajs war für die wirschaftliche Strategie verantwortlich und übernahm zusätzlich das Amt des Finanzministers; Nemcov war für die Sozialpolitik sowie die Restrukturierung der natürlichen Monopole zuständig und bekleidete darüber hinaus den Posten des Energieministers. De facto hatte

---

den Jahren 1997 bis 1999 zahlreiche attraktive Privatisierungen geplant waren. Vgl. zu *Rosneft'* Harter et al. 2003: 163-168; zu *Slavneft'*: Sim 2008: 81-84.; zu *VNK*: Raff 2002: 2; zu *RAO EES*: Russian Economic Trends, Quarterly Edition, Nr. 1/1997: 135f.

[1075] Ukaz 1997/427. Knapp einen Monat später folgte die umsetzende Regierungsverordnung (1997/618).

[1076] Freeland 2005: 262; Harter et al. 2003: 162; Hoffman 2002: 369.

[1077] Vgl. Rutland 1996b.

Černomyrdin mit dieser Regierungsbildung die Kontrolle über die Wirtschaftspolitik weitgehend verloren.[1078] Dieser (wirtschafts-)liberale Regierungsflügel profilierte sich rhetorisch vor allem mit Forderungen, die enge Verbindung zwischen Politik und Big Business zu beenden, Monopole zu zerschlagen sowie Insider-Deals zu unterbinden und faire Konkurrenzbedingungen zu schaffen. Öffentlich am stärksten exponierte sich hier Boris Nemcov, der bereits im Januar 1997 bei einer Parlamentsanhörung die notwendigen Reformen zu einer grundsätzlichen Systemfrage stilisierte:

„Das Land hat die Wahl zwischen einem mafiösen Kapitalismus und einem normalen, demokratischen Markt. Unser Nichtstun führte dabei dazu, dass die Wahl in diesem Bereich schon fast erfolgt ist. Vielleicht verbleibt uns noch ein wenig, ein ganz kleines bißchen, bis zur Verwandlung des Landes in einen lateinamerikanischen Staat."[1079]

Im Gegensatz zu Nemcov musste sich Anatolij Čubajs in der Öffentlichkeit aus Gründen der Glaubwürdigkeit eher zurückhalten, gehörte er doch schon in den Jahren zuvor der Regierung an und galt nicht nur als maßgeblicher Architekt der Privatisierungspolitik im allgemeinen, sondern auch als mitverantwortlich für die Ergebnisse der Pfandauktionen im besonderen. So konzentrierte er sich stärker auf Fragen der Haushalts- und Finanzpolitik, was ihm angesichts des anhaltend gravierenden Haushaltsdefizits auch formal eine Schlüsselstellung im Kabinett verschaffte.[1080]

Zusammenfassend gesagt, war die neue Regierungsmannschaft – de facto zumindest die Gruppe der „Jungen Reformer" – im Frühjahr 1997 mit dem öffentlich vertretenen Anspruch angetreten, „neue Spielregeln" einzuführen, und zwar in einem politischen, wirtschaftlichen und gesellschaftlichen Sinne.[1081] Wie sich rund drei Monate später herausstellen sollte, war beabsichtigt, bei der Versteigerung des Aktienpakets von Svjaz'invest ein entspre-

---

[1078] Vgl. Shevtsova 1999: 211. Der erweiterte politische Kontext dieses Konflikts wurde bereits oben näher beleuchtet (S. 107).

[1079] Zit. n.: Političeskaja žizn' 1997.

[1080] Zu den diesbezüglichen Reformerwartungen an Čubajs im Frühjahr 1997 vgl. I. Petrov 1997; Radzichovskij 1997. Es gibt Berichte, denen zufolge Čubajs und Nemcov eine klare Vereinbarung nicht nur hinsichtlich ihrer jeweiligen arbeitsteiligen Zuständigkeiten trafen, sondern auch und gerade in Bezug auf Umfang und Grad öffentlicher Äußerungen (vgl. Traub 1997).

[1081] Vgl. hierzu auch den fast programmatisch zu nennenden Leitartikel des Chefredakteurs der Regierungszeitung Rossijskaja gazeta im zeitlichen Umfeld des Amtsantritts der neuen Regierung (Kučer 1997).

chendes öffentlichkeitswirksames Exempel auf dem Feld der Privatisierungspolitik zu statuieren, bei dem nicht politische Absprachen im Vorfeld, sondern
das höchste Gebot den Ausschlag geben sollten.

Auch wenn sich die Details der Vorgänge hinter den Kulissen im Frühjahr
und Frühsommer 1997 nicht zweifelsfrei belegen lassen, herrscht weitgehend
Einigkeit unter den Beobachtern, dass das Führungspersonal einiger Konglomerate diese Ankündigung von Transparenz und klaren, für alle gleichen
Spielregeln entweder nicht uneingeschränkt für bare Münze nahm oder zumindest zeitlichen Aufschub und eine „Übergangsfrist" verlangte. Dies betraf
insbesondere Vladimir Gusinskij, der begonnen hatte, um seine *MOST*-
Gruppe ein Bieterkonsortium für die *Svjaz'invest*-Anteile aufzubauen, zu dem
auch die *Al'fa*-Gruppe sowie die spanische *Telefonica* zählten. Einige Wochen vor der für Juli 1997 anstehenden Auktion intervenierte Gusinskij bei der
Regierung, um seinem Konsortium im Vorfeld den Zuschlag zu sichern, und
ging zu diesem Zweck auch eine Allianz mit Boris Berezovskij ein, der zwar
nicht selbst Bieter war, aber kein Interesse an veränderten Spielregeln hatte.[1082]

Das Interesse von Gusinskijs *MOST*-Gruppe an *Svjaz'invest* lag auf der
Hand. Wie bereits oben analysiert (siehe Abschnitt 6.3.3.1, S. 359ff.), hatte
Gusinskij begonnen, aus einem Konglomerat mit finanz-industriellem
Schwerpunkt heraus einen Medienkonzern zu formen. Im Rahmen dieser
Strategie ist es von großem Vorteil, sich nicht nur auf die Produktion von Me-
dieninhalten zu konzentrieren, sondern auch die Kontrolle über die infrastruk-
turelle Seite auszuüben – erst recht vor dem Hintergrund des erwarteten
Booms des damals in Russland noch in den Kinderschuhen steckenden Internets. Eine maßgebliche Beteiligung an einem großen Telekommunikationsunternehmen wie *Svjaz'invest* war dafür essentiell.

Gusinskij scheint davon ausgegangen zu sein, de facto einen Anspruch
darauf zu haben, dass dem Konsortium um die *MOST*-Gruppe der
Svjaz'invest-Zuschlag erteilt werden würde. Er konnte dafür sowohl ins Feld

---

[1082] Angeblich kam es sogar zu einem Deal zwischen den Konglomeratsführern, dem jedoch Čubajs seine Zustimmung verweigert haben soll. Umfangreiche journalistische
Darstellungen dieser massiven Einflussnahmeversuche bieten bspw. Freeland 2005:
260-273; Hoffman 2002: 374-386; Klebnikov 2000: 270-274.
Ein kleine Minderheit von Autoren geht davon aus, dass Berezovskij Gusinskijs Konsortium angehörte (etwa Belin 2002a: 28; I. Zasurskij 1999b: 243).

führen, dass sich seine *MOST*-Gruppe an den großen Unternehmensprivati-
sierungen kaum und insbesondere an den Pfandauktionen gar nicht beteiligt
hatte (siehe Tabelle 20, S. 258f.) und somit am Zuge sei.[1083] Zudem bedeutete die Ende November 1996 erfolgte Beauftragung der *MOST*-Gruppe sowie
der *Al'fa-bank* mit den Vorbereitungen und der Durchführung der geplanten
Svjaz'invest-Auktion – gemäß den bisherigen Spielregeln – ein Präjudiz für
den Zuschlag.

Anscheinend ging das Konsortium um die *MOST*-Gruppe auch deshalb
davon aus, keine ernstzunehmenden Mitbieter zu haben, weil mit Vladimir
Potanin eine Schlüsselfigur der *ONÉKSIM*-Gruppe und der Initiator der
Pfandauktionen nach der Präsidentschaftswahl als Erster Stellvertretender
Ministerpräsident in die Regierung eingetreten war (siehe S. 213 und 244)
und einigen Berichten zufolge zugesagt haben soll, dass sich sein Konglomerat zur Vermeidung von Interessenkonflikten nicht an dieser Privatisierung
beteilige. Offenbar wurde diese Ankündigung jedoch, sollte es sie wirklich
gegeben haben, mit der Regierungsumbildung und Potanins Abschied aus
dem Kabinett im März 1997 hinfällig.[1084]

Wie bereits im vorangegangenen Kapitel herausgearbeitet wurde, zählte
die *ONÉKSIM*-Gruppe zu diesem Zeitpunkt zu den größten Gewinnern der
Privatisierung von Großunternehmen und war der wichtigste Profiteur der
Pfandauktionen. Dass dieses Konglomerat nun Anstalten machte,
Svjaz'invest unter seine Kontrolle zu bringen, wurde offenbar von der Mehrheit der großen Wirtschaftsakteure als Verstoß gegen frühere Absprachen
und Aufkündigung des „Nichtangriffspaktes" wahrgenommen. Erschwerend
kam hinzu, dass bekannt geworden war, dass die *ONÉKSIM*-Gruppe kurze
Zeit zuvor im Verborgenen begonnen hatte, Aktien von *Gazprom* aufzukau-
fen,[1085] sowie im Rahmen der zweiten Runde der Pfandauktionen im Mai
1997 ernsthaft versuchte, den Ölkonzern *Sibneft'* dem designierten Gewinner
SBS-Agro zu entwinden (siehe S. 264). Kurzum: Konkurrierende Konglomerate befürchteten die Übermacht eines einzelnen Akteurs, dem überdies nicht

---

[1083] Vgl. Harter et al. 2003: 162. Das Argument in Bezug auf die Pfandauktionen konnte
auch der zweite Konsortiumspartner, die *Al'fa*-Gruppe, für sich in Anspruch nehmen.
[1084] Vgl. Freeland 2005: 264; Hoffman 2002: 376.
[1085] Vgl. Dinello 1998: Abschn. 4.

zu Unrecht enge Beziehungen zu Anatolij Čubajs und seinen Gefolgsleuten in der Regierung nachgesagt wurden.[1086]

Schlussendlich fand die Versteigerung des *Svjaz'invest*-Paketes am 25.07.1997 wie angekündigt statt. Das Konsortium unter Führung der *ONÉKSIM*-Gruppe erhielt mit einem Gebot von umgerechnet rund 1,875 Milliarden US-Dollar den Zuschlag. Das zweite Gebot stammte vom *MOST*-Konsortium und belief sich auf rund 1,710 Milliarden US-Dollar. Das Mindestgebot von umgerechnet 1,180 Milliarden US-Dollar wurde somit erheblich übertroffen. Unabhängige Beobachter attestierten der Auktion einen fairen Wettbewerbscharakter und hielten den erzielten Erlös für einen realistischen Marktpreis.[1087] Auch wenn die *Svjaz'invest*-Auktion allem Anschein nach dem proklamierten neuen Paradigma („gleiche Regeln für alle") folgte, darf nicht übersehen werden, dass dies auch in der Folgezeit eher die Ausnahme blieb. Besonders, dass die *ONÉKSIM*-Gruppe zwei Wochen darauf im Rahmen der zweiten Runde der Pfandauktionen wieder nach den „alten Regeln" und zu einem sehr günstigen Preis die Kontrolle über *Noril'skij Nikel'* erlangen konnte, dürfte nicht nur auf das bei *Svjaz'invest* unterlegene Konsortium wie Hohn gewirkt haben.[1088]

Gusinskijs Reaktion auf die Niederlage bei der *Svjaz'invest*-Auktion ließ nicht lange auf sich warten. Nachdem er einigen Berichten zufolge bereits im Vorfeld der Versteigerung gegenüber Potanin und Regierungsmitgliedern mit einer Medienkampagne gedroht haben soll,[1089] setzte er nur einen Tag nach der Auktion die *MOST*-Medien in Marsch, dabei maßgeblich sekundiert von Medien unter der Kontrolle Berezovskijs.

Den Auftakt der Kampagne bildete ein Artikel in der *MOST*-Tageszeitung *Segodnja*, in der massive Zweifel an der Rechtmäßigkeit der Durchführung der Auktion geäußert wurden.[1090] Am selben Abend folgte auf dem Kanal *ORT* im Rahmen von Sergej Dorenkos Politikmagazin *Vremja* eine Attacke

---

[1086] Vgl. Fadin 1998: 297f.; Götz 1997.

[1087] Vgl. Harter et al. 2003: 162; Tikhomirov 2000: 252, 267, Fn. 48.

[1088] Ministerpräsident Černomyrdin hatte zwischenzeitlich einen erfolglosen Versuch unternommen, dieses Verfahren auszusetzen; vgl. hierzu sowie ausführlicher zum Fall *Noril'skij Nikel'* Adachi 2010: insb. 88-113; Harter et al. 2003: 158-160; Johnson 2000: 194; Pappé 1998: Abschn. 4.

[1089] Vgl. Freeland 2005: 268f.; Hoffman 2002: 379-382.

[1090] Vgl. Soldatov 1997.

gegen die ONÉKSIM-Gruppe.[1091] Ihr wurde unter anderem in einer anderen Geschäftsbeziehung Veruntreuung in mehrstelliger Millionenhöhe (US-Dollar) vorgeworfen, und darüber hinaus wurde behauptet, die Svjaz'invest-Anteile seien von ausländischen Unternehmen mit schlechtem Leumund erworben worden.

In den folgenden Tagen intensivierte sich diese Medienkampagne erheblich. Weitere MOST-Medien (vor allem der Fernsehkanal NTV und der Radiosender Écho Moskvy) stiegen ebenso in die Kampagne ein wie Medien unter dem Einfluss Berezovskijs (am exponiertesten: Nezavisimaja gazeta). Auch – tatsächlich oder vorgeblich – neutrale Medien griffen die gegen die ONÉKSIM-Gruppe sowie eine Reihe von Regierungsmitgliedern um die Galionsfigur Anatolij Čubajs gerichtete Berichterstattung auf. Es fällt auf, dass sich die von Gusinskij und Berezovskij kontrollierten Medien wechselseitig die Bälle zuspielten und einem Muster folgten, das darauf hinzudeuten scheint, dass die mediale Inszenierung einem bereits zuvor ausgearbeiteten, konkreten Plan folgte.[1092] Die ONÉKSIM-Gruppe geriet aus zwei Gründen in eine eher defensive Position: Zum einen kontrollierte sie nur Print-, nicht jedoch audiovisuelle Medien und musste somit darauf hoffen, dass der staatliche Fernsehsender RTR die gewünschte Tendenz in der Berichterstattung aufnahm; zum anderen hatte die Gruppe kein Interesse an einer Eskalation, wodurch ihre Tätigkeit noch stärker ins Rampenlicht rücken würde, sondern an einer schnellen Dämpfung des Konflikts.

Der Schwerpunkt der Berichterstattung in den ersten Tagen konzentrierte sich auf folgende Aspekte: die angeblichen Ungereimtheiten des Vergabeverfahrens; die Behauptung, die Kontrolle über ein strategisch wichtiges Unternehmen sei unter Wert, an allein an Weiterverkaufsgewinnen interessierte Spekulanten sowie überdies ins Ausland verkauft worden, womit die „nationale Sicherheit" gefährdet werde;[1093] und die Unterstellung sehr enger und privi-

---

[1091] Die folgenden Ausführungen zu den ersten Wochen der Medienkampagne stützen sich, soweit nicht anders angegeben, maßgeblich auf eine Analyse der ausführlichen Chronik von Ivan Zasurskij (1999b: 242-264).
[1092] Vgl. hierzu insbesondere den Rekonstruktionsversuch von Ivan Zasurskij (1999b: 255-261).
[1093] Dieser Vorwurf zielt darauf, dass dem ONÉKSIM-Konsortium George Soros' Quantum Fund sowie die westlichen Investmentfirmen Deutsche Morgan Greenfell sowie Morgan Stanley angehörten. In der Tat war hier kein strategischer Partner aus der Me-

legierter Beziehungen der *ONĖKSIM*-Gruppe zu Čubajs und seinen Gefolgsleuten in der Regierung. Offensichtlich sollte auf diesem Wege auch Einfluss
auf die öffentliche Meinung genommen und somit versucht werden, doch
noch eine Annullierung der Auktion sowie ein neues Privatisierungsverfahren
für das *Svjaz'invest*-Paket zu erreichen.[1094]

Recht schnell wurde jedoch klar, dass die Auktionsergebnisse nicht revidiert werden würden. Ende Juli 1997 erschien ein Interview mit Boris Nemcov
auf der Titelseite der *ONĖKSIM*-Zeitung *Komsomol'skaja pravda*, in dem
Nemcov nicht nur die Fairness und Korrektheit der *Svjaz'invest*-Auktion betonte, sondern das Versteigerungsverfahren zur Zeitenwende stilisierte: Der
„Banditenkapitalismus" sei am Ende.[1095] Nur wenig später trat Anatolij Čubajs
an die Öffentlichkeit und erklärte kategorisch, dass die Auktion völlig regel-
konform abgelaufen sei und es keine Revision geben werde. Zudem machte
er deutlich, dass es im Vorfeld des Versteigerungstermins Versuche der
Druckausübung von Seiten Gusinskijs und Berezovskijs gegeben, die Regierung jedoch nicht nachgegeben habe.[1096]

Mit diesen Äußerungen war für alle Beteiligten unübersehbar, dass der
Fall *Svjaz'invest* nicht wieder aufgeschnürt werden würde, denn Čubajs und
Nemcov spielten mit einem hohen Einsatz, indem sie ihre politische
Glaubwürdigkeit   und   persönliche   Integrität   mit   diesem   Privati-
sierungsverfahren verknüpften. Ein Abrücken von der proklamierten
Zeitenwende und ein nachträgliches Einknicken gegenüber dem Druck von
Gusinskij und Berezovskij hätte nicht nur ihren Flügel in der Regierung
erheblich geschwächt, sondern wäre gleichbedeutend mit politischem
Selbstmord gewesen. Dies gilt unabhängig davon, ob die Auktion tatsächlich
unter fairen Wettbewerbsbedingungen stattfand und ob es einen
realistischen, mehrheits- und umsetzungsfähigen Regierungsplan in Bezug
auf einen Paradigmenwechsel in der Privatisierungspolitik tatsächlich gab.[1097]

---

dien- oder Telekommunikationsbranche beteiligt (im Gegensatz zum *MOST*-
Konsortium).
[1094] Vgl. I. Zassoursky 2004: 85; I. Zasurskij 1999b: 257.
[1095] Boris Nemcov: Chvatit 1997.
[1096] Darüber berichtete die Hauptnachrichtensendung des staatlichen Fernsehsenders
RTR ausführlich. Vgl. RTR: Vesti, 30.07.1997: 20:00, zit. n. VPS – Antologija telera-
dioėfira 1991-1999, 30.07.1997.
[1097] Zumindest an Letzterem sind Zweifel angebracht, wie einige intransparente Verfahren
in der Folgezeit zeigen (vgl. S. 266).

Mit dieser nun feststehenden Niederlage des *MOST*-Konsortiums im Falle *Svjaz'invest* war der zweite Medienkrieg gleichwohl noch nicht beendet – im Gegenteil: Im Laufe der folgenden Tage und Wochen entwickelte sich eine regelrechte Schlammschlacht mit immer neuen Vorwürfen gegen die *ONĖKSIM*-Gruppe und deren Führungsfigur Vladimir Potanin sowie gegen Boris Nemcov, Anatolij Čubajs und mit ihnen verbundene Regierungsmitglieder. Dass diese Kampagne wirklich ausschließlich als – implizit irrationaler – Rachefeldzug von Gusinskij und Berezovskij interpretiert werden kann, wie einige meinen,[1098] erscheint zu eindimensional. Zwar lässt sich nicht zweifelsfrei belegen, dass ihr weitergehende wirtschaftliche und/oder politische Ziele zugrunde lagen, jedoch bleibt in jedem Fall festzuhalten, dass die *ONĖKSIM*-Gruppe zum damaligen Zeitpunkt nicht nur von Gusinskijs und Berezovskijs Konglomeraten als übermächtiger Konkurrent mit besten Beziehungen in die Regierung empfunden wurde, sondern dass dies eine weitverbreitete Wahrnehmung war. Insofern scheint die Vermutung naheliegend, dass der anhaltende Medienkrieg auch zum Ziel hatte, eine befürchtete Monopolstellung der *ONĖKSIM*-Gruppe zu verhindern und zu diesem Zweck auch deren – vermeintliche oder tatsächliche – Verbündete in der Regierung zu schwächen.

Mit der Eskalation des zweiten Medienkrieges ab August 1997 veränderte sich auch die thematische Stoßrichtung der Attacken. Der konkrete Fall *Svjaz'invest* spielte nur noch eine untergeordnete Rolle. An seine Stelle traten konkrete Vorwürfe gegen Personal und Unternehmen der *ONĖKSIM*-Gruppe einerseits sowie gegen Mitglieder der Regierung andererseits. Die Vorhaltungen bezogen sich vor allem auf Insiderdeals, Veruntreuung und Korruption bis in höchste Kreise, überschritten aber mitunter auch deutlich die Grenze der Glaubwürdigkeit, als etwa Nemcov beschuldigt wurde, einen „politischen Mord" an Vladimir Žirinovskij vorbereitet zu haben, worüber *ORT* und *NTV* ausführlich berichteten.[1099]

In den Medien der *ONĖKSIM*-Gruppe sowie im staatlichen Kanal *RTR* wurde tendenziell ein eher defensiver Ton angeschlagen. In den Zeitungen *Komsomol'skaja pravda* und *Izvestija* erschienen eine Reihe von positiven Artikeln über *ONĖKSIM*, die beispielsweise angeblich bevorstehende große Investitionen und Serviceverbesserungen für breite Bevölkerungskreise zum

---

[1098] Vgl. Zasurskii 2001: 212
[1099] Vgl. I. Zasurskij 1999b: 248f.

Gegenstand hatten. Daneben gab es aber auch Versuche, insbesondere Berezovskij persönlich zu diskreditieren. Über die Behauptung Aleksandr Lebed's, Berezovskij habe vom ersten Krieg in Čečnja materiell profitiert (und deshalb kein Interesse an dessen Beendigung gehabt), wurde breit berichtet. Und es war die *Komsomol'skaja pravda*, die Auszüge aus einem Buch des ehemaligen Leiters des Sicherheitsdienstes des Staatspräsidenten, Aleksandr Koržakov, vorab veröffentlichte, in dem dieser behauptete, Berezovskij habe die Ermordung von Gusinskij, Lužkov und Kobzon geplant.[1100]

Schon recht früh gab es ein erstes politisches (Bauern-)Opfer der Medienkampagne: Mitte August 1997 musste mit Al'fred Koch, Leiter des GKI, ein Gefolgsmann von Čubajs zurücktreten, nachdem die Vorwürfe, er habe im Amt die *ONĖKSIM*-Gruppe bevorzugt und persönlich finanziell profitiert, immer stärker geworden waren.[1101] Dieser Rücktritt sorgte jedoch nicht für ein Nachlassen der Kampagne gegen Regierungsmitglieder und die *ONĖKSIM*-Gruppe, so dass sich Staatspräsident El'cin, der bislang öffentlich zu den gesamten Vorgängen geschwiegen hatte, Mitte September 1997 veranlasst sah, aktiv zu werden. Er traf sich mit einem halben Dutzend prominenter Wirtschaftsführer – darunter Potanin und Gusinskij, auffälligerweise jedoch nicht Berezovskij – und mit dem Ziel, den Medienkrieg zu beenden, allerdings ohne sichtbaren Erfolg.[1102]

In den folgenden Wochen ging der Medienkrieg nach dem eingespielten Muster unvermindert weiter und erreichte im November 1997 einen weiteren Höhepunkt. Nachdem Čubajs und Nemcov bei El'cin interveniert hatten, entließ dieser Berezovskij als Stellvertretenden Vorsitzenden des russländischen Sicherheitsrates und entfernte ihn somit aus der Regierung.[1103] Die Gegenreaktion kam eine Woche später: Der *MOST*-Radiosender *Ėcho Moskvy* bot

---

[1100] Auch an diesen Vorwürfen sind naturgemäß große Zweifel angebracht. Interessant sind sie gleichwohl unter einem strategischen Aspekt: Sie hatten vermutlich auch das Ziel, einen Keil des Misstrauens in die (temporäre) Allianz zwischen Gusinskij und Berezovskij zu treiben.

[1101] Vgl. Fadin 1998: 297; Freeland 2005: 276f.; Hoffman 2002: 387f. Wenige Tage später erschien ein Artikel von Aleksandr Minkin, der auf der Basis ihm zugespieltes Materials nachwies, dass Koch Anfang 1997 ein Voraushonorar von 100.000 US-Dollar für ein geplantes Buch über die Privatisierung in Russland von einer mit der *ONĖKSIM*-Gruppe in Verbindung stehenden Firma erhalten hatte (vgl. Minkin 1997). Das Buch erschien ein Jahr später tatsächlich (Kokh 1998).

[1102] Vgl. Dinello 1998: Abschn. 1; Fossato 1997a; Muchin 2001a: 12.

[1103] Vgl. Freeland 2005: 277f.; Hoffman 2002: 391f.

dem einschlägig bekannten Journalisten Aleksandr Minkin im Rahmen eines Interviews eine Plattform. Minkin berichtete von seinen Erkenntnissen, wonach Čubajs und vier seiner Gefolgsleute in der Regierung von einem direkt zur ONÉKSIM-Gruppe gehörenden Verlag jeweils 90.000 US-Dollar Honorar auf ein noch zu schreibendes Buch über die Privatisierung in Russland zugesichert worden sei.[1104]

Vor dem Hintergrund des schon Monate anhaltenden Medienkrieges und insbesondere angesichts der stetig wiederkehrenden Vorwürfe, die ONÉKSIM-Gruppe genieße eine Vorzugsbehandlung durch die Regierung, waren personelle Konsequenzen unausweichlich. El'cin entließ innerhalb kurzer Frist Čubajs' Mitautoren, einige Tage später verloren Čubajs und Nemcov ihre jeweiligen Ministerposten.[1105] Beide behielten zwar vorläufig ihre Ämter als Stellvertretende Ministerpräsidenten, aber es war klar, dass sie und ihr Flügel in der Regierung erheblich geschwächt worden waren.

Mit diesen regierungsinternen Konsequenzen und den zeitgleich in Russland wahrnehmbaren Auswirkungen der sich in Asien ausweitenden Finanz-, Währungs- und Wirtschaftskrise neigte sich der zweite Medienkrieg dem Ende zu.[1106] Von keiner der beteiligten Parteien kann man sagen, dass sie ihn gewonnen hätte; alle erlitten erhebliche Verluste. Einmal mehr zeigte sich, dass und wie ökonomische und politische Akteure die von ihnen kontrollierten Massenmedien als politische Ressource einsetzen. Im Unterschied zum ersten Medienkrieg, als sich eine Koalition des Big Business mit politischen Akteuren verbündete, um El'cins Wiederwahl zu sichern und den Status quo der Rentengenerierung und -verteilung zu wahren, verläuft die Spaltungslinie im zweiten Medienkrieg zwischen einer Allianz zweier wirtschaftlicher Konglomerate auf der einen und einer – infolge Fremdzuschreibung möglicherweise unfreiwilligen, realiter faktischen – Koalition eines konkurrierenden Konglomerats mit führenden politischen Akteuren auf der anderen Seite.

Erneut zeigte sich auch im zweiten Medienkrieg, dass der instrumentelle Einsatz von Massenmedien hochgradig wirksam sein kann – vor allem, wenn sich verbundene Medien quasi die Bälle zuspielen und damit einen Verstär-

---

[1104] Vgl. Écho Moskvy: Gazetnyj čas, 12.11.1997: 13:15, zit. n. VPS – Antologija teleradioêfira 1991-1999, 12.11.1997. Auch dieses Buch erschien später tatsächlich (Čubajs 1999).
[1105] Vgl. Freeland 2005: 279f.; Hoffman 2002: 394.
[1106] Vgl. Tikhomirov 2000: 252.

kungseffekt auslösen können. Mag auch das ursprünglich anvisierte Ziel nicht erreicht werden, kann doch mit Medien Politik gemacht und können wirtschaftliche Konkurrenten geschwächt werden. Diese Erfahrungen aus dem zweiten Medienkrieg trugen zweifellos dazu bei, dass es rund eineinhalb Jahre später zu einem weiteren Medienkrieg kam, wiederum in einer veränderten Akteurskonstellation.

6.4.4 Duma- und Präsidentschaftswahlen 1999/2000

Der exakte Beginn des Ausbruchs des dritten Medienkrieges lässt sich nicht genau bestimmen, weil es keine eindeutige Zäsur gibt. Es handelte sich vielmehr um einen schleichenden Beginn. Nach Wochen mit vereinzelten publizistischen Attacken intensivierte sich ein medialer Prozess, der schließlich in einen monatelangen, vollumfänglichen medialen Krieg überging.

Der zweite Medienkrieg war zwar um die Jahreswende 1997/1998 an sein Ende gekommen, aber einzelne Medienkampagnen ließen sich weiterhin regelmäßig beobachten. So fällt zum einen auf, dass diejenigen Massenmedien, die während des zweiten Medienkrieges gegen die Stellvertretenden Ministerpräsidenten Čubajs und Nemcov agitiert hatten, nach der Regierungsumbildung im Frühjahr 1998 auffällig und anhaltend intensive Kritik an der Nachfolgeregierung unter Ministerpräsident Kirienko vorbrachten, wohingegen Čubajs' und Nemcovs damalige mediale Verbündete die neue Regierung verteidigten.[1107] Besonders deutlich wurde dies etwa im Zusammenhang mit dem Streik der Kohlekumpel oder dem Versuch der Regierung, Steuerrückstände von *Gazprom* einzutreiben (siehe oben S. 383f.). Die Frontstellung und Allianzenkonstellation aus dem zweiten Medienkrieg hatte folglich zu diesem Zeitpunkt noch Bestand.

Diese über Monate stabile Kräftekonfiguration ist vermutlich der Grund, warum einige Autoren trotz der signifikant geringeren Frequenz und Intensität von Medienkampagnen im Jahr 1998 davon sprechen, der zweite Medienkrieg habe fortgedauert.[1108] Eine solche Sichtweise blendet jedoch nicht nur die erheblich gesunkene Kampagnenintensität aus, sondern übergeht auch

---

[1107] Vgl. Belin 2001: 329. Zu den politischen Umständen der Regierungsumbildung und den vorausgehenden Machtkampf zwischen Staatspräsident und Duma siehe Kap. 4, S. 131ff.
[1108] Vgl. etwa Belin 2000: 300; Muchin 2001a: 11.

zwei wichtige Zäsuren. Zum ersten kulminierte die Finanz- und Wirtschaftskrise im August 1998. Der russländische Staat setzte die Bedienung von
Staatsanleihen im Wert von umgerechnet 60 Milliarden US-Dollar aus, zahlreiche Unternehmen und Konglomerate gerieten in eine existenzielle Schieflage. Diese Entwicklung hatte sowohl Auswirkungen auf die Manövrierfähig-
keit wie auch auf die (kurz- bis mittelfristige) Interessenlage der beteiligten
Akteure; in zahlreichen Fällen wurde Liquiditätssicherung zur obersten Priorität. Zum zweiten veränderte sich im Gefolge der Krise auch die Akteurskonstellation, die bisherige informelle Koalition zwischen Vladimir Gusinskij und
Boris Berezovskij löste sich auf. Eine wichtige Rolle spielte dabei das erneute
Regierungsrevirement im September 1998. Unter dem neuen Ministerpräsidenten Evgenij Primakov kam eine Regierung ins Amt, die sich erstmals auf
eine breite Mehrheit in der Duma stützen konnte und der Vertreter aller Parlamentsparteien angehörten.[1109]

Es lässt sich nicht zweifelsfrei aufklären, ob es einen konkreten Anlass
oder einen ausschlaggebenden Grund für das Ende dieser (Medien-)Koalition
gibt. Denkbar ist auch, dass eine informelle, aber nicht auf Dauer angelegte
Zusammenarbeit aufgrund veränderter Interessenlagen schlicht auslief. Die
Frage nach den möglichen Gründen ist für die hier im Zentrum stehenden
Überlegungen jedoch nicht entscheidend; im Mittelpunkt stehen statt dessen
die Folgen und Rückwirkungen, die sich aus der veränderten Akteurskonstellation ergaben.

Die im Gefolge der Wirtschafts- und Finanzkrise neu gebildete Regierung
unter Primakov war umstritten. Vor allem aus Wirtschaftskreisen zog sie sehr
schnell vielstimmige Kritik auf sich. Besonderes Misstrauen erregte dabei die
Regierungsbeteiligung der KPRF, die mit Jurij Masljukov, zu Sowjetzeiten
Gosplan-Vorsitzender, auch den Ersten Stellvertretenden Ministerpräsidenten
stellte.[1110] Zugleich wurde die Ernennung Primakovs in der Öffentlichkeit als
Niederlage Berezovskijs verstanden, der im Vorfeld intensiv zugunsten einer
Berufung von Viktor Černomyrdin interveniert habe.[1111]

[1109] Der Kontext dieser Regierungsbildung und die politischen Konsequenzen wurden bereits in Kapitel 4 ausführlich analysiert (siehe S. 139ff.).

[1110] Exemplarisch für die Vorbehalte in Wirtschaftskreisen steht ein Interview mit Igor'
Malašenko kurz nach Amtsantritt der neuen Regierung (Igor' Malašenko 1998).

[1111] Vgl. Solov'ëv 1998; Pačegina 1998.

Als Ministerpräsident Primakov öffentlich erklärte, ein Hauptakzent seiner Regierungstätigkeit liege auf der Bekämpfung der „Ausprägung schwerer Verbrechen und Korruptionserscheinungen in den wichtigsten Wirtschaftsbereichen",[1112] wirkte dies auf breite Kreise der Wirtschaftselite zweifellos zusätzlich beunruhigend. In der Folge gab es zwar weiterhin Kritik an der Regierung, aber die Führer der Konglomerate verzichteten darauf, die von ihnen kontrollierten Medien systematisch gegen die neue politische Führung in Stellung zu bringen.

Die einzige Ausnahme stellt Berezovskij dar. Dieser sah offenbar seine persönlichen Interessen und diejenigen seiner Gruppe massiv bedroht. Den Anfang machten Gerüchte, denen zufolge in der Staatsduma die Renationalisiserung von *ORT* vorbereitet werde. Berezovskij reagierte darauf, indem er die Gefahr eines Bürgerkrieges heraufbeschwor.[1113] Zu einer Verstaatlichung kam es zwar nicht, aber nur wenige Wochen später wurde, mit mutmaßlicher Billigung der Regierung, ein Insolvenzverfahren gegen *ORT* in Gang gesetzt, das sich monatelang hinziehen sollte.[1114] Vermutlich war dies der letzte Auslöser einer umfangreichen Kampagne gegen die neue Regierung – und dabei insbesondere gegen Primakov persönlich.[1115]

Ex post betrachtet, kann diese Kampagne von Medien der Berezovskij-Gruppe als erste Vorstufe zum dritten Medienkrieg betrachtet werden, weil die Front zwischen den von Berezovskij auf der einen und Primakov auf der anderen Seite personifizierten Lagern später zu einer zentralen Konfliktlinie werden sollte. Und bereits hier spielte in den Medien ausgebreitetes *kompromat* eine wichtige Rolle. Rund ein Jahr vor der im Dezember 1999 anstehenden Parlamentswahl und eineinhalb Jahre vor dem zu erwartenden Präsidentschaftswahltermin war dies ein erstes Positionsgefecht vor einem langen (Wahl-)Kampf, dessen Ausgang in den Augen der politischen und wirtschaftlichen Elite nicht nur über die zukünftige politische Machtverteilung entscheiden würde; zahlreiche Akteure befürchteten darüber hinaus eine massive Redistribution und damit einen Umsturz des ökonomischen Status quo.

[1112] Vgl. Ėkonomika – bez kriminala 1998.

[1113] Vgl. Interfaks, 17.09.1998, zit. n. RBCNET: Vlast'/Politika/Ėkonomika/Biznes Nr. 34 (128), 23.09.1998.

[1114] Vgl. Hübner 2000b: 3.

[1115] Den Auftakt machte eine skandalöse *ORT*-Sendung unter der Verantwortung Sergej Dorenkos mit dem Titel „Primakovs Geliebte" (vgl. Hübner 2000b: 3).

Im Dezember 1998 nahm der Konflikt an Fahrt auf. Zunächst tauchten angebliche Transkripte von Telefongesprächen zwischen Boris Berezovskij und El'cins Tochter Tat'jana D'jačenko sowie Dossiers und Daten zu einigen prominenten Politikern, Wirtschaftsakteuren und Journalisten auf.[1116] Damit wurden zweierlei Signale gesendet: Zum einen, dass zumindest einige der Beteiligten enge Kontakte zu Quellen hatten, die mit geheimdienstlichen Mitteln arbeiteten – seien diese nun staatlich oder privat. Und zum anderen, dass ein engerer Kreis um Staatspräsident El'cin, möglicherweise sogar dieser selbst, jederzeit Gegenstand weiterer Durchstechereien werden konnte. Mitte Dezember 1998 wurde dann öffentlich, dass der Abschlussbericht eines Ermittlungsverfahrens gegen die Berezovskijs Verbund zuzurechnenden Firmen *Aéroflot* und *Andava* sowie mehrere ihrer Leitungspersonen dem Generalstaatsanwalt Skuratov übergeben worden war. Dieser hatte über das weitere Verfahren zu entscheiden.[1117]

Als Skuratov Anfang 1999 sogar strafrechtliche Ermittlungen gegen Berezovskij einleitete, folgte eine Medienkampagne, die ganz offensichtlich den Sturz von Ministerpräsident Primakov zum Ziel hatte.[1118] Spätestens zu diesem Zeitpunkt hatte der Konflikt die höchste politische Ebene erreicht, denn es gilt als schwer vorstellbar, dass die Generalstaatsanwaltschaft in prominenten Fällen ohne politische Rückendeckung handelte.

Die Angriffe gegen die Regierung und Primakov persönlich zeichneten sich durch ein hohes Maß an Unsachlichkeit und Manipulation aus und trugen häufig dämonisierende Züge. Die Primakovs Regierung verteidigende Seite agierte in vergleichbarer Manier, vor allem gegen Berezovskij und sein Umfeld.[1119] Auffällig ist, dass die Hauptarena dieser Auseinandersetzung Printmedien waren: *Nezavisimaja gazeta* als Sprachrohr Berezovskijs und *Moskovskij komsomlec*, eine Lužkovs Moskauer Gruppe nahestehende Zeitung, als Organ Primakovs. Von beiden Seiten wurde mit sehr harten Bandagen gekämpft. Verunglimpfungen, Falschbehauptungen und gezieltes Lancieren von Abhörprotokollen unklarer Provenienz und Authentizität waren an der Tagesordnung.

[1116] Vgl. Chinštejn 1998. Zu beachten ist: Chinštejn besitzt eine zweifelhafte Reputation als *muck raker* und war selbst Gegenstand des durchgestochenen Materials.
[1117] Vadimova 1998.
[1118] Vgl. Belin 2001: 330.
[1119] Vgl. hier und im Folgenden die Studie von Dunaeva (2000).

Diese Vorstufe des dritten Medienkrieges dauerte mehrere Wochen und endete de facto mit einer Niederlage Primakovs. Zwar entpflichtete El'cin Berezovskij als Exekutivsekretär der Gemeinschaft Unabhängiger Staaten,[1120] doch hatte dies eher symbolische Bedeutung, da dieses Amt keine besondere Relevanz besaß. Entscheidender war, dass der Staatspräsident kurze Zeit später Primakov als Ministerpräsident entließ.[1121] Damit war nicht nur Primakovs „Allparteienregierung" mitsamt Einflussgewinn der Duma gegenüber dem Staatspräsidenten am Ende, sondern vor allem Primakov selbst politisch entscheidend geschwächt.[1122] Mit dem Verlust seiner hohen politischen Funktion verlor er auch einen strategischen (Amts-)Vorteil im bevorstehenden Wahlkampf um das Amt des Staatspräsidenten. Seine Kandidatur bei der im Sommer 2000 anstehenden Wahl hatte Primakov zwar bis zu diesem Zeitpunkt nicht erklärt, sie wurde jedoch allgemein prognostiziert. Wahrscheinlich war genau dies ein wichtiger Grund für seine Entlassung.

Auch wenn, wie in dieser Arbeit deutlich geworden ist, dem Amt des Staatspräsidenten im politischen Gefüge der Russländischen Föderation eine herausgehobene Bedeutung zukommt, sollte die Wahl zur Staatsduma nicht unterschätzt werden. Gerade wenn die Präsidentschaftswahl nur kurze Zeit nach der Parlamentswahl stattfindet, kann letztgenannte eine Schlüsselbedeutung gewinnen, weil sie de facto für eine Vorentscheidung sorgt. Mit der im Dezember 1999 anstehenden Dumawahl und der für Juni 2000 zu erwartenden Präsidentschaftswahl war eine Konstellation gegeben, die die zentralen Akteure als entscheidende Weichenstellung für die mittelfristige politische und ökonomische Entwicklung Russlands begriffen. In der Wahrnehmung der Elite stand somit schon bei der Dumawahl viel auf dem Spiel. Im Vorfeld dieser Wahl fand der „eigentliche" dritte Medienkrieg statt, dessen Vorboten sich jedoch, wie oben bereits herausgearbeitet, schon deutlich früher zeigten.

[1120] Dieses Amt war ihm Ende April 1998 übertragen worden (vgl. Pozin 1998); die Entlassung durch Staatspräsident El'cin erfolgte Anfang März 1999 per Verfügung (1999/53-rp).

[1121] Ukaz 1999/580. Zum geschäftsführenden Ministerpräsidenten wurde gleichzeitig der bisherige Erste Stellvertretende Ministerpräsident und Innenminister Sergej Stepašin ernannt.

[1122] Primakovs Kabinett gehörten Vertreter sämtlicher Parlamentsparteien – mit Ausnahme der LDPR – an. Siehe zum komplexen innenpolitischen Umfeld mit parallel laufendem Amtsenthebungsverfahren gegen Staatspräsident El'cin Abschn. 4.2.4 (S. 139ff.).

Der Moskauer Bürgermeister, Jurij Lužkov, hatte aus seinen weitergehenden politischen Ambitionen niemals einen Hehl gemacht. Mit dem Konglomerat der „Moskauer Gruppe" hatte er hinsichtlich ökonomischer und medialer Ressourcen seit geraumer Zeit bereits ein umfangreiches Fundament aufgebaut (siehe Abschnitt 6.3.3.3, S. 359ff.). Im November 1998 schließlich wurde auf seine Initiative hin die politische Bewegung „Vaterland" (Otečestvo) gegründet, deren Vorsitz er übernahm.[1123] Diese Bewegung fusionierte Ende August 1999 mit dem drei Monate zuvor von zahlreichen prominenten Spitzenpolitikern aus einer Vielzahl von Föderationssubjekten gegründeten Block „Ganz Russland" (Vsja Rossija) zum Wahlbündnis Otečestvo – Vsja Rossija (OVR) unter der Leitung der Co-Vorsitzenden Lužkov und Primakov.[1124]

Mit diesem Bündnis unter Führung zweier prominenter Politiker hatte sich eine Gegenelite mit starken Brückenköpfen in den russländischen Regionen in eine strategisch vorteilhafte Position für die bevorstehende Dumawahl gebracht. OVR wurde zugetraut, mit der KPRF konkurrieren zu können. Demgegenüber verfügte die herrschende politische Führung auch wenige Monate vor der Wahl noch nicht über eine chancenreiche „Partei der Macht" (partija vlasti)[1125]. Die in der bisherigen Duma vertretenen regimestützenden Parteien, Fraktionen und Gruppen schieden jedenfalls aus unterschiedlichen Gründen, wie beispielsweise Delegitimierung oder Zersplitterung, als Hoffnungsträger aus. Zugleich war der Eindruck weit verbreitet, dass die KPRF zwar gute Chancen auf die relative Mehrheit bei der Dumawahl habe, doch im Gegensatz zur vorangegangenen Wahlsaison 1995/96 rechnete kaum jemand mit ihrem Sieg bei der kommenden Präsidentschaftswahl, so dass dieser Gegner nicht im Fokus des politischen Establishments stand.[1126]

Unterdessen war die Amtszeit von Sergej Stepašin als Premierminister bereits nach drei Monaten zu Ende gegangen, und El'cin konnte seinen neuen Kandidaten, Vladimir Putin, Mitte August 1999 in der Duma ohne nennenswerten Widerstand durchsetzen. Dass er diesen gleichzeitig als seinen

---

[1123] Vgl. Ostapčuk/Krasnikov 1998.

[1124] Vgl. Makarenko 2000: 155f.

[1125] In einem übergreifenden Sinne rekurriert der Ausdruck „Partei der Macht" in Russland auf die in den 1990er Jahren regelmäßig anzutreffende Praxis der an der Macht befindlichen Elite, in einer anhaltend extrem fluiden Parteienlandschaft „von oben" (Proto-)Parteien zur Stützung der Exekutive zu schaffen. Vgl. ausführlich zu Begriff und Funktion während El'cins Präsidentschaft Rjabov 1998.

[1126] Vgl. I. Zasurskij 2001: Kap. 4.1.1.

Wunschnachfolger im Präsidentenamt bezeichnete, blieb weithin unbeachtet. Vergleichbare Aussagen in Bezug auf unterschiedliche Personen hatte El'cin bereits in der Vergangenheit getätigt, und deren „Halbwertszeit" hatte sich als sehr kurz herausgestellt.[1127] Im Sommer 1999 intensivierten sich darüber hinaus Initiativen aus der Exekutive heraus, für die Dumawahl ein aussichtsreiches politisches Vehikel zu formieren.[1128] Ende September 1999 wurde der Wahlblock „Interregionale Bewegung Einheit – Bär" (*Mežregional'noe dviženie Edinstvo – Medved'*)[1129] gegründet, dessen formale Basis eine Reihe sehr kleiner politischer und gesellschaftlicher Organisationen bildete.[1130] Auf dem Gründungskongress Anfang Oktober 1999 – zweieinhalb Monate vor der Dumawahl – wurde Sergej Šojgu, der seit 1995 das Ministerium für Zivilverteidigung, Ausnahmesituationen und die Beseitigung der Folgen von Naturkatastrophen leitete, zum Vorsitzenden und Spitzenkandidaten bei der Dumawahl gewählt.[1131]

Was nun folgte, waren eine Wahlkampagne und ein Aufholprozess, wie er bis dahin von niemandem für möglich gehalten worden war. Während die KPRF in den Monaten bis zum Wahltag bei den Zustimmungsraten recht konstant über 25 Prozent lag (mit leicht sinkender Tendenz) und OVR noch Anfang Oktober 1999 nur unwesentlich geringere Werte für sich reklamieren konnte, legte das Retortenbündnis *Edinstvo* in den folgenden Wochen kontinuierlich zu.[1132] Auffällig ist, dass der starke Anstieg der Popularität von E-

---

[1127] Z. B. ein Jahr zuvor in Bezug auf Černomyrdin (siehe S. 137).

[1128] Vermutlich war Boris Berezovskij eine treibende Kraft (vgl. Colton/McFaul 2000: 205).

[1129] Die Bezeichnungen „Einheit" und „Bär" wurden synonym verwendet. (*Medved'*, das russische Wort für Bär, setzt sich aus den jeweils ersten beiden Buchstaben des offiziellen Namens des Wahlblocks zusammen.)

[1130] Der Hauptgrund für diese Form der organisatorischen Basis waren vermutlich Vorgaben des Wahlgesetzes, nach denen eine grundständige Parteineugründung so kurz vor der Wahl nicht mehr zur Teilnahme zugelassen werden konnte (vgl. Colton/McFaul 2000: 206f.).

[1131] Die beiden folgenden Spitzenplätze auf der Duma-Wahlliste nahmen bezeichnenderweise ein noch aktiver Olympiasieger und Weltmeister im Ringen (Aleksandr Karelin) und ein ehemaliger Leiter der Abteilung zur Bekämpfung des organisierten Verbrechens des sowjetischen Innenministeriums (Aleksandr Gurov) ein; vgl. Makarkin 2000: 144-146; Colton/McFaul 2000: 205-207.

[1132] Meinungsumfragen in Russland weisen oftmals eine relativ große Schwankungsbreite auf, sind sich im generellen Trend jedoch überwiegend einig. Vgl. für im Detail unterschiedliche Ergebnisse zu Wahlintentionen im Vorfeld der Dumawahl 1999 bspw. Brudny 2001: 161; Byzov 2000: 223; McFaul 2000: 18; N. Petrov 1999: 4; Rose/Munro 2002: 112.

dinstvo zwischen Oktober und Dezember 1999 umgekehrt proportional zum Abstieg von OVR verläuft.[1133] Bei der Dumawahl am 19.12.1999 erzielte zwar die KPRF die meisten Listenstimmen, *Edinstvo* lag nur knapp dahinter, wohingegen OVR mit zehn Prozentpunkten Abstand nur auf den dritten Platz kam (für Details siehe Tabelle 28, S. 418).

Bei allen (Gewichtungs-)Differenzen im Detail herrscht in der Forschung in Bezug auf die übergreifenden Gründe für diese Entwicklung – insbesondere für das außergewöhnlich gute Abschneiden eines Wahlblocks, der drei Monate vor der Wahl noch gar nicht existierte – weitgehend Einigkeit. Von zentraler Bedeutung war, dass sich *Edinstvo* sehr eng an Ministerpräsident Putin und die von ihm geführte Regierung band, sich sogar direkt als die Partei Putins bezeichnete.[1134] Ein wichtiger Faktor waren in diesem Zusammenhang die Ereignisse rund um das Thema Čečnja. Kurz vor sowie kurz nach Putins Amtsantritt als Premierminister waren jeweils mehr als tausend bewaffnete Kämpfer aus Čečnja in die Nachbarrepublik Dagestan eingefallen; in der ersten Septemberhälfte gab es eine Reihe von Explosionen in Wohnhäusern in Moskau und anderen Städten mit dutzenden Todesopfern, die „čečenischen Terroristen" zugeschrieben wurden; Mitte September begannen Angriffe der russländischen Luftwaffe auf Ziele in Čečnja, Ende September begann ein vollumfänglicher Bodenkrieg.[1135]

Dies alles eröffnete sowohl Putin als auch Šojgu über viele Wochen ununterbrochen die Gelegenheit, sich als zupackende, effektive, das Land und die Bevölkerung schützende, sich Kriminalität und Terrorismus entgegenstellende Politiker zu präsentieren – und das alles mit politisch „frischen Gesichtern", die sich unideologisch, zentristisch und über den etablierten politischen Kräften stehend gaben. Diese Ressourcen fehlten den politischen Gegnern,

---

[1133] Vgl. Makarenko 2000: 158.

[1134] Putin lehnte eine förmliche Mitgliedschaft rundweg ab (was zwischen 2008 und 2012 zu der aufschlussreichen Situation führte, dass die mittlerweile formal als Partei reorganisierte und in „Einiges Russland" [*Edinaja Rossija*] umbenannte Organisation von einem parteilosen Vorsitzenden geführt wurde), gab allerdings bekannt, dass er „als Staatsbürger" für *Edinstvo* stimmen würde (vgl. Colton/McFaul 2000: 211; S. White 2000b: 308f.).

[1135] Vgl. ausführlich zu der sich ab Sommer 1999 zuspitzenden Lage und den Ereignissen bis zur Präsidentschaftswahl 2000 Halbach 2000; Wagner 2000: 160-170, 197-207.

und gleichzeitig reduzierten sich ihre Optionen der Kritik am gegenwärtigen Regime.[1136]

Aus der engen Bindung an Putin und seine Regierung erwuchsen *Edinstvo* darüber hinaus noch weitere strategische Vorteile. Begünstigt wurde der Wahlblock etwa durch konzertierte wirtschaftliche Erfolgsmeldungen, in Aussicht gestellte Rentenerhöhungen sowie die umfangreiche Begleichung aufgehäufter staatlicher Auszahlungsrückstände bei Renten, Löhnen usw.[1137] Des weiteren konnte sich *Edinstvo* auf den Einsatz umfangreicher „administrativer Ressourcen" und eine im Zeitverlauf stetig größer werdende Unterstützung durch potente ökonomische Akteure sowie regionale Eliten stützen.[1138]

Alle diese Vorteile von *Edinstvo* hätten jedoch für sich genommen nur recht begrenzte Wirksamkeit entfalten können, wenn sie nicht von einer entscheidenden Ressource unterfüttert und ergänzt worden wären: den Massenmedien. Das ursprünglich neben der KPRF favorisierte Bündnis OVR erlitt auch und gerade deshalb eine so große Wahlniederlage, weil es den dritten Medienkrieg, der von manchen als „Vernichtungskrieg" bezeichnet wird,[1139] eindeutig verlor.

Zur Rolle der Massenmedien im Vorfeld der Duma- und der Präsidentschaftswahl liegen zahlreiche quantitative und qualitative Untersuchungen vor.[1140] Es besteht Einigkeit darüber, dass den überregionalen Fernsehsendern – nicht nur in Vorwahlzeiten – im Hinblick auf den Rezeptionsumfang herausragende Bedeutung zukommt, mit erheblichem Abstand vor Radio und Printmedien. Unterschiedlichen Erhebungen zufolge geben 70 bis 80 Prozent der Bevölkerung an, täglich Sendungen überregionaler Fernsehsender zu rezipieren; vom lokalen Fernsehen, vom überregionalen und lokalen Hörfunk sowie von den Printmedien sagen die Befragten dies höchstens halb so oft.[1141] Die Rezeption der Nachrichten und sogenannter analytischer Informa-

---

[1136] Vgl. Colton/McFaul 2000: 208-212; N. Petrov 2000: 399ff.; Zudin 2000: 105f.
[1137] Vgl. Byzov 2000: 228; Colton/McFaul 2003: 57.
[1138] Vgl. hierzu ausführlich Colton/McFaul 2000.
[1139] Vgl. etwa Hübner 2000a: 5.
[1140] Exemplarisch genannt seien an dieser Stelle: EIM 2000a, 2000b; Enikolopov/Petrova/Zhuravskaya 2011; I. Fёdorov 2000; OSCE 2000a, 2000b; White/McAllister/Oates 2002; White/Oates 2003; White/Oates/McAllister 2005; Zadorin 2000.
[1141] Vgl. Dzjalošinskij 2001: 18; IREX 2001: 197; Oates 2001: 261; White/McAllister/Oates 2002: 22; Zadorin/Sjutkina 2000: Tab. 1.

tionsprogramme überregionaler Fernsehsender stieg im Vorfeld der Duma-wahl 1999 um ein Drittel an: 45 bis 50 Prozent der Befragten gaben an, diese Sendungen ständig anzusehen, weitere 30 bis 35 Prozent mehrmals in der Woche.[1142]

In diesem Zusammenhang ist wichtig, dass sich der Fernsehkonsum nicht gleichmäßig auf die unterschiedlichen überregionalen Sender verteilt. Zuallererst hat dies technisch-infrastrukturelle Ursachen: Während sowohl *ORT* als auch *RTR* von nahezu der gesamten Bevölkerung gesehen werden können (96 Prozent), folgen die anderen Sender mit erheblichem Abstand: *NTV* – 58 Prozent; *TV-6* – 43 Prozent; *TVC* – 24 Prozent; andere nichtstaatliche Sender erreichen weniger als ein Siebtel der Bevölkerung.[1143] Zu diesen großen Differenzen in der Reichweite kommen noch große Unterschiede in den Rezeptionswerten dieser Sender hinzu. Dabei fällt besonders auf, dass es *ORT* im Laufe des Jahres 1999 gelang, seine Werte um fast ein Drittel zu steigern (Tabelle 27), während die anderen Sender nur in deutlich geringerem Umfang nach oben oder unten schwankten.[1144]

Tabelle 27: Zuschauerquoten wichtiger überregionaler Fernsehsender

	05/1999	08/1999	11/1999	12/1999
ORT	34,3	35,6	41,5	41,4
NTV	29,6	23,3	25,4	26,4
RTR	14,8	11,5	11,9	13,7
TV-6	4,9	4,5	3,4	3,5
TVC	1,4	1,1	1,1	1,2

Quelle: Auszug aus Zadorin/Sjutkina 2000: Tab. 2.

Diese quantitativen Unterschiede sind *ein* Grund, warum das OVR-Lager den dritten Medienkrieg verlor. Wie im Folgenden deutlich werden wird, konnte sich diese Allianz nur auf einen eigenen Fernsehsender mit geringer Resonanz stützen – Lužkovs „Hauskanal" *TVC*. Die finanziell angeschlagene *Media-MOST*-Gruppe hatte zwar anscheinend bereits im Sommer 1999 den Vorschlag von Regierungsseite ausgeschlagen, sich als Gegenleistung für massive finanzielle Unterstützung mit ihrem gewichtigen Sender *NTV* zu poli-

---

[1142] Vgl. Zadorin/Sjutkina 2000.
[1143] Vgl. Zadorin 2000: 212.
[1144] Vgl. zum Bedeutungszuwachs des Fernsehens und zur Entwicklung der Zuschauerquoten der überregionalen Hauptnachrichtensendungen ab Mitte der 1990er Jahre auch Zorkaja 2000.

tischer Enthaltsamkeit zu verpflichten,[1145] doch folgte daraus keine umfassende Unterordnung unter die Interessen von OVR. *NTV* zeigte im Dumawahlkampf zwar deutliche Tendenzen zugunsten OVR, war jedoch weit davon entfernt, komplett als dessen Sprachrohr zu fungieren.

Schlussendlich sah sich das Bündnis um Lužkov und Primakov einer medialen Übermacht gegenüber. *Edinstvo* wurde maßgeblich und massiv durch die von Berezovskij kontrollierten Sender *ORT* und *TV-6*, aber auch den zweiten staatlichen Kanal *RTR* unterstützt. Dabei kam *ORT* sowohl in quantitativer als auch qualitativer Hinsicht eindeutig die Führungsrolle im Rahmen einer anhaltenden Medienkampagne zu, die von Beobachtern als Schmutzkampagne bislang ungekannten Ausmaßes bezeichnet wird.[1146] Negativer Wahlkampf ist auch in etablierten Demokratien weit verbreitet, aber die Kampagnen im Dumawahlkampf 1999 überschritten eindeutig die Grenzen dessen, was allgemein als legitime politische Auseinandersetzung betrachtet wird.[1147]

Unter inhaltlichen Gesichtspunkten besaß der dritte Medienkrieg zwei Seiten: negative und positive Propaganda. In negativer Hinsicht hatte die Kampagne das Ziel, den Gegner politisch und persönlich zu kompromittieren. Die vor allem in Sendungen von *ORT* und *RTR* gegen OVR und namentlich die Führungspersonen Lužkov und Primakov erhobenen Vorwürfe sind Legion und zeichnen sich überwiegend durch einen geringen politischen Gehalt aus. Entsprechende Attacken reichten etwa von der Unterstellung geheimer Absprachen mit der KPRF zum Sturz des politischen Establishments über die behauptete Unfähigkeit, die Sicherheit der Bevölkerung vor terroristischen Anschlägen zu gewährleisten, bis hin zu fabrizierten Beiträgen über den angeblich sehr schlechten Gesundheitszustand Primakovs oder die Verwicklung Lužkovs in Morde und Mafiaaktivitäten. Der Schwerpunkt dieser Angriffe lag dabei eindeutig darauf, das OVR-Führungspersonal ad personam zu desa-

---

[1145] Petrov/Titkov (2000: 19) zufolge hat der damalige Leiter der Präsidialadministration, Aleksandr Vološin, in Anwesenheit von Premierminister Stepašin für das „Heraushalten aus dem Dumawahlkampf" 100 Mio. US-Dollar geboten. Belin (2002a: 32) berichtet in Bezug auf ebendieses Treffen von Gusinskijs Weigerung, „to join Yeltsin's team". Die genannte Summe entspricht dem Betrag, der dem finanziell ebenfalls angeschlagenen Sender *ORT* Ende 1998 von einer staatlichen Bank als Kredit zur Verfügung gestellt worden war (siehe S. 355).

[1146] Vgl. Belin 2002d: 278.

[1147] Vgl. Brudny 2001: 178.

vouieren.[1148] Neben diese Angriffsrichtung trat noch eine zweite, nämlich gegen die *Media-MOST*-Gruppe, insbesondere gegen *NTV* und Gusinskij. Von der Berezovskij-Gruppe kontrollierte Medien, an vorderster Front *ORT*, starteten zahlreiche mediale Attacken mit dem Ziel, die *Media-MOST*-Gruppe und Gusinskij persönlich zu diskreditieren.[1149]

Angriffe dieser Art waren jedoch keine Einbahnstraße. Bereits im Spätsommer 1999 waren zahlreiche Beiträge mit Korruptions-, Veruntreuungs- und Geldwäschevorwürfen erschienen, denen zufolge der Bereich der Verdächtigen bis in höchste Regierungs- und Präsidialamtskreise, möglicherweise sogar direkt hinein in die Familie von Staatspräsident El'cin reiche. Berichte über die umfangreichsten Verdachtskomplexe (rund um das schweizerische Unternehmen *Mabetex* und die *Bank of New York*) erschienen bezeichnenderweise in renommierten internationalen Zeitungen, und es wird allgemein angenommen, dass das Material gezielt aus dem Umfeld Primakovs lanciert wurde, nachdem es während dessen Amtszeit als Ministerpräsident zusammengetragen, Ermittlungsverfahren jedoch kurz darauf gestoppt worden waren.[1150] Darüber hinaus wurden während des Dumawahlkampfes zahlreiche Sendungen auf *TVC* und *NTV* ausgestrahlt, in denen Korruptions- und andere diskreditierende Vorwürfe gegen das politische Establishment und ganz besonders gegen Boris Berezovskij erhoben wurden.[1151]

Insgesamt gesehen, zeichnete sich diese negative Komponente der Kampagne, die in der Hauptsache im Fernsehen stattfand, durch ein erschreckend niedriges journalistisches Niveau aus: „Low-brow' ruled the airwaves completely".[1152] OVR, Lužkov und Primakov verloren diesen „Krieg der Kompromate" und wurden Opfer des Phänomens „semper aliquid haeret".[1153]

[1148] Vgl. für eine ausführliche Übersicht über die entsprechenden Attacken, die vorwiegend von den Moderatoren sogenannter analytischer Informationsprogramme geführt wurden, Belin 1999. Die in dieser Hinsicht exponiertesten Moderatoren werden häufig als *informacionnye killery* („Killer mittels Information") bezeichnet (vgl. etwa Byzov 2000: 225; Dzjalošinskij 2001: 7; Kolesnik 2000).

[1149] Vgl. Belin 2001: 332.

[1150] Vgl. Petrov/Titkov 2000: 17ff.; Ševcova 1999: Kap. 14, Abschn. 2; Stölting 1999a: Abschn. 4; I. Zasurskij 2001: Kap. 4.1.1.

[1151] Vgl. Belin 2001: 332; Kachkaeva 2000.

[1152] Kachkaeva 2000.

[1153] Vgl. Hübner 2000a: 5. Aufschlussreich ist in diesem Zusammenhang eine Untersuchung von Stephen White und Sarah Oates, wonach zusammengenommen fast die Hälfte der Befragten angebe, *kompromat* sei „a good way to know more about famous

Neben dieser Schmutzkampagne besaß der dritte Medienkrieg jedoch eine zweite Seite: positive Propaganda. Wenn man die quantitativen Gesamtaspekte der Wahlkampfberichterstattung zu Parteien und Kandidaten im Fernsehen betrachtet, ergibt sich zunächst ein unerwartetes Bild: Auf drei Parteien – OVR, Blok Žirinovskogo und SPS – entfiel fast die Hälfte der Sendezeit, KPRF und Edinstvo kamen nur auf jeweils etwa 5 Prozent.[1154] Bei näherer Betrachtung verschiebt sich dieses Bild erheblich. Während auf der einen Seite die Berichterstattung zu OVR bei TVC erwartungsgemäß einen großen Teil der Sendezeit ausmachte, eine eklatante Pro-OVR-Tendenz aufwies und Edinstvo weitgehend ignoriert wurde, war dieser Hang bei NTV zwar spürbar, aber deutlich geringer ausgeprägt.[1155] Auf der anderen Seite wurde OVR bei ORT und RTR zwar nicht ignoriert, sondern war sogar relativ häufig Gegenstand der Berichterstattung. Allerdings wiesen die Beiträge dort durchgehend eine eindeutige Anti-OVR-Schlagseite auf.

Noch wichtiger als die unmittelbar tendenziöse Berichterstattung in Bezug auf bei der Dumawahl antretende Parteien war freilich ein anderes Phänomen: die von Beginn an enge Bindung von Edinstvo an Ministerpräsident Putin und seine Regierung. Diese mit Gründung des Wahlblocks ins Werk gesetzte und im weiteren konsequent verfolgte Strategie bot einen immensen medialen Vorteil, weil (positive) Berichte über Regierungshandeln nahezu automatisch gleichbedeutend mit Wahlwerbung für Edinstvo waren. Vor diesem Hintergrund gewinnt ein Wert besondere Bedeutung: Von der Berichterstattung über Spitzenpolitiker entfielen 37 Prozent auf Vladimir Putin und weitere elf Prozent auf Sergej Šojgu in seiner Eigenschaft als Minister.[1156]

Ein Großteil dieser Berichterstattung hatte den Krieg in Čečnja und die „Bekämpfung des Terrorismus" zum Gegenstand. In der Regel war diese Berichterstattung einseitig, schürte latent eine antičečenische Stimmung und

---

people" oder „there must be some truth in it or it would not be on television" (White/Oates 2003: 35f.).

[1154] Vgl. hier und im Folgenden, soweit nicht anders angegeben, EIM 2000a: 32-39. Beim Blok Žirinovskogo handelt es sich de facto um die LDPR, die allerdings formelle Probleme bei der Zulassung hatte und deshalb zur Wahl als kurzfristig konstituierter „Žirinovskij-Wahlblock" antrat (vgl. OSCE 2000a: 14f.). Ein erheblicher Teil der Berichterstattung über den Blok Žirinovskogo hatte die rechtlichen Auseinandersetzungen im Gefolge der verweigerten Wahlzulassung zum Gegenstand, die sich über Wochen hinzogen (vgl. EIM 2000a: 33).

[1155] Vgl. auch Belin 2002d: 281.

[1156] Vgl. EIM 2000a: 33f., 39.

führte tendenziell zu einer Militarisierung des Massenbewusstseins.[1157] Gleichzeitig war die Frage des Umgangs mit dem Konflikt in und um Čečnja kein diskursiver Gegenstand des (partei-)politischen Wahlkampfes.[1158] Politische und zivilgesellschaftliche Gegner des Krieges und „antiterroristischer Maßnahmen" wurden medial kaum beachtet oder stark negativ gezeichnet; Nutznießer waren vor allem diejenigen, die sich hinter den Krieg stellten.[1159]

Schlussendlich gelang *Edinstvo* eine beeindruckende Aufholjagd. Bei der Parlamentswahl rangierte der Wahlblock bei der Wahl nach Parteilisten nur knapp hinter der KPRF. OVR hingegen lag mit etwas mehr als 13 Prozent der Stimmen rund zehn Prozentpunkte hinter *Edinstvo* zurück und erlitt eine vernichtende Niederlage (Tabelle 28). Auch Primakovs Versuch, den sich abzeichnenden Misserfolg zu verhindern, indem er zwei Tage vor dem Wahltag offiziell seine Kandidatur bei der kommenden Präsidentschaftswahl verkündete, bewirkte keine Trendumkehr, sondern wurde eher als Verzweiflungstat wahrgenommen.[1160]

Mit Abschluss des Urnengangs am 19.12.1999 endete auch die intensivste Phase des dritten Medienkrieges. Nachdem El'cin, für die breite Öffentlichkeit völlig überraschend, am letzten Tag des Jahres seinen sofortigen Rücktritt vom Amt des Staatspräsidenten verkündet hatte, übernahm Ministerpräsident Putin in Personalunion dieses Amt. Eine Folge von El'cins Rücktritt war, dass die eigentlich im Sommer 2000 anstehende Präsidentschaftswahl vorgezogen werden musste, weil die Verfassung (Art. 92 Abs. 2) dafür eine Frist von maximal drei Monaten zulässt. El'cins Coup verschaffte Putin einen erheblichen strategischen Vorteil, weil durch den verkürzten zeitlichen Abstand zwischen Duma- und Präsidentschaftswahl gute Chancen bestanden, vom anhaltenden Trend steigender Zustimmungswerte zu profitieren, und die politische Konkurrenz gleichzeitig kaum Vorbereitungs- und Wahlkampfzeit hatte. Hinzu kam die berechtigte Erwartung, vom doppelten Amtsbonus als Ministerpräsident und geschäftsführender Staatspräsident zu profitieren.

[1157] Vgl. Kachkaeva 2000; Kreisel 2001: 255.
[1158] Vgl. OSCE 2000a: 12.
[1159] Vgl. Hübner 2000a: 5. Eindeutige Unterstützung des Krieges kam neben *Edinstvo* auch von SPS und *Blok Žirinovskogo*. Auf einen öffentlichen Appell von *Jabloko* zur friedlichen Beilegung des Konfliktes folgten umgehend schlechtere Umfragewerte (vgl. OSCE 2000a: 12).
[1160] Vgl. Archangel'skaja 1999; Partijnaja tribuna: OVR 1999.

Tabelle 28:   Dumawahl 1999: Ergebnisse der Listenwahl

Parteien und Wahlblöcke	Stimmanteil in %	Sitze
KPRF	24,29	67
Edinstvo	23,32	64
OVR	13,33	37
SPS	8,52	24
Blok Žirinovskogo	5,98	17
Jabloko	5,93	16
Kommunisty, trudjaščiesja Rossii	2,22	–
Ženščiny Rossii	2,04	–
Partija pensionerov	1,95	–
NDR	1,19	–
Sonstige[a]	7,93	–
„Gegen alle"	3,30	
Wahlbeteiligung	61,85	

Anm.:
[a] Insgesamt 18 weitere Parteien und Wahlblöcke.

Quelle: Obščie itogi vyborov deputatov 1999.

Eine weitere politische Entwicklung Mitte Januar 2000 stärkte das Putin-
Lager zusätzlich. Im Rahmen der konstituierenden Sitzung der Staatsduma
wurde deutlich, dass *Edinstvo* ein (temporäres) Bündnis mit der KPRF eingegangen war. Sie teilten die Ausschussvorsitze weitgehend unter sich auf,
OVR, SPS und *Jabloko* gingen völlig leer aus. In der Folge wurde nicht nur
eine Kandidatur Evgenij Primakovs für den Duma-Vorsitz obsolet (gewählt
wurde mit *Edinstvo*-Unterstützung schließlich KPRF-Kandidat Gennadij Seleznëv), sondern es trat auch die mangelnde Bündnisfähigkeit zwischen den
ausmanövrierten Fraktionen zutage.[1161] Eine wichtige Folge davon war, dass
damit endgültig klar wurde, dass sich Putin bei der Präsidentschaftswahl keinem ernstzunehmenden nichtkommunistischen Kandidaten gegenübersehen
würde, auch wenn Primakov seinen Verzicht auf eine Kandidatur erst zwei
Wochen später offiziell verkündete.[1162]

Vor diesem Hintergrund wird verständlich, warum keinerlei „Notwendigkeit" mehr bestand, den dritten Medienkrieg in der vorhergehenden, hochin-
tensiven Form fortzusetzen: Kaum jemand zweifelte daran, dass Putin die
Präsidentschaftswahl gewinnen würde, wie auch die Entwicklung von Putins

---

[1161] Vgl. Makarkin 2000: 150; Petrov/Titkov 2000: 38.
[1162] Vgl. Petrov/Titkov 2000: 39; Zudin/Rjabov 2000: 422.

Umfragewerten im letzten Quartal 1999 illustriert (Abbildung 9). Trotz massiv zurückgefahrener Aggressivität waren die Medieninhalte jedoch insgesamt gesehen auf breiter Front weit davon entfernt, unparteiisch zu sein. Insbesondere *ORT*, in geringerem Maße auch *TV-6* und *RTR* zeichneten sich durch eine quantitativ und qualitativ spürbare Pro-Putin-Tendenz aus; *NTV* bemühte sich um Neutralität, ließ jedoch deutliche Sympathien für den *Jabloko*-Kandidaten Javlinskij erkennen; *TVC* schließlich versuchte, objektiv zu bleiben, und strahlte auch einige Putin-kritische Beiträge aus, was angesichts zwischenzeitlich öffentlich geäußerter Unterstützung Putins durch Lužkov eher verwunderte. Der KPRF-Kandidat Zjuganov wurde medial überwiegend ignoriert.[1163]

Abbildung 9:   Wahlabsichten bei Staatspräsidentenwahl 1999

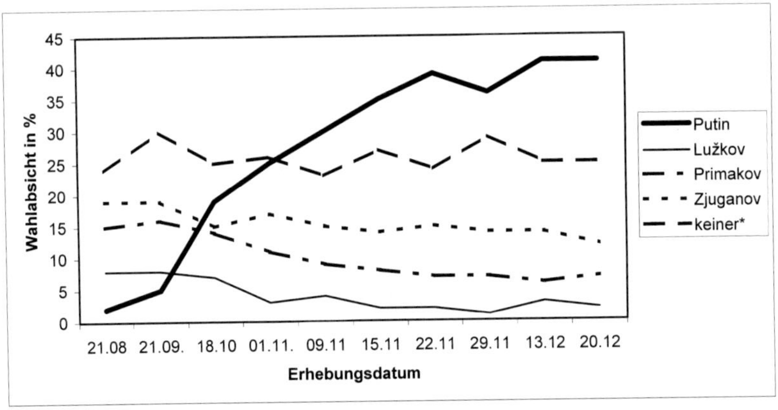

Anm.:
Die Frage lautete: „Wen würden Sie höchstwahrscheinlich wählen, wenn am kommenden Sonntag Präsidentschaftswahl wäre?".
* In diesem Wert sind kumuliert die Antworten „Gegen alle Kandidaten", „Ich werde nicht wählen" und „Ich weiß nicht" enthalten.
Quelle: Rose/Munro 2002: 99.

Gegen Ende des Präsidentschaftswahlkampfes zeigten sich in zahlreichen Medien wieder stärker Merkmale einer gesteuerten Kampagne. Vermutlich lässt sich dies darauf zurückführen, dass das Putin-Lager das Ziel hatte, eine

---

[1163] Vgl. für diese Bewertungen EIM 2000b: 35-40. Diese Untersuchung bietet darüber hinaus eine Vielzahl detaillierter Daten, auch zu den weiteren Kandidaten.

absolute Mehrheit bereits im ersten Wahlgang zu erreichen. Insbesondere in den Sendungen von *ORT* und *RTR* häuften sich Attacken auf Grigorij Javlinskij, optimistische Čečnja-Reportagen sowie Berichte mit dem klaren Ziel, die Wahlbeteiligung zu erhöhen und die Zahl der Stimmen „Gegen alle Kandidaten" zu senken.[1164]

Beim Urnengang am 26.03.2000 zeigte sich, dass die gesetzten Ziele erreicht wurden. Vladimir Putin erzielte schon im ersten Wahlgang die absolute Mehrheit der Stimmen, die Wahlbeteiligung war gegenüber der vorangehenden Dumawahl um knapp sieben Prozentpunkte höher und der Anteil der Stimmen „gegen alle Kandidaten" konnte fast halbiert werden (Tabelle 29).

Tabelle 29: Ergebnisse der Präsidentschaftswahl 2000

Kandidat/in	Stimmenanteil in %
Vladimir Putin	52,94
Gennadij Zjuganov	29,21
Grigorij Javlinskij	5,80
Aman-Gel'dy Tuleev	2,95
Vladimir Žirinovskij	2,70
Konstantin Titov	1,47
Ėlla Pamfilova	1,01
Stanislav Govoruchin	0,44
Jurij Skuratov	0,43
Aleksej Podberëzkin	0,13
Umar Džabrailov	0,10
„gegen alle Kandidaten"	1,88
Wahlbeteiligung	68,64

Quelle: Eigene Berechnung nach Daten der Zentralen Wahlkommission (http://cikrf.ru/banners/vib_arhiv/president/2000/files/2000-Svodnaya_ CIK.xls; download: 22.05.2015).

Auch im dritten Medienkrieg zeigt sich somit die Funktion von Massenmedien als politische Ressource. Zweifellos ist nicht alleine der instrumentelle Einsatz der Medien für die Ergebnisse der Duma- und der Präsidentschaftswahl verantwortlich zu machen. Eine elaborierte Strategie des damaligen politischen Establishments samt Einsatz sogenannter administrativer Ressourcen sowie

---

[1164] Vgl. Belin 2001: 332f. Auch staatliche Institutionen blieben nicht neutral. So ließ die Staatliche Wahlkommission unter anderem Fernsehspots mit dem Titel „26. März – Übergang zu einer neuen Zeit" ausstrahlen. Formal eine Erinnerung an die Umstellung auf die Sommerzeit, war die Konnotation mit Putin als Repräsentant einer neuen Epoche überdeutlich (vgl. Raskin 2001: 97).

die Unterstützung durch andere Akteure spielten sicherlich ebenso eine wichtige Rolle wie die strategische Schwäche und die gering ausgeprägte Koalitionsbildung auf Seiten der politischen Konkurrenz. Gleichwohl waren die hinter *Edinstvo* und Putin versammelten Akteure für ihren Erfolg auf die Kontrolle über Massenmedien angewiesen. Gerade der dominierende Einfluss auf die beiden wichtigsten Fernsehkanäle stellte sicher, dass das dominierende Narrativ des zupackenden Führers einer neuen Generation zuverlässig und stetig die überwältigende Mehrheit der Bevölkerung erreichte. Der von Boris Berezovskij kontrollierte Sender *ORT* übernahm dabei in Bezug auf die Propagandafunktion eine Führungsrolle, so dass mit einiger Berechtigung zumindest für die Dumawahl gesagt werden kann, „that it was indeed ORT that had ‚won it'"[1165].

6.5 Zusammenfassung

Die auf dem Feld der Massenmedien zutage getretenen Phänomene weisen zahlreiche Parallelen zu den Charakteristika der politischen und der wirtschaftlichen Transformation in Russland in den 1990er Jahren auf. Zugleich kulminieren im Medienbereich strukturelle und prozessuale Merkmale des russländischen Transformationspfades, wodurch in einer interdependenten Schleife wiederum bestimmte politische und ökonomische Besonderheiten befördert und verfestigt werden.

Auch auf dem Gebiet der Massenmedien kommt untergesetzlicher Rechtsetzung eine hohe Bedeutung zu. Wie schon im Falle der Wirtschaftspolitik ging dies mit einer selektiven Bevorzugung einzelner partikularer Akteure einher. Die prominentesten Beispiele sind dabei die faktische Privatisierung von *ORT*, die freihändige Lizenzvergabe an *NTV* sowie die Gewährung weiterer Vorzugskonditionen aus politischen Opportunitätsgesichtspunkten. Wie schon rund ein Jahr vor, in vollem Umfang dann wenige Monate nach dem Amtsantritt Putins deutlich werden sollte, resultieren aus derartigen informellen Vergünstigungen abseits generalisierbarer Spielregeln jedoch Abhängigkeiten, die sich schnell gegen einen ehedem protegierten Akteur wenden können.

Der politische und wirtschaftliche Umbruch in Russland brachte für die Massenmedien neben neuen Freiheiten und Chancen auch wirtschaftliche

---

[1165] White/McAllister/Oates 2002: 30.

Schwierigkeiten. Spätestens im zweiten Drittel der 1990er Jahre hatten so gut wie alle Medien, unabhängig von ihrer formalen Eigentümerstruktur, große ökonomische Probleme. Viele reagierten darauf mit der Annahme finanzieller Unterstützung von Seiten medienexterner Akteure. Zahlreiche Wirtschaftsakteure nutzten diese Schwäche und sprangen bei einflussreichen Print- und audiovisuellen Medien als Sponsoren, Kreditgeber oder mitunter auch als Anteilseigner ein. In einigen Fällen geschah dies förmlich und offen, häufig jedoch verdeckt und mittels intransparenter Konstruktionen.

Bereits Mitte der 1990er Jahre begann sich ein Trend abzuzeichnen, der sich nach El'cins Wiederwahl als Staatspräsident auf breiter Front verstärkte. Medienferne Investoren, vor allem aus dem Finanz- und Rohstoffsektor, investierten massiv in den Medienbereich. Die meisten dieser Konglomerate begannen sogar, ihre Medienbeteiligungen in eigens gegründeten Medienholdings zu bündeln. Schlussendlich kam es de facto zu einer Aufteilung des Marktes überregional politisch-gesellschaftlich bedeutsamer Massenmedien zwischen wenigen Spielern. Diese Entwicklung wurde nicht nur durch die finanzielle Bedrängnis, in der sich die Medien zu dieser Zeit befanden, sondern auch stark von politisch beinflussten Faktoren befördert. Neben der bereits angesprochenen selektiven Begünstigung durch Organe der Exekutive zählen dazu auch mangelnde Aufsicht und Kontrolle über den Mediensektor. Die fehlende eigenständige Gestaltungsmacht des Parlaments und das überwiegend konfrontative Verhältnis zwischen Duma und Staatspräsident führte zum Fortbestehen widersprüchlicher Gesetze sowie rechtlicher Regelungslücken, beispielsweise gerade in Bezug auf die Kontrolle medialer Konzentration. Daraus ergaben sich für die Exekutive erhebliche Spielräume für selektives (Nicht-)Handeln.

Alle im Medienbereich investierenden Akteure eint zuvorderst, dass ihre jeweiligen ursprünglichen Hauptgeschäftsfelder gerade nicht im Medienbereich lagen. Darüber hinaus weisen sie aber auch einige Unterschiede auf, wie das Spektrum der fünf analysierten Akteure zeigt. Es gibt unter ihnen ein Konglomerat, die *MOST*-Gruppe, von dem sich *Media-MOST* unter der Leitung Vladimir Gusinskijs als reiner Medienkonzern abspaltete. Daneben stehen Konglomerate mit mehr (*ONÉKSIM*-Gruppe) oder weniger (*Gazprom*) erlaborierter Medienstrategie. Hinzu kommen ein intransparent-diffuses, stark auf informeller Kontrolle durch die Führungsfigur fußendes Konglomerat (Berezovskijs

Gruppe) und mit Lužkovs „Moskauer Gruppe" ein Akteur, der ein Paradebeispiel für die Verquickung von ökonomischen und politischen Interessen darstellt. Alle diese Akteure eint jedoch wiederum, dass sie ein instrumentelles Verständnis von den jeweiligen unter ihrer Kontrolle stehenden Medien haben. Sie begreifen diese als Ressource, von der sie im Bedarfsfall zur Wahrung ihrer politischen und ökonomischen Interessen Gebrauch machen (können).

Es gibt eine ganze Reihe von Fällen, in denen Massenmedien zu diesem Zweck in Stellung gebracht wurden. Die Analyse der drei bekanntesten Medienkriege zeigt den zielgerichteten Einsatz von Massenmedien als politische Ressource. Dabei wird deutlich, dass die Akteurskonstellation nicht statisch ist, sondern fluide. Bei der Präsidentschaftswahl 1996 versammelten sich alle Akteure des Big Business hinter der Kandidatur El'cins. Sie gingen zum Zwecke der Verhinderung eines Wahlsieges des KPRF-Kandidaten Zjuganov eine Koalition mit führenden politischen Akteuren des Regimes ein. Eine wichtige, vielleicht sogar entscheidende Hilfestellung zugunsten El'cins bestand in einer konzertierten medialen Unterstützung zulasten alternativer Kandidaten, an erster Stelle Zjuganovs.

Diese „Große Koalition der Konglomerate" hielt jedoch nicht lange, weil die Verteilungskonflikte unter den ökonomischen Akteuren nach El'cins Wiederwahl wieder die Oberhand gewannen. Dies zeigt beispielhaft der zweite Medienkrieg im Umfeld nachfolgender Privatisierungen. Die Auseinandersetzung um die wirtschaftlichen und ökonomischen Spielregeln und Besitzstände mündete in einen monatelangen Kampf, in dem sich *Media-MOST* und Berezovskijs Gruppe auf der einen sowie die *ONÉKSIM*-Gruppe und Teile der Regierung auf der anderen Seite gegenüberstanden. Der öffentlich sichtbare Teil dieser Auseinandersetzung fand in Form eines medialen Gefechtes statt, bei der die von der einen Seite kontrollierten Medien instrumentell mittels zielgerichteter Berichterstattung gegen die jeweils andere Seite in Stellung gebracht wurden.

Im Vorfeld der Duma- und Präsidentschaftswahl 1999/2000 hatten sich die Konfliktlinien und Allianzen erneut verändert. Das herrschende Regime sah sich vor der Herausforderung, die Nachfolge El'cins im Amt des Staatspräsidenten unter Wahrung des politischen und wirtschaftlichen Status quo zu regeln. Gleichzeitig hatte sich eine Gegenelite um Lužkovs „Moskauer Gruppe" und den ehemaligen Ministerpräsidenten Primakov formiert, der sehr gute Chancen sowohl bei der Duma- als auch der Präsidentschaftswahl attestiert wurden und von der sich das Regime erheblich stärker bedroht sah als von der KPRF. Vor diesem Hintergrund entwickelte sich der dritte Medienkrieg, in dem sich eine Koalition zwischen der amtierenden politischen Führung und Berezovskijs Gruppe auf der einen und eine Allianz um Lužkovs „Moskauer Gruppe", gestützt durch Medien von *Media-MOST*, auf der anderen Seite gegenüberstanden. Dieser Konflikt, der auf der medialen Ebene Züge einer Schlammschlacht bisher ungekannten Ausmaßes annahm und nahezu ausschließlich via Fernsehen ausgetragen wurde, drehte sich nicht allein um den Fortbestand des gegenwärtigen politischen Regimes, weil die beteiligten Akteure davon ausgingen, dass ein Wechsel der politischen Führung auch Änderungen am ökonomischen Status quo mit potentiell tiefgreifender wirtschaftlicher Umverteilung mit sich brächte. Schlussendlich gelang es der sich hinter Putin versammelnden Allianz, eine neue politische Proto-Partei (*Edinstvo*) nachgerade aus dem Boden zu stampfen, binnen weniger Wochen kontinuierlich aufzubauen und de facto zum Gewinner der Dumawahl zu machen. Konzertierte mediale Unterstützung spielte dabei eine herausragende Rolle und stellte darüber hinaus auch die Weichen für einen ungefährdeten Sieg Putins bei der Präsidentschaftswahl drei Monate später.

Die potentiellen Auswirkungen des politischen Kapitalismus kommen auch im Medienbereich im Russland der 1990er Jahre voll zum Tragen. Branchenfremde ökonomische Akteure sind bestrebt, die Kontrolle über Massenmedien zu erlangen. Antrieb ist dabei – zumindest auf kurze bis mittlere Sicht – weniger unmittelbares wirtschaftliches Gewinnstreben als vielmehr das Potential von Massenmedien als politische Ressource in der Hand des jeweils über Medienkontrolle verfügenden Akteurs. In einem Umfeld, in dem die Grenzen zwischen politischem und wirtschaftlichem System verschwimmen, politische und ökonomische Akteure kaum voneinander unterschieden werden können und der Verteilung von Renten überragende Bedeutung zukommt, werden Massenmedien somit zu einem Instrument in der Hand von Akteuren, welches sie zur Unterfütterung der Absicherung und des Ausbaus der eigenen wirtschaftlichen und politischen Stellung einsetzen. Dies geschieht zwar nicht durchgehend und flächendeckend, wohl aber vollumfänglich in Situationen, in denen in der Wahrnehmung des jeweiligen Akteurs vitale eigene Interessen gefährdet sind.

7. Schlussbetrachtung

Die russländische Verfassung von 1993 steigert durch erheblich eingeschränkte *checks and balances* das Machtpotential bestimmter Akteure in
vielerlei Hinsicht. Erstens befördert sie die Verschiebung auch legislativer politischer Entscheidungskompetenz hin zur Exekutive – durch extensive
Rechtsetzungsbefugnis des Staatspräsidenten, aber auch anderer Organe.
Dadurch verlagert sich tendenziell auch das Lobbying: Einflussnahme auf
Organe der Exekutive wird potentiell gewinnbringender als Lobbying im parlamentarischen Raum, und gleichzeitig verringert sich die Transparenz. Zweitens werden tendenziell schwach kontrollierte Institutionen, die für die Umsetzung von Politik relevant sind und die gleichzeitig über einen erheblichen
Gestaltungsspielraum verfügen, zum Ziel der Einflussnahme ökonomischer
Akteure, da auch hier vielfache Optionen auf Sonderkonditionen bestehen.
Drittens begünstigen die russländische Verfassungsnorm und -wirklichkeit auf
diese Weise in ausgesprochen hohem Maße den Bedeutungszuwachs informeller, parlamentarischer und öffentlicher Kontrolle in vielfacher Hinsicht ent-
zogener Politik.

Die Spezifika von Verfassungsnorm und -wirklichkeit in Russland in den
1990er Jahren waren zentrale und entscheidende Faktoren für den weiteren,
konkreten Verlauf der politischen, ökonomischen und medialen Transformationsprozesse. Gleichzeitig entfalten diese Transformationsprozesse eine
Rückwirkung – zwar kaum auf die Verfassungsnorm, sehr wohl aber auf die
Verfassungswirklichkeit –, wodurch ohnehin bestehende Interdependenzen
verstärkt und vertieft werden.

Es besteht ein Widerspruch zwischen der (verfassungsrechtlich) starken
Position des Staatspräsidenten einerseits und der schwachen Performanz
El'cins andererseits. Dieser Gegensatz hat das Aufkommen und die Stabili-
sierung informeller Strukturen, Akteure und Entscheidungsprozesse im politi-
schen System der Russländischen Föderation möglich gemacht und die In-
formalisierung weiter befördert. Die Dominanz informeller Institutionen und
Prozesse führte auf einigen Politikfeldern in den 1990er Jahren zur massiven
Bevorzugung partikularer Interessen. Diese Besonderheiten hatten schluss-

KAPITEL 7

endlich maßgeblichen Anteil daran, dass sich eine Form von „Privilegienwirtschaft" herausbildete, in der einige Akteure nach und nach immer mehr ökonomisches und politisches Kapital akkumulieren konnten. Erst vor diesem Hintergrund erschließt sich vollständig, welche zentrale Bedeutung die Kontrolle über Massenmedien für die ökonomischen und politischen Akteure erlangen konnte.

7.1 Zusammenfassung der Ergebnisse

Auf der Basis der auf Max Weber zurückgehenden Konzeption des politischen Kapitalismus gelingt es der vorliegenden Untersuchung, die spezifischen Interdependenzen zwischen Politik, Ökonomie und Massenmedien im russländischen Transformationsprozess der 1990er Jahre genauer zu fassen und ihr Ineinandergreifen zu erklären. Dabei zeigt sich, dass die herausgearbeiteten Besonderheiten der Entwicklung in Russland in gewisser Weise einer bestimmten (System-)Logik folgen.

In Kapitel 2 wird gezeigt, dass *rent seeking* das konstitutive Charakteristikum des politischen Kapitalismus im Weberschen Sinne darstellt. Aus dieser Grundidee werden nachfolgend in konzeptioneller Absicht eine Reihe weiterer Faktoren abgeleitet, deren Vorhandensein die Herausbildung und anschließend die Stabilisierung des politischen Kapitalismus befördern und die sich wechselseitig bedingen und verstärken.

Hierzu zählt erstens eine starke Machtposition der Exekutive bei gleichzeitig schwacher parlamentarischer und gesellschaftlicher Kontrolle. Diese Konstellation begünstigt die Umgehung demokratisch legitimierter Institutionen und Verfahren, zum Beispiel durch exekutive Rechtsetzung, und führt zu einer Bedeutungszunahme informeller Politik. Zweitens teilen die im politischen Kapitalismus profitierenden Akteure ein gemeinsames Interesse an der Aufrechterhaltung des Status quo, insbesondere an der Bewahrung der eigenen Privilegien und am Schutz vor Konkurrenz, sowie am Ausbau der je eigenen (ökonomischen und/oder politischen) Position. Daraus ergibt sich, drittens, eine Tendenz zur Konzentration von Macht – in erster Linie ökonomisch, aber auch politisch. Parallel dazu steigt, viertens, die Wahrscheinlichkeit, dass staatliche Institutionen zugunsten partikularer Interessen ausgebeutet werden und es – zumindest in Teilen – zu einer Privatisierung des

Staates kommt. In einem System, in dem diese Phänomene gegeben sind, kommt Massenmedien schließlich und fünftens eine größere und zusätzliche Bedeutung zu. Privilegierte, kapitalstarke Akteure haben ein Interesse, die Kontrolle über Medien zu erlangen, um diese im Rahmen politischer und ökonomischer Konflikte instrumentalisieren, mithin als politische Ressource einsetzen zu können. Diese fünf Faktoren sowie das Grundcharakteristikum des *rent seeking* bilden die Analysekategorien für die im weiteren Verlauf der Arbeit zu untersuchenden Transformationsprozesse in Politik, Ökonomie und Medien.

Die Analyse der Verfassungsnorm in Kapitel 3 ergibt, dass der Staatspräsident im formal präsidentiell-parlamentarischen System Russlands eine außergewöhnlich starke Stellung besitzt. Fünf Faktoren spielen dabei eine herausragende Rolle: Die parlamentarische Gestaltungsmacht ist durch das umfassende Veto- und Dekretrecht des Präsidenten unterminiert; die Gesetzgebung gegen ein Präsidentenveto bzw. zur Außerkraftsetzung präsidentieller Rechtsetzung per Dekret erfordert de facto eine Zweidrittelmehrheit in beiden Kammern; Misstrauensvotum, abgelehnte Vertrauensfrage und Ablehnung des Präsidentenvorschlags für das Amt des Ministerpräsidenten bergen das Risiko der Dumaauflösung; die Regierung ist de facto allein vom Vertrauen des Staatspräsidenten abhängig; und die Kontrollrechte des Parlaments sind nur rudimentär vorhanden. Grosso modo kann somit von einem austarierten System der *checks and balances* keine Rede sein. Statt dessen ist das politische System der Russländischen Föderation schon in der Verfassungsnorm von einer strukturellen Schieflage gekennzeichnet, die in der Verfassungsrealität erhebliche Auswirkungen hat.

So ergibt denn auch die Analyse der Entwicklung der politischen Strukturen und Prozesse zwischen 1993 und 1999 in Kapitel 4 eine starke Exekutivlastigkeit und ein damit verbundenes Defizit an Verantwortlichkeit gegenüber Legislative und Öffentlichkeit. Überdies konnte die Exekutive im Laufe der 1990er Jahre in einigen Bereichen ihren Gestaltungsspielraum sogar noch ausbauen. Ein entscheidender Faktor, der die Kontrolle der Exekutive in der Ära El'cin erheblich behinderte, besteht in der Intransparenz der weitgehend in Organe des Präsidialamts bzw. der Regierung oder gar informelle Gremien ausgelagerten Entscheidungsprozesse. Damit einher gehen informelle Einflussnahme durch außerpolitische, vor allem ökonomische Akteure bzw. teilweise sogar deren Kooptierung in staatliche Entscheidungs- und Ausführungsorgane sowie die extensive Nutzung untergesetzlicher Rechtsakte durch Staatspräsident und Regierung. Die Politikgestaltung per Erlass verteilt sich allerdings nicht gleichmäßig über alle Policies. Es zeigt sich, dass Staatspräsident El'cin schwerpunktmäßig in den Bereichen Wirtschaftspolitik, Privatisierung und Massenmedien sehr häufig von seinem Vetorecht gegenüber der parlamentarischen Gesetzgebung Gebrauch machte und dass diese Politikfelder im Gegenzug in hohem Maße durch untergesetzliche Normsetzung (vor allem Präsidentendekrete) reguliert wurden. Mit diesen beiden Politikfeldern – Wirtschaftspolitik/Unternehmensprivatisierung und Massenmedien – beschäftigen sich deshalb die nachfolgenden Kapitel 5 und 6, und hier treten auch die weiteren konstitutiven Merkmale des politischen Kapitalismus verstärkt zutage.

In Kapitel 5 wird gezeigt, dass eine Vielzahl (wirtschafts-)politischer Entscheidungen einen recht engen Kreis von Akteuren begünstigten, die dann ab Mitte der 1990er Jahre in zunehmendem Maße auch Einfluss auf die Struktur und die Entscheidungen der Exekutive zu nehmen begannen. Politische Entscheidungen und die Art ihrer Umsetzung führten vielfach dazu, dass die Strategie des *rent seeking* für ökonomische Akteure erheblich lukrativer war als die des *profit seeking*. Insbesondere der Rohstoff- und der Bankensektor profitierten vom Erhalt privilegierter Informationen, beim Zugriff auf staatliches Eigentum, bei der Vorteilsgewährung im Bereich von Lizenzen, der Befreiung von staatlichen Auflagen und Vorschriften, der Ausschaltung von Konkurrenz usw. Ein Großteil dieser Privilegien wurde durch untergesetzliche Rechtsakte – an erster Stelle Präsidentendekrete – ermöglicht, die kaum parlamentarischer oder gesellschaftlicher Kontrolle unterliegen.

Die exemplarische Untersuchung der vier *rent seeking*-Felder Inflations- und Spekulationsgewinne, „autorisierte Banken", Staatsanleihen und Privatisierung von Großunternehmen zeigt, wie umfangreich bestimmte Branchen bzw. individuelle Unternehmen bevorzugt wurden. Dies trug wiederum maßgeblich dazu bei, dass es einzelnen Akteuren gelang, große Mengen an (ökonomischem und politischem) Kapital anzuhäufen, und auf dieser Basis massiv zu expandieren: Aus Großunternehmen wurden vielfach unüberschaubare und intransparente Unternehmenskonglomerate („Finanz-Industrie-Gruppen"), die über erhebliche wirtschaftliche und politische Macht verfügten. Gerade aus diesem Kreis rekrutierten sich auch viele Akteure, die nach und nach den Markt der Massenmedien unter sich aufzuteilen und die jeweils ihrer Kontrolle unterliegenden Zeitungen, Hörfunk- und Fernsehsender instrumentell einzusetzen begannen.

Bei der Untersuchung des Mediensektors in Russland in Kapitel 6 stellt sich heraus, dass auch dieser Bereich – analog zur Ökonomie – nur in geringem Maße durch Gesetzgebung reguliert wurde. Statt dessen gibt es eine Vielzahl rechtlicher Regelungen in Form von Dekreten, Verordnungen und Erlassen, die sich teilweise sogar widersprechen – und damit die Möglichkeit einer selektiven, einzelne Akteure privilegierenden Umsetzung zusätzlich erweitern. Die Analyse der Hauptakteure unter dem Aspekt der Kontrolle über Massenmedien zeigt zwar, dass, rein formal betrachtet, staatliche Akteure quantitativ die Hauptrolle spielen. Bei einem genaueren Blick ergibt sich jedoch ein anderes Bild: Erstens sind es vor allem lokale und regionale Medien, die sich in (sub-)staatlichem Eigentum befinden, während die überregional bedeutsamen Medien häufig in Privatbesitz sind. Zweitens geht formales Staatseigentum oft damit einher, dass die Kontrolle über ein Medium de facto von nichtstaatlichen Akteuren ausgeübt wird. Herausragend ist jedoch ein dritter Punkt: Bei den ökonomischen Akteuren, die nach und nach eine Vielzahl der landesweit bedeutsamsten elektronischen und Printmedien unter ihre Kontrolle brachten, handelt es sich nicht um Medienunternehmen im klassischen Sinne. Vielmehr sind es häufig die aus dem vorangegangenen Kapitel bekannten Unternehmenskonglomerate, gewichtige Akteure mit Schwerpunkt im Finanz- und Rohstoffsektor, die sich „eigene" Sender, Zeitungen und Zeitschriften zulegen und diese teilweise sogar in Form einer Medienholding als eine Säule in die jeweilige Unternehmensgruppe integrieren.

In den 1990er Jahren waren in Russland wirtschaftlich gesehen alle Massenmedien anhaltend defizitär, das heißt finanziell ein Zuschussgeschäft. Was veranlasste somit ökonomische Akteure, über längere Zeiträume Zeitungen, Zeitschriften, Hörfunk- und Fernsehsender zu subventionieren? Massenmedien stellten für die involvierten ökonomischen Akteure kein Geschäftsfeld wie jedes andere, sondern eine spezifische Ressource dar. Sie setzten „ihre" Medien zwar selektiv, im Einzelfall aber umfassend ein, um ihre wirtschaftlichen, außerhalb des Mediensektors liegenden Interessen zu befördern. Adressaten waren dabei sowohl ökonomische Kooperationspartner und Gegner als auch politische Akteure.

Eine genauere Betrachtung von drei exemplarischen „Medienkriegen" in den Jahren 1996, 1997 und 1999 zeigt, dass Großunternehmen die von ihnen kontrollierten Medien sowohl in politischen Konflikten als auch in ökonomischen Verteilungskämpfen umfassend in Stellung brachten. Zumindest mittelbares Ziel war es in allen Fällen, die je eigene privilegierte Position zu sichern bzw. auszubauen. Auffällig ist, dass die dabei beobachtbaren Koalitionen im Zeitverlauf nicht statisch waren, sondern je nach Sachverhalt und Kontext wechselten. Zugespitzt kann man sagen, dass politisierte Unternehmenskonglomerate mit Verfügung über Massenmedien im Russland der El'cin-Ära zeitweise als „Parteienersatz" fungierten.

In einem politischen System mit starker Exekutivlastigkeit, mangelnden legislativen und öffentlichen Kontrollmöglichkeiten und unterentwickeltem Parteiensystem zielt das Lobbying der ökonomischen Akteure nicht auf die parlamentarische Arena, sondern auf die informellen Räume und Zirkel in Präsidialverwaltung und Regierung, in der die bedeutsamen, einzelne Branchen und Unternehmen privilegierenden Entscheidungen gefällt werden. Gleichzeitig zeigen die drei untersuchten Medienkriege, dass der instrumentelle Einsatz von Massenmedien – je nach spezifischer Interessenlage des jeweiligen Akteurs – auch auf die Unterstützung bzw. Schwächung bestimmter Teile der politischen Elite zielte. Den Hintergrund bildete in diesen Fällen ein Interesse entweder an der Aufrechterhaltung des Status quo einer bestimmten Kräftekonstellation oder an einem politischen Wechsel mit dem Ziel der Verbesserung der je eigenen Position.

Daraus ergibt sich auch, dass die exponiertesten Akteure der (Funktions-)Logik des politischen Kapitalismus treu blieben und durch ihr Verhalten systemstabilisierend wirkten. Der Eliten- bzw. Machtwechsel, an dem einige Akteuren zu bestimmten Zeitpunkten interessiert waren, zielte nicht auf die Abschaffung des politischen Kapitalismus, sondern auf die Verbesserung der eigenen Position und der Rentenzugriffschancen. Im Rahmen einer derartigen Systemkonfiguration erweist sich die Verfügungsmacht über Massenmedien als essentielle politische Ressource.

7.2 Ausblick: Russland unter Putin – bringing „the state" back in

Die Übergabe der politischen Führung von El'cin an Putin am 31.12.1999 bedeutete zwar einen Neuanfang, aber keine Tabula rasa. Auch wenn die Grundzüge der Verfassung nicht angetastet wurden, hat sich mehr als 15 Jahre später vieles im russländischen politischen System erheblich verändert. Viele Autoren rechnen Russland inzwischen zu den autoritären Systemen. Aber zeigen sich nicht unter der Oberfläche in der Entwicklung Russlands während der nun bereits eineinhalb Jahrzehnte andauernden „Ära Putin" in struktureller Hinsicht zahlreiche Gemeinsamkeiten mit den 1990er Jahren? Könnte es sein, dass sich zwar einige Gewichte verschoben haben, dass sich aber an der für das Land spezifischen Interdependenz von Politik, Wirtschaft und Massenmedien im Grundsatz wenig verändert hat?

Die folgenden Überlegungen haben nicht den Anspruch, die Entwicklung unter Putin systematisch zu analysieren und einzuordnen. Statt dessen soll der Versuch unternommen werden, auf der Basis der zu Beginn dieser Arbeit entwickelten Charakteristika des politischen Kapitalismus pointiert Tendenzen der Entwicklung des Putin-Regimes herauszuarbeiten und nach Kontinuitäten zu fragen.

Massenmedien werden weiterhin von politischen, ökonomischen und medialen Akteuren in erster Linie als politische Ressource verstanden. Eine schärfere Trennung der Sphären Politik, Wirtschaft und Medien lässt nach wie vor auf sich warten. Statt dessen spielt die wechselseitige Konvertibilität politischer und ökonomischer Macht weiterhin eine wichtige Rolle. Das Kernelement des politischen Kapitalismus – die hohe Bedeutung von *rent seeking* im Vergleich mit *profit seeking* – besteht unverändert fort. Und auch die anderen Elemente haben, obgleich in veränderter Form, keineswegs grundsätzlich an Bedeutung verloren.

Zwar zeigte sich im Laufe der Jahre eine Tendenz zur „Bürokratisierung der Ökonomie", so dass manche sogar von „Staatskapitalismus" sprechen. Zudem bestehen wenig Zweifel daran, dass die Macht „des Staates" – verstanden als die Institutionen der zentralen Regierungsgewalt – gegenüber wirtschaftlichen, zivilgesellschaftlichen und anderen Akteuren im Grundsatz erheblich gestärkt wurde. Dadurch veränderte sich gleichwohl nur der Kreis der Privilegierten, nicht jedoch der grundsätzliche Prozess der Rentengenerierung und -verteilung: Innerhalb formal staatlicher Institutionen lassen sich regelmäßig Macht- und Verteilungskämpfe zwischen unterschiedlichen Gruppen, Fraktionen und Allianzen beobachten, und es ist davon auszugehen, dass intern noch weit mehr Konflikte bestehen, die aber nicht nach außen dringen. „Der Staat" als einheitlicher Akteur, die von Putin schon zu Beginn seiner ersten Präsidentschaft proklamierte „Vertikale der Macht" ist deshalb eine Fiktion. Rentengenerierung und -verteilung sind – im Unterschied zu den 1990er Jahren – inzwischen zu einer vorwiegend internen Angelegenheit des politisch-administrativen Systems geworden.

Die für die 1990er Jahre identifizierte große Bedeutung informeller Politik nahm unter El'cins Amtsnachfolger(n) eher zu als ab. Teilweise gewandelt haben sich die konkreten Instrumente und die Arenen. Da Putin als Staatspräsident binnen weniger Monate nach der Staatsdumawahl über eine ihn stützende und anhaltend solide Mehrheit in der Duma verfügte,[1166] spielte die Politikgestaltung durch präsidentielle Dekrete eine immer geringere Rolle. Gleichwohl wurden untergesetzliche Rechtsakte auch nach El'cins Rücktritt mitunter eingesetzt, etwa um die Konkurrenz bei größeren Privatisierungen zu reduzieren, beispielsweise im Jahr 2000 im Fall von *Onako* und 2002 bei *Slavneft'*.

Auf das Ganze gesehen führte das Ende des aus den 1990er Jahren bekannten Gegensatzes zwischen der politischen Ausrichtung des Staatspräsidenten und derjenigen der Dumamehrheit nicht zu einer Intensivierung und Stärkung der parlamentarischen Arbeit. In einem politischen System, das in der Folgezeit immer stärker auf das Amt und die konkrete Person des Staatspräsidenten zugeschnitten wurde – wohlgemerkt ohne tiefgreifende Verfassungsänderungen –, hat die informelle Politikgestaltung durch intraexekutive Gremien und Zirkel nach wie vor eine entscheidende Bedeutung. Demgegenüber mutierte die Staatsduma vom Antagonisten zum „Stempel-

---

[1166] Kurze Zeit nach den Wahlen hatten sich nicht nur zahlreiche in den Wahlkreisen als „unabhängige Kandidaten" gewählte Dumaabgeordnete der *Edinstvo*-Fraktion angeschlossen, sondern auch die OVR-Abgeordneten traten dieser Fraktion bei. Bereits Ende 2001 wurde die Bewegung *Otečestvo – Vsja Rossija* in die Putin stützende, zwischenzeitlich in *Edinaja Rossija* umbenannte Partei integriert (vgl. Gel'man 2006: 551). Bei den Dumawahlen 2003 und 2011 errang *Edinaja Rossija* die absolute Mehrheit der Mandate, bei der Wahl 2007 sogar eine Zweidrittelmehrheit. Hinzu kommt, dass zahlreiche nominelle Oppositionsparteien bzw. -abgeordnete die Gesetzesprojekte von Staatspräsident und Regierung regelmäßig unterstützt(en).

kissen" für Vorlagen von Staatspräsident und Regierung. Kaum etwas versinnbildlicht dies treffender als ein Ausspruch des zeitweiligen Dumapräsidenten Gryzlov, der bei der konstituierenden Parlamentssitzung 2003 sagte, die Duma sei „kein Platz, wo man politische Schlachten schlagen, irgendwelche politische Losungen und Ideologien verfechten muss"[1167].

Erheblich zugenommen haben die praktischen Folgewirkungen von vage bzw. widersprüchlich formulierten Rechtsakten. Abnehmende demokratische Gewaltenteilung führt dabei in Verbindung mit einer zunehmenden Politisierung von Verwaltung und Justiz häufig zu selektiver, politische Interessen anti- oder rezipierender Rechtsanwendung und Rechtsprechung. Quantitativ mag dieser Trend nicht im Vordergrund stehen, aber zumindest in von (Teilen) der Elite als politisch, ökonomisch oder gesellschaftlich relevant wahrgenommenen Fällen lässt er sich deutlich wahrnehmen. Gleichzeitig fällt auf, dass Putins Regime bei bedeutsamen Fällen im Rahmen seiner Außendarstellung größten Wert darauf legt, konkrete Verwaltungs- oder Gerichtsverfahren als politikenthoben und streng rechtsstaatlichen Kriterien folgend zu inszenieren. Diese Phänomene haben bei zahlreichen Autoren den Verdacht hervorgerufen, dass sich hinter der gehäuften Normenunklarheit eine bewusste politische Strategie verbergen könnte.

Eine ganze Reihe von Akteuren aus der El'cin-Zeit haben an Bedeutung eingebüßt, einige prominente Führungsfiguren sahen sich zum Verlassen des Landes gezwungen oder wurden sogar inhaftiert. Wenigen von ihnen gelang der Verkauf ihrer wirtschaftlichen Beteiligungen zu akzeptablen Bedingungen, in der Mehrzahl verloren sie einen Großteil. Neben die unbehelligten alten Akteure traten jedoch neue, die das – in vielen Fällen rapide – Wachstum ihrer ökonomischen Potenz zumindest in Teilen ihrer Privilegierung durch die neue politische Führung zu verdanken hatten. Parallel zeigt sich, dass insgesamt gesehen die (informelle) Bindung formal privater Großkonzerne an die Sphäre der Politik zugenommen und sich die Durchsetzungsmacht des politi-

---

[1167] Stenogramm der Staatsduma 2003. Dieses Zitat taucht in journalistischen Texten und sogar in der wissenschaftlichen Literatur häufig verkürzt in der Form „Die Duma ist kein Ort für Diskussionen" auf. Diese pointierte Verkürzung ist insofern sinnentstellend, als es Gryzlov in seinem Gesamtredebeitrag erkennbar *auch* um einen Aufruf zu konstruktiver Gesetzgebungsarbeit ging. Umgehend verselbständigte sich jedoch die verkürzte Form – auch, weil diese die ironische Pointe beinhaltet, in gewisser Weise die reale Entwicklung der Parlamentsarbeit in den Folgejahren zu vorwegzunehmen.

schen Regimes gegenüber ökonomischen Akteuren verstärkt hat. Das
Grundelement des interdependenten Verhältnisses – der Tausch politischer
Loyalität und Unterstützung durch wirtschaftliche Akteure gegen Privilegierung und Schutz vor Konkurrenz durch die Politik – besteht jedoch unverändert fort und führt so, auch unter anderen politischen Vorzeichen, quasi automatisch zur systemstabilisierenden Aufrechterhaltung des Status quo.

In einzelnen Fällen inszeniert sich die politische Führung auch medial als
diejenige Instanz, die in der Lage und gewillt ist, der Wirtschaft zugunsten
des Gemeinwohls Bedingungen zu diktieren. Das augefälligste Beispiel hierfür ist sicherlich Putins Besuch – in seiner zwischenzeitlichen Funktion als
Ministerpräsident – in der krisengebeutelten Stadt Pikalëvo im Juni 2009. Vor
laufenden Kameras zwang er Oleg Deripaska nachgerade dazu, stante pede
einen Vertrag zu unterschreiben, in dem sich Letzterer dazu verpflichtete, die
verlustbringende Produktion in einem durch sein Konglomerat kontrollierten
Zementwerk nach vorausgegangener Schließung wieder anzufahren.

Auch die Konzentration ökonomischer Macht verringerte sich nach dem
Machtwechsel zu Putin keineswegs, sie veränderte jedoch die Form: Die Rolle des Staates als – zumindest formeller – (Mehrheits-)Eigentümer im großindustriellen Bereich gewann erheblich an Bedeutung. Zu den bekanntesten
Beispielen gehört *Gazprom*. Dort ist der Staat inzwischen nicht nur wieder
formeller Mehrheitseigentümer, sondern nimmt nach der Entlassung der langjährigen Führung erheblichen Einfluss auf die Geschäftspolitik und sorgte
auch dafür, dass der weltgrößte Gaskonzern 2005 das zum Verkauf stehende
Ölunternehmen *Sibneft'* zu einem recht günstigen Preis übernehmen konnte.
Ähnliches gilt für das mehrheitlich im Staatsbesitz befindliche Unternehmen
Rosneft'. Beginnend mit der Übernahme des politisch in den Konkurs getrieben Ölkonzerns *JuKOS* Ende 2004, wurde *Rosneft'* in der Folgezeit auf politisches Betreiben systematisch zu einem der weltweit größten Konzerne der
Erdölbranche aufgebaut. Aktuell läuft ein Verfahren gegen das ehedem mit
dem inzwischen entlassenen Moskauer Bürgermeister Lužkov verbundene
Konglomerat *Sistema*. Letzterem wird vorgeworfen, vor Jahren von der angeblich rechtswidrigen Privatisierung des Ölunternehmens *Bašneft'* profitiert
zu haben. Zahlreiche Beobachter vermuten indes, dass der Hintergrund in
Begehrlichkeiten von Seiten *Rosneft's* zu suchen sei.

Neben diesen, einer breiteren Öffentlichkeit bekannten Beispielen verweisen aber auch andere Entwicklungen auf staatlich beförderte wirtschaftliche Konzentrationstendenzen im Bereich der Großindustrie. Zum einen trat ein eher extensives Gesetz zu „strategisch wichtigen" Branchen und Unternehmen in Kraft, die nicht oder nur eingeschränkt in Privatbesitz sein und/oder von ausländischen Entitäten kontrolliert werden dürfen. Dieses Gesetz bzw. die Liste der entsprechenden Branchen und Unternehmen wurde mehrfach erweitert. Zum anderen wurden große staatliche Unternehmen(sholdings) gegründet, zum Beispiel *Rostech* (bis vor kurzem *Rostechnologii*) im Bereich der zivilen und militärischen Hochtechnologie oder *Rosnano* mit dem Fokus auf Nanotechnologie. Allein unter dem Dach von *Rostech* sind mehrere hundert Unternehmen zusammengefasst.

Auch die unter der Präsidentschaft El'cins identifizierte Tendenz zur Ausbeutung staatlicher Institutionen zugunsten partikularer Interessen besteht fort, allerdings auch hier in veränderter Form. Da mit dem Begriff „Privatisierung des Staates" meist auf nichtstaatliche Akteure und privatwirtschaftliches Kapital rekurriert wird, erscheint dieser Terminus für die Zeit nach El'cin nicht mehr ganz adäquat, weil sich die Grenzen zwischen staatlichen und nichtstaatlichen Akteuren bzw. Kapital im Laufe der Jahre weiter verflüssigt und sowohl formelle als auch informelle Mischformen gerade im großindustriellen Bereich zugenommen haben. Die Ausbeutung staatlicher Institutionen findet vermehrt innerhalb der Organe des politisch-administrativen Komplexes statt. Dort spielen sich im Einzelfall auch die Macht- und Verteilungskämpfe zwischen konkurrierenden Elitefraktionen ab, von denen jedoch häufig kaum etwas nach außen dringt. Zu vermuten ist, dass Staatspräsident Putin und seinem engsten Umfeld in solchen Situationen die Aufgabe zukommt, zu vermitteln, auszubalancieren und/oder abschließende Entscheidungen zu treffen.

Wie schon während der El'cin-Jahre werden Massenmedien weiterhin von zentralen Akteuren in erster Linie als politische Ressource wahrgenommen. Aber auch hier hat sich die Konfiguration der Akteure verändert, und „der Staat" übernahm im Laufe der Jahre wieder die bedeutsamste Rolle. Den aufsehenerregenden Auftakt bildeten bereits in den Jahren 2000 und 2001 die Zerschlagung von Vladimir Gusinskijs Medienkonzerns *Media-MOST* sowie der erzwungene Verkauf von Boris Berezovskijs Anteilen an *ORT*, verbunden mit der Emigration der beiden Führungspersonen. Bereits hier zeigten sich drei wichtige Charakteristika des Putin-Regimes, die in der Folgezeit sowohl im Mediensektor als auch darüber hinaus immer wieder auftraten.

Wenn Beteiligungen an Massenmedien den Eigentümer wechseln oder Medien ihren Betrieb einstellen, bilden – erstens – in den allermeisten Fällen Verfahren wegen finanzieller (ausstehende Kredite) und/oder steuerlicher Forderungen den Ausgangspunkt. In zahlreichen Fällen folgten erst später strafrechtlich relevante Vorwürfe – Steuerhinterziehung, Untreue etc. In der Außendarstellung durch die politische Führung wurden parallel der „unpolitische", rein wirtschaftliche Charakter der in Gang gesetzten Verfahren und die Unabhängigkeit der Justiz betont. Dass im Falle Gusinskijs ein Dokument auftauchte, in dem ihm der damalige Medienminister Lesin im Gegenzug für einen Verkauf seiner Medienbeteiligungen unter anderem die Einstellung eines laufenden strafrechtlichen Ermittlungsverfahrens zusicherte, hatte weder personelle Konsequenzen noch hinterließ dies in der Öffentlichkeit einen bleibenden Eindruck.[1168]

Das zweite Charakteristikum besteht darin, dass die politisch unterstützte, wenn nicht sogar initiierte Umverteilung von Eigentum – sowohl auf dem Feld der Massenmedien als auch in anderen Wirtschaftsbereichen – in aller Regel nicht auf dem Wege einer förmlichen Verstaatlichung umgesetzt wurde. Statt dessen übernahmen andere ökonomische Akteure die Kontrolle über die jeweiligen Anteilspakete. Analog zur El'cin Zeit waren dies im Falle des Besitzerwechsels von Massenmedien meist Akteure, zu deren Geschäftsfeldern bis dato Medien nicht gezählt hatten. Faktisch übernahmen sie in staatlichem Auftrag eine Art Treuhänderrolle. So gingen die Mehrheitsanteile im Falle *Media-MOST* an *Gazprom-Media* (in diesem Sinne eine Ausnahme, weil schon im Medienbereich engagiert); und Berezovskijs *ORT*-Paket landete vermutlich bei von Roman Abramovič kontrollierten Strukturen. In den Folgejahren wiederholte sich dieses Muster noch bei zahlreichen weiteren Print- und audiovisuellen Medien.

Knapp zusammengefasst, stellt sich die Lage auf dem Feld der (überregionalen) Massenmedien gegenwärtig folgendermaßen dar: Wichtige

---

[1168] Vgl. Anlage Nr. 6 zum Kaufvertrag (Gusinskij podpisal soglašenie 2000). Die online abrufbaren Dokumente sind wahrscheinlich authentisch, Restzweifel allerdings nicht abschließend ausräumbar. Auszüge finden sich auch in einem Zeitungsartikel (Archangel'skij 2000).

Akteure aus der El'cin-Zeit haben ihre Kontrolle über Massenmedien verloren. Einige verbliebene Akteure zogen sich aus dem Bereich politisch relevanter Medien zurück und konzentrierten sich auf Unterhaltungsformate, beispielsweise die weiterhin zum *Interros*-Konglomerat gehörende Holding *Prof-Media*. An beider Stelle traten neue ökonomische Akteure, die dem Regime loyal verbunden sind, die von ihnen kontrollierten Medien entsprechend führen und deren teilweise verblüffender wirtschaftlicher Bedeutungszuwachs von der wohlwollenden Begleitung durch politisch verantwortliche Stellen nicht ganz unabhängig sein dürfte. Einigen von ihnen gelang der Aufbau neuer, verschachtelter Konglomerate mit einer umfangreichen Medienholding. Der bedeutendste neue Akteur in dieser Hinsicht ist die *Nacional'naja Media Gruppa*, die dem Konglomerat um die *Bank Rossija* zuzurechnen ist, bei der mit Jurij Koval'čuk ein langjähriger und enger Gefolgsmann Putins Mehrheitseigentümer ist. Das aus den 1990er Jahren bekannte Phänomen großer Intransparenz in Bezug auf die tatsächlichen Kontroll- und Beteiligungsverhältnisse besteht dabei unverändert fort.

Die beschriebene Entwicklung führte dazu, dass sich die gesellschaftlich und politisch bedeutendsten überregionalen audiovisuellen Medien inzwischen entweder im Staatsbesitz oder im Eigentum von sich loyal verhaltenden ökonomischen Akteuren befinden. Zahlreiche überregionale Printmedien mit allgemeinpolitischem Profil werden zwar ebenfalls von diesem Akteurskreis kontrolliert, aber bei weitem nicht alle. Im Bereich des Internets, das stark an Bedeutung hinzugewonnen hat, ist die Situation sehr unübersichtlich, fluide und disparat. Einige populäre und/oder in ihrer Multiplikatorenfunktion als relevant eingeschätzte Internetangebote wurden mehr oder weniger subtil auf Linie gebracht, in einzelnen Fällen wird die Erreichbarkeit bestimmter Seiten innerhalb Russlands blockiert. Letzteres ist aufgrund immer repressiverer gesetzlicher Regelungen inzwischen auch ohne Gerichtsbeschluss möglich.

Parallel dazu, aber in der Öffentlichkeit weniger wahrgenommen, waren und sind auch immer wieder kleinere Medien und einzelne Journalisten von Rezentralisierungstendenzen in Bezug auf die Medienkontrolle betroffen. Es gab selektive Entlassungen sowie Schließungen von Print-, audiovisuellen und Internetmedien. Nach außen scheint die Ursache derartiger Vorkommnisse immer in wirtschaftlichen Problemen zu liegen. Wenn man jedoch berücksichtigt, dass der Staat – vor allem auf informellem Wege – die Möglichkeiten der Medien, Finanzierung von unabhängiger Seite zu erhalten, systematisch eingeschränkt hat, ergibt sich ein anderes Bild: Medien, deren Regimeloyalität in Zweifel steht, sehen sich großen Herausforderungen ausgesetzt, laufen Gefahr, marginalisiert zu werden, und sind ständig in ihrer (wirtschaftlichen) Existenz bedroht.

Auf das Ganze gesehen, lässt sich konstatieren, dass in Russland unter der Führung Putins eine Rezentralisierung auch und gerade im Bereich der Massenmedien stattfand. Dabei lag das Hauptaugenmerk auf der Kontrolle der politisch bedeutsamen Fernsehsender durch „den Staat". Seine vorläufigen Höhepunkte fand diese Entwicklung in der vor eineinhalb Jahren erfolgten Gründung des staatlicher Medienkonzerns *Rossija Segodnja*, zu dessen Aufgaben auch die Verbreitung von Informationen im Ausland gehört, sowie in der Novellierung des Mediengesetzes im Oktober 2014, wodurch die Beteiligung ausländischer juristischer oder natürlicher Personen an einzelnen russländischen Medien(unternehmen) von bislang 50 auf zukünftig 20 Prozent begrenzt wird[1169]. Dass die hier betrachteten Medien von den beteiligten Akteuren auch weiterhin primär als politische Ressource betrachtet werden, zeigte sich ab dem Jahr 2000 nicht nur immer wieder aufs Neue, sondern sogar mit sich verstärkender Tendenz. Aktuell verweisen darauf nicht zuletzt die den Anschein einer konzertierten Aktion erweckenden patriotisch-nationalistischen Kampagnen sowie die umfangreichen Versuche, die Interessen und Sichtweisen der russländischen politischen Führung auch dem ausländischen Publikum nahezubringen.

[1169] Gesetz 2014/305-FZ.

8. Literatur- und Quellenverzeichnis

8.1 Monographien, Sammelbände, Aufsätze und Artikel

Adachi, Yuko 2010: Building Big Business in Russia. The Impact of Informal Corporate Governance Practices, London/New York.

Aksartova, Sada/Fossato, Floriana/Kachkaeva, Anna/Libergal, Grigory 2003: Television in the Russian Federation. Organisational Structure, Programme Production and Audience. A Report for the European Audiovisual Observatory, Strasbourg (online verfügbar: www.obs.coe.int/online_publication/reports/internews.pdf.en; download: 04.08.2005).

Aksënov, Sergej 1998: NDR gotovitsja k prezidentskoj kampanii Černomyrdina, in: Kommersant''-daily, 02.04.1998.

Alchian, Armen A. 2008: Rent, in: Durlauf, Steven N./Blume, Lawrence E. (Hrsg.): The New Palgrave Dictionary of Economics. 2. Aufl., Basingstoke/New York: 90-93.

Alexeev, Michael 1999: The Effect of Privatization on Wealth Distribution in Russia, in: Economics of Transition 7: 2: 449-465.

Allan, Duncan 2002: Banks and the Loans-for-Shares Auctions, in: Lane, David S. (Hrsg.): Russian Banking. Evolution, Problems and Prospects, Cheltenham/Northampton, MA: 137-159.

Amable, Bruno 2003: The Diversity of Modern Capitalism, Oxford u. a.

Amelina, Anna 2006: Propaganda oder Autonomie? Das russische Fernsehen von 1970 bis heute, Bielefeld.

Amirov, Anvat/Balutenko, Maksim 1997: Obščenacional'nye televeščatel'nye kompanii Rossii. Spravočnik, Moskau.

Andreeva, Andrea 2002: Russlands langer Weg in den Rechtsstaat. Verfassung und Gesetzgebung, Opladen.

Archangel'skaja, Natal'ja 1998: Političeskoe soglašenie sil'no napominaet uslovija kapituljacii, in: Russkij telegraf, 27.08.1998.

Archangel'skaja, Natal'ja 1999: Novobrancy v Ochotnom rjadu. Itogi golosovanija 19 dekabrja založili fundament krepkoj družby meždu ispolnitel'noj i zakonodatel'noj vlastjami Rossii, in: Ėkspert, 27.12.1999.

Archangel'skij, Aleksandr 2000: Protokol N 6. Akcii v obmen na svobodu: takovo uslovie sdelki meždu „Gazprom-Media" i gr. Gusinskim, in: Izvestija, 19.09.2000.

Arutunyan, Anna 2009: The Media in Russia, Budapest.

Asatrjan, Ruben 2001: Avtomobil'naja promyšlennost'. Istorija: 1991-2000 gody, in: Kommersant''-vlast', 02.10.2001.

Åslund, Anders 1995: How Russia Became a Market Economy, Washington, D. C.

Åslund, Anders 1996a: Reform Vs. ‚Rent-Seeking' In Russia's Economic Transformation, in: Transition 2: 2 (26.01.1996): 12-16.

Åslund, Anders 1996b: Russian Banking. Crisis or Rent-Seeking?, in: Post-Soviet Geography and Economics 37: 8: 495-502.

Åslund, Anders 1999: The End of Rent-Seeking. The End of Postcommunist Transformation, in: Brown, Annette N. (Hrsg.): When Is Transition Over?, Kalamazoo, MI: 51-68.

Åslund, Anders 2002: Building Capitalism. The Transformation of the Former Soviet Bloc, Cambridge u. a.

Åslund, Anders 2007: Russia's Capitalist Revolution. Why Market Reform Succeeded and Democracy Failed, Washington, D. C.

Åslund, Anders/Dmitriev, Mikhail 1999: Economic Reform versus Rent Seeking, in: Åslund, Anders/Olcott, Martha B. (Hrsg.): Russia After Communism, Washington, D. C.: 91-130.

Babičenko, Denis 1998a: Partii dosročnych vyborov ne pereživut, in: Segodnja, 24.04.1998.

Babičenko, Denis 1998b: Boris El'cin ostaetsja nad schvatkoj, in: Segodnja, 01.09.1998.

Bačurina, Natal'ja 1995: Chorošich zakonov mnogo ne byvaet, in: Rossijskaja gazeta, 11.11.1995.

Bagrov, Andrej 1993: Banki vstupili v bor'bu za sredstva moskovskogo bjudžeta, in: Kommersant''-daily, 30.10.1993.

Bagrov, Andrej 1995: Goskomimuščestvo vspomnilo vkus pobed, in: Kommersant''-daily, 27.09.1995.

Baranov, Gleb 1998: ONÉKSIMu vernuli den'gi tamožni, in: Kommersant''-daily, 18.03.1998.

Barnes, Andrew 2001: Property, Power, and the Presidency. Ownership Policy Reform and Russian Executive-Legislative Relations, 1990-1999, in: Communist and Post-Communist Studies 34: 1: 39-61.

Barnes, Andrew 2006: Owning Russia. The Struggle over Factories, Farms, and Power, Ithaca, NY/London.

Baturin, Jurij 2004a: Recht auf Information, in: Petersburger Dialog e. V. (Hrsg.): Medienrecht im Vergleich. Deutschland – Russland, Würzburg: 158-163.

Baturin, Jurij 2004b: Zugang zu geschützten Informationen, in: Petersburger Dialog e. V. (Hrsg.): Medienrecht im Vergleich. Deutschland – Russland, Würzburg: 164-168.

Beichelt, Timm 1996: Die Konsolidierungschancen des russischen Parteiensystems, in: Osteuropa 46: 6: 597-609.

Beichelt, Timm 2001: Demokratische Konsolidierung im postsozialistischen Europa. Die Rolle der politischen Institutionen junger Demokratien, Opladen.

Beichelt, Timm 2004: Autocracy and Democracy in Belarus, Russia and Ukraine, in: Democratization 11: 5: 113-132.

Bekker, Aleksandr 1995: Gosudarstvo syžaet sferu svoego ékonomičeskogo vlijanija: zapreščennych k prodaže paketov akcij ostalos' 3054, in: Segodnja, 14.07.1995.

Belin, Laura 1995: High Stakes at Russia's Ostankino TV, in: Transition 1: 6: 2-8.

Belin, Laura 1996: Private Media Come Full Circle, in: Transition 2: 21 (18.10.1996): 62-65.

Belin, Laura 1997: Politicization And Self-Censorship In The Russian Media. Paper presented at the national conference of the American Association for the Advancement of Slavic Studies, Seattle, WA, November 1997 (online verfügbar: www.rferl.org/nca/special/rumediapaper/index.html; download: 17.06.1999).

Belin, Laura 1998: Changes in Editorial Policy and Ownership at Izvestiya, in: Rutland, Peter (Hrsg.): EastWest Institute Annual Survey of Eastern Europe and the Former Soviet Union 1997. The Challenge of Integration, Armonk, NY/London: 291-295.

Belin, Laura 1999: State TV Wages Unprecedented „Information War", in: RFE/RL Russian Election Report: 7 (17.12.1999) (online verfügbar: www.rferl.org/speci als/russianelection/archives/07-171299.asp; download: 27.04.2004).

Belin, Laura 2000: Economic Crisis Yields Massive Political Fallout, in: Rutland, Peter (Hrsg.): EastWest Institute Annual Survey of Eastern Europe and the Former Soviet Union 1998. Holding the Course, Armonk, NY/London: 294-304.

Belin, Laura 2001: Political Bias and Self-Censorship in the Russian Media, in: Brown, Archie (Hrsg.): Contemporary Russian Politics. A Reader, Oxford u. a.: 323-342.

Belin, Laura 2002a: The Fall and Rise of Russian State Power over the Media, 1995-2001. (University of Oxford: PhD thesis), Oxford.

Belin, Laura 2002b: The Russian Media in the 1990s, in: Journal of Communist Studies and Transition Politics 18: 1: 139-160.

Belin, Laura 2002c: The Rise and Fall of Russia's NTV, in: Stanford Journal of International Law 38: 1: 19-42.

Belin, Laura 2002d: The Kremlin Strikes Back. The Reassertion of State Power over the Russian Media, in: Price, Monroe E./Richter, Andrei/Yu, Peter K. (Hrsg.): Russian Media Law and Policy in the Yeltsin Decade. Essays and Documents, Den Haag u. a.: 273-301.

Belin, Laura/Fossato, Floriana/Kachkaeva, Anna 2001: The Distorted Russian Media Market, in: Rutland, Peter (Hrsg.): Business and State in Contemporary Russia, Boulder, CO/Oxford: 65-87.

Beljaeva, Antonina 1996: Vysšij administrativny čin na ORT, in: Nezavisimaja gazeta, 27.04.1996.

Belonučkin, Grigorij V. 1998: Reestr oligarchov (online verfügbar: www.cityline.ru/politika/raznoe/oligarhi.html; download: 17.12.2003).

Bendel, Petra/Croissant, Aurel/Rüb, Friedbert W. (Hrsg.) 2002: Zwischen Demokratie und Diktatur. Zur Konzeption und Empirie demokratischer Grauzonen, Opladen.

Berger, Michail 1997: Čertova djužina bankovskogo sčast'ja, in: Izvestija, 17.01.1997: 1.

Berger, Michail 1999: El'cin bol'še ne glavnyj?, in: Segodnja, 26.01.1999.

Bernstam, Michael S./Rabushka, Alvin 1998: Fixing Russia's Banks. A Proposal for Growth, Stanford, CA.

Besters-Dilger, Juliane 1996: Die russische Presse im Wandel, in: Osteuropa 46: 2: 109-118.

Beyme, Klaus von 2001: Russland zwischen Anarchie und Autokratie, Wiesbaden.

Blasi, Joseph R./Kroumova, Maya/Kruse, Douglas 1997: Kremlin Capitalism. The Privatization of the Russian Economy, Ithaca, NY/London.

Blinova, Ol'ga N. 2001: Media-imperii Rossii. Na službe gosudarstva i „oligarchii", Moskau.

Bogaards, Matthijs 2009: How to Classify Hybrid Regimes? Defective Democracy and Electoral Authoritarianism, in: Democratization 16: 2: 399-423.

Boone, Peter/Rodionov, Denis 2001: Rent Seeking in Russia and the CIS (Paper prepared for EBRD 10th anniversary conference in London, December), London.

Boris Nemcov: Chvatit stroit' banditskij kapitalizm, in: Komsomol'skaja pravda, 29.07.1997: 1.

Borodina, Arina 1999: Aleksandr Nevzorov: „Ja skoree televizionnyj specnas, neželi reguljarnaja armija", in: Vremja MN, 01.06.1999.

Bos, Ellen 2003: Wo fängt Demokratie an und wo hört Demokratie auf? Demokratietheoretische Überlegungen zum politischen Regime Russlands, in: Bos, Ellen/Mommsen, Margareta/Steinsdorff, Silvia von (Hrsg.): Das russische Parlament. Schule der Demokratie?, Opladen: 271-292.

Bovt, Georgy 2002: The Russian Press and Civil Society. Freedom of Speech vs. Freedom of Market, in: Marsh, Christopher/Gvosdev, Nikolas (Hrsg.): Civil Society and the Search for Justice in Russia, Lanham, MD: 91-104.

Brady, Rose 1999: Kapitalizm. Russia's Struggle to Free Its Economy, New Haven, CT/London.

Breslauer, George W. 2001: Personalism Versus Proceduralism. Boris Yeltsin and the Institutional Fragility of the Russian System, in: Bonnell, Victoria E./Breslauer, George W. (Hrsg.): Russia in the New Century. Stability or Disorder?, Boulder, CO/Oxford: 35-58.

Brovkin, Vladimir 1998: Fragmentation of Authority and Privatization of the State. From Gorbachev to Yeltsin, in: Demokratizatsiya 6: 3: 504-517.

Brown, Archie 2001: Evaluating Russia's Democratization, in: Brown, Archie (Hrsg.): Contemporary Russian Politics. A Reader, Oxford u. a.: 546-568.

Brudny, Yitzhak M. 1997: In Pursuit of the Russian Presidency. Why and How Yeltsin won the 1996 Presidential Election, in: Communist and Post-Communist Studies 30: 3: 255-275.

Brudny, Yitzhak M. 2001: Continuity or Change in Russian Electoral Patterns? The December 1999-March 2000 Election Circle, in: Brown, Archie (Hrsg.): Contemporary Russian Politics. A Reader, Oxford u. a.: 154-178.

Brunner, Georg 1996: Russland zwischen Diktatur und Demokratie, in: Göttinger Arbeitskreis (Hrsg.): Russland und die Ukraine nach dem Zerfall der Sowjetunion, Berlin: 19-49.

Burrett, Tina 2011: Television and Presidential Power in Putin's Russia, Abingdon/New York.

Byzov, Leontij 2000: Parlamentskie vybory kak ètap v formirovanii konsensusnogo obščestva. (analiz èlektoral'nych predpočtenij), in: Makfol, Majkl/Petrov, Nikolaj V./Rjabov, Andrej V. (Hrsg.): Rossija v izbiratel'nom cikle 1999-2000 godov, Moskau: 222-230.

Carothers, Thomas 2002: The End of the Transition Paradigm, in: Journal of Democracy 13: 1: 5-21.

Centr ,Pravo i sredstva massovoj informacii' 1999: Rossijskie sredstva massovoj informacii, vlast' i kapital. K voprosu o koncentracii i prozračnosti SMI v Rossii, Moskau (online verfügbar: www.medialaw.ru/publications/books/conc1/index. html; download: 10.11.1999).

Čerkasov, Gleb 1998: Zjuganov navodit porjadok vo frakcii, in: Kommersant''-daily, 05.03.1998.

Čerkasov, Gleb/Aksënov, Sergej/Rassafonova, Marina 1998: Kreml brosil protiv deputatov poslednie rezervy, in: Kommersant''-daily, 23.04.1998.

Čerkasov, Gleb/Skvorcov, Jaroslav 1997: Upolnomočennye banki: ukazy na vyživanie, In: Kommersant''-vlast', 29.04.1997.

Černomyrdin imeet sostojanie v 5 milliardov dollarov?, in: Izvestija, 01.04.1997.

Chaisty, Paul 2006: Legislative Politics and Economic Power in Russia, Basingstoke/New York.

Chandler, Andrea 2001: Presidential Veto Power in Post-Communist Russia, 1994-1998, in: Canadian Journal of Political Science 34: 3: 487-516.

Chatul', Jurij 1993: Banki obsluživajut bjudžet Moskvy, in: Kommersant''-daily, 15.06.1993.

Chavkina, Larisa 1998: ORT polučila prjanik, in: Komsomol'skaja pravda, 29.12.1998.

Cherkassov, Gleb 1996: The Media: Can it Sway the Elections?, in: Jamestown Foundation Prism 2: 12 (1. Juni) (online verfügbar: http://russia.jamestown.org/ pubs/view/pri_002_005_002.htm; download: 22.10.2002).

Chermenskaya, Galina 2001: After the Battle, in: Jamestown Foundation Prism 7: 5 (31. Mai) (online verfügbar: www.jamestown.org/single/?no_cache=1&tx_ttne ws[tt_news]=28005&tx_ttnews[backPid]=223; download: 21.06.2010).

Chinštejn, Aleksandr 1998: Kto stoit za operaciej „kogot'"? Vojna „kompromatov", in: Moskovskij komsomolec, 03.12.1998.

Chinyaeva, Elena 2002: The Plight of Independent Mass Media in Russia, in: Jamestown Foundation Prism 8: 2 (28. Februar): 14-17 (online verfügbar: http://russia. jamestown.org/pubs/view/pri_008_002_004.htm; download: 22.10.2002).

Christophe, Barbara 1998: Von der Politisierung der Ökonomie zur Ökonomisierung der Politik. Staat, Markt und Außenpolitik in Russland, in: Zeitschrift für Internationale Beziehungen 5: 2: 201-240.

Citovskij, Andrej 2000: Most k ORT, in: Sreda: 1 (18): 16-18 (online verfügbar: www.internews.ru/sreda/18/13.html; download: 16.10.2002).

Collier, David/Levitsky, Steven 1997: Democracy with Adjectives. Conceptual Innovation in Comparative Research, in: World Politics 49: 3: 430-451.

Colton, Timothy/McFaul, Michael 2000: Reinventing Russia's Party of Power. „Unity" and the 1999 Duma Election, in: Post-Soviet Affairs 16: 3: 201-224.

Colton, Timothy/McFaul, Michael 2003: Popular Choice and Managed Democracy. The Russian Elections of 1999 and 2000, Washington, D. C.

Congleton, R. D./Hillman, Arye L. (Hrsg.) 2015: Companion to the Political Economy of Rent Seeking, Cheltenham/Northampton, MA.

Coulloudon, Virginie 1997: The Criminalization of Russia's Political Elite, in: East European Constitutional Review 6: 4 (online verfügbar: www.law.nyu.edu/eecr/ vol6num4/feature/criminalization.html; download: 29.05.2002).

444   KAPITEL 8

Coulloudon, Virginie 1999: Russian Regional Media. The Nation's Financial Crisis Threatens Journalists' Independence, in: Nieman Reports 53: 3: 30-32 (online verfügbar: www.nieman.harvard.edu/reports/99-3NRfall99/NRfall99.pdf; download: 16.10.2002).

Čubajs, Anatolij V. (Hrsg.) 1999: Privatizacija po-rossijski, Moskau.

Čugaev, Sergej 1998: Administracija prezidenta stanovitsja kompaktnee, in: Izvestija, 14.02.1998.

Cvetkova, Roza/Pasternak, Boris 1998: ORT polučila kredit doverija. Doverie ocenivaetsja v 100 mln. dollarov, in: Vremja MN, 28.12.1998.

Cvik, Valerij L. 1998: Osobennosti reformirovanija otečestvennoj sistemy televidenija v uslovijach informacionnogo rynka. (Dva „peredela" televizionnoj sobstvennosti), in: Vestnik MGU, Serija 10, Žurnalistika: 3: 3-13.

Davydov, Ivan 2000: Mass-media rossijskogo interneta. Osnovnye tendencii razvitija i analiz tekuščej situacii, in: Russkij žurnal: 28.09.2000 (online verfügbar: www.russ.ru/politics/20000928_davydov.html; download: 27.01.2005).

Davydov, Oleg D. 1998: Inside Out. The Radical Transformation of Russian Foreign Trade, 1992-1997, New York.

de Smaele, Hedwig/Romashko, Sergej A. 2001: Russia, in: d'Haenens, Leen/ Saeys, Frieda (Hrsg.): Western Broadcasting at the Dawn of the 21st Century, Berlin/New York: 363-393.

Den'gi bjudžet polučit. A gde predprijatija voz'mut investicii?, in: Kommersant"-vlast', 12.09.1995.

Deppe, Jens 2000: Über Pressefreiheit und Zensurverbot in der Russländischen Föderation. Eine Untersuchung über die gesetzliche und tatsächliche Ausgestaltung der verfassungsrechtlichen Freiheitsgarantie. (Universität Hamburg: Dissertation), Hamburg (online verfügbar: www.russianmedia.de/dissertation/index.htm; download: 18.04.2002).

Diamond, Jack 2002: The New Russian Budget System. A Critical Assessment and Future Reform Agenda (IMF Working Paper, 02/21), Washington, D. C. (online verfügbar: www.imf.org/external/pubs/cat/longres.cfm?sk=15619.0; download: 06.03.2002).

Dinello, Natalia 1998: Bankers' Wars in Russia. Trophies and Wounds, in: Post-Soviet Prospects 6: 1 (online verfügbar: www.csis.org/html/pspvi1.html; download: 27.08.1999).

Dinello, Natalia 1999: The Russian F Connection. Finance, Firms, Friends, Families and Favourites, in: Problems of Post-Communism 46: 1: 24-33.

Dmitriev, Michail É./Matovnikov, M. J./Michajlov, L. V. 1996: Rossijskie banki nakanune finansovoj stabilizacii, St. Petersburg.

Dmitriev, Michail É./Travin, Dmitrij J. 1996: Rossijskie banki. Na ischode zolotogo veka, St. Petersburg.

Dmitrieva, Oksana 1996: Kuda uchodjat gosudarstvennye trilliony. Ispolnenie bjudžeta v Rossii za poslednie gody ne kontrolirovalos' ni razu, in: Segodnja, 16.10.1996: 5.

Dokumentation „Russlands Machtministerien", in: Russlandanalysen: 117 (10.11.2006): 4-6 (online verfügbar: www.russlandanalysen.de/content/media/Russlandanalysen117.pdf; download: 17.11.2006).

Dolud, Olena 2001: Die russische Barterwirtschaft. Historische Wurzeln und transformationsbedingte Determinanten (Arbeitspapiere und Materialien der Forschungsstelle Osteuropa an der Universität Bremen, 24), Bremen (online verfügbar: www.forschungsstelle-osteuropa.de/con/images/stories/pdf/ap/fsoAP24.pdf; download: 24.01.2007).

Downing, John D. H. 1996: Internationalizing Media Theory: Transition, Power, Culture. Reflections on Media in Russia, Poland and Hungary 1980-95, London u. a.

Dunaeva, I. Š. 2000: Rossijskaja pressa v strukture političeskich konfliktov, in: Vestnik MGU, Serija 10, Žurnalistika: 6: 14-26.

Dunn, John A. 1998: The Commercialisation of the Mass Media in Central and Eastern Europe. Russia (Paper to the BASEES Annual Conference 1998).

Dunn, John A. 2000: The Commercialisation of the Russian Mass Media (Paper to the VI World Congress for Central and East European Studies, Tampere, 29.07.-03.08.2000), Tampere (online verfügbar: www2.arts.gla.ac.uk/Slavonic/jdtampere.htm; download: 23.10.2000).

Dynkin, Aleksandr/Sokolov, Aleksej 2002: Integrirovannye biznes-gruppy v rossijskoj ėkonomike, in: Voprosy ėkonomiki: 4: 78-95.

Dynkin, Alexander/Sokolow, Alexej 2002: Das russische Business – Durchbruch zu einer Modernisierung des Landes, in: Gorzka, Gabriele/Schulze, Peter W. (Hrsg.): Russlands Perspektive. Ein starker Staat als Garant von Stabilität und offener Gesellschaft?, Bremen: 201-232.

Dzjalošinskij, Iosif 2001: Informacionnoe prostranstvo Rossii. Struktura, osobennosti, funkcionirovanija, perspektivy ėvoljucii, Moskau (online verfügbar: www.carnegie.ru/ru/news/2291white-book-06-aug-www.pdf; download: 26.10.2004).

Ėfirnoe sozdanie po imeni ORT, in: Kommersant''-vlast', 28.03.1995.

Eggertsson, Thráinn 1990: Economic Behavior and Institutions, Cambridge u. a.

Egizarjan, Šagen 1997: Odna kassa dlja vsej strany, in: Finansovaja Rossija, 22.05.1997.

Ėkonomika – bez kriminala, in: Trud, 26.09.1998.

Elster, Jon/Offe, Claus/Preuss, Ulrich 1998: Institutional Design in Post-communist Societies. Rebuilding the Ship at Sea, Cambridge u. a.

Enikolopov, Ruben/Petrova, Maria/Zhuravskaya, Ekaterina 2011: Media and Political Persuasion. Evidence from Russia, in: American Economic Review 101: 7: 3253-3285.

Erdmann, Gero/Kneuer, Marianne (Hrsg.) 2011: Regression of Democracy? (Zeitschrift für vergleichende Politikwissenschaft, Sonderheft 1/2011), Wiesbaden.

European Bank for Reconstruction and Development (EBRD) 2000: Transition Report 2000. Employment, Skills and Transition, London (online verfügbar: www.ebrd.com/downloads/research/transition/TR00.pdf; download: 14.07.2011).

European Bank for Reconstruction and Development (EBRD) o. J. [2000]: Strategy for the Russian Federation, o. O. (online verfügbar: www.ebrd.com/about/strategy/country/russia/strategy.pdf; download: 28.03.2001).

European Institute for the Media (EIM) 1994: The Russian Parliamentary Elections. Monitoring of the Election Coverage in the Russian Mass Media. Final Report,

Düsseldorf (online verfügbar: www.media-politics.com/EIM%20reports/12%20 Russia%2093.pdf; download: 23.02.2008).

European Institute for the Media (EIM) 1996a: Monitoring the Media Coverage of the 1995 Russian Parliamentary Elections. Final Report, Düsseldorf (online verfügbar: www.media-politics.com/EIM%20reports/13%20Russia%2095.pdf; download: 23.02.2008).

European Institute for the Media (EIM) 1996b: Monitoring the Media Coverage of the 1996 Russian Presidential Elections. Final Report, Düsseldorf (online verfügbar: www.media-politics.com/EIM%20reports/Russia%201996.pdf; download: 23.02.2008).

European Institute for the Media (EIM) 2000a: Monitoring the Media Coverage of the December 1999 Parliamentary Elections in Russia. Final Report, Düsseldorf (online verfügbar: www.media-politics.com/EIM%20reports/Rus%2099% 20Final.pdf; download: 23.02.2008).

European Institute for the Media (EIM) 2000b: Monitoring the Media Coverage of the March 2000 Presidential Elections in Russia. Final Report, Düsseldorf (online verfügbar: www.media-politics.com/EIM%20reports/Rus%202000%20 final%20.pdf; download: 23.02.2008).

Eyal, Gil/Szelényi, Iván/Townsley, Eleanor 1998: Making Capitalism Without Capitalists. Class Formation and Elite Struggles in Post-Communist Europe, London/New York.

Fadin, Andrei 1997: The Oligarchs in Charge of ‚Russia Inc.‘, in: Transition 3: 6 (04.04.1997): 28-30.

Fadin, Andrei 1998: Bankers and Oil Tycoons Use the Media as Business Weapon, in: Rutland, Peter (Hrsg.): EastWest Institute Annual Survey of Eastern Europe and the Former Soviet Union 1997. The Challenge of Integration, Armonk, NY/London: 295-298.

Faust, Jörg 2002: Marktkonstruktion und politische Transformation. Politökonomische Ursachen defizitärer Demokratisierung, in: Bendel, Petra/Croissant, Aurel/Rüb, Friedbert W. (Hrsg.): Zwischen Demokratie und Diktatur. Zur Konzeption und Empirie demokratischer Grauzonen, Opladen: 139-160.

Fedotov, Michail 1999: Pozitivnoe pravo massovoj informacii. (Naučno-praktičeskij kommentarij k zakonodatel'stvu Rossijskoj Federacii o SMI, in: Centr ‚Pravo i sredstvo massovoj informacii'/ANO ‚Intern'jus'/Kafedra JuNESKO po avtorskomu pravu i drugim otrasljam prava intellektual'noj sobstvennosti pri Institute meždunarodnogo prava i ėkonomiki im. A. S. Griboedova (Hrsg.): Zakonodatel'stvo Rossijskoj Federacii o sredstvach massovoj informacii. Naučnyjpraktičeskij kommentarij M. A. Fedotova. 2., korr. u. erw. Aufl., Moskau (online verfügbar: www.medialaw.ru/publications/books/medialaw2/comment/1.html; download: 10.03.2004).

Fedotov, Michail 2005: Auf dem Weg zur Pressefreiheit. Die Erfahrung Russlands, in: Nußberger, Angelika/Schmidt, Carmen (Hrsg.): Medienrecht und Meinungsfreiheit in Russland, Berlin: 65-73.

Fedotov, Michail A. 1996: SMI v otsutstvii Ariadny. Popytka juridičeskogo kommentarija v labirinte zakonov i praktiki, in: Organizacija Ob"edinennych Nacij po voprosam obrazovanija, nauki i kul'tury/Institut ‚Otkrytoe Obščestvo'/Centr ‚Pravo i sredstva massovoj informacii' (Hrsg.): Zakonodatel'stvo Rossijskoj Federacii

o srestvach massovoj informacii. Naučnyj kommentarij doktora juridičeskich na-
uk M. A. Fedotova, Moskau: 182-294 (online verfügbar: www.medialaw.
ru/publications/books/medialaw/comment/index.html; download: 10.03.2004).

Fedotov, Michail A. 2002: Pravo massovoj informacii v Rossijskoj Federacii, Moskau.

Fish, M. S. 1997: The Pitfalls of Russian Superpresidentialism, in: Current History
96: October: 326-330.

Fish, M. S. 2000: The Executive Deception. Superpresidentialism and the Degrada-
tion of Russian Politics, in: Sperling, Valerie (Hrsg.): Building the Russian
State. Institutional Crisis and the Quest for Democratic Governance, Boulder,
CO/Oxford: 177-192.

Fish, M. S. 2001: When More is Less. Superexecutive Power and Political Under-
development in Russia, in: Bonnell, Victoria E./Breslauer, George W. (Hrsg.):
Russia in the New Century. Stability or Disorder?, Boulder, CO/Oxford: 15-34.

Fish, M. S. 2005: Democracy Derailed in Russia. The Failure of Open Politics,
Cambridge u. a.

Fortescue, Stephen 2006: Russia's Oil Barons and Metal Magnates. Oligarchs and
the State in Transition, Houndmills u. a.

Fossato, Floriana 1997a: Russia: Media, Money And Power – An Analysis (RFE/RL
Report, 26.09.1997) (online verfügbar: www.rferl.org.nca/features/1997/09.F.
RU.970926152044.html; download: 17.06.1999).

Fossato, Floriana 1997b: Russia. Press Freedom vs. Shareholders' Rights – Analysis (RFE/RL Report, 23.04.1997) (online verfügbar: www.rferl.org/features/
1997/04/f.ru.970423152538.asp; download: 03.08.2005).

Fossato, Floriana 1998: Russia. Kremlin Steps Up Pressure On the Media (RFE/RL
Report, 27.05.1998) (online verfügbar: www.rferl.org/features/1998/05/f.ru.98
0527140021.asp; download: 17.06.1999).

Fossato, Floriana 2001: The Russian Media. From Popularity to Distrust, in: Current
History 100: 648 (October): 343-348.

Fossato, Floriana/Kachkaeva, Anna 1997: Russian Media Empires I (RFE/RL Report, 26.09.1997) (online verfügbar: www.rferl.org/nca/special/rumedia/index.
htm; download: 17.06.1999).

Fossato, Floriana/Kachkaeva, Anna 1998a: Russia: The Origins of A Media Empire
(RFE/RL Report, 13.03.1998) (online verfügbar: www.rferl.org/nca/features/
1998/03.F.RU.980313140126.html; download: 17.06.1999).

Fossato, Floriana/Kachkaeva, Anna 1998b: Russia: Financial Interests Continue To
Control Media Outlets (RFE/RL Report, 13.03.1998) (online verfügbar: www.rfe
rl.org/nca/features/1998/03.F.RU.980313140313.html; download: 17.06.1999).

Fossato, Floriana/Kachkaeva, Anna 1998c: Russia: Media Empires Continue To
Change Shape And Influence Politics (RFE/RL Report, 19.05.1998) (online
verfügbar: www.rfrerl.org/nca/features/1998/05.F.RU.980519131854.html; download: 17.06.1999).

Fossato, Floriana/Kachkaeva, Anna 1998d: Russian Media Empires II (RFE/RL
Report, 20.03.1998) (online verfügbar: www.rferl.org/nca/special/rumedia2/
index.html; download: 17.06.1999).

Fossato, Floriana/Kachkaeva, Anna 1998e: Russian Media Empires III (RFE/RL Report, 26.05.1998) (online verfügbar: www.rferl.org/nca/special/rumedia3/index.html; download: 17.06.1999).

Fossato, Floriana/Kachkaeva, Anna 1998f: Russian Media Empires IV (RFE/RL Report, 20.10.1998) (online verfügbar: www.rferl.org/nca/special/rumedia4/index.html; download: 17.06.1999).

Fossato, Floriana/Kachkaeva, Anna 1999: Russian Media Empires V (RFE/RL Report, August 1999) (online verfügbar: www.rferl.org/nca/special/rumedia5/index.html; download: 09.10.1999).

Fossato, Floriana/Kachkaeva, Anna 2000: Russian Media Empires VI (RFE/RL Report, September 2000) (online verfügbar: www.rferl.org/nca/special/rumedia6/index.html; download: 07.11.2000).

Frank, Peter 1995: Russia's Choice. Elections or Revanche?, in: The World Today 51: 12: 229-230.

Freeland, Chrystia 2005: Sale of the Century. The Inside Story of the Second Russian Revolution. Überarb. Aufl., London.

Freeland, Chrystia/Thornhill, John/Gowers, Andrew 1996: Moscow's Group of Seven, in: Financial Times, 01.11.1996: 17.

Freinkman, Lev 1995: Financial-industrial Groups in Russia. Emergence of Large Diversified Private Companies, in: Communist Economies and Economic Transformation 7: 1: 51-66.

Frydman, Roman/Murphy, Kenneth/Rapaczynski, Andrzej 1996: Capitalism with a Comrade's Face, in: Transition 2: 2 (26.01.1996): 5-11.

Frye, Timothy 1997: A Politics of Institutional Choice. Post-Communist Presidencies, in: Comparative Political Studies 30: 5: 523-552.

Frye, Timothy 2002a: Presidents, Parliaments and Democracy. Insights from the Post-Communist World, in: Reynolds, Andrew (Hrsg.): The Architecture of Democracy. Constitutional Design, Conflict Management, and Democracy, Oxford u. a.: 81-103.

Frye, Timothy 2002b: Capture or Exchange? Business Lobbying in Russia, in: Europe-Asia Studies 54: 7: 1017-1036.

Furtak, Robert K. 1996: Staatspräsident – Regierung – Parlament in Frankreich und in Russland. Verfassungsnorm und Verfassungspraxis, in: Zeitschrift für Politikwissenschaft 6: 4: 945-968.

Fëdorov, Igor' G. 2000: Kontent-analiz soobščenij sredstv massovoj informacii. Izmerenie političeskoj pristrastnosti, in: Zadorin, Igor' V. (Hrsg.): SMI i politika v Rossii. Sociologičeskij analiz roli SMI v izbiratel'nych kampanijach, Moskau: 56-65.

Gaddy, Clifford G./Ickes, Barry W. 1998: Russia's Virtual Economy, in: Foreign Affairs 77: 5: 53-67.

Gaddy, Clifford G./Ickes, Barry W. 2002: Russia's Virtual Economy, Washington, D. C.

Galiev, Andrej 1995: Rossijskij parlament: èta štuka rabotaet, in: Ékspert, 28.11.1995.

Gallarotti, Guilio M. 2001: Rent Seeking, in: Jones, R. J. B. (Hrsg.): Routledge Encyclopedia of International Political Economy, London/New York: 1338-1339.

Ganev, Venelin I. 2001: The Dorian Gray Effect. Winners as State Breakers in Postcommunism, in: Communist and Post-Communist Studies 34: 1: 1-25.

„Gazprom" chočet sozdat' informacionnyj cholding, in: Segodnja, 15.10.1997.

Gazprom-media. „Gazprom" gotovitsja k prezidentskim vyborom, in: Kommersant"-daily, 13.01.1998.

Gelman, Vladimir 2001: The Iceberg Of Russian Political Finance, in: Brown, Archie (Hrsg.): Contemporary Russian Politics. A Reader, Oxford u. a.: 179-194.

Gel'man, Vladimir 2005: Wahlen à la russe. Formale Normsetzung und informelle Methoden, in: Osteuropa 55: 10: 85-97.

Gel'man, Vladimir 2006: From ‚Feckless Pluralism' to ‚Dominant Power Politics'? The Transformation of Russia's Party System, in: Democratization 13: 4: 545-561.

Gladkov, Sabine A. 2002: Macht und Ohnmacht der „Vierten Gewalt". Die Rolle der Massenmedien im russischen Transitionsprozess, Münster u. a.

Glinkina, Svetlana P. 1998: The Ominous Landscape of Russian Corruption. Unchecked greed and proliferating bureaucrats have created a moral and economic free-fall reminiscent of the Klondke gold rush, in: Transition 5: 3 (15.03.1998): 16-23.

Gorbatova, Larisa 1995: Formation of Connections between Finance and Industry in Russia. Basic Stages and Forms, in: Communist Economies and Economic Transformation 7: 1: 21-34.

Götz, Roland 1997: Russlands (un)heimliche Herrscher. Zum Beispiel: Das Finanzimperium ONEKSIM (Aktuelle Analysen des BIOst, 42), Köln.

Götz, Roland 2000a: Die Privatisierung der russischen Industrie in Theorie und Praxis, in: Osteuropa 50: 10: 1097-1114.

Götz, Roland 2000b: Die wirtschaftliche Kluft zwischen Russland und dem Westen, in: Bundesinstitut für ostwissenschaftliche und internationale Studien (Hrsg.): Russland in Europa? Innere Entwicklungen und internationale Beziehungen – heute, Köln/Weimar/Wien: 135-150.

Grachov, Nikolaj/P'jankov, Sergej 2006: Dejstvie licenzii na teleradioveščanie. Problemy i perspektivy pravovogo regulirovanija, in: Zakonodatel'stvo i praktika mass-media: 4 & 5 (online verfügbar: www.medialaw.ru/publications/zip/140/1.htm & www.medialaw.ru/publications/zip/141/2; download: 30.05.2006).

Graham, Thomas 1999: From Oligarchy to Oligarchy. The Structure of Russia's Ruling Elite, in: Demokratizatsiya 7: 3: 325-340.

Granville, Brigitte/Oppenheimer, Peter (Hrsg.) 2001: Russia's Post-Communist Economy, Oxford u. a.

Grigor'ev, Andrej 1996: Sdelka, in: Segodnja, 13.06.1996.

Grigor'ev, Andrej 1997: Pravitel'stvo uporjadočivaet sistemu upolnomočennych bankov, in: Segodnja, 17.01.1997.

Grüske, Karl-Dieter/Schneider, Friedrich 2003: Wörterbuch der Wirtschaft. 13., völlig neu bearb. Aufl., Stuttgart.

Gubanov, Aleksandr 2000a: Pressa. Gody 1990-2000, in: Sreda: 5 (22): 15-18 (online verfügbar: www.sreda-mag.ru/mag/22/12.phtml; download: 27.10.2004).

Gubanov, Aleksandr 2000b: Televidenie. Gody 1990-2000, in: Sreda: 6-7 (23): 19-22 (online verfügbar: www.sreda-mag.ru/mag/23/18.phtml; download: 27.10.2004).

Gulyaev, Mikhail 1996: Media as Contested Power in Post-Glasnost Russia, in: Post-Soviet Media Law and Policy Newsletter: 29 (30.04.1996) (online verfügbar: www.vii.org/monroe/issue29/paper.html; download: 11.04.2000).

Gulyaev, Mikhail A. 2000: Russian Media. Manipulative Model of Communication (Paper to the VI World Congress for Central and East European Studies, Tampere, 29.07.-03.08.2000), Tampere.

Guriev, Sergei/Rachinsky, Andrey 2006: The Evolution of Personal Wealth in the Former Soviet Union and Central and Eastern Europe (World Institute for Development Economics Research, Research Paper, 2006/120), Helsinki (online verfügbar: www.wider.unu.edu/publications/rps/rps2006/rp2006-120.pdf; download: 02.02.2007).

Gurkow, Andrej 1991: Von Glasnost zur Vierten Gewalt. Der Pusch und die Medien, in: Dammann, Rüdiger/Strickstrock, Frank (Hrsg.): Revolution in Moskau. Der Putsch und das Ende der Sowjetunion, Reinbek: 244-260.

Gusarev, Sergej 1998: Sčetnaja palata obvinjaet Minfin, in: Interfaks-AiF, 06.04.1998.

Gusinskij podpisal soglašenie o prodaže MEDIA-MOSTa Gazpromu (2000) (online verfügbar: www.geocities.com/abramson4/; download: 19.09.2000).

Gustafson, Thane 1999: Capitalism Russian-Style, Cambridge u. a.

Gustafson, Thane 2012: Wheel of Fortune. The Battle for Oil and Power in Russia, Cambridge, MA/London.

Hachmeister, Lutz/Rager, Günther (Hrsg.) 1997: Wer beherrscht die Medien? Die 50 größten Medienkonzerne der Welt, München.

Hachmeister, Lutz/Rager, Günther (Hrsg.) 2000: Wer beherrscht die Medien? Die 50 größten Medienkonzerne der Welt. Jahrbuch 2000, München.

Hachmeister, Lutz/Rager, Günther (Hrsg.) 2002: Wer beherrscht die Medien? Die 50 größten Medienkonzerne der Welt. Jahrbuch 2003, München.

Hachmeister, Lutz/Rager, Günther (Hrsg.) 2005: Wer beherrscht die Medien? Die 50 größten Medienkonzerne der Welt: Jahrbuch 2005, München.

Haggard, Stephan/Kaufman, Robert R. 1995: The Political Economy of Democratic Transitions, Princeton, NJ.

Hagström, Martin 2000: Control over the Media in Post-Soviet Russia, in: Ekecrantz, Jan/Olofsson, Kerstin (Hrsg.): Russian Reports. Studies in Postcommunist Transformation of Media and Journalism, Stockholm: 197-246.

Halbach, Uwe 2000: Der Weg in den zweiten Tschetschenien-Krieg, in: Osteuropa 50: 1: 11-30.

Hale, Henry E. 2006: Why Not Parties in Russia? Democracy, Federalism, and the State, London u. a.

Hall, Peter A./Soskice, David (Hrsg.) 2001: Varieties of Capitalism. The Institutional Foundations of Comparative Advantage, Oxford u. a.

Harter, Stefanie 1999: Kann der Staat ausgeschaltet werden? Zu den regionalen Dimensionen finanz-industrieller Gruppen in Russland, in: Höhmann, Hans-Hermann (Hrsg.): Spontaner oder gestalteter Prozess? Die Rolle des Staates in der Wirtschaftstransformation osteuropäischer Länder, Baden-Baden: 116-132.

Harter, Stefanie 2000a: Life on planet .ru. The Internet in Russia (Paper presented at the BASEES Annual Conference, Cambridge, 1-3 April 2000), Cambridge.

Harter, Stefanie 2000b: Russlands Weg in die globale Virtualität, in: Bundesinstitut für ostwissenschaftliche und internationale Studien (Hrsg.): Russland in Europa? Innere Entwicklungen und internationale Beziehungen – heute, Köln/Weimar/Wien: 151-167.

Harter, Stefanie/Grävingholt, Jörn/Pleines, Heiko/Schröder, Hans-Henning 2003: Geschäfte mit der Macht. Wirtschaftseliten als politische Akteure im Russland der Transformationsjahre 1992-2001, Bremen.

Haspel, Moshe/Remington, Thomas F./Smith, Steven S. 2006: Lawmaking and Decree Making in the Russian Federation. Time, Space, and Rules in Russian National Policymaking, in: Post-Soviet Affairs 22: 3: 249-275.

Hassel, Florian 2000: Der Geist sowjetischer Unterdrückung oder: Informationskrieg. Angriffe auf die Pressefreiheit in Russland sind kein Zufall, sondern Teil eines Plans zur ihrer völligen Abschaffung, in: Frankfurter Rundschau, 29.07.2000: 24.

Hassel, Florian 2001a: Alles bleibt in der Familie. Wie die Gasprom-Manager Russlands reichstes Unternehmen ausplündern - zum Schaden des Staates, aber auch ausländischer Aktionäre wie der deutschen Ruhrgas, in: Frankfurter Rundschau, 21.05.2001 (online verfügbar: www.fr-aktuell.de/fr/120/t12000 3.htm; download: 21.05.2001).

Hassel, Florian 2001b: Gazprom Assets A Family Affair, in: Moscow Times, 21.05.2001 (online verfügbar: www.themoscowtimes.com/stories/2001/05/21/ 001.html; download: 21.05.2001).

Hassel, Florian 2001c: Das Kuckucksei im Nest der Korruption. Im Aufsichtsrat des russischen Unternehmens Gasprom streitet der frühere Finanzminister Fjodorow für Glasnost, in: Frankfurter Rundschau, 22.05.2001 (online verfügbar: www.fr-aktuell.de/fr/120/t120002.htm; download: 22.05.2001).

Hedlund, Stefan 1999: Russia's „Market" Economy. A Bad Case for Predatory Capitalism, London.

Heinrich, Andreas 2001: Large Corporations as National and Global Players. The Case of Gazprom, in: Segbers, Klaus (Hrsg.): Explaining Post-Soviet Patchworks. Volume 1: Actors and Sectors between Accommodation and Resistance to Globalisation, Aldershot u. a.: 97-115.

Hellman, Joel 1996: Russia Adjusts to Stability, in: Transition 2: 10 (17.05.1996): 6-10.

Hellman, Joel S. 1998: Winners Take All. The Politics of Partial Reform in Postcommunist Transitions, in: World Politics 50: 2: 203-234.

Hellman, Joel/Jones, Geraint/Kaufmann, Daniel 2000: Seize the State, Seize the Day. State Capture, Corruption and Influence in Transition (World Bank Policy Research Working Paper, 2444), Washington, D. C. (online verfügbar: www. worldbank.org/wbi/governance/pubs/seizestate.htm; download: 02.12.2000).

Hellman, Joel/Jones, Geraint/Kaufmann, Daniel/Schankerman, Mark 2000: Measuring Governance, Corruption, and State Capture. How Firms and Bureaucrats Shape the Business Environment in Transition Economies (World Bank Policy Research Working Paper, 2312), Washington, D. C. (online verfügbar: www-wds.worldbank.org/servlet/WDSContentServer/WDSP/IB/2000/04/24/0000949 46_00040705412171/Rendered/PDF/multi_page.pdf; download: 06.12.2004).

Hellman, Joel/Kaufmann, Daniel 2001: Confronting the Challenge of State Capture in Transition Economies, in: Finance & Development 38: 3 (online verfügbar: www.imf.org/external/pubs/ft/fandd/2001/09/hellman.htm; download: 02.11.2009).

Hellman, Joel/Schankerman, Mark 2000: Intervention, Corruption, and State Capture. The Nexus Between Enterprises and the State, in: Economics of Transition 8: 3: 545-567.

Helms, Ludger 2005: Der Wandel politischer Kontrolle in den parlamentarischen Demokratien Westeuropas, in: Zeitschrift für Parlamentsfragen 36: 2: 390-410.

Hoffman, David E. 2002: The Oligarchs. Wealth and Power in the New Russia, New York.

Holmes, Stephen 1993/94: Superpresidentialism and its Problems, in: East European Constitutional Review 2/3: 4/1: 123-126.

Hough, Jerry F. 2001: The Logic of Economic Reform in Russia, Washington, D. C.

Huber, Claudia K. 2008: Medienkonzerne, in: Hachmeister, Lutz (Hrsg.): Grundlagen der Medienpolitik. Ein Handbuch, München: 260-266.

Hübner, Peter 1995a: Der Zerfall des „einheitlichen Informationsraums" in Russland und der ehemaligen Sowjetunion. Teil 1: Presselandschaft (Berichte des BIOst, 49), Köln.

Hübner, Peter 1995b: Der Zerfall des „einheitlichen Informationsraums" in Russland und der ehemaligen Sowjetunion. Teil 2: Die elektronischen Medien (Berichte des BIOst, 50), Köln.

Hübner, Peter 1995c: Der Zerfall des „einheitlichen Informationsraums" in Russland und der ehemaligen Sowjetunion, in: Bundesinstitut für ostwissenschaftliche und internationale Studien (Hrsg.): Zwischen Krise und Konsolidierung. Gefährdeter Systemwechsel im Osten Europas. Jahrbuch 1994/95, München/Wien: 65-77.

Hübner, Peter 1997: Pressefreiheit in Russland. Das Recht auf freien Zugang zu Information (Berichte des BIOst, 43), Köln.

Hübner, Peter 1998: Pressefreiheit in Russland. Großaktionäre als Zensoren? (Berichte des BIOst, 34), Köln.

Hübner, Peter 2000a: Der Medienkampf Jelzin-Putin-Beresowskij gegen Lushkow-Primakow-Gussinskij. Seine Folgen für die Duma- und Präsidentschaftswahlen (Teil I) (Aktuelle Analysen des BIOst, 5), Köln.

Hübner, Peter 2000b: Der Medienkampf Jelzin-Putin-Beresowskij gegen Lushkow-Primakow-Gussinskij. Seine Folgen für die Duma- und Präsidentschaftswahlen (Teil II) (Aktuelle Analysen des BIOst, 6), Köln.

Hübner, Peter 2000c: Russland: Ein Jahrzehnt nach der sowjetischen Informationsdiktatur. Scheitern Informationsfreiheit und Demokratie, zerbricht die staatliche Einheit? (Berichte des BIOst, 2), Köln.

Huskey, Eugene 1995: The State-Legal Administration and the Politics of Redundancy, in: Post-Soviet Affairs 11: 2: 115-143.

Huskey, Eugene 1999: Presidential Power in Russia, London/Armonk, NY.

Igor' Malašenko: My rasplačivaemsja za glupost' pravitel'stva, in: Kommersant"-daily, 18.09.1998.

Il'in, Ivan 1998: Otkuda Lužkov voz'met kapustu? Esli Gazprom uedet iz Moskvy, in: Moskovskij komsomolec, 01.12.1998.

Institut ‚Obščestvennaja ékspertiza' 2000: Anatomija svobody slova 2000, Moskau (online verfügbar: www.freepress.ru/arh/book_2000/index.shtml; download: 30.12.2004).

International Press Institute (IPI) 1999: 1998 World Press Freedom Review on Russia, in: Post-Soviet Media Law and Policy Newsletter: 52-53 (15.02.1999) (online verfügbar: www.vii.org/monroe/issue52_53/worldpress.htm; download: 30.04.2004).

International Research & Exchanges Board (IREX) 2001: Media Sustainability Index 2001. The Development of Sustainable Independent Media in Europe and Eurasla, Washington, D. C. (online verfügbar: www.irex.org/publications-resou rces/msi/2001/index.htm; download: 18.12.2001).

International Research & Exchanges Board (IREX) 2006: Media Sustainability Index 2005. The Development of Sustainable Media in Europe and Eurasia, Washington, D. C. (online verfügbar: www.irex.org/msi/2005/MSI2005.zip; download: 31.01.2006).

Interv'ju s Karaganovym, in: Kommersant''-daily, 05.03.1998.

Isakov, Konstantin 1999: Capital in the Media Market. Is It Good or Bad That Banks Are Bying the Press?, in: Russian Politics and Law 37: 2: 58-65.

Iškova, Elena 1995: Deputaty svoim zakonom mogli podorvat' bazu popolnenija bjudžeta, in: Rossijskie vesti, 17.11.1995.

Iskyan, Kim 1999: Read, Watch and Listen –. The Russian Media Industry (MFK Renaissance Equity Research – Sector Profile, July 1999), Moskau.

Ismayr, Wolfgang 2008: Gesetzgebung in den Staaten der Europäischen Union im Vergleich, in: Ismayr, Wolfgang (Hrsg.): Gesetzgebung in Westeuropa. EU-Staaten und Europäische Union, Wiesbaden: 9-64.

Ismayr, Wolfgang 2010a: Die politischen Systeme Osteuropas im Vergleich, in: Ismayr, Wolfgang (Hrsg.): Die politischen Systeme Osteuropas. 3., akt. u. erw. Aufl., Wiesbaden: 9-78.

Ismayr, Wolfgang (Hrsg.) 2010b: Die politischen Systeme Osteuropas. 3., akt. u. erw. Aufl., Wiesbaden.

Itogi zalogovych aukcionov, in: Kommersant''-vlast', 10.09.1996.

Ivanova, Elena 2001: Komu prinadležit Rossija? Gazovaja promyšlennost', in: Kommersant''-vlast': 47 (449), 27.11.2001: 61-72.

Iz kanceljarij, in: Kommersant''-daily, 14.11.1995.

Jasina, Irina 1996: Torg za stul'ja otmenjaetsja? Otmena itogov aukciona po „Sibnefti" možet posobstvovat' ulučšeniju investicionnogo klimata, in: Segodnja, 26.06.1996.

Jasper, Jörg 1999: Entstehung, Bedeutung und Tragfähigkeit der Konzeption der Finanz-Industriellen Gruppen in der Russischen Föderation, in: Osteuropa-Wirtschaft 44: 1: 28-50.

Jensen, Donald N. 1998: How Russia Is Ruled – 1998 (RFE/RL Special Report, 28.08.1998) (online verfügbar: www.rferl.org/nca/special/ruwhorules/index.html; download: 09.10.1999).

Johnson, Juliet 1997: Russia's Emerging Financial-Industrial Groups, in: Post-Soviet Affairs 13: 4: 333-365.

Johnson, Juliet 2000: A Fistful of Rubles. The Rise and Fall of the Russian Banking System, Ithaca, NY/London.

Jones, Adam 2002: The Russian Press in the Post-Soviet Era. A Case Study of Izvestia, in: Journalism Studies 3: 3: 359-375.

Judiciary of England and Wales 2012: Berezovsky v Abramovich. Executive Summary of the Full Judgment of Gloster J in Action 2007 Folio 942, 01.12.2012 (online verfügbar: www.judiciary.gov.uk/Resources/JCO/Documents/Judgments /berezovsky-abramovich-summary.pdf; download: 03.04.2013).

Jur'ev, Evgenij 1998: Glave gosudarstva predložili ujti po-chorošemu, in: Segodnja, 22.08.1998: 1-2.

Kachkaeva, Anna 2000: Image Factory. Television as the Key Instrument for Creation of Political Myths (online verfügbar: www.internews.ru/crisis/imagefactory. html; download: 09.10.2001).

Kachkaeva, Anna/Kiriya, Ilya/Libergal, Grigory 2006: Television in the Russian Federation. Organisational Structure, Programme Production and Audience (A Report prepared by Internews for the European Audiovisual Observatory), Strasbourg (online verfügbar: www.obs.coe.int/online_publication/reports/tv_ russia_internews2006.pdf; download: 01.06.2006).

Kačkaeva, Anna 1997a: Televidenie i novaja rossijskaja oligarchija, in: Zakonodatel'stvo i praktika mass-media: 3 (31) (online verfügbar: www.medialaw.ru/ publications/zip/31/focus.html; download: 15.03.2010).

Kačkaeva, Anna 1997b: Ukroščenie „džinsy". Kratkaja finansovaja istorija pervogo telekanala, in: Žurnalist: 10: 33-37.

Kačkaeva, Anna 1998: Rossijskie imperii SMI, in: Žurnalist: 6: 21-26.

Kačkaeva, Anna G. 2003: Novejščaja istorija rossijskogo televidenija. 1990-2002 (opyt periodizacii), in: Vestnik MGU, Serija 10, Žurnalistika: 3: 20-32.

Kamyšev, Dmitrij 1998: I. o. prem'era ne možet byt' i. o. prezidenta, in: Kommersant"-daily, 17.04.1998.

Kharina, Nathalie 2001: Vogelfrei: im goldenen Staatskäfig. Russland und die Pressefreiheit, in: epd medien: 37: 4-9.

Kitschelt, Herbert 1985: Materiale Politisierung der Produktion. Gesellschaftliche Herausforderung und institutionelle Innovationen in fortgeschrittenen kapitalistischen Demokratien, in: Zeitschrift für Soziologie 14: 3: 188-208.

Klasson, Michail 1996: Rema Vjachireva prel'stili lavry Teda Ternera, in: Biznes MN, 19.06.1996.

Klebnikov, Paul 2000: Godfather of the Kremlin. Boris Berezovsky and the Looting of Russia, New York u. a.

Kokh, Alfred 1998: The Selling of the Soviet Empire. Politics & Economics of Russia's Privatization – Revelations of the Principal Insider, New York u. a.

Kokh, Alfred 2001: Gusinsky Has Made „Freedom" a Bad Word, in: Russia Watch: 6 (June): 19-20 (online verfügbar: http://bcsia.ksg.harvard.edu/BCSIA_content/ documents/RW6-01.pdf; download: 28.01.2004).

Kol'cova, Elena J. 2001: Institut SMK v sovremennoj Rossii. Proizvodstvo novostej kak sistema vlastnych vzaimootnošenij. (Staatliche Universität Petersburg: Dissertation), St. Petersburg.

Kolesnik, Svetlana 1996: Content Control on TV in Russia, in: Post-Soviet Media Law and Policy Newsletter: 32 (05.09.1996) (online verfügbar: www.vii.org/ monroe/issue32/kolesnik.html.

Kolesnik, Svetlana 1997: Television and Politics. The ORT Crisis, in: Post-Soviet Media Law and Policy Newsletter: 37 (13.06.1997): 9-12 (online verfügbar: www.vii.org/monroe/issue37/article.html; download: 08.02.2004).

Kolesnik, Svetlana 2000: Ėtika drevnejšej professii (osobennosti raboty SMI v period vyborov), in: Eremin, I. J. (Hrsg.): SMI i predstojaščie vybory Prezidenta Rossii v 2000 godu, Moskau: Kap. 5 (online verfügbar: www.democracy.ru/ library/publications/media/presmedia2000/page5.html; download: 26.04.2004).

Kollmorgen, Raj/Merkel, Wolfgang/Wagener, Hans-Jürgen 2015: Transformation und Transformationsforschung: Zur Einführung, in: diess. (Hrsg.): Handbuch Transformationsforschung, Wiesbaden, S. 11-27.

Koltsova, Olessia 2006: News Media and Power in Russia, London/New York.

Konkurentov nado ispugat', in: Vek, 08.08.1997: 10.

Konstantinova, Natal'ja 1995: Dva goda rossijskogo parlamentarizma, in: Nezavisimaja gazeta, 02.12.1995: 1-2.

Koreckij, Aleksandr 1998: Političeskij torg zaveršen, in: Segodnja, 31.08.1998.

Kornai, János 2006: The Great Transformation of Central Eastern Europe. Success and Disappointment, in: Economics of Transition 14: 2: 207-244

Korsunskaja, Dar'ja 1998: Pered vyborom Rossija bespartijnaja, in: Russkij telegraf, 24.04.1998.

Korsunskaja, Dar'ja 1999: Soglasie zabyto na neopredelennyj srok, in: Vremja MN, 08.04.1999.

Koškarëva, Tat'jana 1996: Kto upravljaet ėkonomikoj? Viktor Iljušin pretenduet na „vozmožnost' prinimat' rešenija", in: Nezavisimaja gazeta, 16.10.1996: 3.

Koškarëva, Tat'jana/Narzikulov, Rustam 1998a: Televizionnyj supermonopolist, krupnejšij bank i novyj oligarch. Oni čut' bylo ne pojavilis' na svet po rešeniju pravitel'stva, dezavuirovannomu konkurentami VGTRK i prezidentom strany, in: Nezavisimaja gazeta, 13.08.1998: 1+3.

Koškarëva, Tat'jana/Narzikulov, Rustam 1998b: Opasnaja pobeda Černomyrdina, in: Nezavisimaja gazeta, 20.01.1998.

Koslatschkow, Alexej 1995: Schema der Verwaltung des Präsidenten, in: Wostok 40: 2: 8-9.

Kotenkov, Aleksandr 1998: El'cin prav!, in: Argumenty i fakty, 15.04.1998.

Krašeninnikov, Pavel 1999: Rospusk Gosdumy vozmožen, in: Nezavisimaja gazeta, 14.05.1999.

Kreisel, Anja 2001: Zwischen Information und Macht. Die russische Medienlandschaft, in: Höhmann, Hans-Hermann/Schröder, Hans-Henning (Hrsg.): Russland unter neuer Führung. Politik, Wirtschaft und Gesellschaft am Beginn des 21. Jahrhunderts, Münster: 241-255.

Krueger, Anne O. 1974: The Political Economy of the Rent-Seeking Society, in: American Economic Review 64: 3: 291-303.

Krug, Peter/Price, Monroe E. 1996: Russia, in: MacLeod, Vicki (Hrsg.): Media Ownership and Control in the Age of Convergence, London: 171-189.

Kryštanovskaja, Ol'ga 1996: Finansovaja Oligarchija v Rossii, in: Izvestija, 10.01.1996: 5.

Kryštanovskaja, Ol'ga 1997: Kto segodnja pravit bal v Rossii?, in: Argumenty i fakty, Mai 1997: 4.

Kryštanovskaja, Ol'ga V. 1995: Banki, oblečennye doveriem vlastej, in: Izvestija, 08.02.1995: 15.

Kryukov, Valery 2000: Adjustment to Change. The Case of the Oil and Gas Industry, in: Harter, Stefanie/Easter, Gerald (Hrsg.): Shaping the Economic Space in Russia. Decision Making Processes, Institutions and Adjustment to Change in the El'tsin Era, Aldershot u. a.: 102-126.

Kryukov, Valery/Moe, Arild 1996: The New Russian Corporatism? A Case Study of Gazprom, London.

Kryukov, Valery/Moe, Arild 1999: Banks and the Financial Sector, in: Lane, David (Hrsg.): The Political Economy of Russian Oil, Lanham, MD: 47-74.

Kubiček, Paul 1994: Delegative Democracy in Russia and Ukraine, in: Communist and Post-Communist Studies 27: 4: 423-441.

Kučer, Valerij 1997: „Pravila igry": dlja vlasti i obščestva, in: Rossijskaja gazeta, 25.03.1997.

Kustarëv, Aleksandr 2000: Konkurencija i konflikt v žurnalistike, in: Pro et Contra 5: 4: 7-30.

Kuznecova, Vera 1998: Administracija prezidenta zanimaet mesta v pravitel'stve, in: Izvestija, 20.01.1998.

Kuznecova, Vera 1998: Seleznevu Duma dorože Kirienko, in: Izvestija, 15.04.1998.

Kuznetsova, Olga/Kuznetsov, Andrei 1999: The State as a Shareholder. Responsibilities and Objectives, in: Europe-Asia Studies 51: 3: 433-445.

Lane, David (Hrsg.) 1999: The Political Economy of Russian Oil, Lanham, MD.

Lane, David 2001: The Political Economy of Russian Oil, in: Rutland, Peter (Hrsg.): Business and State in Contemporary Russia, Boulder, CO/Oxford: 101-128.

Lane, David S. (Hrsg.) 2002: Russian Banking. Evolution, Problems and Prospects, Cheltenham/Northampton, MA.

Lane, David 2007: Post-State Socialism. A Diversity of Capitalisms?, in: Lane, David S./Myant, Martin R. (Hrsg.): Varieties of Capitalism in Post-Communist Countries, Basingstoke: 13-39.

Lane, David/Lavrentieva, Irene 2002: The View from the Ground. Case Studies of Three Major Banks (Sberbank, Uneximbank/Rosbank, Bank of Moscow), in: Lane, David S. (Hrsg.): Russian Banking. Evolution, Problems and Prospects, Cheltenham/Northampton, MA: 79-115.

Lange, Yasha 1997: Media in the CIS. A Study of the Political, Legislative and Socio-economic Framework, Düsseldorf (online verfügbar: www.internews.ru/ books/media/contents.html; download: 18.01.2000).

Ledeneva, Alena V. 2006: How Russia Really Works. The Informal Practices That Shaped Post-Soviet Politics And Business, Ithaca, NY/London.

Legutke, Annette 2001: Die Organisation der Parteien in Russland, Wiesbaden.

Leonidova, Alla 1998: Čelovek s tremja mobil'nymi, in: Moskovskie novosti, 27.10.1998.

Lepëchin, Vladimir A. 1998: Gruppy interesov kak osnovnoj sub"ekt sovremennoj rossijskoj političeskoj systemy, in: Makfol, Majkl/Markov, Sergej/Rjabov, Andrej (Hrsg.): Formirovanie partijno-političeskoj sistemy v Rossii, Moskau: 97-136.

Levin, Konstantin 1995: Administrativnyj kontrol' kak ipostas' liberalizacii, in: Kommersant"-daily, 21.06.1995.

Levin, Konstantin 1998: Kabinet vtorogo plana, in: Kommersant"-vlast', 22.09.1998: 9-11.

Levitsky, Steven/Way, Lucan A. 2002: The Rise of Competitive Authoritarianism, in: Journal of Democracy 13: 2: 51-65.

Levitsky, Steven/Way, Lucan A. 2010: Competitive Authoritarianism. Hybrid Regimes After the Cold War, New York.

Lieberman, Ira W. 2008: The Rise and Fall of Russian Privatization, in: Lieberman, Ira W./Kopf, Daniel J. (Hrsg.): Privatization in Transition Economies. The Ongoing Story, Amsterdam u. a.: 261-343.

Lieberman, Ira W./Veimetra, Rogi 1996: The Rush for State Shares in the „Klondyke" of Wild East Capitalism. Loans-for-Shares Transactions in Russia, in: George Washington Journal of International Law and Economics 29: 3: 737-768.

Lipman, Masha/McFaul, Michael 2001: „Managed Democracy" in Russia. Putin and the Press, in: Harvard International Journal of Press/Politics 6: 3: 116-127.

Ljubarew, Arkadij 2011: Die Struktur der Parteilisten zu den Dumawahlen 2011, in: Russlandanalysen: 229: 10-12 (online verfügbar: www.laender-analysen.de/russland/pdf/Russlandanalysen229.pdf; download: 25.11.2011).

Loginov, Michail 1995: Drugie banki sdelali pravitel'stvu predloženie, in: Kommersant"-daily, 06.04.1995.

Loginov, Michail 1996: Novyj ètap bankovskogo krizisa, in: Kommersant"-daily, 16.07.1996.

Lolaeva, Svetlana/Čerkasov, Gleb 1998: Legkoj prem'ery ne polučaetsja, in: Vremja MN, 27.08.1998.

Loukina, Maria 2000: The Web Paradigms of the Russian Media, in: van Cuilenburg, Jan/van der Wurff, Richard (Hrsg.): Media & Open Society. Cultural, Economic and Policy Foundations for Media Openness and Diversity in East and West, Amsterdam: 212-222.

Lovell, Stephen 1996: Ogonek. The Crisis of a Genre, in: Europe-Asia Studies 48: 6: 989-1006.

Luchterhandt, Otto 1994: Wird Russland ein Verfassungsstaat?, in: Heidenreich, Bern/Heller, Klaus/Schinke, Eberhard (Hrsg.): Russlands Zukunft. Vorträge eines gemeinsamen Seminars mit der Hessischen Landeszentrale für politische Bildung, Berlin: 21-36.

Lučin, Viktor O./Mazurov, Aleksej V. 2000: Ukazy Prezidenta RF. Osnovnye social'nye i pravovye charakteristiki, Moskau.

Lukina, Marija M. 2001: SMI v domene ru. Chronika, cifry i tipy, in: Vestnik MGU, Serija 10, Žurnalistika: 6: 63-73.

Makarenko, Boris 2000: „Otečestvo – Vsja Rossija", in: Makfol, Majkl/Petrov, Nikolaj V./Rjabov, Andrej V. (Hrsg.): Rossija v izbiratel'nom cikle 1999-2000 godov, Moskau: 155-166.

Makarenko, Boris I./Venediktov, P. 1998: Bol'šoj biznes i SMI, in: Pappé, Jakov Š. (Hrsg.): Finansovo-promyšlennye gruppy i konglomeraty v ėkonomike i politike sovremennoj Rossii, Moskau (online verfügbar: www.nns.ru/analytdoc/fpg. html; download: 27.08.1999).

Makarkin, Aleksej 2000: Partii vlasti, in: Makfol, Majkl/Petrov, Nikolaj V./Rjabov, Andrej V. (Hrsg.): Rossija v izbiratel'nom cikle 1999-2000 godov, Moskau: 144-154.

Makrushenko, V. 1998: Financial-Industrial Groups. Development and Problems, in: Problems of Economic Transition 40: 12: 62-79.

Mangott, Gerhard 2002a: Zur Demokratisierung Russlands. Band 1: Russland als defekte Demokratie, Baden-Baden.

Mangott, Gerhard (Hrsg.) 2002b: Zur Demokratisierung Russlands. Band 2: Leadership, Parteien, Regionen und Zivilgesellschaft, Baden-Baden.

March, Luke 2002: The Communist Party in Post-Soviet Russia, Manchester.

Mašin, Anton 1997: Imperija roždaetsja v mukach. „TV-Centr" metit v edinovlastnogo chozjajna informacionnogo polja Moskvy, in: Vek, 08.08.1997: 10.

Matrjuchin, G. I. (Hrsg.) 1997: Pečat' Rossijskoj Federacii v 1996 godu. Statističeskij sbornik, Moskau.

Matrjuchin, G. I. (Hrsg.) 2000: Pečat' Rossijskoj Federacii v 1999 godu. Statističeskij sbornik, Moskau.

McFaul, Michael 1997a: Russia's 1996 Presidential Elections. The End of Polarized Politics, Stanford, CA.

McFaul, Michael 1997b: Democracy Unfolds in Russia, in: Current History 96: October: 319-325.

McFaul, Michael 1998a: Russia's ‚Privatized' State as an Impediment to Democratic Consolidation. Part I, in: Security Dialogue 29: 2: 191-199.

McFaul, Michael 1998b: Russia's ‚Privatized' State as an Impediment to Democratic Consolidation. Part II, in: Security Dialogue 29: 3: 315-332.

McFaul, Michael 2000: Party Formation and Non-Formation in Russia (Carnegie Endowment Working Papers, 12), Washington, D. C. (online verfügbar: www.carne gieendowment.org/files/partyform.pdf; download: 04.07.2001).

McFaul, Michael 2001: Russia's Unfinished Revolution. Political Change from Gorbachev to Putin, Ithaca, NY/London.

McNair, Brian 1996: Television in post-Soviet Russia. From Monolith to Mafia, in: Media, Culture & Society 18: 3: 489-499.

McNair, Brian 2000: Power, Profit, Corruption, and Lies. The Russian Media in the 1990s, in: Curran, James/Park, Myung-Jin (Hrsg.): De-Westernizing Media Studies, London/New York: 79-94.

Medvedev, Oleg/Sinchenko, Sergei 1997: The Fourth Estate – Chained to Banks, in: Business in Russia: 78 (June): 38-43.

Mellow, Craig 1997a: Rise of the Banker Clans, in: The Banker 147: 854 (April): 48-56.

Mellow, Craig 1997b: Russia's Robber Barons, in: Fortune 135: 03.03.1997: 120-124 (online verfügbar: http://money.cnn.com/magazines/fortune/fortune_archive/19 97/03/03/222752/; download: 18.04.2013).

Memorandum soveščanija po rassmotreniju predloženij Konsorciuma rossijskich bankov, in: Moskovskie novosti, 17.05.1995.

Merkel, Wolfgang 2010: Systemtransformation. Eine Einführung in die Theorie und Empirie der Transformationsforschung. 2., überarb. u. erw. Aufl., Wiesbaden.

Merkel, Wolfgang/Puhle, Hans-Jürgen/Croissant, Aurel/Eicher, Claudia/Thiery, Peter 2003: Defekte Demokratie. Band 1: Theorie, Opladen.

Merkel, Wolfgang/Puhle, Hans-Jürgen/Croissant, Aurel/Thiery, Peter 2006: Defekte Demokratie. Band 2: Regionalanalysen, Wiesbaden.

Meyer, Gerd 2001: Russland – auf dem Weg zur Demokratie? Das politische System Russlands, in: Der Bürger im Staat 51: 2/3: 94-102.

Michol, Lutz P./Jankowski, Jaromir 1994: Zur Situation des Rundfunks in der Gemeinschaft Unabhängiger Staaten (GUS), in: Hans-Bredow-Institut für Rundfunk und Fernsehen (Hrsg.): Internationales Handbuch für Rundfunk und Fernsehen 1994/95, Baden-Baden: B 76-B 92.

Michel, Lutz P./Jankowski, Jaromir 1996: Zur Situation des Rundfunks in der Gemeinschaft Unabhängiger Staaten, in: Hans-Bredow-Institut für Rundfunk und Fernsehen (Hrsg.): Internationales Handbuch für Rundfunk und Fernsehen 1996/97, Baden-Baden: C 64-C 88.

Michel, Lutz P./Jankowski, Jaromir 1998: Das Rundfunksystem Russlands, in: Hans-Bredow-Institut für Rundfunk und Fernsehen (Hrsg.): Internationales Handbuch für Rundfunk und Fernsehen 1998/99, Baden-Baden: 484-505.

Michel, Lutz P./Jankowski, Jaromir 2000: Das Rundfunksystem Russlands, in: Hans-Bredow-Institut für Rundfunk und Fernsehen (Hrsg.): Internationales Handbuch für Rundfunk und Fernsehen 2000/2001, Baden-Baden: 532-560.

Mickiewicz, Ellen 1995: The Poltical Economy of Media Democratisation, in: Lane, David (Hrsg.): Russia in Transition. Politics, Privatisation and Inequality, London/New York: 159-173.

Mickiewicz, Ellen 1997: Changing Channels. Television and the Struggle for Power in Russia, New York u. a.

Mickiewicz, Ellen 1999a: Russian Television News. Owners and the Public, in: Nieman Reports 53: 3: 27-30 (online verfügbar: www.nieman.harvard.edu/reports/99-3NRfall99/NRfall99.pdf; download: 16.10.2002).

Mickiewicz, Ellen 1999b: Changing Channels. Television and the Struggle for Power in Russia. 2., überarb. u. erw. Aufl., Durham, NC/London.

Mickiewicz, Ellen 2000: Institutional Incapacity, the Attentive Public, and Media Pluralism in Russia, in: Gunther, Richard/Mughan, Anthony (Hrsg.): Democracy and the Media. A Comparative Perspective, Cambridge u. a.: 85-121.

Mickiewicz, Ellen 2008: Television, Power, and the Public in Russia, Cambridge u. a.

Minfin i CB. Upolnomočennaja vojna, in: Profil', 07.07.1997.

Minkin, Aleksandr 1997: Koch pokinul kreslo, čtoby ne okazat'sja na narach, in: Novaja gazeta, 18.08.1997.

Mirzoev, Pavel 1998: Prezident i Duma apellirujut k KS, in: Russkij telegraf, 22.04.1998.

Mitrochin, Sergej/Luchterhandt, Galina 1998: Rechtsnormen und Gesetzgebung im Institutionalisierungsprozess, in: Forschungsstelle Osteuropa an der Universität Bremen (Hrsg.): Das neue Russland in Politik und Kultur, Bremen: 36-59.

Mndojanc, Sergej A./Salmin, Aleksej M. (Hrsg.) 1996: Parlamentarizm v Rossii. Federal'noe Sobranie v 1993-1995 godach: Sovet Federacii pervogo sozyva, V Gosudarstvennaja Duma, Moskau (online verfügbar: www.legislature.ru/books/ parl1996/parl1996.html; download: 20.07.2006).

Mommsen, Margareta 2003: Die Ohnmacht von Parlament und Parteien bei der Regierungsbildung in Russland, in: Bos, Ellen/Mommsen, Margareta/Steinsdorff, Silvia von (Hrsg.): Das russische Parlament. Schule der Demokratie?, Opladen: 109-142.

Mommsen, Margareta 2004: Autoritäres Präsidialsystem und gelenkter politischer Wettbewerb in Putins Russland, in: Gorzka, Gabriele/Schulze, Peter W. (Hrsg.): Wohin steuert Russland unter Putin? Der autoritäre Weg in die Demokratie, Frankfurt a. M. u. a.: 177-202.

Mommsen, Margareta 2010: Das politische System Russlands, in: Ismayr, Wolfgang (Hrsg.): Die politischen Systeme Osteuropas. 3., akt. u. erw. Aufl., Wiesbaden: 419-478.

Morlino, Leonardo 2009: Are there Hybrid Regimes? Or Are They Just an Optical Illusion?, in: European Political Science Review 1: 2: 273-296.

Moser, Nat/Oppenheimer, Peter 2001: The Oil Industry. Structural Transformation and Corporate Governance, in: Granville, Brigitte/Oppenheimer, Peter (Hrsg.): Russia's Post-Communist Economy, Oxford u. a.: 301-324.

Moser, Robert G. 2001: Executive-Legislative Relations in Russia, 1991-1999, in: Barany, Zoltan/Moser, Robert G. (Hrsg.): Russian Politics. Challenges of Democratization, Cambridge u. a.: 64-102.

Muchin, Aleksej 2001b: „Gazprom". Imperija i ee imperatory, Moskau.

Muchin, Aleksej A. 1999a: „Oligarchi" Rossii, Moskau.

Muchin, Aleksej A. (Hrsg.) 1999b: Federal'naja élita. Kto est' Kto v politike i ékonomike, Moskau.

Muchin, Aleksej A. 2000: Informacionnaja vojna v Rossii. Učastniki, celi, technologii, Moskau.

Muchin, Aleksej A. 2001a: Biznes-élita i gosudarstvennaja vlast'. Kto vladeet Rossiej na rubeže vekov?, Moskau.

Muchin, Aleksej A. 2005: Media-imperii Rossii, Moskau.

Muchin, Aleksej A. 2006: Oligarchi. Poslednjaja pereklička, Moskau.

Mulin, Sergej/Rodin, Ivan 1997: Pravitel'stvennyj krizis razrešilsja i prines dividendy vsem vetvjam vlasti, in: Kommersant", 23.10.1997: 1-2.

Muratov, Dmitrij 1998: Belye vorotnički serych kardinalov. Novoe pokolenie „oligarchov" privatiziruet kandidatov v prezidenty, in: Novaja gazeta, 12.10.1998.

Murray, John 1999: Still No Truth in the News? Coverage by Izvestiya of the 1996 Presidential Election, in: Journal of Communist Studies and Transition Politics 15: 2: 1-40.

Narinskaja, Anna 1998: Televidenie na mylo. Media-imperii vstupili v bitvu za regional'nogo telezritelja, in: Ékspert, 20.04.1998: 84-88.

Narzikulov, Rustam 1995: „Gruppy zachvata" v bor'be za četvertyj peredel kapitala, in: Segodnja, 23.05.1995.

Narzikulov, Rustam 1997: Rejting Potanina, in: Nezavisimaja gazeta, 17.01.1997.

Nefëdova, Ljudmila 1995: Čeloveka nel'zja otrešat' ot vlasti, kogda on na bol'ničnom. Zato možno preodolevat' ego veto, in: Vek, 14.07.1995.

Nichols, Thomas M. 1999: The Russian Presidency. Society and Politics in the Second Russian Republic, New York.

Nichols, Thomas M. 2001: The Russian Presidency. Society and Politics in the Second Russian Republic. 2., überarb. u. erw. Aufl., New York.

Nikolaeva, Ėlina 1996: Boris Berezovskij: „Ja dobyvaju den'gi tratjat drugie", in: Moskovskij komsomolec, 11.04.1996.

Nilsen, Thomas/Gauslaa, Jon 1997: How the KGB Violates Citizens' Rights. The Case of Alexander Nikitin, in: Demokratizatsiya 5: 3: 407 421.

Nivat, Anne 1996: Russian Politicians Have Mixed Success With Television Campaigning, in: Transition 2: 8 (19.04.1996): 34-37.

Nivat, Anne 1998: His Master's Voice. Russian Journalists Feel the Grip of the Media Moguls, in: Transitions 5: 6: 42-47.

North, Douglass C. 1992: Institutionen, institutioneller Wandel und Wirtschaftsleistung, Tübingen.

Novickij, Evgenij 1998: Po faktu publikacii stat'i „Belye vorotnički serych kardinalov", in: Novaja gazeta, 02.11.1998.

Nußberger, Angelika 2007: Das Russische Verfassungsgericht zwischen Recht und Politik, in: Buhbe, Matthes/Gorzka, Gabriele (Hrsg.): Russland heute. Rezentralisierung des Staates unter Putin, Wiesbaden: 215-233.

Nußberger, Angelika/Schmidt, Carmen (Hrsg.) 2005: Medienrecht und Meinungsfreiheit in Russland, Berlin.

O'Donnell, Guillermo 1994: Delegative Democracy, in: Journal of Democracy 5: 1: 55-69.

Oates, Sarah 2001: Politics and the Media, in: White, Stephen/Pravda, Alex/Gitelman, Zvi (Hrsg.): Developments in Russian Politics 5, Durham, NC: 254-268.

Oates, Sarah 2002: Tuning Out Democracy. Television, Voters and Parties in Russia, 1993-2000 (Paper prepared for the „Political Communication, the Mass Media and the Consolidation of New Democracies" Workshop des European Consortium of Political Research, Turin, März 2002), Turin (online verfügbar: www.essex.ac.uk/ECPR/events/jointsessions/paperarchive/turin/ws13/Oates.pdf; download: 27.04.2004).

Oates, Sarah 2006: Television, Democracy and Elections in Russia, Abingdon/New York.

Oates, Sarah/Roselle, Laura 2000: Russian Elections and TV News. Comparison of Campaign News on State-Controlled and Commercial Television Channels, in: Harvard International Journal of Press/Politics 5: 2: 30-51.

Obščie itogi vyborov deputatov Gosudarstvennoj Dumy Federal'nogo Sobranija Rossijskoj Federacii tret'ego sozyva po federal'nomu izbiratel'nomu okrugu, in: Rossijskaja gazeta, 31.12.1999.

OECD 1998: OECD Economic Surveys, 1997-1998. Russian Federation, Paris.

Offe, Claus 1994: Der Tunnel am Ende des Lichts. Erkundungen der politischen Transformation im Neuen Osten, Frankfurt a. M./New York.

Oficial'no. Sergej Šachraj: Boris El'cin zainteresovan v tom, čtoby navesti porjadok v procedure prinjatija zakonov v strane, in: Rossijskie vesti, 17.01.1998.

Olenič, Natal'ja 1995: Memorandum, in: Segodnja, 16.05.1995.

Orttung, Robert W./Parrish, Scott 1996: From Confrontation to Cooperation in Russia, in: Transition 2: 25 (13.12.1996): 16-20.

OSCE, Office for Democratic Institutions and Human Rights 2000a: Russian Federation: Elections to the State Duma, 19 December 1999. Final Report, Warschau (online verfügbar: www.osce.org/odihr/documents/reports/election_repo rts/ru/rus2-2.pdf; download: 20.11.2002).

OSCE, Office for Democratic Institutions and Human Rights 2000b: Russian Federation, Presidential Election 26 March 2000. Final Report, Warschau (online verfügbar: www.osce.org/odihr/documents/reports/election_reports/ru/rus00-1-final.pdf; download: 20.11.2002).

Ostapčuk, Anna/Krasnikov, Evgenij 1998: Lužkov atakuet v centre polja, in: Moskovskie novosti, 24.11.1998.

Ot „Ostankino" – k ORT. Chronika, in: Moskovskie novosti, 20.09.1998: 18.

Otdel finansov 1995: Predloženie konsorciuma bankov pravitel'stvu. Kommerčeskie banki našli svoego samogo bol'šogo zaemščika, in: Kommersant''-daily, 01.04.1995.

Otdel finansov 1996: Soobščenie CB Rossii: CB i Sberbank budut borot'sja za bjudžetnye sčeta, in: Kommersant''-daily, 15.02.1996: 5.

P'jankov, Sergej 2005: Licenzirovanie teleradioveščanija v Rossijskoj Federacii na konkursnoj osnove. aktual'nye voprosy teorii i praktiki, in: Zakonodatel'stvo i praktika mass-media: 11 (online verfügbar: www.medialaw.ru/publications/zip/135/4.htm; download: 27.11.2005).

P'janych, Gleb: NTV bez pljusa, in: Kommersant''-vlast': 1 (20.01.1998): 28-30.

Pačegina, Natal'ja 1998: Otveržennyj. Boris El'cin vpervye projavil slabost', in: Profil', 14.09.1998.

Panjuschkin, Waleri/Sygar, Michail 2008: Gazprom. Das Geschäft mit der Macht, München.

Pankin, Alexei 1997: Russia's Elections Misreported, in: Harvard International Journal of Press/Politics 2: 1: 121-129.

Pankin, Alexei 1998a: Economic Constraints on Media Independence and Pluralism in Eastern and Central Europe, in: Balkanmedia 7: 1: 27-34.

Pankin, Alexei 1998b: Anatomy of the Russian Media Crisis (Internews Special Report, November 1998) (online verfügbar: http://internews.org/regions/russia/rus sia/media/anatomy.htm; download: 14.12.1999).

Pankin, Aleksej 1999: The Anatomy of Zakazukha. A Practical Guide to Hidden Advertising in Russian Media, in: Transitions 6: 2: 48-52 (online verfügbar: http://archive.tol.cz/transitions/feb99/theanato.html; download: 24.10.2002).

Pappė, Jakov Š. 1998: Finansovo-promyšlennye konglomeraty, in: Pappė, Jakov Š. (Hrsg.): Finansovo-promyšlennye gruppy i konglomeraty v ėkonomike i politike sovremennoj Rossii, Moskau (online verfügbar: www.nns.ru/analytdoc/fpg.html; download: 27.08.1999).

Pappé, Jakov Š. 2000: „Oligarchi". Ėkonomičeskaja chronika, 1992-2000. 2. Aufl., Moskau (online verfügbar: www.libertarium.ru/libertarium/lib_oligarches; download: 31.07.2003).

Pappé, Jakov Š. 2002: Rossijskij krupnyj biznes kak ėkonomičeskij fenomen. Osobennosti stanovlenija i sovremennogo ėtapa razvitija, in: Problemy prognozirovanija: 1: 29-46 (online verfügbar: www.ecfor.ru/cgi-bin/doc.pl?Publishing/Ma gazine/2002-01/2002_01_03.pdf; download: 24.12.2004).

Pappé, Jakov Š./Galuchina, Jana S. 2009: Rossijskij krupnyj biznes: pervye 15 let. Ėkonomičeskie chroniki 1993-2008, Moskau.

Parrish, Scott 1998: Presidential Decree Authority in Russia, 1991-1995, in: Carey, John M./Shugart, Matthew S. (Hrsg.): Executive Decree Authority, Cambridge u. a.: 62-103.

Partijnaja tribuna: OVR. Geroj našego „otečestva", in: RIA Novosti – Predvybornyj dnevnik, 17.12.1999.

Pasti, Svetlana 2005: Two Generations of Contemporary Russian Journalists, in: European Journal of Communication 20: 1: 89-115.

Pasti, Svetlana 2007: The Changing Profession of a Journalist in Russia. (University of Tampere: Dissertation), Tampere (online verfügbar: http://acta.uta.fi/pdf/ 978-951-44-7101-8.pdf; download: 10.07.2012).

Pavlov, Ivan 2000: Freedom of Information and State Secrets, in: East European Constitutional Review 9: 4 (online verfügbar: www.law.nyu.edu/eecr/vol9num4/ features/nikitinarticle4.html; download: 29.05.2002).

Pelechova, Julija 1996: Situacija vokrug kompanii „Rosvooruženie", in: Kommersant"-daily, 10.09.1996.

Peregudov, Sergei 2001: The Oligarchical Model of Russian Corporatism, in: Brown, Archie (Hrsg.): Contemporary Russian Politics. A Reader, Oxford u. a.: 259-268.

Peregudov, Sergej P. 2000: Korporativnyj kapital v rossijskoj politike, in: Politiceskie issledovanija: 4 (58): 72-81.

Peregudov, Sergej P. 2011: Politiceskaja sistema Rossii v mirovom kontekste. Instituty i mechanizmy vzaimodejstvija, Moskau.

Peregudov, Sergej P./Lapina, Natal'ja J./Semenenko, Irina S. 1999: Gruppy interesov i rossijskoe gosudarstvo, Moskau.

Petrov, Ivan 1997: On bessmerten, potomu čto on veren. 7 marta zakončilas' politiceskaja igra Anatolija Čubajsa. Teper' on zajmetsja nastojaščim delom, in: Kommersant"-vlast': 10 (18.03.1997).

Petrov, Nikolaj 1997: Akcii TNK dostalis' konsorciumu „Al'fa-grupp", in: Nezavisimaja gazeta, 22.07.1997.

Petrov, Nikolai 1999: Parliamentary Elections in Russia. Disposition of Forces and Rules of the Game (Carnegie Foundation Moscow Briefing Papers, Bd. 1, Nr. 10), Moskau.

Petrov, Nikolaj 2000: Vybory i obščestvo, in: Makfol, Majkl/Petrov, Nikolaj V./Rjabov, Andrej V. (Hrsg.): Rossija v izbiratel'nom cikle 1999-2000 godov, Moskau: 397-417.

Petrov, Nikolaj/Titkov, Aleksej 2000: Vybornye chroniki, in: Makfol, Majkl/Petrov, Nikolaj V./Rjabov, Andrej V. (Hrsg.): Rossija v izbiratel'nom cikle 1999-2000 godov, Moskau: 9-47.

Petrovskaja, Irina 1996a: NTV nažimaet na gaz, in: Izvestija, 14.06.1996.

Petrovskaja, Irina 1996b: Predvybornaja lovuška dlja TV, in: Izvestija, 19.04.1996: 6.

Petuchow, Wladimir/Wjunizkij, Wladimir 1997: Die Rolle russländischer Wirtschaftseliten im Jahre 1996 (Berichte des BIOst, 17), Köln.

Pietiläinen, Jukka 2001: Statistical Analysis of the Russian Newspapers, in: Nordenstreng, Kaarle/Vartanova, Elena/Zassoursky, Yassen (Hrsg.): Russian Media Challenge. 2., akt. Aufl., Helsinki: 206-218.

Pietiläinen, Jukka 2002: The Regional Newspaper in Post-Soviet Russia. Society, Press and Journalism in the Republic of Karelia 1985-2001, Tampere (online verfügbar: http://acta.uta.fi/pdf/951-44-5463-4.pdf; download: 26.09.2002).

Pjatnickij, Artëmij 1997: Čto nado Vladimiru Potaninu, in: Kommersant''-vlast', 20.05.1997.

Pleines, Heiko 1997: Entwicklungen im russischen Medienmarkt. Rundfunk und Presse zwischen staatlicher Kontrolle, wirtschaftlicher Krise und Konzentration, in: Media Perspektiven: 7: 391-399.

Pleines, Heiko 1998: Korruption und Kriminalität im russischen Bankensektor (Berichte des BIOst, 28), Köln.

Pleines, Heiko 1999: Corruption and Crime in the Russian Oil Industry, in: Lane, David (Hrsg.): The Political Economy of Russian Oil, Lanham, MD: 97-110.

Pleines, Heiko 2000: Large-scale Corruption and Rent-seeking in the Russian Banking Sector, in: Ledeneva, Alena V./Kurkchiyan, Marina (Hrsg.): Economic Crime in Russia, Den Haag u. a.: 191-207.

Pleines, Heiko 2001: Korruptionsnetzwerke in der russischen Wirtschaft, in: Höhmann, Hans-Hermann (Hrsg.): Kultur als Bestimmungsfaktor der Transformation in Osteuropa. Konzeptionelle Entwicklungen – empirische Befunde, Bremen: 141-156.

Pleines, Heiko 2003: Wirtschaftseliten und Politik im Russland der Jelzin-Ära (1994-99), Münster u. a.

Pleines, Heiko 2004: Aufstieg und Fall. Oligarchen in Russland, in: Osteuropa 54: 3: 71-81.

Pleines, Heiko/Westphal, Kirsten 1999: Russlands Gazprom. Teil I: Die Rolle des Gaskonzerns in der russischen Politik und Wirtschaft (Berichte des BIOst, 33), Köln.

Političeskaja žizn' Borisa Nemcova, in: Ékspert, 23.03.1997.

Politkovskaja, Anna 1995: Informacionnye imperii Rossii. Est' li oni, gde oni i čto s nimi delat'?, in: Obščaja gazeta, 11.05.1995.

Popova, Tatyana 1998: Financial-Industrial Groups (FIGs) and their Roles in the Russian Economy, in: Review of Economies in Transition: 7: 5-28.

Posleslovie k jubileju zakona o pečati, in: Novaja gazeta, 26.06.2000 (online verfügbar: www.novayagazeta.ru/society/10630.html; download: 23.04.2014).

Pozin, Aleksej 1998: Reformirovanie SNG otloženo do leta, in: Rossijskaja gazeta, 30.04.1998.

Pravitel'stvo blagoželatel'no ocenilo idei Konsorciuma, in: Ékspert, 11.07.1995.

Predsedatel' Pravitel'stva RF Viktor Černomyrdin podpisal dokument o pereraspredelenie objazannostej vice-prem'erov, in: Rossijskaja gazeta, 17.01.1998.

Price, Monroe E. 2002: Law, Force, and the Russian Media, in: Price, Monroe E./Richter, Andrei/Yu, Peter K. (Hrsg.): Russian Media Law and Policy in the Yeltsin Decade. Essays and Documents, Den Haag u. a.: 31-46.

Prishvin, Anton 1996: Lucrative Deals Split the Banking Community, in: Business in Russia: 63 (Januar/Februar): 38-41.

Privalov, Aleksandr 1995: Pravitel'stvo analiziruet situaciju, in: Kommersant"-vlast', 04.04.1995.

Privatizacija gosudarstvennogo televidenija, in: Kommersant"-daily, 12.04.1995.

Pustintsev, Doris 2000: Russia's Media. Back to the USSR?, in: Perspective X: 4 (online verfügbar: www.bu.edu/iscip/vol10/Pustintsev.html; download: 11.04.2000).

Rabotjažev, Nikolaj V. 1998: K voprosu o genezise i suščnosti nomenklaturnogo kapitalizma v Rossii, in: Mirovaja ėkonomika i meždunarodnye otnošenija: 2: 38-51.

Radzichovskij, Leonid 1997: Čubajs načinaet. Zametki na poljach stenogrammy, in: Ogonëk: 17 (28.04.1997).

Raff, Anna 2002: Anatomy of an Oil Company Sell-Off, in: Moscow Times, 30.05.2002: 2 (online verfügbar: www.themoscowtimes.com/business/article/anatomy-of-an-oil-company-sell-off/246213.html; download: 12.04.2011).

Rantanen, Terhi 2002: The Global and the National. Media and Communications in Post-Communist Russia, Lanham, MD u. a.

Rantanen, Terhi/Vartanova, Elena 1995: News Agencies in Post-Communist Russia. From State Monopoly To State Dominance, in: European Journal of Communication 10: 2: 207-220.

Raskin, Andrej 2001: Osobennosti osveščenija obščenacional'nymi telekanalami predvybornoj prezidentskoj kampanii 2000 g. v Rossii, in: Vestnik MGU, Serija 10, Žurnalistika: 1: 85-99.

Ratinov, A. R./Efremova, G. C. 1998: Mass-media v Rossii. Zakony, Konflikty, Pravonarušenija, Moskau (online verfügbar: www.gdf.ru/books/books/mass/content.html; download: 12.02.2003).

Razuvaev, Vladimir V. 1997: Power in Russia. The Bureaucratic Dimension, in: Russian Politics and Law 35: 2: 48-92.

Reklamnyj Sovet Rossii 2000: Rossijskaja Reklama-99. Sostojanie, tendencii, osobennosti. Godovoj doklad Reklamnogo Soveta Rossii, Moskau (online verfügbar: http://rara.ru/download/rre99.pdf; download: 25.04.2014).

Reljić, Dušan 1998: Der Kampf um die Medien in Osteuropa, in: Hatschikjan, Magarditsch/Altmann, Franz-Lothar (Hrsg.): Eliten im Wandel. Politische Führung, wirtschaftliche Macht und Meinungsbildung im neuen Osteuropa, Paderborn u. a.: 231-247.

Remington, Thomas 2000: The Evolution of Executive-Legislative Relations in Russia since 1993, in: Slavic Review 59: 3: 499-520.

Remington, Thomas F. 1997: Democratization and the New Political Order in Russia, in: Dawisha, Karen/Parrott, Bruce (Hrsg.): Authoritarianism and Democratization in Postcommunist Societies. Vol. 3: Democratic Changes and Authoritarian Reactions in Russia, Ukraine, Belarus and Moldova, Cambridge u. a.: 69-129.

Remington, Thomas F. 1999: Politics in Russia, New York u. a.

Remington, Thomas F. 2001: The Russian Parliament. Institutional Evolution in a Transitional Regime, 1989-1999, New Haven, CT/London.

Remington, Thomas F. 2004: Politics in Russia. 3. Aufl., New York u. a.

Remington, Thomas F. 2011: Politics in Russia. 7. Aufl., Boston u. a.

Remington, Thomas F. 2014: Presidential Decrees in Russia. A Comparative Perspective, New York u. a.

Remington, Thomas F./Smith, Steven S./Haspel, Moshe 1998: Decrees, Laws, and Inter-Branch Relations in the Russian Federation, in: Post-Soviet Affairs 14: 4: 287-322.

Reporters sans frontières (RSF) 2001: 2001 Report on the Freedom of the Press in Russia (online verfügbar: www.rsf.fr/uk/html/europe/rapport01/russia.html; download: 26.05.2001).

Resnjanskaja, L. L./Gruša, A. V./Nechoroševa, Ju J. 1997: Topologija pljuralizma rossijskich SMI. K voprosu o vybornoj kampanii prezidenta RF, in: Vestnik MGU, Serija 10, Žurnalistika: 3: 3-19.

Resnjanskaja, Ljudmila L./Fomičeva, Irina D. 1999: Gazeta dlja vsej Rossii, Moskau.

Richter, Andrei 2001: Media Regulation. Foundation Laid for Free Speech, in: Nordenstreng, Kaarle/Vartanova, Elena/Zassoursky, Yassen (Hrsg.): Russian Media Challenge. 2., akt. Aufl., Helsinki: 115-154.

Richter, Andrei 2007: Post-Soviet Perspective on Censorship and Freedom of the Media, Moskau (online verfügbar: http://unesdoc.unesco.org/images/0015/ 001537/153744e.pdf; download: 22.05.2008).

Richter, Andrei G. 1995: The Russian Press after Perestroika, in: Canadian Journal of Communication 20: 1: 7-23 (online verfügbar: www.cjc-online.ca/index.php/ journal/article/view/842/748; download: 26.11.2013).

Richter, Andrej 2006a: „Svoboda pečati" i „glasnost'" v SSSR, in: Zasurskij, Jasen N./Zdravomyslovaja, Ol'ga M. (Hrsg.): Glasnost' i žurnalistika. 1985-2005, Moskau: 84-101.

Richter, Andrej 2006b: Razvitie žurnalistiki i zakonodatel'stvo o SMI, in: Zasurskij, Jasen N./Zdravomyslovaja, Ol'ga M. (Hrsg.): Glasnost' i žurnalistika. 1985-2005, Moskau: 207-226.

Rjabov, Andrej 1998: „Partija vlasti" v političeskoj sisteme sovremennoj Rossii, in: Makfol, Majkl/Markov, Sergej/Rjabov, Andrej (Hrsg.): Formirovanie partijno-političeskoj sistemy v Rossii, Moskau: 80-96.

Rodin, Ivan 1997a: Duma zajmetsja zdorov'em El'cina, in: Nezavisimaja gazeta, 22.01.1997.

Rodin, Ivan 1997b: Kak ožidalos', Duma otklonila v pervom čtenii proekt bjudžeta-98, in: Nezavisimaja gazeta, 10.10.1997.

Rodin, Ivan 1998a: Duma odobrila bjudžet-98, utrativ k nemu političeskij i material'nyj interes, in: Nezavisimaja gazeta, 05.03.1998.

Rodin, Ivan 1998b: Prezident pošel na novye ustupki Dume, in: Nezavisimaja gazeta, 05.09.1998.

Rose, Richard/Munro, Neil 2002: Elections without Order. Russia's Challenge to Vladimir Putin, Cambridge u. a.

Rošek, Julija/Kalmanov, Vladimir 1998: Deža-vju pravitel'stva Primakova, in: Profil', 05.10.1998.

Ross, Cameron 2002: Federalism and Democratization in Russia, Manchester u. a.

Russia Relaxes Rules for Foreign Investors, in: Jamestown Foundation Monitor 2: 142 (online verfügbar: http://jamestown.org/publications_details.php?volume_id=20&issue_id=1114&article_id=10710; download: 16.03.2007).

Russian Government Again Looks for Ways to Tighten Budget Discipline, in: Jamestown Foundation Monitor 3: 133 (online verfügbar: http://jamestown.org/publications_details.php?volume_id=2&issue_id=177&article_id=2093; download: 09.04.2007).

Rutland, Peter 1995: A Twisted Path toward a Market Economy, in: Transition 1: 2: 12-18.

Rutland, Peter 1996a: Foreigners Enter Treasury Bond Market, in: RFE/RL Newsline: 27.02.1996 (online verfügbar: www.rferl.org/newsline/1996/02/1-rus/rus-270296.asp; download: 16.03.2007).

Rutland, Peter 1996b: Government Picks Russian Banks for Telecom Privatization, in: RFE/RL Newsline: 26.11.1996 (online verfügbar: www.rferl.org/content/Artic le/1141301.html; download: 26.03.2015).

Rutland, Peter 1997: Lost Opportunities. Energy and Politics in Russia (NBR Analysis, Vol. 8, No. 5), Seattle, WA.

Rutland, Peter 2001: Introduction. Business and the State in Russia, in: Rutland, Peter (Hrsg.): Business and State in Contemporary Russia, Boulder, CO/Oxford: 1-32.

Ryabov, Andrei 2004: Legislative-Executive Relations, in: McFaul, Michael/Petrov, Nikolai/Ryabov, Andrei (Hrsg.): Between Dictatorship and Democracy. Russian Post-Communist Political Reform, Washington, D. C.: 83-104.

Rykovceva, Elena 1998a: Bol'šaja peremena. Rodilsja Rossijskoj gosudarstvennyj teleradiomonstr, in: Moskovskie novosti, 17.05.1998: 2-3.

Rykovceva, Elena 1998b: Trudnyj otec, in: Moskovskie novosti, 19.07.1998: 17.

Rykovceva, Elena 1998c: Za vse platili „častnye" akcionery, in: Moskovskie novosti, 20.09.1998: 18-19.

Rykovceva, Elena 1998d: Pereselenie gazetnych duš, in: Moskovskie novosti, 18.10.1998: 17.

Rykovceva, Elena 1999a: Michail Lesin. „My informacionnye vojny uže prochodili", in: Moskovskie novosti, 20.07.1999.

Rykovceva, Elena 1999b: „...Oni nikuda ne denutsja!" Boris Višnjak o technologii svoej otstavki, in: Moskovskie novosti, 29.06.1999: 2-3.

Rykovceva, Elena 2001: Guljaščaja kompanija. Gosudarstvu nel'zja doverjat' televidenie, in: Obščaja gazeta, 14.02.2001 (online verfügbar: www.og.ru/archie ve/2001/07/mat/smi2.shtml; download: 17.05.2001).

Rykovtseva, Yelena 1997: Big Changes in Store for Russia's Newspapers, in: Post-Soviet Media Law and Policy Newsletter: 37 (13.06.1997) (online verfügbar: www.vii.org/monroe/issue37/news.html; download: 03.08.2005).

Ryžkov, Vladimir A. 2000: Četvertaja respublika. Očerk političeskoj istorii sovremennoj Rossii, Moskau.

S general'nym direktorom kommerčeskoj telekompanii NTV Igorem Malašenko beseduet Irina Petrovskaja, in: Obščaja gazeta, 09.09.1993.

Sadčikov, Aleksandr 1998: Boris El'cin pošel navstreču Dume, in: Izvestija, 05.09.1998.

Sadčikov, Aleksandr 1999: Pakt o nenapadenii sil na poltora goda, in: Izvestija, 27.01.1999.

Samojlova, Natal'ja 1995: GKI i Fond imuščestva ob ukaze prezidenta, in: Kommersant''-daily, 06.09.1995.

Samojlova, Natal'ja/Ivanov, Viktor 1995: Duma prinjala zakon o gospaketach akcij. Zakonodateli nanosjat otvetnyj udar, in: Kommersant''-daily, 07.10.1995.

Sarkisiants, Artos 2001: The Banking Sector and its International Involvement, in: Segbers, Klaus (Hrsg.): Explaining Post-Soviet Patchworks. Volume 1: Actors and Sectors between Accommodation and Resistance to Globalisation, Aldershot u. a.: 164-177.

Savvateeva, Irina 1996: Rossijskaja pressa. Po tu storonu ėkonomiki, in: Novaja gazeta, 02.12.1996.

Schaich, Christian 2000: Der Ukaz im russischen Recht, in: Osteuropa-Recht 46: 5: 354-366.

Schaich, Christian 2004: Exekutive Normsetzung in der Russischen Föderation, Berlin.

Schedler, Andreas (Hrsg.) 2006: Electoral Authoritarianism. The Dynamics of Unfree Competition, Boulder, CO.

Schneider, Eberhard 1993: Der Entwurf der neuen russischen Verfassung (Aktuelle Analysen des BIOst, 55), Köln.

Schneider, Eberhard 1995: Politische und institutionelle Veränderungen in Russland 1993-1995, in: Bundesinstitut für ostwissenschaftliche und internationale Studien (Hrsg.): Zwischen Krise und Konsolidierung. Gefährdeter Systemwechsel im Osten Europas. Jahrbuch 1994/95, München/Wien: 40-52.

Schöbel, Enrico/Krämer, Hagen 2014: Rent Seeking: Gabler Wirtschaftslexikon. 18., akt. Aufl., Wiesbaden (online verfügbar: http://wirtschaftslexikon.gabler.de/ Archiv/5464/rent-seeking-v10.html; download: 10.09.2014).

Schröder, Hans-Henning 1996: Instanzen sicherheitspolitischer Entscheidungsfindung in der Jelzin-Administration (Berichte des BIOst, 18), Köln.

Schröder, Hans-Henning 1998a: Jelzin und die Oligarchen. Über die Rolle von Kapitalgruppen in der russischen Politik (1993-Juli 1998) (Berichte des BIOst, 40), Köln.

Schröder, Hans-Henning 1998b: Jelzin und die Oligarchen. Materialien zum Bericht des BIOst 40/1998 (Sonderveröffentlichung des BIOst, Oktober), Köln.

Schröder, Hans-Henning 2001: Mächte im Hintergrund. Die Rolle von „Familie" und „Oligarchen" im politischen Kräftespiel, in: Höhmann, Hans-Hermann/ Schröder, Hans-Henning (Hrsg.): Russland unter neuer Führung. Politik, Wirtschaft und Gesellschaft am Beginn des 21. Jahrhunderts, Münster: 67-77.

Schröder, Hans-Henning 2003: Auf dem Weg zu einer neuen Ordnung? Der wirtschaftliche, soziale und politische Wandel in Russland von 1992 bis 2002, in:

Hillenbrand, Olaf/Kempe, Iris (Hrsg.): Der schwerfällige Riese. Wie Russland den Wandel gestalten soll, Gütersloh: 25-199.

Schulz, Winfried 2011: Politische Kommunikation. Theoretische Ansätze und Ergebnisse empirischer Forschung. 3., überarb. Aufl., Wiesbaden.

Schulze, Peter W. 2000: Aufstieg und Fall der russischen Oligarchie. Die Symbiose von ökonomischer und politischer Macht im neuen Russland, in: Schulze, Peter/Spanger, Hans-Joachim (Hrsg.): Die Zukunft Russlands. Staat und Gesellschaft nach der Transformationskrise, Frankfurt a. M./New York: 67-110.

Schwanitz, Simone 1995: Aufstieg und Fall eines Vizepremiers in Russland (Aktuelle Analysen des BIOst, 36), Köln.

Schweisfurth, Theodor 1993: Der Staat soll in Zukunft für den Menschen da sein. Die russischen Wähler stimmen über eine Verfassung präsidialdemokratischen Zuschnitts ab, in: Frankfurter Allgemeine Zeitung, 09.12.1993: 10.

Schweisfurth, Theodor 1994: Die Verfassung Russlands vom 12. Dezember 1993. Entstehungsgeschichte und Grundzüge, in: Europäische Grundrechte-Zeitschrift 21: 19/20: 473-491

Segbers, Klaus 1989: Der sowjetische Systemwandel, Frankfurt a. M.

Sem' dnej, kotorye... Prognoz „RV": Poka neupravljaemye territorii, in: Rossijskie vesti, 03.03.1999.

Semënov, Aleksandr/Trosnikov, Igor' 1997: Ukaz El'cina ob upolnomočennych bankach. Bjudžetnye den'gi ostajutsja v bankach. No bankam pridetsja za éto zaplatit', in: Kommersant''-daily, 14.05.1997.

Semënov, Il'ja (Hrsg.) 2002: Internet i rossijskoe obščestvo, Moskau (online verfügbar: http://pubs.carnegie.ru/books/2002/08is/; download: 22.10.2002).

Semënova, Anna 1996: Isk o zaščite delovoj reputacii, in: Kommersant''-daily, 30.01.1996.

Senina, Svetlana 1995: Ne vse na prodažu, in: Kuranty, 30.06.1995.

Ševcova, Lilija 1999: Režim Borisa El'cina, Moskau (online verfügbar: http://pubs.carnegie.ru/books/1999/08ls01/default.asp?n=toc.asp; download: 07.12.1999).

Shevchenko, Iulia 2004: The Central Government of Russia. From Gorbachev to Putin, Aldershot/Burlington, VT.

Shevtsova, Lilia 1999: Yeltsin's Russia. Myths and Reality, Washington, D. C.

Shevtsova, Lilia 2003: Putin's Russia, Washington, D. C.

Shevtsova, Lilia/Olcott, Martha B. 1999: Russia Transformed, in: Åslund, Anders/Olcott, Martha B. (Hrsg.): Russia After Communism, Washington, D. C.: 1-25.

Shleifer, Andrei/Treisman, Daniel 2000: Without a Map. Political Tactics and Economic Reform in Russia, Cambridge, MA/London.

Shleifer, Andrei/Treisman, Daniel 2004: A Normal Country, in: Foreign Affairs 83: 2: 20-38.

Shugart, Matthew S. 1996: Executive-Legislative Relations in Post-Communist Europe, in: Transition 2: 25 (13.12.1996): 6-11.

Shugart, Matthew S./Carey, John M. 1992: Presidents and Assemblies. Constitutional Design and Electoral Dynamics, Cambridge u. a.

Siegert, Jens 2002: Ökoheld oder Vaterlandsverräter? Der Fall Pas'ko – ein Lehr-stück über Russlands defekten Rechtsstaat, in: Osteuropa 52: 4: 405-418.

Siehl, Elke 1998: Privatisierung in Russland. Institutioneller Wandel in ausgewähl-ten Regionen, Wiesbaden.

Sigal, Ajvan 1997: Obzor rossijskogo televidenija (online verfügbar: www.internews. ru/report/tvrus/index.html; download: 30.08.2005).

Sim, Li-Chen 2008: The Rise and Fall of Privatization in the Russian Oil Industry, Basingstoke.

Simon, Gerhard/Simon, Nadja 1993: Verfall und Untergang des sowjetischen Impe-riums, München.

Simonov, Alexei K. 2001: The Current Situation in Russia. The Law under Pressure from Lawlessness, in: Bajomi-Lázár, Péter/Hegedüs, István (Hrsg.): Media and Politics. Conference Papers on the Interplay of Media and Politics, Budapest: 179-198.

Sinus Moskau 1995: Die Kommunikationselite in Russland 1995. Eine Befragung von 148 leitenden Redakteuren und Journalisten bei Fernsehen, Hörfunk, Zei-tungen, Zeitschriften, Verlagshäusern und Presseagenturen. Im Auftrag der Friedrich-Ebert-Stiftung, Büro Moskau, München/Moskau.

Skillen, Daphne 2007: The Next General Elections in Russia. What Role for the Media?, in: Europe-Asia Studies 59: 8: 1263-1278.

Sklyarova, Yana 2001: The Russian System of Licensing of Television and Radio Broadcasting (Online-Publikation der Europäischen Audiovisuellen Informa-tionsstelle), Straßburg (online verfügbar: www.obs.coe.int/online_publication/ reports/ru_sklyarova.html.de; download: 09.08.2001).

Sklyarova, Yana 2003: The Russian System of Licensing of Television and Radio Broadcasting (Online-Publikation der Europäischen Audiovisuellen Informa-tionsstelle), Straßburg (online verfügbar: www.obs.coe.int/online_publication/ reports/ru_sklyarova.pdf.de; download: 25.07.2003).

Slater, Wendy 1994: Russia's Plebiscite on a New Constitution, in: RFE/RL Re-search Report 3: 3: 1-7.

Slavutinskaja, Inessa/Pimenov, Andrej 1998: Jurij Lužkov idet nalevo, in: Profil', 05.10.1998.

Sobjanin, Alekasandr A./Suchovol'skij, Vladimir G. 1995: Demokratija, ograničen-naja fal'sifikacijami. Vybory i referendum v Rossii 1991-1993 gg., Moskau (on-line verfügbar: www.hrights.ru/text/sob/; download: 22.01.2006).

Sokolov, Sergej/Plužnikov, Sergej 1997: Kak torgujut oružiem v Rossii, in: Novaja gazeta - Ponedel'nik, 14.07.1997.

Sokolowski, Alexander 2001: Bankrupt Government. Intra-Executive Relations and the Politics of Budgetary Irresponsibility in El'tsin's Russia, in: Europe-Asia Studies 53: 4: 541-572.

Sokraščenija v administracii prezidenta, in: Nezavisimaja gazeta, 12.02.1999.

Soldatov, Andrej 1997: Konvert vskryvali celyj čas, in: Segodnja, 26.07.1997.

Soldner, Markus 1999: Russlands Čečnja-Politik seit 1993. Der Weg in den Krieg vor dem Hintergrund innenpolitischer Machtverschiebungen, Münster/Ham-burg/London.

Soldner, Markus 2005: Media, Big Business, and Power. The Mass Media and Economic and Political Interests in the Russian Transformation Process Under Yeltsin (Paper presented to the VII ICCEES World Congress in Berlin, July 25-30 2005), Berlin.

Soldner, Markus 2008: Political Capitalism and the Russian Media, in: White, Stephen (Hrsg.): Media, Culture and Society in Putin's Russia, Basingstoke: 154-177.

Soldner, Markus 2010: „Semi-präsidentielle" Regierungssysteme? Überlegungen zu einem umstrittenen Systemtyp und Bausteine einer typologischen Rekonzeptualisierung, in: Schrenk, Klemens H./Soldner, Markus (Hrsg.): Analyse demokratischer Regierungssysteme. Festschrift für Wolfgang Ismayr zum 65. Geburtstag, Wiesbaden: 61-82.

Solnick, Steve 1996: The Breakdown of Hierarchies in the Soviet Union and China. A Neoinstitutional Perspective, in: World Politics 48: 2: 209-238.

Solov'ëv, Denis 1998: Prem'er podkralsja nezametno, in: Kommersant''-vlast', 15.09.1998.

Sovmestnoe zajavlenie kommerčeskich bankov, in: Kommersant''-daily, 28.11.1995.

Sparks, Colin 2000: Media Theory after the Fall of European Communism. Why the Old Models from East and West Won't Do Anymore, in: Curran, James/Park, Myung-Jin (Hrsg.): De-Westernizing Media Studies, London/New York: 35-49.

St. Petersburg Election Winner Enumerates Cases of High-Level Corruption, in: Jamestown Foundation Monitor 4: 236 (online verfügbar: www.jamestown.org/single/?tx_ttnews[tt_news]=15734&tx_ttnews[backPid]=212&no_cache=1; download: 04.11.2014).

Staniszkis, Jadwiga 1991: The Dynamics of the Breakthrough in Eastern Europe. The Polish Experience, Berkeley, CA u. a.

Staniszkis, Jadwiga 1995: In Search of a Paradigm of Transformation, in: Wnuk-Lipinski, Edmund (Hrsg.): After Communism. A Multidisciplinary Approach to Radical Social Change, Warschau: 19-55.

Staniszkis, Jadwiga 1998: Postkommunismus. Versuch einer soziologischen Analyse, in: Prokla 28: 3 (112): 375-394.

Staniszkis, Jadwiga 1999: Post-Communism. The Emerging Enigma, Warschau.

Stanova, Elena/Trosnikov, Igor' 1995: Peregovory Konsorcium bankov i GKI, in: Kommersant''-daily, 13.05.1995.

Starodubrovskaya, Irina 1995: Financial-industrial Groups. Illusions and Reality, in: Communist Economies and Economic Transformation 7: 1: 5-19.

Stegherr, Marc/Liesem, Kerstin 2010: Die Medien in Osteuropa. Mediensysteme im Transformationsprozess, Wiesbaden.

Steinsdorff, Silvia von 1994: Russland auf dem Weg zur Meinungsfreiheit. Die Pluralisierung der russischen Presse zwischen 1985 und 1993, Münster/Hamburg.

Steinsdorff, Silvia von 1997: Parlamentswahlen und Parteibildung in Russland – erste Schritte in Richtung pluralistische Demokratie, in: Zeitschrift für Parlamentsfragen 28: 1: 116-139.

Steinsdorff, Silvia von 1999: Kalkulierter Konflikt und begrenzte Kooperation. Zum Verhältnis von Präsident, Regierung und Parlament in Russland, in: Osteuropa 49: 1: 16-34.

Steinsdorff, Silvia von 2001: Parlament und Demokratie in Russland. Die Entwicklung repräsentativer Institutionen vom Zarismus bis in die Gegenwart. (Ludwig-Maximilians-Universität: Habilitationsschrift), München.

Steinsdorff, Silvia von 2002: Die russische Staatsduma zwischen politischer Marginalisierung und institutioneller Selbstbehauptung, in: Kraatz, Susanne/Steinsdorff, Silvia von (Hrsg.): Parlamente und Systemtransformation im postsozialistischen Europa, Opladen: 267-292.

Steinsdorff, Silvia von 2015 [i. E.]: Das Parlament im Präsidialsystem. Die institutionelle Selbstbehauptung der russischen Staatsduma, Wiesbaden.

Stewart, Susan/Klein, Margarete/Schmitz, Andrea/Schröder, Hans-Henning (Hrsg.) 2012: Presidents, Oligarchs and Bureaucrats. Forms of Rule in the Post-Soviet Space, Burlington, VT.

Stölting, Erhard 1999a: „Kompromat" und Machtkämpfe. Politische Kontexte und Finanzskandale in Russland, in: Kommune 17: 10: 6-12 (online verfügbar: www.oeko-net.de/kommune/kommune10-99/Tstoelt.htm; download: 01.05.2015).

Stölting, Erhard 1999b: Russland. Gleitende Macht vor dramatischem Hintergrund, in: Kommune 17: 5: 12-15 (online verfügbar: www.oeko-net.de/kommune/kommune5-99/ZZSTOELT.htm; download: 01.05.2015).

Stykow, Petra 2006: Staat und Wirtschaft in Russland. Interessenvermittlung zwischen Korruption und Konzertierung, Wiesbaden.

Sutela, Pekka 2004: The Russian Market Economy. 3. Aufl., Helsinki.

Svetickaja, Svetlana 2000: Kak sozdavalas' krupnejšaja PR-kompanija na pervoj knopke b. Vsesojuznogo televidenija, in: Novaja gazeta, 14.02.2000 (online verfügbar: http://2000.novayagazeta.ru/nomer/2000/06n/n06n-s06.shtml; download: 12.03.2010).

Svinarenko, Igor' 1999: Igor' Malašenko: ja ne analitik, a igrok, in: Kommersant"-vlast', 09.02.1999.

Swedberg, Richard 2010: Die Bedeutung der Weber'schen Kategorien für die Wirtschaftssoziologie, in: Maurer, Andrea (Hrsg.): Wirtschaftssoziologie nach Max Weber. Mit einem Vorwort von Richard Swedberg, Wiesbaden: 21-39.

Tatur, Melanie 1995: Interessen und Norm. Politischer Kapitalismus und die Transformation des Staates in Polen und Russland, in: Wollmann, Hellmut/Wiesenthal, Helmut/Bönker, Frank (Hrsg.): Transformation sozialistischer Gesellschaften. Am Ende des Anfangs, Opladen: 93-116.

Tatur, Melanie 1998: Ökonomische Transformation, Staat und moralische Ressourcen in post-sozialistischen Gesellschaften, in: Prokla 28: 3 (112): 339-374.

Tatur, Melanie 1999: Zur „Eingebettetheit" des Systemwechsels in Osteuropa, in: Höhmann, Hans-Hermann (Hrsg.): Eine unterschätzte Dimension? Zur Rolle wirtschaftskultureller Faktoren in der osteuropäischen Transformation, Bremen: 193-220.

Tatur, Melanie 2000: The Moral Embeddedness of the Market – Conceptualising Post-Socialist Transformations, in: Harter, Stefanie/Easter, Gerald (Hrsg.):

Shaping the Economic Space in Russia. Decision Making Processes, Institutions and Adjustment to Change in the El'tsin Era, Aldershot u. a.: 271-295.

Thomaß, Barbara 2001: Kommunikationswissenschaftliche Überlegungen zur Rolle der Medien in Transformationsgesellschaften, in: Thomaß, Barbara/Tzankoff, Michaela (Hrsg.): Medien und Transformation in Osteuropa, Wiesbaden: 39-64.

Thomaß, Barbara/Tzankoff, Michaela 2001: Medien und Transformation in den postkommunistischen Staaten Osteuropas, in: Thomaß, Barbara/Tzankoff, Michaela (Hrsg.): Medien und Transformation in Osteuropa, Wiesbaden: 235-252.

Thorson, Carla 1993: Russia's Draft Constitution, in: RFE/RL Research Report 2: 48: 9-15.

Tikhomirov, Vladimir 2000: The Political Economy of Post-Soviet Russia, Basingstoke u. a.

Tolz, Vera 1992: Die sowjetischen Medien unter Gorbatschow, in: Schwegler-Rohmeis, Wolfgang/Segbers, Klaus (Hrsg.): Perestrojka passé? Eine Zwischenbilanz der Reformpolitik in der Sowjetunion, Opladen: 165-178.

Tompson, William 1997: Old Habits Die Hard. Fiscal Imperatives, State Regulation and the Role of Russia's Banks, in: Europe-Asia Studies 49: 7: 1159-1185.

Tompson, William 2000: Financial Backwardness in Contemporary Perspective. Prospects for the Development of Financial Intermediation in Russia, in: Europe-Asia Studies 52: 4: 605-625.

Tompson, William 2002: Privatisation in Russia. Scope, Methods and Impact, mimeo (online verfügbar: www.bbk.ac.uk/polsoc/download/bill_tompson/Privatisation%20in%20Russia%201992-2002.doc; download: 13.06.2006).

Topornin, Boris N. (Hrsg.) 2003: Konstitucija Rossijskoj Federacii. Naučno-praktičeskij kommentarij. 3., erg. u. überarb. Aufl., Moskau.

Topornin, Boris N./Baturin, Jurij M./Orechov, N. G. (Hrsg.) 1994: Konstitucija Rossijskoj Federacii. Kommentarii, Moskau.

Tracy, Jen 1999a: Paper: Berezovsky Edits ORT, in: Moscow Times, 17.12.1999 (online verfügbar: www.themoscowtimes.com/news/article/paper-berezovsky-edits-ort/268738.html; download: 21.08.2014).

Tracy, Jen 1999b: Berezovsky: My Media Wars Can End, in: Moscow Times, 23.12.1999 (online verfügbar: www.themoscowtimes.com/sitemap/free/1999/12/article/berezovsky-my-media-wars-can-end/268522.html; download: 21.08.2014).

Traub, Andrej 1997: Kto „podsidit" prem'era? Apparatnye boi vedutsja po očen' složnym zakonam, in: Ogonëk: 19 (12.05.1997).

Trautmann, Ljuba 1995: Russland zwischen Diktatur und Demokratie. Die Krise der Reformpolitik seit 1993, Baden-Baden.

Trautmann, Ljuba 2001: Demokratisierung oder Resowjetisierung? Die russischen Medien im Transformationsprozess, in: Thomaß, Barbara/Tzankoff, Michaela (Hrsg.): Medien und Transformation in Osteuropa, Wiesbaden: 203-233.

Trautmann, Ljuba 2002: Die Medien im russischen Transformationsprozess. Akteur oder Instrument staatlicher Politik?, Frankfurt a. M. u. a.

Treisman, Daniel 1996: Why Yeltsin Won, in: Foreign Affairs 75: 5: 64-77.

Treisman, Daniel 1998: Dollars and Democratization. The Role and the Power of Money in Russia's Transitional Elections, in: Comparative Politics 31: 1: 1-21.

Treisman, Daniel 2010: „Loans for Shares" Revisited, in: Post-Soviet Affairs 26: 3: 207-227.

Trepper, Hartmute 1996: Die Massenmedien und ihre neuen Existenzbedingungen, in: Forschungsstelle Osteuropa an der Universität Bremen (Hrsg.): Russland. Fragmente einer postsowjetischen Kultur, Bremen: 84-104.

Troxel, Tiffany A. 2003: Parliamentary Power in Russia, 1994-2001. President vs Parliament, Houndmills/New York.

Tschepurenko, Alexander 1999: Staat und Privatisierung in Russland, in: Höhmann, Hans-Hermann (Hrsg.): Spontaner oder gestalteter Prozess? Die Rolle des Staates in der Wirtschaftstransformation osteuropäischer Länder, Baden-Baden: 175-197.

Tucker, Elizabeth 1996: The Russian Media's Time of Troubles, in: Demokratizatsiya 4: 3: 422-438.

Tullock, Gordon 1967: The Welfare Costs of Tariffs, Monopolies, and Theft, in: Western Economic Journal 5: 3: 224-232.

Tullock, Gordon 2008: Rent Seeking, in: Durlauf, Steven N./Blume, Lawrence E. (Hrsg.): The New Palgrave Dictionary of Economics. 2. Aufl., Basingstoke/New York: 95-98.

Tzankoff, Michaela 2001: Die deutsche Transformationsforschung nach 1989 – Ein Überblick, in: Thomaß, Barbara/Tzankoff, Michaela (Hrsg.): Medien und Transformation in Osteuropa, Wiesbaden: 9-37.

Usačëva, Veronika 2000: Vlast' i SMI v Rossii. Kak izmenilis' ich vzaimootnošenija?, in: Pro et Contra 5: 4: 109-128.

Vadimova, Elena 1998: V „Aėroflote" pokušajutsja na ljudej Berezovskogo, in: Obščaja gazeta, 24.12.1998.

Vandenko, Igor' 1998: Zakonodatel'naja vlast' gotova formirovat' novuju ispolnitel'nuju, in: Novye izvestija, 24.03.1998.

Vartanova, Elena 1996: Corporate Transformation of the Russian Media, in: Post-Soviet Media Law and Policy Newsletter: 32 (05.09.1996): 5-8 (online verfügbar: www.vii.org/monroe/issue32/vartanova.html; download: 11.04.2000).

Vartanova, Elena 1997: The Russian Financial Elite as Media Moguls, in: Post-Soviet Media Law and Policy Newsletter: 35 (27.02.1997): 18-23 (online verfügbar: www.vii.org/monroe/issue35/vartanova.html; download: 11.04.2000).

Vartanova, Elena 2000a: Media v postsovetskoj Rossii. ich struktury i vlijanie, in: Pro et Contra 5: 4: 61-81.

Vartanova, Elena 2000b: Diversity at Media Markets in Transition. Threats to Openness, in: van Cuilenburg, Jan/van der Wurff, Richard (Hrsg.): Media & Open Society. Cultural, Economic and Policy Foundations for Media Openness and Diversity in East and West, Amsterdam: 107-118.

Versii ubijstva, in: Izvestija, 03.03.1995: 4.

Volodin, Ivan 1998: Čto chorošo dlja „Gazproma", chorošo dlja Rossii, in: Sreda: 6-7: 43-45 (online verfügbar: www.sreda-mag.ru/mag/4-5/21.phtml; download: 27.10.2004).

Voltmer, Katrin 2000a: Massenmedien und demokratische Transformation in Osteuropa. Strukturen und Dynamik öffentlicher Kommunikation im Prozess des Regimewechsels, in: Klingemann, Heinz-Dieter/Neidhardt, Friedhelm (Hrsg.):

Zur Zukunft der Demokratie. Herausforderungen im Zeitalter der Globalisierung, Berlin: 123-151.

Voltmer, Katrin 2000b: Constructing Political Reality in Russia. Izvestiya – Between Old and New Journalistic Practices, in: European Journal of Communication 15: 4: 469-500.

Voskrečan, Ruben 1996: Gosduma uchodit, da zdravstvuet Gosduma, in: Delovye ljudi, 05.01.1996.

Vranceva, Elena 1996: Inkombank proigral očerednoj process. Bankiry ustali ot sklok i skandalov, in: Kommersant"-daily, 10.09.1996.

Vserossijskij centr izučenija obščestvennogo mnenija (VCIOM) 2000: Obščestvennoe mnenie – 2000. Po materialam issledovanij, Moskau (online verfügbar: www.wciom.ru/opinion2000.zip; download: 31.05.2002).

Vyjti iz tupika, in: Kommersant", 27.04.1996: 1.

Wagner, Claudia 2000: Russlands Kriege in Tschetschenien. Politische Transformation und militärische Gewalt, Münster/Hamburg/London.

Weber, Max 1976: Wirtschaft und Gesellschaft. Grundriss der verstehenden Soziologie. 5., rev. Aufl., Tübingen.

Weigle, Marcia A. 2000: Russia's Liberal Project. State-Society Relations in the Transition from Communism, University Park, PA.

Wentzel, Dirk 1999: Die Rolle der Medien bei der Transformation von Wirtschaftsordnungen, in: Höhmann, Hans-Hermann (Hrsg.): Spontaner oder gestalteter Prozess? Die Rolle des Staates in der Wirtschaftstransformation osteuropäischer Länder, Baden-Baden: 95-115.

Westen, Klaus 1994: Die Verfassung der Russischen Föderation, in: Osteuropa 44: 9: 809-832.

Westphal, Kirsten 2000: Russische Energiepolitik. Ent- oder Neuverflechtung von Staat und Wirtschaft?, Baden-Baden.

White, David 2006: The Russian Democratic Party Yabloko. Opposition in a Managed Democracy, Burlington, VT u. a.

White, Stephen 2000a: Russia's New Politics. The Management of a Postcommunist Society, Cambridge u. a.

White, Stephen 2000b: Russia, Elections, Democracy, in: Government and Opposition 35: 3: 302-324.

White, Stephen 2011: Understanding Russian Politics, Cambridge u. a.

White, Stephen/McAllister, Ian/Oates, Sarah 2002: Was It Russian Public Television That Won It?, in: Harvard International Journal of Press/Politics 7: 2: 17-33.

White, Stephen/Oates, Sarah 2003: Politics and the Media in Postcommunist Russia, in: Politics 23: 1: 31-37.

White, Stephen/Oates, Sarah/McAllister, Ian 2005: Media Effects and Russian Elections, 1999-2000, in: British Journal of Political Science 35: 2: 191-208.

White, Stephen/Rose, Richard/McAllister, Ian 1997: How Russia Votes, Chatham, NJ.

Whitehouse, Mark 1997: Auditor Claims State Lined Banks' Pockets, in: Moscow Times, 06.06.1997.

Wiest, Margarete 2003: Russlands schwacher Föderalismus und Parlamentarismus. Der Föderationsrat, Münster u. a.

Willerton, John P. 2001: The Presidency. From Yeltsin to Putin, in: White, Stephen/ Pravda, Alex/Gitelman, Zvi (Hrsg.): Developments in Russian Politics 5, Durham, NC: 21-41.

Wishnevsky, Julia 1995: Manipulation, Mayhem and Murder, in: Transition 1: 2: 37-40.

Wolosky, Lee S. 2000: Putin's Plutocrat Problem, in: Foreign Affairs 79: 2: 18-31.

Yakovlev, Andrei 2011: Capitalism ,Russian Style'. Rents, Incentives and Economic Development (Paper presented to the International Conference „Twenty Years after the Collapse of the Soviet Union: Change, Continuity and New Issues", 01-03 December 2011, Berlin).

Yeltsin Offers to Take Care of the Deputies' Needs..., in: RFE/RL Newsline: 15.04.1998 (online verfügbar: http://rferl.org/newsline/1998/04/1-RUS/rus-1504 98.asp#archive; download: 23.05.2006).

Zadorin, Igor' 2000: Sredstva massovoj informacii i èlektoral'noe povedenie rossijan, in: Makfol, Majkl/Petrov, Nikolaj V./Rjabov, Andrej V. (Hrsg.): Rossija v izbiratel'nom cikle 1999-2000 godov, Moskau: 208-221.

Zadorin, Igor' V./Sjutkina, Anna P. 2000: Televidenie vlijaet tol'ko na četvert' izbiratelej, in: Sreda: 4 (21): 23-25 (online verfügbar: www.zircon.ru/russian/publi cation/5_3.shtml; download: 29.12.2003).

Zadorin, Igor'/Burova, Julija/Sjutkina, Anna 1999: SMI i massovoe političeskoe soznanie. Vzaimovlijanie i vzaimozavisimost', in: Makfol, Majkl/Rjabov, Andrej (Hrsg.): Rossijskoe obščestvo. Stanovlenie demokratičeskich cennostej?, Moskau: 175-197 (online verfügbar: http://pubs.carnegie.ru/books/1999/09ar; download: 16.12.1999).

Zakonodatel'naja osnova fondovogo rynka sdvinulas' s mertvoj točki, in: Èkspert, 21.11.1995.

Zassoursky, Ivan 2001: Media and Power. Russia in the Nineties, in: Nordenstreng, Kaarle/Vartanova, Elena/Zassoursky, Yassen (Hrsg.): Russian Media Challenge. 2., akt. Aufl., Helsinki: 73-91.

Zassoursky, Ivan 2004: Media and Power in Post-Soviet Russia, Armonk, NY/London.

Zassoursky, Yassen N. 1997: Media and Politics in Transition. Three Models, in: Post-Soviet Media Law and Policy Newsletter: 35 (27.02.1997): 11-15 (online verfügbar: www.vii.org/monroe/issue35/zassoursky.html; download: 13.02.2004).

Zassoursky, Yassen N. 2001: Media and the Public Interest. Balancing between the State, Business and the Public Sphere, in: Nordenstreng, Kaarle/Vartanova, Elena/Zassoursky, Yassen (Hrsg.): Russian Media Challenge. 2., akt. Aufl., Helsinki: 155-188.

Zasurskii, Ivan I. 2001: The Mass Media between Political Instrumentalization, Economic Concentration and Global Assimilation, in: Segbers, Klaus (Hrsg.): Explaining Post-Soviet Patchworks. Volume 1: Actors and Sectors between Accommodation and Resistance to Globalisation, Aldershot u. a.: 201-227.

Zasurskij, Ivan 1996: Politika, den'gi i pressa v sovremennoj Rossii, in: Svobodnaja mysl': 10: 3-18.

Zasurskij, Ivan 1999a: Mass-media vtoroj respubliki, in: Svobodnaja mysl': 4: 44-58.

Zasurskij, Ivan 2001: Rekonstrukcija Rossii. Mass-media i politika v 90-e, Moskau (online verfügbar: www.cjes.ru/lib/content.php?content_id=1593&category_id=3; download: 20.10.2003).

Zasurskij, Ivan I. 1999b: Mass-media vtoroj respubliki, Moskau (online verfügbar: www.smi.ru/1999/09/30/938635529.html; download: 28.05.2001).

Zasurskij, Jasen N. 2004: Iskušenie svobodoj. Rossijskaja žurnalistika: 1990-2004, Moskau.

Zolotov, Andrei, Jr. 2001: Abramovich Buys 49% of ORT, in: Moscow Times, 06.02.2001: 4 (online verfügbar: www.themoscowtimes.com/stories/2001/02/0 6/040.html; download: 06.02.2001).

Zorkaja, Natalija 2000: Intormacionnye predpočtenija žitelej Rossii, in: Monitoring obščestvennogo mnenija: 4 (48): 18-22 (online verfügbar: http://ecsocman.hse .ru/data/482/937/1219/04zorkaya-18-22.pdf; download: 17.05.2015).

Zudin, Aleksej 1996b: Biznes i politika v prezidentskoj kampanii 1996 goda, in: Pro et Contra 1: 1: 46-60 (online verfügbar: http://pubs.carnegie.ru/p&c/Vol1-1996/ 1/default.asp?n=04zudin.asp; download: 29.05.2002).

Zudin, Aleksej 2000: Kreml' kak sub''ekt izbiratel'noj kampanii, in: Makfol, Majkl/Petrov, Nikolaj V./Rjabov, Andrej V. (Hrsg.): Rossija v izbiratel'nom cikle 1999-2000 godov, Moskau: 99-111.

Zudin, Aleksej J. 1996a: Rossija: Biznes i politika. (Strategii vlasti v otnošenijach s gruppami davlenija biznesa), in: Mirovaja ékonomika i meždunarodnye otnošenija: 5: 17-25.

Zudin, Aleksej J. 1999: Oligarchija kak političeskaja problema rossijskogo postkommunizma, in: Obščestvennye nauki i sovremennost': 1: 45-65.

Zudin, Aleksej/Rjabov, Andrej 2000: Osobennosti kampanija-2000 i ich vlijanie na konfiguraciju vlastvujuščej élity, in: Makfol, Majkl/Petrov, Nikolaj V./Rjabov, Andrej V. (Hrsg.): Rossija v izbiratel'nom cikle 1999-2000 godov, Moskau: 421-428.

Žukov, Maksim 1999: Deputaty ne soglasny na soglasie, in: Kommersant''-daily, 08.04.1999.

8.2 Berücksichtigte Printmedien und Informationsdienste

Argumenty i fakty
Biznes MN
BOFIT Russia Review
Delovye ljudi
Ėkspert
Ėkonomika i žizn'
Finansovaja Rossija
Finansovye izvestija
Frankfurter Rundschau
Interfaks
Interfaks-AiF
Itogi
Izvestija
Jamestown Foundation Monitor
Jamestown Foundation Prism
Kommersant''/Kommersant''-daily
Kommersant''-vlast'
Komsomol'skaja pravda
Kuranty
Moscow Times
Moskovskaja pravda
Moskovskie novosti

Moskovskij komsomolec
Neue Zürcher Zeitung
Nezavisimaja gazeta
Novaja gazeta
Novye izvestija
Obščaja gazeta
Ogonёk
Profil'
RFE/RL Newsline
RFE/RL Russian Election Report
Rossijskaja gazeta
Rossijskie vesti
Russia Watch
Russian Economic Trends
Russkij telegraf
Segodnja
Süddeutsche Zeitung
Trud
Vek
VPS – Antologija teleradioéfira 1991-1999
VPS-monitoring teleradioéfira/Politika
Vremja MN

8.3 Rechtsakte und andere offizielle Quellen

8.3.1 Gesetze

1990/1552-I: Zakon SSSR ot 12 ijunja 1990 g. N 1552-I „O pečati i drugich sredstvach massovoj informacii", in: Vedomosti S"ezda narodnych deputatov i Verchovnogo Soveta SSSR Nr. 26/1990, Pos. 492.

1991/1530-I: Zakon RSFSR ot 3 ijulja 1991 g. N 1530-I „Ob imennych privatizacionnych sčetach i vkladach v RSFSR", in: VSND Nr. 27/1991, Pos. 1036.

1991/1531-I: Zakon RSFSR ot 3 ijulja 1991 g. N 1531-I „O privatizacii gosudarstvennych i municipal'nych predprijatij v RSFSR", in: VSND Nr. 27/1991, Pos. 927.

1991/2124-I: Zakon Rossijskoj Federacii ot 27 dekabrja 1991 g. N. 2124-I „O sredstvach massovoj informacii", in: VSND Nr. 7/1992, Pos. 300.

1992/2395-I: Zakon Rossijskoj Federacii ot 21 fevralja 1992 g. N 2395-I „O nedrach", in: VSND Nr. 16/1992, Pos. 834.

1992/2446-I: Zakon Rossijskoj Federacii ot 5 marta 1992 g. N 2446-I „O bezopasnosti", in: VSND Nr. 15/1992, Pos. 769.

1993/190-FZ: Federal'nyj zakon ot 30 nojabrja 1995 g. N 190-FZ „O finansovopromyšlennych gruppach", in: SZRF 49/1995, Pos. 4697.

1993/5486-I: Zakon Rossijskoj Federacii ot 21 ijulja 1993 g. N 5486-I „O gosudarstvennoj tajne", in: Rossijskaja gazeta Nr. 182, 21.09.1993, S. 5.

1993/5845-I: Zakon Rossijskoj Federacii ot 21 ijulja 1993 g. N 5845-I „O gosudarstvennom tajne", in: VSND Nr. 38/1993, Pos. 1480.

1994/3-FZ: Federal'nyj zakon ot 8 maja 1994 g. N 3-FZ „O statuse deputata Soveta Federacii i statuse deputata Gosudarstvennoj Dumy Federal'nogo Sobranija Rossijskoj Federacii", in: SZRF Nr. 2/1994, Pos. 74.

1995/4-FKZ: Federal'nyj konstitucionnyj zakon ot 11 janvarja 1995 g. N 4-FKZ „O Sčetnoj palate Rossijskoj Federacii", in: SZRF Nr. 3/1995, Pos. 167.

1995/7-FZ: Federal'nyj zakon ot 13 janvarja 1995 g. N 7-FZ „O porjadke osveščenija dejatel'nosti organov gosudarstvennoj vlasti v gosudarstvennych sredstvach massovoj informacii", in: SZRF 3/1995, Pos. 170.

1995/24-FZ: Federal'nyj zakon ot 20 fevralja 1995 g. N 24-FZ „Ob informacii, informatizacii i zaščite informacii", in: SZRF 8/1995, Pos. 609.

1995/31-FZ: Federal'nyj zakon ot 13 marta 1995 g. N 31-FZ „O nekotorych voprosach predostavlenija l'got učastnikam vnešneėkonomičeskoj dejatel'nosti", in: SZRF 11/1995, Pos. 942.

1995/108-FZ: Federal'nyj zakon ot 18 ijulja 1995 g. N 108-FZ „O reklame", in: SZRF 30/1995, Pos. 2864.

1995/177-FZ: Federal'nyj zakon ot 24 nojabrja 1995 g. N 177-FZ „Ob ėkonomičeskoj podderžke rajonnych (gorodskich) gazet", in: SZRF 48/1995, Pos. 4559.

1995/191-FZ: Federal'nyj zakon ot 1 dekabrja 1995 g. N 191-FZ „O gosudarstvennoj podderžke sredstv massovoj informacii i knigoizdanija Rossijskoj Federacii", in: SZRF 49/1995, Pos. 4698.

1997/2-FKZ: Federal'nyj konstitucionnyj zakon ot 17 dekabrja 1997 g. N 2-FKZ „O Pravitel'stve Rossijskoj Federacii", in: SZRF Nr. 51/1997, Pos. 5712.

1997/3-FKZ: Federal'nyj konstitucionnyj zakon ot 31 dekabrja 1997 g. N 3-FKZ „O vnesenii izmenenij i dopolnenij v Federal'nyj konstitucionnyj zakon ‚O Pravitel'stve Rossijskoj Federacii'", in: SZRF Nr. 1/1998, Pos. 1.

1997/123-FZ: Federal'nyj zakon Rossijskoj Federacii ot 21 ijulja 1997 g. N 123-FZ „O privatizacii gosudarstvennogo imuščestva i ob osnovach privatizacii municipal'nogo imuščestva v Rossijskoj Federacii", in SZRF Nr. 30/1997, Pos. 3595.

1997/124-FZ: Federal'nyj zakon ot 19 sentjabrja 1997 g. N 124-FZ „Ob osnovnych garantijach izbiratel'nych prav i prava na učastie v referendume graždan Rossijskoj Federacii", in: SZRF 38/1997, Pos. 4339.

1997/131-FZ: Federal'nyj zakon ot 6 oktjabrja 1997 g. N 131-FZ „O vnesenii izmenenij i dopolnenij v Zakon Rossijskoj Federacii ‚O gosudarstvennoj tajne'", in: SZRF 41/1997, Pos. 4673.

1998/158-FZ: Federal'nyj zakon ot 25 sentjabrja 1998 g. N 158-FZ „O licenzirovanii otdel'nych vidov dejatel'nosti", in: SZRF 39/1998, Pos. 4857.

1998/159-FZ: Federal'nyj zakon ot 22 oktjabrja 1998 g. N 159-FZ „O vnesenii izmenenija i dopolnenija v stat'ju 10 Federal'nogo zakona ‚O gosudarstvennoj podderžke sredstv massovoj informacii i knigoizdanija Rossijskoj Federacii'", in: SZRF 43/1998, Pos. 5212.

1999/133-FZ: Federal'nyj zakon ot 5 ijulja 1999 g. N 133-FZ „O vnesenii izmenenij i dopolnenij v Federal'nyj zakon ‚O statuse deputata Soveta Federacii i statuse deputata Gosudarstvennoj Dumy Federal'nogo Sobranija Rossijskoj Federacii'", in: SZRF Nr. 28/1999, Pos. 3466.

2001/3-FKZ: Federal'nyj konstitucionnyj zakon ot 30 maja 2001 g. N 3-FKZ: „O črezvyčajnom položenii", in: SZRF Nr. 23/2001, Pos. 2277.

2008/6-FKZ: Federal'nyj zakon ot 30 dekabrja 2008 g. N 6-FKZ „Ob izmenenii sroka polnomočij Prezidenta Rossijskoj Federacii i Gosudarstvennoj Dumy", in: SZRF 1/2009, Pos. 1.

2008/57-FZ: Federal'nyj zakon ot 29 aprelja 2008 g. N 57-FZ „O porjadke osuščestvlenija inostrannych investicij v chozjajstvennye obščestva, imejuščie strategičeskoe značenie dlja obespečenija oborony strany i bezopasnosti gosudarstva", in: SZRF 18/2008, Pos. 1940.

2014/11-FKZ: Zakon Rossijskoj Federacii o popravke k Konstitucii Rossijskoj Federacii ot 21 ijulja 2014 g. N 11-FKZ: „O Sovete Federacii Federal'nogo Sobranija Rossijskoj Federacii", in: SZRF Nr. 3/2014, Pos. 4202.

2014/305-FZ: Federal'nyj zakon ot 14 oktjabrja 2014 g. N 305-FZ „O vnesenii izmenenij v Zakon Rossijskoj Federacii ‚O sredstvach massovoj informacii'", in: SZRF 42/2014, Pos. 5613.

8.3.2 Akte des Staatspräsidenten

1991/297: Ukaz Prezidenta RSFSR ot 3 dekabrja 1991 g. N 297 „O merach po liberalizacii cen", in: VSND Nr. 52/1991, Pos. 1878.

1992/1647: Ukaz Prezidenta Rossijskoj Federacii ot 25 dekabrja 1992 g. N 1647 „O Federal'nom informacionnom centre Rossii", in: SaPiP 26/1992, Pos. 2310.

1992/47: Ukaz Prezidenta Rossijskoj Federacii ot 15 janvarja 1992 g. N 47 „O sozdanii Rossijskoj gosudarstvennoj teleradiokompanii ‚Peterburg'", in: VSND 5/1992, Pos. 204.

1992/302: Ukaz Prezidenta RF ot 26 marta 1992 g. N 302 „O porjadke opublikovanija i vystuplenija v silu aktov Prezidenta Rossijskoj Federacii i Pravitel'stva Rossijskoj Federacii", in: SAPiP Nr. 1/1992, Pos. 1.

1992/539: Ukaz Prezidenta Rossijskoj Federacii N 539 ot 1 ijunja 1992 g. „O neotložnych merach po osvoeniju novych krupnych gazovych mestoroždenij na poluostrove Jamal, v Barencevom more i na šel'fe ostrova Sachalina", in: VSND Nr. 23/1992, Pos. 1272.

1992/565: Ukaz Prezidenta Rossijskoj Federacii ot 6 ijunja 1992 g. N 565 „O Ju. M. Lužkove", in: VSND 24/1992, Pos. 1344.

1992/914: Ukaz Prezidenta Rossijskoj Federacii ot 14 avgusta 1992 g. N 914 „O vvedenii v dejstvie sistemy privatizacionnych čekov v Rossijskoj Federacii", in: SAPiP Nr. 8/1992, Pos. 501.

1992/1333: Ukaz Prezidenta Rossijskoj Federacii ot 5 nojabrja 1992 g. N 1333 „Ob preobrazovanii Gosudarstvennogo gazovogo koncerna ‚Gazprom' v Rossijskoe akcionernoe obščestvo ‚Gazprom'", in: SAPiP Nr. 19/1992, Pos. 1607.

1992/1403: Ukaz Prezidenta Rossijskoj Federacii ot 17 nojabrja 1992 g. N 1403 „Ob osobennostjach privatizacii i preobrazovanija v akcionernye obščestva gosudarstvennych predprijatij, proizvodstvennych i naučno-issledovatel'skich ob"edinenij neftjanoj, neftepererabatyvajuščej promyšlennosti i nefteprodukto-obespečenija", in: SAPiP Nr. 22/1992, Pos. 1878.

1993/640: Ukaz Prezidenta Rossijskoj Federacii ot 8 maja 1993 g. N 640 „O gosudarstvennych garantijach prava graždan Rossii na učastie v privatizacii", in: SAPiP Nr. 20/1993, Pos. 1755.

1993/1238: Ukaz Prezidenta Rossijskoj Federacii ot 10 avgusta 1993 g. N 1238 „O zaščite prava graždan Rossijskoj Federacii na učastie v privatizacii", in: SAPiP Nr. 33/1993, Pos. 3091.

1993/1924: Ukaz Prezidenta Rossijskoj Federacii ot 17 nojabrja 1993 g. N 1924 „O dejatel'nosti inostrannych bankov i sovmestnych bankov s učastiem sredstv nerezidentov na territorii Rossijskoj Federacii", in: SaPiP Nr. 47/1993, Pos. 4525.

1993/1973: Ukaz Prezidenta Rossijskoj Federacii ot 22 nojabrja 1993 g. N 1973 „O protekcionistskoj politike Rossijskoj Federacii v oblasti fizičeskoj kul'tury i sporta", in: SAPiP Nr. 48/1993, Pos. 4646.

1993/1975: Ukaz Prezidenta Rossijskoj Federacii ot 22 nojabrja 1993 g. N 1975 „Ob ėkspluatacii vos'mogo častotnogo kanala televidenija (g. Moskva)", in: SaPiP 48/1993, Pos. 4663.

1993/2096: Ukaz Prezidenta Rossijskoj Federacii ot 5 dekabrja 1993 g. N 2096 „O sozdanii finansovo-promyšlennych grupp v Rossijskoj Federacii", in: SAPiP Nr. 49/1993, Pos. 4766.

1993/2254: Ukaz Prezidenta Rossijskoj Federacii ot 22 dekabrja 1993 g. N 2254 „O merach gosudarstvennoj podderžki dejatel'nosti obščerossijskich obščestvennych ob"edinenij invalidov", in: SAPiP Nr. 52/1993, Pos. 5066.

1993/2255: Ukaz Prezidenta Rossijskoj Federacii ot 22 dekabrja 1993 g. N 2255 „O soveršenstvovanii gosudarstvennogo upravlenija v sfere massovoj informacii", in: SaPiP 52/1993, Pos. 5067.

1993/2257: Ukaz Prezidenta Rossijskoj Federacii ot 22 dekabrja 1993 g. N 2257 „Ob Informacionnom telegrafnom agentstve Rossii", in: SaPiP 52/1993, Pos. 5126.

1993/2258: Ukaz Prezidenta Rossijskoj Federacii ot 22 dekabrja 1993 g. N 2258 „O sozdanii choldingovoj kompanii Rossijskij gosudarstvennyj teleradiotechničeskij centr ‚Éfir' i Rossijskoj gosudarstvennoj radioveščatel'noj kompanii ‚Golos Rossii'", in: SaPiP 52/1993, Pos. 5127.

1993/2259: Ukaz Prezidenta Rossijskoj Federacii ot 22 dekabrja 1993 g. N 2259 „Ob ékspluatacii vos'mogo častotnogo kanala televidenija (g. Moskva) i seti ego rasprostranenija", in: SaPiP 52/1993, Pos. 5178.

1993/2278: Ukaz Prezidenta Rossijskoj Federacii ot 23 dekabrja 1993 g. N 2278 „Ob obespečenii dejatel'nosti Rossijskogo informacionnogo agentstva ‚Novosti'", in: SaPiP 52/1993, Pos. 5081.

1993/2284: Ukaz Prezidenta Rossijskoj Federacii ot 24 dekabrja 1993 g. N 2284 „O Gosudarstvennoj programme privatizacii gosudarstvennych i municipal'nych predprijatij v Rossijskoj Federacii", in: SZRF Nr. 1/1994, Pos. 2.

1994/66: Ukaz Prezidenta Rossijskoj Federacii ot 10 janvarja 1994 g. N 66 „O strukture federal'nych organov ispolnitel'noj vlasti", in: SAPiP Nr. 3/1994, Pos. 190.

1994/1185: Ukaz Prezidenta Rossijskoj Federacii ot 10 ijunja 1994 g. N 1185 „Ob obespečenii vzaimodejstvija Prezidenta Rossijskoj Federacii i Pravitel'stva Rossijskoj Federacii", in: SZRF Nr. 7/1994, Pos. 697.

1994/1535: Ukaz Prezidenta Rossijskoj Federacii ot 22 ijulja 1994 g. N 1535 „Ob Osnovnych položenijach gosudarstvennoj programmy privatizacii gosudarstvennych i municipal'nych predprijatij v Rossijskoj Federacii posle 1 ijulja 1994 goda", in: SZRF Nr. 13/1994, Pos. 1478.

1994/2023: Ukaz Prezidenta Rossijskoj Federacii 28 oktjabrja 1994 g. N 2023 „O vyrabotke mer gosudarstvennoj podderžki sozdanija i dejatel'nosti finansovo-promyšlennych grupp na baze finansovo-promyšlennoj gruppy ‚Interros'", in: SZRF Nr. 27/1994, Pos. 2856.

1994/2133: Ukaz Prezidenta Rossijskoj Federacii ot 29 nojabrja 1994 g. N 2133 „O soveršenstvovanii ékspluatacii pervogo častnogo (g. Moskva) kanala televidenija i seti ego rasprostranenija", in: SZRF 32/1994, Pos. 3332.

1995/72: Ukaz Prezidenta Rossijskoj Federacii N 72 ot 25 janvarja 1995 g. „O gosudarstvennoj podderžke strukturnoj perestrojki i konversii atomnoj promyšlennosti v g. Železnogorske Krasnojarskogo kraja", in: SZRF Nr. 5/1995, Pos. 399.

1995/241: Ukaz Prezidenta Rossijskoj Federacii ot 6 marta 1995 g. N 241 „Ob o-svoboždenii zavoda cholodil'nikov ‚Stinol' akcionernogo obščestva ‚Novolipeckij metallurgičeskij kombinat' ot objazatel'noj prodaži časti valjutnoj vyručki", in: SZRF Nr. 11/1995, Pos. 964.

1995/244: Ukaz Prezidenta Rossijskoj Federacii ot 6 marta 1995 g. N 244 „O priznanii utrativšim silu i ob otmene rešenij Prezidenta Rossijskoj Federacii v časti predostavlenija tamožennych l'got", in: SZRF Nr. 11/1995, Pos. 967.

1995/478: Ukaz Prezidenta Rossijskoj Federacii ot 11 maja 1995 g. N 478 „O merach po obespečeniju garantirovannogo postuplenija v federal'nyj bjudžet dochodov ot privatizacii", in: SZRF Nr. 20/1995, Pos. 1776.

1995/797: Ukaz Prezidenta Rossijskoj Federacii ot 2 avgusta 1995 g. N 797 „Ob Upravlenii delami Prezidenta Rossijskoj Federacii", in: SZRF Nr. 32/1995, Pos. 3288.

1995/872: Ukaz Prezidenta Rossijskoj Federacii N 872 ot 24 avgusta 1995 g. „Ob učreždenii otkrytogo akcionernogo obščestva ‚Sibirskaja neftjanaja kompanija'", in: SZRF Nr. 36/1995, Pos. 3530.

1995/889: Ukaz Prezidenta Rossijskoj Federacii N 889 ot 31 avgusta 1995 g. „O porjadke peredači v 1995 godu v zalog akcij nachodjaščichsja v federal'noj sobstvennosti", in: SZRF Nr. 36/1995, Pos. 3527.

1995/1019: Ukaz Prezidenta Rossijskoj Federacii ot 6 oktjabrja 1995 g. N 1019 „O soveršenstvovanii teleradioveščanija v Rossijskoj Federacii", in: SZRF 41/1995, Pos. 3878.

1995/1067: Ukaz Prezidenta Rossijskoj Federacii N 1067 ot 2 nojabrja 1995 g. „O srokach realizacii akcij, nachodjaščichsja v federal'noj sobstvennosti i peredavaemych v zalog v 1995 godu", in: SZRF Nr. 45/1995, Pos. 4300.

1995/1186: Ukaz Prezidenta Rossijskoj Federacii N 1186 ot 27 nojabrja 1995 g. „Ob upravlenii i rasporjaženii akcijami otkrytogo akcionernogo obščestva ‚Sibirskaja neftjanaja kompanija', nachodjaščimsja v federal'noj sobstvennosti", in SZRF Nr. 49/1995, Pos. 4768.

1995/1230: Ukaz Prezidenta Rossijskoj Federacii N 1230 ot 7 dekabrja 1995 g. „Voprosy peredači v 1995 godu v zalog akcij, nachodjaščichsja v federal'noj sobstvennosti ", in: SZRF Nr. 50/1995, Pos. 4906.

1996/203: Ukaz Prezidenta Rossijskoj Federacii ot 14 fevralja 1996 g. N 203 „O Popcove O. M.", in: SZRF 1/1996, Pos. 891.

1996/342: Ukaz Prezidenta RF ot 7 marta 1996 g. N 342 „Voprosy Glavnogo gosudarstvenno-pravovogo upravlenija Prezidenta Rossijskoj Federacii", in: SZRF Nr. 11/1996, Pos. 1030.

1996/439: Ukaz Prezidenta Rossijskoj Federacii ot 1 aprelja 1996 g. N 439 „O gosudarstvennoj podderžke raspoložennych v Respublike Tatarstan predprijatij oboronnych otraslej promyšlennosti, realizujuščich krupnye proekty osvoenija graždanskoj produkcii", in: SZRF Nr. 15/1996, Pos. 1571.

1996/763: Ukaz Prezidenta RF ot 23 maja 1996 g. N 763 „O porjadke opublikovanija i vstuplenija v silu aktov Prezidenta Rossijskoj Federacii, Pravitel'stva Rossijskoj Federacii i normativnych pravovych aktov federal'nych organov ispolnitel'noj vlasti", in: SZRF Nr. 22/1996, Pos. 2663.

1996/1024: Ukaz Prezidenta Rossijskoj Federacii ot 10 ijulja 1996 g. N 1024 „Voprosy Soveta Bezopasnosti Rossijskoj Federacii", in: SZRF Nr. 29/1996, Pos. 3479.

1996/1032: Ukaz Prezidenta Rossijskoj Federacii ot 15 ijulja 1996 g. N 1032 „O Rukovoditele Administracii Prezidenta Rossijskoj Federacii", in: SZRF Nr. 29/1996, Pos. 3488.

1996/1121: Ukaz Prezidenta Rossijskoj Federacii ot 31 ijulja 1996 g. N 1121 „Ob utverždenii sostava Soveta Bezopasnosti Rossijskoj Federacii", in: SZRF Nr. 32/1996, Pos. 3896.

1996/1149: Ukaz Prezidenta Rossijskoj Federacii ot 9 avgusta 1996 g. N 1149 „O merach gosudarstvennoj podderžki Rossijskogo akcionernogo obščestva ‚Noril'skij nikel'‘", in: SZRF Nr. 34/1996, Pos. 4070.

1996/1178: Ukaz Prezidenta RF ot 14 avgusta 1996 g. N 1178 „O sostave Pravitel'stva Rossijskoj Federacii", in: SZRF Nr. 34/1996, Pos. 4083.

1996/1208: Ukaz Prezidenta Rossijskoj Federacii ot 18 avgusta 1996 g. N 1208 „O neotložnych merach po obespečeniju režima ėkonomii v processe ispolnenija federal'nogo bjudžeta vo vtorom polugodii 1996 goda", in: SZRF Nr. 35/1996, Pos. 4140.

1996/1386: Ukaz Prezidenta Rossijskoj Federacii ot 20 sentjabrja 1996 g. N 1386 „O stabilizacii dejatel'nosti i ulučšenii kačestva veščanija Vserossijskoj gosudarstvennoj televizionnoj i radioveščatel'noj kompanii i telekompanii NTV"‘, in: SZRF 39/1996, Pos. 4534.

1996/1412: Ukaz Prezidenta Rossijskoj Federacii ot 2 oktjabrja 1996 g. N 1412 „Ob utverždenii Položenija ob Administracii Prezidenta Rossijskoj Federacii", in: SZRF Nr. 41/1996, Pos. 4689.

1996/1428: Ukaz Prezidenta RF ot 11 oktjabrja 1996 g. N 1428 „O vremennoj črezvyčajnoj komissii pri Prezidente Rossijskoj Federacii po ukrepleniju nalogovoj i bjudžetnoj discipliny", in: SZRF Nr. 42/1996, Pos. 4793.

1997/190: Ukaz Prezidenta RF ot 7 marta 1997 g. N 190 „O Čubajse A. B.", in: SZRF Nr. 10/1997, Pos. 1154.

1997/191: Ukaz Prezidenta RF ot 7 marta 1997 g. N 191 „O Pervom zamestitele Predsedatelja Pravitel'stva Rossijskoj Federacii", in: SZRF Nr. 10/1997, Pos. 1155.

1997/250: Ukaz Prezidenta RF ot 17 marta 1997 g. N 250 „Ob izmenenijach v sostave Pravitel'stva Rossijskoj Federacii", in: SZRF Nr. 12/1997, Pos. 1425.

1997/251: Ukaz Prezidenta RF ot 17 marta 1997 g. N 251 „O Pervom zamestitele Predsedatelja Pravitel'stva Rossijskoj Federacii – Ministre finansov Rossijskoj Federacii", in: SZRF Nr. 12/1997, Pos. 1426.

1997/427: Ukaz Prezidenta Rossijskoj Federacii ot 28 aprelja 1997 g. N 427 „O merach po dal'nejšemu razvitiju ėlektričeskoj svjazi i rasporjaženii nachodjaščimisja v federal'noj sobstvennosti akcijami otkrytych akcionernych obščestv ‚Svjaz'invest‘, ‚Rostelekom‘, ‚Central'nyj telegraf‘, ‚Ekaterinburgskaja gorodskaja telefonnaja set'‘ i ‚Giprosvjaz'‘", in: SZRF 18/1997, Pos. 2133.

1997/467: Ukaz Prezidenta Rossijskoj Federacii ot 12 maja 1997 g. N 467 „O prekraščenii predostavlenija garantij i poručitel'stv za sčet sredstv federal'nogo bjudžeta", in: SZRF Nr. 20/1997, Pos. 2233.

1997/477: Ukaz Prezidenta Rossijskoj Federacii N 477 ot 12 maja 1997 g. „O merach po usileniju kontrolja za ispol'zovaniem sredstv bjudžeta", in: SZRF Nr. 20/1997, Pos. 2235.

1997/823: Ukaz Prezidenta Rossijskoj Federacii ot 4 avgusta 1997 g. N 823 „O soveršenstvovanii struktury gosudarstvennogo radioveščanija v Rossijskoj Federacii", in: SZRF 32/1997, Pos. 3753.

1997/919: Ukaz Prezidenta Rossijskoj Federacii ot 25 avgusta 1997 g. N 919 „O soveršenstvovanii gosudarstvennogo televeščanija v Rossijskoj Federacii", in: SZRF 44/1997, Pos. 4054.

1998/55: Ukaz Prezidenta Rossijskoj Federacii ot 21 janvarja 1998 g. N 55 „O vnesenii izmenenija v Ukaz Prezidenta Rossijskoj Federacii ot 6 oktjabrja 1995 g. N 1019 ‚O soveršenstvovanii teleradioveščanija v Rossijskoj Federacii'", in: SZRF 4/1998, Pos. 472.

1998/155: Ukaz Prezidenta Rossijskoj Federacii ot 16 avgusta 1998 g. N 155 „O strukture federal'nych organov ispolnitel'noj vlasti", in: SZRF Nr. 34/1996, Pos. 4082.

1998/160-rp: Rasporjaženie Prezidenta Rossijskoj Federacii ot 5 maja 1998 g. N 160-rp [O soglasovanii v Administracii Prezidenta Rossijskoj Federacii proektov postanovlenij i rasporjaženij Pravitel'stva Rossijskoj Federacii], in: SZRF Nr. 19/1998, Pos. 2117.

1998/283: Ukaz Prezidenta Rossijskoj Federacii ot 23 marta 1998 g. N 283 „O Čubajse A. B.", in: SZRF Nr. 12/1998, Pos. 1435.

1998/284: Ukaz Prezidenta Rossijskoj Federacii ot 23 marta 1998 g. N 284 „O Kulikove A. S.", in: SZRF Nr. 12/1998, Pos. 1436.

1998/511: Ukaz Prezidenta Rossijskoj Federacii ot 5 maja 1998 g. N 511 „O soveršenstvovanii raboty gosudarstvennych ėlektronnych sredstv massovoj informacii", in: SZRF 19/1998, Pos. 2079.

1998/1142: Ukaz Prezidenta Rossijskoj Federacii ot 22 sentjabrja 1998 g. N 1142 „O strukture federal'nych organov ispolnitel'noj vlasti", in: SZRF Nr. 39/1998, Pos. 4886.

1999/163: Ukaz Prezidenta Rossijskoj Federacii ot 30 janvarja 1999 g. N 163 „O dopolnitel'nych merach po soveršenstvovaniju struktury Administracii Prezidenta Rossijskoj Federacii", in: SZRF Nr. 5/1999, Pos. 652.

1999/53-rp: Rasporjaženie Prezidenta Rossijskoj Federacii ot 4 marta 1999 g. N 53-rp [Ob obespečenii oformlenija v ustanovlennom porjadke rešenija Prezidenta Rossijskoj Federacii ob osvoboždenii Berezovskogo B. A. ot objazannostej Ispolnitel'nogo sekretarja Sodružestva Nezavisimych Gosudarstv], in: SZRF 10/1999, Pos. 1223.

1999/580: Ukaz Prezidenta Rossijskoj Federacii ot 12 maja 1999 g. N 580 „O Predsedatele Pravitel'stva Rossijskoj Federacii", in: SZRF 20/1999, Pos. 2424.

1999/885: Ukaz Prezidenta Rossijskoj Federacii ot 6 ijulja 1999 g. N 885 „O soveršenstvovanii gosudarstvennogo upravlenija v oblasti sredstv massovoj informacii i massovych kommunikacij", in: SZRF 28/1999, Pos. 3677.

1999/1024: Ukaz Prezidenta RF ot 9 avgusta 1999 g. N 1024 „O priznanii utrativšimi silu nekotorych ukazov Prezidenta Rossijskoj Federacii", in: SZRF Nr. 33/1999, Pos. 4099.

2000/867: Ukaz Prezidenta Rossijskoj Federacii ot 17 maja 2000 g. N 867 „O strukture federal'nych organov ispolnitel'noj vlasti", in: SZRF Nr. 21/2000, Pos. 2168.

2004/314: Ukaz Prezidenta Rossijskoj Federacii ot 9 marta 2004 g. N 314 „O sisteme i strukture federal'nych organov ispolnitel'noj vlasti", in: SZRF Nr. 11/2004, Pos. 945.

8.3.3 Akte der Regierung und der Regierungsbehörden

1991/55: Postanovlenie Pravitel'stva RSFSR ot 19 dekabrja 1991 g. N 55 „O merach po liberalizacii cen", in: Sobranie postanovlenij Pravitel'stva Rossijskoj Federacii Nr. 1-2/1992, Pos. 8.

1993/180: Postanovlenie Soveta Ministrov Rossijskoj Federacii N 180 ot 1 marta 1993 g. „Ob obespečenii vvoda v ėkspluataciju novych neftjanych mestoroždenij v 1993-1995 godach", in: SAPiP Nr. 10/1993, Pos. 840.

1993/757: Postanovlenie Soveta Ministrov – Pravitel'stva Rossijskoj Federacii ot 10 avgusta 1993 g. N 757 „O realizacii dopolnitel'nych mer po zaščite prava graždan Rossii na učastie v privatizacii", in: SAPiP Nr. 33/1993, Pos. 3093.

1994/692-r: Rasporjaženie Pravitel'stva Rossijskoj Federacii ot 13 maja 1994 g. N 692-r, in: SZRF 4/1994, Pos. 390.

1994/1359: Postanovlenie Pravitel'stva Rossijskoj Federacii ot 7 dekabrja 1994 g. N 1359 „O licenzirovanii televizionnogo veščanija, radioveščanija i dejatel'nosti po svjazi v oblasti televizionnogo i radioveščanija v Rossijskoj Federacii", in: SZRF 34/1994, Pos. 3604.

1994/2020-r: Rasporjaženie Pravitel'stva Rossijskoj Federacii ot 30 dekabrja 1994 g. N 2020-r „O licenzirovanii televizionnogo veščanija, radioveščanija i dejatel'nosti po svjazi v oblasti televizionnogo i radioveščanija v Rossijskoj Federacii", in: SZRF 1/1995, Pos. 108.

1995/763: Prikaz GTK Rossii ot 20 dekabrja 1995 g. za N 763: „O priznanii utrativšimi silu normativnych aktov GTK Rossii po voprosam predostavlenija l'got po uplate tamožennych platežej".

1995/802: Postanovlenie Pravitel'stva Rossijskoj Federacii N 802 ot 9 avgusta 1995 g. „Ob obrazovanii otkrytogo akcionernogo obščestva ,Tjumenskaja neftjanaja kompanija'", in: SZRF Nr. 33/1995, Pos. 3404.

1995/851-r: Rasporjaženie Pravitel'stva Rossijskoj Federacii ot 18 ijunja 1995 g. N 851-r, in: SZRF Nr. 27/1995, Pos. 2603.

1995/868: Postanovlenie Pravitel'stva Rossijskoj Federacii N 868 ot 1 sentjabrja 1995 g. „Ob obrazovanii otkrytogo akcionernogo obščestva ,Neftjanaja kompanija ›NORSI-OJL‹'", in: SZRF Nr. 37/1995, Pos. 3617.

1995/949: Postanovlenie Pravitel'stva Rossijskoj Federacii ot 18 sentjabrja 1995 g. N 949 „O perečne akcionernych obščestv, sozdannych v processe privatizacii, proizvodjaščich produkciju (tovary, uslugi), imejuščuju strategičeskoe značenie dlja obespečenija nacional'noj bezopasnosti strany, zakreplennye v federal'noj sobstvennosti akcii kotorych ne podležat dosročnoj prodaže", in: SZRF Nr. 41/1995, Pos. 3899.

1995/972: Postanovlenie Pravitel'stva Rossijskoj Federacii N 972 ot 29 sentjabrja 1995 g. „Ob obrazovanii otkrytogo akcionernogo obščestva ‚Sibirskaja neftjanaja kompanija'", in: SZRF Nr. 41/1995, Pos. 3903.

1995/1167: Postanovlenie Pravitel'stva Rossijskoj Federacii N 1167 ot 27 nojabrja 1995 g. „O vnesenii na rassmotrenie Prezidenta Rossijskoj Federacii proekta ukaza ‚Ob upravlenii i rasporjaženii akcijami otkrytogo akcionernogo obščestva ›Sibirskaja neftjanaja kompanija‹, nachodjaščimisja v federal'noj sobstvennosti'", in: SZRF Nr. 49/1995, Pos. 4821.

1995/1365-r: Rasporjaženie Gosudarstvennogo komiteta po upravleniju gosudarstvennym imuščestvom N 1365-r ot 25 sentjabrja 1995 g. „O prave zaključenija dogovorov kredita, zaloga akcij, nachodjaščichsja v federal'noj sobstvennosti", in: Ékonomika i žizn', Nr. 39/1995, S. 6.

1995/1459-r: Rasporjaženie Gosudarstvennogo komiteta po upravleniju gosudarstvennym imuščestvom N 1459-r ot 10 oktjabrja 1995 g. „O spiske predstavitelej ministerstv i vedomstv, territorial'nych agentstv Goskomimuščestva Rossii, dlja učastija v rabote Komissii po provedeniju aukcionov na pravo zaključenija dogovorov kredita, zaloga nachodjaščichsja v federal'noj sobstvennosti akcij i komissii", in: Panorama privatizacii Nr. 21 (72)/1995.

1995/1665-r: Rasporjaženie Gosudarstvennogo komiteta po upravleniju gosudarstvennym imuščestvom i Rossijskogo fonda federal'nogo imuščestva N 1665-r ot 14 nojabrja 1995 g. „Ob utverždenii Primernogo dogovora o zaloge akcij, nachodjaščichsja v federal'noj sobstvennosti, i Primernogo dogovora komissii", in: Rossijskaja gazeta Nr. 220, 14.11.1995: 6.

1996/01-14/1212: Ukazanie GTK Rossii ot 1 nojabrja 1996 goda N 01-14/1212 „Ob osvoboždenii telekompanii ‚NTV' ot uplaty vvoznoj tamožennoj pošliny pri vvoze materialov i oborudovanija".

1996/954: Postanovlenie Pravitel'stva Rossijskoj Federacii ot 13 avgusta 1996 g. N 954: „O meroprijaitjach po realizacii zajavlenija Pravitel'stva Rossijskoj Federacii i Central'nogo Banka Rossijskoj Federacii o srednesročnoj strategii i ékonomičeskoj politike na 1996 god", in: SZRF 35/1996, Pos. 4180.

1996/1040: Postanovlenie Pravitel'stva Rossijskoj Federacii ot 30 avgusta 1996 g. N 1040 „O gosudarstvennoj podderžki Rossijskogo akcionernogo obščestva ‚Noril'skij nikel'"', in: SZRF Nr. 37/1996, Pos. 4304.

1996/1071: Postanovlenie Pravitel'stva Rossijskoj Federacii N 1071 ot 12 sentjabrja 1996 g. „O predsedatele Gosudarstvennogo komiteta Rossijskoj Federacii po upravleniju gosudarstvennym imuščestvom", in: SZRF Nr. 38/1996, Pos. 4459.

1997/425-r: Rasporjaženie Pravitel'stva Rossijskoj Federacii ot 31 marta 1997 g. N 425-r: „O pervom zamestitele Rukovoditelja Apparata Pravitel'stva Rossijskoj Federacii", in: SZRF Nr. 14/1997, Pos. 1687.

1997/618: Postanovlenie Pravitel'stva Rossijskoj Federacii ot 23 maja 1997 g. N 618 „O realizacii akcij otkrytogo akcionernogo obščestva ‚Svjaz'invest'", in: SZRF 22/1997, Pos. 2593.

1997/813-r: Rasporjaženie Pravitel'stva Rossijskoj Federacii ot 10 ijunja 1997 g. N 813-r, in: SZRF 24/1997, Pos. 2789.

1997/814-r: Rasporjaženie Pravitel'stva Rossijskoj Federacii ot 10 ijunja 1997 g. N 814-r, in: SZRF 24/1997, Pos. 2790.

488

KAPITEL 8

1998/604: Postanovlenie Pravitel'stva Rossijskoj Federacii ot 18 ijunja 1998 g. N 604 „Voprosy organizacii dejatel'nosti Pravitel'stva Rossijskoj Federacii", in: SZRF Nr. 27/1998, Pos. 3176.

1998/844: Postanovlenie Pravitel'stva Rossijskoj Federacii ot 27 ijulja 1998 g. N 844 „O formirovanii edinogo proizvodstvenno-technologičeskogo kompleksa gosudarstvennych élektronnych sredstv massovoj informacii", in: SZRF 32/1998, Pos. 3895.

1998/1369-r: Rasporjaženie Pravitel'stva Rossijskoj Federacii ot 15 sentjabrja 1998 goda N 1369-r, in: SZRF 38/1994, Pos. 4856.

1999/698: Postanovlenie Pravitel'stva Rossijskoj Federacii ot 26 ijunja 1999 g. N 698 „O provedenii konkursov na polučenie prava na nazemnoe éfirnoe teleradioveščanie, a takže na razrabotku i osvoenie novogo radiočastotnogo kanala dlja celej teleradioveščanija", in: SZRF 27/1999, Pos. 3382.

1999/1141-r: Rasporjaženie Pravitel'stva Rossijskoj Federacii ot 21 ijulja 1999 g. N 1141-r, in: SZRF 30/1999, Pos. 3970.

8.3.4 Parlamentsakte

1991/1831-I: Postanovlenie SND RSFSR ot 1 nojabrja 1991 g. N 1831-I „O pravovom obespečenii ékonomičeskoj reformy", in: VSND Nr. 44/1991, Pos. 1456.

1991/3038/1-I: Postanovlenie Prezidiuma Verchovnogo Soveta RSFSR ot 28 dekabrja 1991 g. N 3038/1-I „O proekte Gosudarstvennoj programmy privatizacii na 1992 god", in: VSND Nr. 3/1992, Pos. 92.

1992/2980-I: Postanovlenie Verchovnogo Soveta RSFSR ot 11 ijunja 1992 g. N 2980-I „O vvedenii v dejstvie Gosudarstvennoj programmy privatizacii gosudarstvennych i municipal'nych predprijatij Rossijskoj Federacii na 1992 god", in: VSND Nr. 28/1992, Pos. 1617.

1993/5468-I: Postanovlenie Verchovnogo Soveta Rossijskoj Federacii ot 20 ijulja 1993 g. N 5468-I „O napravlenii v Konstitucionnyj Sud Rossijskoj Federacii chodatajstva o proverke konstitucionnosti Ukaza Prezidenta Rossijskoj Federacii ot 8 maja 1993 goda N 640 ‚O gosudarstvennych garantijach prava graždan Rossii na učastie v privatizacii'", in: VSND Nr. 32/1993, Pos. 1259.

1994/80-I GD: Postanovlenie Gosudarstvennoj Dumy Federal'nogo Sobranija Rossijskoj Federacii ot 25 marta 1994 g. N 80-I GD „Reglament Gosudarstvennoj Dumy Federal'nogo Sobranija – parlamenta Rossijskoj Federacii", in: VSND Nr. 3/1994, Pos. 160.

1995/338-I SF: Postanovlenie Soveta Federacii Federal'nogo Sobranija Rossii ot 7 fevralja 1995 g. N 338-I SF: „Ob Ukaze Prezidenta Rossijskoj Federacii ot 4 fevralja 1995 goda N 93 ‚O vvedenii črezvyčajnogo položenija na časti territorii Respubliki Severnaja Osetija i Ingušskoj Respubliki'", in: SZRF Nr. 7/1995, Pos. 611.

1995/835-I GD: Postanovlenie Gosudarstvennoj Dumy Federal'nogo Sobranija Rossijskoj Federacii ot 7 ijunja 1995 g. N 835-I GD „Ob obraščenii v Konstitucionnyj Sud Rossijskoj Federacii", in: SZRF 27/1995, Pos. 2506.

1995/1320-I GD: Postanovlenie Gosudarstvennoj Dumy Federal'nogo Sobranija Rossijskoj Federacii ot 15 nojabrja 1995 g. N 1320-I GD „O vnesenii izmenenij i dopolnenij v Reglament Gosudarstvennoj Dumy Federal'nogo Sobranija – parlamenta Rossijskoj Federacii", in: SZRF Nr. 48/1995, Pos. 4628.

1995/1392-I GD: Postanovlenie Gosudarstvennoj Dumy Federal'nogo Sobranija Rossijskoj Federacii N 1392-I GD ot 24 nojabrja 1995 g. „Ob obraščenii k Prezidentu Rossijskoj Federacii ‚O peredače v zalog zakreplennych v federal'noj sobstvennosti paketov akcij akcionernych obščestv, sozdannych v processe privatizacii i proizvodjaščich produkciju (tovary, uslugi), imejuščuju strategičeskoe značenie dlja obespečenija nacional'noj bezopasnosti strany'", in: SZRF Nr. 49/1995, Pos. 4752.

1998/2134-II GD: Postanovlenie Gosudarstvennoj Dumy Federal'nogo Sobranija Rossijskoj Federacii ot 22 janvarja 1998 g. N 2134-II GD „O Reglamente Gosudarstvennoj Dumy Federal'nogo Sobranija Rossijskoj Federacii", in: SZRF Nr. 7/1998, Pos. 801.

1998/2378-II GD: Postanovlenie Gosudarstvennoj Dumy Federal'nogo Sobranija Rossii ot 15 aprelja 1998 g. N 2378-II GD „Ob obraščenii v Konstitucionnyj Sud Rossijskoj Federacii", in: SZRF, Nr. 16/1998, Pos. 1829.

1998/2636-II GD: Postanovlenie Gosudarstvennoj Dumy Federal'nogo Sobranija Rossii ot 19 ijunja 1998 g. N 2636-II GD „Ob utverždenii Položenija o Special'noj komissii Gosudarstvennoj Dumy Federal'nogo Sobranija Rossijskoj Federacii po ocenke sobljudenija procedurnych pravil i faktičeskoj obosnovannosti obvinenija, vydvinutogo protiv Prezidenta Rossijskoj Federacii", in: SZRF Nr. 27/1998, Pos. 3104.

1998/2653-II GD: Postanovlenie Gosudarstvennoj Dumy Federal'nogo Sobranija Rossii ot 19 ijunja 1998 g. N 2653-II GD „O Special'noj komissii Gosudarstvennoj Dumy Federal'nogo Sobranija Rossijskoj Federacii po ocenke sobljudenija procedurnych pravil i faktičeskoj obosnovannosti obvinenija, vydvinutogo protiv Prezidenta Rossijskoj Federacii", in: SZRF Nr. 27/1998, Pos. 3106.

8.3.5 Entscheidungen des Verfassungsgerichts

1995/10-P: Postanovlenie Konstitucionnogo Suda RF ot 31 ijulja 1995 g. N 10-P „Po delu o proverke konstitucionnosti Ukaza Prezidenta Rossijskoj Federacii ot 30 nojabrja 1994 goda N 2137 ‚O meroprijatijach po vosstanovleniju konstitucionnoj zakonnosti i pravoporjadka na territorii Čečenskoj Respubliki', Ukaza Prezidenta Rossijskoj Federacii ot 9 dekabrja 1994 goda N 2166 ‚O merach po presečeniju dejatel'nosti nezakonnych vooružennych formirovanij na territorii Čečenskoj Respubliki i v zone osetino-ingušskogo konflikta', postanovlenija Pravitel'stva Rossijskoj Federacii ot 9 dekabrja 1994 goda N 1360 ‚Ob obespečenii gosudarstvennoj bezopasnosti i territorial'noj celostnosti Rossijskoj Federacii, zakonnosti, prav i svobod graždan, razoruženija nezakonnych vooružennych formirovanij na territorii Čečenskoj Respubliki i prilegajuščich k nej regionov Severnogo Kavkaza', Ukaza Prezidenta Rossijskoj Federacii ot 2 nojabrja 1993 goda N 1833 ‚Ob Osnovnych položenijach voennoj doktriny Rossijskoj Federacii'", in: SZRF Nr. 33/1995, Pos. 3424.

1995/28-O: Opredelenie Konstitucionnogo Suda Rossijskoj Federacii N 28-O ot 9 ijunja 1995 g.: „Po delu o proverke konstitucionnosti Ukaza Prezidenta Rossijskoj Federacii ot 25 janvarja 1995 goda N 72 ,O gosudarstvennoj podderžke strukturnoj perestrojki i konversii atomnoj promyšlennosti v g. Železnogorske Krasnojarskogo kraja' v svjazi s zaprosom Gosudarstvennoj Dumy Federal'nogo Sobranija Rossijskoj Federacii" (http://doc.ksrf.ru/decision/KSRFDeci sion31652.pdf, download: 22.06.2015).

1995/70-O: Opredelenie Konstitucionnogo Suda Rossijskoj Federacii ot 2 nojabrja 1995 g. N 70-O/1995 „Ob otkaze v prinjatii k rassmotreniju zaprosa Gosudarstvennoj Dumy Federal'nogo Sobranija o proverke konstitucionnosti Ukaza Prezidenta Rossijskoj Federacii ot 29 nojabrja 1994 goda N 2133 ,O soveršenstvovanii ėkspluatacii pervogo častotnogo (g. Moskva) kanala televidenija i seti ego rasprostranenija'" (http://doc.ksrf.ru/decision/KSRFDecision337 99.pdf, download: 16.04.2014).

1996/10-P: Postanovlenie Konstitucionnogo Suda Rossijskoj Federacii ot 22 aprelja 1996 g. N 10-P „Po delu o tolkovanii otdel'nych položenij stat'i 107 Konstitucii Rossijskoj Federacii", in: SZRF Nr. 18/1996, Pos. 2253.

1996/11-P: Postanovlenie Konstitucionnogo Suda RF ot 30 aprelja 1996 g. N 11-P „Po delu o proverke konstitucionnosti punkta 2 ukaza Prezidenta Rossijskoj Federacii ot 3 oktjabrja 1994 g. N 1969 ,O merach po ukrepleniju edinoj sistemy ispolnitel'noj vlasti v Rossijskoj Federacii' i punkta 2.3 položenija o glave administracii kraja, oblasti, goroda federal'nogo značenija, avtonomnoj oblasti, avtonomnogo okruga Rossijskoj Federacii, utverždennogo nazvannym ukazom", in: SZRF Nr. 19/1996, Pos. 2320.

1997/28-O: Opredelenie Konstitucionnogo Suda RF ot 19 marta 1997 g. N 28-O „Ob otkaze v prinjatii k rassmotreniju zaprosa Gosudarstvennoj Dumy Federal'nogo Sobranija o proverke konstitucionnosti Ukaza Prezidenta Rossijskoj Federacii ot 11 oktjabrja 1996 goda N 1428 ,O Vremennoj črezvyčajnoj komissii pri Prezidente Rossijskoj Federacii po ukrepleniju nalogovoj i bjudžetnoj discipliny'" (http://doc.ksrf.ru/decision/KSRFDecision32563.pdf, downdload: 09.02.2014).

1998/11-P: Postanovlenie Konstitucionnogo Suda Rossijskoj Federacii ot 6 aprelja 1998 g. N 11-P „Po delu o razrešenii spora meždu Sovetom Federacii i Prezidentom RF, meždu Gosudarstvennoj Dumoj i Prezidentom Rossijskoj Federacii ob objazannosti Prezidenta Rossijskoj Federacii podpisat' prinjatyj Federal'nyj zakon ,O kul'turnych cennostjach, peremeščennych v Sojuz SSR v rezul'tate Vtoroj mirovoj vojny i nachodjaščichsja na territorii Rossijskoj Federacii'", in: SZRF Nr. 16/1998, Pos. 1879.

1998/26-P: Postanovlenie Konstitucionnogo Suda RF ot 17 nojabrja 1998 g. N 26-P „Po delu o proverke konstitucionnosti otdel'nych položenij Federal'nogo zakona ot 21 ijunja 1995 goda ,O vyborach deputatov Gosudarstvennoj Dumy Federal'nogo Sobranija Rossijskoj Federacii'", in: SZRF Nr. 48/1998, Pos. 5969.

1998/28-P: Postanovlenie Konstitucionnogo Suda Rossijskoj Federacii ot 11 dekabrja 1998 goda N 28-P „Po delu o tolkovanii položenij časti 4 stat'i 111 Konstitucii Rossijskoj Federacii", in: SZRF Nr. 52/1998, Pos. 6447.

1999/2-P: Postanovlenie Konstitucionnogo Suda RF ot 27 janvarja 1999 g. N 2-P „Po delu o tolkovanii statej 71 [punkt ,g'], 76 [čast' 1] i 112 [čast' 1] Konstitucii Rossijskoj Federacii", in: SZRF Nr. 6/1999, Pos. 866.

8.3.6 Sonstige Quellen

Doktrina informacionnoj bezopasnosti Rossijskoj Federacii, in: Rossijskaja gazeta Nr. 187, 28.09.2000.

Konstitucija Rossijskoj Federacii 1994, Moskau

Rabočij centr ėkonomičeskich reform pri Pravitel'stve RF/Rossijsko-Evropejskij centr ėkonomičeskoj politiki (RCĖR/RECĖP) 1998a: Obzor ėkonomiki Rossii. Osnovnye tendencii razvitija. 1998 g. I, Moskau.

Rabočij centr ėkonomičeskich reform pri Pravitel'stve Russian Federation/Rossijsko-Evropejskij centr ėkonomičeskoj politiki (RCĖR/RECĖP) 1998b: Obzor ėkonomiki Rossii. Osnovnye tendencii razvitija. 1998 g. IV, Moskau.

Rossijsko-Evropejskij centr ėkonomičeskoj politiki (RECĖP) 1997: Obzor ėkonomiki Rossii. Osnovnye tendencii razvitija. 1997 g. IV, Moskau.

Sčëtnaja palata Rossijskoj Federacii 2001: Otčet o rezul'tatach proverki finansovochozjajstvennoj dejatel'nosti federal'nogo unitarnogo predprijatija „Vserossijskaja gosudarstvennaja televizionnaja i radioveščatel'naja kompanija" (VGTRK), ego otdel'nych filialov i dočernych predprijatij za 1998-1999 gody i pervoe polugodie 2000 goda., in: Bjulleten' Sčëtnoj palaty: 3 (39) (online verfügbar: www.ach.gov.ru/userfiles/bulletins/3-7-buleten_doc_files-fl-472.pdf; download: 01.04.2014).

Sčëtnaja palata Rossijskoj Federacii 2003: Otčet o rezul'tatach proverki dejatel'nosti federal'nych organov ispolnitel'noj vlasti po osvoboždeniju ot zaloga akcij OAO „Novošip" i OAO „Severo-Zapadnoe parochodstvo", in: Bjulleten' Sčëtnoj palaty: 2 (62) (online verfügbar: www.ach.gov.ru/userfiles/bulletins/8-buleten_doc_files-fl-781.pdf; download: 10.08.2009).

Soobščenija press-služby Prezidenta Rossii, 28.12.1998: Prezident Rossijskoj Federacii B.N.El'cin podpisal Ukaz „O merach gosudarstvennoj podderžki akcionernogo obščestva ORT".

Stenogramm der Staatsduma 1999a: 2. Wahlperiode, Sitzung Nr. 261 (403), 15.05.1999 g., in: Bjulleten' Nr. 261 (403), Teil 1, S. 3-62 (www.akdi.ru/gd/plen _z/1999/s15-05_d.htm, download: 05.05.2006).

Stenogramm der Staatsduma 1999b: 2. Wahlperiode, Sitzung Nr. 262 (404), 19.05.1999 g., in: Bjulleten' Nr. 262 (404), Teil 1, S. 5-47 (www.akdi.ru/gd/plen _z/1999/s19-05_d.htm, download: 05.05.2006).

Stenogramm der Staatsduma 2003: 4. Wahlperiode, Sitzung Nr. 1 (715), 29.12.2003 g., in: Bjulleten' Nr. 1 (715), Teil 1, S. 4-31 (www.cir.ru/docs/duma/302/420464? QueryID=3739136&HighlightQuery=3739136, download: 16.06.2015).

SOVIET AND POST-SOVIET POLITICS AND SOCIETY

Edited by Dr. Andreas Umland

ISSN 1614-3515

1   *Андреас Умланд (ред.)*
    Воплощение Европейской
    конвенции по правам человека в
    России
    Философские, юридические и
    эмпирические исследования
    ISBN 3-89821-387-0

2   *Christian Wipperfürth*
    Russland – ein vertrauenswürdiger
    Partner?
    Grundlagen, Hintergründe und Praxis
    gegenwärtiger russischer Außenpolitik
    Mit einem Vorwort von Heinz Timmermann
    ISBN 3-89821-401-X

3   *Manja Hussner*
    Die Übernahme internationalen Rechts
    in die russische und deutsche
    Rechtsordnung
    Eine vergleichende Analyse zur
    Völkerrechtsfreundlichkeit der Verfassungen
    der Russländischen Föderation und der
    Bundesrepublik Deutschland
    Mit einem Vorwort von Rainer Arnold
    ISBN 3-89821-438-9

4   *Matthew Tejada*
    Bulgaria's Democratic Consolidation
    and the Kozloduy Nuclear Power Plant
    (KNPP)
    The Unattainability of Closure
    With a foreword by Richard J. Crampton
    ISBN 3-89821-439-7

5   *Марк Григорьевич Меерович*
    Квадратные метры, определяющие
    сознание
    Государственная жилищная политика в
    СССР. 1921 – 1941 гг
    ISBN 3-89821-474-5

6   *Andrei P. Tsygankov, Pavel
    A.Tsygankov (Eds.)*
    New Directions in Russian
    International Studies
    ISBN 3-89821-422-2

7   *Марк Григорьевич Меерович*
    Как власть народ к труду приучала
    Жилище в СССР – средство управления
    людьми. 1917 – 1941 гг.
    С предисловием Елены Осокиной
    ISBN 3-89821-495-8

8   *David J. Galbreath*
    Nation-Building and Minority Politics
    in Post-Socialist States
    Interests, Influence and Identities in Estonia
    and Latvia
    With a foreword by David J. Smith
    ISBN 3-89821-467-2

9   *Алексей Юрьевич Безугольный*
    Народы Кавказа в Вооруженных
    силах СССР в годы Великой
    Отечественной войны 1941-1945 гг.
    С предисловием Николая Бугая
    ISBN 3-89821-475-3

10 *Вячеслав Лихачев и Владимир
    Прибыловский (ред.)*
    Русское Национальное Единство,
    1990-2000. В 2-х томах
    ISBN 3-89821-523-7

11 *Николай Бугай (ред.)*
    Народы стран Балтии в условиях
    сталинизма (1940-е – 1950-е годы)
    Документированная история
    ISBN 3-89821-525-3

12 *Ingmar Bredies (Hrsg.)*
    Zur Anatomie der Orange Revolution
    in der Ukraine
    Wechsel des Elitenregimes oder Triumph des
    Parlamentarismus?
    ISBN 3-89821-524-5

13 *Anastasia V. Mitrofanova*
    The Politicization of Russian
    Orthodoxy
    Actors and Ideas
    With a foreword by William C. Gay
    ISBN 3-89821-481-8

14   Nathan D. Larson
     Alexander Solzhenitsyn and the
     Russo-Jewish Question
     ISBN 3-89821-483-4

15   Guido Houben
     Kulturpolitik und Ethnizität
     Staatliche Kunstförderung im Russland der
     neunziger Jahre
     Mit einem Vorwort von Gert Weisskirchen
     ISBN 3-89821-542-3

16   Leonid Luks
     Der russische „Sonderweg"?
     Aufsätze zur neuesten Geschichte Russlands
     im europäischen Kontext
     ISBN 3-89821-496-6

17   Евгений Мороз
     История «Мёртвой воды» – от
     страшной сказки к большой
     политике
     Политическое неоязычество в
     постсоветской России
     ISBN 3-89821-551-2

18   Александр Верховский и Галина
     Кожевникова (ред.)
     Этническая и религиозная
     интолерантность в российских СМИ
     Результаты мониторинга 2001-2004 гг.
     ISBN 3-89821-569-5

19   Christian Ganzer
     Sowjetisches Erbe und ukrainische
     Nation
     Das Museum der Geschichte des Zaporoger
     Kosakentums auf der Insel Chortycja
     Mit einem Vorwort von Frank Golczewski
     ISBN 3-89821-504-0

20   Эльза-Баир Гучинова
     Помнить нельзя забыть
     Антропология депортационной травмы
     калмыков
     С предисловием Кэролайн Хамфри
     ISBN 3-89821-506-7

21   Юлия Лидерман
     Мотивы «проверки» и «испытания»
     в постсоветской культуре
     Советское прошлое в российском
     кинематографе 1990-х годов
     С предисловием Евгения Марголита
     ISBN 3-89821-511-3

22   Tanya Lokshina, Ray Thomas, Mary
     Mayer (Eds.)
     The Imposition of a Fake Political
     Settlement in the Northern Caucasus
     The 2003 Chechen Presidential Election
     ISBN 3-89821-436-2

23   Timothy McCajor Hall, Rosie Read
     (Eds.)
     Changes in the Heart of Europe
     Recent Ethnographies of Czechs, Slovaks,
     Roma, and Sorbs
     With an afterword by Zdeněk Salzmann
     ISBN 3-89821-606-3

24   Christian Autengruber
     Die politischen Parteien in Bulgarien
     und Rumänien
     Eine vergleichende Analyse seit Beginn der
     90er Jahre
     Mit einem Vorwort von Dorothée de Nève
     ISBN 3-89821-476-1

25   Annette Freyberg-Inan with Radu
     Cristescu
     The Ghosts in Our Classrooms, or:
     John Dewey Meets Ceauşescu
     The Promise and the Failures of Civic
     Education in Romania
     ISBN 3-89821-416-8

26   John B. Dunlop
     The 2002 Dubrovka and 2004 Beslan
     Hostage Crises
     A Critique of Russian Counter-Terrorism
     With a foreword by Donald N. Jensen
     ISBN 3-89821-608-X

27   Peter Koller
     Das touristische Potenzial von
     Kam''janec'-Podil's'kyj
     Eine fremdenverkehrsgeographische
     Untersuchung der Zukunftsperspektiven und
     Maßnahmenplanung zur
     Destinationsentwicklung des „ukrainischen
     Rothenburg"
     Mit einem Vorwort von Kristiane Klemm
     ISBN 3-89821-640-3

28   Françoise Daucé, Elisabeth Sieca-
     Kozlowski (Eds.)
     Dedovshchina in the Post-Soviet
     Military
     Hazing of Russian Army Conscripts in a
     Comparative Perspective
     With a foreword by Dale Herspring
     ISBN 3-89821-616-0

29   *Florian Strasser*
Zivilgesellschaftliche Einflüsse auf die
Orange Revolution
Die gewaltlose Massenbewegung und die
ukrainische Wahlkrise 2004
Mit einem Vorwort von Egbert Jahn
ISBN 3-89821-648-9

30   *Rebecca S. Katz*
The Georgian Regime Crisis of 2003-
2004
A Case Study in Post-Soviet Media
Representation of Politics, Crime and
Corruption
ISBN 3-89821-413-3

31   *Vladimir Kantor*
Willkür oder Freiheit
Beiträge zur russischen Geschichtsphilosophie
Ediert von Dagmar Herrmann sowie mit
einem Vorwort versehen von Leonid Luks
ISBN 3-89821-589-X

32   *Laura A. Victoir*
The Russian Land Estate Today
A Case Study of Cultural Politics in Post-
Soviet Russia
With a foreword by Priscilla Roosevelt
ISBN 3-89821-426-5

33   *Ivan Katchanovski*
Cleft Countries
Regional Political Divisions and Cultures in
Post-Soviet Ukraine and Moldova
With a foreword by Francis Fukuyama
ISBN 3-89821-558-X

34   *Florian Mühlfried*
Postsowjetische Feiern
Das Georgische Bankett im Wandel
Mit einem Vorwort von Kevin Tuite
ISBN 3-89821-601-2

35   *Roger Griffin, Werner Loh, Andreas
Umland (Eds.)*
Fascism Past and Present, West and
East
An International Debate on Concepts and
Cases in the Comparative Study of the
Extreme Right
With an afterword by Walter Laqueur
ISBN 3-89821-674-8

36   *Sebastian Schlegel*
Der „Weiße Archipel"
Sowjetische Atomstädte 1945-1991
Mit einem Geleitwort von Thomas Bohn
ISBN 3-89821-679-9

37   *Vyacheslav Likhachev*
Political Anti-Semitism in Post-Soviet
Russia
Actors and Ideas in 1991-2003
Edited and translated from Russian by Eugene
Veklerov
ISBN 3-89821-529-6

38   *Josette Baer (Ed.)*
Preparing Liberty in Central Europe
Political Texts from the Spring of Nations
1848 to the Spring of Prague 1968
With a foreword by Zdeněk V. David
ISBN 3-89821-546-6

39   *Михаил Лукьянов*
Российский консерватизм и
реформа, 1907-1914
С предисловием Марка Д. Стейнберга
ISBN 3-89821-503-2

40   *Nicola Melloni*
Market Without Economy
The 1998 Russian Financial Crisis
With a foreword by Eiji Furukawa
ISBN 3-89821-407-9

41   *Dmitrij Chmelnizki*
Die Architektur Stalins
Bd. 1: Studien zu Ideologie und Stil
Bd. 2: Bilddokumentation
Mit einem Vorwort von Bruno Flierl
ISBN 3-89821-515-6

42   *Katja Yafimava*
Post-Soviet Russian-Belarussian
Relationships
The Role of Gas Transit Pipelines
With a foreword by Jonathan P. Stern
ISBN 3-89821-655-1

43   *Boris Chavkin*
Verflechtungen der deutschen und
russischen Zeitgeschichte
Aufsätze und Archivfunde zu den
Beziehungen Deutschlands und der
Sowjetunion von 1917 bis 1991
Ediert von Markus Edlinger sowie mit einem
Vorwort versehen von Leonid Luks
ISBN 3-89821-756-6

44 *Anastasija Grynenko in*
Zusammenarbeit mit Claudia Dathe
Die Terminologie des Gerichtswesens
der Ukraine und Deutschlands im
Vergleich
Eine übersetzungswissenschaftliche Analyse
juristischer Fachbegriffe im Deutschen,
Ukrainischen und Russischen
Mit einem Vorwort von Ulrich Hartmann
ISBN 3-89821-691-8

45 *Anton Burkov*
The Impact of the European
Convention on Human Rights on
Russian Law
Legislation and Application in 1996-2006
With a foreword by Françoise Hampson
ISBN 978-3-89821-639-5

46 *Stina Torjesen, Indra Overland (Eds.)*
International Election Observers in
Post-Soviet Azerbaijan
Geopolitical Pawns or Agents of Change?
ISBN 978-3-89821-743-9

47 *Taras Kuzio*
Ukraine – Crimea – Russia
Triangle of Conflict
ISBN 978-3-89821-761-3

48 *Claudia Šabić*
"Ich erinnere mich nicht, aber L'viv!"
Zur Funktion kultureller Faktoren für die
Institutionalisierung und Entwicklung einer
ukrainischen Region
Mit einem Vorwort von Melanie Tatur
ISBN 978-3-89821-752-1

49 *Marlies Bilz*
Tatarstan in der Transformation
Nationaler Diskurs und Politische Praxis
1988-1994
Mit einem Vorwort von Frank Golczewski
ISBN 978-3-89821-722-4

50 *Марлен Ларюэль (ред.)*
Современные интерпретации
русского национализма
ISBN 978-3-89821-795-8

51 *Sonja Schüler*
Die ethnische Dimension der Armut
Roma im postsozialistischen Rumänien
Mit einem Vorwort von Anton Sterbling
ISBN 978-3-89821-776-7

52 *Галина Кожевникова*
Радикальный национализм в России
и противодействие ему
Сборник докладов Центра «Сова» за 2004-
2007 гг.
С предисловием Александра Верховского
ISBN 978-3-89821-721-7

53 *Галина Кожевникова и Владимир*
Прибыловский
Российская власть в биографиях I
Высшие должностные лица РФ в 2004 г.
ISBN 978-3-89821-796-5

54 *Галина Кожевникова и Владимир*
Прибыловский
Российская власть в биографиях II
Члены Правительства РФ в 2004 г.
ISBN 978-3-89821-797-2

55 *Галина Кожевникова и Владимир*
Прибыловский
Российская власть в биографиях III
Руководители федеральных служб и
агентств РФ в 2004 г.
ISBN 978-3-89821-798-9

56 *Ileana Petroniu*
Privatisierung in
Transformationsökonomien
Determinanten der Restrukturierungs-
Bereitschaft am Beispiel Polens, Rumäniens
und der Ukraine
Mit einem Vorwort von Rainer W. Schäfer
ISBN 978-3-89821-790-3

57 *Christian Wipperfürth*
Russland und seine GUS-Nachbarn
Hintergründe, aktuelle Entwicklungen und
Konflikte in einer ressourcenreichen Region
ISBN 978-3-89821-801-6

58 *Togzhan Kassenova*
From Antagonism to Partnership
The Uneasy Path of the U.S.-Russian
Cooperative Threat Reduction
With a foreword by Christoph Bluth
ISBN 978-3-89821-707-1

59 *Alexander Höllwerth*
Das sakrale eurasische Imperium des
Aleksandr Dugin
Eine Diskursanalyse zum postsowjetischen
russischen Rechtsextremismus
Mit einem Vorwort von Dirk Uffelmann
ISBN 978-3-89821-813-9

60   *Олег Рябов*
      «Россия-Матушка»
      Национализм, гендер и война в России XX
      века
      С предисловием Елены Гощило
      ISBN 978-3-89821-487-2

61   *Ivan Maistrenko*
      Borot'bism
      A Chapter in the History of the Ukrainian
      Revolution
      With a new introduction by Chris Ford
      Translated by George S. N. Luckyj with the
      assistance of Ivan L. Rudnytsky
      ISBN 978-3-89821-697-5

62   *Maryna Romanets*
      Anamorphosic Texts and
      Reconfigured Visions
      Improvised Traditions in Contemporary
      Ukrainian and Irish Literature
      ISBN 978-3-89821-576-3

63   *Paul D'Anieri and Taras Kuzio (Eds.)*
      Aspects of the Orange Revolution I
      Democratization and Elections in Post-
      Communist Ukraine
      ISBN 978-3-89821-698-2

64   *Bohdan Harasymiw in collaboration
      with Oleh S. Ilnytzkyj (Eds.)*
      Aspects of the Orange Revolution II
      Information and Manipulation Strategies in
      the 2004 Ukrainian Presidential Elections
      ISBN 978-3-89821-699-9

65   *Ingmar Bredies, Andreas Umland and
      Valentin Yakushik (Eds.)*
      Aspects of the Orange Revolution III
      The Context and Dynamics of the 2004
      Ukrainian Presidential Elections
      ISBN 978-3-89821-803-0

66   *Ingmar Bredies, Andreas Umland and
      Valentin Yakushik (Eds.)*
      Aspects of the Orange Revolution IV
      Foreign Assistance and Civic Action in the
      2004 Ukrainian Presidential Elections
      ISBN 978-3-89821-808-5

67   *Ingmar Bredies, Andreas Umland and
      Valentin Yakushik (Eds.)*
      Aspects of the Orange Revolution V
      Institutional Observation Reports on the 2004
      Ukrainian Presidential Elections
      ISBN 978-3-89821-809-2

68   *Taras Kuzio (Ed.)*
      Aspects of the Orange Revolution VI
      Post-Communist Democratic Revolutions in
      Comparative Perspective
      ISBN 978-3-89821-820-7

69   *Tim Bohse*
      Autoritarismus statt Selbstverwaltung
      Die Transformation der kommunalen Politik
      in der Stadt Kaliningrad 1990-2005
      Mit einem Geleitwort von Stefan Troebst
      ISBN 978-3-89821-782-8

70   *David Rupp*
      Die Rußländische Föderation und die
      russischprachige Minderheit in
      Lettland
      Eine Fallstudie zur Anwaltspolitik Moskaus
      gegenüber den russophonen Minderheiten im
      „Nahen Ausland" von 1991 bis 2002
      Mit einem Vorwort von Helmut Wagner
      ISBN 978-3-89821-778-1

71   *Taras Kuzio*
      Theoretical and Comparative
      Perspectives on Nationalism
      New Directions in Cross-Cultural and Post-
      Communist Studies
      With a foreword by Paul Robert Magocsi
      ISBN 978-3-89821-815-3

72   *Christine Teichmann*
      Die Hochschultransformation im
      heutigen Osteuropa
      Kontinuität und Wandel bei der Entwicklung
      des postkommunistischen Universitätswesens
      Mit einem Vorwort von Oskar Anweiler
      ISBN 978-3-89821-842-9

73   *Julia Kusznir*
      Der politische Einfluss von
      Wirtschaftseliten in russischen
      Regionen
      Eine Analyse am Beispiel der Erdöl- und
      Erdgasindustrie, 1992-2005
      Mit einem Vorwort von Wolfgang Eichwede
      ISBN 978-3-89821-821-4

74   *Alena Vysotskaya*
      Russland, Belarus und die EU-
      Osterweiterung
      Zur Minderheitenfrage und zum Problem der
      Freizügigkeit des Personenverkehrs
      Mit einem Vorwort von Katlijn Malfliet
      ISBN 978-3-89821-822-1

75   *Heiko Pleines (Hrsg.)*
Corporate Governance in post-
sozialistischen Volkswirtschaften
ISBN 978-3-89821-766-8

76   *Stefan Ihrig*
Wer sind die Moldawier?
Rumänismus versus Moldowanismus in
Historiographie und Schulbüchern der
Republik Moldova, 1991-2006
Mit einem Vorwort von Holm Sundhaussen
ISBN 978-3-89821-466-7

77   *Galina Kozhevnikova in collaboration*
with Alexander Verkhovsky and
Eugene Veklerov
Ultra-Nationalism and Hate Crimes in
Contemporary Russia
The 2004-2006 Annual Reports of Moscow's
SOVA Center
With a foreword by Stephen D. Shenfield
ISBN 978-3-89821-868-9

78   *Florian Küchler*
The Role of the European Union in
Moldova's Transnistria Conflict
With a foreword by Christopher Hill
ISBN 978-3-89821-850-4

79   *Bernd Rechel*
The Long Way Back to Europe
Minority Protection in Bulgaria
With a foreword by Richard Crampton
ISBN 978-3-89821-863-4

80   *Peter W. Rodgers*
Nation, Region and History in Post-
Communist Transitions
Identity Politics in Ukraine, 1991-2006
With a foreword by Vera Tolz
ISBN 978-3-89821-903-7

81   *Stephanie Solywoda*
The Life and Work of
Semen L. Frank
A Study of Russian Religious Philosophy
With a foreword by Philip Walters
ISBN 978-3-89821-457-5

82   *Vera Sokolova*
Cultural Politics of Ethnicity
Discourses on Roma in Communist
Czechoslovakia
ISBN 978-3-89821-864-1

83   *Natalya Shevchik Ketenci*
Kazakhstani Enterprises in Transition
The Role of Historical Regional Development
in Kazakhstan's Post-Soviet Economic
Transformation
ISBN 978-3-89821-831-3

84   *Martin Malek, Anna Schor-*
Tschudnowskaja (Hrsg.)
Europa im Tschetschenienkrieg
Zwischen politischer Ohnmacht und
Gleichgültigkeit
Mit einem Vorwort von Lipchan Basajewa
ISBN 978-3-89821-676-0

85   *Stefan Meister*
Das postsowjetische Universitätswesen
zwischen nationalem und
internationalem Wandel
Die Entwicklung der regionalen Hochschule
in Russland als Gradmesser der
Systemtransformation
Mit einem Vorwort von Joan DeBardeleben
ISBN 978-3-89821-891-7

86   *Konstantin Sheiko in collaboration*
with Stephen Brown
Nationalist Imaginings of the
Russian Past
Anatolii Fomenko and the Rise of Alternative
History in Post-Communist Russia
With a foreword by Donald Ostrowski
ISBN 978-3-89821-915-0

87   *Sabine Jenni*
Wie stark ist das „Einige Russland"?
Zur Parteibindung der Eliten und zum
Wahlerfolg der Machtpartei
im Dezember 2007
Mit einem Vorwort von Klaus Armingeon
ISBN 978-3-89821-961-7

88   *Thomas Borén*
Meeting-Places of Transformation
Urban Identity, Spatial Representations and
Local Politics in Post-Soviet St Petersburg
ISBN 978-3-89821-739-2

89   *Aygul Ashirova*
Stalinismus und Stalin-Kult in
Zentralasien
Turkmenistan 1924-1953
Mit einem Vorwort von Leonid Luks
ISBN 978-3-89821-987-7

90   Leonid Luks
     Freiheit oder imperiale Größe?
     Essays zu einem russischen Dilemma
     ISBN 978-3-8382-0011-8

91   Christopher Gilley
     The 'Change of Signposts' in the
     Ukrainian Emigration
     A Contribution to the History of
     Sovietophilism in the 1920s
     With a foreword by Frank Golczewski
     ISBN 978-3-89821-965-5

92   Philipp Casula, Jeronim Perovic
     (Eds.)
     Identities and Politics
     During the Putin Presidency
     The Discursive Foundations of Russia's
     Stability
     With a foreword by Heiko Haumann
     ISBN 978-3-8382-0015-6

93   Marcel Viëtor
     Europa und die Frage
     nach seinen Grenzen im Osten
     Zur Konstruktion ‚europäischer Identität' in
     Geschichte und Gegenwart
     Mit einem Vorwort von Albrecht Lehmann
     ISBN 978-3-8382-0045-3

94   Ben Hellman, Andrei Rogachevskii
     Filming the Unfilmable
     Casper Wrede's 'One Day in the Life
     of Ivan Denisovich'
     Second, Revised and Expanded Edition
     ISBN 978-3-8382-0044-6

95   Eva Fuchslocher
     Vaterland, Sprache, Glaube
     Orthodoxie und Nationenbildung
     am Beispiel Georgiens
     Mit einem Vorwort von Christina von Braun
     ISBN 978-3-89821-884-9

96   Vladimir Kantor
     Das Westlertum und der Weg
     Russlands
     Zur Entwicklung der russischen Literatur und
     Philosophie
     Ediert von Dagmar Herrmann
     Mit einem Beitrag von Nikolaus Lobkowicz
     ISBN 978-3-8382-0102-3

97   Kamran Musayev
     Die postsowjetische Transformation
     im Baltikum und Südkaukasus
     Eine vergleichende Untersuchung der
     politischen Entwicklung Lettlands und
     Aserbaidschans 1985-2009
     Mit einem Vorwort von Leonid Luks
     Ediert von Sandro Henschel
     ISBN 978-3-8382-0103-0

98   Tatiana Zhurzhenko
     Borderlands into Bordered Lands
     Geopolitics of Identity in Post-Soviet Ukraine
     With a foreword by Dieter Segert
     ISBN 978-3-8382-0042-2

99   Кирилл Галушко, Лидия Смола
     (ред.)
     Пределы падения – варианты
     украинского будущего
     Аналитико-прогностические исследования
     ISBN 978-3-8382-0148-1

100 Michael Minkenberg (ed.)
     Historical Legacies and the Radical
     Right in Post-Cold War Central and
     Eastern Europe
     With an afterword by Sabrina P. Ramet
     ISBN 978-3-8382-0124-5

101 David-Emil Wickström
     Rocking St. Petersburg
     Transcultural Flows and Identity Politics in
     the St. Petersburg Popular Music Scene
     With a foreword by Yngvar B. Steinholt
     Second, Revised and Expanded Edition
     ISBN 978-3-8382-0100-9

102 Eva Zabka
     Eine neue „Zeit der Wirren"?
     Der spät- und postsowjetische Systemwandel
     1985-2000 im Spiegel russischer
     gesellschaftspolitischer Diskurse
     Mit einem Vorwort von Margareta Mommsen
     ISBN 978-3-8382-0161-0

103 Ulrike Ziemer
     Ethnic Belonging, Gender and
     Cultural Practices
     Youth Identitites in Contemporary Russia
     With a foreword by Anoop Nayak
     ISBN 978-3-8382-0152-8

104 Ksenia Chepikova
,Einiges Russland' - eine zweite
KPdSU?
Aspekte der Identitätskonstruktion einer
postsowjetischen „Partei der Macht"
Mit einem Vorwort von Torsten Oppelland
ISBN 978-3-8382-0311-9

105 Леонид Люкс
Западничество или евразийство?
Демократия или идеократия?
Сборник статей об исторических дилеммах
России
С предисловием Владимира Кантора
ISBN 978-3-8382-0211-2

106 Anna Dost
Das russische Verfassungsrecht auf dem
Weg zum Föderalismus und zurück
Zum Konflikt von Rechtsnormen und
-wirklichkeit in der Russländischen Föderation
von 1991 bis 2009
Mit einem Vorwort von Alexander Blankenagel
ISBN 978-3-8382-0292-1

107 Philipp Herzog
Sozialistische Völkerfreundschaft,
nationaler Widerstand oder harmloser
Zeitvertreib?
Zur politischen Funktion der Volkskunst
im sowjetischen Estland
Mit einem Vorwort von Andreas Kappeler
ISBN 978-3-8382-0216-7

108 Marlène Laruelle (ed.)
Russian Nationalism, Foreign Policy,
and Identity Debates in Putin's Russia
New Ideological Patterns after the Orange
Revolution
ISBN 978-3-8382-0325-6

109 Michail Logvinov
Russlands Kampf gegen den
internationalen Terrorismus
Eine kritische Bestandsaufnahme des
Bekämpfungsansatzes
Mit einem Geleitwort von
Hans-Henning Schröder
und einem Vorwort von Eckhard Jesse
ISBN 978-3-8382-0329-4

110 John B. Dunlop
The Moscow Bombings
of September 1999
Examinations of Russian Terrorist Attacks
at the Onset of Vladimir Putin's Rule
Second, Revised and Expanded Edition
ISBN 978-3-8382-0388-1

111 Андрей А. Ковалёв
Свидетельство из-за кулис
российской политики I
Можно ли делать добро из зла?
(Воспоминания и размышления о
последних советских и первых
послесоветских годах)
With a foreword by Peter Reddaway
ISBN 978-3-8382-0302-7

112 Андрей А. Ковалёв
Свидетельство из-за кулис
российской политики II
Угроза для себя и окружающих
(Наблюдения и предостережения
относительно происходящего после 2000 г.)
ISBN 978-3-8382-0303-4

113 Bernd Kappenberg
Zeichen setzen für Europa
Der Gebrauch europäischer lateinischer
Sonderzeichen in der deutschen Öffentlichkeit
Mit einem Vorwort von Peter Schlobinski
ISBN 978-3-89821-749-1

114 Ivo Mijnssen
The Quest for an Ideal Youth in
Putin's Russia I
Back to Our Future! History, Modernity, and
Patriotism according to Nashi, 2005-2013
With a foreword by Jeronim Perović
Second, Revised and Expanded Edition
ISBN 978-3-8382-0368-3

115 Jussi Lassila
The Quest for an Ideal Youth in
Putin's Russia II
The Search for Distinctive Conformism in the
Political Communication of Nashi, 2005-2009
With a foreword by Kirill Postoutenko
Second, Revised and Expanded Edition
ISBN 978-3-8382-0415-4

116 Valerio Trabandt
Neue Nachbarn, gute Nachbarschaft?
Die EU als internationaler Akteur am Beispiel
ihrer Demokratieförderung in Belarus und der
Ukraine 2004-2009
Mit einem Vorwort von Jutta Joachim
ISBN 978-3-8382-0437-6

117 Fabian Pfeiffer
Estlands Außen- und Sicherheitspolitik I
Der estnische Atlantizismus nach der
wiedererlangten Unabhängigkeit 1991-2004
Mit einem Vorwort von Helmut Hubel
ISBN 978-3-8382-0127-6

118 Jana Podßuweit
Estlands Außen- und Sicherheitspolitik II
Handlungsoptionen eines Kleinstaates im
Rahmen seiner EU-Mitgliedschaft (2004-2008)
Mit einem Vorwort von Helmut Hubel
ISBN 978-3-8382-0440-6

119 Karin Pointner
Estlands Außen- und Sicherheitspolitik III
Eine gedächtnispolitische Analyse estnischer
Entwicklungskooperation 2006-2010
Mit einem Vorwort von Karin Liebhart
ISBN 978-3-8382-0435-2

120 Ruslana Vovk
Die Offenheit der ukrainischen
Verfassung für das Völkerrecht und
die europäische Integration
Mit einem Vorwort von Alexander
Blankenagel
ISBN 978-3-8382-0481-9

121 Mykhaylo Banakh
Die Relevanz der Zivilgesellschaft
bei den postkommunistischen
Transformationsprozessen in mittel-
und osteuropäischen Ländern
Das Beispiel der spät- und postsowjetischen
Ukraine 1986-2009
Mit einem Vorwort von Gerhard Simon
ISBN 978-3-8382-0499-4

122 Michael Moser
Language Policy and the Discourse on
Languages in Ukraine under President
Viktor Yanukovych (25 February
2010–28 October 2012)
ISBN 978-3-8382-0497-0 (Paperback edition)
ISBN 978-3-8382-0507-6 (Hardcover edition)

123 Nicole Krome
Russischer Netzwerkkapitalismus
Restrukturierungsprozesse in der
Russischen Föderation am Beispiel des
Luftfahrtunternehmens "Aviastar"
Mit einem Vorwort von Petra Stykow
ISBN 978-3-8382-0534-2

124 David R. Marples
'Our Glorious Past'
Lukashenka's Belarus and
the Great Patriotic War
ISBN 978-3-8382-0574-8 (Paperback edition)
ISBN 978-3-8382-0675-2 (Hardcover edition)

125 Ulf Walther
Russlands "neuer Adel"
Die Macht des Geheimdienstes von
Gorbatschow bis Putin
Mit einem Vorwort von Hans-Georg Wieck
ISBN 978 3-8382-0584-7

126 Simon Geissbühler (Hrsg.)
Kiew – Revolution 3.0
Der Euromaidan 2013/14 und die
Zukunftsperspektiven der Ukraine
ISBN 978-3-8382-0581-6 (Paperback edition)
ISBN 978-3-8382-0681-3 (Hardcover edition)

127 Andrey Makarychev
Russia and the EU
in a Multipolar World
Discourses, Identities, Norms
With a foreword by Klaus Segbers
ISBN 978-3-8382-0629-5

128 Roland Scharff
Kasachstan als postsowjetischer
Wohlfahrtsstaat
Die Transformation des sozialen
Schutzsystems
Mit einem Vorwort von Joachim Ahrens
ISBN 978-3-8382-0622-6

129 Katja Grupp
Bild Lücke Deutschland
Kaliningrader Studierende sprechen über
Deutschland
Mit einem Vorwort von Martin Schulz
ISBN 978-3-8382-0552-6

130 Konstantin Sheiko, Stephen Brown
History as Therapy
Alternative History and Nationalist
Imaginings in Russia, 1991-2014
ISBN 978-3-8382-0665-3

131 Elisa Kriza
Alexander Solzhenitsyn: Cold War
Icon, Gulag Author, Russian
Nationalist?
A Study of the Western Reception of his
Literary Writings, Historical Interpretations,
and Political Ideas
With a foreword by Andrei Rogatchevski
ISBN 978-3-8382-0589-2 (Paperback edition)
ISBN 978-3-8382-0690-5 (Hardcover edition)

132   *Serghei Golunov*
       The Elephant in the Room
       Corruption and Cheating in Russian
       Universities
       ISBN 978-3-8382-0570-0

133   *Manja Hussner, Rainer Arnold (Hgg.)*
       Verfassungsgerichtsbarkeit in
       Zentralasien I
       Sammlung von Verfassungstexten
       ISBN 978-3-8382-0595-3

134   *Nikolay Mitrokhin*
       Die "Russische Partei"
       Die Bewegung der russischen Nationalisten in
       der UdSSR 1953-1985
       Aus dem Russischen übertragen von einem
       Übersetzerteam unter der Leitung von Larisa Schippel
       ISBN 978-3-8382-0024-8

135   *Manja Hussner, Rainer Arnold (Hgg.)*
       Verfassungsgerichtsbarkeit in
       Zentralasien II
       Sammlung von Verfassungstexten
       ISBN 978-3-8382-0597-7

136   *Manfred Zeller*
       Das sowjetische Fieber
       Fußballfans im poststalinistischen
       Vielvölkerreich
       Mit einem Vorwort von Nikolaus Katzer
       ISBN 978-3-8382-0757-5

137   *Kristin Schreiter*
       Stellung und Entwicklungspotential
       zivilgesellschaftlicher Gruppen in
       Russland
       Menschenrechtsorganisationen im Vergleich
       ISBN 978-3-8382-0673-8

138   *David R. Marples, Frederick V. Mills
       (eds.)*
       Ukraine's Euromaidan
       Analyses of a Civil Revolution
       ISBN 978-3-8382-0660-8

139   *Bernd Kappenberg*
       Setting Signs for Europe
       Why Diacritics Matter for
       European Integration
       With a foreword by Peter Schlobinski
       ISBN 978-3-8382-0663-9

140   *René Lenz*
       Internationalisierung, Kooperation
       und Transfer
       Externe bildungspolitische Akteure in der
       Russischen Föderation
       Mit einem Vorwort von Frank Ettrich
       ISBN 978-3-8382-0751-3

141   *Juri Plusnin, Yana Zausaeva, Natalia
       Zhidkevich, Artemy Pozanenko*
       Wandering Workers
       Mores, Behavior, Way of Life, and Political
       Status of Domestic Russian Labor Migrants
       Translated by Julia Kazantseva
       ISBN 978-3-8382-0653-0

142   *David J. Smith (eds.)*
       Latvia – A Work in Progress?
       100 Years of State- and Nation-Building
       ISBN 978-3-8382-0648-6

143   *Инна Чувычкина (ред.)*
       Экспортные нефте- и газопроводы
       на постсоветском пространстве
       Анализ трубопроводной политики в свете
       теории международных отношений
       ISBN 978-3-8382-0822-0

144   *Johann Zajaczkowski*
       Russland – eine pragmatische
       Großmacht?
       Eine rollentheoretische Untersuchung
       russischer Außenpolitik am Beispiel der
       Zusammenarbeit mit den USA nach 9/11 und
       des Georgienkrieges von 2008
       Mit einem Vorwort von Siegfried Schieder
       ISBN 978-3-8382-0837-4

145   *Boris Popivanov*
       Changing Images of the Left in
       Bulgaria
       The Challenge of Post-Communism in the
       Early 21st Century
       ISBN 978-3-8382-0667-7

146   *Lenka Krátká*
       A History of the Czechoslovak Ocean
       Shipping Company 1948-1989
       How a Small, Landlocked Country Ran
       Maritime Business During the Cold War
       ISBN 978-3-8382-0666-0

147   *Alexander Sergunin*
       Explaining Russian Foreign Policy
       Behavior
       Theory and Practice
       ISBN 978-3-8382-0752-0

148   *Darya Malyutina*
       Migrant Friendships in
       a Super-Diverse City
       Russian-Speakers and their Social
       Relationships in London in the 21st Century
       With a foreword by Claire Dwyer
       ISBN 978-3-8382-0652-3

149   *Alexander Sergunin, Valery Konyshev*
       Russia in the Arctic
       Hard or Soft Power?
       ISBN 978-3-8382-0753-7

150   *John J. Maresca*
       Helsinki Revisited
       A Key U.S. Negotiator's Memoirs
       on the Development of the CSCE into the
       OSCE
       With a foreword by Hafiz Pashayev
       ISBN 978-3-8382-0852-7

151   *Jardar Østbø*
       The New Third Rome
       Readings of a Russian Nationalist Myth
       With a foreword by Pål Kolstø
       ISBN 978-3-8382-0870-1

152   *Simon Kordonsky*
       Socio-Economic Foundations of the
       Russian Post-Soviet Regime
       The Resource-Based Economy and Estate-
       Based Social Structure of Contemporary
       Russia
       With a foreword by Svetlana Barsukova
       ISBN 978-3-8382-0775-9

153   *Duncan Leitch*
       Assisting Reform in Post-Communist
       Ukraine 2000–2012
       The Illusions of Donors and the Disillusion of
       Beneficiaries
       With a foreword by Kataryna Wolczuk
       ISBN 978-3-8382-0844-2

154   *Abel Polese*
       Limits of a Post-Soviet State
       How Informality Replaces, Renegotiates, and
       Reshapes Governance in Contemporary
       Ukraine
       With a foreword by Colin Williams
       ISBN 978-3-8382-0845-9

155   *Mikhail Suslov (ed.)*
       Digital Orthodoxy in the Post-Soviet
       World
       The Russian Orthodox Church and Web 2.0
       With a foreword by Father Cyril Hovorun
       ISBN 978-3-8382-0871-8

156   *Leonid Luks*
       Zwei „Sonderwege"? Russisch-
       deutsche Parallelen und Kontraste
       (1917-2014)
       Vergleichende Essays
       ISBN 978-3-8382-0823-7

157   *Vladimir V. Karacharovskiy, Ovsey I.
       Shkaratan, Gordey A. Yastrebov*
       Towards a New Russian Work Culture
       Can Western Companies and Expatriates
       Change Russian Society?
       With a foreword by Elena N. Danilova
       Translated by Julia Kazantseva
       ISBN 978-3-8382-0902-9

158   *Edmund Griffiths*
       Aleksandr Prokhanov and Post-Soviet
       Esotericism
       ISBN 978-3-8382-0903-6

159   *Timm Beichelt, Susann Worschech
       (eds.)*
       Transnational Ukraine?
       Networks and Ties that Influence(d)
       Contemporary Ukraine
       ISBN 978-3-8382-0944-9

160   *Mieste Hotopp-Riecke*
       Die Tataren der Krim zwischen
       Assimilation und Selbstbehauptung
       Der Aufbau des krimtatarischen
       Bildungswesens nach Deportation und
       Heimkehr (1990-2005)
       Mit einem Vorwort von Swetlana
       Czerwonnaja
       ISBN 978-3-89821-940-2

161   *Olga Bertelsen (ed.)*
       Revolution and War in
       Contemporary Ukraine
       The Challenge of Change
       ISBN 978-3-8382-1016-2

162   *Natalya Ryabinska*
       Ukraine's Post-Communist
       Mass Media
       Between Capture and Commercialization
       With a foreword by Marta Dyczok
       ISBN 978-3-8382-1011-7

163   Alexandra Cotofana,
       James M. Nyce (eds.)
       Religion and Magic in Socialist and
       Post-Socialist Contexts I
       Historic and Ethnographic Case Studies of
       Orthodoxy, Heterodoxy, and Alternative
       Spirituality
       With a foreword by Patrick L. Michelson
       ISBN 978-3-8382-0989-0

164   Nozima Akhrarkhodjaeva
       The Instrumentalisation of Mass
       Media in Electoral Authoritarian
       Regimes
       Evidence from Russia's Presidential Election
       Campaigns of 2000 and 2008
       ISBN 978-3-8382-1013-1

165   Yulia Krasheninnikova
       Informal Healthcare in Contemporary
       Russia
       Sociographic Essays on the Post-Soviet
       Infrastructure for Alternative Healing
       Practices
       ISBN 978-3-8382-0970-8

166   Peter Kaiser
       Das Schachbrett der Macht
       Die Handlungsspielräume eines sowjetischen
       Funktionärs unter Stalin am Beispiel des
       Generalsekretärs des Komsomol
       Aleksandr Kosarev (1929-1938)
       Mit einem Vorwort von Dietmar Neutatz
       ISBN 978-3-8382-1052-0

167   Oksana Kim
       The Effects and Implications of
       Kazakhstan's Adoption of
       International Financial Reporting
       Standards
       A Resource Dependence Perspective
       With a foreword by Svetlana Vlady
       ISBN 978-3-8382-0987-6

168   Anna Sanina
       Patriotic Education in
       Contemporary Russia
       Sociological Studies in the Making of the
       Post-Soviet Citizen
       With a foreword by Anna Oldfield
       ISBN 978-3-8382-0993-7

169   Rudolf Wolters
       Spezialist in Sibirien
       Faksimile der 1933 erschienenen
       ersten Ausgabe
       Mit einem Vorwort von Dmitrij Chmelnizki
       ISBN 978-3-8382-0515-1

170   Michal Vit,
       Magdalena M. Baran (eds.)
       Transregional versus National
       Perspectives on Contemporary Central
       European History
       Studies on the Building of Nation-States and
       Their Cooperation in the 20th and 21st Century
       With a foreword by Petr Vágner
       ISBN 978-3-8382-1015-5

171   Philip Gamaghelyan
       Conflict Resolution Beyond the
       International Relations Paradigm
       Evolving Designs as a Transformative
       Practice in Nagorno-Karabakh and Syria
       With a foreword by Susan Allen
       ISBN 978-3-8382-1057-5

172   Maria Shagina
       Joining a Prestigious Club
       Cooperation with Europarties and Its Impact
       on Party Development in Georgia, Moldova,
       and Ukraine 2004–2015
       With a foreword by Kataryna Wolczuk
       ISBN 978-3-8382-1084-1

173   Alexandra Cotofana,
       James M. Nyce (eds.)
       Religion and Magic in Socialist and
       Post-Socialist Contexts II
       Baltic, Eastern European, and Post-USSR
       Case Studies
       With a foreword by Anita Stasulane
       ISBN 978-3-8382-0990-6

174   Barbara Kunz
       Kind Words, Cruise Missiles, and
       Everything in Between
       The Use of Power Resources in U.S. Policies
       towards Poland, Ukraine, and Belarus
       1989–2008
       With a foreword by William Hill
       ISBN 978-3-8382-1065-0

175   Eduard Klein
       Bildungskorruption in Russland und
       der Ukraine
       Eine komparative Analyse der Performanz
       staatlicher Antikorruptionsmaßnahmen im
       Hochschulsektor am Beispiel universitärer
       Aufnahmeprüfungen
       Mit einem Vorwort von Heiko Pleines
       ISBN 978-3-8382-0995-1

176   *Markus Soldner*
Politischer Kapitalismus im
postsowjetischen Russland
Die politische, wirtschaftliche und mediale
Transformation in den 1990er Jahren
Mit einem Vorwort von Wolfgang Ismayr
ISBN 978-3-8382-1222-7

177   *Anton Oleinik*
Building Ukraine from Within
A Sociological, Institutional, and Economic
Analysis of a Nation-State in the Making
ISBN 978-3-8382-1150-3

178   *Peter Rollberg,*
Marlene Laruelle (eds.)
Mass Media in the Post-Soviet World
Market Forces, State Actors, and Political
Manipulation in the Informational
Environment after Communism
ISBN 978-3-8382-1116-9

179   *Mikhail Minakov*
Development and Dystopia
Studies in Post-Soviet Ukraine and Eastern
Europe
With a foreword by Alexander Etkind
ISBN 978-3-8382-1112-1

180   *Aijan Sharshenova*
The European Union's Democracy
Promotion in Central Asia
A Study of Political Interests, Influence, and
Development in Kazakhstan and Kyrgyzstan
in 2007–2013
With a foreword by Gordon Crawford
ISBN 978-3-8382-1151-0

181   *Andrey Makarychev,*
Alexandra Yatsyk (eds.)
Boris Nemtsov and Russian Politics
Power and Resistance
With a foreword by Zhanna Nemtsova
ISBN 978-3-8382-1122-0